현대사회의 사회문제

현대사회의
사회문제

Social problems
in modern society.

명석 · 민혜숙 · 박선태 · 박용오 · 박경미 · 정상민 · 이연중 · 김경숙 · 홍예람 공저

동문사

머리말

현대 사회에서 사람들은 제각각 삶의 목적도 다르고 살아가는 모습도 다르지만 우리가 살아가면서 부딪치는 삶의 문제들은 대체로 비슷하다. 사람들은 여전히 이성과 감성 사이를 오가며 판단하고, 평화와 전쟁문제는 아직까지 해결되지 않고 있다. 현대 사회는 과학 기술이 혁신적으로 발달하고 경제적으로 풍족해졌으며 다양한 사회문제 해결을 위하여 국가 차원의 노력으로 인간다운 삶을 보장받는 복지국가로 향해 가고 있지만 사람들은 오히려 더욱 복잡하고 많은 사회문제의 속에서 살고 있다. 사회문제의 역사는 인류의 역사와 함께 진행되어 왔고 그 영역 또한 우리들의 삶을 영위하는 모든 곳에서 다양하고 복잡하게 발달하여 왔다. 이러한 다양한 관점과 이해에도 불구하고 사회문제는 산업화와 자본주의의 급속한 발달에서 발생되어 오고 있다고 인식하는 것이 사회복지학계의 일반적 입장으로 볼 수 있다. 그리고 자본주의의 발달과 함께 도시화, 핵가족화, 산업구조의 환경 변화 등에 따른 사회문제는 더욱 심각해지고 그 해결책을 모색하려는 노력들이 꾸준히 진행되어 왔다.

코로나19는 발생과 진행과정에서 두려움과 불안을 증폭시키는 미지(未知)의 위험 요인이 되고 있다. 미지의 위험은 숙지된 위험과는 차원이 다른 사회심리적 영향을 미치며 사람들은 인포데믹(Infodemic)과 같은 거짓정보에 쉽게 현혹되고 있다. 코로나19 발생 원인을 파괴된 환경문제에서 접근하고 있다. 또한 감염자나 감염된 집단은 바이러스에 감염된 억울하고 불행한 피해자일 뿐인데 코로나19 양성 판정을 받았다는 이유 하나만으로 모든 도덕적 비난과 혐오라는 또 다른 사회문제를 발생시키고 있다. 이러한 심각한 문제를 다루고자 코로나19 문제와 코로나19로 인한 두려움과 불안, 혐오와 배제, 취약계층의 이중고, 환경위기, 정신건강 문제를 다루었다.

그리고 산업화와 더불어 자본주의적 시장경제 속에서 우리나라도 필연적으로 생존을 위한 틀 속에 포함되어 있지만 우리의 역사는 약 반세기에 불과하고 그 과정도 급격하게 변화되어 왔다. 과거 우리나라가 개발도상국의 위치에 있을 때 나타난 전통적인 사회문제의 중심은 빈곤 문제였으나 전반적으로 생활수준이 향상되었으나 빈부의 양극화 문제는 더욱 심화되고 있다. 또한 핵가족화와 이기적 개인주의화가 확대되고, 질병과 고독, 생활고 등과 관련된 가족해체, 아동학대, 노인학대, 성범죄, 가정폭력, 성폭력, 데이트폭력, 집단따돌림(왕따), 사이버범죄 문제 등이 발생되고 있는 등 다양한 사회문제가 우리 사회를 병들게 하고 있다.

이러한 다양한 사회문제를 살펴보면서 사회문제의 해결적 방법을 학문적으로 제시하고, 모색하기 위하여 대학교 등에서 사회복지학 강의와 사회복지실천 현장에서 전문가로 활동하는 전문가들이 사회복지학적 관점에서 「현대사회의 사회문제」에 대해서 기초적 입문서적으로 학생들에게 접근하여야 할 교재가 필요하다는 것을 인식하고, 각 집필진들과 코로나19 상황에서도 대면과 비대면을 통해 합의를 도출하여 이번에 단행본으로 출간을 할 수 있게 되었다.

이 교재의 기본 가정은 사회문제와 사회복지가 불가분의 관계라는 점에서 시작한다. 즉 대상자들에게 문제가 발생하였다면 그 문제를 해결하기 위한 노력들이 사회문제라고 할 수 있다. 이러한 관점에서 사회문제에 접근하고 해결책을 모색하기 위한 방법으로 다음과 같이 구성하였다.

물론 이 교재를 통해서 다양한 사회문제를 모두 다루었다고 말할 수는 없다. 다만 이론적 측면에서 현실적 문제와의 차이점을 가능한 한 좁혀보려고 거시적 차원과 미시적 차원을 상호 연계할 수 있도록 노력하였지만, 현대사회의 다양한 문제를 심층적으로 다루지 못한 점에 대한 한계점을 아쉬움으로 남겨두게 된다. 여기에는 필자들의 관점에 따라서 사회문제와 사회복지를 각 영역으로 선별하였으나 다양한 관점과 세계관 및 이념 등을 포괄할 수 없었던 한계점을 가지고 있다는 것을 솔직하게 인정할 수밖에 없다. 이 교재를 통해서 사회문제를 이해하고 해결책을 모색하려는 독자들께서 부족한 점 등을 지적함으로써 필자들에게 미숙한 점들을 계속 수정 · 보완할 수 있는 동기를 부여하여 주시기를 부탁드리는 바입니다. 필자들 역시 이 책에 만족하지 않고 지속적인 연구를 통하여 사회문제와 사회복지학문의 이론과 실천을 접목하도록 노력을 경주하며 학문의 발전에 기여하려는 높은 욕구를 지속적으로 충전할 것을 약속드리는 바이다.

끝으로 이 책이 출간을 위해 다양한 자료를 인용하였는데 특히 이종원(계명대학교) 교수님, 이만우, 김석현, 김우주, 김윤, 김훈, 이낙원, 장철훈 박사님 등의 연구저

작물에 대해 개별적으로 저자들의 양해를 직접 구했어야 마땅하지만, 코로나19 상황과 교재의 성격상 비상업적 용도를 고려하여 지면을 통하여 일괄적으로 양해를 구하는 바이다. 또한 흔쾌히 출판할 수 있도록 협조해주신 동문사 이중수 사장님 이하 수고해주신 직원분들에게 진심으로 감사의 인사를 드리는 바입니다.

2022년 2월
명지길 연구소에서
대표저자 고 명 석

차 례

1장 사회문제와 사회복지

1절 » 사회문제의 개념

우리가 살아가고 있는 현대사회에서 사회문제(social problems)는 그 성격상 한마디로 정의한다는 것은 매우 어려운 개념이라 할 수 있다. 사회문제는 시대에 따라 또는 개개인의 사람에 따라 다양할 수 있기 때문이다. 사회문제에 대한 원인을 정확히 파악할 수만 있다면 사회문제에 대한 해결책을 수립하는데 접근하기가 쉬울 것이다. 그러나 사회문제의 원인을 규명하는 일은 매우 어렵다고 하여야 할 것이다. 많은 학자들이 밝힌 바와 같이 인간과 사회 환경의 현상에 대한 과학적인 연구가 병행되어야 한다는 점에서는 견해가 일치한다고 볼 수 있겠다. 또한 사회문제의 원인에 있어서 학자들 간에 선천적 요인이 작용하느냐 또는 사회 환경적 요인이 더 작용하느냐에 관하여 수많은 논쟁이 전개되고 있으나, 사회병리학적인 결론조차도 내려지지 않고 있다는 것을 우리는 유념해야 할 것이다. 그러나 종합적으로 바라본다면 선천적인 요인과 사회 환경적 요인이 유기적으로 상호 작용하여 사회문제가 발생하는 것으로 접근할 수도 있다.

본 장에서는 사회문제란 무엇이며, 왜 발생하고 어떤 배경을 가지고 있는지 수많은 사회문제 속에서 살아가고 있는 우리들의 불안과 고통을 경감시켜 안락하고 평화로운 삶을 유지하기 위한 문제 해결책을 사회문제의 이해와 이론적 관점을 통하여 살펴보기로 한다.

2절 » 사회문제의 정의와 성립조건

1. 사회문제의 정의

우리가 일반적으로 사회문제라고 말하는 것은 다수의 사람들이 특정한 상황에 대하여 불안을 느끼거나 불편한 상태로서 사회 통념적인 가치에 대립하는 상태이거나 피해를 입은 상태라고 볼 수 있다. 사회는 복잡하고 다양하기 때문에 이러한 현상에서 발생하는 사회문제는 어떠한 합의적인 개념적 정의를 내리기가 쉬운 일은 아닌 것이다. 이러한 관점에서 여러 학자들의 정의와 성립조건을 살펴보면 다음과 같다.

멀튼과 니스벳(Merton & Nisbet, 1971)은 사회문제를 사회질서의 상당부분이 일반적으로 받아들여지고 있는 하나 혹은 그 이상의 규범을 위배하고 있다고 간주되는 행동양식으로 정의하고 있다. 와인버그(Weinberg, 1970)는 좀 더 구체적으로 사회문제란 **첫째**, 사회의 구성원에 의해 바람직하지 못하다고 받아들여지는 상황 내지 행동양식으로서, **둘째**, 그들은 그 바람직하지 못한 상황에 대한 자신들의 불만이나 관심을 회합, 서신교환, 시위, 그리고 기타 항의의 형태로 표현하지만, **셋째**, 이러한 사회문제들을 통제하기 위한 자신들의 의도된 혹은 적용된 조치들이 아직 효과를 거두지 못한 상태에 있는 것으로 정의하고 있다. 페리와 페리(perry & perry, 1976)는 사회문제를 '사회의 상당수의 사람들이 그들의 가치와 윤리기준에 의하며 사회질서를 위협한다고 판단하고 사회적 행동으로 그 개선이 가능하다고 생각하는 현상'으로 정의하였다.

에치오니(Etzioni, 1976)는 사회문제를 '사회적으로 형성되며 사람들이 문제로 인식하고 사회가 그 상태의 개선을 바라는 사회적 상태'로 정의하였다. 홀튼과 레슬리, 라손(Horton, Leslie & Larson, 1991)은 사회문제는 '많은 사람들에게 바람직스럽지 못한 방법으로 영향을 미치며 집단적인 사회행동에 의하여 어떤 조치를 취할 수 있다고 느껴지는 조건'으로 사회문제를 정의하였다. 랩과 셀즈닉(Raab & Selznick,

1959)은 사회문제는 '인간 다수의 목적을 저해하거나 인간관계에 심하게 위협을 줄 때'라고 정의하였다. 에치오니와 진(Eitzen & Zinn, 1992)은 사회문제를 '다수의 관찰자들이 부적합하고 개선이 필요하다고 느끼는 사회적 상황'이라고 정의하였다.

이상의 많은 학자들의 정의에도 불구하고, 사회문제를 논의하는 수많은 문헌들 속에서도 사회문제의 엄격한 정의를 규정하고 있지 않는 경우가 많다. 그것은 사회문제를 엄격하게 정의하기가 어렵다는 요인에 기인하기도 하겠지만, 또한 사회문제를 정의하기 위해서는 사회문제와 그렇지 않은 문제를 구분할 수 있는 그 어떤 특성을 도출해야 하는데 그러한 특성을 도출해 내는 과정 속에서 사회문제의 개념이 자연스럽게 도출될 수 있기 때문일 것으로 생각된다.

2. 사회문제의 성립조건

슈나이드 등(Schneider et al., 1981)은 사회문제가 성립하기 위한 조건으로 **첫째**, 그 원인이 사회적이어야 한다. **둘째**, 그것이 사회 구성원들의 가치 지향에 비추어 볼 때 문제로서 정의되고 평가되어야 한다. **셋째**, 광범위한 시민적 관심을 불러일으켜야 한다. **넷째**, 그 문제의 직접적인 피해자 이외의 많은 사람들에게 영향을 미쳐야 한다. **다섯째**, 그 문제에 대처하기 위하여 행동이나 개입을 만들어 내야 한다는 것 등을 들 수 있다.

최성재 등 다수의 학자들의 사회문제의 정의를 소개하고 그러한 정의 속에서 사회문제의 성립조건을 규명하는 공통적이고 중요한 요소들을 찾아내는 접근은 다음과 같다.

1) 사회적 가치 또는 규범에서 벗어나야 한다.

사회적 가치 또는 규범은 어떤 법률적 규정을 포함하여 대다수의 사람들이 가지고 있는 사회적 가치관이 포함된다. 이러한 사회적 가치에 벗어나거나 위배된다는 판단이 어떤 사회적 현상이 사회문제로 인정되는 가장 핵심적인 조건이 되는 것이다. 예컨대 어떤 사회적 현상이 법률적 규정에 위배되는가의 여부는 상당히 쉽게 판단될 수 있지만, 가치관에 위배되는가의 여부는 쉽게 판단되지 않는 경우가 많을 수 있다. (예: 자녀가 경제적으로 능력이 없어 노부모를 경제적으로 부양하지 않는 것이나 맞벌이 부부라서 불가피하게 건강이 좋지 못한 노부모를 보호할 수 없는 것은 엄격한 전통적 경로효친 사상이라는 가치관을 고수하고 있는 사회(사람)에서는 가치관의 위배가 될 수 있지만, 현대사회의 여건에 맞는 보다 합리적인 경로효친의 가치관을 가지고 있는 사람들에게는 경로효친의 위배라고 할 수 없을 것이다.)

그리고 또한 누구의 기준에 의하여 판단하느냐에 따라 같은 현상이라도 사회적 기준에 위배되는 경우와 그렇지 않은 경우도 있을 수 있다. 사회적 가치에 위배되는가의 여부는 어떤 현상이 개인적 문제인가 사회적 문제인가를 판단하는 하나의 기준이 될 수도 있다. 즉 어떤 현상이 한 개인의 특별한 가치관(교통문제－출근시간 엄수 등)에 위배된다고 하면 그것은 사회문제라고 볼 수 없다.

2) 상당수의 사람들이 그 현상으로 인하여 부정적인 영향을 받아야 한다.

대다수의 사람들이 사회문제로 스스로 또는 직접 피해를 입거나 다수의 다른 사람에게 피해를 입히는 경우(빈곤, 공해, 환경오염, 성차별 등)가 포함된다. 여기서 상당수의 사람이란 어느 일정한 수 이상이 되어야겠지만 또한 상대적인 비율도 고려해야 하기 때문에 정확히 몇 명이라고 규정하기는 곤란하나, 전체사회의 인구수에 따라 상대적으로 결정될 수 있다. 여기서 상당수의 사람은 정확히 몇 명이라고 규정하기는 곤란하지만 대체적으로 30~40명 이상, 경우에 따라서는 100명 이상을 말하기도 한다.

3) 그 원인이 사회적이어야 한다.

어떠한 사회적 현상이 사회문제로 되기 위해서는 그 원인이 지진, 홍수, 태풍 등과 같이 자연적인 현상이 아니라 인간관계 및 인간이 만든 사회의 조직, 구조 및 제도 등과 같이 인간이 만든 현상이어야 한다는 것이다(인위적인 현상, 사건－대구 지하철 사고(사회복지의 맹점), IMF로 인한 노숙인, 코로나19로 인한 실직, 폐업, 사망 등). 이와 같은 조건은 어떤 현상이 사회문제인지 자연재해 문제인지를 판단하는 기준이 될 수 있다. 가령 집중호우로 홍수가 발생하여 주택이 침수되고 파괴되어 순식간에 집을 잃어 다고 가정하자, 그 사실 자체는 자연재해일 뿐 사회문제가 아니다. 그러나 여름 홍수로 집을 잃은 많은 사람들이 겨울이 다가와도 거처가 없어 동사(凍

死)의 위기에 직면하고, 코로나19로 인한 감염예방을 위한 백신주사 치료를 소홀히 하여 사망에 이르게 하는 사례는 사회문제인 것이다.

4) 다수의 사람들이나 영향력 있는 일부의 사람들이 문제로 판단하여야 한다.

일탈을 규정하는 것처럼 어떤 현상이 사회문제로 되기 위해서는 그 사회의 성원 전체는 아닐지라도 일부 다수의 사람들이나 사회에 영향을 미칠 수 있는 일부의 사람(권력소유자)들이 그 현상을 사회문제라고 판단해야 한다. 또한 전체사회의 상대적 인구수에 따라 결정되며 얼마나 많은 사람들이 관심을 가지고 있는가는 신문, 방송, 잡지 등에서 얼마나 자주 그러한 현상들이 취급되고 있는가를 관찰하여 결정될 수 있다. 그리고 영향력 있는 일부의 사람은 그 사회의 권력을 쥐고 있는 사람, 경제적, 사회적, 정적 문제에 보다 강력한 영향력을 행사할 수 있는 사람, 잘 조직되어 있는 압력단체(대통령 등 지도적 위치에 있고, 경제적, 사회적, 정치적 문제에 강력한 영향력 행사, 조직된 시민단체, 학술단체) 등이다.

예를 들면, 평가의 기준은 그 사람이 가지고 있는 가치 기준에 의해서 혹은 도덕적 평가(옳고 그름 등)에 의해서 한다. 즉 사회문제는 객관적 조건에 주관적 정의를 내릴 때 문제가 된다. 객관적 조건이 심각한데도 사람들이 주관적으로 심각하지 않다고 보면 문제가 아니다. 객관적 조건이 심각하지 않은 데도 사람들이 주관적으로 심각하게 보면 문제가 된다.

5) 사회가 그 개선을 원하여야 한다.

어떠한 현상이 사회에 만연하여 많은 사람들에게 피해를 주거나 부정적 영향을 미칠 때, 사회적으로 어떤 조치를 취해야 한다고 다수의 사람들이 인정하여야 한다. 즉 사람들이 그 문제를 해결할 수 있다고 생각하고 그 문제를 해결하기를 원할 때, 그 문제는 비로소 사회문제가 된다는 것이다. 빈곤문제는 전 사회에서 개인의 무지나 나태에서 비롯된 것으로 보았으나, 현대사회에서는 빈곤이 개인적 문제를 넘어선 사회구조적 문제에 의해 발생될 수 있는 것이다.

6) 개선을 위한 집단적 사회적 행동이 요청된다.

어떠한 사회적 현상이 사회문제로 규정되기 위해서는 그 문제의 해결조치(방안)가 집단적 차원에서 이루어져야 하는 것이다. 사회문제는 그것이 다수의 사람들에게 부정적인 영향을 미치고 그 원인이 사회적인 요인에 의하여 야기된 것이므로 그 문제의 해결을 위해서는 개인적 또는 가족적 차원의 노력으로는 해결이 거의 불가능하고 집단적 차원에서 사회적 행동이 있어야 한다. 대부분의 경우 집단적 차원의 사회적 행동은 사회정책을 수립하여 해결하는 방법을 취하고 있다.

이와 같이 사회문제의 성립조건이 될 수 있지만 시대와 사회가 변화되면서 사회문제의 성립조건도 변할 수 있다. 어떤 사회적 현상이 사회문제로 규정되기 위해서는 그 문제의 해결조치(방안)가 집단적 차원에서 이루어져야 하는 것이다. 사회문제는 그것이 다수의 사람들에게 부정적인 영향을 미치고 그 원인이 사회적인 요인에 의하여 야기된 것이므로 그 문제의 해결을 위해서는 개인적 또는 가족적 차원의 노력으로는 해결이 거의 불가능하고 집단적 차원에서 사회적 행동이 있어야 한다. 대부분의 경우 집단적 차원의 사회적 행동은 사회정책을 수립하여 해결하는 방법을 취하고 있다.

이상의 특성을 갖추면 사회문제의 성립조건으로 될 수 있지만, 같은 현상이라도 시대와 사회, 국가가 달라짐에 따라 사회문제의 성립조건은 그럴 수도 있고 그렇지 않을 수도 있다(사회문제의 상대성). 예를 들면, 근친상간은 한국사회에서 커다란 사회문제로 정의되지만 고대 이집트 사회나 하와이 왕국, 잉카제국에서는 오히려 혈통보존을 위해 장려함으로써 사회적 관습으로 보았다. 또한 인구증가문제는 1966년 '3, 3, 35운동(자녀 셋을 3년 터울로 35세 이전에 다산하자)', 1970년대 '딸 아들 구별 말고 둘만 낳아 잘 기르자', 1980년대 '잘 키운 딸 하나 열 아들 안 부럽다', 1990년대 '아들 바람 부모세대 짝꿍 없는 우리 세대', 최근에는 '아빠, 엄마 혼자는 외로워요' 20세기 이전만 하더라도 거의 사회문제로 간주되지 않았지만 현대 산업사회에서는 사회문제로 정의되고 있다.

술을 과도하게 마시거나 자주 음주하여 직장생활이나 사회생활에서 문제가 되는 현상도 미국과 같은 사회에서는 엄격한 규정을 적용하여 직장에 한두 번 결근하거나 술주정을 하는 정도면 알코올중독으로 규정하여 사회문제로 되지만, 한국사회에서는 술 마시는 것으로 가정생활이나 직장생활에 피해를 준다 해도 이를 관용적으로 보는 분위기여서 쉽게 알코올중독으로 판단하거나 사회문제로 보지 않는 경향이 있다. 그만큼 사회문제를 바라보는 시각은 나라마다, 사회마다, 시대마다 다르게 규정되는 상대적인 면모를 보이고 있다.

결과적으로 사회문제를 효과적으로 대처하거나 처리하기 위해서는 일반적 토의, 가치판단의 정립, 대안의 모색, 대책의 결정, 압력조직 등이 필요하다. 이처럼 사회문제란 대단히 복잡한 것이기 때문에 대책이 모색되기 위해서는 공공의 관심, 토의, 여론의 형성, 사회적 압력 등이 필요하다는 뜻이다. 결론적으로 사회문제란 발생의 원인에 있어서 사회적이고, 정의에 있어서 사회적이며, 대책에 있어서도 사회적이어야 한다.

위와 같은 성립조건들은 매우 종합적인 것이기 때문에 새로이 사회문제의 성립조건을 제시하는 것은 무의미하다고 생각하며, 제 학자들의 견해들을 보다 단순화하고 압축하여 사회문제의 성립조건을 사회복지적 측면에서 다음의 네 가지로 나누어서 보다 상세히 기술하고자 한다.

(1) 그 원인이 사회적인 데에 있는 문제이다.

어떤 문제가 사회문제이기 위한 가장 중요한 조건은 그 문제 발생의 원인과 특성에 있어서 '사회적'이어야 한다는 것이다. 폭풍이나 홍수, 지진, 해일 등은 그 원인과 본질이 자연적으로 발생하는 것이므로 사회문제가 아니다.

사회문제의 원인이 사회적이어야 하는 것은 사회문제가 불완전한 사회구조에 의하여 발생함에 두고 있다. 자연적인 발생의 홍수로 인한 주택 파괴가 정부에 의하여 장기간 복구되지 못하고 시민에 대한 생활의 위협요건으로 되는 것이 사회문제인 것이다. 그러나 어떤 문제의 원인이 사회적인 것인지 아닌지에 대한 판단은 쉽지는 않다. 대체로 그 원인이 개인적이며 비사회적인 것처럼 보이는 현상도 현실적으로는 사회적인 경우가 대부분인 경우가 있다. 예를 들면, 자살행위가 경제적 압박이나 경쟁사회에서 소외감을 이기지 못하고 발생하는 경우로 볼 수 있다.

따라서 사회구조의 모순이나 그에 따른 실패는 다양하고 복잡한 사회문제의 공통적인 원인으로 볼 수 있다. 예를 들면, 열악한 작업환경으로 인한 직업병 유발과, 가부장적이고 편향된 순결교육은 본인의 의사와는 관계없이 순결을 잃은 여성청소년들이 삶을 포기하고 가출과 타락으로 이어지게 한다는 사실 등의 문제는 심각한 사회구조의 모순으로 볼 수 있다. 사회구조의 모순은 개선의 여지가 있어 문제의 예방과 대책이 있을 수 있다. 그러므로 개선의 여지가 없는 것은 사회문제로 볼 수 없다. 만약 사람들이 고령으로 사망하는 것 등은 해결이 불가능한 문제로 사회문제로 볼 수 없는 것이다.

(2) 사회구성원의 사회가치나 규범에서 벗어나는 현상이다.

사회문제는 한 사회구성원의 사회가치나 규범에 벗어나는 행동이다. 따라서 사회문제는 사회에 바람직하지 못한 결과를 발생시키는 것이라고 일반적으로 생각하는 문제이다. 그러나 여기에서 규범에 벗어난 것이라고 판단되는 사람들이 모두 옳고 그름, 바람직한 것과 바람직하지 않은 것, 선한 것과 악한 것, 사회질서에 위협을 주는 것과 위협을 주지 않는 것 등에 대하여 각각의 관점을 가지고 있다는 점이다.

사회문제가 양면적인 가치판단을 하는 사람들에 의하여 사회 가치나 규범에 벗어난 것이라고 여기고 있기 때문에, 그들은 이러한 문제를 방관한다면 사회 전반에 위협을 가져오거나 바람직하지 못한 결과를 가져올 것이라고 믿는 것이다. 따라서 사회문제를 규정하는 것은 도덕적 평가의 요소를 강하게 함의하고 있기 때문에 개별적 형태의 가치 지향성을 가진다고 볼 수 있다. 예를 들면, 지하철이나 버스에서 많은 젊은이들이 경로석에 앉아 있으면서도 좌석을 양보하지 않고 있는 상태를 보고 그것이 사회문제라고 생각한다면, 그러한 문제의 규정이 우리 사회가 경로효친의 가치를 유지해 나갈 필요성이 있다는 가치 지향의 방향을 표출시켜 내는 것으로 본다.

우리에게 있어서 규범이나 가치적 혼란이 심해져서 어떤 것이 따라야 할 규범이고 가치적인지 알 수 없게 되는 아노미 상태가 발생하게 되면 서로 상반된 행동이 모두 문제로 지적되기도 하고 또는 둘 다 합리화되기도 한다. 이러한 '동의의 부재'는 그 자체가 사회적 혼란의 반영으로 여겨지고, 따라서 중요한 사회문제로 규정되는 것이 보통이다. 지배적인 규범이 사회적으로 중요한 집단이나 계층 사이에 커다란 차이를 보일 때, 규범적 갈등은 흔히 집단 사이에 갈등을 일으키고 따라서 사회적 쟁점으로 부각된다(권태환 외, 1996: 14).

그러나 이러한 갈등이 반드시 사회에 바람직하지 못한 결과만을 가져다주는 것은 아니다. 비록 집단적인 적대감이 형성되고 고착화되는 부정적인 측면이 있지만, 자신의 가치를 보다 명료화시키는 등의 긍정적인 측면 또한 있다고 볼 수 있다(최선화 외, 2002: 21).

(3) 사회적 관심을 불러일으키는 문제이다.

사회문제는 수많은 시민들의 관심을 불러일으켜야 성공한 문제인 것이다. 다시 말하면, 사회문제의 조건을 갖춘 것이라고 하더라도 시민들의 무관심 속에 있다면 그것은 사회문제로 볼 수 없다. 사회문제가 성립하려면 반드시 문제가 되는 객관적 상황이 존재해야 한다. 사회문제는 다수의 사람들이 사회문제라고 인식하는 문제인 것이다. 또한 그러한 조건이 갖추어져 있다고 하더라도 대다수의 사람들이 그것을 문제라고 생각하지 않거나 무관심을 보이면 사회문제로 볼 수 없는 것이다. 즉, 그러한 조건들이 사회의 소중한 가치들에 대한 위협적 요인이라고 다수의 구성원들이 인식하고 관심을 가지고 있을 때 비로소 사회문제로 보는 것이다. 이전에도 이미 존재하였었다. 사회문제와 사회적 위험의 차이는 조건에 의해 사회에 바람직하지 못한 영향을 주는 조건들은 사회문제화 요건이 아니라 인식과 식별의 문제이며 어떤 현상에 대한 평가의 차이에 의해 발생하는 것으로 볼 수 있다. 사회에 바람직하지 못한 영향을 주는 조건은 모두 자연스럽게 사회의 관심사로 표현되는 것은 아니다.

그 문제로 인하여 고통받는 당사자나 관계자들뿐만 아니라 신문, 방송 등 매스컴이나 사회운동가, 환경운동가, 소설가 등에 의하여 그것을 전체 사회의 관심으로 표출시키거나 혹은 가속화될 수 있는 환경을 조성해낼 수 있다. 예를 들면, 정태춘의 '우리들의 죽음'이라는 노래는 판자촌 빈곤층의 심각한 아동보육 문제를 사회에 울분으로 호소하였으며, 조세희의 '난장이가 쏘아올린 작은 공'이라는 소설을 통해 철거민들의 생활 실상에 대한 사회적 관심을 고조시켜 내었다. 19세기 말경 영국의 시인 퍼시 비시 셸리(Percy Bysshe Shelley, 1792년 8월 4일 - 1822년 7월 8일)는 런던의 빈곤층의 실상을 '지옥은 바로 런던과 같은 도시일 것이다.'라는 시로서 당시 런던의 열악한 실상을 고발하였다. 또한 1960년대 미국의 프랭클린 델러노 루스벨트(Franklin Delano Roosevelt, 1882년 1월 30일 ~ 1945년 4월 12일) 정부에서 시행한 '빈곤전쟁'[1]이라는 빈곤정책의 배경에는 '또 하나의 미국'이라는 도서가 빈곤에 대한 관심을 고조시킨 원인이 되었다.

1) 1929년 터진 대공황이라는 초유의 경제적 비상 사태를 맞닥뜨린 프랭클린 D. 루스벨트 대통령 집권기 미국이 이에 대처하기 위해 1933년부터 1938년까지 내놓은 일련의 정책들을 말한다. 흔히 회자되는 경제적 영향 외에도 정치, 사회 전반에 걸쳐 장기적인 영향을 남겼고, 결과론적으로 미국이 대공황을 극복하고 명실상부한 초강대국으로 오늘날까지 이르게 한 토대를 만들어주었다.

(4) 국가적 개입과 사회운동을 촉발시킨다.

사회문제는 개인의 차원에서 대처되고 해결될 수 있는 문제가 아니다. 사회문제의 해결이나 그 문제점의 완화를 위해서는 사회적인 차원의 개입이 필요하다. 사회적 차원의 개입은 반드시 정책 결정의 과정을 거쳐야 하기 때문에 다양한 정치적인 요소에 의해 영향을 받게 된다. 따라서 사회문제를 해결하기 위한 거시적인 노력의 시작은 정치적으로 결정된다고 보아야 할 것이다.

사회문제의 해결에 있어서 국가적 개입은 많은 자원의 투입을 필요로 하고 있다. 결국 그 자원은 대부분 국민의 세금에 의하여 충당되기 때문에 사회문제는 사회문제의 직접적인 피해 당사자들뿐만 아니라 사회 전체 구성원에게도 간접적으로 영향을 미치고 있는 것이다.

그러나 사회문제의 해결을 위한 국가적 차원의 노력이 지연되거나 정부가 그 노력을 포기한 경우에는 그 사회문제의 당사자들로부터 직접적인 항의를 받을 수 있고(헌법재판소의 신행정수도 이전 위헌판결 등), 사회 저항운동으로 발전될 수 있다. 그렇지만 피해 당사자들은 자신의 이해를 표출할 능력이 없는 경우가 많기 때문에 다양한 시민단체나 종교단체, 관련자 집단 등이 이들의 입장을 대변하기도 한다. 사회운동은 다양한 형태를 띠지만 때로는 폭력적인 수단이 동원되기도 한다(부안 핵폐기물 처리장 유치 반대운동 등). 이러한 운동에 소요되는 국가 및 민간의 자원은 대표적인 사회비용 지출로 볼 수 있다. 결론적으로 어느 이해 집단이든 간에 사회문제의 해결에는 결국 사회 전체 구성원의 부담이 전제된다고 볼 수 있다.

3절 » 사회문제 연구의 역사적 배경

사회문제의 연구에 대한 역사적 배경과 과학적 연구는 19세기 초반에 유럽에서부터 시작되었으나, 미국에서 보다 과학적인 연구가 이루어졌었다.

일찍이 유럽에서는 산업화의 팽창으로 사회적 안정이 크게 위협받고 있었으며 이와 관련하여 여러 가지 사회문제들이 발생하였었다.

미국 대륙에서는 산업화가 늦게 시작되었고 남북전쟁을 겪은 이후 산업화 · 도시화가 진행되었으며 많은 외국인들이 이민을 오게 되어 여러 가지 사회문제들이 발생하게 되었다. 이리하여 미국의 학자들은 사회적 변화로 발생되는 사회문제를 해결하는 방법으로 유럽에서 시작된 사회학에 관심을 가지게 되었고, 이를 계기로 사회학이 발전하게 되는 것과 더불어 사회문제에 대한 연구가 이루어지게 되었다.

1. 기반 성립기(1905~1918)

이 시기 미국의 주도적인 사회학자들의 대부분은 성직자의 자손들로서 도시화와 산업화의 결과로 일어난 변화들을 직접 목격하였다. 이리하여 이들의 연구는 주로 사회문제였고 사회문제의 주된 원인을 도시주의로 보았고, 이들은 사회문제의 직접적 해결에 기여하는 데 일익을 담당하고자 하였으며 문제해결의 방법으로 혁신보다는 사회개혁(개량)을 선호하였다.

2. 과학적 정책형성기(1918~1935)

이 시기에 사회학자들은 사회문제의 해결을 위한 사회행동을 유도하려면 먼저 사회학적 지식체계를 발전시켜야 한다는 것을 깨닫게 되었다. 이리하여 사회학자들은 사회문제의 해결책을 찾는 것보다는 사회학을 보다 과학적 학문으로 발전시키려는 데 그들의 관심을 집중시켰다. 가치문제를 다루는 사회문제의 해결책 연구는 다소 비과학적인 것으로 간주하였다.

또한 사회학자들은 새로운 학문 분야를 구축하는 과학자로 보려는 사상이 대두됨에 따라서 이 시기의 사회학자들은 도덕적, 철학적, 비판적 주장보다는 개념의 고안, 이론의 발전 및 경험적 조사활동에 더욱 치중하였다.

3. 이론, 조사 및 응용의 통합기(1935~1954)

이 시기 중에 사회학자들은 보다 전문화되어 이론, 조사, 응용이 통합적으로 관련되어 있는 것으로 사회학을 보기 시작하였고 이에 따라 사회개혁을 사회학적인 노력의 일환으로 받아들이기 시작하였다. 이리하여 기초적 연구조사와 응용사회학은 같은 동전의 양면으로 간주되었고 과학적 접근은 사회문제를 해결하고 사회학을 과학으로도 발전시킬 수 있다는 것이 이들의 지배적인 태도였다.

이 시기의 비판적인 사회학자들은 사회문제를 검토했을 때, 그들은 대부분의 사회정책에 대한 사람들의 의견은 일치할 수 없기 때문에 사회문제들은 불가피하다고 느끼게 된다. 그리고 사람들이 합의하지 않는 이유는 대개 규칙을 모르고 있기 때문이 아니라 그들이 상이한 가치를 갖고 있거나 자신의 이익만을 추구하기 때문이라고 한다.

4. 전문성 연마기(1954년 이후)

사회학은 성년기에 접어들면서 사회학자의 수와 사회학 개설과목이 양적으로 증가하였을 뿐만 아니라, 연구업적도 엄청나게 증가하였다. 사회학은 더욱 세분화되고 전문화되어 세분화된 전문분야 내에서 이론체계와 조사결과를 발전시켜 나갔다. 1954년 이후 사회학자들은 기본적, 이론적 문제에 대한 해답을 얻으려는 학문적 경쟁을 하였으나 대다수의 사회학자들은 사회문제에 대한 관심을 등한히 하였다. 이러한 경향에 대한 비판적 목소리는 차세대인 대학생들로부터 나왔으며 이후 사회학자들뿐만 아니라 사회학을 공부하는 학도들에게도 사회문제와 사회학적 문제 사이의 긴장은 되풀이되는 당면과제가 되고 있다.

일탈 이론적 시각은 미국사회학의 네 번째 단계의 초창기에 대두되었다. 범죄와 비행의 문제를 해결하려는 노력에서의 일탈 이론적 관점은 사회문제를 연구하는 이유는 사회문제가 사회학적 이론에 관련성을 가지고 있기 때문이며, 전문화된 과정에서 이들 사회학자들은 규범적 기대의 위배로 규정되는 일탈행위의 연구에 거의 전적으로 그들의 관심을 국한시켰다. 따라서 사회문제에 영향력이 있었던 관점은 일탈의 원인, 일탈행위체계, 그리고 사회통제에 관심을 두었다.

4절 » 사회문제의 분류

사회문제의 연구자들은 나름의 기준에 근거해서 사회문제를 성격상으로 분류하고 있다. 그러나 항시 그 분류의 기준이 명확한 것은 아니고, 어떤 경우에는 그 분류의 기준이 자의적으로 판단되는 경우도 있다. 여기에서는 국내 · 외 연구자들의 몇 가지 분류기준을 소개하기로 한다.

▣ 김영모의 분류(김영모, 1982)

① 구조적 문제: 빈곤문제, 소득분배, 노동문제, 교육 불평등
② 해체적 문제: 가족해체, 빈민지역, 인구문제, 환경문제
③ 탈선적 문제: 범죄, 소년비행, 매춘, 자살, 알코올중독, 정신질환

▣ 고영복의 분류(고영복 편, 1993)

① 사회구조적 문제: 도시문제, 노사문제, 빈곤문제, 범죄문제
② 가족과 세대문제: 가족문제, 여성문제, 청소년문제, 노인문제
③ 삶의 질 문제: 환경문제, 인구문제, 보건의료문제, 여가문제
④ 한국적 특수문제: 부정부패문제, 지역감정과 지역문제, 학력주의와 학력경쟁, 의사종교 현상

▣ 최일섭 외의 분류(최일섭 · 최성재 편, 1995)

① 사회변동 또는 사회해체문제: 가족문제, 환경문제, 노인문제
② 사회적 불평등문제: 빈곤문제, 성차별문제, 노사문제
③ 사회적 일탈문제: 청소년비행문제, 범죄문제, 성폭력문제, 약물중독문제, 정신건강문제

▣ 권태환 등의 분류(권태환 외, 1996)

① 산업화와 사회적 불평등문제: 노동문제, 도시문제, 농촌문제
② 일상생활에서의 긴장과 갈등: 가족문제, 노인문제, 성차별문제
③ 제도적 긴장과 사회운동: 종교문제, 환경문제, 사회운동, 세대문제

▣ 슈나이드 등의 분류(Schneider et al., 1981)

① 불공정으로서의 사회문제: 성차별, 인종차별, 빈곤
② 비극으로서의 사회문제: 자살
③ 위협으로서의 사회문제: 범죄문제, 약물남용문제, 인구증가
④ 추정된 사회결함으로서의 사회문제: 관료제

▣ 머튼과 니스벳(Merton&Nisbet, 1996)

① 사회해체문제: 인구문제, 인종문제, 가족해체, 노동과 자동차문제, 빈곤문제, 지역사회 해체 및 갈등, 폭력 등
② 일탈행위 문제: 정신장애, 범죄 및 청소년비행, 약물중독, 알코올중독, 자살, 성문제 등

▣ 고하시(孝稿正一)의 분류

한편, 고하시는 사회문제라는 용어를 사회적 제 문제라는 용어로 표현하면서 사회문제를 분류하였는데, 그 분류의 목적은 그 문제들에 대한 대책을 사회정책이 강구해야 하는 것인가 아니면 사회복지가 강구해야 하는 것인가를 구분한다는 것이었다. 즉, 사회문제에 대처하는 것이 사회정책이고 사회복지 문제에 대처하는 것이 사회복지라는 것이다.

① 사회문제(사회의 근본적인 모순에 대한 문제): 빈곤, 실업
② 사회복지 문제(사회문제에 의해 파생되는 문제): 가족문제, 매매춘 등이 있다.

▣ 고명석의 분류(高明錫, 2021)

고명석은 이와 같은 학자들의 사회문제 분류를 참고하고, 최근 급변하는 사회구조 변화와 인류를 극도의 위기감으로 몰아넣은 코로나19바이러스와 관련된 새로운 사회문제 등도 포함시켜 다음과 같이 분류하였다.

① 사회구조적 문제: 빈곤(아동, 노인, 노숙인)문제, 성폭력 문제, 데이트폭력 문제, 집단따돌림(왕따) 문제, 사이버범죄 문제
② 가족과 세대문제: 가족해체 문제, 가정폭력 문제, 아동학대 문제, 노인학대 문제, 청소년 문제
③ 코로나19바이러스와 삶의 질 문제: 코로나19로 인한 두려움과 불안 문제, 혐오와 배제 문제, 취약계층 이중고의 문제, 환경위기 문제, 정신건강 문제

표 1-1 사회문제와 사회복지

사회문제		사회복지
개인이 복지를 위협하는 문제	청소년 부적응, 인터넷 중독, 데이트폭력문제	교정복지, 아동 및 청소년복지 여성복지, 노인복지, 인권복지
사회적 평등을 위협하는 문제	취약계층의 이중고, 성폭력, 두려움과 불안, 혐오와 배제, 집단따돌림(왕따), 실업문제	교정복지, 사회보장제도, 공공부조제도, 양성평등실현, 고용보험, 정신보건복지, 인권복지[2]
사회제도를 위협하는 문제	빈곤, 가족해체, 아동학대, 노인학대, 범죄문제	사회보장, 가족복지, 아동복지, 노인복지, 정신보건복지, 인권복지
삶의 질을 위협하는 문제	코로나19바이러스, 환경위기, 돌봄, 정신건강, 사이버범죄, 약물중독문제	사회보장, 사회보장, 교정복지, 환경복지, 건강보험, 환경복지, 정신보건복지, 인권복지,

2) 국가가 모든 국민들의 인간다운 생활(경제적, 육체적, 사회적, 문화적, 정신적 욕구 충족)을 보장하기 위해 제도(사회보장)를 마련하여 조직적(국가 및 지방자치단체 사회복지조직 등)이고, 체계적(공공과 민간의 전문적인 전달체계)인 제반의 인권을 보장하는 사회복지사업(고명석, 인권과 사회복지, 2008)을 말함.

2장

사회문제의 이론 및 접근방법

1절 » 문제제기

헨스린(Henslin, 1996)은 사회문제는 바람직하지 못하는 사회적 조건 또는 상황이 존재하고 많은 사람들이 그러한 사회적 조건이나 상황이 개선될 필요가 있다고 생각하는 사회적 상태를 지칭한다. 그래서 사회문제는 사회적 규범에서 벗어나는 행동양식이 존재하고 있고, 사회에서 영향력이 있는 사람을 비롯하여 일반 시민의 관심을 충분히 획득한 다음에 문제의 사회적 조건이 국가적 또는 집단적 개입과 조치에 의해서 개선될 필요성이 인정되는 사회적 상황을 지칭한다고 한다. 이와 같이 사회문제를 관념화할 때 사회문제라는 것은 사람이 집단생활을 영위하거나 하나의 사회를 형성한 때부터 존재해 왔다고 보는 것이 타당하다. 왜냐하면 어떤 사회이든 당시 사회적 규범은 있었으며 그 규범에서 벗어나는 일탈적 행동을 하는 사람들도 존재했으며, 이러한 일탈적 행동이 전체 사회의 유지 또는 보존에 부정적인 영향을 줄만큼 심각한 경우 그에 따른 어떤 대책도 마련되었을 것이다.

사회문제는 원시사회, 고대사회, 봉건사회를 거치는 과정에서 나름대로 인식되고 그에 따른 조치가 있었던 것은 사실이지만 사회문제에 대한 보다 체계적인 탐구와 연구는 근대사회 이후부터 이루어져 왔다고 볼 수 있다. 사회문제에 관한 연구는 사회과학의 태동과 밀접히 관련을 맺는데 특히 사회학의 성립 및 발전과정과 같은 축을 형성하면서 발전되어 왔다. 따라서 사회학의 발전은 사회문제에 관한 연구와 학술적 노력의 집대성이라 해도 과언이 아닐 것이다. 사회학은 사회적 현상과 제도를 분석하는 학문으로 현실적으로 가장 문제시되고 학자들의 관심을 끄는 사회적 현상은 사회문제이기 때문에 사회학의 학문적 에너지는 사회문제에 관한 탐구에 집중되어 왔다고 볼 수 있다. 그렇다면, 사회문제의 해결은 어디에 있으며 이를 해결하기 위한 주요 대책은 무엇인지 이러한 질문에 해답을 찾는 길은 사회문제를 설명하는 이론을 탐구하는 것으로 볼 수 있다.

이 장에서는 사회학의 발전과정에서 사회문제는 어떻게 인식되고 탐구되어 왔는가를 객관적으로 살펴보고 사회문제를 보는 관점을 거시적인 차원에서 사회학의 주요 이론을 서술하고자 한다(최선화 외, 2002 재인용).

2절 » 사회문제의 접근방법

사회문제를 연구하는 학자들은 사회문제에 대한 견해를 접근방법이나 관점이라는 용어를 사용하면서 여러 가지로 분류하였다. 대체적으로 이러한 분류방법은 사회학 이론에 근거를 두고 있는데, 모든 분류방식은 기능주의와 갈등주의에서 주장하는 입장을 일부 포함하고 있다. 여기에서는 사회문제 연구자들이 제시한 사회문제 접근방법의 예를 몇 가지 살펴보면 다음과 같다.

1. 사회문제의 이론적 접근

1) 기능주의적 접근

기능주의적 접근(functionalist perspective)은 초기에는 사회는 유기체와 같다고 인식한 사람들이 많았었다. 이들은 인간이 심장, 순환기관, 근육, 피, 뇌를 가지고 있는 것처럼 사회도 일종의 경제적, 정치적, 사회적, 종교적, 가족, 교육제도를 가지고 있다고 보았다. 그리고 또한 유기체의 모든 부분이 함께 힘을 합쳐서 생명을 유지하는 것과 마찬가지로 사회의 모든 부분도 사회를 유지하기 위해 서로 힘을 합쳐야 한다고 인식하였다. 각 기관은 사회가 건전하게 유지되기 위해 수행해야만 하는 기능을 가지고 있다는 것이다. 예를 들면, 경제제도는 사람이 생존하기 위해 필요한 의식주를 제공하는 기능을 가지고 있으며, 이런 다양한 제도들이 모여서 균형 잡힌 전체를 구성한다고 본다. 그러므로 한 기관에서 변화가 일어날 경우에는 다른 기관에서도 변화가 일어날 수 있다는 것이다. 그러므로 사회에 있는 모든 제도는 사회를 유지하는 공동 목표를 달성하기 위해서 함께 활동하고, 사회가 나아가야 하는 방향으로 사회가 항상 움직여지는 것은 아닌 것이다. 이것은 기계나 생물 유기체가 그렇지 않은 것과 마찬가지로 보는 것이다.

이와 같이 기능주의자들은 집단, 제도, 전체 사회를 함께 묶는 끈의 역할을 하는 것이 공통 규범과 가치라고 보며, 사회가 커지고 더 복잡해짐에 따라서 기본적 규범과 가치에 대해서 사회적으로 합의를 이루는 것이 점점 어렵게 된다는 것이다. 그러므로 사회적 합의가 와해되는 것이 현대 사회문제의 중요한 근원의 하나라고 바라본다. 이들이 제시하는 증거에 따르면, 사회적 규정이 인간행동을 통제하는 힘을 상실할 경우 사람들은 방향을 잃고 혼란스러우며 자살, 정신질환, 약물문제에 심각하게 빠질 수 있다는 것이다.

이처럼 기능주의자들에 따르면, 사회문제는 사회나 사회의 일부가 해체될 경우에 생기며, 근대사회에 와서는 사회해체 문제가 특히 심각하다. 왜냐하면 인류 역사의 어느 기간보다도 더 짧은 시간에 사회변화가 더 많이 발생하기 때문인 것이다.

한편 기능주의는 여러 해 동안 사회문제에 대해서 기본적인 이론적 접근방식으로 남아 왔다. 그러나 여러 가지로 비판도 받아 왔는데 이를 살펴보면 다음과 같다.

첫째, 기능주의자들은 객관적이라고 주장하지만, 기능주의가 정치적으로 보수적인 견해라고 보는 사람들이 많다. 즉 기능주의에서는 사회는 좋은 것이고 그리고 사회는 크게 변화 없이 유지되어야 한다고 바라보는 경우가 지배적이다.

둘째, 기능주의자들은 개인의 잘못된 점이나 일시적인 사회해체에 근거하면서 사회문제를 비판하는 일부 극소수의 주장도 있다.

셋째, 기능주의를 비판하는 사람들은 특정 사회현상이 사회 전반적으로 기능적이냐를 판단할 수 없는 경우가 많다고 주장하였다. 왜냐하면 특정 사회현상은 집단에 따라서 미치는 영향이 다르기 때문이다. 예를 들면, 공공건물(공항 등)의 로비에서 수면하는 것을 금지시키는 법을 시행할 경우 공공건물의 로비에서 수면하는 행동을 지켜볼 수밖에 없는 부유층은 이득을 볼 수 있겠지만, 결국 이와 같은 법은 갈 곳이 없는 노숙자들에게는 인권을 침해당하는 불편한 법이 될 수 있는 것이다.

2) 갈등주의적 접근

기능주의자들은 다소 통합된 전체가 자신을 유지하고 공공선을 증진시키는 방향으로 움직인다고 보는 데 반하여, 갈등주의자들이 주목하는 것은 부, 권력, 권위를 얻기 위하여 투쟁하는 여러 사회집단들이 모인 것의 관점이다. 기능주의자들이 강조하는 것은 사회를 함께 공유하는 가치, 태도, 규범인 것인 반면, 갈등주의자들이 주장하는 것은 힘을 사용할 수 있는 권위가 사회질서를 더 유지한다는 점으로 보는 것이다. 그러므로 갈등주의자들은 사회를 좀 더 역동적인 관점에서 바라보게 된다. 즉 사람들은 권력을 얻으려고 서로 끊임없이 투쟁하기 때문에 변화가 불가피하게 일어날 수밖에 없다는 것이다. 갈등주의자들의 경우, 사회가치가 약화되었기 때문에 현재 대부분의 사회문제가 생긴다는 주장을 부정하였다. 이들은 사회문제는 권력집단이 약한 집단을 의도적으로 착취하기 때문이라고 생각하였기 때문이다.

특히, 갈등주의 이론 중에서 가장 중요한 차이를 이루는 것은 현대사회에서 가장 중요하다고 보는 갈등이 어떤 형태냐는 것이다. Marx는 갈등이론을 처음으로 제시한 것과 관련이 있는데 Marx가 주로 강조한 것은 계급투쟁이었다. 계급이론가들도 현대사회의 삶에서 중요한 현실이 계급갈등이라고 계속해서 인식하고 있다. 하지만 일부 갈등이론가들은 계급보다 기타 갈등형태를 더 강조하고 있다. 예를 들면, 여성주의의 영향을 받은 갈등이론가들이 더 강조하는 것은 성 측면과 이런 성에 근거한 불평등의 측면이다.

그러나 갈등주의를 비판하는 사람들은 다음과 같은 측면을 다루고 있다. **첫째**, 갈등주의자들은 너무 급진적이라는 비판을 가하고 있다. 즉 갈등주의자들이 주장한 것처럼 갈등이 이렇게 많았더라면, 사회는 오래전에 이미 붕괴했을 것이라는 것이다. **둘째**, 갈등주의 관점은 자본주의의 나쁜 측면만을 부각시키고 있다는 점이다.

3) 여성주의적 접근

여성주의자들은 전통적인 남성 중심적 관점을 상쇄하기 위해 여성의 관점에서 세상에서 여성이 놓인 위치를 살펴보기 시작하였다. 여성주의 이론에서 강조하는 것은 여성의 삶은 남성의 삶과 크게 다르다는 점이다. 왜냐하면, 아동을 부양하고 타인의 정서적 욕구와 신체적 욕구를 보살피는 책임을 여성이 주로 맡고 있기 때문이라는 것이다.

그러나 여성이 놓인 위치는 남성이 놓인 위치와 다를 뿐만 아니라 불평등하다고 바라보는 것이다. 예를 들면, 평균적으로 볼 때 남성에 비해 여성은 부가 더 적고 권력에 대한 접근이 어렵고 권위는 위축되어 있다는 것이다. 따라서 여성주의자에 따르면, 현대 사회는 가부장적인 사회가 작용되고 있다는 것이다. 가부장적 사회에 있어서는 남성이 사회를 지배하고 남성의 이해를 위해서 움직이는 사회라고 주장한다. 따라서 여성이 놓인 상황이 왜 과거와 현재가 같은지를 접근하기 위해서 여성주의자들이 취하는 접근방식에 다소 차이가 있다고 볼 수 있다.

4) 상호작용주의적 접근

우리는 자신을 발견하는 상황을 이해하는 것을 '상황의 정의'라고 보는데, 이런 상황의 정의는 다른 사람과의 상호작용을 통해서 학습된다는 것이다. 그리고 상황의 정의는 인간의 모든 행동의 토대가 된다고 본다. 다른 사람과 상호작용을 할 경우, **첫째**, 다른 사람과의 상호작용을 통하여 특정 사회적 상황을 어떻게 정의하는 것보다 훨씬 더 많은 것을 배우게 되는 것이다. **둘째**, 다른 사람과 상호작용을 하는 것은 우리가 누구이며 우리가 무엇인지에 대해서 생각하는 토대가 된다. 그리고 이와 같이 이해하게 될 경우, 다른 사람들로부터 무엇을 기대할 것인가와 특정한 사회적 맥락에서 어떻게 행동해야 할 것인지를 알 수 있다.

상호작용주의자에 따르면, 현실이란 세상의 저편에서 발견되기를 기다리며 있는 것이 아니고, 현실이란 사회적으로 만들어진 합의이고, 사람들이 자신을 정의하고 자기 주변의 세상을 정의하려고 노력함에 따라서 의미가 생겨나는 것이다. 따라서 사람들은 이런 의미를 다른 사람과 함께 생활하고 관계를 유지한다. 상호작용주의 이론에 따르면, 인간문화는 공유된 의미의 복잡한 체계이며, 이런 의미를 통하여 우리의 행동이 결정된다.

미드(Mead)가 제시한 이론은 상호작용주의 이론의 근원이 된다. Mead에 따르면, 인간이 다른 동물과 구분되는 중요한 특징은 상징으로 의사소통하는 능력이다. 여기서 상징은 단어나 단어가 합쳐진 것을 주로 가리킨다. 사회심리학에서 가장 중요한 개념의 하나가 자아개념이다. 왜냐하면 자아개념은 인간 행동의 거의 모든 측면에 영향을 미치기 때문이다.

Mead에 따르면, 행동에 중요한 영향을 미치는 또 하나의 개념은 '일반화된 타자(他者)'이다. 일반화된 타자란 사람들이 우리에 대해 기대하는 행동 종류에 대해 우리가 가지는 사고를 말한다. 다른 말로 하면 일반화된 타자란 우리의 양식을 의미하는 것이다.

표 2-1 이론적 접근방법의 정리

관점	특징
기능주의적 접근	• 거시적 수준에서 접근한다. • 공유된 규범과 가치가 사회를 함께 묶고 있다. • 사회는 공공선을 위하여 함께 노력하는 많은 기관들이 연대하여 노력하는 집합체이다. • 사회문제가 발생하는 주요 이유는 사회해체 때문이다. 급격한 사회 변동 때문에 사회해체가 발생되는 경우가 많다.
갈등주의적 접근	• 거시적 수준에서 접근한다. • 권력 · 권위 · 강요가 사회를 함께 묶고 있다. • 사회는 경쟁하는 사회집단 사이에 지배하기 위해서 투쟁하는 집합체이다 • 사회문제가 생기는 주요 이유는 일부 집단이 다른 집단을 착취 하고 억압하기 때문이다
여성주의적 접근	• 거시적 수준과 미시적 수준에서 접근한다. • 성은 현대 사회를 기본적으로 조직하는 원칙이다. • 여성이 놓은 사회적 위치는 남성의 사회적 위치와 다를 뿐만 아니라 불평등하다. • 사회문제가 발생되는 주요 이유는 남성이 여성을 착취하기 때문이다.
상호작용주의적 접근	• 미시적 수준에서 접근한다. • 개인행동이 토대로 삼는 것은 상징과 우리가 배우는 공유된 의미이다. • 개인과 다른 사람 · 집단 사이에 상호작용을 통해서 위와 같은 학습이 발생된다. • 사회문제가 발을 정의하는 방식 때문이다.

출처: Coleman & Cressey(1999).

5) 사회문제에 대한 관심사례

(1) 상황 예

학교에서 집으로 오는 도중에 조그만 가게에 들르는 경우가 자주 있다고 가정하자. 어느 날 가게에 가다가 길 건너편 공원에서 세 명의 아동과 함께 있는 여성을 보았다. 가게 점원에게 그 여성에 대해 물어보았더니, 점원은 이 여성은 차에서 잠을 잔다고 답변하였다. 이 차는 건물 모퉁이 부근의 길에 주차되어 있었다. 며칠 후 가게에 갔더니 경찰차가 부근에 주차되어 있었다. 그리고 두 명의 경찰관이 그 여성과 이야기하고 있었고, 그 후에 그 여성이나 아동을 다시 볼 수 없었다.

(2) 각 관점에서의 설명

위의 상황에 대해서 각 관점이 제시하는 설명은 다음과 같을 것으로 보인다.

① 기능주의적 관점

위와 같은 문제가 생기는 원인은 근대사회의 많은 부분에서 생기는 사회해체에 있다. 특히 가족제도가 약화되었기 때문에 위와 같은 문제가 생겨난다고 본다.

일부 기능주의자에 따르면, 개인주의와 자유라는 이상이 점점 강화됨에 따라서 공동체의 책임을 소홀히 하게 된다. 이와 같은 규범이 약화되면서 별거나 이혼하는 부부의 수가 증가하고 있다. 이렇게 약화된 가족단위는 재정적으로 아주 어려운 상태에 놓이는 경우가 많다.

② 갈등주의적 관점

여성주의자와 같은 의견을 가질 것으로 보인다. 그러나 사회의 위계질서에서 엄마의 위에 있는 계급이 여성을 착취한다는 점도 지적할 것이다. 즉, 이 여성이 괜찮은 일자리를 가질 수 없는 이유는, 힘을 가진 자본가 집단이 의도적으로 임금을 낮게 유지하여 기업의 이윤을 최대화하려는 이기적 행위로 보는 관점이다.

③ 여성주의적 관점

위와 같은 가족의 문제는 성주의(sexism)와 차별 때문에 생길 가능성이 훨씬 더 크다. 사회는 앞에 언급한 여성이 아동을 부여할 책임을 지고, 또한 이 여성이 아동을 위해서 여성 자신의 미래를 희생할 것을 기대한다.

그러나 결혼이 와해되었을 경우에 이 여성이 직면할 가능성이 있는 것은 여성에 대해 차별하는 노동시장이다. 이런 노동시장의 경우, 이 여성이 가족에게 필요한 아동부양비, 교통비, 의식주 비용보다도 임금이 적은 일자리밖에 제공하지 못하는 관점이다.

④ 상호작용주의적 관점

이 가족이 어려움을 겪는 주요 이유는 가족 구성원이 자기 자신들과 자신이 놓인 사회적 세상을 보는 방법에 문제가 있기 때문이라고 볼 가능성이 크다. 취약계층에서 자란 시민들은 빈곤한 세상에서 벗어나기 어렵다.

예를 들면, 빈곤층은 다음과 같은 특성을 가질 가능성이 있다. **첫째**, 자기의 삶을 부정적으로 본다. **둘째**, 자기가 놓인 상황을 변화시키기 위해 자신들이 할 수 있는 것이 거의 없거나 전혀 없다고 보는 관점이다.

2. 사회문제의 일반적 접근

1) 종교적 접근

종교적 규범은 사회문제를 정의하고 그에 대한 조치를 취하는 주요한 시각이 되고 있다. 종교적 관점에서 사회문제는 신이 내린 도덕적 및 윤리적 계명의 위배이자 죄로 간주되며 그 문제는 신에 대한 개인적 또는 집단적 기도와 참회 또는 고행을 통해 용서를 받아 해결할 수 있다고 보는 것이다.

2) 법률적 접근

법률적 접근방법은 사회가 정당하게 제정하고 인정한 규범인데, 이러한 규범의 인정은 종교적 계명(율)에 근거한 경우가 많고, 또한 법규위반자에 대한 처벌은 고통이나 고행으로 용서를 받는다는 종교적인 사고방식을 반영하는 것이기도 하다. 법률적 접근에서는 사회문제를 법규의 위반으로 보고 법규위반자를 체포, 고발, 처벌함으로써 문제를 해결하려는 시도를 하고 있다. 즉 법규위반자에 대한 전통적 해결방법은 처벌이 위주였다. 그러나 점차 처벌보다는 치료 또는 재발방지를 위해 노력을 하는 방향으로 나가고 있으나 법규위반의 처벌을 강조하는 데서 기본적으로 크게 벗어나지 못하고 있다.

3) 저널리즘적 접근

18세기 이후 신문과 잡지는 착취, 부정, 지위저하 등을 폭로하고 이에 대항하는 기구가 되어 왔고, 20세기 들어와서는 라디오 및 TV가 발명되어 더욱더 중요하고 위력적인 매체로 등장하여 사회문제를 대중에게 인식시키고 이에 대한 해결방법을 유도해내는 데 지대한 영향을 미치고 있다. 저널리즘적 접근방법은 일차적으로 대중들에게 법규범이나 도덕규범의 위반을 알려서 대중들에게 충격을 주거나 대중들을 수치스럽게 하는 것이다. 즉 저널리즘적 접근방법의 가장 중요한 목적은 사회문제의 폭로이고 사회문제의 이해, 예방, 해결, 관련자 처벌 등은 이차적인 목적이라 할 수 있다.

4) 문학 · 예술적 접근

역사적으로 많은 문학작품들이 빈곤과 부 정의와 불평등의 사회문제들을 주제로 삼아 작가의 창조적 세계 속에서 현실사회의 문제들을 상징적으로 폭로하고 이에 대한 대중의 반응을 유발하여 왔고 음악, 미술, 연극 등도 또한 그렇게 해왔다(예술이나 문학작품이 기성세대의 매너리즘과, 천편일률성을 고발 등).

특히 20세기 후반에 들어와서는 음악도 사회문제의 폭로나 반영의 도구로 많은 영향을 미치고 있다. 다양한 대중음악의 양식이 발전하고 이러한 음악은 가사내용과 음악양식을 통하여 사회문제를 반영하거나 폭로하여 때로는 그 해결책을 시사하는 데 많은 영향을 미치고 있다. 이 접근방법은 사회적 현실을 작가의 판단으로 비유적으로 서술하거나 신랄하게 비판함으로써 대중으로 하여금 사회문제를 간접적으로 경험하고 이해하도록 하고 경우에 따라서는 해결책을 제시하기도 한다.

이상의 네 가지 접근방법은 공통적으로 도덕적, 윤리적 헌신감 및 사명감에 바탕을 두고 있으며 목표는 사회로부터 윤리적 동정을 구하는 것이라 할 수 있다. 그리고 사회문제의 현상을 규명하고 원인적 요인을 규명하는 데 있어 객관적인 조사연구와 논리적 확인에 의존하기보다는 주관성과 어떤 윤리적, 도덕적 당위성에 의존하는 경우가 대부분이었다고 볼 수 있다.

3. 사회문제의 사회과학적 접근

사회과학적 접근방법은 사회문제의 현상을 이해하거나 그 원인을 설명하기 위하여 이론적 시각을 취하고, 이론적 시각으로부터 직접 또는 간접으로 가설을 도출하고 경험적으로 조사하여 그 현상이 이론적 시각과 거기서 도출된 가설에 합치하는지를 밝히거나 또는 경험적 조사를 통하여 사회문제를 설명하거나 그 원인적 요인들을 규명하여 이론을 도출하는 활동이라 할 수 있고 나아가서는 원인적 요인에 근거하여 사회문제의 해결책을 찾는 활동까지 포함하기도 한다. 또한 이론의 형성을 위한 귀납적, 연역적[1] 방법을 언급하기도 한다.

1) 사회학적 접근방법

사회학적 접근방법은 사회문제라는 사회적 현상을 이론적으로 설명하거나 관련된 원인적 요인들을 발견하려는 과학적 연구 활동으로 사회문제의 현상에 대한 순수한 이론적 연구에 보다 많은 초점을 두고 있는 접근방법이라 할 수 있다. 사회학을 보다 실용적인 영역으로 확대하여 본다면 사회문제에 대한 이론적 설명과 더불어 그 해결책을 연구하는 활동까지 포함한다고 하겠다.

사회학의 발전은 사회문제를 규명하려는 활동에서 시작되었으며, 발전과정에서 실용적인 차원의 사회문제에 대한 관심과 순수한 이론적인 사회학적인 문제에 대한 관심 사이에 긴장이 계속되고 있지만 사회학은 여전히 사회문제의 해결에 관한 관심에서는 벗어나지 않고 있다는 것만은 사실이다.

사회문제에 대한 해결을 다루는 사회정책은 사회문제에 대한 연구를 중심으로 발전된 사회학의 한 연구 분야가 되고 있는 점에서 사회학적 접근은 이론적 접근뿐만 아니라 응용적 차원의 문제해결까지 포함하는 학문이라고 볼 수도 있다.

2) 사회복지학적 접근방법

사회문제에 대한 관심과 연구는 그 발전과정을 통하여서 보거나 연구내용의 축적이라는 측면에서 보거나 간에 주로 사회학에 의하여 주도되어 왔다. 따라서 사회문제의 연구에 있어서는 사회학의 축적된 지식이나 연구방법 등을 차용하지 않을 수 없다. 그러나 사회복지학이라는 관점에서의 접근은 사회학적 접근과 여러 차원에서 성격을 달리할 것이다. 그 차이를 명료화한다는 것은 본서의 능력을 넘어서는 일이

1) 연역적, 귀납적 추론은 일상생활에서 자주 사용하는 단어는 아니지만 추리와 추론 논증의 방법 중 하나로 과학이나 논리학적인 접근을 통해서 접하는 경우가 있다. 두 방법은 설명을 들어도 어떤 내용인지 파악하기 어려운데 쉽게 풀이하면 구체적인 사실로부터 보편적인 사실을 추론하는 논리적 사고방식이라고 할 수 있다.

기는 하지만, 그러나 나름대로 사회복지적 접근의 정체성 모색을 시도하지 않을 수 없다. 심리학의 영역에서 사회문제에 대한 심리학적인 접근의 정체성 모색이 조심스레 점쳐지고 있는 것에 주목할 필요가 있다고 본다(최선화 외, 2002 재인용).

인간의 복지문제에 관심을 가진 사람들이 개인, 가족, 소집단, 지역사회의 사회적 부적응 문제들을 다루게 됨으로써 사회복지활동이 시작되었고 사회적 부적응 문제들은 대부분의 경우 사회문제와 관련된 것이었다. 사회문제를 포함한 제반 사회적 부적응 문제를 다루는 사회사업 또는 사회복지분야의 사람들이 문제해결에 필요한 실용적 지식을 얻기 위하여 연구를 시작함으로써 사회사업학 또는 사회복지학이라는 학문이 성립되었다. 그러나 사회복지학의 발전은 국가가 사회문제 해결을 위한 주된 사회제도로서 사회복지제도를 수립함으로써 촉진되고 발전되었다고 할 수 있다. 이러한 발전배경으로 보면 사회복지학은 이론과 실천을 구비한 응용사회과학이라 할 수 있다.

즉 사회복지학은 사회문제의 해결을 과제로 하는 실용적 측면을 동전의 한 면으로 하고 있고 또한 사회과학의 여러 이론들을 문제의 이해와 해결의 기반이 되는 이론적 측면을 동전의 다른 한 면으로 하고 있는 응용사회과학이라 할 수 있다. 따라서 사회복지학에서 사회문제에 접근하는 방법은 일차적으로는 사회학적 연구에서 밝혀진 사회문제의 원인적 요인들의 발견에 근거하여 적절한 해결책을 찾는 데 초점을 두고 있지만 문제해결의 논리적 근거는 사회과학적인 연구의 결과를 근거로 하고 있고 사회학적인 연구가 부족할 때는 사회과학적 이론까지 포함하여 접근할 수도 있다고 본다. 그러므로 사회복지학적 접근은 사회문제에 대한 해결책의 탐구뿐만 아니라 해결책에 연관된 사회문제에 대한 이론적 연구도 포함하여 접근하는 것이 되어야 타당할 것이다.

3절 » 사회문제의 이론

사회문제를 설명하는 이론들은 어떤 특정한 사회문제만을 설명할 수 있는 구체적인 것이 있는가 하면 주로 사회문제만을 포괄적으로 잘 설명할 수 있는 것들도 있고,

또한 구체적인 사회문제를 포함한 사회현상 전체를 포괄적으로 설명할 수 있는 것도 있어 다양하다. 사회과학적 이론은 사회현상을 보다 포괄적으로 설명할 수 있을수록 이론의 설명력도 높고 적용범위도 넓고 따라서 그 유용성도 높다고 하겠다.

사회문제를 포함한 사회현상 전반적인 것을 설명하는 이론으로 접근하는 것이 사회현상을 이해하고 설명하는 사회과학적 이론의 발전을 위해서도 바람직하다고 생각된다. 사회문제를 이해하고 설명하고 분석하는 데에 가장 핵심적인 이슈는 **첫째**, 사회속성은 무엇인지, 그리고 사회를 구성하는 **둘째**, 인간의 본성은 어떠한지 파악하여 사회문제를 해결하기 위해 **셋째**, 어떠한 조치를 취해야 할 것인지를 결정해야 하는 것이다. 오늘날 사회문제의 형태 또는 구조를 두 가지 혹은 세 가지로 구분하고 있다.

최근의 동향은 사회문제를 탈선(deviation)과 구조(structure)의 문제로, 즉 부적응과 불평 등으로 나누거나 또는 탈선, 정신질환, 사회해체, 빈곤, 실업, 범죄 등으로 나누고 이것을 합의 이론과 갈등이론 또는 다원주의와 정예주의의 사회과학이론과 결부시켜서 설명하는데 이 양 형태의 사회문제는 기능(합의)주의와 갈등주의의 이론적 배경을 지니고 있는 것이다. 다시 말한다면 사회 불평등을 사회문제로 보는 경우는 갈등주의자의 견해이며, 사회해체를 사회문제로 보는 경우는 기능주의와 갈등주의의 통합적 견해이다.

앞에서 살펴보았듯이 기능주의적 관점에서는 사회문제는 주로 개인의 성격 결함에서 초래되는 것으로 생각하고 있으며, 갈등주의적 관점에서는 사회문제는 주로 사회의 제도적 결함에 의하여 초래되는 것으로 간주하고, 통합주의적 관점에서는 사회문제는 개인 또는 사회의 생태학적 결함에서 초래되는 것으로 보고 있다. 오늘날 사회적 조건이 우리 인간에게 사회문제를 야기 시키도록 하고 있는지, 아니면 우리 인간 자신이 사회문제를 발생시키고 있는가에 대하여 많은 논쟁이 있어 온 것이 사실이다. 따라서 사회문제도 그 실제에 있어서 인간과 사회 등 어느 한쪽에 의해서 발생된다고 보는 견해는 타당치 않다. 오히려 사회문제의 특징을 내용별로 분류하여 사회정책 적 관점에서 이를 해결하는 것이 가장 바람직한 것이며, 중요한 관건이 될 수 있다.

사회문제의 접근방법을 보면 주로 사회관계와 사회문제에 대한 관심 속에서 발달하였다. 그렇기 때문에 사회문제의 원인, 조건, 결과, 해결에 대한 이론이 많을 수밖에 없다. 그러나 이러한 접근 방법은 다양성을 띠고 있으며 대표적인 학자로는 핸더슨(C. henderson), 길린(J. L. gillin), 웨인버그(weinberg) 등이 있다. 그들에 의하면 대체적으로 크게 사회병리학적 이론(social pathology theory), 사회해체이론(social disorganization), 가치갈등이론(value-conflict theory), 일탈행위(deviant behavior), 낙인이론(labeling) 등이 있는데, 사회문제의 가장 중요한 이론적 관점은 사회해체와 일탈행위 및 가치갈등이라는 것을 알 수 있다. 즉 이러한 요인이 사회문제를 형성하는 것이다. 이러한 관점에 대한 올바른 이해는 사회문제의 발견과 발전을 이해하는데 매우 유용한 것이며 그 대책을 찾는 데 매우 중요한 것이다.

1. 사회병리학적 이론

사회병리학의 대표적인 학자로는 핸더슨(H. Henderson), 블랙크머(Blackmar), 길린(Gillin) 등이 있다. 이들의 사회병리학적 관점은 사회문제를 분석하는데 생물학적 혹은 의학적 모델의 관점에서 설명하고 있다. 예를 들면, 정부를 사회의 두뇌로, 우편업무를 신경체계와 같이 전체를 사회의 유기적인 구조라고 볼 때 서로 상호의존적인 부분들이 있다. 즉 사회는 하나의 골격을 가지고 있으며 이러한 유기적 구조나 사회 유기체의 상징적인 운용을 방해하거나 해가 될 때 이러한 경우를 사회문제로 간주한다는 것이다. 또한 사회적 관계 속에서 결합된 개인들로 구성되기 때문에, 사회병리란 사회적 관계에의 부적응을 의미하기도 한다.

좀 더 자세히 설명하자면 '사회병리학'이란 **첫째**, 개인들이 사회생활에 잘 적응하지 못하는 것이다. 개인들이 안정과 점진적인 발전에 기억해야 할 자신의 정당한 몫을 다하지 못하여 독립적이고 자활적인 사회성원으로 가능할 수 없는 경우를 말한다. **둘째**, 사물을 처리하는 방식 및 제도를 포함해서 사회구조가 사회적인 인성(social personality)의 발전에 제대로 적응하지 못하는 경우이다. 이것은 개인이 사회의 이념과 제도의 변화에 보조를 맞추어갈 능력이 선천적으로 결여되어 있거나 사회가 제반 상황에 보조를 맞추지 못할 경우에 발생할 수 있다. 예를 들면, 본질적으로 결함이 있는 사람에 의하여 사회문제는 발생하며 그러한 특성은 유전에 의해서 전승된다. 사회병리론은 사회문제에 관한 이론 가운데 가장 역사가 오래되었으며 구조기능론의 시각을 공유하기에 사회를 하나의 유기체로 보고 사회화에 실패한 사람들이 사회문제를 야기한다는 이론을 제시한 것이다.

또한 초기의 사회병리학자들은 개인적인 부적응과 제도적인 기능 마비 두 가지 모두를 사회적 진보의 장애물로 간주하였다. 즉 건강한 자만이 살아남게 된다. 이들은 사회의 정상적인 기능 활동이 건강한 것으로 간주하였고, 사회의 질병을 분류하는데 몰두하였다. 사회병리학의 이러한 단순하고도 보수적인 흐름이 그 전성기를 누린 것은 일차대전 이전 특히 1890년에서 1910년 사이였다. 전쟁이 끝나고 나서 사회병리학은 서서히 그리고 계속해서 쇠퇴해 갔다.

2. 사회해체 이론

사회해체론적 시각은 1920년대 나타난 이론이다. 사회해체론적 시각은 토마스(Thomas), 잰네키(F. Znaniecki), 오그번(F. Ogburn) 등의 저서에 그 뿌리를 두고 있다. 이 이론은 사회문제를 보다 이해하기 쉬운 관계로 만들기 위하여 사회학자들의 방법론적 시각에서 제기되었다. 우리나라는 1945년 해방 이후 서구화와 1960년대 산업화를 통한 도시화 등이 기존의 사회를 해체시켰다. 이러한 사회해체의 과정은 도시화로 인한 이유 등이 가장 크다고 볼 수 있다. 도시화로 인한 이주는 농촌인구의 도시문화의 수용에 많은 문화적 갈등이 야기되어 범죄, 정신병, 알코올중독, 약물중독 및 비행청소년 등 많은 사회문제를 불러일으켰다.

이렇게 앞서 설명한 초기의 사회병리학적 시각과 비교해 볼 때 사회 해체론적 시각을 사용하는 것은 보다 복잡하고 지적으로 한층 더 명백하게 체계화된 이론이라 할 수 있다. 사회병리학자들은 개인과 제도의 실패에 대한 고찰을 통해서 사회문제를 연구하는 데 비해, 사회 해체론적 시각을 사용하는 학자들은 사회적 규칙의 검토를 바탕으로 사회문제를 연구하였다. 사회 해체론적 접근의 요지는 사회의 각종 제도가 본연의 목적에 의해 조직되지 못하고 해체됨으로써 그 각각의 서로 다른 기능과 목적을 위해 움직이게 되고 이에 의하여 사회구성원들의 태도, 가치관이 비조직화되고, 분열되며, 일관성을 잃고 각기 나름대로만 행동하는 경향을 띄게 된 사실을 지적하면서, 이러한 가치태도체계의 분열과 기능장애는 각종 사회문제를 낳기 마련인바 그중의 하나가 일탈문제라는 것이다. 그들은 사회해체의 원인으로 사회변동, 외국이민의 증대, 계층 간의 상하이동, 계급 간의 이해관계 및 갈등, 근대화에 의한 윤리 · 도덕 · 가치 · 의식의 와해 등을 들고 있다. 사회해체의 근원적인 원인은 사회변화이다. 즉 변화가 일어남에 따라 사회체계의 부분들은 상호 간에 조정이 되지 않는 것이다. 사회해체는 개인에 대해서 긴장을 불러일으키고 이는 다시 개인적 해체(정신병, 알코올중독 등)를 야기 시킨다는 것이다.

3. 가치갈등주의 이론

가치갈등 이론은 현대의 사회현실이 계급투쟁의 역할로부터 창출되고 있다고 주장하고 있다. 대표적으로 주장한 학자로는 마르크스나 짐맬 등 갈등론자들을 들 수 있다. 이 이론의 요지는 이질성과 다양성으로 특징 지워지고 일치되지 않는 여러 가치관의 상존 때문에 가치갈등이 사회문제를 야기 시킨다는 주장이다. 가치의 변화와 발생에 대해서는 그 경로를 찾아낼 수 있는 이론을 알아내기는 매우 어려운 작업이다. 그러나 일반적으로 가치의 발생에 대해서는 생물학적(배고픔, 고통, 쾌락), 심리학적(인간관계가 자아를 형성), 사회학적(생태계 및 사회제도) 설명이 있다. 생물학적 접근에서는 인간은 진화과정으로 보는 것이고, 심리학적 접근에서는 개인의 경험이 중요시되고, 사회학이나 인류학에서는 생태학 또는 제도적 산물로 보는 경향이 있다(양종회, 1994 재인용).

이 세 가지는 상호 밀접한 관련성을 가지고 있다고 본다. 사회학에서 가치는 고유된 상징체계의 한 요소이다. 또한 한 상황에 열린 지식과 행동의 대안들 가운데서 선택을 하기 위한 기준 또는 표준으로 작용하는 것과 또는 비교적 일반적이고 지속적인 평가의 내적 기준이라고 정의되고 있다. 구조기능론에서는 가치지향이라는 용어를 선호하고 있다. 그것은 행위자의 지향적인 측면으로서 행위자가 선택을 할 수 있는 상황에서 어떤 규범이나 표준 또는 선택의 기준을 준수하도록 하는 것을 뜻하는 것이다. 가치의 정의는 인류학자에 의해 제시되고 있는데 가치를 암묵적이거나 명시적이고, 한 개인에게 독특하거나 집단에 특정적이며 바람직한 것으로서 입수 가능한 행위의 양식과 수단 그리고 목적들 가운데 선택하는데 영향을 주는 것이라고 정의한다(옥양련, 박금식, 2001 재인용).

또한 심리학에서는 가치를 주로 행동과 관련해서 정의하고 있는데, 가치는 어떤 행위양식 존재의 종국 상태(끝나는 상태)가 개인적으로나 사회적으로 그와 반대되는 행동양식 또는 존재상태보다 더 선호된다는 것으로 지속적인 신념, 어떤 존재의 종국상태이다(예: 평등, 자아실현, 자유 등). 또한 어떤 광범한 행위양식(예: 정직, 근면 등) 등에 대한 원천적 선호 정도나 정직한 태도로 정의된다고 볼 수 있다.

이러한 다양한 가치의 정의를 통해 볼 때, 가치는 행위 또는 상태에 대한 인간의 선택이나 판단의 기준 또는 표준과 관련된 신념이며, 발상과 표현 또는 태도 등으로 규정된다고 할 수 있다. 또한 인간의 가치란 개개인이 궁극적으로 추구하는 삶의 원리이며 그것은 개인이 추구하는 생의 목적에 의미를 부여하고 행동의 기준을 제시할 뿐만 아니라 누구나 공통적으로 추구하며 가치의 존재는 사회질서의 근본이 되며 우리 인간의 정신적 지주로 우리의 행동의 기준이 된다. 행동의 기준이란 어떤 행동의 목적이나, 행동의 형태 그리고 행동의 방법 등을 포함하고 있는 상황에서 어느 한 방향으로 선택하고 결정하게 되는 궁극적으로 행동하게 되는 것을 말한다. 따라서 가치는 인지적 차원과 정의적 차원을 가지고 있는 중요한 판단 기준으로서 태도, 흥미, 평가, 행동을 결정하는 기본적인 요소라고 할 수 있다.

윌리엄스(Williams)는 가치를 좋다, 나쁘다, 바람직하다 등 우위적 관심을 갖고 있는 일정한 상황, 사건을 지칭하는 용어라고 전제하고 이 개념의 한계를 네 가지 기준에 의하여 설명하고 있다. **첫째**, 가치는 감각, 정서, 반사, 욕구 자체를 유발시키며 가치는 각자의 경험에 의해 추상화되는 것이다. **둘째**, 가치는 정의성이 강하며, 가치는 감정의 현상적 및 잠재적 동원 가능성을 가지고 있다. **셋째**, 가치는 구체적인 행동의 목표가 아니며, 그것은 오히려 목표설정의 기준이 된다. **넷째**, 가치는 사소한 것이 아니라 중요한 관심의 대상이 된다. 결론적으로 가치는 정신적 지주로서 가치의 문제는 바로 사회에서 인간의 행동 기준으로 사회문제를 야기하는 동기적 요인이 되는 것이다.

4. 일탈 이론

모든 사회 구성원들은 그 사회가 요구하는 규범의 틀에 맞추어서 행동하도록 기대되고 있다. 인간이 사회적 기대치에서 벗어나는 사고와 행동을 할 때 우리는 이것을 일탈행위라 부른다. 일탈이론은 주로 뒤르껭(Emile Durkheim)의 자살이론, 머튼(Robert King Merton)의 아노미 이론 그리고 서더렌드(Sutherland)의 접촉자 이론으로 구분할 수 있다.

뒤르껭은 사회적 통합의 정도와 자살률은 반비례한다는 것이다. 즉 소속집단에서의 통합이 약한 경우에는 이기적 자살(egoistic suicide), 그리고 강하면 이타적 자살

(altruistic suicide)의 발생빈도가 높다고 보고 있으며 급격한 변화에 적응치 못한 나머지 소외적 의식에 빠지게 되면 아노미적 자살(anomic suicide)이 나타나는데 이러한 자살유형의 현상은 어느 사회에서나 존재하는 보편적 현상으로 보고 있는 점이다.

머튼은 아노미가 문화적 목표가 과잉 강조되거나 이러한 목표를 성취하기 위하여 합법적 기회가 차단될 때 사회의 한 부분의 사람에게는 정상적 상태의 일이 될 수 있다는 것이고 그는 이러한 합법적 수단과 문화적 목표 간의 교차점을 다섯 가지로 나누고 동조형(정상행위)을 제외한 네 가지 적응 양식을 일탈로 규정하였다. 즉, 쇄신형(절도, 강도), 의식형(관습, 의례), 도피형(정신병, 방랑자), 저항형(혁명, 폭동)이다.

서더렌드(Sutherland)는 사회해체가 일탈에 중요한 역할임을 인정하면서도 사회구조적 조건보다는 인간이 탈선할 수 있는 사회과정에서 설명하였다. 즉 탈선행위가 사회생활의 자연적 부분이라는 원리를 발전시켰고, 인간이 일탈행위와 접속함으로써 일탈을 배우게 된다고 주장하였다. 청소년들이 친구와 어울림으로써 탈선하게 되는 경우들은 그의 차별접촉이론을 입증해 주고 있다.

5. 낙인 이론

사회학의 발전에서 하버드 학파가 구조기능론을 발전시켰다면 시카고 대학을 중심으로 한 사회학 교수들로 구성된 시카고학파는 상징적 상호작용 이론을 정교화하였다.

낙인이론은 상징적 상호작용론의 이론적 기초를 토대로 전개된 사회문제의 구체적인 이론이다. 따라서 이 이론은 기본적으로 상징적 상호작용의 시각을 공유하면서 사회문제의 원인과 결과에 대해서 독특한 개념을 제시하였다. 낙인론의 창시자는 리멋이며 베커는 「국외자」라는 저술을 발간하여 낙인론을 더욱 세련되게 만들었다. 낙인이론의 입장은 사회적으로 세력이 큰 집단이나 사람들이 그렇지 못한 집단이나 사람들을 일탈자로 이름을 붙인다. 즉 낙인을 찍는다. 바로 이 사실을 중시한다. 그래서 탈선은 사회적 상호작용에 의하여 형태 지어진다고 하였다(최선화 외, 2002 재인용).

낙인이론에 의하면 탈선의 정의가 그 행위에 내재되어 있는 것이 아니라 사회 내

다수세력이 그 행위를 어떻게 보느냐에 따라 달라진다는 것이다. 즉 일탈의 개념규정이 사회에 따라 다르다는 것이다. 그래서 탈선적 관점은 탈선에 대하여 구조보다는 과정에 초점을 두고 객관성보다는 주관성에, 그리고 주도권(initiative)보다는 반작용(reaction)에 관심을 두고 있는 점이다. 이상과 같이 다섯 가지의 사회문제이론은 그 이론적 관점이 강조하고 있는 개념은 모두 상이하지만 근본적으로 사회문제의 종류와 본질이 다양하기 때문에 모든 사회문제를 종합해서 취급할 수 있는 포괄적인 방법이 없기 때문에 인간의 문제를 어떠한 관점에서 파악하느냐에 달려 있다는 사실을 발견할 수 있다.

4절 » 사회문제의 관점과 사회복지적 접근

사회문제는 영향력을 행사할 수 있는 상당수의 사람들인 정치인, 판사, 교수, 사회학자, 사회단체 그리고 많은 계층의 사람과 그리고 일반시민들은 사회문제를 인식하고 해결하는 방법에서 각각 특정한 관점을 갖고 접근하려는 경향이 농후하다. 따라서 그들은 경제적인 문제의 빈곤문제의 당사자를 비난하거나, 스스로 자신을 비하하면서 부의 불균형적인 배분에 관해서 언급하지는 않고, 법률과 사회구조적인 모순을 생각하기에 앞서서 비행청소년이나 범죄자를 비난, 성토하고 교육제도나 교육환경의 문제점을 심각하게 고려하기 이전에 입시 부정행위자나 고액 과외 학생과 학부모 또는 낙오자나 중퇴한 학생을 비판하고 있다.

그러면 사회문제는 사회문제에 관련된 일탈자 또는 반 규범적이며 개인들에 의해서 만들어지는 사회현상인지 아니면 사회문제는 사회구조나 제도적 모순에 의해서 발생되는 사회적 조건으로 그와 관련되는 개개인들은 자신들의 문제를 안고 있는 사회체제나 제도의 희생자인지 하는 의문에 대한 해결은 사회문제를 바라보는 대립적인 시각 또는 접근방법을 통하여 해답을 찾을 수 있다. 즉 개인에 대한 비판과 사회체제 비난의 논리적 근거를 자세히 살펴보면 알 수 있는 것이다. 이와 같이 사회문제를 바라보는 상호 대립적인 시각은 사회문제에 대한 사회복지적 대책과 관련해서 매우 중요한 의미를 가진다고 볼 수 있다. 그것은 사회복지는 때로는 부적응적 또는 일탈적인 개인을 교정, 상담, 재활 등 치료사업적 서비스를 제공하는 한편 사회제도나 체제의 모순을 해결하는 사회행동과 사회운동을 전개하는 방법에 있어서도 크게 비중을 두고 있기 때문이다. 즉, 사회문제에 대한 사회복지 대책의 방향이 개인의 교정이나 재활에 주안점을 둘 것인지, 아니면 사회체제의 개혁적 변화에 주안점을 둘 것인가를 결정하는 중요한 역할을 하는 것은 개인비난과 체제비난의 관점에서 살펴볼 수 있다.

1. 개인비난의 관점

비행이나 범죄문제와 관련하여 개인에게 초점을 맞춘 개인비난의 관점을 가지고 있는 사람들은 비행이나 범죄는 개인의 이기주의적인 생각과 자제할 줄 모르고 충동적이며 공격적인 성향을 갖고 있는 사람들에 의해서 야기되는 것으로 보고 있다. 빈곤문제도 같은 입장에서 빈곤은 게으르고 무지하며 나태하고 합리적으로 경제활동을 하지 못한 개인에게 책임이 있는 것이지 국가의 경제제도나 노동정책과는 아무런 관련이 없다고 바라보는 것이다. 이러한 시각과 관점을 대변하는 이론이 곧 빈곤문화 이론인 것이다.

사회문제의 원인을 개인에게서 찾고 결국은 개인이 문제를 가지고 있다는 관점을 갖는 사람들은 사회문제를 사회의 규범이나 표준에서 이탈된 개인의 행동으로 간주한다. 또한 어떻게 이 사회가 상호작용하고 있는가에 관한 접근은 뒤로한 채 기존의 사회제도나 사회체계는 정당한 것이고 불변의 것으로 당연시하고 있다. 그들은 사회문제와 관련된 개인이나 가족을 교정하고 재활하여 일반적 사회구성원으로 정상적인 생활을 영위하도록 지원해주는 것이 사회문제를 해결하는 유일한 방법으로 보고 있는 것이다. 즉, 사회제도나 사회체제의 변화보다는 개인의 변화와 개인의 사회적응에 주안점을 두고 있다.

사회문제를 개인 비난의 관점에서 해석하려는 것은 다음과 같은 결과를 초래할 수 있는 것이다. **첫째**, 개인비난의 접근방법은 기존의 정치, 경제, 사회, 교육 등과 관련된 사회제도나 체제에 근거 없는 정당성과 면죄부를 부여하는 효과를 갖고 있기 때문에 대량 실업이나 신용불량자가 발생되어도 실업이나 신용불량 상태에 놓여있어도 그들의 능력의 문제이지 국가의 경제제도와 경제정책은 문제시되지 않는다는 것이다. **둘째**, 개인에 대한 비난의 시각은 기존의 사회질서를 유지하는 데 도움을 줄 뿐만 아니라 이를 비판하는 세력과 집단을 통제하는 구실을 한다는 것이다. 즉, 사회적 규범에 일탈적인 행동을 보이는 정치범, 사회운동가, 범죄자, 동성연애자, 정신질환자, 약물남용자 등은 교정기관이나 정신병원 등에 수용하는 이유로 바라볼 수 있다. 이와 같은 통제방법이 문제의 원인을 개인으로 돌리면서 올바른 사회를 보호하려는 조건이며 사회문제를 해결하려는 방책이라는 것이다. 끝으로 사회문제에 대한 개인비난의 관점은 개인이 자신이 처한 상황을 극복하려는 노력에 부정적인 영향을 주는 것이다.

개인비난의 관점은 사회적 다원이즘이라는 정치사회적 이념 또는 이데올로기를 구현하는 하나의 방법으로 사회문제에 관련된 사람은 열등감을 가지고 있기 때문에 열등한 대우를 받아도 마땅하다는 것이다. 개인의 능력과 자질이 뛰어난 사람이 보다 큰 명예와 부를 누릴 수 있다면, 마찬가지로 능력과 노력이 부족하고 정상적인 사회생활을 영위하지 않는 일탈자는 고난과 불행을 감수해야 한다는 것이다. 이러한 사회적 다원이즘은 빈민, 장애인, 그리고 노인들이 자신의 처지를 개선하려는 노력과 동기를 박탈하고 그들에 대한 정부의 사회복지적 급여나 서비스의 제공을 불필요한 것으로 간주하고 있다.

2. 체제비난의 관점

다양한 사회문제를 면밀히 살펴보면 사회문제의 원인을 단지 개인의 탓으로만 돌릴 수 없는 경우가 비일비재하다. 빈곤문제나 실업문제 그리고 청소년문제와 장애인문제 등에 관해서 학자들의 연구결과를 종합해 보면 문제의 원인이 사회제도나 경제정책에 그 뿌리를 두고 있다는 실증적인 자료와 증거가 제시되고 있다. 빈곤과 실업문제는 자본주의 경제체제 또는 한 국가의 경제운용 체계에 이상이 발생하여 나타나는 문제일 수 있는 것이다. 또한 청소년 문제는 건전한 청소년을 육성하기 위한 교육정책의 실패나 유해한 사회 환경이 문제의 원인이 되는 것이다. 그리고 장애인 문제는 국가의 보건의료정책이 잘못되어 모든 국민에게 적절한 보건의료 서비스를 향유할 기회를 주지 않았기 때문에 더욱 심각한 사회문제가 될 수 있으며, 장애인이 인간다운 생활을 영위할 수 있도록 교통권 등 편의시설을 갖추지 않는 사회적 조건이 문제의 원인과 심각성을 더해주고 있는 것이다.

이와 같은 사회문제의 원인을 문제와 관련된 개인의 책임으로 돌리기보다는 사회구조나 제도에 근원적인 문제의 원인이 있다고 보는 관점이 체제비난이다. 따라서 사회문제의 원인을 사회체제에 두고 있다면 인간은 인간이 통제할 수 없는 체제의 구조에 따라 그 운명이 좌우된다는 비관적인 결론에 이르게 될 수 있다. 끝으로 체제비난 접근방법에 있어서 사회문제를 해결하는 집단적 대책에서 개인의 노력과 책임을 희석시키는 구실을 할 수 있다는 점에서 주의가 필요하다고 본다.

3. 사회문제와 사회복지적 접근

사회복지는 인간의 기본적인 욕구를 충족시키고 사회문제를 해결하여 사회정의를 실현시키고자 노력하는 일체의 사회적 활동체계를 말한다. 사회복지는 개인, 가족, 집단, 조직, 지역사회, 전체사회를 대상으로 각종 사회복지 서비스를 제공하고, 사회복지 프로그램을 통해서 그들의 문제해결에 노력하는 전문적 활동으로 이루어진다. 사회복지와 관련된 전문적 활동체계는 크게 재활중심의 활동과 변화중심의 활동으로 나누어 볼 수 있다. 재활 중심의 활동은 개인이나 가족 또는 집단을 대상으로 문제를 갖는 개인에 한정해서 개인을 사회 구성원으로 적응시키기 위한 인간으로 변화시키려는 노력이 중심을 이루고 있다. 반면 개혁중심의 활동은 개인이나 가족에게 중점을 두기보다는 조직과 지역사회 또는 전체사회를 대상으로 이들의 모순 또는 역기능적 현상을 올바르게 잡으려는 노력이 중심을 이루고 있다. 사회복지 실천에서 있어서 전자를 미시적 실천 또는 임상적 실천이라 한다면 후자를 거시적 실천 또는 정책적 접근이라고 부른다.

사회복지의 역사적 발전과정에서도 알 수 있듯이 시대 상황이나 여건의 변화에 따라 때로는 사회복지가 자선과 치료 중심의 미시적 실천이 강조되다가 어떤 시기에서는 자립과 개혁 중심의 거시적 실천이 강조되기도 하였다. 어떠하든 사회복지는 사회문제의 해결을 위하여 자선과 치료 중심의 실천과 자립과 개혁 중심의 실천 양자를 동시에 함유하고 있는 특성을 나타내는 실천적 학문으로 자리매김되고 있다. 그러나 각 분야의 사회복지 실천 활동에 종사하는 사회복지사가 사회문제를 보는 시각이 어느 한 편으로 치우쳐 균형을 잃게 되는 경우 그들의 노력이 별로 효과를 거둘 수 없다는 점이다. 예를 들면, 빈곤문제가 사회제도나 구조의 결함에 의해서 발생되었음에도 불구하고 빈곤문제의 당사자에 대한 재활이나 상담, 그리고 물질적 지원으로 그들을 변화시켜 현존하는 경제활동에 적응시키려는 노력만 한다면 그들

목숨을 잃어야 했다.

흑사병 바이러스에 감염된 환자들은 격리된 채 죽을 날만 기다렸고, 첫 발병 이후 5년이 흐르는 동안 유럽 인구의 3분의 1에 해당되는 2,500만 명이 흑사병으로 목숨을 잃게 되었다.[2] 중세에 흑사병 바이러스가 인간의 생명과 건강을 위협했다면, 최근에는 인수공통감염병(Zoonosis)[3]이 팬데믹을 형성하면서 인간에게 위협을 가하고 있다. 원래 인수공통감염병의 병원체는 야생동물의 몸속에만 기생적으로 존재했었다. 그런데 인간의 무분별한 탐욕으로 자연환경이 파괴되고, 이로 인해 생태 균형이 무너지면서 야생동물과의 접촉이 빈번해져 야생동물에 있던 바이러스가 인간에게로 전이되었다. 최근 코로나19바이러스는 이전에 경험했던 바이러스들과는 차원을 달리하면서, 우리의 삶의 방식을 송두리째 뒤바꾸고 재배치시키고 있다.[4] 이전에도 사스(중증급성호흡기증후군, Severe Acute Respiratory Syndrome), 신종 인플루엔자, 메르스(중동호흡기증후군, Middle East Respiratory Syndrome)로 인해 많은 고통과 어려움을 겪었지만 학교 수업이나 교회에서의 예배 그리고 일상적인 생활은 봉쇄나 통제받지 않았다.[5] 하지만 코로나19바이러스의 빠른 확산과 광범위한 감염 양상은 강력한 봉쇄조치나 사회적 거리 두기를 할 수밖에 없도록 우리를 내몰고 있다. 강력한 방역과 사회적 거리 두기에도 불구하고 코로나19로 인한 팬데믹(pandemic)[6]은

2) 흑사병은 예르시니아 페스티스(Yersinia pestis)라는 박테리아가 일으킨 치명적인 병이었다. Max Lucado/최종훈 옮김, 목마름(서울: 두란노, 2005), 23-25 참고.

3) '인수공통감염병'이란 동물과 사람 간에 서로 전파되는 병원체에 의하여 발생되는 감염병으로, 일반적으로는 '동물이 사람에 옮기는' 감염병을 지칭한다. 전체 감염병 중에서 동물이 사람에 전파하는 감염병은 70%에 이르는 것으로 알려져 있다. 1952년 세계보건기구(WHO) 전문가 회의에서는 인수공통감염병에 대해 '척추동물과 사람과의 사이에 자연적으로 전파하는 질병 또는 감염'이라고 정의한다.

4) 아프리카 오지의 나라 챠드의 문인, 무스타파 달렙은 "아무것도 아닌 '그 하찮은 것'에 의해 흔들리는 인류. 그리고 무너지는 사회…."라고 표현하였다. 어느 가톨릭 수도자의 좌충우돌 세상사는 이야기, "무스타파 달렙의 코로나19에 대한 성찰," 2020년 6월 19일 접속, https://happyjeje.tistory.com/1006.

5) 2002년 늦가을에서 2003년 봄까지 발생한 사스가 발병했는데, 사스의 치사율은 9.6%였다. 당시 전 세계 29개국에서 8,096명의 추정환자와 774명의 사망자가 발생했다. 국내에서도 확진환자가 발생하기도 했지만 다행히 사망자는 없었다. 2009년에는 신종 인플루엔자(AH1N1)가 발병하여 국내에서 763,759명이 감염되었고, 270명의 사망자가 발생하였다. 김유익 외, 세계는 왜 한국에 주목하는가, 103. 2015년에는 중동호흡기증후군(MERS) 바이러스가 확산되어 186명의 확진자가 발생했고 그중 39명이 사망했으며 1만6천 명 이상이 격리되었다. 의료선진국이라고 자부하던 우리나라는 세계 2위의 메르스 환자 발생국가가 되었고, 메르스로 인한 경제적 손실은 약 10조 원 내외로 추정되었다. 메르스의 충격으로 손 씻기와 마스크 착용이 일상화되었다. 김윤, "메르스 이후 한국 의료체계의 진단과 해법," 「한국행정포럼」 150(2015. 9), 22.

6) 세계보건기구(WHO)는 전염병의 위험도에 따라 전염병 경보단계를 1단계에서 6단계까지 나누는데 최고 경고 등급인 6단계를 '팬데믹(pandemic; 전염병의 대유행)'이라 한다. 그리스어로 'pan'은 '모두', 'demic'은 '사람'이라는 뜻으로, 전염병이 세계적으로 전파되어 모든 사람이 감염된다는 의미를 지니고 있다.

종식될 기미가 보이지 않고 델타와 오미크론 변이 바이러스로 전파되고 있다.[7] 유행병의 조짐이 보일 때는 신속한 선별 검사와 확진자의 동선을 포함한 정확한 역학조사, 그리고 투명한 정보공개가 중요하다. 하지만 코로나19 발생 초기 중국 정부는 의사들의 경고를 무시하고 정보를 은폐하려고만 했다.[8] 작년 12월30일 SNS를 통해 바이러스의 위험성을 처음으로 알린 우한중앙병원의 안과의사 리원량(李文亮, Lǐ Wénliàng, 1986년 10월 12일~2020년 2월 7일)은 폐렴 증상을 보이는 안질 환자를 치료한 후 바이러스에 전염되어 입원하였고, 투병 중에 결국 숨을 거두었다. 우한에서 시작된 바이러스가 전 세계로 급속히 확산될 때 유럽과 미국에서는 마스크를 쓰는 동양의 문화를 무시했다가 큰 피해를 겪고서야 방역방침을 바꾸었다. 코로나19사태가 이전에 발생한 전염병보다 심각한 것은 전파력이 강해서 감염률이 비교가 안 될 정도로 높다는 것이고, 광범위한 감염률로 인해 바이러스로 인한 희생자도 그만큼 많이 발생하고 있다는 점이다. 코로나19바이러스는 사스(SARS-CoV)나 메르스(MERS-CoV)에 비해 치사율은 상대적으로 낮지만 확산속도는 걷잡을 수 없을 만큼 빠른 것이 특징이다. 바이러스는 생존력을 높이고 더 많이 확산되기 위해 스스로 치명률을 낮추는 전략을 취하기도 하는데, 코로나19바이러스는 숙주인 사람을 죽이지 않으면서 더 많이 확산시키는 전략을 취하고 있다.[9] 코로나19의 경우 주요 증상인 고열과 기침, 호흡곤란 등의 특징적인 감염 증상이 나타나지 않는 잠복기의 무증상 상태로도 전파력이 강하기에 사람들의 불안과 두려움은 더욱 극대화된다. 코로나

2020년 3월 문화체육관광부와 국립국어원에서는 팬데믹이라는 용어를 대체할 우리말로 '감염병 세계적 유행'을 선정하였다.

7) 팬데믹(pandemic)은 세계적 대유행 또는 범유행을 의미하며 적어도 두 개 이상의 대륙에서 동시에 유행하는 감염병을 말한다. 반면 어떤 공동체(도시, 주, 국가 또는 대륙) 내에서 특정 질병으로 확진자 수가 예기치 않게 급증할 때는 감염병 유행(epidemic)이라고 한다. Tyler J. Morrison/ 홍유진 옮김, 코로나19 우리가 알아야 할 사실들(파주: 열린책들, 2020), 63.

8) 새로운 질병에 대한 정보 공유를 가로막는 가장 큰 장벽은 정치이다. 전염병이 발생했을 때 자발적으로 그 사실을 인정하는 나라는 거의 없다. 그 결과 초기에 막을 수 있었던 문제가 산불처럼 번지곤 한다. Alan P. Zelicoff & Michael Bellomo/ 송광자 옮김, 바이러스 습격사건(파주: 알마, 2011), 398.

9) 인간에게 정복당하지 않고 끊임없이 인간을 괴롭히는 바이러스는 적당한 병독성을 가지면서 확산력이 센 바이러스인데, 후천성 면역 결핍증인 에이즈를 유발하는 인체면역결핍 바이러스(HIV, human immunodeficiency virus)가 대표적이다. HIV 바이러스에 감염되고 나서 치료를 하지 않아도 7~8년은 생존한다. 또한 감염 초기에는 몸살감기처럼 앓다가 좋아지기 때문에 감염 사실조차 인지하지 못하는 경우가 많다. 딱히 증상이 없다 보니 친밀감 등의 접촉을 통해 자신도 모르는 사이 병원균을 퍼뜨리게 된다. 그 후 시간이 흐르면서 에이즈는 서서히 피를 말리듯 면역세포를 파괴시키면서 정체를 드러낸다. 2018년 기준으로 전 세계 에이즈 환자는 3,790만 명에 달하며, 국내에서도 2013년을 기점으로 매년 1천 명 정도의 환자가 발생하고 있다. 김우주, 신종 바이러스의 습격(서울: 반니, 2020), 121 참고.

사태가 장기화되면서 스트레스와 불안으로 인해 고통을 호소하는 이들이 많으며 심리 상담을 받는 이들도 늘어나고 있다. 코로나19로 인해 우울증 환자가 늘어나는 현상을 '코로나 블루'라고 하는데, 이는 '코로나'와 '우울증'을 합성해서 만든 신조어이다. 그동안 과학과 의료기술의 비약적인 발전에 힘입어 위생환경을 개선하고, 항생제와 백신 개발을 통해 감염병을 극복하기 위해 힘써 왔다. 그럼에도 불구하고 감염병(infectious disease)의 노출 빈도는 더욱 늘어나는 추세이고, 취약한 대응방식으로 입게 된 사회경제적 피해는 가늠하기 어려운 상황이다. 코로나19바이러스 팬데믹이 초래한 위험의 전 세계화 현상은 유토피아(Utopia)[10]를 꿈꾸었지만 디스토피아(dystopia)[11]로 치닫는 불확실한 미래에 봉착해 있는 우리의 위기상황을 반영하고 있다.

독일 철학자 가브리엘 마르쿠스(Gabriel Markus)는 코로나19를 '형이상학적 전염병'이라 부르면서 인류가 신자유주의적 전염에서 벗어나 공동으로 윤리적 연습을 할 기회로 간주하였다. 또한 누군가는 "신에게 한 대 세게 두들겨 맞은 것 같다"고 표현하기도 했다. 인간의 교만과 탐욕이 멈출 줄 모른 채 폭주하니까 신이 "안 돼"하면서 인간에게 제정신이 번쩍 들도록 한대 세게 때린 모양새라는 것이다. 본 장에서는 사회복지윤리적 관점에서 코로나19의 근본 원인과 그 과정에서 빚어진 다양한 사회문제를 살펴보면서 이에 대한 해결책을 모색하고자 한다. 아울러 코로나19와 같은 바이러스 팬데믹 시대를 살아가는 데 있어서 사회복지 공동체가 감당해야 할 대사회적 역할과 과제는 다음과 같다.

10) 어느 곳에도 없는 장소라는 뜻으로, 1515년에서 1516년 사이에 영국의 모어가 지은 공상 사회 소설. 공산주의 경제 체제와 민주주의 정치 체제 및 교육과 종교의 자유가 완벽하게 갖추어진 가상(假想)의 이상국을 그린 작품으로, 유럽 사상사에서 독자적인 계보를 형성하였다.

11) 역(逆)유토피아라고도 한다. 가공의 이상향, 즉 현실에는 '어디에도 존재하지 않는 나라'를 묘사하는 유토피아와는 반대로, 가장 부정적인 암흑세계의 픽션을 그려냄으로써 현실을 날카롭게 비판하는 문학작품 및 사상을 가리킨다.
대표 작품으로는, A.L.헉슬리의 《멋진 신세계》(1932), G.오웰의 《1984년》(1949) 등이 있다. 이러한 디스토피아는 현대사회 속에 있는 위험한 경향을 미래사회로 확대 투영함으로써 현대인이 무의식중에 받아들이고 있는 위험을 명확히 지적하는 점에서 매우 유효한 방법이다. 미래를 진지하게 논하려면 유토피아, 디스토피아 쌍방의 시점에서 언급해야 한다.

2절 » 코로나19바이러스의 원인

1. 기후변화와 야생동물의 멸종

전 세계 지구온난화를 포함한 기후변화는 인간의 지나친 인간 탐욕의 결과이다. 보다 풍요로운 생활을 누리기 위해 산업을 발전시키고, 생태환경에 해로운 환경 오염원을 마음껏 배출하였다. 특히 산화탄소배출은 국가주의와 집단적 이기주의의 덫에 걸려 국제적인 조정이나 양보 없이 공유지의 비극으로 치닫고 있다. 인간이 초래한 기후변화는 생태균형을 무너뜨리면서 지구촌의 모든 생명체들을 위협하고 있다. 과거에는 발생과 번식이 일정 지역에 한정되어 있었던 바이러스가 지구온난화로 인해 다른 지역으로 쉽게 전파되고, 모기와 진드기의 서식지를 넓혀주고 말았다. 탐욕스러운 인간의 자연정복과 무분별한 확장으로 인해 바이러스들이 숙주로 기생하던 야생의 동식물이 멸종하면서 바이러스들이 살아갈 곳이 없어지게 된 것이다. 이는 마치 건물을 철거할 때 흙먼지가 흩날리며 주변으로 퍼져나가는 것처럼 야생동물의 몸에 기생하던 바이러스들이 주변으로 확산되면서 급기야는 인간에게까지 퍼지게 된 것이다. 사회적 밀도(social density)의 증가는 바이러스가 인간에게 침투하여 확산되는 최적의 요건이 되었다. 교통과 무역의 발달, 급속한 도시화는 많은 사람들이 밀집해 살면서도 이동성은 더욱 증가함으로 바이러스가 전 세계로 빠르게 퍼져나가는 계기가 되었다.

2. 서식지 파괴와 야생동물과의 접촉 증가

인간의 풍요롭고 윤택한 삶을 누리기 위한 목적으로 인간에 의해 자행된 산림과 숲의 파괴는 야생동물의 서식지를 빼앗는 결과를 초래했다. 도로 건설, 콘크리트 아파트 숲, 고층건물 건축, 산림 파괴, 개간으로 인해 이전에는 접촉할 기회가 거의 없었던 야생동물과의 접촉기회가 늘어나게 되었다. 인간에 의해 밀려나고 쫓겨나 서식지를 빼앗긴 바이러스는 멸종하는 야생동물과 함께 사라지든지 아니면 새로운 숙주를 찾아 생존하든지 선택의 갈림길에 놓이게 되었고, 생존을 선택한 바이러스가 자연스럽게 인간에게까지 침투하게 되었다. 세계동물보건기구는 인체 감염병의 60%

가 동물에서 유래되며, 특히 새롭게 발생하는 전염병의 75% 이상이 인수공통전염병이라고 밝히고 있다. 박쥐는 137종의 바이러스에 감염될 수 있으며, 사람이 동시에 감염될 수 있는 바이러스도 61종이나 가지고 있다. 원래 박쥐는 작물을 해치는 해충과 사람의 피를 빨아먹고 질병을 옮기는 모기를 잡아먹기에 인간에게는 고마운 존재였다. 그런데 인간이 자연을 무분별하게 착취하고 생태균형을 파괴한 결과 박쥐는 인류의 건강을 위협하는 바이러스를 전파하는 매개체로 바뀌었다. 야생의 자연이 황폐화되면서 삶의 터전을 잃은 박쥐가 먹이를 구하기 위해 축산 농가의 가축과 접촉할 기회가 증가하게 되었고, 박쥐 속에 있던 바이러스가 비위생적인 환경에서 사육되고 있는 가축에게로 옮겨지게 된 것이다. 그리하여 사스는 박쥐→사향고양이→인간으로, 메르스는 박쥐→낙타→인간으로, 코로나19바이러스는 박쥐→천산갑(穿山甲, Pangolin)[12]→인간의 경로를 거쳐 바이러스가 옮겨지게 된 것이다. 감염병의 유행은 인간이 풍요롭기 위해 무분별한 개발이라는 명목으로 야생동물의 서식지를 파괴할수록 더욱 늘어날 것이다.

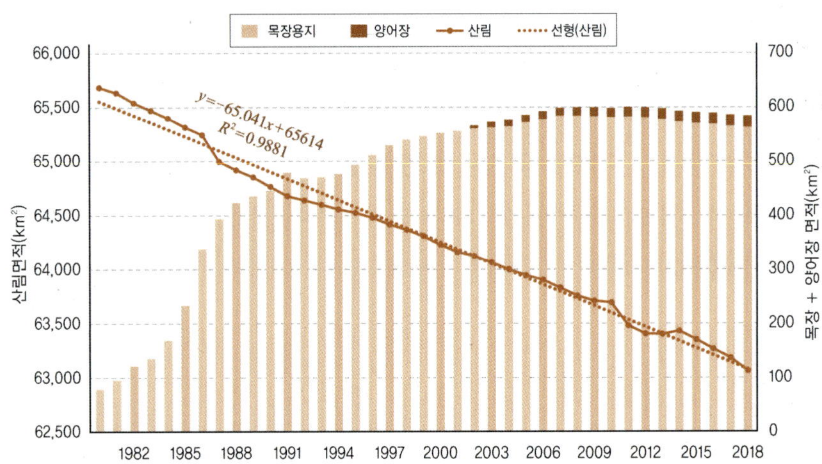

출처: 기후변화행동연구소(2020).

그림 3-1 가축과 어류를 키우는 시설이 차지하는 면적

12) 유린목 천산갑과에 속하는 포유류의 총칭, 분류학상 일반적으로 천산갑과 천산갑속의 1과 1속 8종으로 분류하나, 학자에 따라 나무천산갑 · 큰천산갑 · 사바나천산갑 · 긴꼬리천산갑을 다른 속으로 분류하기도 한다. 천산갑은 개미핥기, 나무늘보 그리고 천산갑과 비슷하게 생긴 아르마딜로와 함께 이절류(異節類)로 분류했으나, 현재는 빈치목과 다른 유린목으로 분류한다.

3. 취약한 축산농가와 전통시장

2019년 12월 발생한 코로나19바이러스 진원지인 중국 우한(武漢)의 화난(華南) 시장은 전형적인 웻 마켓(wet market)으로서 천산갑 외에도 악어, 고슴도치, 사슴 등의 다양한 야생동물이 거래되고 있는 곳이다.[13] 이곳에서는 고기와 생선을 주로 파는데, 야생동물과 가축류를 산채로 전시하고, 그 자리에서 가공하기에 비위생적인 환경이다. 도축하기 전에 우리에 가둬놓은 여러 동물의 배설물 등을 통해 사람들이 바이러스에 노출될 가능성이 매우 높다. 에드워드 윌슨은 호모 사피엔스가 60억 명을 넘어섰을 때 우리는 육상에 존재했던 어떤 생물종보다 아마도 100배 이상 더 큰 생물량(biomass)을 갖게 되었다고 하였다.[14] 그런데 인간은 개발이라는 명목으로 자연환경을 파괴하면서 개체 수를 70억까지 늘려 왔다. 현재 인간이 가축으로 기르는 소만해도 13억 마리에 달하며, 닭이나 오리와 같은 가금류는 산술적으로 통계를 낼 수 없을 정도로 많다. 늘어나는 인간의 숫자만큼 가축의 수도 늘려야 했기에 효율적인 공장식 축산으로 변모되었고, 이러한 변모는 바이러스가 새로운 형태로 진화할 가능성을 열어주게 되었다. 영리위주의 집약적인 축산업은 신종 바이러스가 가금류를 숙주 삼아 변이되고 확산될 기회를 제공하는 취약한 환경이다. 합성사료와 유전자조작 농산물, 항생제로 뒤범벅이 된 공장형 축산 농장은 바이러스가 돌연변이를 일으키고 저항력을 획득하는 장이 되고 있다.[15]

축산농가의 높은 개체 수와 사육 밀도는 가축의 면역반응을 약화시켜 바이러스의 전파율을 높이는 요인이 된다. 산출량을 인위적으로 늘리려는 늘리려고 질병에 취약한 개체를 항생제로 해결하는 과정에서 오히려 병독성을 높이는 결과를 빚게 되고, 이로 인해 바이러스의 진화를 촉진하는 악순환을 초래하게 된다. 이와 같은 상황으로 볼 때, 코로나19와 같은 인수공통감염병이 출몰하게 된 것은 우연히 일어난 것이 아니라 그동안 인간에 의해 자연파괴를 초래된 결과이다. 즉 바이러스가 의도적으로 우리 인간을 표적으로 삼은 것이 아니라 우리 인간이 너무 많이 존재하고, 주제넘게

13) 김우주, 신종 바이러스의 습격, 109.

14) David Quammen/ 강병철 옮김, 인수공통 모든 전염병의 열쇠(제주: 꿈꿀자유, 2017), 545.

15) 1997년 조류인플루엔자(H5N1)가 발생했을 때, 중국 남부의 광둥성에서는 닭 7억 마리가 사육되고 있었다. 이 닭들은 사료 제조기와 가공 공장을 기반으로 수직 통합된 공업적 환경에서 부화 · 사육 · 도축 · 가공되었다. 오리, 거위를 비롯한 가공 가금류 수출액은 1992년 600만 달러에서 1996년 7억 7400만 달러로 증가했다(장호종 엮음),

넘보지 말아야 할 영역을 무분별하게 침범하고 황폐화시킨 결과이다. 따라서 인수공통감염병을 초래한 책임은 바로 우리에게 있다는 사실을 겸허히 인정해야 한다.

3절 » 코로나19가 초래한 사회문제

1. 두려움과 불안

눈에 보이지 않는 바이러스가 확산되기 시작하면 집단적인 불안과 공포가 활성화된다.[16] 보이면 보이는 대상만 피해 다니고, 적은 비용과 노력으로도 쉽게 대처가 가능하다. 대상이 내 앞에 존재할 때 느끼는 감정을 두려움이라 한다면, 대상이 모호하여 정의 내릴 수 없을 때의 감정은 불안이다. 인간에게 불안은 강력하고 원초적인 감정적 반응이다. 불안은 우리의 감성을 각성시켜 유지시키는 긍정적 기능이 있다. 작은 위험에도 예민하게 반응하고, 방어적 행동을 강화한다. 하지만 과도한 불안은 우리의 정신과 에너지를 소진시키고 부적절한 과민 반응을 유발하게 만든다. 코로나19는 레이더에 걸리지 않고 조용하게 침투하여 치명타를 날리는 능력이 탁월하다는 점에서 스텔스 폭격기에 비유하였다(김우주 감염내과 교수, KBS 인터뷰).[17] 이처럼 치명적인 코로나19바이러스는 두려움과 불안을 증폭시키는 미지(未知)의 위험요인이 되고 있다.

미지의 위험은 숙지(熟知)된 위험과는 차원이 다른 사회심리적 영향을 초래한다. 숙지된 위험에 대해서는 위험이 가져올 결과를 이미 알고 있기에 그 위험이 다소 심각하더라도 불안과 공포를 상대적으로 적게 느낄 수 있다. 하지만 미지의 위험은 위험에 대하여 정확한 정보를 갖고 있지 못하기 때문에 쉽게 불안을 느끼게 되고

16) 주제 사라마구가 쓴 소설 '눈먼 자들의 도시'는 인간의 시각을 마비시키는 바이러스가 도시 전체로 퍼지면서 벌어지는 사건을 통해 성찰하지 않는 문명이 어떻게 몰락할 수 있는지를 적나라하게 보여준다. 하지만 인간의 존엄성을 잃어버리고 야만적 본성을 드러내는 이들 속에서도 서로를 보듬고 도우며 생존하는 한 집단을 통해 서로에 대한 신뢰와 연대의 위대함을 보여주고 있다. 비록 바이러스 감염으로 인해 시력은 잃었지만, 이들이야말로 진정한 의미에서 눈을 뜬 자들임을 강조하는데, 소설의 결론부에서 이들이 시력을 다시 회복하는 것으로 끝난다.

17) 이낙원, 바이러스와 인간(파주: 글항아리, 2014), 7.

공포에 사로잡히게 되는 것이다. 미지의 위험으로 인해 대중은 인포데믹(Infodemic)과 같은 거짓 정보에 쉽게 현혹되어 감염 현황이나 사망자에 대한 소식을 접할 때마다 절망적인 예측에 시달리고 흥미 위주의 뉴스 보도에 집착하게 되어 공포와 불안을 느끼게 되는 것이다.

예를 들면, 코로나19가 마귀의 소행이라는 신천지 신도들의 믿음과 소금물을 분에 담아 입에 뿌리면 바이러스를 박멸할 수 있다는 유언비어는 코로나 확산의 불길에 기름을 붓는 격이 되고 말았다. 공동체에서 일상적으로 접촉하는 누군가가 질병으로 인해 힘들고 어려운 일을 겪을 때 아픔에 공감하면서 어려움을 극복할 수 있도록 서로 위로하고 격려하는 것이 당연한 것이다. 그런데도 불구하고 코로나19는 우리들의 일상적인 사고마저도 무감각하고 황폐화시켜 버렸다. 누가 감염되었다는 정보를 접할 때마다 "많이 힘들겠다."라는 걱정과 염려보다는 "나랑 어떤 접촉이 있었는지", "혹시 나도 감염되지는 않았을까?"를 먼저 염려하며 사회적 거리를 두며 친밀감을 움츠러들게 만든다.

2. 혐오와 배제

과학적인 진보와 연구 성과 덕분에 우리는 미생물이나 바이러스에 관한 수많은 지식과 정보를 알고 있다. 하지만 감염균보다 감염된 사람 혹은 오염된 대상에 대한 혐오와 배제가 먼저 일어나는 것을 보면, 우리의 마음은 아직도 감염균의 정체를 알지 못했던 원시적인 수준에 머물러 있는 현실이다. 헤닝 엥겔른(Henning Engeln)은 생명의 역사에서 불안이나 혐오와 같은 부정적 감정이 더욱 원초적이며 먼저 형성되었다고 하였다. 불안과 공격성은 비상사태에서 신체를 최대한으로 가동시켜 생명을 구할 수 있으며, 혐오감은 상한 음식물을 먹거나 병원균을 만지지 못하게 하도록 우리의 신체와 생명을 보호하는 기능을 수행한다는 것이다.[18)]

어떤 대상을 혐오하는 것은 일종의 자기방어 기제로 자기 안의 불안을 잠재우는 역할을 한다. 하지만 혐오가 자신의 생명과 신체를 보호하는 차원을 넘어서 타인을 향한 비난과 뒤섞이면서 표현하게 될 때 심각한 문제를 발생시키게 된다. 감염병이

---

18) Engeln, Henning/ 이정모 옮김, 인간, 우리는 누구인가?: 진화적 관점에서 본 인간의 여정(서울: 을유문화사, 2010), 312 참고.

유행하면 확진자의 동선이나 신상정보에 대한 관심이 커지고, 감염자에 대한 도덕적 비난을 동반한 혐오와 배제가 일상화될 위험성 또한 커지게 되는 것이다.[19] 이때가 바로 혐오 바이러스가 사람의 몸을 숙주 삼아 확산되는 순간인 것이다. 감염자나 감염된 집단은 바이러스에 감염된 억울하고 불행한 피해자일 뿐이다. 하지만 감염되었다는 이유 하나만으로 모든 도덕적 비난과 혐오는 집중되고 있다. 감염자나 감염집단에 대한 혐오와 비난의 여론은 과학적 방역을 위한 조치를 압도하게 되고 불신하게 된다. 한 국가 내에서도 집중 발병한 특정 지역에 대한 배제와 차별이 심해지고, 불특정 다수에 대한 격리, 이동 금지, 봉쇄조치 등을 요구하는 목소리가 커지게 되는 현상이 발생한다. 특히 사회경제적 인프라가 부족한 저소득 계층이 밀집한 지역이나 외국인 밀집 지역 또는 장애인 거주시설 등에서 바이러스 유행이 발생하면, 사회적 편견으로 인한 혐오와 배제는 더욱 증폭되어 발생하게 된다.

특정 종교나 인종 집단에 대한 혐오도 마찬가지 문제이다. 코로나19가 유럽에 확산되기 전부터 유럽의 정치인들과 극우파는 코로나19를 빌미로 이주민과 난민들에 대한 단속을 강화하고 아시아인들에게 가혹한 공격을 퍼부었다. 이탈리아는 "중국인들이 쥐를 먹어서 코로나19가 생겼다."면서 중국 여행자들의 입국을 전면 금지했고, 일부 극우파 조직폭력배들은 유럽 곳곳의 거리에서 이주민과 난민을 폭행하는 일도 발생 되고 있다.[20] 이러한 혐오는 감염자나 접촉자들이 자신들의 증상을 숨기는 부작용을 낳게 되고, 이로 인한 감염의 확산은 혐오와 배제를 강화시키는 악순환을 초래하게 된다. 이주민과 난민들은 코로나19를 빌미 삼은 인종차별적 공격에 무방비상태로 노출되어 있다. 유럽연합은 "필수적이지 않은" 모든 외국인의 입국을 30일간 금지하고 이주민 단속을 강화하겠다고 발표하였다. 최근 그리스 경찰들은 그리스는 내전을 피해 모여든 난민 수만 명을 터키와의 접경 지역에서 차단하고, 난민들이 코로나19를 그리스로 유입시킨다며 난민들에게 실탄을 발포했다. 파시스트 정당 황금새벽당 조직폭력배들은 그리스 내 난민과 유색인종에게 집단 폭력을 휘둘렀다. 이런 공격으로 인해 난민 약 2만 명이 그리스-터키 접경 인근 레스보스섬에 발이 묶인 채 비위생적이고 열악한 수용 시설에서 집단감염의 위험에 노출되어 있다. 난민의

---

19) 1월에 중국인을 차별하던 한국인이 2월에는 유럽에서 아시아인으로 한데 묶여 차별받았고, 2월에 아시아인을 차별하던 유럽인이 3월에는 아프리카에서 차별받는 현상이 대표적이다. 유럽발 비행기 편으로 아프리카에서 코로나 바이러스가 퍼지자 백인을 상대로 언어폭력이 늘어났다. 김유익 외, 세계는 왜 한국에 주목하는가, 149.

20) 장호종, 코로나19, 자본주의의 모순이 낳은 재난, 109.

위생 상태는 최악의 상황이고, 식량부족으로 기아상태로 죽어 가는 최악의 상태에 있다. 이러한 상황에 난민캠프에 전염병이 돌면 난민뿐만 아니라 감염되는 수많은 사람이 희생되는 것은 당연한 것이다.

3. 취약계층의 이중고

코로나19 감염병은 경제적으로 취약한 계층들과 노령층과 기저질환자들을 위협하면서 공동체의 취약점을 여실히 드러내고 있다. 신천지 외에 집단 감염은 대부분 요양병원이나 콜센터 등 취약한 환경에서 일하던 일용직 노동자들 가운데서 일어났다. 서로 밀접한 상태로 일해야 했기에 비말감염에 취약한 환경일 수밖에 없었던 구로동 콜센터에서의 집단감염은 이미 예견된 결과였다.[21] 콜센터 노동자들은 누군가 쉬게 되면 다른 사람이 대신 콜을 받아야 하는 구조이다. 한 사람당 평균 100콜 정도를 받아야 하는데 누군가 쉬게 되면 옆 사람이 대신해서 50콜씩 더 받아주어야 하는 환경이다. 그래서 정작 쉬고 싶어도 쉴 수가 없는 것이다. 사회적 거리 두기로 인해 온라인 쇼핑이 늘어나자 배송관련 온라인 상담 건수도 덩달아 늘어나게 되었고, 배송 물량이 늘면서 배송 실수도 자주 발생하게 되어 고객은 콜센터로 문의하거나 항의하는 상황이 발생했다. 콜센터의 업주들은 고객이 상담을 기다리다 포기하지 않도록 전화 응대율은 실시간으로 띄워 놓고 관리하면서 상담원들이 주어진 시간 안에 응대하도록 심리적 압박을 가하고 있다. 이로 인해 콜 수가 많아질수록 업무 강도 또한 강해질 수밖에 없는 구조이다. 병원에서 일하는 의사, 간호사, 간호조무사, 병원 청소 노동자, 환자 이송원 모두가 감염의 위험에 노출되고 있다. 진단검사 건수가 갑자기 늘어남에 따라 진단검사의학과 임상병리사 같은 경우는 노동 강도가 엄청나게 늘어나는 상황이다. 특히 청소 노동자들은 오염의 사각지대에서 엄청나게 쏟아져 나오는 일회용 방역 장비와 오염된 쓰레기는 모두 청소 노동자들이 처리하게 되는데 이때 주의하지 않으면 쉽게 오염될 수 있다. 대기업에 납품하는 하청업체의 노동자들 또한 유급병가는 엄두도 낼 수 없으며 아파도 쉬지 못하는 환경이다. 저임금 서비스 노동자, 산업 노동자 등과 같이 직업이 불안정하고 교육과 소득 수준이

21) 콜센터는 밀접한 상태에서의 집단 노동과 비정규직으로 집약되는 대표적인 사무직 공장(white-factory)이다.

낮은 하위 계층은 생계를 위해 각지를 돌아다녀야 하거나 대중교통을 이용해야 하고 양질의 의료자원을 활용할 수 없기에 감염의 위험에 쉽게 노출될 수밖에 없는 것이다. 실업자와 노숙인들 또한 감염의 위험에 속수무책으로 방치되어 있는 상황이다. 구로동 콜센터의 확진자 가운데 한 명이 출근 전 새벽에 여의도 증권가에서 녹즙 배달을 해 왔다는 것이 알려지자 다수의 언론은 증권가의 코로나 비상으로 헤드라인을 장식했다.[22] 이러한 일련의 사건을 경험하면서 우리가 생각하는 의문은 왜 수많은 노동현장 중 유독 콜센터에서만 집단 확진이 일어났는지 왜 콜센터 노동자가 이른 새벽에 녹즙 배달을 하면서 두 가지 일을 하여야만 했는지에 대한 진정한 성찰은 없고 감염자에 대한 의혹과 비판만 일어나고 있는 상황이다.

코로나19로 인한 경제공황의 여파로 대량해고와 실업의 위기와 더불어 사회적불평등이 심화되면서 자본주의 사회의 모순을 여실히 드러내고 있다. 강력한 사회적 거리 두기의 장기화로 경제적 타격을 입은 여행업계나 서비스업 관련 노동자들은 무급휴직 상태가 되거나 해고의 일 순위이며, 사태가 지속적으로 장기화되면 제조업 분야에서의 대량해고 또한 피할 수 없게 되는 것이다.

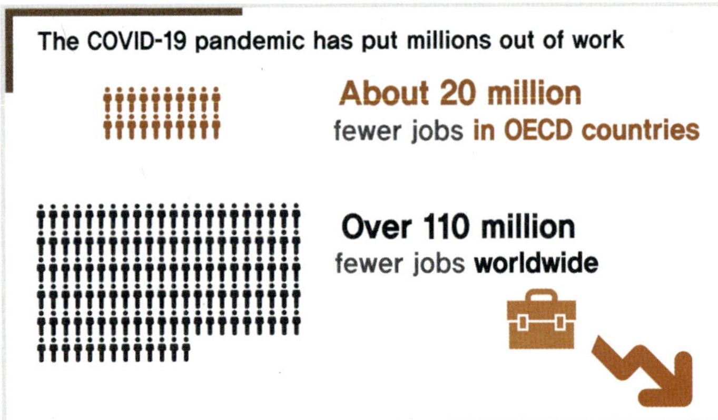

출처: OECD(2021). '2021년 고용 전망' 보고서.

그림 3-2 2021년 고용 전망

22) 김유익, 세계는 왜 한국에 주목하는가, 169.

4절 » 코로나19에 대한 사회복지적 접근

1. 생명존중과 원 헬스(One Health)로의 전환

코로나19 팬데믹 상황은 예견된 비극이라 할 수 있다. 예전 같으면 에피데믹(epidemic, 국지적 유행) 수준으로 끝났겠지만 인간의 탐욕으로 인해 팬데믹으로 확산되었다. 앞으로도 신종 바이러스들이 산발적으로 우리의 건강과 생명을 위협할 것이다. 이로 볼 때 자연과 공존하는 삶의 방식은 선택의 문제가 아니라 생존을 위해서는 필수불가결하다는 것을 인식해야 한다. 종교(개신교계) 21개 단체는 공동성명을 통해 코로나19를 생명 · 생태중심적인 삶에로의 전환을 경고하는 의미로 파악하고, 생명 전체의 연계성 속에서 하나의 건강을 지향하는 문명으로 전환할 것을 촉구하였다. 지금까지는 인간의 욕망을 추구하는 삶의 방식이었다면 앞으로는 생명존중의 방식으로 전환해야 한다는 것이다. 경제성장만을 우선시하는 방식에서 생명존중 중심적인 방식으로 전환되어야 한다. 예전에는 다른 생명체의 희생을 통해 이윤을 얻는 방식이었다면, 이제는 공존을 통해 생명을 존중하고 살리는 방식으로 이득을 얻는 새로운 방법을 찾아야 한다는 의미이다. 예를 들면, 전남 담양의 경우 외자유치를 통해 대나무 숲을 없애고 그곳에 공장을 지어서 경제를 성장시킨다는 논리 대신에 대나무 숲을 조성해서 생태와 경제를 함께 살리는 방식을 적용하고 있다.[23] 바로 이것이 생태와 경제, 모두를 살리고 지켜내는 살림의 청지기적 방식인 것이다. 따라서 우리는 생명존중과 살림의 삶을 위해서 사람과 동물, 생태계의 건강이 모두 하나로 연계되어 있다는 원 헬스(One Health)[24]라는 개념으로 전환할 필요가 있다. 원 헬스는 사람과 동물, 그리고 생태환경이 서로 긴밀하게 영향을 끼친다는 전제하에 의학, 수의학, 환경과학, 컴퓨터 네트워크 등 다양한 분야의 전문가들이 통합적인

---

23) 김석현, 코로나19, 동향과 전망, 251 참고

24) 앞으로 다가올 감염병을 통제하기 위해서는 인간과 동물 그리고 환경의 건강을 하나로 묶는 원헬스라는 새로운 개념을 활용해야 한다. 이런 신종 질병은 어디로부터 오는 것이며, 그 발생률은 왜 증가하는 것일까? 이와 같은 위협에 맞서 우리가 할 수 있는 일은 무엇일까? 이 문제에 대한 해답은 인간과 동물 그리고 환경의 건강을 통합시키는 원헬스에서 찾을 수 있다.
원헬스(One Health)는 인간의 건강, 동물의 건강, 환경의 건강 사이의 상호 의존성에 바탕을 둔 개념이다. 감염병으로 인해 생기는 문제들을 해결하려면 의학, 수의학, 환경과학을 포함하는 다양한 학문 분야의 전문가들이 협동해야 한다. 원헬스는 신종 감염병의 위협에 우리가 어떻게 대응할 지에 대한 패러다임이 변화했다는 것을 보여 주는 것이다.

노력으로 신종 감염병 문제를 해결하고자 하는 것이다.

원 헬스는 감염병이 발생하기 전에 환경, 동물, 그리고 인간에 대한 철저한 감시로 질병의 집단발병을 미리 예측하고, 사전 단계에서 감염의 전파를 차단하고자 노력하는 것이다.[25] 이를 위해 감염병이 동물에게서 발견되는 단계에서 선제적으로 방역하고 인간에게 전파되지 않도록 국제적인 노력에 적극 참여하고, 국내로 유입되지 않도록 사전에 차단하기 위해 적극적인 대처와 노력이 필요 하다. 집단적인 영리만을 추구하는 공장식 축산방식 대신 가축들이 친환경 속에서 번식하고 성장하게 해서 건강한 면역 체계를 후대에 물려줄 수 있게 해야 한다. 농수산 식량 생산방식 또한 환경과 농민을 모두 살리는 생태적 농법으로 전환해야 하며, 아울러 야생의 생태환경을 보전하여 생물종 다양성을 유지하는데도 관심을 쏟아야 한다. 이러한 원 헬스에 기반하는 생산방식이 환경과 경제를 갈라놓은 물질대사의 균열을 메우고 모두가 상생하는 생명존중 살리는 건강한 방식으로 전환되어야 하는 것이다.

2. 협력적 거버넌스(governance)

코로나19와 같은 감염병에 효율적으로 대응하기 위해서는 정부 주도의 하향식 거버먼트(government)도 중요하지만 시민들이 문제해결 과정에 자발적으로 참여하면서 상호 협력하는 거버넌스(governance)를 함께 모색할 필요가 있다. 정부에 의해 주도되는 질병관리본부를 통해 감염병과 관련된 지식과 정보를 공개 전달하고 감염병 예방과 치료를 위해 의료자원을 적절하게 배분하고 조율하는 것이 중요하다. 아울러 시민단체가 중심이 된 종교 기관, 자선 기관 등의 자발적인 참여도 감염병 극복을 위해 효율적으로 활용될 수 있는 자원이다. 대구에서 신천지 관련 집단 감염이 발생했을 때, 계명대 대구동산병원은 민간병원으로서 코로나19 감염병 전담병원을 자원하여 병원을 통째로 코로나 환자치료에만 사용하도록 했다. 이를 위해 기존에 입원 중이던 130여 명의 환자들에게 동의를 구한 후 퇴원 및 전원 조치하고, 병원 전체를 비워 코로나19 확진자 전용 병실로 사용하고 24시간 비상체제에 돌입하였다.[26]

---

25) 장철훈, “감염병과의 전쟁, 어디까지 왔나?,” 「Future Horizon」 44(2020. 3), 9

26) 데일리 대구경북뉴스, “계명대 대구동산병원. 코로나19 지역거점병원으로 지정,” 2020년 6월 19일 접속, https://dailydgnews.tistory.com/20805.

또한 하루 만에 확진자 수가 505명 늘어나고 총 확진자가 1,766명이 되었을 때, 대구시 의사회장의 호소문이 발표되자 하루 만에 259여 명의 의사가 자원했으며 간호사, 방사선사, 임상병리사, 교직원 등 360여 명이 투입되었고, 그 밖에 외부 지원인력 170여 명이 밤낮으로 치료에 온 힘을 쏟았다. 이들은 대구지역의 병원들과 주변의 군병원 등에서 자원한 의사와 간호사, 간호 장교들이었다. 자신의 위험은 아랑곳하지 않고 재난에 정면으로 맞서는 이들의 헌신과 용기로 인해 사람들은 새로운 희망을 찾게 되었다. 또한 신천지 대구 교회에서 대규모로 확진자가 발생하자 대구 방송과 신문 등에서는 사재기를 보도하는 기사들이 많이 보도되었다. 하지만 그런 보도들은 오보나 과장된 보도로 밝혀졌고, 오히려 사재기 없는 성숙한 시민의식이 주목받았다. 당시에 실시간대구를 통해 대구 시민들이 올리는 소식들이 공유되었는데, 어느 사망자의 자녀가 언론에 보도된 내용이 사실이 아니라는 글을 올리기도 하였고, 소상공인들을 위해 남아있는 식자재가 올라와 몇 분 만에 모두 팔리기도 하였다. '힘내라_대구경북'을 통해 시민들의 지지와 응원 그리고 기부가 이어지는 시민운동이 일어났다.[27]

3. 바이러스 치료제와 백신 개발

바이러스의 유전 정보까지 특허로 등록할 수 있는 현대 자본주의 사회에서 바이러스 치료제와 백신 제조 기술은 그러한 기술을 보유한 제약회사에 엄청난 이윤을 보장함과 동시에 국가 경쟁력과도 직결된다. 머크(MSD)는 자궁경부암 백신 '가다실'로 2019년 3분기에만 1조 5358억 원의 수익을 발생하였고, 글락소스미스클라인(GSK)은 대상포진 백신 '싱그릭스'로 같은 분기에 8,000억 원의 이윤을 남긴 바 있다.[28] 코로나19 팬데믹을 해결하기 위해 각 국가의 정부와 바이오 제약회사들은 치료제와 백신 개발에 총력전을 펼치고 있다. 그럼에도 치료제나 백신 개발은 쉽게 이루어지지 못하고 있는 상황이다.

그 이유는 감염병 치료제나 백신은 팬데믹이라는 대유행이 있기 전에는 체계적으로 무시되고 연구되지 않는 'Undone Science'의 영역이기 때문이다. 대형 제약회사들

27) 김유익 외, 세계는 왜 한국에 주목하는가(서울: 모시는사람들, 2020), 82.
28) 장호종, 코로나19, 자본주의의 모순이 낳은 재난, 59 참고.

은 충분히 이윤을 얻을 만한 조건, 즉 팬데믹이 벌어지기 전까지는 백신 개발에 뛰어들지 않으려는 경향이 있다. 제약회사들은 평소 새로운 항생제와 항바이러스제에 대한 연구 · 개발은 수익성 있는 분야가 아니기 때문에 뒤로 미루어왔다. 특히 대형 제약회사 18곳 중 15곳이 이 분야에서 완전히 손을 뗐다는 점에서 잘 드러나고 있다.[29] 심장약, 중독성 있는 신경안정제, 남성 발기부전 치료제는 이윤 창출과 직결되기에 서둘러 치료약을 개발했지만 감염병 연구와 치료제 개발은 수익성이 없다는 이유로 등한시해 온 것이다. 바이러스가 언제 발생할지 알 수 없고, 비록 발생하더라도 어느 정도의 수요와 공급이 있어야 할지 예측이 불가능하며, 미리 치료와 백신을 개발하더라도 팬데믹이 형성되기 전까지는 천문학적인 개발비용에 비해 경제적인 보상이 미비하기 때문에 자원과 연구 인력을 투자할수록 손해가 되는 치료제와 백신 개발은 뒤로 밀릴 수밖에 없는 구조적 한계를 갖고 있는 것이다. 이러한 구조적 한계는 다음과 같은 사실을 통해서 잘 드러나고 있다.

한국화학연구원에 따르면 사스와 메르스 항체가 코로나19에도 작용할 것 같다고 발표했지만 해당 백신은 아직까지 없는 상태이다. 2003년 사스 백신을 개발하던 기업은 사스 확산이 멈추자 이윤이 남지 않기 때문에 개발을 중단해 버렸고, 2015년 메르스에 대한 백신 개발은 임상시험 등에 필요한 투자가 부족해서 5년째 연구 중에 있는 상태이다. 세피(CEPI, The Coalition for Epidemic Preparedness Innovation, 감염병대비혁신연합)에 따르면, 세계보건기구가 위험군으로 분류한 11개 바이러스의 백신을 개발하는데 하나당 평균 28억 달러(약 3조 원)가 든다고 한다. 그런데 세피가 지금까지 기부 받은 돈은 8억 달러(9480억 원)밖에 안 되는 현실이다.

하지만 이번 코로나19 피해 때문에 한국 정부가 새로 편성한 추경예산만 약 12조 원이다. 이런 낭비가 어디 있겠는가? 1994년 유엔과 세계보건기구가 만든 국제백신연구소는 한국에 그 본부를 두기로 결정했지만 2003년에야 서울대에 본부를 차리게 되었다. 2018년 연례 보고서를 보면 그해 수입이 3,000만 달러(약 355억 원)에지나지 않았는데 그중에 한국 정부가 지원한 돈은 570만 달러(약 67억 원)에 불과하다. 한국 정부가 미국에서 구입한 F-35 전투기가 한 대당 8,000만 달러(약 948억 원)와 비교해 보면 초라한 수준이다. 이러한 구조적 한계를 극복하기 위해서는 정부가 주도해서 제약회사 및 연구기관이 인플루엔자 치료제와 백신을 연구 개발할 수 있는 환경을

29) 마크 데이비스, "2020년, 전염병의 해", 장호종, 코로나19, 자본주의의 모순이 낳은 재난, 25

조성하는 합리적인 유인책을 마련하여야 한다. 산학 연계를 장려하고 치료제와 백신에 대하여 합리적인 단가를 산정하여 적절한 보상체계를 구축해 나가야 한다. 그리고 사전 예방을 위해 재고를 수매하고 규제를 완화하며, 감세 정책과 지적재산권 보호 등과 같은 경제적 보상 조치를 취해야 한다. 이러한 조치에도 불구하고 갑자기 백신 생산의 규모를 늘리고 속도를 올리기가 쉽지는 않다. 왜냐하면 백신 제조는 부화란을 이용하고 세포주를 배양해야 하는 기본적으로 시간이 오래 걸리고 난이도(難易度)가 높은 기술을 기반으로 해야 하기 때문이다. 매년 3억 주의 백신이 생산되지만, 인플루엔자 팬데믹이 발생하면 수십억 주의 백신을 접종해야 하는 일이 발생할 수 있다. 백신이 만들어진 다음에도 어느 집단에 먼저 접종해야 하는지 가격을 얼마로 책정해야 하는지 복잡한 사회문제가 발생하게 된다.[30)]

30) 어윈 W. 셔먼/ 장철훈 옮김, 세상을 바꾼 12가지 질병(부산: PNUPress, 2019), 322

4장

코로나19바이러스와 환경위기 문제

1절 » 기후위기와 환경재난

1. 기후변화와 기후위기시대

지구상의 기후변화로 인해 인류가 한 번도 경험해보지 못한 감염병의 창궐과 기온의 상승, 강우패턴의 변화, 해수면의 상승, 해수온 상승의 문제가 유발되고 있으며 그 결과 폭염, 폭설, 가뭄, 홍수 등 기상이변이 속출하고 있다. 미국과 캐나다에서는 2019~2021년에 허리케인과 강추위가 덮치고 호주에서는 6개월 동안 산불이 있었다. 호주의 산불로 인해 코알라를 포함한 많은 야생동물들이 생명을 잃었을 뿐만 아니라 인명피해도 발생하였다.

우리나라에서도 예년과 다르게 한 달 이상 길게 장마가 이어지는 상태를 경험하였다. 남부와 중부를 번갈아 가면서 집중호우도 내려 농작물에 대한 피해를 비롯해 인명피해도 발생 하였다. 보통 우리나라 장마는 남쪽의 더운 공기인 북태평양의 고기압이 점점 북상하면서 북쪽의 찬 공기인 대륙성 고기압과 만나 장마전선을 만들어 내면서 발생한다. 최근에 유례가 없을 정도로 긴 장마가 지속되는 이유는 지구온난화에 따른 기후변화가 원인이 될 수 있다고 한다. 북극의 이상고온으로 인해 제트기류(상층의 강한 바람 띠)가 약해지면서 북태평양의 고기압을 북쪽으로 확장하지 못하게 되어 긴 장마가 발생하며 지속되고 있는 것이다.

지구상의 기후변화를 바라보는 과학자들은 이러한 자연재해가 앞으로 더 자주 빈번하게 발생하게 될 것이라고 한다. 이제 세계인들은 더 이상 '기후'의 문제를 '기후변화'라고 하지 않고 '기후위기'라고 말한다. 해마다 기록을 경신해 가는 기록적인 더위와 가뭄, 산불, 태풍 등의 자연재해와 코로나19와 같은 전염병이 늘어가는 현실에서 세계인들은 기후위기를 실감하고 있는 것이다.

2. 기후변화의 원인

'유엔 기후변화협약(UNFCCC)'은 기후변화를 '인간 활동이 직 · 간접적인 원인이 되는 기후의 변화로 비슷한 기간에 관측된 자연 변동성에 더해서 지구 대기의 구성을 변화 시키는 것'으로 정의했다. 현대 과학자들은 오랜 기간 인간의 활동에 의해 지구온난화와 같은 기후변화가 있었다고 밝혀왔다.

지구 기후의 상태는 기후 체계에 의해 축적된 에너지양과 태양으로부터 얻게 되는 에너지 중 흡수하여 유지되는 에너지와 우주로 방출되는 에너지의 균형에 의해 결정된다. 지구 기후의 장기적인 변화에 영향을 주는 네 가지 요인으로 **첫째**, 태양 주위를 도는 지구 궤도의 변화, **둘째**, 태양으로부터 에너지 방출 변동, **셋째**, 열대 태평양 심해의 한랭 해수의 용승 변동으로 인해 일어나 는 대양순환의 변화, **넷째**, 대기 구성의 변화이다. 앞의 세 가지는 요인은 지구의 순환과정에서 일어나게 되는 자연현상이라고 할 수 있고, 마지막 네 번째 요인은 지난 200년 동안 인간의 활동에 의해 진행된 것이다. 대기는 지구의 인력으로 지구 표면을 덮고 있으면서 여러 종류의 공기를 포함하고 있는 공간을 말한다. 대기를 구성하는 공기는 여러 기체들의 물리적 혼합물이며 화학적 화합물은 아니다. 대기는 수증기 외에 질소, 산소, 아르곤 그리고 이산화탄소로서 부피비로 보면 전체 대기의 99.98%를 차지하고 있다. 수증기와 함께 섞여 있는 이러한 기체들이 태양에서 받은 에너지를 가두어 두기도 하고 방출하기도 하는 역할을 수행한다. 열을 가두어 두는 역할을 수행하는 것은 '온실효과'라고 하며, 수증기 다음으로 '온실가스'는 이산화탄소(88.6% 석탄 및 석유연소로 발생), 메탄(4.8% 음식물 쓰레기 등 유기물 분해. 폐기물 농업 축산), 아산화질소(2.8% 비료

사용), 염화불화탄소, 과불화탄소, 육불화황이산화탄소(3.8% 냉매, 세정제, 절연제–에어컨 냉매), 오존 등이 있다. 이러한 온실가스는 오랜 시간 동안 대기에서 활성화 상태로 남아 있게 된다.

인간이 경제적인 활동 등을 통해 많은 온실가스를 배출하고 있으며 이중 이산화탄소는 인간이 배출하는 온실가스 중에서 가장 큰 비중을 차지하고 있다. 인간의 경제적인 활동과정에서 가장 많은 이산화탄소를 배출하는 통로는 화석연료를 사용하는 것이다. 화석연료를 사용하게 되면 이산화탄소의 80%, 메탄의 5분의 1, 상당한 양의 아산화질소가 발생한다. 인간이 배출하는 온실가스 중 부문별 세계 온실가스 배출량은 전기와 열(24.9%), 산업(14.7%), 교통(14.3%), 농업(13.8%) 순으로 형성되어 있다.

온실가스	영향(%)	평균잔존시간
수증기	36~66	9일
이산화탄소	9~26	수만년
메탄	4~9	12년
오존	3~7	9~11일

출처: 전라북도자연환경연수원(2020).

그림 4–1 온실효과와 온실효과에 미치는 영향

3. 지구온난화

전 세계에 산업혁명이 시작된 이래 지난 한 세기 동안에 지구 표면과 대기의 가장 저층 온도는 섭씨 약 0.76도가 상승하였다. 산업혁명이 일어난 이후 지구의 평균온도는 계속 상승해 오고 있다. 지구의 평균온도가 상승하는 동안 대기 중의 온실가스 농도 또한 계속 증가해 왔다. 이러한 증가는 에너지 및 교통을 위한 화석연료(석유와 석탄, 가스)의 사용과 산림 벌채, 농업관행, 산업폐수, 산업쓰레기, 과도한 플라스틱 사용 등 인간의 활동과 직접적인 연관이 있다.

이러한 지구의 온난화는 지구 전체에 나타나고 있으며 특히 북반구의 위도가 높은 지역에서 더 두드러지게 나타나고 있다. 북극의 평균온도는 지난 100년간 지구 평균보다 거의 2배 상승했다. 지구온난화는 단순한 기온의 상승이 아닌 지구 기후 시스템 전체의 변화를 초래하게 된다. 지구가 따뜻해지면서 바다의 물이 따뜻해지고 팽창하게 된다. 또한 북극을 비롯한 극지방의 해빙이 녹게 되면서 해수면이 상승하는 결과가 초래되고 있다. 이러한 해수면 상승은 저지대 해안지역을 물에 잠기게 만들게 되고 물의 증발량도 늘어나게 되어 자주 홍수가 발생하는 지역과 가뭄이 극심해지는 지역이 발생하게 된다.

세계에서 가장 추운 지역으로 알려진 시베리아 베르호얀스크 마을의 기온이 38도에 이를 정도로 더위에 몸살을 앓고 있는 동안에 일본과 중국, 한국에서는 매일 같이 내리는 비로 인해 경제적인 피해와 인명피해가 심각한 상태가 발생한다.

한국은 현재 온실가스 배출량 세계 7위다. 이산화탄소 배출 증가량이 OECD국가 중 1위이다. 산업화가 늦게 진행되었는데도 누적 배출량이 17위이다. 모든 나라가 한국처럼 진행되면 2030년까지 티핑포인트(Tipping Point)[1] 1.5도를 지키기는커녕 4도 이상 상승하는 대재앙이 벌어질 것이다. 한국은 이미 '기후 불량(악당)'국가로 낙인을 받고 있다.

4. 지구 기후변화와 비극

지구의 기후변화는 자연생태계는 물론 인간의 건강, 주거환경, 농업, 축산 및 산업활동 등 사회, 경제적인 차원부터 생태계에 영향을 미쳐 생물의 다양성을 감소시키게 될 것이다.

---

1) 그로진스(Morton Grodzins)가 1957년 '화이트 플라이트' 연구에서 처음 사용한 용어, 시카고 대학의 교수 그로진스는 특정 지역에 새로운 인종들이 이주해 오면 기존의 인종들이 다른 곳으로 떠나는 '대도시의 분리(Metropolitan segregation)'가 일어난다고 보았다.
티핑포인트의 대표적 예로, 말콤 글래드웰(Malcolm Gladwell)은 자신의 저서 《티핑포인트》에서 신발 브랜드 '허시파피(Hush Puppies)'를 티핑포인트의 예로 들었다.

5. 기후변화와 동식물 멸종

지구온난화는 전 세계의 다양한 생태계를 변화시키고 위협해 오고 있다. 생태계의 변화 중에서 일반인들에게 많이 알려져 있는 사실은 북극곰의 미래이다. 북극의 해빙이 사라지면서 해빙 위에서 주로 사냥을 해야 하는 북극곰이 바다사자를 잡아먹지 못해 굶어 죽어가는 아사(餓死) 상태가 발생하고 있다. 이외에도 북극의 해빙이 사라지면서 해빙의 아랫면에서 번식하는 해조류와 작은 동물들이 사라져 바다표범, 고래 등이 생존의 위협에 처해 지고 있는 실정에 있다.

이외에도 바다표면의 이산화탄소의 흡수 증가로 인해 바다 산성화가 급속히 증가하고 있으며 그 결과 갑각류의 껍질과 산호초의 형성 방해가 이루어지고 있다. 지구온난화와 같은 기후변화는 식생대[2]에도 큰 변화를 초래할 것으로 전망된다. 산림 분포 지역이 광범위하게 소멸되고 산림의 평형이 깨어지면서 전반적으로 식생대가 중위도 기준으로 북상할 것으로 예상한다. 실제로 국내의 식물 중 중부지방이 북방한계선인 나도 밤나무의 경우 계속 북상하는 것으로 파악되고 있다.

6. 지구온난화와 양서류

2019년 5월 전 세계 50개국의 과학자 145명은 '유엔 생물다양성 과학기구(IPBES) 총회에서 "2018년 기준 양서류 40%, 침엽수 34%, 포유류 25% 등 지구상 존재하는 800만 종 중 100만 종이 멸종위기에 처했다"는 보고서를 발표하였다.

지구온난화로 인해 가장 취약한 동물이 양서류인데 왜 양서류가 기후변화에 가장 민감한 동물일까? 우선 양서류는 물과 육지를 삶의 터전으로 살아가는 동물이다. 피부호흡을 하는 양서류는 물과 떨어질 수 없는 관계를 형성하고 있다. 육지에 비해 물은 비중이 높아서 온도가 쉽게 오르지도 않을 뿐만 아니라 떨어지지도 않는다. 특히 흐르는 물은 물 밖의 온도가 35도에 이른다고 하더라도 25도 이상 넘는 경우가 극히 드문 상황에 있다.

양서류는 피부호흡을 해야 하는 동물이기 때문에 습한 조건에서 살아가는 동물이

2) 일반적으로 같은 위도에서 고도가 높아지면 식생대는 해안과 평야의 상록활엽수대-산록의 낙엽활엽수대-혼합림대-아고산의 상록침엽수대-고산의 관목림대-초본대-지의식물대-만년설 순으로 수직적으로 변화되는 것을 의미한다.

다. 지구 생태계에서 습한 조건을 가지고 있는 공간은 숲이 있는 산속이나 하천, 습지 등이다. 따라서 양서류는 육지에서 살아가는 다른 동물에 비해 상대적으로 낮은 기온에서 살아갈 뿐만 아니라 육지에서의 이동거리도 짧은 특징을 가지고 있다. 그래서 피부호흡으로 인해 이동이 자유롭지 못한 양서류는 살고 있는 서식지의 기후가 변화하거나 산림의 훼손 등이 이뤄지게 되면 그대로 멸종할 수밖에 없는 것이다.

2절 » 기후위기와 바이러스 · 미세먼지

1. 기후변화와 감염병

기후변화로 인해 지구가 온난화 되면서 인간은 다양한 감염병에 노출되어지고 있다. 기후변화는 인간 건강에 직접 영향을 미칠 뿐만 아니라 홍수, 가뭄, 산불과 같은 자연재해를 유발시켜 인류를 식량부족과 물 부족에 빠지게 하고 있다. 기후변화는 코로나19바이러스와 같은 새로운 감염병의 전파에 매우 유리한 조건을 만들어 주고 있다고 볼 수 있다.

기후변화가 감염병에 미치는 원리는 보통 두 가지로 정리할 수가 있다. **첫째**, 매개감염인데 바이러스와 같은 질병을 옮기는 데 있어 기후가 큰 영향을 미치고 있기 때문이다. 모기와 같은 위생곤충에는 바이러스, 세균과 같은 기생 매개체가 공생하고 있는데 이런 모기가 지구의 온난화로 인해 늘어나게 되면 인간에게 옮기는 병도 자연스럽게 증가하게 되는 것이다. 또한 기후변화로 인해 야생동물들의 서식지가 줄어들거나 이동하게 되면서 '인수공통감염병'과 같은 질환을 안고 있는 야생동물들과 인간의 접촉공간이 자연스럽게 늘어날 수밖에 없다. 미국 국립생물공학정보센터(NIH)연구에 의하면 인간이 앓고 있는 질병 중 60%가 인간과 동물의 매개감염으로 발병하게 되었다고 조사 발표되었다. 또한 이 인수공통감염병이 새로운 질병의 75%를 차지한다고 한다. **둘째**, 수인성 감염병들이 기후변화로 인한 여러 이상기후 때문에 변동이 심해질 수밖에 없는 것이다. 콜레라, 장티푸스 등 세균성 감염병들이 홍수나 가뭄 등에 의해 기존보다 더 자주 창궐할 수밖에 없는 현실인 것이다.

2. 기후변화와 코로나19바이러스

제러미 리프킨(Jeremy Rifkin)[3]은 지금과 같은 코로나19바이러스의 발생과 유행의 원인을 기후변화라고 단언을 했다. 제러미 리프킨은 코로나바이러스가 기후변화로부터 발생했다는 원인을 세 가지로 요약을 했다. **첫째**, 물 순환 교란으로 인해 생태계의 붕괴가 원인이라고 하였으며 지구가 1도씩 뜨거워질 때마다 대기는 7%씩 더 많은 강수량을 빨아들인다고 한다. 그 결과 일부지역에서는 극단적인 형태의 홍수가 일어나기도 하고 일부지역에서 가뭄과 산불이 발생한다고 한다. **둘째**, 인간이 지구에 남은 마지막 야생의 터를 침범해서 바이러스를 안고 있는 야생동물들이 인간과 접촉할 수 있는 기회가 늘어난 것이라고 한다. 1900년만 해도 인간이 사는 땅이 14% 정도였는데 지금은 거의 70%에 육박한다. 제러미 리프킨은 야생동물의 터전인 숲을 개발하여 단일 경작지로 사용하거나 소를 키우기 위한 목축지로 사용하면서 기후변화가 초래되었다고 한다. **셋째**, 이러한 기후변화와 서식지의 소멸로 인해 야생동식물들의 이주가 시작되었다고 한다. 야생동식물들이 살기 위해 바이러스를 안고 인간들 곁으로 밀려오고 있다고 제러미 리프킨은 분석하였다.

또한 세계적인 영장류학자인 제인 구달(Jane Goodal) 박사는 신종 코로나19바이러스의 대유행이 인류의 동물학대와 자연경시에서 비롯됐다고 지적을 했다. 구달박사는 ' 우리가 숲을 파괴하면 숲에 있는 여러 종의 동물이 가까이 살아갈 수밖에 없다. 그 결과 질병이 한 동물에서 다른 동물로 전염된다. 그리고 병이 옮은 동물이 다시 인간과 접촉하게 되면서 인간을 감염시킬 가능성이 커진 것'이라고 주장했다.

최근에는 '지구의 허파'로 불리는 브라질의 아마존의 숲이 소의 방목지로 활용하기 위한 브라질의 육류 가공업체들에 의해 삼림이 훼손되고 있다. 경제 활성화를 최우선 과제로 내세우고 있는 자이르 보우소나루(Jair Messias Bolsonaro) 브라질 대통령이 2019년 1월에 취임한 이래 이산탄화탄소의 배출을 증가시키는 아마존삼림을 개발하고 있다. 2019년 IPBES(생물다양성 과학기구) 보고서에서 2010년에서 2015년까지 인간에 의해 개발된 숲의 면적이 대략 이탈리아의 크기와 맞먹는다고 발표하였다.

3) 글로벌 그린뉴딜, 육식의 종말, 노동의 종말의 저자이다.

3. 기후변화와 미세먼지

코로나19바이러스가 유행하기 전에는 미세먼지가 우리사회의 최대 환경이슈였다. 2018년도를 기준으로 볼 때 한국(24.0㎍/㎥)은 경제협력개발기구(OECD) 중 칠레(24.9㎍/㎥)에 이어 두 번째로 미세먼지가 높은 국가이다. 미세먼지는 대기오염물질이 공기 중에서 반응하여 형성된 덩어리(황산염, 질산염 등)와 화석연료를 태우는 과정에서 발생하게 되는 탄소류와 지표면 흙먼지 등으로 구성된다.

미세먼지는 아주 작은 입자로 자동차, 공장 등에서 배출되는 대기오염물질을 말한다. 미세먼지는 무언가를 태울 때 대부분 발생을 하는데 주로 공장이나 석탄 화력발전소, 자동차의 매연 등에서 주로 발생한다. 보통 고농도 미세먼지는 화석연료를 태우는 과정에서 발생하는 대기오염물질이 대기의 정체가 심할 때 발생한다. 한마디로 미세먼지 사태가 악화되는 결정적인 원인은 대기의 정체에 있는 것이다.

이러한 대기 정체의 원인은 기후변화에 따른 지구온난화에서 찾을 수밖에 없다. 지구온난화로 인해 북극해에서 햇빛을 반사하는 해빙의 면적이 줄어들면서 북극해의 기온이 올라가게 되고 주변의 차가운 공기와의 교류가 예전에 비해 이뤄지지 않아 대기정체를 가져오게 되는 것이다. 대기정체가 이뤄지게 되면 대기오염이 한 지역에 오랜 기간 머무르는 현상이 발생한다.

이와 같이 기후변화 대응은 미세먼지 줄이는 과정이라고 할 수 있다. 기후변화의 주범인 이산화탄소는 대부분 석탄 화력발전소, 공장, 자동차 등 화석연료를 사용하는 과정에서 발생한다. 온실가스를 배출하는 과정은 곧 미세먼지나 오존 등 대기오염물질의 배출원인이 되고 있다.

3절 » 미세플라스틱과 환경문제

1. 미세플라스틱의 인류 위협

지구상에서 플라스틱을 사용한 지 채 100년이 되지 않았지만 주변의 물건 중 플라스틱이 사용되지 않는 곳은 찾아보기가 어려울 정도이다. 플라스틱은 편리함, 안락

함, 안전함, 안정성, 저렴함, 가벼움의 장점으로 널리 사용되고 있다. 문제는 사용된 플라스틱이 쉽게 버려지고 있고 이런 플라스틱은 분해되지 않고 미세플라스틱으로 쪼개져서 인류의 건강을 위협하고 있다는 것이다.

한국은 국가별 1인당 플라스틱 소비량에서 1위를 차지할 정도로 플라스틱을 생산하고 사용한다. 저렴하고 편리하다는 생각으로 너무나 많은 플라스틱을 사용하다 보니 장마가 끝나는 시기에는 강과 바다에 밀려드는 플라스틱으로 산을 만들 지경에 이르고 있다.

플라스틱은 매년 전 세계적으로 3억 3000만 톤씩 배출되고 있다. 플라스틱 섬이 만들어질 지경이다. 플라스틱은 광화학 반응, 온도변화, 강이나 바다와의 접촉, 해류의 밀물, 썰물 현상으로 일어나는 기계적 연마작용을 통해서만 분해된다. 특히 폴리에틸렌 테레프탈레이트(terephthalate)로 만든 페트병이 분해되어서 사라지려면 500년의 시간이 필요하다고 한다. 쉽게 버려지는 플라스틱이 육지나 바다에 버려지게 되는데 해양으로 흘러들어온 플라스틱은 햇빛이 들어오지 않은 깊은 바다에 가라앉은 상태에서 5mm 미만의 미세플라스틱으로 쪼개져 사람의 몸에까지 침투하고 있다. 바다에서 미세하게 쪼개진 플라스틱을 플랑크톤이 먼저 섭취하게 되고 이 플랑크톤을 물고기가 섭취한 이후 인간이 미세플라스틱을 먹은 물고기를 먹게 되는 것이다. 이러한 과정을 통해 미세플라스틱이 체내에 흡수되어 순환하게 되면 염증 유발과 장의 내성, 면역체계에 영향을 미칠 가능성이 높아진다고 한다.

2. 플라스틱의 사용 자제

플라스틱의 생산을 줄여나가거나 재활용을 할 수 있도록 정부에서는 인센티브를 적용하고, 기업에서는 종이로 대체하여 배출량을 줄여나가고, 시민들은 자발적으로 플라스틱 사용량을 줄여나가야 한다.

4절 » 환경위기에 대한 사회복지적 접근

1. 환경교육의 필요성

1) 환경교육의 목표

환경과 관련한 교육 내용의 측면에서 환경교육이 갖고 있는 특징 중의 하나는 단순히 환경 및 환경문제에 대한 지식이나 환경개선에 필요한 기능뿐만 아니라 환경 및 환경문제와 관련된 태도, 가치관 및 환경문제 해결을 위한 실천 동기까지 포함되어야 한다.

2) 국내 환경교육의 변화

우리나라 환경교육은 1980년까지는 주로 자연학습과 자원이용교육이 중심을 이루었다. 환경문제가 국내에서 처음 제기되는 시점인 1970년대 후반부터 1980년까지는 공해교육, 환경오염문제를 해결을 위한 교육이 중심이 되었다. 1990년대에는 주로 생태계 파괴에 대응하는 자연체험교육이 중심이 되었으며 중·고등학교 교육과정에 '환경' 교과가 독립 개설되고 초등학교 교육과정에 환경교육 관련 내용을 별도로 지도할 수 있게 되었다. 2000년 이후의 환경교육에서는 지구적 환경적 재난이 심각해지면서 지속가능발전 교육의 흐름이 강조되었으며, 2008년도 환경교육진흥법이 제정되면서 국가수준의 환경 교육정책이 수립되는 계기가 마련되었다.

3) 코로나19 대유행 이후 환경교육의 방향

이제 우리나라 환경교육은 생존교육으로 전환되었다. 무분별한 개발과 생태계의 파괴, 화석연료 사용으로 인한 지구온난화를 지금 당장 멈추지 않으면 미래세대에게 보다 더 나은 미래를 보장해 줄 수가 없다. 앞으로의 환경교육은 인류의 멸종을 가져올 수 있는 지구온난화를 지금 당장 멈출 수 있도록 실천중심의 환경교육이 중심이 되어야 한다.

기후위기, 환경재난의 시대에 환경교육은 기후변화의 문제가 몇 가지 일어날 수 있는 단순한 환경문제가 아닌 생존의 문제로 인식할 수 있도록 하는 교육이 이루어져야 한다. 앞으로의 환경교육은 인간 우위의 세계관을 탈피하여 지구상에 살아가는 모든 생명체와 더불어 공존하는 생태문명의 세계관을 갖도록 하는 교육이 필요하다.

2. 생활 속 환경실천 활동

1) 코로나19 이후 지구의 변화

2019년 중국 우한에서 처음 발병하게 된 코로나19로 인한 사망자가 2021년 12월 1일 기준으로 522만 4519명에 이를 정도로 코로나19는 인류에게 심각한 피해를 주고 있다. 그러나 코로나19로 인해 세계가 앞으로 극복해야 할 방향도 제시해 주고 있다. 코로나 인해 오랜 기간 해결하지 못했던 미세먼지가 줄어들면서 맑은 하늘이 드러나고 있다.

사회적 거리 두기 및 백신 패스 제도로 인해 자동차와 항공기 운항이 정지되거나 줄어들고 공장과 가게 문이 닫히면서 하늘이 맑아지게 된 것이다. 코로나 발원지인 우한지역의 봉쇄조치로 인해 중국의 대기 중 이산화질소 농도는 30%나 감소했다고 한다.

이러한 결과는 화석연료를 주로 사용하는 공장을 멈추고 자동차를 운행하지 않으면서 얻게 된 결과이다. 우리는 코로나19로 인해 화석연료의 사용이 줄어들면 대기오염이 줄어들고 온실가스 배출량이 줄어든다는 사실을 경험하게 되었다. 한마디로 현재의 기후위기를 극복하기 위해서는 불필요한 산업 생산을 줄이고 이동을 자제하여야 하기 때문이다.

2) 지속가능한 환경실천 활동

지속가능한 사회의 발전은 미래 세대의 필요를 손상시키지 않고 현재 세대의 필요를 충족시키는 개발을 의미하는 것이다. 지속가능한 발전은 기존의 생산방식, 소비패턴, 삶의 양식의 변화가 함께 이뤄져야 가능한 발전인 것이다. 화석연료를 사용하여 가동을 하는 공장, 화석연료를 이용하여 운행하는 자동차의 구동 연료의 전환을 서둘러서 탄소배출의 감소를 이루어내야 한다. 탄소배출을 제로화하거나 감량을 달성하기 위해서는 태양광이나 풍력을 이용한 대체에너지로의 전환이 절대적으로 필요한 것이다. 또한 에너지를 적게 사용하면서 탄소배출을 줄이기 위한 생활 속 환경

실천 활동을 적극적으로 해야 한다. 다양한 원재료의 재활용과 재사용을 높여 탄소 배출을 줄이기 위한 실천을 해야 한다. 인류의 건강을 위협해 오고 있는 플라스틱의 재활용을 높여 자원낭비와 탄소배출을 줄여 나가야 한다. 지금과 같은 성장위주의 발전과 자연환경의 개발은 환경을 파괴하고 지구 생태계를 위험에 빠뜨리게 한다. 지속 가능한 사회를 유지하기 위해서는 현재와 같은 사람 우위의 세계관에서 벗어나 다양한 생물과 공존하는 생태문명의 세계관으로 획기적인 전환이 필요하다.

3) 코로나19의 환경변화 대응 방향

지구가 한계상황으로 치닫던 기후위기와 생태계 파괴 현상이 코로나19 위기로 더욱 해결하기 어려워질 것 같다. 국제정치 분야의 석학인 미국 프린스턴대 존 아이켄베리(G. John Ikenberry) 교수는 코로나19로 인한 경제적 피해를 만회하고 사회적 불안을 완화하기 위해 세계 각국이 국수주의에 빠지고 강대국 사이에는 경쟁관계가 심화되고 있으며 국가나 지역 간의 연대가 느슨해질 것으로 전망하고 있다(After the Coronavirus, 2020). 그런데 이 국수주의와 국제 연대 약화는 바로 IPCC(기후변화)와 IPBES(생물다양성과 생태계)의 과학자들이 공통으로 쓰는 미래 환경변화 시나리오에서 가장 나쁜 경로와 너무나 비슷하다. 많은 과학자들은 21세기 말까지의 미래를 전망하면서 5가지 공동 사회 · 경제 경로(Shared Socio-economic Pathways; SSPs)를 채용하고 있다. 그중 세 번째 경로(SSP3)의 이름이 '지역 간 경쟁(regional rivalry)'이다.

전 세계가 각자도생을 위해 '지역 간 경쟁'에 빠져서 아무런 기후정책을 시행하지 않는다면 2100년 복사강제력이 7.0 W/m²에 이르러, 전 지구 평균기온이 산업화 이전 수준보다 4.X℃ 초반까지 상승한다. 환경문제에 대한 관심이 적다 보니 세계적으로 대기오염물질(황산화물, 블랙카본)이 가장 많이 배출되어, 토지 이용 등을 고려하면 기후변화 완화와 적응이 모두 매우 힘들어지는 최악의 경로로 전망하고 있다.

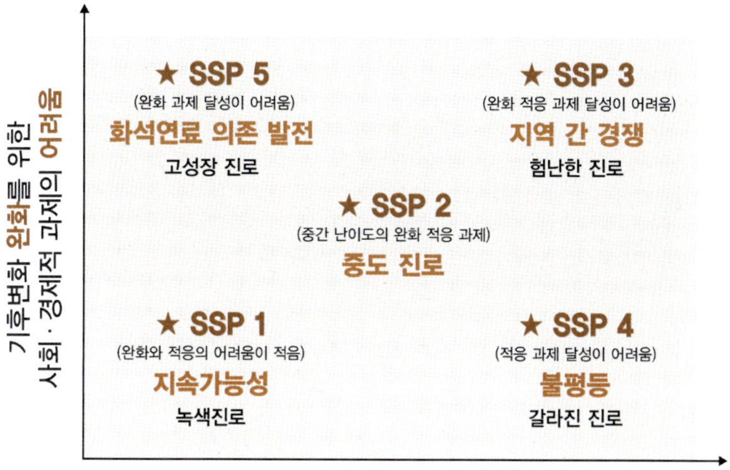

출처: Gidden et al.(2019). 기후변화행동연구소 재인용.

그림 4-2 기후변화를 위한 사회 · 경제적 과제의 어려움

그래서 코로나19 사태가 잦아들 때 우리나라와 전 세계가 어느 경로를 선택하는지가 매우 중요하다. 벌써 화석연료가 이윤 창출의 핵심인 기업들이 각국의 위기 돌파용 정책자금을 사업 장려에 사용해달라고 로비를 하고 있는 상황이다(Carrington, 2020). 2015년 전 세계가 기후변화대응을 위해 합의한 파리협정의 목표를 달성하려면 2020년부터 2030년까지 전 세계 온실가스 배출량을 매년 7.6% 감축해야 하는데, 작년에 유엔환경계획에서 처음 이 목표를 제시했을 때는 다들 비현실적이라고 평가했다(UNEP, 2019). 그런데 이번에 코로나19 확산 때문에 전 세계 경기가 침체하면서 온실가스의 대부분을 차지하는 이산화탄소의 배출량은 올해 최소한 5.5% 줄어들 것으로 전망되고 있다(Evans, 2020). 비록 그 원인은 사상 초유의 질병이어서 바람직하지는 않지만 불가능할 것 같았던 온실가스 배출량 저하감축 운동이 일어나려면 얼마나 극적인 변화가 필요한지를 보여주는 코로나19 대유행을 기회로 바꿀 수 있는 환경 변화 대응이 절실하게 필요한 시기이다.

5장

코로나19바이러스와 정신건강 문제

1절 » 서론

20세기 들어 인수공통감염병을 중심으로 감염병 유행이 급증하고 있다. 매해 5종의 신종 감염병이 출현하고 있으며, 최근 100년 동안 스페인독감, 아시아독감, 홍콩독감, 에이즈가 100만 명 이상의 사상자를 낼 정도로 피해 규모가 막대하다. 세계보건기구(World Health Organization, WHO)는 지난 20세기 말 이미 '21세기는 전염병의 시대'라고 규정한 바 있다.

많은 연구들에서 감염병에 수반되는 심리사회적 문제를 보고하였는데, severe acute respiratory syndrome(SARS) 완치자 중 30~40%는 퇴원 후에도 외상후 스트레스 증상, 우울, 불안을 경험하였으며, 이러한 정신적 후유증은 1년 후까지 지속되는 것으로 나타났다. 감염병 일선에 있는 의료인의 약 10%에서 외상후 스트레스 증상이 보고되었는데 확진자와 접촉 정도가 크고, 가족이 감염되거나 본인이 격리 경험이 있을 때 영향을 더 많이 받았다.

감염병 유행은 확진자와 업무 종사자뿐 아니라 일반 대중에까지 불안, 공포, 무력감, 외상후 스트레스 증상과 같은 심리적 문제를 야기한다. 국내의 정신건강 실태조사에 따르면 코로나 바이러스감염증-19(corona virus disease 19, COVID-19) 유입이 된 후 2021년 6월 조사 결과 우울위험군(3월 22.8%→ 6월 18.1%), 자살생각 비율(3월 16.3% → 6월 12.4%) 등이 감소하여, 전 분기 대비 정신건강 수준이 다소 개선된 것으로 나타났는데 이는 코로나19바이러스 상황이 비교적 안정적이었고, 백신 접종 확산, 사회적 거리두기 완화 발표 등에 따라 일상복귀 기대감이 국민 정신건강에도 긍정적인 영향을 주었을 것으로 보인다. 2019년(우울 2.1점, 우울위험군 3.2%, 2019 지역사회건강조사)에 비교하였을 때 크게 증가하였음을 알 수 있다. 그러나 여전히 우울, 자살생각 비율이 높은 수준이며, 7월에 거리두기 강화 등 방역상황 변화에 따라, 심리지원 강화가 필요한 상황이다. 금세기 들어 최장기간 유행이 지속되고 있는 코로나19바이러스 사태를 맞이하여 코로나19바이러스가 야기할 수 있는 정신건강 문제를 이해할 필요가 있다.

현재 코로나19 대유행은 일차적으로 감염병과 이로 인한 공동체 구성원의 사망으로 대표되는 공공보건의 위기이다. 그렇지만, 이 위기는 단순히 감염자의 확산으로 인한 의료체계의 붕괴에 그치지 않을 것으로 전망하고 있다. 감염과 사망이 사회경제적 요인들과 밀접하게 결합되어 실업과 소득 상실, 그리고 학업 격차를 넘어 일상생활에서의 우울과 불안, 대인관계 단절과 사회적 소통 미흡 등 정신건강 영역에 이르기까지 위기의 유형 또한 다양하고 광범위하다.

일상생활에서 '관계'와 '소통'은 국민 개인의 행복과 안녕에 미치는 영향이 지대하다. 하지만 코로나19 대유행은 일상생활을 제약함으로써 대인관계를 어렵게 하는 동시에 고립으로 인해 정신건강에 부정적인 영향을 미친다. 식사 및 회의 모임 등에서 모이는 인원수의 제한을 두는 사회적 거리 두기 등이 사회적 소통에 부정적 영향을 미치고 있다는 것은 당연하다. 이러한 관계 단절 또는 소통 미흡은 '사회적 자본'을 약화하고 개인들 간, 개인과 법 · 제도 간 '신뢰'를 낮추어 일상의 회복을 더디게 하거나 결국 자살과 범죄 등 각종 사회문제를 야기시킬 수 있다. 이에 따른 코로나19 대유행이 유발한 정신건강의 위기 상황을 검토하고 이에 대응하고자 취해진 정부의 심리지원정책을 살펴보고, 지역사회 정신건강 관리의 정책과제를 제시한다.

2절 » 코로나19와 정신건강 문제

1. 감염병 관련 불확실성

감염병이 다른 재난과 구분되는 특징은 위험요인의 불확실성과 지속성이다. 특히 신종 감염병은 전파양상, 치명률, 백신과 치료제 개발 등 요구되는 정보를 제시할 수 없는 경우가 많다. 유행 초반에 감염방지대책과 권고지침이 자주 변경되는데, 이러한 불확실성은 대중이 지각하는 위험수준을 증가시킨다. 이러한 불확실성은 공포와 불안을 자극하고, 사람들로 하여금 생존에 이득이 되는 전략을 취하게 하는데, 여기에는 차별, 혐오, 희생양 찾기가 포함된다.

역사적으로 감염병과 관련한 루머와 혐오는 소수자 그룹이나 사회적 약자를 향해 왔으며, 이들은 쉽게 대중의 공포와 분노의 희생양이 되어 왔다. 그러나 낙인에 대한 염려는 질환을 숨기게 만들어 방역을 어렵게 하고, 감염병만 아니라 일반 질환에 대한 보건서비스 접근도 저하시킨다. 뿐만 아니라 건강 행동에 대한 동기를 낮춰 개인의 건강만 아니라 보건사회적 측면에서도 부정적인 결과를 야기하는 것이다.

2. 방역활동의 심리사회적 영향

방역은 감염병의 발생과 확산을 막기 위한 조치로 마스크 등 보호구를 착용하고 손 씻기를 생활화하며, 접촉자를 격리하고, 국민들이 사회적 거리 두기를 유지하는 것을 포함한다.

코로나19 유행 초반에는 마스크 부족으로 혼란과 불안이 야기되고 보건당국이 마스크 사재기를 감시할 정도로 보호구 확보가 민감한 문제였지만 시간이 지나면서 오히려 마스크 착용에 대한 거부와 갈등이 사회 문제로 대두되고 있다. 이러한 요인은 서구사회에서 더 뚜렷하게 나타나고 있는데, Scheid 등은 마스크 착용에 대한 거부감을 자율성, 소속감, 효능감의 측면에서 분석하였다. 마스크 착용을 강제하였을 때 일부 사람들은 선택권을 박탈당하고 자율성이 침해된다고 느끼며, 특히 강한 남성성을 표방하는 그룹에서 마스크 착용에 더 거부적이라고 보았다. 코로나19로 봉쇄를 앞둔 1,000만 명의 구글 검색 기록을 분석하였을 때 불안, 미래에 대한 비관적

사고, 수면문제, 자살사고에 대한 검색이 현저하게 증가하였는데, 이는 봉쇄와 격리 조치는 당사자들에게 심각한 불안과 공포를 야기함을 의미한다. 특히 격리 경험은 외상후 스트레스 증상을 4배 더 증가시키며, 격리 경험자들은 기침을 하거나 콧물을 보이는 사람과 폐쇄된 장소를 기피하고, 과도하게 손을 씻는 등 상당기간 동안 행동적 변화를 보였다. SARS 의료진의 경우 3년 후까지 알코올 사용 증가, 환자와의 접촉을 최소화하는 회피 행동이 지속된 것으로 나타났다.

격리와 관련된 스트레스는 신속하고 정확한 정보전달, 의사소통 채널 유지, 필요한 서비스의 제공을 통해 감소시킬 수 있다. 정보가 부족하거나 불균등하게 전달될 때 대중은 잘못된 소문과 루머에 휩싸이기 쉬운데, SNS를 많이 사용할수록 잘못된 정보에 노출될 가능성이 증가하고 스트레스 수준이 더 높아진다. 격리 스트레스를 줄이기 위해서는 격리기간을 최소화하고 이들에 대한 사회적 낙인을 막기 위해 노력해야 한다.

사회적 거리 두기는 감염자와 비감염자가 섞이지 않게 하여 감염병의 유행을 억제하는 방법으로, 감염자를 78.2~99.3%까지 줄일 수 있을 정도로 효과적인 방역 수칙이다. 그러나 장기간 지속되는 사회적 거리 두기는 정신건강에 위해 요인으로 작용한다. 사회적 거리 두기에 수반되는 사회적 상호작용 감소, 자유의 제약, 수면 등 일상생활 패턴의 변화, 무료함, 경제적 손실은 삶의 동기, 의미, 가치에 회의를 유발하며 심리적으로 부정적인 영향을 초래할 수 있다.

사회적 거리 두기에 대한 동기가 조절요인으로 작용하는데, 사회적 책무 또는 부모의 규율 때문에 방역지침을 지켜야 한다고 응답한 청소년은 지침 준수율이 높았으며 소속감도 높았다.

반면에 자신이 감염되지 않기 위해서 혹은 사회적 비난을 피하기 위해서라고 응답한 경우 불안감이 높았고, 친구들의 권유 때문이라고 응답한 경우 우울감이 높았다. 사회적 거리 두기의 효과를 신뢰하고 자신이 지침을 잘 준수한다고 평가할수록 스트레스, 우울, 불안 수준은 낮은 것으로 나타났다.

3. 감염병 장기화로 인한 2차 스트레스

코로나19가 장기화되면서 감염과 관련한 불안이 고착화 되며 일상의 변화를 요구받고, 생계에 타격을 입기도 한다. 국내 실태조사 결과 일반인들이 가장 많이 호소하는 스트레스는 자신이 계획하였던 것들을 실행할 수 없다는 것이다. 수입 감소, 가계 빚과 같은 경제적 어려움과 부정확한 정보와 가짜뉴스로 인한 혼란도 높은 수준으로 나타났다. 경제적 어려움은 감염병으로 인한 스트레스를 더욱 악화시키고, 감염병 유행이 장기화될수록 노인, 이주민, 요양시설입소자, 장애인, 정신 질환자 등 기존에 사회적 자원이 취약한 그룹이 더욱 큰 타격을 받게 된다. 학교의 폐쇄와 노인요양시설 면회금지가 장기화 되면서 돌봄 공백으로 아동학대와 노인학대가 증가하고 있다. 이러한 심리사회적 영향은 감염병이 종식된 뒤에도 장기간 지속될 수 있다. 재난과 관련된 자살은 2~3년에 걸쳐 증가하는 추세를 보이는데 신체적 후유증, 불안, 우울, 외상후 스트레스 증상 등 심리적 요인, 실업, 경제적 어려움과 같은 사회적 요인들이 복합적으로 작용하는 것으로 예상된다.

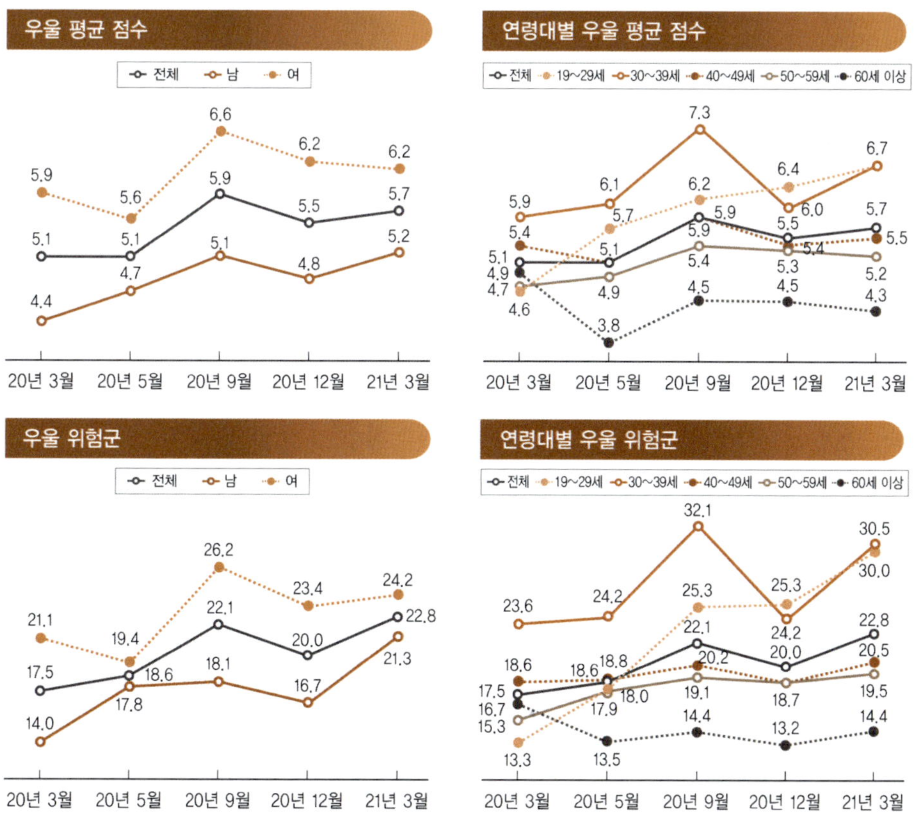

출처: 보건복지부(2021). 코로나19 국민 정신건강 실태조사.

그림 5-1 코로나19와 국민 정신건강 지표

4. 코로나19 대유행과 정신건강 위기

코로나19 방역으로 인해 경제활동과 일상생활에 많은 제약이 뒤따르면서 우울감을 호소하고 불안장애를 보이는 사람들이 OECD 주요국(15개국) 평균 3배 이상(우울수준(6.8% → 21.8%), 불안수준(8.4% → 28.0%) 증가하였다. 최근 코로나19가 정신건강에 미친 영향에 대한 OECD 연구(2021)에 따르면, 코로나19 이후 우울수준의 경우 한국은 OECD 평균(21.8%)을 상회하여 비교 대상 15개국(8개국 표시) 중 1위(36.8%)를 차지하고 있다. 그리고 불안 수준의 경우 비교 대상 15개국(9개국 표시) 중 멕시코(50.0%), 영국(39.0%), 미국(30.8%) 다음으로 높은 4위(29.5%)이다. 이는 OECD 평균(28.0%)보다 약간 높은 수치이다. 다른 한편, 서울대학교 보건대학원의 코로나19에 대한 국민위험인식조사(2020) 결과에서도 국민의 '불안' 수준(60.2%)이 높게 나타났으며, 2차 조사에서는 우울 수준을 높이는 '분노(6.7% → 21.6%)'를 경험하는 비율이 크게 증가하였고, 심지어 '슬픔(3.7%)'과 '혐오(1.7%)'도 나타났다.[1)]

표 5-1 코로나19 국민 필요서비스 지표

종류	20년 3월 조사	20년 5월 조사	20년 9월 조사	20년 12월 조사	21년 3월 조사
감염병 관련 정보(예방, 검사, 치료)	2.10	2.01	2.11	2.11	2.13
개인 위생물품	2.34	2.15	2.08	2.05	2.07
자녀돌봄, 독거 노인 등 복지서비스	1.44	1.40	1.50	1.50	1.61
경제적 지원	1.95	2.07	2.08	2.03	2.04
심리평가	1.36	1.39	1.51	1.55	1.59
정신건강에 대한 정보	1.42	1.43	1.55	1.56	1.60
정신건강 프로그램 운영	1.41	1.41	1.55	1.57	1.58

출처: 보건복지부(2021). 코로나19 국민 정신건강 실태조사.

표 5-2 코로나19 대유행 시기 대인관계 경험 (단위: 명, %)

구분		아니오	예	전체
가족이나 지인과의 관계가 단절되었다	수(명)	1,055	946	2,001
	비율(%)	52.7	47.3	100

1) SNU Responds to COVID-19, 코로나19와 사회적 건강 2차 조사 결과
https://www.snu.ac.kr/coronavirus/video?md=v&bbsidx=131349(최종 검색일, 2021.10.1.)

구분		아니오	예	전체
전반적으로 더 건강해졌다	수(명)	914	213	2,001
	비율(%)	45.7	10.6	100
친구들과의 관계가 좋아졌다	수(명)	929	125	2,001
	비율(%)	46.4	6.3	100

출처: 연세대학교 사회과학연구소(2021). 불평등·공정성 국민인식조사 재구성.

상기 지표를 통해, 코로나19 대유행이 장기화됨에 따라 우리나라 국민 중 상당 부분이 우울과 불안에 의해 고통받고 있을 뿐만 아니라 감염 확진자 등에게 과도한 공포와 분노 및 혐오를 드러내고 있음을 알 수 있다. 나아가 국민 일부는 사회적 소통이 차단되거나 미흡한 상태에 빠져 있으므로, 이들에 대한 정신건강복지서비스 제공이 필요하다.

3절 » 코로나19와 정신건강을 위한 사회복지적 접근

1. 코로나19 대응 심리지원정책

현재 정부는 국립정신건강센터 국가트라우마사업부(센터), 국립정신의료기관, 광역·기초 정신건강복지센터를 중심으로 '신종 바이러스 통합심리지원단'을 구성하여 코로나19 감염 확진자 및 가족, 격리자를 대상으로 심리지원을 실행하고 있다. 감염 확진자 및 가족(사망 시 유가족 포함)을 대상으로는, 국가트라우마센터에서 24시간 핫라인을 운영하고 있으며, 5개 권역별 국립정신의료기관 중심으로 전화 상담과 대면 방문 상담, 정신건강 평가, 고위험군 선별 및 치료 연계 등의 심리지원 서비스를 제공하고 있다.

격리자 및 격리 해제자를 대상으로는, 정신의료 기관을 중심으로 서비스를 제공하지 않고 광역·기초 정신건강복지센터가 주로 상담 및 병원 연계 등 의 업무를 담당하고 있다. 이와 같이 정부의 코로나19 위기 대응 정신건강정책의 대상이 감염 확진자 등에 초점이 맞추어진 것을 알 수 있다. 대인관계 형성과 유지의 어려움이나 소통 미흡을 해소하는 정신건강의 사회서비스 차원을 고려하지 않기 때문에, 지역사회 주민을 직접 대상으로 하는 선제적 예방조치가 이루어지지 못하고 있다.[2] 이는 코로나19의 정신건강위기에 포괄적으로 대응하기보다는 방역에 집중함으로써 드러난 결과라고 볼 수 있다.

따라서 코로나19 대유행으로 인한 대중적인 우울과 불안, 공포와 분노 등에 대한 대응은 감염 확진자 등에만 국한되지 않고 지역사회 주민 전체를 대상으로 사회적 소통과 일상의 회복을 꾀하는 정신건강 위기 대응체계가 마련되어야 한다.

2. 지역사회 정신건강 통합 돌봄 체계 구축

지역사회 주민 전체를 대상으로 하는 포괄적인 정신건강 위기 대응체계를 구축하기 위해서는, 방역과 사회적 거리 두기에 의해 영향받은 지역 주민과 적극적으로 소통하고, 지역사회 보건복지 자원을 연계 · 동원하는 정신건강증진의 관점이 무엇보다도 중요하다.

정신의료와 정신건강복지가 결합된 지역사회 정신건강 통합 돌봄 서비스를 그 대상을 확대하여 제공해야 할 것이다. 지역사회 차원에서 코로나19 감염 확진자 등에 대한 의료적 처치(정신의료 등)와 비의료적 심리지원과 지역 주민에 대한 정신건강 복지서비스를 결합하여 정신건강 통합 돌봄이 제공되어야 한다.

즉, 감염 확진자 등에 대한 신체 및 정신 치료와 재활서비스로서의 심리지원을 조직화하는 것을 넘어, 코로나19로 인해 우울과 불안 등 정신건강 문제를 드러내고 돌봄서비스 대한 욕구를 가진 지역사회 대상자들을 발굴하여 정신건강복지서비스를 제공해야 한다. 지역사회 정신건강복지 서비스를 받지 못하고 있는 대상자들에게 맞춤형 돌봄 서비스를 확대 · 제공함으로써 코로나19에 감염되지 않았더라고 바이러스의 대유행으로 인해 야기된 정신건강 문제에 적극적으로 대응할 수 있도록 하여야 한다.

이러한 찾아가는 돌봄 서비스 제공은 지역사회정신건강복지센터와 정신의료기관

2) 보건복지부에서는 작년에 중증 환자뿐만 아니라 국민의 정신건강 관리도 강화하는 방안을 마련하겠다는 계획을 발표하여, 정신건강복지센터를 모든 시군구(255개)로 확충하고, 아파트 단지 내 출장 상담소 운영 등의 '찾아가는 상담' 및 SNS · 전자 우편 등을 활용한 '온라인 상담'을 도입하는 등 국민의 일상 속 정신건강 관리를 수행할 예정이라고 밝혔으나, 아직 서비스 미충족 대상자 발굴조차도 명확히 이루어지지 않은 상태이기에, 본격적으로 사업을 시행하고 있다고 보기는 어려움(보건복지부 보도자료, "코로나19 방역에 역량을 집중하면서 사회안전망도 꼼꼼히 챙기겠습니다." 2020년 3월 4일 자)

이 연계 · 구성된 '사례관리팀'을 중심으로 코로나19가 야기한 정신건강 문제에 대한 진단 및 평가, 서비스 계획 수립, 그리고 실행프로그램에 따라 진행되어야 할 것이다. 아울러 돌봄 대상자의 감염 여부와 돌봄 단계에 따라 체계적으로 의료와 복지가 연계되는 서비스 제공체계를 구축하여 돌봄 공백이 최소화될 수 있도록 해야 한다.

표 5-3 코로나19관련 정신건강 사례관리

돌봄 단계	사례 특징	담당 기관
감염(중증)	입원 필요(신체/정신 치료)	정신의료기관
감염(경증)	입원 불필요(방문 진료 등)	
비감염(만성)	정신건강 문제(우울, 불안 등)	연계('사례관리팀')
	심리지원(방문 상담 등)	
	정신건강복지서비스(통합 돌봄)	정신건강복지센터

출처: 국회입법조사처(2021). 이슈와 논점 제1880호 재인용, 재구성.

이와 같은 사례관리가 계속 수행되기 위해서는, 우선 지역사회 정신건강 통합 돌봄 체계의 기본 단위로 정신건강복지센터를 자리매김할 필요가 있다.[3] 정신건강복지센터는 정신건강복지의 미충족 필요 대상자들에 대한 사정, 분류 및 연계를 핵심 기능으로 하고, 지역 정신의료기관과 협력하여 대상자들(정신질환자 포함)에 대한 집중 사례관리를 중재함으로써 의료와 복지를 연계 · 통합시켜 내야 한다.

또한, 보건복지부 국립정신건강센터에서 운영하고 있는 '정신건강사례관리시스템(MHIS)'에 지역사회 민간 정신의료기관과 정신건강복지시설이 참여할 수 있도록 개방하고,[4] 정신건강복지센터를 중심으로 서비스의 연계 · 통합이 가능하도록 최적의 정보전달과 대상자 의뢰를 위한 수단을 확보하고 기전을 정립해야 한다.

그리고 코로나19 대유행 대응 정신건강 정책과제는 현존 정신건강복지센터와 의료기관, 그리고 민간 복지시설 인프라를 활용한 네트워크 기반 지역사회 정신건강

3) 이를 위해서 센터에 정신건강 간호 인력을 추가적으로 투입할 필요가 있고, 사례관리의 재원은 통합 돌봄서비스의 성격상 지자체의 보조금보다는 사회서비스원에 의한 지불 또는 바우처 형태로 조달하는 것이 타당하다고 생각함.

4) 방역의 명분으로 규제를 받아왔던 민간 정신건강복지서비스 제공 시설, 즉 정신재활시설, 장애인복지관, 노인요양시설, 지역아동센터 등도 정신건강 통합 돌봄 체계의 집행자로 자리매김할 필요가 있음. 코로나19의 정신건강 문제에 지역복지 차원에서 접근하여 사회적 지지가 취약한 노인, 장애인, 아동 등의 스트레스나 트라우마의 증상을 완화하고 일상생활의 회복에 기여하도록 해야 할 것임. 다만 민간 복지시설의 활용은 요양보험 등에서 정신건강 영역의 복지급여에 대한 수가를 제도화하는 문제 등 정비되어야 할 사안이 있음.

통합 돌봄 체계를 구축하는 것이다. 이러한 네트워킹이 방역에 포섭된 심리지원과 보편적 정신건강증진, 그리고 정신의료와 정신건강복지 사이의 '분절'을 메움으로써, 현행 방역과 의료 중심의 정신건강 서비스 제공체계가 민관협력 의료와 복지 커뮤니케이션 체계로 전환되어야 한다.

6장 빈곤 문제

빈곤은 인간 사회에서 가장 오래되고 심각한 사회문제라고 할 수 있다. 학자들에 따라 다르지만, 이것은 사유재산제도의 등장 이래로 존재했다는 것이 일반적인 주장이다. 이러한 빈곤 문제는 그 자체로도 문제가 될 수 있지만 사회적으로 다른 사회문제를 유발하는 원인이 되기 때문에 해결하려는 노력이 요구된다. 빈곤은 영향을 받는 범위에 따라 미시적 차원에서의 빈곤과 거시적 차원에서의 빈곤으로 바라볼 수 있다.

우선 미시적 차원에서는 빈곤이라는 문제가 개인과 가족에 주는 것으로 그들에게는 인간생존 자체의 심각한 문제이다. 이들이 빈곤하여 어려움을 겪으면 사회적으로 위축되어 굴욕과 열등감으로 원만한 대인관계를 가질 수 없을 것이고 심한 경우 도덕적으로 위배되는 행위를 할 수 있어 사회문제를 유발한다. 또한 지역사회와 국가 전체에 주는 거시적 차원의 빈곤은 사회해체를 유발하는 심각한 문제가 될 수 있다. 빈곤을 겪는 집단은 그렇지 않은 사람들에게 위협이 될 수 있다. 빈곤집단이 행하는 비도덕적 행위의 피해자가 그들이 되기 때문이다. 또한 빈곤자를 구제하기 위해 행하는 사회복지 정책에 드는 경제적 손실도 있으며, 빈민 집단이 정치적 불안을 야기해 사회해체를 가져올 수 있다.

빈곤은 그 자체도 문제가 되고 이것이 수많은 사회병리현상의 원인이 되기 때문에 더욱 심각한 문제라고 할 수 있다. 따라서 우리는 이러한 문제를 해결하기 위해 여러 가지 정책이나 제도를 강구하지 않으면 안 될 것이다. 빈곤을 기능주의, 갈등주의, 상호보완적 측면에서 설명하고 그 원인과 종류, 대상, 접근 방법과 해결책을 다음과 같이 살펴보기로 한다.

1절 » 빈곤의 정의

1. 절대적 빈곤

기본적 욕구라는 기준으로부터 출발한다. 객관적으로 빈곤을 측정하려는 시도는 기본적 욕구에 빈곤 수준을 연결(라운트리)하여 최근까지 변형되어 사용하고 있다. 구체적인 내용은 다음과 같다.

첫째, 라운트리 방식으로 영양의 박탈상태를 1차적 빈곤으로 정의(전 물량 방식)한다. 성인과 아동의 평균 영양필요량을 추정, 그것을 각종 음식물로 환산하고, 그 음식물을 구입하기 위하여 필요한 현금을 산출하였다. 그 돈에다가 가족규모에 따라서 최저 필요액을 가산하여 빈곤선으로 설정한다.

둘째, 오르샨스키 방식은 현재까지 미국의 빈곤선 선정에 근간이었다. 엥겔의 법칙[1]이라는 명제에 기반을 두었다. 최저 식품비에 그 역수인 3을 곱하여 빈곤선을 설정(엥겔방식; 반 물량 방식)하는 방식이다.

우리나라는 지난 2007년 계측 조사 시까지 전물량 방식[2]을 사용해 왔다. 그러나 전물량 방식으로는 최저생계비와 일반가구의 소득, 지출수준의 격차가 벌어지는 것을 막지 못하는 문제가 발생하였다. 왜냐하면 필수품 선정, 사용량 및 내구년수 결정,

1) 1857년에 당시 작센의 통계국장인 엥겔은 153세대의 지출을 조사한 결과 지출 총액 중 저소득일수록 식료품비가 차지하는 비율이 낮음을 발견하였다. 이 적 법칙을 '의 법칙'이라 하며, 총 지출액에서 식료품비가 점하는 비율을 계수(Engel's coefficient)라고 한다.

2) 전물량 방식(Market Basket방식)은 인간생활에 필수적인 모든 품목에 대하여 최저한의 수준을 정하고, 이를 화폐가치로 환산(가격×최저소비량)한 총합으로 최저생계비를 구하는 방식. 보충급여체계에서 의료비, 교육비 등 급여종류별 기준액 산정과 장애인, 노인 등의 가구유형별 부가급여 기준 결정에 유용한 반면, 연구자가 지향하는 가치와 주관(자의성)이 개입될 여지가 많음. 즉, 필수품 선정, 사용량 및 내구년수 결정, 가격 결정 시 연구자의 자의성을 배제하려고 실태조사를 바탕으로 다양한 통계기법을 이용하나, 연구자의 자의성을 완전히 배제할 수 없음.

가격 결정 시 연구자의 자의성을 배제하기가 어려울 뿐만 아니라 최종 결정단계에서는 예산제약의 논리에 따라 필수품 선정 및 사용량 등이 최소로 억제되어 결정되는 경향이 강하기 때문이다. 그리하여 1999년 중위소득 45% 수준인 최저생계비는 2008년 중위소득의 34% 수준으로 하락하였으며 이런 추세가 계속되어 10년 후인 2020년에는 중위소득의 23%선까지 하락하였다. 따라서 2009년 중앙생활보장위원회에서 계측조사 시 전물량 방식뿐만 아니라 상대적 방식 또한 고려하도록 하였다.

전물량 방식의 장점은 노동의 재생산과 육체적 생존을 위한 최저 수준 확보이다. 단점은 **첫째**, 경제발전과 더불어 빈곤은 상대적 박탈감이 더욱 커지게 됨에도 불구하고 이를 반영하지 못한다. **둘째**, 생존에 필요한 생필품 내용이 바뀔 수 있고, 이를 파악하기 위해 수시로 조사를 해야 하나 기준연도를 설정하고 물가지수로 조정하는 것으로는 반영이 쉽지 않다. **셋째**, 절대적 빈곤개념에 공간적 상대성 즉, 사회의 습관, 기후, 법적 특성, 주거지역상 차이 등이 반영되기 쉽지 않다. **넷째**, 직업구성 및 인구구성에 따라 그리고 그 변화에 따라 최저생계비가 달라져야 함에도 이를 신축성으로 반영하기 쉽지 않다.

현재는 중위소득이라 하여 상대적 방식을 사용하는데, 이 방법은 대한민국 국민들의 소득수준을 일렬로 쭉 세운 다음 가운데에 위치하는 사람에 해당하는 소득이 얼마인가를 조사하는 것입니다. 이것이 중위소득의 100% 산출기준이다. 그러나 이 중위소득은 말 그대로 대한민국의 중간에 위치하는 소득이니 이를 저소득기준으로 잡아버리면 대한민국 국민 절반이 저소득층이 될 수 있다.

그래서 그 100% 자체를 저소득기준으로 잡진 못하고, 그렇게 산출된 중위소득의 30% 지점을 기초생활수급자 중 생계급여 수급자, 40% 지점을 의료급여수급자, 44% 지점을 주거급여수급자, 50% 지점을 교육급여 수급자 선정기준으로 잡고 있다(예를 들자면 2021년 1인 가구의 중위소득은 182만 7831원으로 잡혀 있다. 이 중 기초생활수급자 중 생계급여 수급자가 되려면 이 금액의 30%에 해당하는 금액이 선정기준액이 된다.). 즉, 이런 방식이라고 이해하면 된다. 중위소득을 산출하고 그 중위소득의 일정 지점을 저소득층으로 보는 방식이라고 할 수 있다.

최근 코로나 19상황에 따른 지자체에서 지급하는 재난지원금도 기준중위소득 기준 70% 이하 가구를 대상으로 하는 등 복지정책에서 중요한 기준점 역할을 하고 있습니다. 기준 중위 소득 대비 생계급여는 30%, 의료급여는 40%, 주거급여는 45%, 교육급여는 50% 이하 가구에 해당이 된다.

2. 상대적 빈곤

절대적 빈곤 비판. 사회의 평균 소득과 대비하여 상대적으로 낮은 소득 수준의 계층을 빈곤층으로 정의하려는 시도. 대부분의 사회 구성원이 누리고 있는 생활수준에 비교해서 박탈의 상태에 처해 있는 경우, 타운 센트로 포괄적인 상대적 박탈 개념을 사용한다. 가구소득이 평균소득의 50% 이하일 때는 극빈층, 80% 이하일 때는 빈곤층으로 정의. 그러나 이것은 그 사회의 문화, 대부분의 성원이 누리는 수준에 대한 이해집단의 견해, 국민적 통념 등의 차이가 나기 때문에 국가와 국제기구에 따라 다르다. 또한 사회의 생활양식을 대표할 60가지 지표를 선정하여 이 지표 가운데 하나라도 빠지면 박탈이 일어난 것으로 보고, 박탈의 숫자를 합하여 박탈지수를 계산하였다. 그 박탈지수의 총합을 소득수준과 비교하여 일정 소득수준에서 박탈지수가 급격히 증가하면 바로 그 수준을 빈곤선으로 정의했다. 장점으로는 특히 불평등의 정도를 파악하는데 유리, 국제적 비교에서도 유용하게 사용된다. 단점으로는 지표의 범위와 항목의 선정을 결정함에 어려움이 따르고 이들을 공통적 단위로 분류 통합하는 데도 어려움이 있다.

3. 문화적 정의(빈곤문화)

하위문화를 사회의 지배적인 문화와 특성이 다르거나 혹은 지배적인 문화에 대항하는 것으로 이해한다면, 빈곤문화는 빈곤층이 그 자신들의 어렵고 스트레스적인 생활양식에 대응하여 발달시킨 하나의 하위문화로 볼 수 있다. 빈곤문화는 빈곤층의 특징적인 행동과 사고방식의 특성들인데 문제는 사람들이 빈곤문화에 젖게 되면 빈곤으로부터 벗어나기가 어렵다는 점이며, 세대 간에 전승되고 영속된다는 점이다.

오스카 루이스의 빈곤문화의 특질

① 자신과 사회에 대한 신뢰 상실 및 사회적 참여의 부족
희망의 상실, 무관심, 소외, 의욕상실과 사회, 경제적 활동에 대한 참여 및 통합 부족, 패배주의 등과 그로 인한 주변감, 절망감, 의존감, 열등감, 체념, 권위에 대한 불신이다.

② 허약한 자아구조 및 통제력 결핍
특별한 보호를 받는 아동기의 부족, 조기 성경험, 성정체감의 혼란, 정신병리적 행동에 대한 과도

한 허용을 들 수 있다.
③ 현재에 대한 집착
현재적 만족에 집착, 미래에 대한 시각 부족, 역사적 감각부족이다.
④ 남성의 무책임성
남성의 처자에 대한 책임 포기, 이혼, 여성가장 가족의 증가, 여성가장 중심의 소가족주의를 지향한다.
⑤ 권위주의적 성향
남성우월주의, 소지역 중심주의, 공동체의식 부족으로 나타난다.

2절 » 빈곤에 대한 이론

1. 기능주의적 관점

기능주의자들은 사회의 구성요소들이 전체 사회의 기능을 위해 공헌하는 하나의 체계라고 본다. 사회의 구성원들이 긍정적인 공헌을 하려면 기제가 필요하다. 이러한 것은 제도에 의해 수행되고 빈곤은 제도에 따른다. 기능주의 관점에서 빈곤은 하나의 일탈행동이며, 빈민은 사회에 적응하지 못하고 공헌하지 못하는 행동을 한다고 보는 것이다. 이 결과로 사람들이 아주 적은 보상을 받게 되는데 빈곤은 그것이 사람들로 하여금 사회에 생산적인 공헌을 하도록 동기를 부여하는 기능을 그 이상 수행할 수 없을 때 사회문제가 된다는 것이다.

겐스(gens)는 빈민들이 사회를 위해 중요한 기능을 수행한다고 주장한다. 사회제도의 기능에 공헌하기 때문에 존재한다는 것이다. 사람들이하기 싫어하는 일들을 그들은 수행한다. 이리하여 빈민들은 그 상황에 보다 잘 적응하기 위해 특유한 가치와 태도, 이른바 빈곤문화를 형성한다고 하였다. 기능주의적 관점에서 빈곤은 빈민들이 그 상황에 더 이상 적응할 수 없어서 사회의 기능에 위협을 제기할 때 사회문제가 된다고 본다. 기능주의자들은 빈곤을 하나의 객관적인 상황이라고 보는 경향이 있어 주로 경제적인 의미로 정의하게 된다. 만일 어떤 사회가 용납할 수 없는 생활수준을 영위하는 데 필요한 경제적 수준 이하에 놓이면 그를 빈민이라고 보는 것이다.

2. 갈등론적 관점

갈등론자들도 빈곤을 사회의 경제제도와 관련하여 파생한다고 본다. 빈곤은 사회에 주요하거나 이롭지 않으며 어떤 계층과 집단들이 빈곤으로부터 이익을 얻기 때문에 발생한다고 본다. 갈등론적 관점에서 빈곤은 사회의 어떤 집단들이 현재의 자원배분이 공평치 못하고 정당하지 못하기 때문에 이를 개선하기 위해 무엇인가 하지 않으면 안 된다고 느낄 때 사회문제가 되는 것이다. 이들은 빈곤문화는 한 사회의 지배집단이 빈민들로부터 자기의 위치를 침범하지 못하게 보호하는 방편이라고 생각하고 있다. 그들은 또한 빈곤문화가 파괴되는 데 문제가 있는 것이 아니고 빈곤문화 자체가 문제라고 본다. 갈등론자들도 빈곤을 경제적인 문제로 규정하고 있다. 그러나 그 시작에 있어서 빈곤을 상대적인 것으로 본다. 어떤 집단을 다른 집단에 비해 가진 것이 없어 가난한 것이므로 상대적인 불평등으로 빈곤을 규정한다.

3. 상호작용이론적 관점

상호작용이론가들은 현실에 대한 주관성을 강조하므로 빈곤이 사회문제가 되는 것은 한 사회의 영향력 있는 집단들에 의해 그렇게 규정되기 때문이라고 한다. 상호작용이론가들은 과거나 다른 사회와의 비교에 역점을 두는 것이 아니고, 현재 한 사회 내에서의 다른 풍요한 집단들과의 비교를 통해서 빈곤을 규정하는 것이다. 이들에게 빈곤은 경제적 박탈감의 문제가 아니고, 개인의 자화상에 관한 문제라고 보았다.

3절 » 빈곤의 원인

1. 빈곤의 원인에 대한 이론적 관점

1) 기능주의적 관점

① 동기로서의 빈곤: 사회에 공헌을 하지 못한 결과가 바로 빈곤인 것이며, 이 때문에 사람들은 사회에 중요한 일을 보다 잘 수행하도록 노력하게 된다. 즉, 빈

민들은 중요한 과업을 수행하지 않기 때문에 적은 보상을 받을 수밖에 없는 것이다. 그러나 예외적인 경우가 있어 비판받고 있다.

② 빈곤의 긍정적 기능: 데이비스 & 무어는 빈곤의 기능은 그것이 사람들로 하여금 일을 하게 하는 것이므로 전 체계에 기능적이라고 하였다. 허버트 갠스는 사회사업가나 범죄학자들 같은 집단에게는 이로우며, 다른 빈민 집단에게는 해가 된다고 밝혔다.

기능주의자들은, 빈민들은 그들이 기능을 수행하지 못해서 가난하게 되거나 혹은 그들이 수행하는 기능 때문에 가난하게 된다고 말하였다.

2) 갈등론적 관점

갈등이론가들은 빈민들이 가난한 것은 빈곤이 존재함으로써 이익을 보는 보다 강력한 집단들에 의해 그들이 착취를 당하기 때문이라고 주장한다. 이들은 아무런 변화도 없이 기득권층이 빈곤을 해결하려는 것처럼 하면서 이득을 취하기 때문에 그들이 빈곤 해결의 주도권을 잡는 것에 심하게 반발한다.

3) 상호작용주의적 관점

가난한 사람들이 가난한 하위문화권에서 외부와의 유대가 강하지 않은 상태에서 장기간 살게 되면, 외부와 하위문화권이 자신을 바라보는 시각을 내면화하여 가난한 사람의 태도와 행동을 하게 되고 가난에서 벗어나지 못하게 된다는 것이다.

2. 미시적 원인과 거시적 원인

1) 미시적 원인

미시적 차원에서는 사회체제에 대한 개인의 적응의 실패에 초점을 두고 있다. 즉 개인의 동기 부족, 즉 낮은 성취동기와 열망수준, 게으름, 의타심, 과다한 출산, 음주, 도박 등 개인의 결함에 의한 원인 등이다. 또한 부양의무자의 사망, 질병, 불구, 폐질 등과 같은 비자발적인 개인적 원인 등이 있다.

2) 거시적 원인

거시적 차원에서는 사회체제의 결함으로 인하여 발생하는 대량의 빈곤에 초점을 두는 것이다. 빈곤이라는 본질적 사회문제의 근원이 자본주의적 생산양식 그 자체에 있다고 본다.

① 농촌 출신 도시 이입자의 취업기회의 제한과 불안정한 취업
② 농촌지역 경작규모의 영세성
③ 저소득층 자녀의 교육기회 제한 등으로 인한 빈곤의 세습화
④ 소득보장정책과 사회복지 서비스의 미흡
⑤ 최저 임금제의 미정착과 심한 임금격차 현상

3) 농촌 빈곤의 원인

농촌지역의 빈곤층은 거택보호대상자를 제외한 농촌 빈곤가구(자활보호 대상가구)는 일반적으로 전답을 소유하지 않거나 2단보 미만의 전답을 소유한 가구가 90% 이상이나 되는 것으로 추정되고 있다(보건복지부). 따라서 원인을 부양의무자의 사망, 노령, 불구, 질병 등과 같은 비자발적인 개인적 원인과 경작규모의 영세성에 있다고 볼 수 있다.

4) 도시빈곤의 원인

도시빈민층의 구성을 보면 생활능력이 없거나 생계에 미치지 못하는 저소득을 갖는 생활보호가구들, 영세 농어민 출신 중 도시 이주인, 낮은 중산층에 속해 있던 가구가 불의의 사고로 인해 취약계층으로 전락한 가구들 등이 있다. 외환위기가 초래한 빈곤 및 삶의 질과 관련된 가장 중요한 변화는 노동시장에서의 비정규직의 확대로 지금까지도 큰 영향을 미치고 있다. 실제로 2019년 8월 기준 임금노동자 중 비정규직은 약 748만 명으로 36.4%를 차지하고 있다. 우리나라의 비정규직은 외환위기 이후 급증하다가 이후 경기회복으로 점차 줄어들었고, 2008년 국제금융위기에 의해 다시 증가하였다가 점차 안정되고 있는 추세였지만, 또 다시 급증하기 시작하면서 현재 우리나라에서 소득격차와 빈곤 심화의 핵심요인으로 자리매김하고 있다는 점은 분명하다.

또한 비정규직의 확대 문제 외에도 2000년대 이후 두드러진 우리나라 경제의 지식

기반화에 따른 고용의 양극화는 소득의 양극화와 같은 심화된 구조적인 사회문제를 초래하고 있다. 아울러 최근 들어 심화되고 있는 경제의 저성장 기조는 청년실업 등 노동시장 측면에서 난맥상을 나타내고 있다. 이러한 현상들이 함께 우리나라 도시의 빈곤현상을 점차 심화시키고 있다.

4절 » 빈곤의 대상

빈곤의 대상은 다양하나 최근 경제적 어려움으로 인하여 빈곤의 굴레에서 심각한 문제를 안고 있는 아동과 노숙인, 노인을 대상으로 살펴보기로 한다. 특히 우리나라 노인의 경우 2021년 전체인구 중 노인의 인구가 16.5%(854만여 명)를 차지하고 2025년에는 20.3%(1,051만여 명)로 초고령사회에 진입할 예정(통계청, 2019)이지만 OECD 국가 중 노인빈곤율 1위를 차지함에 따라 노인의 빈곤 문제에 대한 대처가 절실한 상황이다.

1. 아동 빈곤

1) 아동빈곤의 개념과 유형

(1) 아동빈곤의 개념

아동빈곤이란 성인빈곤이나 노인빈곤과는 구분되는 개념으로 보통 18세 미만의 아동으로 빈곤한 가족에 속해 있는 경우를 말한다. 그러면 어떠한 아동(혹은 아동이 속한 가족)을 빈곤한 아동으로 규정할 수 있나? 빈곤이란 소득의 부족, 낮은 지출 수준, 열악한 주거, 낮은 수 의 건강, 교육 기타 사회서비스의 수준을 말한다(Förster and d' Ercole, 2005 재인용). 빈곤한 아동은 이와 더불어 부모로부터의 애정 결핍과 같은 개인의 안녕에 영향을 미치는 요인의 결핍을 경험하기도 한다. 빈곤을 측정하기 위해서 가구의 소득(수입, income)을 사용하기도 하지만, 가구의 지출(consumption)을 사용하기도 한다. 하지만 소득을 기준으로 아동빈곤을 측정하는 것이 정책을 평가하고 수립하는데 더 타당한 도구로 받아들여지고 있다(Solera, 2003 재인용).

(2) 아동빈곤의 유형

일반인 빈곤과 마찬가지로 아동빈곤도 절대빈곤과 상대빈곤으로 나뉜다. 둘 다 일정한 빈곤선(poverty line)을 기준으로 빈곤을 규정한다.

절대빈곤이란 가장 오래된 빈곤의 정의로 생존에 필요한 최저한의 물질 결핍 상태를 말한다. 미국에서는 절대빈곤선을 사용하여 빈곤을 측정한다. 이는 한 가족이 생존하는데 필요한 물품을 구매하는데 필요한 최저한의 액수(Dollars)로 표현된다(Vleminckx and Smeeding, 2003 재인용).

상대빈곤이란 공동체 인식을 반영하여 상대적으로 사회의 다른 사람들보다 적게 가지고 있다고 생각하는 것이다(여유진 외, 2006 재인용). 여기서 중요한 점은 빈곤을 측정할 때, 한 사회의 구성원의 삶의 수준과 비교 하여 개인이나 가족이 소유한 자원의 양을 측정한다는 데 있다. 상대빈곤선도 절대빈곤선과 마찬가지로 소득(Income)으로 표현된다. 우리나라는 급속한 경제성장과 공공부조, 사회보장제도 등으로 절대빈곤이 완화되었지만 사회 양극화로 인한 불평등의 심화, 부의 편중, 계층 갈등은 상대적 박탈감을 느끼게 하고 있다. 따라서 아동빈곤의 문제 접근을 절대빈곤보다는 상대빈곤에 주목하여 아동 빈곤문제를 진단하는 것이 적합할 수 있다(한국보건사회연구원, 2007).

2) 빈곤과 아동발달의 관계

(1) 빈곤이 아동발달에 미치는 영향

빈곤은 아동의 정상적인 발달과업 성취에 장애를 가져오며, 성인이 되어서까지 부정적인 영향을 미치게 된다. 성인초기의 학교실패, 실업의 가능성, 만성적인 복지의 존성, 강력범죄, 무기력감과 절망감은 아동기의 빈곤경험과 연결될 수 있다.(노혁, 2002) 빈곤이 아동에게 부정적 영향을 미치는 이유는 아동들이 타인에게 의존적일 수밖에 없고, 아동 스스로가 가족의 경제적 상황을 변화시킬 수가 없어 빈곤에 의해 영향을 받을 수밖에 없기 때문이다.

그러나 빈곤이 아동에게 직접적으로 부정적인 영향을 미친다고 단정 짓기보다는 부모의 양육태도, 또래집단과의 상호작용 그리고 지역사회의 특성 등이 영향을 미치고 있는 것으로 나타나고 있다(백순기, 김도진, 2019; 정익중, 2003).

빈곤은 아동의 학업성적에 부정적 영향을 미치지만 우울 · 불안 및 비행으로 연결되는 것만은 아니라는 연구(장희선, 김기현, 2014)도 있으나 빈곤가정은 아동에 대한 안정된 주거환경이나 적절한 교육환경을 제공하지 못할 가능성이 높고 빈곤가정의 부모는 경제적 문제가 크게 작용하여, 자녀와의 상호작용이 부족하거나 부적절한 양육태도를 보이게 되어, 결국 아동의 신체적, 정신적 발달에 부정적인 영향을 미칠 수가 있다.

보건사회연구원의 2018년 아동종합실태조사에 따르면 아동 청소년의 행복도는 소득수준이 낮을수록 낮았고 가구형태별로는 한부모가정이나 조손가정이 양부모 가정보다 낮았다. 특히 현재 생활에 대한 수준(학교생활, 개인관계 등)과 미래 안정성에 대한 만족도에서 빈곤가정 아동과 비 빈곤가정 아동 간 만족도 차이가 현저히 나타나 빈곤가정 아동들이 현재의 삶에 실망할 뿐만 아니라 미래의 삶에 대해서도 기대가 높지 않음을 보여준다. 이러한 결과는 사회적 차별 및 기회 박탈과 연관돼 있을 가능성이 높아 이들 취약집단 아동의 전반적인 삶의 질 개선을 위한 다양한 개입의 필요성이 제기된다.

하지만 우리나라 아동가구의 소득수준은 전체 가구보다 높게 나타났고 노인 등 다른 인구집단에 비해 아동 빈곤율이 낮게 나타났다(보건복지부, 2018). 국제적으로도 [그림 6-1]에서 보듯이 2016년 우리나라의 아동 빈곤율은 7.1%로 OECD보다 낮은 편이다. 그럼에도 불구하고 우리나라 아동의 삶의 질은 낮은 편이어서 소득기준 아동빈곤율로 빈곤실태와 주요특성을 파악하는 데에 한계가 있음을 보여준다.

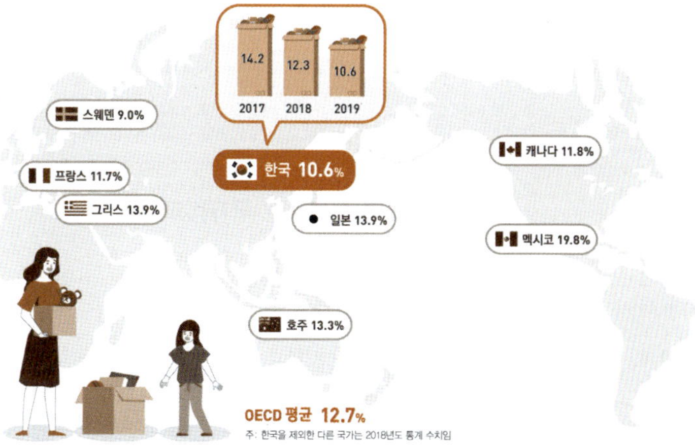

출처: 보건복지부, '통계로 보는 사회보장 2020'.

그림 6-1 OECD 국가의 아동의 상대적 빈곤율 비교

이에 아동의 실태를 다차원적으로 분석하기 위해 2018년 아동종합실태조사에서 아동결핍수준을 조사분석하였다. 아동의 결핍수준을 절대적 차원의 결핍과 상대적 차원의 총 14결핍문항으로 측정하였다. 측정결과 〈표 6-1〉을 보면 우리나라 2018년도 아동결핍지수[3]는 31.7%로 2013년 54.8% 비해 크게 감소하였지만 [그림 6-2]를 보면 경제협력개발기구(OECD) · 유럽연합(EU) 29개국 가운데 헝가리(31.9%)에 이어 두 번째로 높다.

표 6-1 연도별 아동결핍지수

2013년	2018년
54.8%	31.7%

출처: 보건복지부, 2018년 아동실태조사.

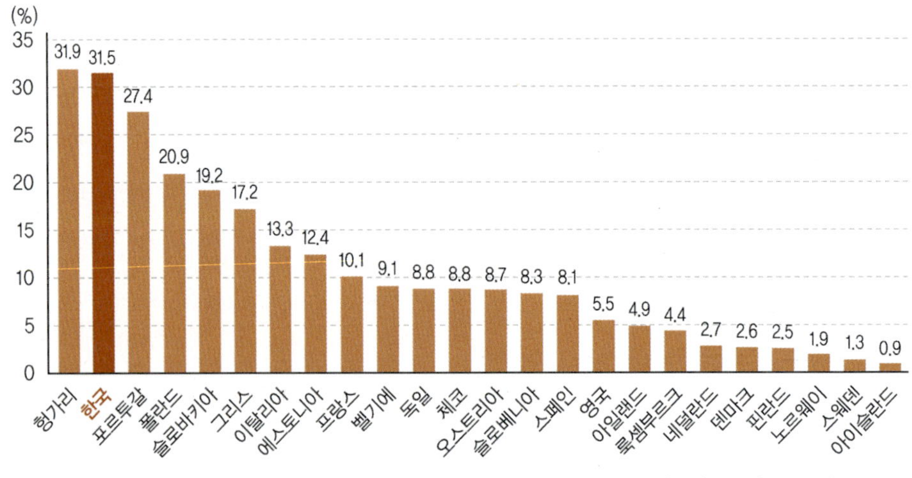

주: 0-16세 아동 대상, 14개 문항 중 2개 이상 결핍으로 응답한 아동의 비율을 산출. UNICEF(2013) 보고서(분석대상은 29개국, 조사시점은 2009-2010), 한국은 2013년 아동종합실태조사 대상 0-17세 아동을 대상으로 함. 10-16세 아동을 대상으로 하면 31.24%로 근소한 차이를 보임.

그림 6-2 아동결핍수준 국제비교

〈표 6-2〉에서와 같이 성별, 연령별에서도 대부분 아동결핍지수가 높은 수준에 있음을 알 수 있다. 특히, 0~2세의 아동결핍지수는 42.34%로 다른 연령에 비해 높아

3) 아동 결핍지수는 아동의 성장과정에서 주요하게 고려돼야 할 소유 상태와 서비스 및 각종 기회 충족 여부를 조사해 아동의 빈곤상태를 측정하고 수치로 나타낸 것이다. 유니세프가 개발한 아동 결핍지수는 '하루 세끼 섭취' '교과서 이외 도서 보유' 등 14개 항목 중 2개 이상의 항목에 '아니요'라고 답변한 아동의 비율을 보여주는 지표다. 지수가 높을수록 결핍 수준이 심각함을 의미한다.

심각한 수준에 있음을 알 수 있다.

표 6-2 연령별 · 성별 아동결핍지수

(단위: %, 명)

특성별(1)	특성별(2)	응답자 수(명)	결핍지수(%)
전체	소계	4,035	31.53
아동 성별	남자	2,083	30.81
	여자	1,952	32.29
아동 연령별	0-2세	512	42.34
	3-5세	729	29.29
	6-8세	578	24.20
	9-11세	741	27.67
	12-17세	1,475	33.69

출처: 보건복지부, 「2018년 아동종합실태조사」.

이처럼 우리나라는 낮은 아동빈곤율과 높은 아동결핍지수의 기이한 조합을 가지고 있는데 이는 아동의 빈곤에 미치는 영향이 다차원적임을 시사하며 아동의 삶과 성장의 조건을 보다 평등하고 동등하게 만들기 위한 다양한 정책마련이 필요함을 시사한다.

(2) 빈곤아동이 경험하는 문제

① 신체적 건강

한국보건사회연구원에 따르면 일반가구에 비해 수급가구, 한부모 · 조손가정의 주양육자는 아동의 건강이 나쁘다고 인식하고 있다(보건복지부, 2019). 지난 학기 아프거나 건강이 좋지 않아서 학교를 결석한 날이 1일 이상 있는 아동은 전체 6.8%로 나타났는데 일반가구 아동의 병결경험률이 6.6%인 반면 수급 가구의 아동 병결 경험률은 11%로 2배 가까이 높았고 양부모 가정 아동보다 한부모 · 조손가정 아동의 경험률이 높게 나왔다(보건복지부, 2019).

김동진(2019)의 연구에서도 소득수준이 높을수록 스스로 건강하다고 생각하는 비율이 높았고 비만율도 낮았다. 이와 같은 연구들은 아이들의 신체적 발육이 경제적 여건과 관련이 있다는 것을 보여주고 있다.

② 학업 성취 저하

노동연구원 방하남(房河男) 연구위원은 "교육 기회의 계층 간 불평등이 학력 차별을 낳고, 이런 학력 차별은 심각한 학벌사회 세태와 맞물려 고착화되는 양상을 보이고 있다"고 지적했다. 실제로 노동연구원의 분석 결과 부친의 학력을 자녀가 그대로 이어받는 경우가 43%에 달하는 것으로 조사됐다. 이는 10명 중 4명이 부모와 같거나 비슷한 학력으로 이어질 가능성이 있다는 것이다.

2018년 아동실태조사를 보면 주 양육자의 교육수준은 수급가구의 경우 대학교 졸업 이상이 5.8%, 한부모 · 조손가구가 11.9%로 나타났고 중위소득 150% 이상 가구에서는 56.7%로 수급가구보다 거의 10배에 가까운 교육수준을 보여주고 있다. 즉, 부모의 교육수준이 높을수록 소득수준이 높은 경향을 보이고 있고 소득은 결국 자녀의 학업성취에도 영향을 미칠 가능성이 크다. 실제 현재의 빈곤, 단기빈곤, 장기빈곤을 경험한 아동을 대상으로 한 연구를 보면 빈곤을 경험한 아동의 수능점수가 낮다는 연구결과가 있다(이혜림, 2016). 즉, 부모의 교육수준이 높은 것은 높은 소득을 통해 사교육비 지출을 늘리고 자녀의 교육에 대한 관심이 크며 학업성취를 위한 정서적 지지가 매개하고 있기 때문이다(이혜림, 2016). 결과적으로 빈곤가구의 아동은 소득 불평등으로 인한 교육 기회의 차별(사교육) 등 다양한 원인으로 인해 교육에 대한 관심 부족을 야기하여 향후 낮은 교육수준으로 이어질 가능성이 크다는 점을 시사한다. 실제 조사에서 학교생활의 만족도는 10점 만점에 평균 7.32점으로 나타났지만 빈곤가구의 아동은 6.62점으로 상대적으로 낮은 수준을 보였다.

부모의 교육수준과 소득수준에 따라 자녀의 교육에 영향을 미치는 것은 최근에 있는 현상만이 아니다. 과거 취재팀의 요청으로 한국노동연구원이 노동패널(전국 5000가구) 자료를 분석한 결과 소득 하위계층 자녀들은 2003학년도 수능시험에서 13.5%가량이 하위권 성적을 받은 반면 상위권 성적을 받은 자녀는 16.5%였다. 소득 상위계층 자녀의 경우 하위권이 2.5%에 불과한 반면 상위권은 29.8%에 달했다. 즉 과거부터 지금까지 이러한 현상은 변함없이 사회문제로 이어지고 있고 소득수준이 교육수준이 비례적인 관계가 되지 않도록 다양한 정책적 접근 등의 노력이 없다면 미래에도 이러한 악순환은 반복될 수밖에 없다.

한국개발연구원(KDI)

자녀의 대학 진학률이 부모의 학력과 소득수준에 따라 크게 차이가 나는 등 학력의 '대물림' 현상이 심각한 것으로 조사됐다. ◆부모의 소득 · 직업이 자녀 진학과 직결=서울 소재 4년제 대학 진학률은 부모의 학력이 중졸 이하는 3~4%에 불과했지만 부모가 4년제 일반대학 졸업이면 28%, 대학원 이상 시 41.4%로 7~10배가량 차이가 났다. 부모 직업에 따른 자녀의 대학 진학도 현격한 차이를 보였다. 부모가 고위 임직원 · 전문직인 경우 서울 소재 4년제 대학 진학률이 33%인 데 비해 농 · 어업 숙련 근로자, 기능근로자, 단순노무직은 각각 7.3%, 6.6%, 8.6%에 불과했다. 부모 소득도 자녀 교육과 연관성이 높았다. 서울 소재 4년제 대학 진학자 부모의 소득은 월평균 246만 원으로 미진학자 부모 소득 131만 원보다 훨씬 많았다. 자립형 사립고 자녀를 둔 학부모의 월평균 소득은 200만 원부터 700만 원 이상까지 다양했고, 민족사관고는 부모의 월평균 소득이 700만 원을 넘는 비율이 35%에 달했다. 가계소득과 자녀의 수학능력시험점수도 정비례했다고 보고서는 적시했다. 월 소득 200만 원 이하 가구 자녀의 수능 평균은 287.63점인데 비해 ▲201만~350만 원 293.14점 ▲351만~500만 원 310.20점 ▲500만 원 이상 317.58점이었다.

③ 심리사회적 문제

미국의 연구에 따르면 빈곤가족 아동의 경우 비빈곤가족의 아동에 비해 더 높은 우울이나 불안 등의 정신적 문제나 비행이나 공격행동 등 심리사회적 문제를 경험하는 것으로 보고되고 있다(Brooks-Gunn & Duncun, 1977).

최근 우리나라의 연구(김동진, 2019)에서도 소득수준이 낮을수록 우울감 경험률, 자살생각 경험률, 자살시도 경험률이 높게 나와 빈곤가구의 아동이 정신적으로 취약한 상태임을 보여주고 있다. 한편 수급가구일수록, 소득수준이 낮을수록, 농어촌에 거주할수록, 한부모 및 조손가구일수록 주 양육자의 우울수준이 높게 나타난 연구결과(보건복지부, 2019)는 빈곤가구 주 양육자의 심리정서적인 상태가 아동의 심리정서와 상관관계가 있음을 예측할 수 있다.

소득수준이 아동의 인지발달과 정서발달에 영향을 미치는 것은 사실이지만 심리사회적 문제의 해결을 위해서는 단순한 소득수준에 국한되지 않고 주 양육자와의 심리정서적 관계 등을 고려할 필요가 있다.

3) 빈곤아동현황

(1) 요보호아동의 현황

우리나라는 1997년 IMF 외환위기로 인해 경제적 · 사회적 혼란기에 접어들게 된다. 외환 보유고가 바닥나게 되었고, 충격을 극복할 수 없을 정도로 단기간에 기업의 파산이나 부도, 대량 실직이 일어나게 되었다. 부모의 실직 및 명예퇴직으로 인한 소득의 감소, 단절은 극심한 가족 위기 및 파탄의 요인이 되기도 하였다.

〈표 6-4〉를 보면 1997년 이후 요보호아동의 수가 급격히 증가됨을 볼 수 있다. 특히 아동학대의 문제는 사회적으로 예방과 재발방지를 위한 대처가 시급한 상황이었다. 이러한 상황에 대해 국가적, 사회적 인식이 합의됨에 따라 2000년 아동복지법을 전부개정 하였다. 아동학대를 사회문제로 인식하고, 보호를 필요로 하는 아동(요보호아동)의 대상 안에 보호자가 아동을 학대하는 경우 및 아동학대에 대해 구체적으로 정의 해 놓았다. 이후 경기가 안정 국면에 접어들면서 요보호아동 발생은 국가 및 지방자치단체의 개입과 직접적인 복지서비스 혜택 등으로 인해 일정수준까지 감소추세로 이어졌다. 하지만 아동인구의 감소에도 불구하고 2015년 이후 요보호아동은 4천여 명 수준으로 꾸준히 발생하고 있다.

표 6-3 아동(0-17세) 인구현황 (단위: 명)

구분	2016년	2017년	2018년	2019년
총인구수	51,696,216	51,778,544	51,826,059	51,849,861
아동인구수	8,736,051	8,480,447	8,176,335	7,928,907
비율(%)	17	16	16	15

출처: 보건복지부, 「2019 아동인구현황」.

표 6-4 연도별 요보호아동 발생현황[4] (단위: 명(%))

년도	보호대상아동발생수	귀가 및 연고지 인도	보호조치
1997	6,734(100)		6734(100)
2000	15,936(100)	6,851(43.0)	9,085(57.0)
2003	21,882(100)	11,660(53.3)	10,222(46.7)
2006	16,008(100)	6,974(43.6)	9,034(56.4)
2009	10,500(100)	1,472(14.0)	9,028(86.0)
2012	8,003(100)	1,077(13.5)	6,926(86.5)
2015	4,975(100)	472(9.5)	4,503(90.5)
2018	4,538(100)	620(13.7)	3,918(86.3)
2020	5,033(100)	933((18.5)	4,120(81.5)

출처: 국가통계포털. 보호대상아동현황보고(1997~2020) 재구성.

4) 국가통계포털. 보호대상아동현황보고(1997~2020).
https://kosis.kr/statHtml/statHtml.do?orgId=117&tblId=TX_117341138&vw_cd=MT_ZTITLE&list_id=G_12&seqNo=&lang_mode=ko&language=kor&obj_var_id=&itm_id=&conn_path=MT_ZTITLE

2000년 아동복지법 전면개정을 통해 아동학대 예방을 위한 노력으로 2006년 4,925명이던 것이 2009년에는 1,051명으로 급격히 감소하였다. 하지만 아동학대가 여전히 사회문제가 되어 2011년 아동복지법 전면개정을 통해 아동학대의 예방 및 방지와 피해아동 및 그 가족 등에 지원을 규정하는 등 아동학대 예방을 위한 노력을 하였으나 〈표 6-5〉를 보면 2015년 이후 아동학대 건수는 꾸준히 증가하고 있고 학대 행위가 잔인한 수준까지 이르러 기존의 아동학대 예방을 위한 방식에 한계를 보여주고 있다.

표 6-5 연도별 요보호아동 발생원인

(단위: 명)

연도	계	유기	미혼모·혼외자	미아	비행·가출·부랑아	아동학대	부모의 빈곤·실직	부모 사망	부모 질병	부모 교정시설 입소	부모 이혼 등
1997	6,734	1,372	1,833	342	3,187						
2000	9,085	1,270	4,190	152	1,757	1,716					
2003	10,222	628	4,457	79	595	4,463					
2006	9,034	230	3,022	55	802	4,925					
2009	9,028	222	3,070	35	707	1,051	710	763	230		2,240
2012	6,926	235	1,989	50	708	1,122	448	533	166		1,675
2015	4,503	321	930	26	360	1,094	279	301	122		1,070
2018	3,918	320	623	18	231	1,415	198	284	92		737
2020	4,120	172	463	11	468	1,767	181	279	74	166	539

출처: 국가통계포털. 보호대상아동현황보고(1997~2020) 재구성.

2011년 아동복지법 개정과 더불어 입양특례법 전면개정을 시도하였다. 입양촉진 및 절차에 관한 특례법의 명칭을 입양특례법으로 제명을 변경하여 건전한 입양문화의 조성, 입양후의 원만한 가정생활 등의 책무를 통해 입양아동의 이익을 최우선으로 하고, 이를 원칙으로 규정하였다(김경민, 2019).

그동안의 아동보호가 비밀입양위주의 입양문화, 혈연중심의 가족문화 등으로 인해 입양·가정위탁보다는 아동시설보호 위주로 이루어져 왔기 때문에 이를 벗어나 시설보호 위주에서 가정 중심의 아동보호 정책을 추진하고자 하였던 것이다. 하지만 이러한 노력에도 불구하고 〈표 6-6〉에 나타난 것처럼 가정보호보다는 시설입소가 더 증가되는 현상을 보이고 있어 가정위탁 및 국내입양 활성화 등을 위한 새로운 정책 패러다임을 추진해 나아가야 할 것이다.

표 6-6 연도별 요보호아동 보호조치현황

(단위: 명)

연도	시설입소	가정보호				
		소계	소년소녀가정	입양	가정위탁	입양전위탁
1997	3,917	2,817	710	898	1,209	
2000	4,481	4,604	564	1,755	2,285	
2003	4,824	5,398	500	2,506	2,392	
2006	4,366	4,668	308	1,259	3,101	
2009	4,767	4,261	213	1,314	2,734	
2012	3,748	3,178	117	772	2,289	
2015	2,682	1,821	0	239	1,206	376
2018	2,449	1,469	1	174	937	357
2020	2,727	1,393		88	1068	237

출처: 국가통계포털. 보호대상아동현황보고(1997~2020) 재구성.

(2) 한부모가족의 현황

한부모가구의 수는 2016년 1,540가구에서 2019년 1,529가구이나 전체 가구에서 차지하는 비중은 감소하고 있다. 이것은 한부모가구의 수는 증가하고 있으나 전체가구에서 차지하는 비중은 감소하고 있는 이유는 한 부모 가구의 증가율에 비해 단독가구 등의 증가율이 상회하는 데 원인이 있다.

한부모가구 비율은 2016년 7.8%에서 2017년 7.6%로, 2018년 7.5%로, 2019년 7.3%로 지속적인 감소 추세를 보이고 있다. 한부모가구가 된 주된 요인이 과거에는 대부분 사별이었으나 요즈음은 이혼이나 미혼으로 인한 비율이 증가 추세임에 비추어 한부모가구의 증가가 지속될 것으로 보인다. 따라서 이혼이나 미혼가구 증가 추세에 따라 가족정책의 방향도 이들에 대한 지원정책에 초점을 맞출 필요가 있다.

표 6-7 한부모가족 현황

(단위: 가구)

구분	2016년	2017년	2018년	2019년
전체가구	19,838	20,168	20,500	20,891
한부모가구	1,540	1,533	1,539	1,529
비율(%)	7.8	7.6	7.5	7.3

출처: 통계청. 「2020년 인구총조사-장래가구추계」.

표 6-8 저소득 한부모가족 수입현황

가구수입	100만 원 미만	100-200만 원 미만	200-300만 원 미만	300만 원 이상	평균수입 219.6만 원
비율(%)	7.5	42.6	27.0	23.0	

출처: 통계청. 「2018년 저소득한부모가족 현황」.

계속되는 빈곤아동의 증가에 민간에서는 빈곤 아동을 위한 서비스를 활발히 제공하고 있다. 그러나 프로그램의 질과 효과성, 인력, 설비 등의 미흡으로 빈곤아동에 대한 적극적인 정책은 미흡하였다. 그동안 빈곤아동에 대한 현황은 이혼가정, 국민기초생활보호 수급권 내 아동 수, 결식아동 수, 방임아동 수 등으로 추정해 오다가 한국의 주요아동지표에서는 아동 빈곤율과 절대빈곤율과 상대빈곤율 모두 꾸준히 증가하는 것을 알 수 있다.

외환위기와 글로벌 경제위기 이후 빈곤의 형태는 빈곤의 양적인 증가뿐만 아니라 경제적 불평등이 심화되어 새로운 빈곤문제에 직면하고 있다. 실제로 최저생계비를 기준으로 한 절대빈곤율은 2006년 10.2%, 2019년 11.1%로 계속해서 높아지고 있고, 중위소득의 50%를 기준으로 측정한 상대빈곤율도 2006년 14.2%, 2019년 14.3%로 꾸준히 증가한 것으로 통계되고 있다. 이는 우리사회의 빈곤 확산이 단지 절대빈곤층에 제한되지 않고 소위 차상위 빈곤층도 함께 증가하는 것을 보여주고 있다. 그 이유는 한국의 경제가 1인당 평균소득이 증가하고 있지만 중하위 소득 이하의 빈곤계층은 불안정한 일자리와 소득감소를 겪고 있기 때문이다. 그러므로 빈곤가족의 아동들은 외형적 경제 성장에도 불구하고 오히려 더 많은 고통을 받고 있다고 판단할 수 있다.

2020년 3월 11일 세계보건기구(WHO)가 코로나19 감염병 팬데믹[5]을 선언하면서 전 세계는 감염병 확산의 공포에 휩싸였고 이후 우리의 일상생활을 더욱 어렵게 만들었다. 특히 이러한 재난 상황 속에서 아동은 더욱 특별한 보호와 돌봄이 필요함에도 불구하고 개학 연기, 온라인 개학, 등교 중지와 시작을 반복하며 일상생활 전반에 걸쳐 지금까지 경험해 보지 못한 변화와 어려움을 겪어 내고 있다. 따라서 아동이

5) 세계보건기구(WHO)가 선포하는 감염병 최고 경고 등급으로, 세계적으로 감염병이 대유행하는 상태를 일컫는다. 한편, 팬데믹의 우리말 대체어로는 '(감염병) 세계적 유행'이 사용된다. 세계보건기구(WHO)는 감염병의 위험도에 따라 감염병 경보단계를 1~6단계까지 나누는데, 팬데믹은 최고 경고 등급인 6단계에 해당한다. 팬데믹은 특정 질병이 전 세계적으로 유행하는 것으로, 이를 충족시키려면 감염병이 특정 권역 창궐을 넘어 2개 대륙 이상으로 확산되어야 한다.

있는 가구는 어린이집, 유치원, 학교 등교 중지 상황이 불규칙하게 반복되면서 아동 돌봄 공백 등의 문제에 직면하게 되었다.

아동권리보장원이 실시한 '2020 코로나19 대응 아동실태조사' 결과에 따르면 코로나19는 아이들의 일상생활, 정신건강, 교육 · 학습영역 등에서 많은 부정적 변화를 가져왔으며 특히, 빈곤가구 또는 한부모 · 조손가구 아동들이 더 많은 어려움을 겪고 있는 것으로 나타났다. 문제는 사회경제적 계층에 따른 격차가 아동의 학업과 관련해서뿐만 아니라 건강, 사회 정서 등 아동발달의 전 영역에 걸쳐 코로나19 이전에 비해 더 크게 벌어졌다는 사실이다(아동권리보장원, 2021). 이러한 결과는 코로나19와 같은 재난 상황 속에서 우리나라의 아동복지제도와 지원체계, 역량이 부족함이 부각되었다고 볼 수 있다. 향후 코로나19와 같은 국가적 재난상황이 발생하더라도 아동이 부모의 사회경제적 지위나 직업으로 인해 돌봄, 학업 등 아동발달에 있어서 상대적 불이익을 받는 일 없도록 아동복지제도 및 지원체계의 재구조화가 필요하다.

(3) 빈곤아동이 겪는 어려움

빈곤아동이 겪는 어려움으로는 첫째로는 성장기에 충분한 영향섭취를 못 하는 것으로 인한 발육부진과 면역약화, 극단적으로는 영양실조 등 신체상의 문제점을 지적할 수 있다. 둘째는 정서적인 상처이다. 밥 굶는 것은 단지 '배고픔'이 아니라 '설움'이란 뜻이라 할 수 있다. 배고픔을 모르고 자라는 요즘 시대에 결식이란 어린이들에게 더욱 큰마음의 상처를 줄 수 있다. 셋째는 소외감으로 인한 도벽 등 일탈행위 등이다.

발육부진, 영양실조

소외감

문제행동(일탈) 가능성

표 6-9 연령별, 성별 아동결핍지수

(단위: %, 명)

특성별(1)	특성별(2)	응답자 수(명)	결핍지수(%)
전체	소계	4,035	31.53
아동 성별	남자	2,083	30.81
	여자	1,952	32.29
아동 연령별	0~2세	512	42.34
	3~5세	729	29.29
	6~8세	578	24.20
	9~11세	741	27.67
	12~17세	1,475	33.69

출처: 보건복지부. 「2018년 아동종합실태조사」.

표 6-10 연도별 아동결핍지수

2013년	2018년
54.8%	31.7%

출처: 보건복지부, 2018년 아동실태조사.

(4) 외국의 빈곤 아동

전 세계 78억 인구 중 7명당 1명꼴인 8억 4천만 명의 사람들이 굶주림과 영양실조로 고통스러운 나날을 보내고 있다. 이들 대부분은 남부 아시아와 아프리카 사하라 사막 남쪽에 살고 있으며 매년 1억 4천만 명의 새 생명 중 5분의 4 이상이 개발도상국[6]에서 태어나지만 개발도상국의 아동 중 10%는 다섯 살을 넘기지 못하며, 매일 34,000명의 어린이들이 목숨을 잃고 있다. 매년 1천 2백만 명 이상의 어린이들이 죽어가고 있는 것이다. 사망원인은 안타깝게도 영양실조와 예방 가능한 질병이다.

유니세프는 세계 135개국 영유아의 영양 실태를 조사한 '2021 아동 영양 보고서'를 발표했다. 보고서에 따르면, 충분한 영양섭취를 하지 못하는 영유아 비율은 약 71%에 이르며 주요 원인으로는 기후위기와 코로나19 장기화가 꼽혔다. 구체적으로 생후 6~23개월 영유아의 48%는 영유아의 영양 섭취 수준을 판단하는 지표인 '최소식단기준(MAD)'[7]에 미치지 못했다. 국가별로 살펴보면 저개발국 아동은 식량안보 위기에

---

6) 경제협력개발기구(OECD)의 개발원조위원회(DAC)와 국제연합 등의 분류에 의하면, 공업을 중심으로 고도의 발전을 이루고 있는 소수의 국가를 제외한 다수의 국가가 여기에 포함되며, 이들 제국의 대부분이 아시아 · 아프리카 · 중근동 및 중남미를 중심으로 한 남반구(南半球)에 위치하고 있다.

7) 최소식단기준(MAD)은 하루 최소 4개 식품군을 섭취했는지에 따라 평가하는 '최소식단다양성(MDD)'과 하루 최소 필요한 식사 횟수(모유 수유 시 2~3회, 비수유시 4회)를 평가하는 '최소식사빈도(MMF)'를 반영해 계산된다.

더 취약한 것으로 나타났다. 라틴 아메리카, 카리브해 지역에서 MDD를 충족하는 영유아는 62%였다. 반면 동남아프리카에서 MMF를 충족하는 영유아는 24%에 미치지 못했다. 국가 내에서는 도시와 농촌 간 불평등 현상이 나타났다. 도시 지역의 영유아 39%는 다양한 식단으로 영양을 공급받았지만, 농촌 지역 영유아의 경우 23%에 불과했다. 전체적으로 어린이 3명 중 1명은 영양실조를 앓고 있다. 또한 중앙아프리카와 동부아프리카, 남아프리카에서 발육부진을 겪는 아동은 10년 전보다 약 3.4% 증가했다.

① 식량위기의 원인

남부 아프리카 지역에 심각한 식량위기를 초래한 주요 원인은 자연적, 정치적, 사회경제적 원인으로 나누어 생각해볼 수 있다.

첫째, 비옥한 땅은 부자들의 소유가 되어버린 채, 가난한 사람들은 척박한 땅뙈기를 일구거나 나무를 베어 화전을 일구어가고 있기 때문이다. 또한 환경오염으로 인해 소출이 점점 줄어들고 있기 때문이다. **둘째**, 개발도상국에 살고 있는 가난한 농부들은 정부의 지원을 받고 있는 다른 나라와 경쟁상대가 되지 않기 때문이다. 하루 벌어 하루 먹고 사는 일용노동자는 임금이 너무나 낮기 때문에 먹을 것을 사 먹을 수 없다. **셋째**, 노동자들이 실직을 했기 때문입니다. 또한 정부가 외채상환에 매달리다 보니 의료, 교육, 사회보장 제도 등의 혜택을 국민에게 제공해줄 수 없기 때문이다. **넷째**, 전쟁과 기근으로 인해 농토가 황폐되고 국민들이 피난을 떠나 헤매고 있기 때문이다.

② 자연적 원인

매년 연달아 말라위, 잠비아, 짐바브웨에서 일어난 극심한 가뭄이 한 원인이며 레소토, 모잠비크, 스와질란드 역시 가뭄의 영향을 받았다. 한편, 2년간 연이어 홍수가 일어났고 그 결과 구더기 떼가 들끓었다. 수 년 동안 가축병이 돌아 막대한 손해를 입었다. 수많은 황소가 죽었기 때문에 황소를 이용하는 농기구 사용이 어려워졌고 결과적으로 농업 생산량이 감소했다. 가축 떼가 몰살되면서 식량을 구하기 위해 가축을 팔곤 했던 가정들이 어려움을 겪었다.

③ 정치적 원인

정부의 정책이 첫 번째 원인이다. 이를테면, 짐바브웨 정부의 토지개혁정책으로 인해 과거 식량수출의 발판이었던 상업과 농업이 무너졌다. 또한 짐바브웨에서 법과 질서가 붕괴되면서 원조의 손길이 사라졌고 경제 붕괴의 위기에 직면했다. 특히 말라위나 잠비아는 전략적으로 식량재고를 비축하고 운영하지 못했다. 또한 곡물수입이 필요한 적기를 정부가 놓치고 지연시킨다.

④ 사회경제적 원인

레소토나 짐바브웨의 경우에서 볼 수 있듯이 어려운 경제상황도 위기가 발생하는 주요 원인이다. 짐바브웨나 말라위의 경우 식량을 수입할 만한 외환보유고가 없고, 옥수숫값이 크게 오르면서 가난한 사람들이 식량을 얻기가 요원해졌다. 또한 2~3년 연이어 식량부족 현상이 생기면서 가축을 팔아 식량을 마련하는 등의 전통적인 대처방식이 더 이상 의미가 없어졌다. 채무부담도 한 요인이다. 이번 식량부족위기를 맞은 국가들 중 상당수의 1인당 부채가 1인당 GNP[8)]보다 많다. 전반적으로 농업에 대한 투자가 부족하며 일부 국가에서는 특히 잡종 종자와 비료에 대한 투자가 필요하다. 레소토의 경우 농경기술의 미비로 인해 표토층을 효과적으로 이용하지 못하고 토양의 자양분을 고갈시켰다. 물품 수입 및 운송 시에 필요한 물류체계 상의 문제도 있다. 예를 들어, 지난 2~3년에 한 번씩 찾아오는 홍수로 인해 주요 물류체계는 갖추어지지 못하고 있는 실정에 있다.

남부 아프리카 지역에서 높은 에이즈 발병률을 기록하면서 생산력 있는 노동이 점차 줄어들고 결과적으로 양질의 토지도 상당 부분 사라졌으며, 병자와 고아의 비율이 높아졌다. 더욱이 영양부족이나 에이즈로 고통을 겪는 사람들은 콜레라나 말라리아 같은 질병에 감염되기가 더 쉽다. 유엔식량농업기구(FAO)가 발표한 '2020 세계 농식품통계연감'에 따르면 전세계 농업 생산량과 경작면적, 교역량은 지속적으로 늘어나는 추세다. 구체적으로 2018년 농산물 생산량은 92억t으로, 2000년보다 50%가량 늘어났고 2000년에 비해 2017년 경작지는 일본 두 개 크기인 7500만ha나 증가했다. 또한 농식품 교역규모는 2000년 3800억 달러(약 428조9820억 원)였던 것이 2018년 1조4000억 달러(약 1580조 1800억 원)로 4배 가까이 늘어났다. 이처럼 생산량과 경작면적, 교역량은 증가했지만, 영양실조는 늘어난 것으로 조사됐다. 2019년 전 세계적으로 영양실조 상태인 인구는 6억9000만 명에 달한다. 이는 2014년보다 6000만 명이나 늘어난 수치다. 반면에 비만율은 오히려 늘어난 것으로 나타났다. 2000년 전체성

8) 국민경제가 일정기간(보통 1년)에 생산한 최종 생산물(재화 · 서비스)을 시장가격으로 평가한 총액.

인 인구 중 8.7%였던 비만 인구는 2016년 전체성인 인구의 13.1%로 늘어났다. 특히 북미 · 유럽 · 오세아니아의 경우 성인 3명 중 1명이 비만이었다.

이와 같은 결과로 유엔식량농업기구(FAO)는 생산량과 경작면적, 교역량이 증가했음에도 불구하고 식량 양극화를 해결하지는 못했다는 지적을 하고 있다. 농식품을 포함한 세계의 경제가 선진국을 중심으로 움직여짐에 따라 제3세계는 빈곤의 악순환을 거듭하고 있다. 특히, 코로나19 팬데믹 상황 속에서 저개발 국가의 고통은 더욱 가중되고 있다. 식량난 등으로부터 고통 받고 있는 저개발 국가를 지원하는 것이 지구촌 이웃 모두가 행복하게 살 수 있는 길임을 알아야 할 것이다.

4) 빈곤아동을 위한 복지서비스 현황

빈곤아동을 위한 복지서비스는 소년소녀가정 지원사업(가정위탁사업)과 한부모가정 지원사업, 아동급식지원사업이 대표적이며, 사업초기 국민기초생활보장법에 의하여 선정된 수급권자로 우선 지원하였으나 국민기초 생활보장사업의 수급권자가 아니지만 빈곤층인 차 상위계층의 문제가 대두됨에 따라 점차 그 대상을 확대해 나아가고 있다. 한편 저소득층 아동을 대상으로 하였던 아동급식지원사업은 2011년 서울시 초 · 중학교 내 전면 무상급식 논란에 휩싸이면서 2011년 8월 24일 무상급식반대 주민투표를 실시, 결국 서울시장이 물러나고 무상급식과 보편적 복지국가를 지지하는 진영의 승리로 이어지면서 전국적으로 무상급식이 확대되는 계기가 되었다. 구체적인 사업 내용은 다음과 같다.

(1) 정부지원

① 소년소녀가정 지원사업과 가정위탁사업

소년소녀가정(youth family) 지원사업은 정부가 1984년 '소년소녀가장세대 보호대책'을 수립하여 1985년부터 지원하기 시작하였고 민간후원, 각종 단체와의 결연사업을 실시하는 등 각종 지원사업을 활발하게 펼치고 있다.

표 6-11 연도별 소년소녀가정현황[9]

(단위: 명)

연도	계
2000	9579
2002	6947
2004	5444
2006	3271
2008	2058
2010	1327
2012	796
2014	292
2016	92
2018	33
2020	6

출처: 국가통계포털. 가정위탁국내소년소녀가정현황(2010~2020) 재구성.

표 6-12 연도별 소년소녀가정 가정위탁보호현황

연도	계	대리양육가정	친인척위탁가정	일반위탁가정
2010	12,000	7,847	3,317	936
2011	11,335	7,310	3,170	855
2012	11,631	7,536	3,288	807
2013	11,030	7,230	3,037	763
2014	11,169	7,294	3,086	789
2015	11,077	7,162	3,089	826
2016	10,706	6,944	2,927	835
2017	10,197	6,642	2,773	782
2018	9,575	6,207	2,605	763
2019	8,955	5,831	2,357	767
2020	8,359	5,442	2,167	750

출처: 국가통계포털. 가정위탁 국내소년소녀가정현황(2010~2020) 재구성.

하지만 '어려운 환경을 딛고 꿋꿋하게 성장하고 있는 기특한 아동'의 표상으로 여겨졌던 소년소녀가정은 아동에게 가장이라는 과중한 부담과 굴레를 씌워 책임을 맡긴다는 것으로 아동복지의 가치에 위배된다는 비판과 국제연합(UN) 아동권리위원회

9) 2000년~2008년까지의 발생현황자료는 울산대학교 산학협력단이 연구한 '소년소녀가정제도 개선 연구(2013)' 자료를 참고하여 작성하였음.

폐지 권고가 이어졌다.

이를 수용한 정부는 2000년 9월 소년소녀가장에서 소년소녀가정으로 명칭을 변경하여 '소년소녀가정 지원사업'을 실시하였다. 정부는 소년소녀가정의 지정을 점차 제한하고 위탁가정 사업을 권장하는 방향으로 전환하였다. 그 결과 〈표 6-11〉과 〈표 6-12〉에서 보는 바와 같이 소년소녀가정의 수가 2000년 9,579명이었던 것이 2010년 1,327명, 2020년에는 6명으로 급격히 감소한 결과를 보이고 있다.

'2021년 아동분야사업안내'에 따르면 소년소녀가정은 가정위탁이나 시설보호에 비해 외부위험에 노출되어 있는 보호형태이므로 추가지정을 금지하고 가정위탁으로 보호조치 하도록 권고하며 소년소녀가정 제도를 향후 폐지할 것을 예정하였다. 그러면서 소년소녀가정이 가정위탁아동으로 전환된 경우, 소년소녀가정에 지원되었던 결연, 학자금 대여, 대학특례입학, 장학금 등 각종 지원이 중단되지 않도록 조치를 권고하고 있다.

가. 소년소녀가정 지원사업

가) 추진방향

소년소녀가정 지정을 금지하고 기존의 소년소녀가정은 가정위탁보호로 전환을 추진하고 있다. 소년소녀가정 제도는 아동에게 위험을 초래할 수 있고 UN 등에서도 폐지 권고 단, 아동이 만 15세 이상으로 「아동복지법」제19조에 의해 후견인을 선임하는 경우에 한해 추가지정이 가능하다.

나) 연혁

1984년 '소년소녀가장세대 보호대책'을 수립하고, 1985년부터 소년소녀가장에 대한 정부지원사업이 실시되었다. 그리고 1996년 UN 아동권리위원회의 권고사항에 소년소녀가정제도 폐지를 권고하여 1999년 15세 미만의 아동 단독세대의 소년소녀가정 지정을 제한하게 되었다. 2000년 가정위탁제도 실시 이후 소년소녀가정을 가정위탁 사업으로 전환하여 2009년 9월부터 지원대상의 명칭을 소년소녀가정(youth family)으로 변경되었다.

다) 지원대상

소년소녀가정은 국민기초생활보장법에 의한 수급권자(가구) 중 18세 미만의 아동이 실질적으로 가정을 이끌어 가고 있는 세대를 말한다. 소년소녀가정 지원사업의 대상은 다음과 같다.

18세 미만의 아동으로만 구성된 세대와 18세 미만의 아동이 부양능력이 없는 부모와 동거하는 세대이다. 이때 18세 미만의 아동이 국민기초생활보장법상 부양 의무자(부모제외)와 동거하는 경우에는 「아동복지법」 제15조 제1항 제3호의 일반가정위탁(친인척)으로 선정하고, 부양의무자가 아닌 사람과 동거하는 경우에는 일반가정위탁(친인척 외)으로 선정한다.

15세 미만의 아동으로만 세대를 구성할 경우 소년소녀가정 지정을 금지하고 가정위탁이나 시설(그룹홈)입소 등 「아동복지법」 제15조에 따른 보호조치 실시한다.

다만, 15세 이상인 형제, 자매가 1인 이상 포함된 세대로서, 당해 아동이 지역사회 내에서 독립적으로 오랫동안 생활해 왔고, 동거하지는 않으나 주변에 친 · 인척 등이 거주하여 수시로 보호를 받고 있어 가정위탁이나 시설(그룹홈) 입소가 적절하지 않다고 판단되는 때에는 예외적으로 지정한다. 단, 지원 아동이 만 18세 이상이나 중 · 고등학교에 재학 중인 경우에는 졸업 시(졸업하는 날이 속하는 달)까지 지원이 가능하다.

라) 지원 내용

정부에서 소년소녀가정에 대해 지원하는 내용은 다음과 같다.

- 국민기초생활보장법에 의한 생계급여 및 교육급여를 제공한다. 생계급여로는 주식, 부식비, 연료비, 피복비, 장제비가 지급되고, 중 고교생의 교통비, 교복비, 영양급식비, 부교재 및 교양도서비 등이 지급된다. 교육급여로는 초 · 중 · 고교생의 학비가 지원된다.
- 의료급여로 의료급여법에 의해 1종 보호대상자로 선정하여 외래 및 입원진료비 전액을 국가가 부담하고 있다.
- 부가급여로 1인 월 20만 원 이상을 지급할 것을 지방정부에 권고하고 있다. 부가급여액은 소년소녀가정 결정일이 포함된 달의 전액을 지급하며 중지가 결정된 달까지 지급 원칙으로 하고 있다. 지급일은 매월 20일 지급하며 토 · 공휴일인 경우에는 그 전일에 지급한다.

마) 소년소녀가정 전세주택 지원(국토교통부)

대출대상 주택은 임차전용면적 85㎡ 이하인 주택이며 일반주택 전세자금 및 공공임대주택 임대보증금을 지원한다. 지원대상은 양육자가 무주택세대구성원으로서 해당 가구의 월평균소득이 전년도 도시근로자 가구당 월평균소득 이하인 소년소녀가정 · 위탁가정, 보호조치가 종료된 지 5년 이내인 무주택자 아동으로 하고 있다.

• 가구당 지원한도액

구분		보호대상아동 수에 따른 가구당 지원한도		비고
		1인	2인	
일반 주택	수도권	11,000만 원	13,500만 원	• 전세보증금이 지원 한도 이하인 경우 전세보증금으로 한다.
	광역시	8,000만 원	10,000만 원	
	그 밖의 지역	6,000만 원	8,500만 원	

정서적 후원으로 아동만으로 구성된 세대에 대해서는 이웃에 거주하는 아동위원, 종교인, 지역여성지도자, 공무원 등을 후견인으로 지정하여 고충이나 애로사항을 상시 의논, 해결하도록 한다. 그 방법으로는 지역사회 내 근거리에서 아동을 보살필 수 있고 아동문제에 대한 열의가 있고 관심이 있는 자를 지정하여 소년소녀가정에 지급되는 후원금을 제대로 사용할 수 있도록 지도하여 후원금 사용에 따른 문제를 최소화하도록 한다.

초록우산 어린이재단의 소년소녀가정을 위한 프로그램을 활용하여 중복지원 발생 방지하고 소년소녀가정 협동캠프, 생활수기 공모 등 정서적 지원강화, 후원자와의 만남행사 등 후원프로그램의 활성화를 지원하고 있다.

나. 가정위탁사업

가) 정의

가정위탁이란 '보호대상아동의 보호를 위하여 성범죄, 가정폭력, 아동학대, 정신질환 등의 전력이 없으며 아동복지법령이 정하는 기준에 적합한 가정에 보호대상아동을 일정 기간 위탁 하는 것'으로 아동복지법 제3조에서 정의하고 있다.

나) 연혁

1990년 가정위탁사업을 시범실시한 후 2000년 가정위탁 양육보조금을 지원하고, 2000년~2002년 가정위탁지원센터를 시범운영(강원도)하였다. 2003년 가정위탁지원센터를 전국으로 확대(16개 시 · 도, 총 17개소)하였으며, 2004년 중앙가정위탁지원센터를 설치하고, 2005년 「아동복지법」을 개정(가정위탁보호의 법적근거 규정)하였다. 2006년부터 가정위탁아동 상해보험료 지원과 2010년 입양 및 가정위탁 아동 심리치료비 지원이 이루어졌다. 또한 2012년 「아동복지법」 개정(시 · 군 · 구 가정위탁지원센터 설치 근거 규정, 가정 위탁보호 아동 자립지원 근거 규정)하였으며, 2016년 「아동복지법」 개정(가정위탁지원센터를 아동복지시설에 포함)하였다. 그리고 2020년 중앙가정위탁지원센터 아동권리보장원(2019.7월 출범)으로 업무를 이관하고, 2020년 양육보조금 지원기준 연령별 차등화 및 금액 인상(월 20만 원 이상 → 연령별 월 30~50만 원 이상), 아동용품구입비 지원기준(신규 책정 시 1회 100만 원) 신설, 전문아동보호비 지원기준 확대(월 40만 원 이상 → 월 100만 원 이상)하게 되었다. 2020년 「아동복지법」을 개정하여(시행령에서 가정위탁보호 유형 규정, '21.6.30. 시행) 시행 중이다.

다) 대상

18세 미만의 아동(18세 이상인 경우에도 고등학교 재학 중인 아동은 포함)으로서 보호자가 없거나 보호자로부터 이탈된 아동, 아동을 학대하는 경우 등 그 보호자가 아동을 양육하기에 적당하지 아니하거나 능력이 없는 경우의 아동을 대상으로 한다(보호대상아동 발생 시 2세 이하(36개월 미만) 아동은 가정위탁으로 우선 배치한다).

라) 위탁가정 유형

- 일반가정위탁보호는 전문가정위탁보호에 해당하지 않는 보호대상아동을 보호 · 양육하는 것을 목적으로 하는 가정위탁보호를 말한다. 2021.6.30. 이전에 시 · 도지사 또는 시장 · 군수 · 구청장에 의하여 대리양육, 친인척 위탁으로 결정된 자는 일반 가정위탁으로 간주한다.
- 전문가정위탁보호는 피해아동, 2세 이하 아동 등으로서 특별한 보호가 필요한 보호대상아동을 전문적으로 보호 · 양육하는 것을 목적으로 하는 가정위탁보호를 말한다. 학대피해아동과 2세 이하(36개월 미만) 아동, 장애아동, 경계선지능아동(종합심리검사 결과 경계선지능으로 진단받은 아동) 등을 대상으로 한다.
- 일시가정위탁보호로는 보호대상아동을 일시 위탁하여 보호 · 양육하는 것을 목적으로 하는 가정위탁보호를 말한다. 가정위탁 유형 근거는 「아동복지법 시행령」 제14조 제1항 제1호~제3호 ※ 「아동복지법 시행규칙」 부칙 제2조(위탁가정의 기준에 관한 경과조치)에 따라 2021.6.30. 시행규칙 시행 당시 시 · 도지사 또는 시장 · 군수 · 구청장이 전문가정위탁을 하도록 한 사람은 이 규칙에 따른 전문가정위탁 기준과 대리양육 · 일반가정위탁 · 친인척가정위탁을 하도록 한 사람은 이

규칙에 따른 일반가정위탁 기준을 적용하고, 일시가정위탁을 하도록 한 사람은 이 규칙에 따른 일시가정위탁 기준을 충족한 것으로 본다.

마) 지원내용

- 양육보조금

아동 1인당 양육보조금 월 300천 원~500천 원 이상 차등지원(지방이양) 권고하고 있다.

연령	지원액
만 7세 미만(83개월까지)	월 300천 원 이상
만 7세부터 만 13세 미만(84개월~155개월)	월 400천 원 이상
만 13세 이상(156개월부터)	* 연장보호아동 포함 월 500천 원 이상

- 전문아동보호비

지원대상은 전문위탁부모이며, 지원내용은 아동 1인당 월 100만 원 이상 지급을 권고하고 있다.

- 일시위탁보호비

지원대상은 일시위탁부모이며, 지원내용은 일 3만 원 이상 지급을(지방이양) 권고하고 있다.

- 아동용품구입비

지원대상은 신규 책정 위탁가정이며, 지원내용은 위탁가정 당 100만 원 지급을 권고하고 있다.

- 국민기초생활보장법에 의한 생계비 등이다.
- 가정위탁아동 상해보험 가입은 보험료 1인당 연 68,500원 이내이다.
- 심리검사 · 치료비

지원 금액은 심리정서치료비 월 20만 원 이내, 심리검사비 20만 원(1회), 교통비 월 2만 원 이내 지급한다.

- 위탁가정 전세주택(국토교통부)

지원대상은 양육자가 무주택세대구성원으로서 해당 가구의 월평균소득이 전년도 도시근로자 가구당 월평균소득 이하인 소년소녀가정 · 위탁가정, 가정위탁 보호조치가 종료된 지 5년 이내인 무주택자 아동 위탁가정 전세주택(국토교통부) 등이다.

–가구당 지원한도액

구분		보호대상아동 수에 따른 가구당 지원한도		비고
		1인	2인	
일반 주택	수도권	11,000만 원	13,500만 원	• 전세보증금이 지원 한도 이하인 경우 전세보증금으로 한다.
	광역시	8,000만 원	10,000만 원	
	그밖의 지역	6,000만 원	8,500만 원	

- 자립정착금(「아동복지법 시행령」 제38조 제1항 제3호)
  지원대상은 18세 이상의 가정위탁 보호종료아동(연장보호종결아동 포함)을 말한다. 단, 아동의 대학교 조기입학 등 예외적인 사유로 만17세에 아동복지시설 혹은 가정위탁 보호가 종료되는 경우, 지자체 판단하에 자립정착금 지원 이 가능하다. 지원 금액은 아동 1인당 500만 원 이상 지급(지방이양)한다.
- 자립수당(「아동복지법 시행령」 제38조 제1항 제4호)
  지원대상은 가정위탁 보호종료 3년 이내 아동 중 보호종료일을 기준으로 과거 2년 이상 연속하여 보호를 받고 만 18세 이후 만기 또는 연장 보호 종료된 자(단, 2017.5월 이후 보호 종료자에 한함)로 한다. 지원 금액은 매월 30만 원 현금 지급(본인 명의 계좌이체)을 원칙으로 한다. 지급기간은 신청일이 속하는 달부터 지급하며, 최대 36개월 한도 내 지급 가능하다.
- 대학진학자금 아동 1인당 5,000천 원 이상 지급 권고하고 있다.

② 한부모가족 지원사업

한부모가족 지원사업은 1989년 「모자복지법」이 제정됨에 따라 모자복지사업으로 시작되었다. 이후 정부는 저소득 부자가정의 경우도 모자가정 못지않은 어려움이 발생되는 현실을 인정하여 이들의 자립생활을 지원하기 위하여 「모자복지법」에 의해 모자가정과 동일한 기준으로 부자가정을 지원하여 왔다. 2002년부터는 저소득 모·부자가정과 미혼모를 대상으로 생활 안정 및 자립을 지원하고 있다.

표 6-13 차상위 및 한부모가족 수급자현황 (단위: 명)

모자가구	부자가구	조손가구	청소년모자가구	청소년부자가구
142,637	37,292	864	2,845	368

출처: 국가통계포털. 2020년 차상위 및 한부모가족수급자현황.

2018년 한부모가족 실태조사에 따르면 한부모가족의 월평균소득은 월 219.6만 원으로, 2015년 189.6만 원보다 증가하였으나, 전체가구 소득 대비 한부모가족 소득 비율은 56.5%로 낮은 수준을 보였고 2015년 조사에 비해 소폭 감소했다.

표 6-14 평균 소득(가처분 소득) (단위: 만 원, %)

연도	한부모 월평균소득	전체가구 평균 소득	전체가구 대비 비율(%)
2018	219.6	389.0	56.5%
2015	189.6	327.0	58.0%

출처: 여성가족부(2019). 2018년 한부모가족 실태조사[10].

2018년 한부모가족 실태조사 개요

- 조 사 명: 2018년 한부모가족 실태조사(국가승인통계 제15416호)
- 법적근거: 한부모가족지원법 제6조
- 조사주기: 3년
- 조사대상: 만 18세 이하 자녀를 양육하는 전국 한부모가족(모자가족, 부자가족) 가구주 2,500명

※ 표본추출: 이번 조사는 '16년 통계청 '등록센서스'에서 파악된 한부모가구를 조사 모집단으로 하여 표본 추출

- 조사내용: 자녀 돌봄, 생활세계 및 사회적 지지망, 경제활동, 건강, 소득 및 지출, 자녀의 비양육부모와의 관계 및 양육비, 주거 환경, 지원 사업 등 8개 분야, 19개 항목, 120개 세부항목
- 조사방법: 구조화된 설문지 통한 1:1 가구방문 · 면접조사
- 조사표 개발 및 결과 분석: 한국여성정책연구원
- 조사실시: ㈜한국갤럽조사연구소
- 연구기간: 2018. 3월~ 12월(조사: 8월~11월)

한부모가족 특성을 보면 이혼이 77.6%,로 가장 많고 그 뒤로 사별이 15.4%를 차지하였다. 모자가구가 51.6%, 부자가구도 21.1%를 차지하였고 자녀수는 1명이 전체 55%, 3명이 37.1%로 나타났다. 전체가구 대비 낮은 소득으로 인해 전 연령에 걸쳐 한부모 80% 이상이 '양육비 · 교육비 부담' 어려움을 겪고 있다고 응답했으며 78.8%가 양육비를 받지 못하고 있다. 이에 여성가족부는 한부모가족 아동양육비 지원 금액과 연령을 대폭 확대하고 시설입소 미혼모 · 한부모가족의 양육부담 경감 및 자립 지원을 위해 아이돌보미를 시설에 파견하는 등의 노력을 시도하고 있다.

10) '한부모가족 실태조사'는 「한부모가족지원법」 제6조에 따라 매 3년마다 실시하는 국가 승인통계로('12년, '15년에 이어 '18년 세 번째 실시), 한부모가족에 대한 지원정책 수립 및 기초자료로 활용된다.

가. 지원 대상

가) 지원대상 가구

- 한부모가족(모자가족 및 부자가족): 모자가족이란 모(母)가 세대주(세대주가 아니더라도 세대원(世代員)을 사실상 부양하는 자를 포함)인 가족을 의미하고 부자가족이란 부(父)가 세대주(세대주가 아니더라도 세대원(世代員)을 사실상 부양하는 자를 포함)인 가족을 의미한다.
- 조손가족: 부모로부터 사실상 부양을 받지 못하는 아동(이혼, 유기, 행방불명, 실종, 사망, 경제적 사유 등)을 (외)조부 또는 (외)조모가 양육하는 가족을 말한다.
- 청소년 한부모가족: 한부모가족으로서, 모(母) 또는 부(父)의 연령이 만 24세 이하인 가족이 대상이다.

나) 지원대상 가구원

한부모가족 및 청소년 한부모가족의 "모(母)" 또는 "부(父)"와 만 18세 미만(취학 시 만 22세 미만)의 자녀가 해당된다. 조손가족의 경우 (외)조부 또는 (외)조모와 만 18세 미만(취학 시 만 22세 미만)의 손자녀를 말한다. 다만, 취학 중인 경우에는 22세 미만을 말하되, 지원대상자로 선정 후 「병역법」에 따른 병역의무를 이행하고 취학 중인 경우에는 병역의무를 이행한 기간을 가산한 연령 미만을 말한다.

다) 지원대상자 선정 조건

한부모가족, 조손가족, 청소년 한부모가족으로서 가구선정 기준 및 소득인정액 기준을 충족한 경우 지원결정이 가능하다.

표 6-15 한부모가족 소득인정액 (단위: 원/월)

구분		2인	3인	4인	5인	6인
2020년 기준 중위소득		2,991,980	3,870,577	4,749,174	5,627,771	6,506,368
〈참고〉생계급여수급자 (기준 중위소득 30%)		897,594	1,161,173	1,424,752	1,688,331	1,951,910
한부모 및 조손가족	기준 중위 소득 52%	1,555,830	2,012,700	2,469,570	2,926,441	3,383,311
	기준 중위 소득 60%	1,795,188	2,322,346	2,849,504	3,376,663	3,903,821

구분		2인	3인	4인	5인	6인
청소년 한부모가족	기준 중위 소득 60%	1,795,188	2,322,346	2,849,504	3,376,663	3,903,821
	기준 중위 소득 72%	2,154,226	2,786,815	3,419,405	4,051,995	4,684,585

출처: 여성가족부(2019). 2018년 한부모가족 실태조사[11].

라) 지원결정(복지급여)의 신청

- 신청주의: 생활이 어려운 저소득 한부모가족, 청소년 한부모가족, 조손 가족의 가족구성원, 그 친족 및 기타 관계인이 신청하여야 선정여부가 결정된다.
- 직권주의: 사회복지전담공무원은 지원을 필요로 하는 자가 누락되지 않도록 관할 지역 내에 거주하는 지원대상 가구에 대한 지원결정을 본인의 동의를 얻어 직권으로 신청할 수 있다.

한부모가족 아동양육비 신청 시, 양육비이행관리원의 양육비 이행확보 지원 서비스 안내 및 신청을 적극 권장하고 있다.

나. 지원 내용

가) 저소득 한부모 및 조손가족 지원

아동양육비는 만 18세 미만 아동을 대상으로 월 20만 원을 지급한다.

> ※ 21년 5월부터 적용사항
> • 생계급여를 지원받는 한부모가족의 만 18세 미만 아동은 월 10만 원 지급한다.

추가 아동양육비는 조손가족 및 만 25세 이상 미혼 한부모가족의 만 5세 이하 아동은 월 5만 원을 추가 지급한다.

> ※ 21년 5월부터 적용사항
> • 조손가족 및 만 35세 이상 미혼 한부모가족의 만 5세 이하 아동, 월 5만 원
> • 만 25세 이상 34세 이하 청년 한부모가족의 만 5세 이하 아동, 월 10만 원
> • 만 25세 이상 34세 이하 청년 한부모가족의 만 6세 이상~18세 미만 아동, 월 5만 원

학용품비로는 중학생 및 고등학생 자녀가 있는 경우 연 8.3만 원을 지급한다. 생활보조금은 한부모가족복지시설 입소한 한부모가족에게 월 5만 원을 지급한다.

11) '한부모가족 실태조사'는 「한부모가족지원법」 제6조에 따라 매 3년마다 실시하는 국가 승인통계로('12년, '15년에 이어 '18년 세 번째 실시), 한부모가족에 대한 지원정책 수립 및 기초자료로 활용된다.

나) 청소년한부모 자립지원

아동양육비는 만 24세 이하의 청소년한부모의 자녀 대상으로 월 35만 원 지급한다. 검정고시 학습비로는 청소년한부모가족의 모 또는 부가 검정고시 학원 또는 검정고시 시험과목을 강의하는 학원 수강 시 연 154만 원 이내 지원한다. 고등학생 교육비는 청소년한부모가족의 모 또는 부가 고등학생인 경우 수업료 및 입학금을 지원한다. 자립지원촉진수당으로는 자립활동에 참여한 청소년 한부모에게 월 10만 원을 지급한다.

③ 아동급식지원사업

가. 목적

아동복지법」 제35조(건강한 심신의 보존) 제2항 제3호 및 제4항에 따라 결식예방 및 영양개선에 관한 사항을 근거로 하여 저소득 가정의 아동들이 건강하게 자랄 수 있도록 급식지원 등을 통해 결식을 예방하고 영양을 개선하는데 있다.

나. 연혁

2000년 아동급식(석식) 사업을 시작으로 조식 지원과 방학, 토 · 공휴일 중 취학아동 중식 지원이 교육부에서 이관, 겨울방학 중식지원 대상을 확대하고, 2005년에 아동급식지원사업을 지방으로 이양하였다. 2009~2010년 경제위기로 인한 결식아동 증가에 따라 한시적으로 국비를 지원하였으며, 급식단가 조정(3,500원 → 4,000원), 2019년부터 아동급식 온라인(복지로) 신청 개시를 하였고, 2000년도에 급식단가 조정(4,000원 → 5,000원 이상), 주소지와 상관없이 가까운 읍 · 면 · 동 행정복지센터(주민센터, 읍 · 면사무소)에서 아동급식 신청을 가능하게 하였다. 2021년에 급식단가 조정(5,000원 → 6,000원 이상)을 하여 지급하고 있다.

다. 지원대상

가) 지원연령

지원대상(아동복지법시행령」 제36조 제1항) 18세 미만의 취학 및 미취학 아동(「아동복지법」 제3조)을 대상으로 한다. 다만, 18세 이상인 경우에도 「초 · 중등교육법」 제2조에 따른 학교에 재학 중인 아동을 포함하며, 학교에 다니지 않는 18세 미만 아동의 경우에도 지원한다.

나) 지원대상

아래의 어느 하나에 해당하는 아동으로서 결식 우려가 있는 아동을 대상으로 한다. 다만, 가~바 대상자 중 「아동복지법」 제15조에 따라 생활시설 및 가정위탁으로 보호조치 된 아동은 제외한다.

㉮ 「국민기초생활보장법」 제2조 제2호에 따른 수급자 가구의 아동과 차상위계층 아동
㉯ 「한부모가족지원법」 제5조에 따른 지원대상자가 양육하는 아동
㉰ 「긴급복지지원법」에 따른 긴급복지 지원대상 가구의 아동
㉱ 보호자가 사망, 가출, 행방불명, 구금시설에 수용되는 등의 사유로 보호가 필요한 아동
㉲ 보호자의 사고, 급성질환, 만성질환 등의 사유로 보호자의 양육능력이 미약한 가구의 아동
㉳ 기준중위소득 52% 이하인 가구의 아동
㉴ 위 각호에는 해당되지 않으나 담임교사, 사회복지사, 이 · 통 · 반장, 시 · 군 · 구 담당공무원 등이 추천하는 아동으로서 아동급식위원회에서 급식지원이 필요하다고 결정한 아동 등이다. 위의 가~바에 해당하는 지역아동센터, 사회복지관 등의 아동복지프로그램을 이용하는 아동과 외국 국적 아동을 대상으로 한다.

라. 아동급식 지원 및 관리

급식제공 주체는 취학아동의 경우 연중 조 · 석식은 지방자치단체가 제공하고 학기 중 중식은 교육청(학교급식)이 지원한다. 학기 중 토 · 공휴일 중식 지원은 교육청으로부터 시 · 도교육비특별회계를 지원받아 지방자치단체에서 제공하고 방학 중 중식 지원은 지방자치단체가 지원한다.

아동급식사업은 지방이양사업으로 재원은 시 · 도 및 시 · 군 · 구 간 조정하여 분담한다. 2021년 급식단가는 1식 당 6,000원 이상으로 하며 아동이 균형 잡힌 영양 및 발달단계에 필요한 칼로리를 공급받을 수 있도록 연령별 차등 단가를 적용하여 제공할 수 있다. (예, 초등학생 6,000원, 중학생 7,000원, 고등학생 8,000원)

급식제공 유형 해당 아동 가구의 취사능력, 지역사회의 급식지원 시설, 아동의 영양 등의 특성을 고려하여 결정할 수 있다.

급식유형	지정 대상 및 고려사항
단체 급식소	• 복지관, 대형업체 직원 식당을 사회기여 차원에서 참여 유도 • 도서관, 청소년수련관, 종교 및 민간단체, 학교급식 시설 지정 • 방학기간 중에는 특정 학교급식시설을 이용 협의 ※ 지자체가 지역교육청 · 학교와 협의하여 지역 아동급식위원회에서 결정
일반 음식점	• 특정 메뉴에 편중하지 말고 다양한 메뉴의 음식점 지정 • 모범업소 및 협력음식점 지정 등 인센티브 제공을 통해 참여 유도 * 지자체 내 위생과와 음식업협회 등 관련 단체의 협조를 통해 추진 • 지역 내 일반음식점을 이용할 수 있는 전자카드를 결제수단으로 제공
도시락 배달	• 자활근로사업(도시락배달사업), 공공근로사업 등을 아동급식사업과 연계 * 자활근로인력을 급식 취사 및 배달인력으로 활용하여 추진 • 지역 · 계절적 여건 및 대상아동의 의사(사전 수요조사)에 따라 밥 · 반찬 일체형 외에 반찬형도 가능 • 도시락 · 반찬 등 배달의 경우 배달 장소 및 시간 등을 사전에 약속하여 분실되거나 상온에 오래 방치되지 않도록 주의 • 하절기 도시락 등 배달 시 일일배달 및 직접인수 • 급식지원 가정에 사람이 없어 도시락 전달을 못 한 경우 하절기에는 약속된 장소 등에 도시락을 두고 오지 말고 차후에 다시 배달하여 대상자에게 직접 전달 • 영양가 및 아동 취향 등을 고려하여 식단 운영하고, 아동의 정서고양을 위한 수단 병행예: 희망을 주는 격언, 지역 시인의 도움을 받아 “사랑의 편지” 등을 동봉 • 자원봉사자, 급식단체 등과 연계하여 원활하게 도시락 배달
기타	• 그 밖의 시장 · 군수 · 구청장이 정하는 급식방

지역아동센터 등 단체급식소 내 조리실을 이용하여 급식을 제공하는 경우에는 1개월간 소요된 급식비용을 다음과 같이 집행한다. 실제 단체급식소를 이용한 아동의 급식 수만큼 지급한다. 단체급식소 이용 아동의 급식 수가 전월 1개월간 이용 아동 급식 수의 90% 이상일 경우 1개월분 급식비 전액 지급한다. 기타 급식 제공유형으로는 **첫째**, 편의점 급식으로 아동의 신체발달을 고려하여, 영양가 있는 도시락 등 식사 종류를 지원하기 위해 유해품목 등 구매불가 품목을 제외하고 모든 품목 구매 가능하다. **둘째**, 부식지원은 지역 특성상 다른 급식 제공이 어려운 경우 제한적으로 제공하는 형태로 배달된 식재료로 조리 가능한 메뉴, 식단 등의 안내문을 제공하고 지역 및 아동(가정)의 실정에 따라 부식(식재료 등)을 지원한다. 미취학 아동이나 초등학교 저학년 등 스스로 조리를 할 수 없거나 조리해 줄 사람이 없는 경우에는 다른 급식방법을 선택한다. **셋째**, 식품권 등 기타로는 오지, 산간벽지, 도서지역 중 급식 현물제공이 곤란한 경우 지원하는 형태로 식품권 제공은 명절 등 연휴기간 및 단기

방학 등의 단체급식, 도시락업체 부재 또는 아동 거주지 인근에 음식점이 없는 경우 등으로 제한한다. 부득이 식품권을 사용하는 경우에도 급식과 관련 없는 물품이 지급되거나 다른 사람이 이용하는 일이 없도록 사전 · 사후관리를 해야 한다.

(2) 민간지원

빈곤아동 대상 민간지원은 초록우산어린이재단 결연사업과 지역사회 종합복지관 서비스, 지역아동센터(공부방)사업이 있으며, 2004년부터 빈곤아동을 위한 시민운동인 'We Start' 운동도 전개되었다.

① 초록우산어린이재단[12)]

결연사업은 시설보호아동, 가정위탁아동, 소년소녀가정 아동, 모 · 부자세대 아동 등 불우한 아동과 지역사회 이웃과의 결연으로 물질적 · 정신적 지원을 통해 아동의 건전한 성장을 도모하는 목적으로 실시되는 사업이다. 결연사업은 1976년 「불우아동 건전육성대책」이 수립된 이후 1977년 정부주도로 사회인사와 시설보호아동과의 결연사업이 실시되었으나, 1981년부터 민간사업으로 전환됨에 따라 1986년 사회복지법인 한국복지재단에 위탁하여 실시하게 되었다. 1986년부터 보건복지부로부터 소년소녀가정 결연사업, 저소득 모자가정 결연사업을 위탁받아, 전국 시 · 도 지부를 통해 전국 빈곤아동에게 결연서비스를 실시하고 있다.

가. 연혁

초록우산 어린이재단은 고아들의 구제사업을 위한 모금전문가 클라크 목사의 중화아동기금(CCF) 한국지부를 설립하면서 시작되었다. 중화아동기금은 중국의 아동을 돕기 위해 설립하였으나 당시 중국 못지않게 한국의 아동문제가 심각함을 알고 한국으로 눈을 돌리면서 활동을 전개하였다. 1986년 1억 달러, 10만 명의 아동 구제라는 빛나는 업적을 뒤로하고 외국 원조를 종결하면서 국내 순수 민간기관으로 독자적인 사업을 전개하였다.

나. 주요 사업

가) 옹호활동

폭력예방으로 어린이가 안전하게 보호받을 수 있도록 전국적인 인식개선 캠페인,

12) 2008년 한국복지재단에서 초록우산 어린이재단으로 명칭 변경

아동 보호 관련 법과 제도 모니터링 및 개선촉구 활동을 전개하고 있다. 놀이권 증진은 모든 아동들이 놀 권리를 보장받을 수 있도록 '아동 참여형 놀이터'를 조성하고, 팝업 놀이터를 운영하고 있으며 놀 권리 실현을 위한 법, 조례, 정책 개선활동에도 주력하고 있다.

안전환경 조성(통학로)으로 과속차량, 불법주정차, 쓰레기, 흡연 등 통학로에서 아이들을 위협하는 요인을 줄이기 위해 안전하고 쾌적한 통학로 만들기 사업을 수행한다. 그리고 안전환경 조성(주거)은 안전한 주거환경에서 아이들이 자랄 수 있도록 주거환경개선, 주비 지원, 정책 개선 활동을 진행한다.

나) 국내사업

보호대상아동[13] 자립지원 강화로 보호대상아동은 만18세가 되면 정부의 지원 없이 혼자 생활해야 하는데 사회적 보호를 받는 동안 건강하게 자립할 수 있도록 경제적 자립역량 강화, 심리·정서적 자립역량 강화, 자립 지지체계 강화 등의 지원사업을 수행하고 있다. 교육기회보장으로 다양한 교육 및 재능 계발의 기회를 통해 아동의 꿈과 성장 지원을 위해, 기초교육 접근성 개선하고 기초교육 성취를 위한 지원, 재능탐색 접근성 개선 등을 위한 활동을 하고 있다. 주거환경 개선으로는 우리나라 주거 빈곤 아동은 2020년 12월 말 기준 94만 4천 명으로 전체 아동의 9.7% 아동 즉, 10명 중 1명은 주거 빈곤을 겪고 있다. 아동이 최저주거기준 이상의 주거환경에서 생활할 수 있도록 하기 위해 주거비 지원, 주거환경 개선 등의 사업을 수행하고 있다.

또한 이주배경아동[14] 돌봄환경 조성으로 국내 이주배경아동이 증가함에 따라 언어, 문화적 격차 등을 해소하기 위해 정착생활비 지원, 한국어 교육지원, 심리·정서적 지원 등을 통해 아동이 안정적으로 정착할 수 있는 환경을 조성하고 있다.

다) 해외사업

교육환경이 열악한 저개발국가 해외 지역의 아이들이 공부할 수 있도록 지역사회 환경을 조성하며 실제 교육이 이루어지는 학교 건설, 학용품 등의 교육 자재 지원, 교사와 학교 운영진의 역량 강화를 사업을 수행 중에 있다. 대표적인 사업으로 캄보디아 크라체주[15] 5개교 학교 건축사업(My Good School)이 있는데 크라체 지역 내

13) 보호대상아동은 다양한 이유로 시설이나 위탁가정에서 생활하는 아동을 말함.
14) 이주배경아동: 난민아동, 미등록이주아동, 다문화가정 등
15) 캄보디아 인구의 33%인 480만 명의 사람들은 빈곤선 아래에 있다. 캄보디아 크라체주는 캄보디아의

학교 건물 신축 및 운동장 건설, 학교 도서관을 개보수하고 있으며 식수대 설치, 태블릿 PC 지급 등 학교에 필요한 기자재도 지원하고 있다.

② 지역사회종합복지관과 지역아동센터(공부방)의 빈곤아동복지사업

지역사회복지관은 빈곤아동을 대상으로 상담, 가사, 의료, 결연, 학습지도, 자립지원서비스 등을 제공하고 있으며, 지역아동센터는 2003년 아동복지법 개정을 통해 기존에 민간에서 돌봄 및 학습인프라 형성 등을 목표 운영되었던 공부방의 명칭이 변경된 것으로 보다 종합적인 아동복지서비스 체계를 구축하면서 2004년 895개소에서 2019년 4,217개소로 급증(보건복지부, 2020)하였고 대표적인 아동복지서비스 전달체계로 자리 잡았다(장영은, 2020).

지역아동센터는 방과 후 돌봄이 필요한 18세 미만의 아동을 대상으로 일상생활지원, 학습지원, 건전한 놀이와 오락의 제공 등 특별활동과 보호자와 지역사회의 연계활동 등을 제공하여 아동의 건전 육성을 위하여 종합적인 아동복지서비스를 제공하고 있다(김용민, 2013). 아울러 아동들의 안전을 위한 보호와 욕구를 반영한 학교생활 적응 지원, 가족의 양육기능 보충의 역할도 수행한다(이정표, 2017). 이처럼 지역아동센터는 지역사회 내에서 아동 돌봄에 대한 중요한 역할을 수행해 오면서 양적인 성장과 함께 질적인 성장을 이어가고 있다.

지역아동센터는 민간에서 시작하여 정부가 제도화한 독특한 사회복지시설이라고 할 수 있다. 지역아동센터는 1984년에 상계동 '산돌공부방'을 시작으로 1995년까지 빈민지역, 공단지역을 중심으로 전국적으로 공부방이 설립되면서, 처음에는 주로 학습, 특별활동, 보육활동 서비스가 제공되었다. 그러나 1997년에는 IMF의 위기로 실업자, 이혼, 가출 등으로 인한 가정 해체로 결식아동이 증가하면서 급식사업 역할을 공부방이 주도적으로 진행하게 되었다.

2001년에는 공부방을 아동복지시설의 한 유형으로 인정하고 법적 보호를 요구하면서 아동복지법이 재개정하도록 공론화하면서 2002년에 『아동복지법』 개정 법률안이 국회에 발의되고, 2003년 12월 『아동복지법』이 재개정이 확정되면서 민간비영리단체인 공부방이 지역아동센터로 전환하여 제도권으로 진입하게 되었다. 2004년 1월부터 그동안 순수 민간차원에서 운영한 공부방이 사회적으로 인정하고 법적인 정비

24개 주 중 빈곤율 5위의 가난한 지역으로 인구 대부분인 78%가 농업에 종사하고 있고, 인구의 절반인 50.8%가 빈곤층에 해당한다.

를 통해 아동복지시설의 한 종류로 지역아동센터로 전환하여 국가적 지원이 시작되었다.

표 6-16 지역아동센터 현황

(단위: 개, 명)

구분	2016년	2017년	2018년	2019년
센터현황	4,107	4,189	4,211	4,217
이용아동현황	106,668	108,578	109,610	108,971

출처: 장은영(2021). 지역아동센터 운영 현황에 대한 고찰.

③ We Start 운동

미국의 'Head Start', 캐나다의 'Fair Start', 영국의 'Sure Start' 등 외국의 빈곤층 아동 지원 프로그램에는 'start'라는 용어가 사용되는데, 빈곤층 아동에게 교육, 복지적 측면에서 공정하고 확실한 출발선을 마련해 주어 성인이 될 때 가난에서 벗어날 수 있게 하는 것이 기본정신으로, 가난의 대물림을 예방하는 프로그램이다. 우리나라는 2004년 5월에 사회모두(WE)가 나서 빈곤층 아동의 출발(START)을 도와줌으로써 가난의 대물림을 끊어 주자는 빈곤아동 시민운동으로 시작되었다. 그리고 WE는 복지(welfare)와 교육(education)의 영문머리글자로 이 두 부문이 운동의 핵심 영역이란 의미가 포함되어 있다.

'We Start운동'은 크게 교육과 복지 두 부문으로 나뉘는데, 50여 개 민간단체로 시작된 We Start 운동본부는 부모의 가난이 자녀에게 대물림되는 가장 큰 이유를 교육과 복지의 부실에서 찾고 있다. 따라서 운동본부는 학교, 사회복지관, 보건소, 지방자치단체 등이 연계하여 빈곤아동이 지역사회에서 최소한의 교육, 복지 권리를 누릴 수 있게 연결해 주는 지역교육복지망 만들기와 '희망의 집' 꾸미기 등으로 공부방 활성화 사업을 전개하고 있다.

그리고 We Start 운동본부는 열악한 주거환경과 의료비 부족 때문에 건강을 위협받는 빈곤층 아동에 대한 '건강지킴이 사업'을 통해 건강 증진 사업을 벌여나가고 있다. 이를 위해 We Start 운동본부는 보건소, 병원, 약국 등과 협력해 정기 검진을 실시하고 충치, 영양 결핍 등을 조기에 발견해 치료하고 있다. 이와 함께 빈곤층 가정에 대해 상담을 실시하는 We Start 마을사업을 실시하고 있는데, 이 사업은 지역사회연계를 통해 빈곤층 가정의 아동에게 연령별 특화 프로그램을 제공하고 있다.

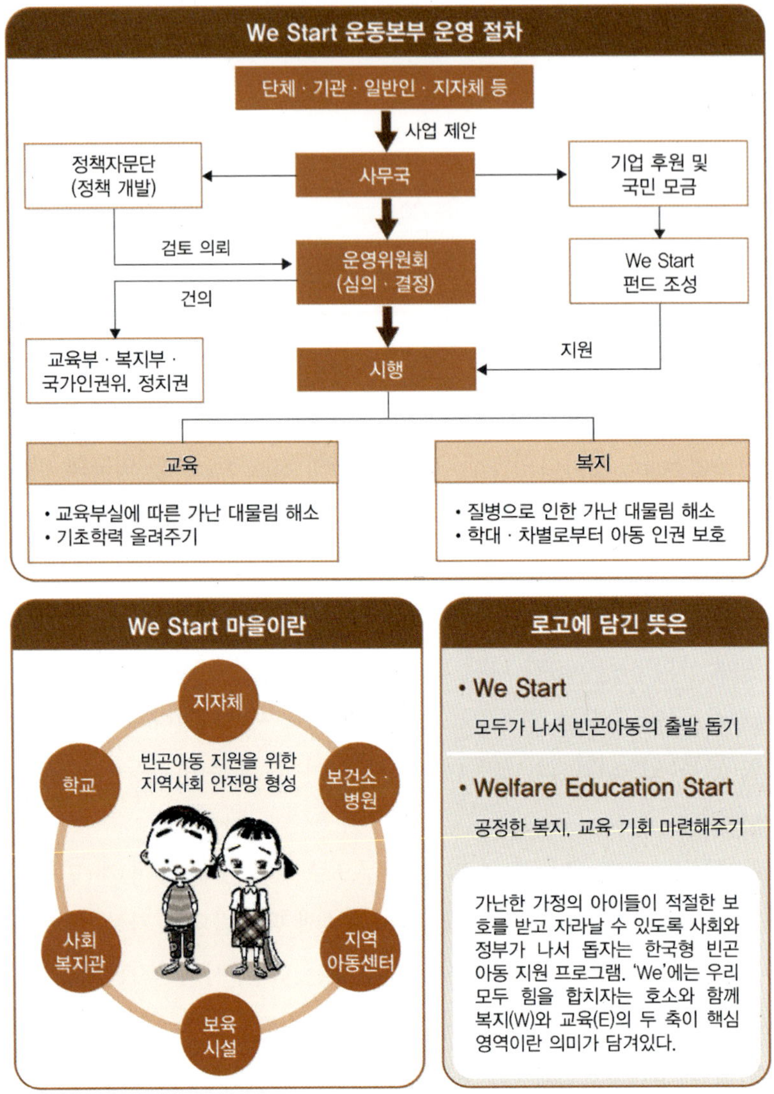

출처: 보건복지부(2008).

그림 6-3 We Start 운동본부 운영절차

5) 빈곤아동의 문제점과 사회복지적 접근

(1) 빈곤아동 정책의 문제점

지금까지 우리나라 빈곤아동 및 청소년대책은 요보호 아동, 청소년 중심의 사후대책으로서 빈곤아동, 청소년의 입장에서 빈곤의 예방과 탈출을 지원하기 위한 거시적 정책 비전 없이 과제별로 필요에 따라 추진되어 왔다. 그 결과 서비스 전달체계의 분산화와 파편화의 문제점은 다음과 같은 두 가지 형태로 나타난다.

첫째, 현재 정부의 빈곤아동 관련 정책을 보면 저소득층 빈곤 가정에 대한 정책은 아동들을 대상으로 하는 보육 프로그램과 결식아동정책, 시설보호에 집중되어 있다. 이에 따라 중등학생과 청소년들에 대한 정부의 정책은 극히 제한적으로 이루어지고 있다. 특히, 국가의 청소년 예산은 문화관광부의 청소년 건전 육성사업과 수련활동, 수련시설 설치 운영에 집중된 가운데 보건복지부는 청소년 전담 부서가 없이 주로 요보호 아동에 대한 복지서비스를 담당하고 있다. **둘째**, 관련 서비스의 전달체계도 지방자치단체, 학교, 별도의 민간기구 등으로 다원화되어 있으나 연계체계가 미약한 것으로 나타나고 있다. 또한 그 결과 복지, 건강, 교육, 상담이 연계된 통합적 서비스가 제공되지 못하였다. 따라서 빈곤아동의 문제를 해결과 자활, 자립을 위해서는 상대적으로 불리한 여건을 개선하기 위해 교육, 주거, 건강 환경을 보상하는 지원이 필요하다. 특히, 빈곤의 원인 가운데 가장 중요한 변수인 교육 수준을 높이기 위해서는 교육, 복지, 문화서비스를 포괄적으로 제공해야 효과적이다.

아동의 빈곤예방 및 지원 등에 관한 법률[16)] 제 6조에 따르면 보건복지부는 빈곤아동의 복지 · 교육 · 문화 등의 기본적인 욕구 등에 대한 실태조사를 하여 빈곤아동의 복지 · 교육 · 문화 등 지원 정책의 기본 방향, 빈곤아동 지원 관련 전달체계의 구축 및 제도의 개선, 빈곤아동 지원에 관한 부처별 주요 시책과 협조에 관한 사항 등이 포함된 기본계획을 5년마다 수립해야 해야 하고 동법 제8조에 따라 아동빈곤예방위원회의 심의를 거쳐야 한다고 규정하고 있다. 하지만 정부가 국회의 동의 없이 관련 부처에서 실태조사, 기본방향, 기본계획 등을 일방적으로 수립할 경우 타당성과 실효성을 검증하기 어렵다는 지적이 있다(이미영, 2016).

빈곤아동에 대한 정책적 대안마련은 한 부처에서 해결할 수 있는 것이 아니기 때문에 아동의 빈곤예방 및 지원 등에 관한 법률에서도 빈곤아동 지원에 관한 부처별 주요 시책과 협조에 관한 사항을 실태조사에 반영하여 기본계획 수립하게 되어 있다. 하지만 여전히 부처별 소관업무로 이어짐에 빈곤아동을 위한 통합된 기능구축이 요구된다.

16) 아동의 빈곤예방 및 지원 등에 관한 법률은 2011년 7월 14일에 제정되어 2012년 7월 15일부터 시행되었다. 영국의 아동빈곤법(Child Poverty Act, 2010)을 참고하여 제정된 것으로 아동의 빈곤과 관련된 독립법률로서는 한국에서 처음 제정된 것이다.

(2) 빈곤아동을 위한 사회복지적 접근

빈곤아동을 위한 앞으로의 사회복지적 과제는 다음과 같이 5가지로 찾을 수 있다.

첫째, 빈곤아동에 대한 사회적 인식 개선을 위해 노력해야 한다. 장차 노령화와 저 출산으로 인해 경제활동 주축 인구는 줄어들게 될 것이고, 아동은 미래 국가의 재산이자 원동력과 마찬가지라 할 수 있다. 따라서 빈곤 아동의 발달단계과업에 따른 발달단계과업에 따른 정신, 물질적 관심과 장기적 관점에서 아동의 잠재력 개발이 필요하다. 그리고 한부모가족을 결손가정 또는 비정상적 가정으로 보는 사회적 편견을 해소해야 할 것이다. 이를 위해서는 가정의 범위를 넓게 보는 사회적인 공통된 시각이 필요하다.

둘째, 아동복지전문가의 양성과 빈곤아동을 위한 사회복지계의 단합된 노력이 요구된다. 우리나라는 선진국 대비 부족한 아동복지 전문가를 양성하여 효과적이고 실질적인 아동복지 프로그램 추진해야 한다. 이를 위해서 아동의 권리에 대해 적극적, 능동적으로 대변할 수 있는 아동복지연대나 조직이 형성되어야 한다. 예를 들어 정부의 아동복지 정책 형성, 집행, 평가 단계에서 사회복지사의 단합된 큰 목소리로 영향력을 행사하는 활동이 그것이다. 또한 ON, OFF Line에서 사회복지학계, 사회복지전담요원, 사회복지사 등의 유동적 활동과 협력 역시 중요한 역할을 할 수 있을 것으로 보인다.

셋째, 아동복지 예산 확대와 빈곤아동에 대한 관련 법, 제도의 정비이다. 현재 정부는 무상급식, 무상보육, 아동수당을 통한 보편적 복지를 추진하고 있다. 2013년 소득에 관계없이 전 계층에게 보육료를 지원하는 무상보육은 제도 시행이후 고소득층이 보육비용에 쓰던 지출을 사교육비로 전환시키면서 영유아 교육 양극화를 더욱 크게 했다는 연구 결과가 있다(이채정, 2018). 아동수당의 지급도 비슷한 맥락으로 이어질 가능성이 높다. 따라서 상대적 양극화를 완화할 수 있는 빈곤아동에 대한 별도의 빈곤아동복지 예산 확보와 복지 혜택을 받을 수 있는 연령대를 확대하는 등 보다 포괄적인 방향에서 빈곤아동에 대한 법과 제도의 정비가 요구된다.

넷째, 빈곤아동정책 수립 시 심의기구 강화와 아동복지 전달체계 통합과 개선이다. 아동의 빈곤예방 및 지원 등에 관한 법률은 빈곤아동의 복지 · 교육 · 문화 등 지원 정책의 기본 방향, 빈곤아동 지원 관련 전달체계의 구축 및 제도의 개선, 빈곤아동 지원에 관한 부처별 주요시책과 협조에 관한 사항 등이 포함된 기본계획을 5년마다 수립하고 있다. 하지만 관련부서에서의 자체 심의로 타당성과 실효성 검증이 어렵다는 문제가 있다. 영국의 경우 이러한 문제점을 보완하기 위하여 기본방향에 대한 계획을 수립한 후 의회에 보고하여 기본계획 수립을 하고 있다. 우리나라도 빈곤아동정책에 대한 기본 방향 등의 계획을 수립하여 국회를 통한 심의가 의무적으로 이루어 질 수 있도록 할 필요가 있다. 부처별 소관업무에 집중되어 통합된 기구의 부재를 지적하고 있다. 또한 미국의 경우는 빈곤가구의 아동들에게 질적인 서비스와 자원을 제공하고 관련 서비스에 배제되지 않도록 정책과 실천을 함께 통제할 수 있는 국립아동빈곤센터를 두고 있다. 우리나라도 각 부처 간 합동체계를 구축하고 빈곤아동 예방 및 지원에 관한 통합적 기능을 할 수 있는 국가차원의 센터가 설치, 운영되어야 할 것이다.

현재 정부는 부처별 소관업무에 집중되어 예산 중복 정책 추진 등의 문제점이 지적됨에 따라 아동복지 전달체계의 통합과 개선이 필요하다. 미국의 경우는 빈곤가구의 아동들에게 질적인 서비스와 자원을 제공하고 관련 서비스에 배제되지 않도록 정책과 실천을 함께 통제할 수 있는 국립아동빈곤센터를 두고 있다. 우리나라도 각 부처 간 합동체계를 구축하고 빈곤아동 예방 및 지원에 관한 통합적 기능을 할 수 있는 국가차원의 센터가 설치, 운영되어야 할 것이다. 또한 공공과 민간기관의 상호 연계 시스템 구축하고, 다양한 복지 프로그램 개발되어야 한다. 빈곤 아동에 대한 물질적 지원뿐만 아니라 정서, 심리적 교육 또는 아동의 생애주기별 프로그램 특성화, 한 부모가정의 부모자녀관계 교육프로그램 개발, 소년소녀가정의 직업훈련 및 사후지도 프로그램, 빈곤층 자녀를 위한 초 저리의 대학 학자금 제도도 진행되어야 한다.

마지막으로 예방적(방빈적), 사후관리적 정책의 추진이다. 빈곤층으로 이어질 가능성이 있는 차 상위 계층이나 해체가정에 대한 사전적 지원으로 빈곤가정과 빈곤아동의 발생 예방해야 한다. 이를 위해서 빈곤가정, 한 부모가정에 대한 경제적 지원, 가족상담, 가정봉사원 서비스를 통해 가난의 대물림, 빈곤의 세습을 끊을 수 있도록 정부와 국민 모두의 노력이 요구된다.

2. 노인 빈곤

1) 노인인구의 현황 및 빈곤노인

우리나라는 급속한 경제발전과 더불어 전통적인 가족구성의 변화를 가져왔다. 대가족이 함께 농업에 종사하며 생계를 유지하던 형태에서 산업화로 인해 도시인구가 증가하게 되고 핵가족 형태의 가족 구성으로 변화되어 가면서 노인부양의 문제가 사회문제로 도출되기 시작하였다. 한편 6 · 25전쟁 이후 베이비붐으로 인해 산아제한 정책을 추진하다가 저출산의 문제인식을 갖게 되면서 1990년대 접어들어 산아제한 정책을 중단하고 "아이가 미래입니다", "아기의 울음소리, 미래의 희망소리" 등의 표어를 앞세워 출산장려정책으로 급선회하였다. 하지만 1.5명 내외에서 머물던 출산율은 더욱 떨어져 급기야 2005년 1.08명의 최저수준으로 떨어지고 말았다. 반면 급속한 경제성장, 복지혜택 증가, 의료기술의 발달, 저출산 등의 영향으로 노인의 인구수와 비율은 급속히 증가하여 2000년도에 접어들어 우리나라는 전체인구 중 노인의 인구가 7% 이상 차지하는 고령화사회[17]에 진입하게 되었다. 이에 따라 2005년 '저출산 · 고령사회기본법'을 법률로 제정하여 저출산 및 인구의 고령화에 따른 변화에 대응하려 했으나 현재 저출산과 고령사회 문제는 여전히 해결되지 않은 과제로 남아 있다.

2) 노인인구의 현황

우리나라 노인인구의 증가속도는 세계에서 유래 없이 가장 빠르게 전개되고 있다. 2021년 12월 기준 65세 이상 노인인구는 885만 명으로 전체 인구에서 차지하는 비중이 17.1%가 되면서 고령사회 진입을 확정됐다. 2000년 노인 비중이 7.3%에 이르러 고령화사회에 진입한 뒤 17년 만에 고령사회로 들어선 것이다. 초고령사회에 진입한 일본의 경우, 1970년 7%에서 1994년 14%로 고령 인구 비중이 늘어나는 데 24년이 걸렸는데 이에 비해 훨씬 빠른 속도로 증가한 것이다. 또한 우리나라는 2025년에 초고령사회에 진입할 것으로 예상하고 있다. 미국, 영국 등이 고령화사회에서 초고령사회로 진입하는 기간이 100년 안팎으로 전망되는 데 견줘, 우리나라는 고령화사

17) UN은 전체 인구 중에서 65세 이상의 인구 비율이 7% 이상이면 고령화 사회(ageing society), 14% 이상은 고령사회(aged society), 20% 이상은 초고령사회(super-aged society)로 분류하고 있다.

회로 진입한 지 25년 만에 초고령사회로 진입하게 되는 것이다.

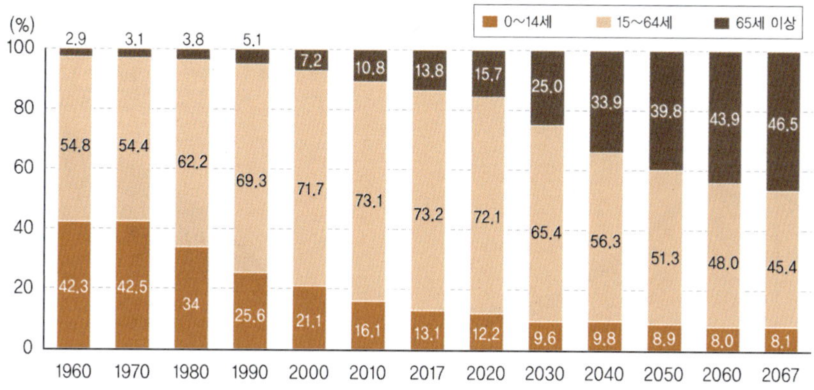

출처: 통계청(2019). 2019 장래인구특별추계(2017~2067).

그림 6-4 연령계층별 인구 구성비(1960~2067년)

통계청은 '2019 장래인구특별추계(2017~2067)'에서 2025년 우리나라 노인인구 수가 1,000만 명(20%)을 넘고 2067년에는 1827만 명(46.5%)까지 증가할 것으로 전망하고 있다. 전체인구와 유소년인구, 생산연령인구를 살펴보면 우리나라 인구는 오는 2028년 5,194만 명을 정점으로 감소해 2067년에는 4,000만 명 아래로 추락할 것으로 예상된다. 유소년인구는 현재의 저출산이 지속될 경우 2017년 672만 명(13.1%), 2030년 500만 명(9.6%), 2067년 318만 명(8.1%)까지 계속해서 감소할 것으로 보고 있으며 생산연령인구도 2017년 3,757만 명에서 2030년 3,395만 명으로 감소, 2067년에는 1,784만 명으로 2017년의 47.5% 수준일 것으로 전망하고 있다. 이러한 인구구조의 변화는 유소년 및 노인을 부양해야 하는 부담이 크게 증가될 것으로 예측되고 있는데 생산연령인구 1백 명당 부양할 인구(유소년, 고령인구)인 총부양비[18]는 2017년 36.7명에서 2038년에 70명을 넘고, 2067년에는 120명을 넘어설 전망이다. 주목할 것은 유소년부양비[19]는 2017년 17.9명, 2067년 17.8명으로 유사할 것으로 예상되는 반면 노년부양비[20]는 고령인구의 빠른 증가로 인해 2017년 18.8명에서 2036년 50명을 넘고, 2067년 102.4명 수준으로 2017년 대비 5.5배로 크게 증가할 전망이다. 저출산・고령화 지속으로 노인부양비와 총부양 비율이 세계 최고 수준으로 치솟을 것이

18) 생산인구(15세~64세) 100명당 부양할 인구(유소년, 노인) 수
19) 생산인구(15세~64세) 100명당 부양할 노인(65세 이상) 인구 수
20) 생산인구(15세~64세) 100명당 부양할 유소년(0~14세) 인구 수

라는 암울한 전망과 현재 OECD 국가 중 노인빈곤율이 1위라는 문제의 심각성을 직시하고 대비해야 할 것이다.

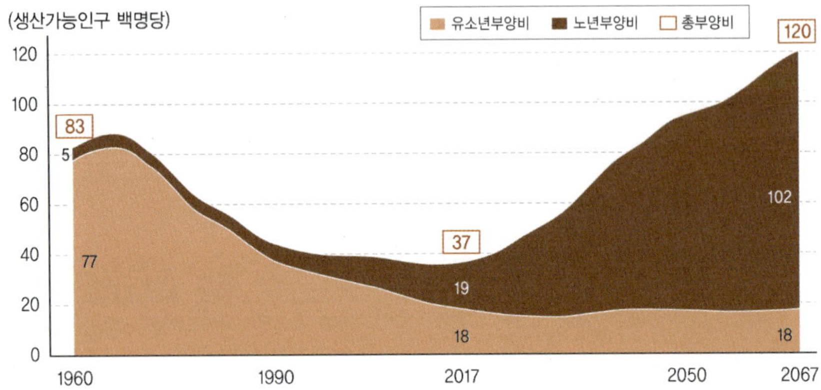

출처: 통계청(2019). 2019 장래인구특별추계(2017~2067).

그림 6-5 총부양비, 유소년부양비 및 노년부양비(1960~2067년)

3) 빈곤노인

기획재정부의 '재정동향 2021년 10월호', '노후소득보장체계 혁신을 위한 중기재정 운용 방향'에 따르면 2020년 결산 기준 국민연금 · 퇴직연금 · 기초연금 등 노후소득보장 관련 주요 사업 집행 총액은 약 70조 원으로 집계되었고 우리나라의 노후소득보장 지출이 최근 5년간 연평균 10%씩 증가한 것으로 나타났다. 그러나 〈표 6-17〉을 보면 2011년 처분가능소득에 따른 노인빈곤율이 46.5%이었던 것이 2019년에는 41.4%로 감소하기는 하였지만 우리나라의 노인빈곤율은 43.4%(2018년 기준)로 OECD 평균(15.7%)의 약 3배에 달했으며 OECD 회원국 중 최고 수준이다.

표 6-17 연도별 노인빈곤율 (단위: %)

	2011	2012	2013	2014	2015	2016	2017	2018	2019
처분가능소득[21]	46.5	45.4	46.3	44.5	43.2	43.6	42.3	42.0	41.4

출처: 통계청(2020a). 가계금융복지조사.

21) 처분가능소득 = 시장소득 + 공적이전소득* − 공적이전지출**
* 공적이전소득: 공적연금(국민연금 등), 기초연금, 양육수당, 장애수당 등
** 공적이전지출: 세금, 공적연금 기여금 및 사회보험료 등

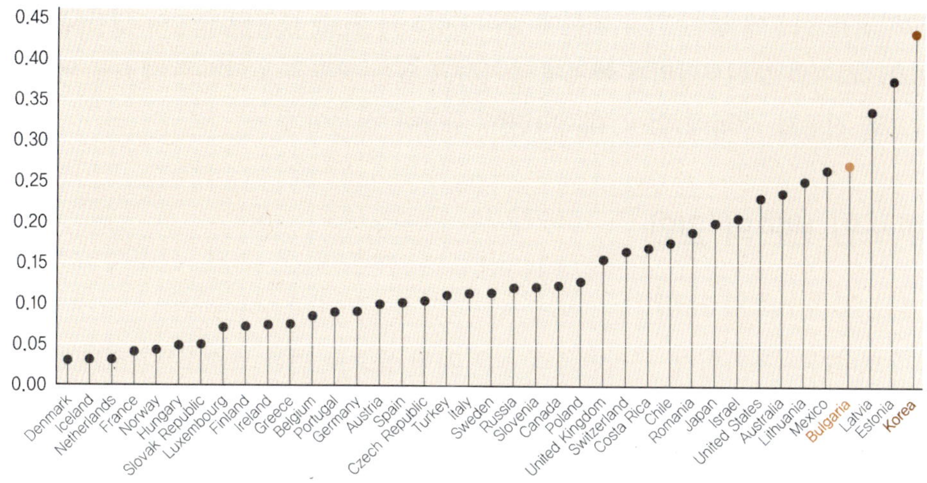

출처: Organization for Economic Cooperation and Development(2020). Poverty rate.

그림 6-6 노인빈곤율(2016~2020) 국제비교[22]

2008년 기초노령연금법, 2014년 기초연금법(기초노령연금개편)을 통해 노인에게 공적연금을 지급하여 안정적인 소득기반을 제공함으로써 노인의 생활안정을 지원하고 복지 증진을 목적으로 하였으나 기초연금은 기초생활보장제도에 따른 생계급여 등과는 중복 지급되지 않는다. 2021년 국정감사 자료에 따르면 전체 기초생활수급 노인 49만 명 중 기초연금 포기자가 12.3%에 달한다. 이유는 '주었다 빼앗는 기초연금' 때문이다. 2021년 기준 기초연금 30만 원을 받으면 다음 달 생계급여에서 같은 금액이 삭감된다. 따라서 생계급여 산정액이 30만 원이 넘는 노인은 굳이 기초연금을 신청할 이유가 없는 것이다. 결국, 기초연금은 빈곤노인에게 공적이전소득이 될 수 없어 있어도 효율성과 효과성이 없는 제도로 노인빈곤율 해소를 위해 개정의 필요성을 지적하였다. 주유원, 매장 계산원, 아파트 경비원 등 노인들이 주로 종사하던 일자리는 키오스크, 폐쇄회로(CC)TV 등으로 대체되면서 근로소득의 기회마저 감소하고 있다. 그나마 노인의 주거안정을 위한 임대주택 공급은 '혐오시설'로 낙인찍혀 공급지 인근지역 주민들의 반대로 추진이 지연되고 있는 실정이다.

빈곤노인 가구의 대부분은 노인단독가구로 구성되어있고 연령이 높아질수록 경제적 불안과 심리적 불안감이 커질 수밖에 없으며 만성질환 등 나쁜 건강상태로 삶의

22) 2016년부터 2020년 사이 각 나라의 66세 이상 노인빈곤율을 비교한 것이고 우리나라는 2018년 기준의 자료임

질이 낮은 현실에 놓여 있기 때문에 공적이전소득 확대 등의 필요성이 있다(김안나, 2021). 하지만 노인부양비가 빠르게 증가하고 있는 상황은 노인빈곤 해소를 위한 부담으로 작용할 수밖에 없어 대책마련이 시급한 실정이다.

4) 노인 빈곤의 원인

(1) 가족구조의 변화

우리나라는 조기퇴직, 공적연금의 늦은 시행 등으로 인한 노후소득감소가 노인빈곤을 결정하는 주된 요인이 될 수 있지만 가족구조의 변화가 노인빈곤에 영향을 미칠 수 있다. 보건사회연구원 강성호와 이태열(2020)의 연구에 따르면 노년기에 주로 발생하는 자녀 분가와 황혼이혼 등에 따른 가구분화가 노인빈곤에 영향을 미친다고 밝혔다. 구체적으로 노인가구 구성 형태를 보면 2019년 439만 노인가구 중 노노세대가구는 1%, 노인과 자녀로 구성된 노인자녀가구는 16.1%, 노인부부가구는 33.2%, 1인 노인가구는 34.2%를 차지하고 있는데 가구분화의 대부분은 70세 이후 고령층에서 주로 발생하고 있으며 노인자녀가구의 분화로 인해 노인 세대 소득은 분화 전 가구소득의 38.7%로 나타나 노인빈곤으로 이어질 가능성이 크다는 것이다. 이주미와 김태완(2020)도 한국복지패널(2018) 분석을 통해 1인 가구의 형태가 65세 이후 노인빈곤율을 크게 증가시키는 요인이라고 주장하여 가족구조의 변화가 노인빈곤요인 중의 하나라는 주장을 뒷받침하고 있다. 황혼이혼이 늘고 있다는 점도 문제다. 국내 황혼이혼은 2010년에서 2019년까지 65세 이상은 4.3%p(포인트), 75세 이상 자는 1.0%p 증가했다. 황혼이혼은 노인가구 소득을 약화시켜 노인빈곤 증가를 초래할 수 있다. 핵가족화와 젊은 세대의 이른 분화를 미리 경험한 선진국이 노인빈곤율이 낮은 요인은 가구분화에 따른 소득감소분을 보장하는 정책추진이 있었기 때문으로 해석되어 우리나라에 시사하는 바가 크다고 할 수 있다.

(2) 불안정한 노동시장의 경험

중고령에 접어들면서 노동시장에서 어떤 경험을 하느냐에 따라 65세 이후 노인빈곤에 영향을 미칠 수 있다. 즉, 종사상 지위, 종사하였던 주된 직종, 종사한 기업의 규모에 따라 노인빈곤의 정도에 영향을 미친다는 것이다. 먼저 종사상 지위에 따른 영향을 살펴보면, 장기간 비경제활동상태를 장기간 경험한 사람은 정규직으로 경제활동을 참여한 사람보다 노인빈곤율이 4배 이상 높고 비정규직의 경우는 2배 이상 높은 수준을 보인다. 즉, 40, 50대에 불안정한 일자리에 참여하는 비율이 높고 이때 충분히 노후준비를 하지 못하는 경우, 빈곤으로 떨어질 수 있는 가능성이 높다는 것이다. 다음으로 주된 직종에 따른 영향에 대해 살펴보면, 주된 직종이 변동되거나 농림어업 종사한 사람보다 관리자, 전문가 및 군인으로 장기간 종사한 경우 65세가 되었을 때 노인빈곤율이 낮다. 끝으로 기업규모에 따른 영향을 살펴보면 10인 미만 사업장에서 장기간 근무한 경우 65세 이후 노인빈곤율이 가장 높게 나타났으며, 다음으로 10~100인 미만 사업장에 근무한 경우 순으로 나타났다. 100인 이상 사업장에서 근무한 경우는 노후에 대부분이 빈곤하지 않은 것으로 분석되었다. 50대 갑작스러운 조기퇴직으로 기업규모가 변동되는 경험을 갖게 되었을 때 안정된 임금과 복지혜택의 변화가 불안정한 노후준비로 이어져 빈곤가능성이 크다고 예측될 수 있다. 따라서 중고령 시기에 안정된 노동시장의 참여가 노인빈곤에 큰 영향을 미친다고 볼 수 있다.

(3) 노동시장의 경직성

최근 제도의 변화로 파견 · 기간제에 대한 규제가 강화되고 해고 비용이 높아 기업이 다양한 인력을 활용하고 유연하게 인력을 조정할 수 있는 여지가 막혀있다. 한국경제연구원(2021)은 이로 인한 청년의 구직난은 장기적으로 저출산 문제와 연결돼 고령화를 심화시키고 노년의 구직난은 노인 빈곤으로 이어진다고 지적하였다. 즉 이런 노동시장 경직성은 고령층 취업환경을 악화하는 원인이 되어 노인빈곤의 가능성을 높여준다는 것이다. G5에 해당하는 미국, 일본, 영국, 독일, 프랑스의 경우 제조업을 포함한 대부분 업종에 파견을 허용한다. 파견 · 기간제 기간도 독일과 프랑스를 제외한 3개국은 무제한이고 임금 체계도 직무 · 성과급 위주이기 때문에 기업이 고령자를 고용하는 데 부담이 없다. 우리나라도 선진국의 사례를 검토하여 고령자의 노동시장 참여가 활발히 진행될 수 있도록 선진국의 사례를 검토하여 고령사회를 대비해야 할 것이다.

(4) 노인복지정책의 미비

2008년 도입된 기초노령연금법은 2014년 기초연금법으로 개정되면서 65세 이상 노인 70%가 2021년에는 월 30만 원의 공적이전소득을 받고 있다. 하지만 장애인연금, 아동보육료, 국가유공자수당과는 달리 기초연금은 기초생활수급자의 소득인정액 산정 시 포함되기 때문에 받으면 그만큼 생계비에서 삭감되기 때문에 공적이전소득의 효과가 전혀 없다. 2017년 문재인 정부가 출범 당시 기초생활수급 노인들이 이제는 기초연금 혜택을 받을 수 있겠다고 하였으나 여전히 미지수로 남아 있다.

기초연금이 노인의 공적이전소득의 효과를 갖기 위해서는 사회보험인 국민연금과 노인수당인 기초연금의 연계로 인해 발생하는 연계 감액제도를 폐지해야 한다면서 이용호 의원(국회 보건복지위원회, 예산결산특별위원회 전북 남원 · 임실 · 순창)이 2021년 6월 4일, '국민 · 기초연금 연계감액폐지법'(기초연금법 일부개정법률안)을 대표 발의했다. 이는 강제로 가입한 국민연금 납입 보험료를 소급해 기초연금을 감액하는 것은 역차별이라는 차원에서 현 제도를 개선해야 한다는 취지다.

뒤늦게 도입된 노인복지정책이 노인빈곤의 배경으로 보는 시각도 있다. 통계청의 '2020 고령자 통계(통계청, 2020b)'를 보면, 2019년 우리나라 노인의 공적연금(국민연금 포함) 수급률은 50.9%이고 80세 이상은 26.1%로 매우 낮은 상태다. 그나마 국민연금을 수령하는 노인도 수급액이 낮아 일상생활을 하는 데 어려움을 겪고 있다. 이렇게 낮은 수급률을 국민연금이 1987년 제정되고 1988년 시행되어 아직 40년이 지나지 않았고 도입 당시 최소 5년 이상의 가입자가 대상이기 때문에 1992년 이전 경제활동에서 이탈된 노인은 가입기회마저 없었기 때문이다. 앞으로 소득대체율(2028년 40%)은 더욱 낮아져 국민연금이 가계소득 기능이 점차 약화될 전망이다.

다른 노후소득 보장제도들도 2000년대에 들어서면서 도입되었다. 퇴직연금은 2005년, 주택연금은 2007년 시행되었지만 아직도 노후소득 보장제도로서 제 역할을 못 하고 있다. 퇴직연금은 운용수익률이 낮아 가입자의 대부분이 연금이 아닌 일시금을 택하고 있고 강제성이 없어서 연금의 기능을 하지 못하고 있으며, 주택연금은 집값 인상과 물가상승률이 반영되지 않는 점 등으로 '손해'란 인식이 강하다. 더욱이 두 제도는 수혜 대상이 퇴직연금 가입자와 유주택자로, 빈곤노인에게는 사실상 해당조차 되지 않아 소득보장정책이 될 수가 없다. 결국, 경제활동 시기 저임금과 제도의 미비 등으로 노후를 제대로 준비하지 못한 빈곤노인을 위해서는 우선 재정으로 소득을 보전해 줄 수밖에 없다.

(5) 빈곤노인의 문제와 사회복지적 접근

우리나라는 급속한 경제성장으로 2020년 세계 10위의 경제력을 갖게 되었으며 2021년 유엔무역개발회의(UNCTAD)는 한국을 개발도상국에서 선진국으로 지위를 변경했다. 개도국에서 선진국 그룹으로 지위를 변경한 것은 UNCTAD가 1964년 설립된 이래 한국이 처음일 정도로 눈부신 경제 발전을 이루게 되었다. 하지만 우리나라 노인빈곤율(2018년 기준)은 43.4%로 OECD 평균(15.7%)의 약 3배로 OECD 국가 중에서 가장 높은 수준을 유지하고 있다. 통계청에 따른 2011년 처분가능소득을 기준한 노인빈곤율이 46.5%이었던 것이 2019년에는 41.4%로 감소하였다. 이는 기초연금의 공적이전소득의 영향으로 보이지만 여전히 높은 수준의 노인빈곤율을 보이고 있다. 또한 노인빈곤은 단순히 경제적 빈곤으로 인한 문제뿐만 아니라 노인자살, 노인소외 등 사회문제를 동반한다. 실제 노인빈곤율뿐만 아니라 노인자살율도 OECD 국가 중 1위라는 오명을 안고 있는 것은 노인빈곤의 문제가 노인의 삶의 질에 영향을 미친다고 볼 수 있다. 노인빈곤문제는 현재 노인세대에 국한된 것이 아니라 점차 그 수가 빠르게 증가하고 있는 미래 노인세대의 문제로 이어지고 있다. 특히 베이비붐 세대가 노인세대로 진입하고 있기 때문에 노인빈곤문제는 한국 사회에 심각한 사회문제로 이어질 가능성이 크다. 따라서 다음과 같이 노인빈곤문제를 진단하고 이에 대한 대응방안을 제시하고자 한다.

첫째, 노인빈곤문제는 자녀교육, 혼인 등으로 미처 노후준비를 하지 못하고 조기퇴직, 늦은 공적연금의 시행으로 노후소득 보장이 되지 못하는 것이 궁극적인 원인이 될 수 있다. 하지만 중고령기에 접어들면서 가족가구원 수의 감소와 황혼이혼을 경험하는 문제가 노년기에 접어들면서 노인빈곤으로 전락할 가능성이 크다는 것이다. 즉, 근로자녀세대의 분가와 황혼이혼은 가족분화 이전보다 낮은 수준의 소득으로 이어지는 것이다. 특히 50대부터 1인 가구의 형태가 지속될 경우 노인빈곤 가능성이 매우 높다. 가족분화와 핵가족형태를 먼저 경험한 선진국의 경우 노인빈곤율이 우리나라보다 상대적으로 낮은 이유는 이러한 가족구조의 변화를 고려한 복지정책이 있었기 때문이다. 우리나라의 1인 가구가 점차 증가하고 있고 노인층도 예외는 아니다. 부모부양이 가족책임이라는 전통적인 규범이 아닌 사회적 책임이라는 인식이 이미 우리사회에 자리 잡고 있다. 가족분화에 따른 노인빈곤에 대한 대응을 시도한 복지 선진국의 사례를 검토하여 우리나라 현실에 맞는 소득보장정책과 돌봄서비스 등의 입체적 복지접근을 해야 할 것이다.

둘째, 은퇴 전 종사상 지위, 종사하였던 주된 직종, 종사한 기업의 규모가 노인의 빈곤문제와 연관성이 있다. 즉, 50대의 노동시장 경험과 가족구조 변화는 65세 이후 노인빈곤에 영향을 주는 것이다. 50대에 참여한 노동시장 지위, 참여 기업, 참여 형태 등은 노인빈곤에 직접적으로 영향을 주고 있다는 점에서 노동시장에서의 격차문제 해결을 위한 노력이 필요하다. 노동시장에서 발생하는 격차문제 해결을 위해서는 지위, 기업규모, 참여 업무에 관계없이 비슷한 임금구조를 갖는 것이 필요하겠지만 현재 고착화된 노동시장의 임금구조로는 기대하기 어려운 상황이다. 따라서 직업별로 차별화된 임금구조가 시장의 원리에 의해 해결할 수 없음에 따라 정부개입을 통한 다양한 임금보존 방식을 도입하고 중고령시기의 기업규모에 따라 노인시기의 빈곤율에 차이가 난다는 점에서 대기업과 중소기업에 종사하는 노동자 간(기업규모별)의 임금 및 복지격차에 대해 국가가 나서서 그 차이를 축소해 주어야 할 것이다. 장기적으로는 동일노동 동일임금이 실현될 수 있도록 제도적 접근을 위한 노력이 진행되어야 할 것이다.

셋째, 경직된 노동시장으로 인해 노인의 노동시장 참여가 제한되어 소득단절로 이어진다는 것이다. 정년연장, 임금피크제 등의 도입으로 소득단절을 연장하고 있지만 기간이 짧고 대상자가 제한적이어서 소득단절을 막기에는 한계가 있다. G5에 해당하는 미국, 일본, 영국, 독일, 프랑스의 경우 제조업을 포함한 대부분 업종에 파견·기간제를 허용한다. 우리나라도 선진국의 고령자 노동시장의 참여를 검토하고 파견·기간제 규제완화 등 고령자의 노동시장 진입을 위한 유연성을 갖는 제도의 정비와 기업의 참여활성화가 필요하다.

넷째, 미성숙된 노인복지정책이 노인빈곤을 초래할 수 있다. 우리나라는 세계에서 가장 빠른 속도로 고령사회에 진입하였지만 노인의 소득보장 등을 위한 노인복지제도는 뒤늦게 도입이 되어 노인빈곤문제가 이어지고 있다. 국민연금의 경우 1988년에 도입되어 소득대체율 필요기간인 40년이 되지 않았고 소득대체율도 점차 낮아지고 있다. 또한 1992년 이전 경제활동에서 이탈된 노인들은 국민연금의 소득이 전혀 없는 대상이라는 것이다. 국민연금시행 초기 소득대체율은 70%였으나 개정을 통하여 점차 낮아져 2028년에는 40%에 이를 전망이고 현재의 저출산율을 기준으로 2060년이 되면 국민연금의 적립금이 소진되어 적립방식에서 부과방식으로 변경될 예정이다. 따라서 사적연금제도의 강화를 통해 국민연금의 공적연금에 대한 의존도를 낮추고 출산율을 높여 국민연금기금 운영의 부담을 줄여야 할 것이다.

2008년 기초노령연금으로 시작된 기초연금은 기초수급권자의 경우 소득인정액으로 산정되어 실제 못 받는 것과 다름없는 상태이고 국민연금과 연계되어 삭감되는 문제로 역차별이라는 지적을 받고 있다. 기초수급권자의 기초연금도 장애인연금, 아동보육료, 국가유공자수당과 같이 소득인정액 산정 시 제외하여 지급하고 국민연금과 연계를 폐지함으로써 빈곤노인의 소득보장을 강화할 수 있을 것이다.

노후의 소득보장을 위한 공적연금의 한계로 2005년 퇴직연금을 도입하였지만 운용수익률이 낮아 가입자의 대부분이 연금이 아닌 일시금을 택하고 있고 강제성이 없어서 연금의 기능을 하지 못하고 있다. 한국경제연구원에 따르면 2018년 기준 한국의 공적 · 사적 연금 소득대체율은 43.4%로 은퇴 전 평균 소득 절반에도 못 미친다. 반면 미국 등 G5 국가의 경우 연금의 소득대체율이 평균 69.6% 수준으로 우리나라보다 많은 소득대체율을 보이는데 이는 세제 혜택을 통해 사적연금 가입을 활성화한 덕분으로 분석했다. 이들 국가의 경우 사적연금에 대한 세제 지원율이 2018년 기준 평균 29.0%로 나타났고 미국의 경우는 41.0%에 이른다. 그 결과 G5 국가에서는 만 15세~64세 인구의 사적연금 가입률이 54.3%로 비교적 높은 반면 우리나라는 사적연금 세제 지원율이 20.0%이며 가입률도 16.9%로 낮은 상태다. 따라서 우리나라도 사적연금 대한 지원을 강화하는 등 유인정책을 통해 사적연금 가입과 기능을 높여 국민들이 노후에 안정된 소득기반으로 활용할 수 있도록 해야 할 것이다.

3. 노숙인 빈곤

서구에서는 익숙한 현상인 홈 리스 문제가 우리나라에서 본격화된 때는 IMF에 따른 대량 실업사태 이후이다. 따라서 노숙인 발생의 가장 직접적인 원인은 경제위기와 대량 실업 문제라고 할 수 있다. 그러나 노숙인들은 이미 부랑인이라는 이름으로 우리와 함께 살아왔다. 그들은 실직을 이유로 갑자기 길거리로 나서는 것이 아니라 오래전부터 가족관계의 악화, 저렴한 주택의 부족, 이웃공동체의 붕괴, 알코올중독, 정신질환 문제 등 상황이 악화되면서 노숙에 처하게 되었다. 노숙인의 문제는 본질적으로는 우리 사회 불평등의 심화, 빈곤문제와 관련이 깊다.

1) 노숙인(홈 리스 Homeless)의 개념

어느 한 가지로 합의되지 않으며 어떤 상황에서 어떤 위치에 있는 사람들이 노숙인을 정의하느냐에 따라서 그 범위와 의미가 달라진다. 그러나 흔히 노숙인은 잘 곳이 없어서 거리에서 자는 사람들을 의미한다. 하지만 좀 더 포괄적으로 보면 거리에서 잠자는 사람 외에도 노숙인 쉼터 같은 임시보호시설에서 생활하는 사람, 친척이나 친구의 집에 임시로 얹혀사는 사람, 쪽방과 같이 극도로 열악한 주거공간에서 거주하는 사람 등 잠재적 노숙상태에 있는 사람들까지 포함한다고 할 수 있다.

(1) UN 기준(Homeless)

① 집이 없는 사람과 옥외나 단기보호시설 또는 여인숙 등에서 잠을 자는 사람
② 집이 있으나 UN의 기준에 충족되지 않는 집에서 사는 사람
③ 안정된 거주권과 직업과 교육, 건강관리가 충족되지 않은 사람 등이다.

(2) 미국 NCH(National Coalition for Homeless) 기준

정규적이고 고정된 적절한 주거시설이 없고 주로 길거리나 일시적인 보호시설, 사람이 자도록 고안되지 않은 공공의 장소 등에서 자는 사람(NCH, 1998)이다.

(3) 맥킨니(Stewart B. McKinny)법(U.S General Accounting Office; GAO, 1999) 기준

① 밤을 보낼 적절한 고정적이고 정규적인 주거가 없는 사람
② 밤을 보내는 주 주거지로 일시적인 주거의 제공을 목적으로 하는 공공 혹은 사설의 임시보호시설, 수용을 목적으로 개인들에게 임시적 주거를 제공하는 시설을 활용하는 사람
③ 사람이 자는 것을 목적으로 고안되지 않은 공공이나 사설의 시설 등을 밤을 보내는 장소로 이용하는 사람 등이다.

(4) 한국의 노숙인

한국도시연구소에서는 노숙인을 '실제로 노숙하거나 노숙에 가까운 불안한 주거상

태에 있는 사람들'이라고 정의한다. 그러나 우리나라의 경우도 노숙인에 대한 공식적인 개념 정의는 없다. 노숙인이라는 용어가 등장한 것은 1997년 IMF 경제위기 이후이다. IMF 이전, 역 지하도를 중심으로 노숙을 하는 사람들에 대한 공식적 용어는 부랑인이었다. 그러던 것이 IMF경제위기 이후 실직상태에서 노숙을 하는 사람들이 급증하자 이들은 노숙인(노숙자)으로 불리기 시작했다.

2) 노숙인에 관한 법률 주요내용

노숙인의 발생이 가장 많았던 서울시에서는 IMF 직후부터 서울시와 종교 · 민간단체 등이 '서울시노숙자대책협의회'를 구성, 노숙인을 대상으로 상담 · 급식 · 의료 등의 정책을 논의하고 진행했다. 그래서 1998년 5월 서울시는 서울시립 근로자합숙소(현 영등포보현종합지원센터)를 설치, 실직 노숙인들의 자립을 위해 '노숙자 다시서기 프로그램'을 추진하였다. 2005년부터는 노숙인 특별자활사업이 시작되었고, 노숙인 상담보호센터(현 노숙인 종합지원센터)가 제도화되면서 본격적인 거리노숙인 임시숙박 · 위생 · 의료서비스 등이 이뤄졌다(서울시, 2020).

노숙인 사업은 2005년부터 지방으로 이양되어 각 지자체의 책임 하에 수행되고 있으나, 지자체별로 편차가 크고 임시적 · 파편적인 정책에 불과하다는 비판과 부랑인, 노숙인에 대한 단일화 및 통합지원체계 마련의 필요성이 제기되면서 노숙인에 대한 정책의 제도화와 공공의 책임성 강화를 요구하는 목소리가 높아졌다. 이에 한나라당 유재중 의원 등 4명의 의원은 '노숙인 등의 복지 및 자립지원에 관한 법률'을 각각 대표 발의하였고 법안은 2011년 4월 29일 국회 본회의 의결을 거쳐 2011년 6월 7일 공포되었다. 법은 2012년 6월 8일부터 시행되었으며 노숙인(露宿人) 등의 인간다운 생활을 할 권리를 보호하고 재활 및 자립을 위한 기반을 조성하여 이들의 건전한 사회복귀와 복지증진에 이바지하는 것을 목적으로 하였다.

노숙인 등 복지 및 자립지원에 관한 법률은 다음 다섯 가지를 주요내용[23)]으로 다루었다.

첫째, '부랑인 및 노숙인' 용어를 '노숙인 등'으로 통일하고 부랑인시설을 치료 · 재활기능을 담당하는 '노숙인재활시설'로 특성화하였다. 그리고 노숙인 상담보호센터

23) 뉴스타운 기사자료 인용: '노숙인 등의 복지 및 자립지원에 관한 법률' 공포 (http://www.newstown.co.kr/news/articleView.html?idxno=97771)

를 노숙인 등에 대한 주거 · 의료 · 고용 상담 및 복지서비스 연계, 응급조치, 복지서비스 이력 관리 등을 담당하는 '종합지원센터'로 확대 개편하였다.

둘째, 노숙인 등의 권리와 의무를 규정하고 국가 및 지자체의 책임 강화하였다. 노숙인 등은 국가 및 지자체로부터 적절한 주거와 보호를 제공받을 수 있는 한편, 스스로도 생활수준 향상을 위해 노력하여야 하고 경찰 등 관련 업무 종사자의 응급조치에 응하여야 한다고 명시하였다. 또한 국가와 지자체는 종합계획(5년마다) 및 시행계획(매년)을 수립하여 노숙인 보호정책을 체계적으로 수립 · 집행하여야 하며, 국가는 5년마다 노숙인 등에 대한 전국 실태조사도 실시하도록 규정하였다.

셋째, 노숙인시설 설치근거 마련하였는데 시설을 크게 노숙인복지시설과 노숙인종합지원센터로 구분하고 노숙인복지시설로 일시보호시설, 자활시설, 재활시설, 요양시설, 급식시설, 진료시설 등을 설치할 수 있도록 했다. 한편, 노숙인시설의 설치주체를 국가, 지자체, 민간으로 규정하고, 민간에서 시설을 설치하는 경우에는 관할 시 · 군 · 구에 신고하도록 했다. 또한, 민간에서 시설을 설치 · 운영하는 경우에는 국가 및 지자체가 그 비용을 보조할 수 있도록 근거를 마련했다.

넷째, 국가 및 지자체는 노숙인 등에게 주거지원, 급식지원, 의료지원, 고용지원, 응급조치 등 복지서비스 제공하도록 하였다. **다섯째**, 노숙인 등의 인권보호 강화를 규정하였는데 노숙인시설의 종사자로 하여금 노숙인 등에 대한 인권침해를 예방하기 위한 교육을 받도록 의무화하는 한편, 노숙인시설의 종사자에게 노숙인 등을 유기 · 방임하는 행위, 이들을 이용하여 부당이득을 취하는 행위, 강제적으로 입 · 퇴소시키는 행위 등을 금지하고 위반 시 벌칙(3년 이하의 징역 또는 1천500만 원 이하의 벌금)을 부과하도록 했다.

3) 노숙인의 실태

노숙인 등의 복지 및 자립지원에 관한 법률 제9조에 따르면 보건복지부장관은 이 법의 적절한 시행을 위하여 노숙인 등의 현황 · 욕구 및 심리와 이들에 대한 공공 및 민간의 지원상황에 대하여 5년마다 실태조사를 실시하고 그 결과를 공표하라고 되어 있다. 이에 따라 노숙인등의 복지 및 자립지원에 관한 법률 시행 이후 최초로 2016년 전국단위의 노숙인 실태조사가 실시되었고 결과를 반영하여 '제1차 노숙인 등의 복지 및 자립지원 종합계획(2016~2020)에 대한 보완 방향을 발표하였다.

2016년 노숙인 등의 실태조사 개요

- 조사연구기간: '16.7월 ~ '17.6월 / 조사기관: 한국보건사회연구원
- 조사대상 및 방법
  - (1차) 거리 및 시설노숙인, 쪽방주민 일시집계조사('16.10.20. 00:00~05:00)
  - (2차) 1차 조사에서 집계된 노숙인, 쪽방주민 중 표본으로 추출된 2,032명을 대상으로 심층 면접조사('16.11.17~'16.12.20)
- 주요 조사내용
  - 노숙인 등의 규모, 노숙인 특성 및 주요 욕구별 심층 분석(면접조사)

조사결과를 보면 2016년 10월 기준으로 확인된 행정상의 노숙인 수는 1만 1,340명으로, 이 중 거리노숙인은 1,522명(13.4%), 이용시설(일시보호시설) 노숙인 493명(4.4%), 생활시설(자활 · 재활 · 요양) 노숙인 9,325명(82.2%)으로 나타나 대부분 생활시설 노숙인으로 나타났으며, 쪽방주민 6,192명으로 조사되었다. 성별을 보았을 때 노숙인 중 남성이 73.5%, 여성이 25.8%를 차지하는 것으로 나타나 여성의 비율이 2010년 민간에서 조사한 여성의 비율(10%)보다 2.5배 이상 증가한 특징을 보였다(국가인권위위원회, 2011). 쪽방주민 중에서는 남성이 80.8%, 여성이 19.2%로 조사되었다. 생활시설노숙인의 경우 50대(33.4%)의 비중이 가장 높았으며, 그 다음으로는 60대(27.5%), 40대(17.8%), 70대(11.1%) 순으로 나타났다. 생활시설노숙인 중 20세 이상 39세 이하 청년노숙인의 비율도 7.7%로 나타났으며, 노숙인자활시설에 청년이 가장 많은 것(15.4%)으로 조사되었다.

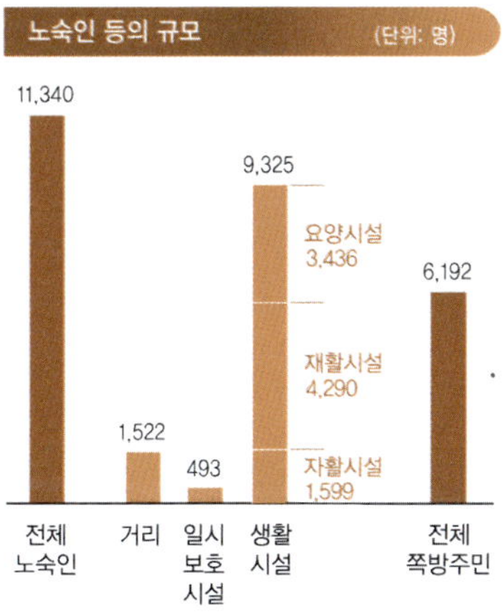

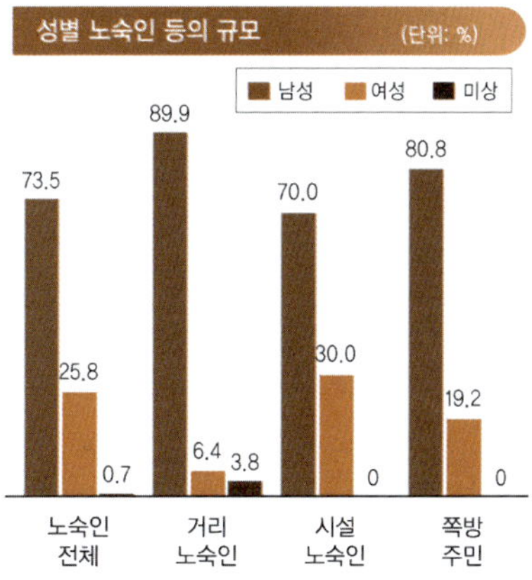

출처: 보건복지부(2017). 2016년 노숙인 등의 실태조사.

그림 6-7 노숙인 등의 규모와 성별에 따른 규모

전체 노숙인 중 2,032명을 대상으로 하여 심층 면접 조사한 결과를 살펴보면 먼저 노숙인이 노숙을 하게 된 결정적 계기가 개인적 부적응 또는 사고(54.2%), 경제적 결핍(33.4%), 사회적 서비스 또는 지지망 부족(6.4%) 순으로 나타났고 세부적인 원인으로는 질병 및 장애(정신질환) 25.6%, 이혼 및 가족해체 15.3%, 실직 13.9%, 알코올 중독 8.1% 등의 순이었다.

사회복지제도 및 서비스를 이용한 경험을 토대로 한 평가에서는 사회복지시설이용 및 입소서비스(27.0%)가 가장 도움이 되었다고 응답하였으며, 무료급식(16.7%), 의료급여 및 의료서비스(13.2%), 기초생활보장 생계비 수급(12.2%) 순으로 도움이 되었다고 했다.

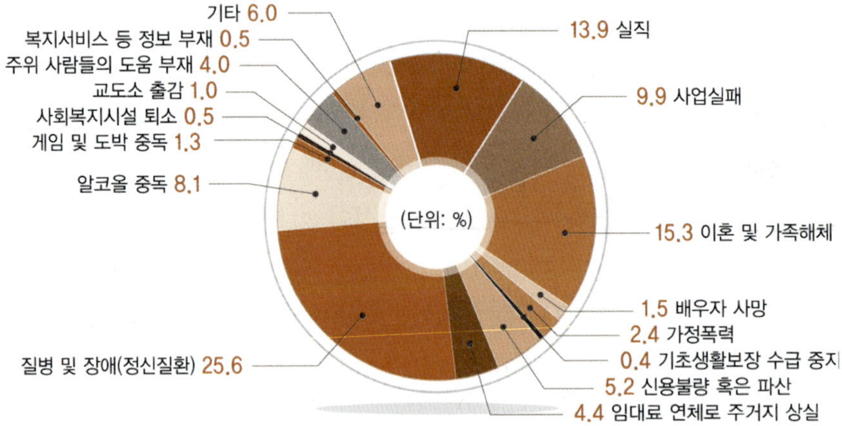

출처: 보건복지부(2017). 2016년 노숙인 등의 실태조사.

그림 6-8 노숙을 하게 된 결정적 계기

노숙인의 서비스욕구를 살펴보았을 때 복지욕구는 소득보조(36.9%), 주거지원(23.5%), (13.0%), 고용지원(11.1%), 심리지원(5.0%) 등의 순으로 나타났다. 거리노숙인과 이용시설노숙인은 주거지원이 가장 필요하다고, 생활시설노숙인과 쪽방주민은 소득보조가 가장 필요하다고 응답하였다.

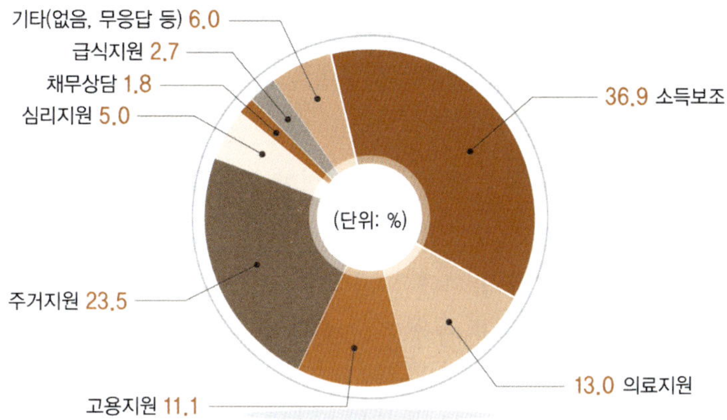

출처: 보건복지부(2017). 2016년 노숙인 등의 실태조사.

그림 6-9 현재보다 나은 생활을 위해 필요한 지원

노숙인 중 36% 정도만이 단순노동에 참여하여 낮은 소득상태이고 대부분이 좋지 못한 건강과 알코올 중독 상태에 놓여 있고 소득의 대부분을 술과 담배 구매에 사용하는 등으로 인해 노숙인의 생활을 벗어나기 어려운 환경에 놓여있다. 그래서 노숙인생활시설의 입소 등을 통해 안정된 생활과 자립을 위한 프로그램을 제공하여 사회로의 복귀를 추진하였지만 단체생활과 규칙 때문에(31.2%), 실내 공간이 답답해서(21.1%), 잘 몰라서(18.9%) 시설을 이용하지 못하는 결과를 초래하였다. 따라서 노숙인에 대한 정책개입강화, 신규노숙인(특히, 거리 노숙인) 발생을 예방하는 사회안전망 정비, 정신건강서비스, 주거지원, 인권보호 등 분야의 개선을 통해 노숙인의 문제해결을 위한 필요성을 제기하고 있다(보건복지부, 2017).

또한 쪽방 주민과 노숙자 쉼터는 극한의 빈곤과 절망이 공존하는 우리 사회의 사각지대이다. 사업 실패나 실직으로 인해 끝내 가정생활마저 파탄에 처한 이들과 무의탁 독거노인, 윤락에 찌든 채 몸과 마음에 깊디깊은 상처를 입은 여성들이 찾아드는 곳이기도 하다.

서울 영등포 역전에서 신도림역 방향으로 길게 분포돼 있는 쪽방촌에는 0.7~1평 크기의 쪽방 788개가 촘촘하게 들어서 있다. 사람 한 명이 간신히 들어갈 정도의 좁은 문으로 여러 개의 방이 어두운 동굴처럼 이어진 곳 대부분의 쪽방이 목조건물이어서 화재가 났을 경우 사실상 무방비 상태다. 여름과 가을에는 전염병, 겨울에는 연탄가스 중독사고 위험에 노출돼 있다. 이들은 보증금 없이 일세 5000~7000원 또는 월세 15만~17만 원의 임대료를 내고 살아가고 있다. 노점상이나 일용직 근로자로

나서서 하루 벌어 하루 먹고 사는 사람들이 대부분이다.

더욱이 영등포 1동 618-5일대 280여 개 쪽방들은 녹지지구로 설정돼 올해 말까지 철거될 상황에 놓여 있어 이들 중 상당수는 또 다른 잠자리를 찾아 나서야 할 판국이다. 노숙자 쉼터도 절대 빈곤의 현장이다. 일정한 거처도 정하지 못한 채 방황하는 이들이 잠시 몸을 눕혔다가는 슬그머니 자취를 감추곤 하는 곳이다.

쪽방이나 쉼터를 찾는 이들의 사연은 절박하다. 쪽방촌에서 지내고 있는 김명진 씨(52 · 가명)는 스스로를 '철저히 실패한 인생'이라고 표현한다. 7세 때 부친이 숨지자 모친은 다음 해 자신을 포함한 3자녀를 버리고 재가했다. 불우한 청소년기를 보낸 뒤 새로운 삶을 살겠노라며 결혼을 했지만 불행은 계속됐다. 아내는 불륜을 저질렀고 끝내 자살로 생을 마감했다. 김 씨는 오직 술의 힘을 빌려 하루하루를 연명해 가고 있다.

쉼터에 머물고 있는 이○만 씨(53 · 가명)도 희망 없는 생을 이어갈 뿐이라고 말한다. 아내가 가출한 뒤 자녀들을 보육원에 맡긴 그는 부평초처럼 떠돌고 있다.

희망을 잃은 이들에게 그림자처럼 따라붙는 것은 절대 빈곤이다. 하지만 이들이 할 수 있는 일이라곤 그저 현실에 몸을 내맡기는 것뿐, 달리 스스로의 의지대로 해볼 만한 게 없다. 최근 어떤 여론조사결과 시민 10명 중 8명이 스스로 중산층이라고 밝힌 우리사회에서 이들의 위치는 어디일까. 비상구가 없는 극빈층. 이들의 최저 생계를 보장하고 좀 더 나은 생활로 이끌기 위한 대책을 마련하는 일은 복지국가를 지향하는 정부의 몫으로 남아 있다.

4) 노숙의 원인

(1) 감당할 수 없는 빚

A씨는 농수산물시장에서 장사를 아주 크게 하던 중매인이었다. 그는 주로 늙은 호박을 취급했었는데 중개인으로서 이윤을 남기는데 만족할 수 없었다. 그는 처가, 친척, 친구 등에게 빚을 얻어 지방의 농민들에게 선금을 주고 전량 수매를 약속하면서 밭에 호박을 기르도록 하였다. 그러나 그 해 갑자기 우박이 쏟아지는 바람에 호박 농사를 거의 망치다시피 하였고, 더불어 중국산 호박이 밀려오는 바람에 빚만 지게 되었다. A씨는 빚을 빨리 갚을 욕심으로 다른 빚을 얻었으나 실패만 거듭하면서 더욱 많은 빚을 지게 되었다. 곧 빚쟁이들의 독촉과 이 과정에서 심해진 가정불화 때문

에 가출하여 노숙을 하게 되었다. A씨는 지금도 가족들과 연락은 하지만 빚 문제가 해결되지 않은 데다 가족과의 감정의 골이 깊어 집에 돌아가지 못하고 있으며, 친구의 사업을 도와주면서 재기의 기회를 모색하고 있다.

(2) 경제적 불안정 상태의 지속과 가족지지 망 결여

B씨는 부모님이 일찍 돌아가셨고, 할머니와 9살까지 생활하다가 할머니가 돌아가시고 나서 형과 함께 보육원에 맡겨졌다. 보육원 생활은 굶주림과 구박의 연속이었기에 15살 때 보육원을 나왔다. 구두닦이, 음식점 종업원, 중국집 배달원, 신문 배달 등을 하면서 지내다가 어깨너머로 중국음식 조리를 배웠다. 중국집 주방장으로 근무하던 중 주인과의 불화로 그 중국집을 나왔다.

쪽방 등에서 생활하면서 남대문 요식업 종사자 일용시장을 통해 가끔 일을 나가며 생활했으나 그마저 여의치 않자 쉼터에 입소했다. 지금은 건설일용직 일을 나가면서 열심히 생활하고 있다. 이리저리 떠돌아다녔던 생활로 형하고도 연락이 끊어진 상태이며 경제적으로 불안정했기 때문에 결혼을 하지 못했다.

(3) 벗어나지 못하는 하위문화

C씨는 중학교 이후부터 비행청소년들과 어울렸으며, 고등학교를 다니던 중 패싸움에 연루되어 제적되었다. 그 이후 유흥가 호객행위, 유흥업소 종업원, 도박하우스에서 망봐 주기 등을 했다. 돈이 많이 모이지도 않았으나 돈이 모이면 카드를 하거나 혹은 경마를 해서 모두 날리는 경우가 많았다. 카드를 하다가 돈이 부족하면 가족들을 찾아가서 위협적으로 돈을 요구하는 때가 많았고, 이에 가족들은 C씨를 피하기 시작해 현재 누나를 제외하고는 가족들과 연락하지 않는다. 경제적으로 안정되지 않았기 때문에 일시적인 동거의 경험은 있으나 결혼의 경험은 없다. C씨는 나이가 들면서 남의 밑에서 허드렛일을 해주기 어려워졌다.

그래서 음성적인 일을 청산할 수밖에 없었고, 쪽방 등 염가숙소를 얻어 간헐적으로 건설일용직 일을 하다가 쉼터에 입소하게 되었다. 하지만 쉼터 생활에도 적응하지 못하고 입·퇴소를 반복하면서 생활하고 있다.

(4) 벗어나지 못하는 알코올중독

D씨는 유리공장의 노동자였으나 유리공장이 사양산업화 되면서 급기야 일자리를 잃게 되었다. 평생 유리공장에서만 일을 하였기 때문에 다른 일을 하기도 어려웠고, 고민스러운 상황을 술로 풀면서 가정불화가 심해져 부인과 이혼하게 되었다. 아들은 시골에 홀로 계시는 어머니 집에 맡겨놓고 서울역에 나와서 노숙을 하게 되었다. 노숙을 하게 되면서 매일 음주에 젖어 살게 되었고, 급기야는 은평의 마을, 꽃동네 등의 부랑인시설을 드나들면서 알코올중독자로 생활하고 있다. 현재는 어머니, 자식에게도 연락하지 않고 지낸다.

(5) 가족들이 감당할 수 없는 정신질환

E씨는 고등학교 3학년 때 입시의 부담 때문이었는지 정신질환이 발병하여 병원 입. 퇴소를 반복하게 되었다. 가난해서 맞벌이를 해야 했던 가정이기 때문에 가족들은 E씨를 제대로 돌보기 어려웠고 그의 병원비도 감당하기 힘들었다. 가족들은 결국 E씨를 기도원에 맡긴 채 E씨를 피해 이사를 하게 되었다. 기도원 숙식비를 낼 수 없었던 E씨는 기도원에서 퇴소를 당했고, 서울역 앞에서 노숙을 하게 되었다. 그 후 상담원을 만나서 쉼터에 입소했지만, 정신질환자를 보호하기 힘든 쉼터의 상황상 다시 쉼터를 퇴소해야 할 형편에 있다.

(6) 가족으로부터의 방임

F씨는 올해 69세이다. 10년 전 부인과 사별한 후에 큰아들에게 의탁해 살고 있었다. 자식이 셋이 있으나 젊은 시절 방탕한 생활을 하면서 가족들을 돌보지 않았기 때문에 자식들과의 관계가 소원하다. 정규 교육을 많이 받지 않은 큰아들은 가난한 생활을 면하기 어려운 상황이었으며, 아버지에 대한 권위를 인정하지 않으면서 며느리의 구박이 심해지기 시작하였다. F씨는 이런 구박에 자존심이 많이 상해 가출하여 노숙을 하였다. 그러던 중 아웃리치활동을 하던 상담원들의 눈에 띄어 쉼터에 입소하게 되었다. 현재 F씨는 나이가 많아 일도 나갈 수 없는 상태이며, 건강 또한 좋지 않다.

이처럼 노숙인이 될 수밖에 없는 동기는 정형화 · 고정화되어 있지 않다는 점에 각별히 유의할 필요가 있다. 예를 들면 사례 A씨처럼 급작스러운 사업실패로 인생의 위기를 맞은 사람들이 연속적 실패로 실의에 빠져 술을 많이 먹으면서 알코올중독자로 변할 경우에는 사례 D씨와 같이 중독이 만성화되어 사회복귀가 어렵게 된다. 또한 B씨와 같이 현재는 건강하지만 가족 등 사회적지지망이 전혀 없는 상태에서 경제적 불안정이 지속될 경우 나이가 들면 F씨 경우와 같이 사회복귀가 어려워질 것이다. 그리고 같은 알코올중독이나 정신질환자라고 하더라도 그 원인이나 정도 그리고 회복의 동기 또한 모두 다 다르다.

대부분의 노숙인들은 학력이 낮고, 취업과 관련된 기능 면에서 상대적으로 떨어지는 기술을 갖고 있다. 점차 고도화되어 가는 현대사회에 적응하기 위해서는 높은 전문성을 상징하는 학력이 중요하며 자기의 전문적 영역이 있어야 한다. 그러나 노숙인들은 물론 대학 이상의 학력을 가지고 있는 사람들도 있으나, 대개는 중졸 정도의 학력을 갖고 있다. 심지어 노숙인들 중에는 한글을 모르거나 숫자조차 읽지 못하는 사람들도 있다. 더불어 노숙인들의 직업관련 기능은 아주 낮은 편이다. 노숙인들이 주로 종사했던 직업은 건설 일용직과 행상, 공장노동자 등이다. 이러한 직종들은 직업특성 자체가 불안정한 성격을 가지고 있을 뿐 아니라 임금도 적은 것이 특징이다. 따라서 이들은 노숙에서 벗어나 사회에 복귀하더라도 사회저소득층이 갖는 불안정한 상황을 고스란히 안게 되며, 경기불황과 같은 위기가 생기면 다시 노숙상황에 처할 수도 있게 된다.

무엇보다 노숙인들의 상황을 이해하는 데 중요한 문제는, 정도의 차이가 있기는 하지만 대체로 사회적 관계망이 취약하다는 점이다. 흔히 사회적 관계망은 살아가면서 부딪힐 수밖에 없는 외부적 충격을 완화시켜 주고, 다시 자신감을 회복하는 데 큰 역할을 하는 것으로 알려져 있다. 그러나 노숙인들의 사회적 관계망은 B씨처럼 처음부터 취약한 경우도 있고, 관계가 있었더라도 생활하는 과정에서 기존의 사회적 관계망을 소진시킨 경우가 대부분이다. 또한 가장 강력한 사회적 관계망인 가족관계망조차 아주 불안하고 약한 상태이다. 따라서 이들은 살아가면서 위기가 있을 때, 예를 들면 병에 걸리거나 실직 등의 외부적 충격을 조금이라도 받을 경우에, 바로 노숙상태로 떨어질 가능성이 높다. 인생의 위기상황에서 자신을 의탁할 사회적 관계망이 없기 때문이다.

한편, 노숙인들은 심리적·정신적 상태가 취약한 경우가 많다. A씨 같은 경우는 지속적인 사업실패와 가정불화로 노숙으로 떨어졌다는 점 때문에 심리적으로 많이 불안해하며 자존감이 극도로 낮아져 있는 상태일 것이다. B씨와 C씨 같은 경우도 사회의 주변부를 경험하면서 자기에 대한 낮은 자아상을 갖고 있을 가능성이 많다. 이들의 자아상은 오랜 세월 동안 형성된 것이기 때문에 이를 바꾸는 것은 매우 어려운 일이다. D. E씨의 경우에는 이들의 심리적 · 정신적 상태를 심각한 질병으로 인식하고 체계적이고 지속적으로 개입하지 못하면 노숙 탈출은 요원하다.

5) 빈곤 노숙인의 문제점과 사회복지적 접근

노숙인 문제는 근본적으로 사회안전망과 국가의 사회복지 체계가 제대로 작동하지 않는 상황에서 발생한 문제이다. 예를 들면 일시적인 위기에 처한 사람들에게 심리적 · 물질적 위기개입이 이루어진다면 위기로 인해 가정이 파괴되고 절망하여 거리로 나오는 일이 없을 것이다. 더불어 부모의 알코올중독이나 빈곤으로 인해 위기에 처해있는 가정에 올바른 서비스가 제공된다면, 그리고 이들 가정에서 성장하는 아동들이 정상적인 교육을 받을 수 있고, 사회적 기능을 갖출 수 있다면, 이들이 노숙으로까지 내몰릴 가능성은 상당히 줄어들 것이다. 이는 F씨와 같은 노숙인 문제에서도 마찬가지이다. 따라서 노숙인 문제를 해결하기 위해서는 근본적으로 더욱 촘촘하고 튼튼한 사회안전망을 확충해야 한다. 그리고 이러한 안전망으로 해결되지 않는 부분을 위한 여타의 사회복지 체계들이 완성되어야 한다.

첫째, 정신질환 노숙인들과 알코올중독 노숙인들을 위한 보호체계가 필요하다. 정신질환과 알코올중독은 본인의 선택에 의한 것이 아니며, 아주 심각한 질환이다. 이들은 자기 스스로를 방어하거나 개척할 수 없는 상황에 처해있는 것이다. 이러한 사람들에 대한 국가적 보호는 아주 당연한 것이다. 그러나 현재 이들에 대한 보호체계는 아주 기초적인 단계에 머무르고 있다. 자유의 집에 정신건강센터와 알코올센터 등이 있기는 하나, 이들 센터에서 서비스할 수 있는 사람들은 30여 명 정도에 불과하고, 치료를 통해 상태가 나아지더라도 이들을 적절한 곳으로 의뢰할 수 있는 체계가 없는 상황이다. 사실 알코올중독이나 정신질환은 매우 장기적인 회복을 위한 노력과 관리가 필요한 질환이다. 하지만 돌아갈 집도 가족도 없는 경우가 대부분인 노숙인들은 응급치료 이후가 더욱 문제라고 할 수 있다. 다시 말해 노숙인들은 매우 취약한 사람들이기 때문에 장기간 단계적인 "보호의 연속성"이 유지되면서 치료되어야 하나 현재는 이러한 체계가 없기 때문에 치료를 통해 잠깐 나아지다가도 다시 원래의 상태로 재발하는 경우가 대부분이다. 치료센터, 중간의집, 회복의집, 사례관리 등의 다양한 서비스가 접목될 때, 이들이 재발하여 거리를 헤매는 일이 방지될 것이다.

둘째, 주거문제 해결을 위한 대책들이 마련되어야 한다. 노숙의 문제는 복합적이기는 하지만 그래도 기본적으로는 주거의 문제가 그 중심에 있다. 현재 노숙인 사업에서 보완해야 할 부분이 많기는 하지만 그중에서도 특히 주거 대책은 거의 비어있는 상황이다. 현재 노숙인들에게 제공하는 주거 서비스는 쉼터에서의 숙식제공, 일정기간 전세방을 얻어주는 자활의집과 월세 지원사업 등에 머무르고 있다. 위에서도 계속 강조하여 왔지만 노숙인들은 기본적으로 취약한 사람들이다. 이들에게 안정적 주거에 대한 대책 없이 서비스를 제공하는 것은 그 효과에 한계가 분명하다. 이는 외국의 오랜 경험을 통해 입증된 바가 있다. 우리도 이제 노숙인들의 주거문제 해결에 대한 대안을 근본적으로 모색하여야 한다. 영구임대주택 정책과의 결합, 염가 숙소인 쪽방의 활용, 정부 소유의 주택 배정 등등 다양한 방법을 개발하여야 한다. 마지막으로, 전문성 있고 헌신적인 실무자들이 일할 수 있는 상황을 만들어야 한다. 노숙인들은 자신의 모든 것을 다 잃어버린 상태, 즉 더 이상 버틸 수 없는 상태에서 노숙으로 떨어진 사람들이다. 따라서 이들의 자활은 아주 힘들고 더딘 과정이다. 더불어 자활에 따른 노숙인 개개인의 욕구가 다 다르고 자활의 동기나 경로가 다 다르기 때문에 개별화의 관점에서 문제를 바라보고 해결할 수밖에 없다.

셋째, 노숙인이 겪는 문제는 주거 · 의료 · 고용 · 인권 등 다양한 영역의 문제를 포함하고 있기 때문에 보건복지부 · 국토교통부 · 고용노동부 등 관련 사업 연계가 필요하다. 현재는 부처별, 지자체별 사업을 총괄하고 조정해서 지원하는 종합적 '컨트롤타워' 역할이 부재하다. 미국은 홈리스 예방과 종식을 위해 22개 부처 협의회를 구성해 연방정부 전략을 수립하고 있으며 부처별로 긴밀한 협력관계를 맺어 홈리스에 대한 대응을 조정하고 촉매하는 역할을 하고 있다. '홈리스'는 주거가 중심이 되는 개념이고 문제 해결에도 주거지원이 우선되어야 하므로 국토교통부를 중심으로 한 부처별, 지자체별 컨트롤타워 구축하여 노숙인의 예방과 지원이 되어야 할 것이다.

넷째, 코로나19와 같은 팬더믹 상황에서 노숙인에 대한 관리지침 및 대응이 필요하다. 보건복지부 자료에 의하면 2021년 7월 기준 코로나19 백신 접종을 받은 노숙인은 서울 37.6%, 지방의 경우 0%에 가깝다고 보고하고 있다. 이처럼 도시와 지역간 백신접종 격차가 뚜렷한 것은 지방에는 지자체 여건에 따라 거리 노숙인이 이용할 수 있는 시설인 노숙인종합지원센터와 노숙인 일시보호시설 등이 설치되어 있지 않기 때문이다. 거리노숙인 백신접종을 위한 현황 파악 등 기본적인 업무를 수행할 곳이 없는 지자체의 경우, 거리노숙인 관리가 제대로 되지 않고 이에 따라 백신접종도 이뤄질 수 없는 구조인 것이다. 미국은 질병통제예방센터(CDC) 차원에서 홈리스에 대한 별도의 접종 지침을 두고 있어 거리 노숙인에게 정보통신 수단을 제공하기도 하고, 거리 노숙인이 모여 있는 곳에 직접 찾아가 백신을 설명하기도 한다. 물론 이러한 상황에서 백신 접종만의 문제만이 있는 것이 아니다. 코로나19 단계가 격상될 때마다 민간수준에 의존하고 있는 단체급식소의 폐쇄로 노숙인의 끼니도 위협받는 사례도 있다. 따라서 코로나19 감염병 위기 상황에서 노숙인에게 발생될 수 있는 다양한 문제해결을 위한 별도의 관리지침 마련과 실천이 필요하다.

7장 가족해체 문제

1절 » 가족해체 문제의 개념 및 정의

1. 개념 및 정의

가족해체 현상은 특히 1997년 IMF 경제 위기 이후 급격히 늘어나고 있다. 경제가 어려워지면서 실직자가 증가하고 자녀를 보육시설에 맡기거나 아예 버리는 경우까지 생겨났다. 사회의 근원이 되는 가족이 해체되는 문제는 나아가 사회 전체의 붕괴를 의미하는 것으로 심각하게 생각하지 않을 수 없다.

또한 여성의 사회 진출의 증가로 독신가족이 늘어나고 있으며 결혼을 한 여성도 출산을 기피하려는 저출산 경향이 두드러지고 있다. 사회적인 윤리와 가치관도 크게 변해서 결혼에 대한 생각도 많이 바뀌고 있다. 과거 결혼은 인생에 있어 중요한 일 중 하나로 꼽히며, 따라서 신중하게 이루어졌다면 현대사회에서 결혼은 '쉽게 만나고 쉽게 헤어지는' 사회 풍조에 따라 그 중요성이 예전과는 다르다. 이런 결혼관은 이혼에 대해서도 쉽게 수용하게 하여 이혼율이 크게 증가하고 있으며, 이혼과 더불어 자녀 양육을 서로 미루는 문제가 발생하기도 한다. 이혼율의 증가는 곧 결손가정의 증가를 의미하고 이로 인해 보호와 관심을 받지 못하고 자란 청소년이 비행을 저지를 가능성의 증가하는 문제를 연쇄적으로 발생하게 한다. 뿐만 아니라 재혼으로 인하여 학대 및 방임이 일어나는 등의 문제의 원인이 되기도 한다. 이러한 현성들을 묶어서 가족해체라는 문제로 정리할 수 있다. 가족해체를 다루기 위해서는 먼저 가족의 의미를 살펴보고자 한다.

학자	서상철	머독(Murdock)	레비스트라우스 (Lvi-Strauss)	유영주
가족의 의미	인생이 최초로 탄생하고 인간관계를 맺는 기본 공동체이며 문화 및 습관을 배우고 환경의 기초가 되는 혈연 집단으로서 부모와 자녀를 구성원으로 애정, 존경 내지는 신뢰를 바탕으로 서로 협력하여 살아가는 소집단이다.	공동의 거주 경제적 협동 생식의 특징을 갖는 집단으로 사회적으로 인정받은 성 관계를 유지하고 있는 최소한의 성인 남녀와 한 명 이상의 자녀로 이루어진다.	가족이란 결혼에 의해 출발하며 부부와 그들의 자녀로 구성되지만 이 핵가족 집단에 다른 근친자가 포함될 수 있다. 가족 구성원은 법적 유대, 경제적 종교적 그 외에 다른 권리와 의무, 성적인 권리 금지, 애정, 존경 등 다양한 심리적 정감으로 결합되어 있다.	가족은 부부와 그들의 자녀로 구성되는 기본적인 사회집단으로서, 이들의 이해관계를 떠난 애정적인 혈연 집단이며, 같은 장소에서 기거하고 취사하는 동거동재(同居同財) 집단이고, 그 가족만의 고유한 가풍을 갖는 문화 집단이다.

제시된 바와 같이 인간의 생활과 성장에 있어 가장 근원적인 배경이 되는 것이 가정이다. 가정은 그 자체로 보호기능, 교육기능, 양육기능 등 인간성장에 있어 중요한 역할을 감당하고 있는데 이러한 가족이 핵가족화, 독신가구의 증가, 이혼율의 증가 등으로 가족이 분산되어 본래의 기능과 역할을 다 해내지 못하는 상황을 가족해체(family disorganization)라고 한다. 가족해체의 특성은 배우자의 사망, 부부의 이혼, 갖가지 사유로 인한 별거, 가출 등으로 안정적인 가족구조가 손상되어 가족기능이 원활하지 못하거나, 가족 구조면에서는 배우자 및 자녀 또는 친족으로 구성되어 있지만 각 역할에 대한 무능력, 가족 간의 갈등 또는 불화 등으로 인하여 보편적인 가족 기능을 수행하지 못하고 있는 것이라고 할 수 있다.

2. 가족해체의 발생원인

산업혁명 이후 도시에 공장에 세워지고 이를 중심으로 농촌 인력이 도시로 몰리면서 가족구조의 변화가 일어났고, 이런 변화는 시대의 변화와 더불어 또 다른 문제들을 더하여 가족해체를 이루거나 가속화하는 것을 볼 수 있다. 현대사회의 대표적인 가족해체 원인으로는 다음과 같은 것들을 생각해 볼 수 있다.

첫째, 가족해체 현상은 핵가족화로 인한 것이라고 볼 수 있을 것이다. 핵가족이란 부부와 그들의 미혼 자녀로 구성된 가족을 의미한다. 흔히 이야기하는 부모−자녀 2세대로 구성된 가족으로서 미국의 인류학자 머독(Murdock)이 처음 사용한 것으로 오늘날 핵가족화 경향은 전 세계적으로 일어나고 있는 공통적인 현상이다. 핵가족화는 일반적인 현상이지만 여러 세대의 가족이 함께 살면서 이루어지는 사회화와 유대관계를 약화시키고, 부모가 자녀를 위하여 희생하며 살아가는 삶의 전형을 만들어내는 등 부정적인 모습으로 특성이 나타나고 있는 것이 사실이다.

둘째, 가족해체 현상은 저출산 경향으로 인한 것이라고 설명할 수 있을 것이다. 과거 전통사회에서는 가족의 가장 핵심적인 기능은 '종족의 보존'으로서 성과 출산에 대한 기능이 강조되어 왔다. 또한 토지를 기반으로 한 경제체제에서 다산은 가족노동력의 확보라는 중요한 이슈도 있었다. 그러나 현대 산업사회에서는 더 이상 종족보존이나 가족노동력이라는 개념이 큰 가치를 갖질 못하게 되었다. 이런 가족변화는 결혼을 가볍게 여기는 사회풍토와 맞물려 출산에 관심을 갖지 않는 현상이 일어나게 되었으며, 현실적으로 양육비 부담은 출산을 주저하게 하는 이유가 되기도 한다. 이런 이유로 인하여 저출산 문제는 사회의 가장 중요한 문제로 대두되었다. 저출산 문제는 가족기능의 약화라는 문제를 제기하기도 하지만 인구적성선 유지를 무너뜨린다는 점에서도 사회문제라고 할 수 있다.

셋째, 가족해체 현상은 가족의 이기주의적인 가치관의 변화로 설명할 수 있을 것이다. 저출산으로 인하여 한 가정에서 대부분 하나의 자녀를 양육하다 보니 자녀에 대한 관심이 커질 수밖에 없다. 그래서 현대사회에서는 자신의 자녀만 잘되면 된다는 이기주의적인 모습이 팽배되어 있다. 경쟁사회의 심화로 인하여 이런 현상은 더욱 가속화되었다고 할 수 있다.

한편, 가족해체에 대해서 바라보는 관점은 다르게 서로 다르게 나타나기도 한다. 먼저 구조기능주의 관점에서 가족해체란 앞서 살펴본 바대로 가족은 사회를 구성하는 최소의 단위이므로 가족이 해체되면 사회도 결국 붕괴하고 만다는 것을 전제하고 있다. 가족기능이 무너지면 사회도 무너지게 되는 것이라고 보는 것이다. 이런 관점에서는 무너지는 가족의 기능을 보완하거나 복구하는 것을 문제해결로 본다. 반면, 갈등주의 관점에서는 구조기능주의 자들이 가족해체의 원인이 된다고 보는 가족의 역기능을 오히려 정상적인 것으로 보는 경향이 있다. 즉, 갈등 자체는 발전해 나가는 과정에서 나타나는 자연스러운 현상이라고 보는 것이다. 따라서 이런 관점에서는 문제의 해결을 단순히 기능의 보완에 역점을 두는 것이 아니라 이런 갈등이 나타나게 된 사회구조를 변화에 관심을 갖게 된다.

3. 가족관계 만족도

15세 이상 인구의 가족생활 전반에 대한 만족을 살피면 2020년이 만족하는 비율이 58.8%로 2018년 56.6%보다 2.2%p 높아진 것을 볼 수 있다. 내용면에서 전반적인 만족 정도는 미세하게 상승하였으나 배우자와의 관계에 대한 만족은 다소 떨어진 것으로 나타난다. 또한 전반적으로 배우자와 관련된 가족보다는 자신과 관련된 가족에 대한 만족도가 높은 것으로 나타나고 있다.

표 7-1 가족관계 만족도 (단위: %)

		계	만 족	매우 만족	약간 만족	보 통	불 만	약간 불만	매우 불만
2018년	전반적인 가족관계	100.0	56.6	21.9	34.8	40.5	2.8	2.4	0.5
	배우자와의 관계	100.0	69.5	33.4	36.1	24.7	5.8	4.3	1.5
	자녀와의 관계	100.0	75.6	36.7	38.9	20.9	3.5	2.9	0.6
	자기 부모와의 관계	100.0	66.9	30.4	36.6	28.5	4.6	3.7	0.9
	배우자 부모와의 관계	100.0	56.5	22.6	33.8	36.6	6.9	4.8	2.0
	자기 형제 · 자매와의 관계	100.0	55.7	22.1	33.6	37.7	6.6	4.9	1.7
	배우자의 형제 · 자매와의 관계	100.0	46.1	16.1	30.0	45.0	8.9	6.6	2.3
2020년	전반적인 가족관계	100.0	58.8	25.0	33.7	38.2	3.1	2.5	0.5
	배우자와의 관계	100.0	69.2	35.5	33.8	24.2	6.5	4.7	1.9
	자녀와의 관계	100.0	76.4	39.5	36.9	20.1	3.5	2.8	0.7
	자기 부모와의 관계	100.0	68.8	33.9	34.9	26.5	4.7	3.5	1.2
	배우자 부모와의 관계	100.0	59.0	26.2	32.9	33.4	7.6	5.4	2.2
	자기 형제 · 자매와의 관계	100.0	58.2	25.5	32.6	35.4	6.5	4.7	1.8
	배우자의 형제 · 자매와의 관계	100.0	48.1	18.5	29.6	42.8	9.1	6.4	2.7

출처: 통계청. 「2020년 사회결과조사」.

2절 » 가족해체 문제의 유형 및 원인

1. 이혼

이혼은 대표적인 가족해체의 유형이라고 할 수 있다. 이혼 그 자체만 놓고 보면 당사자 간의 문제이지만 결혼제도라는 큰 틀에서 볼 때 그렇게 간단하게 생각할 것이 아니다. 특히, 자녀가 있는 상태에서 이혼을 하게 될 경우 자녀양육 문제가 발생하며, 이혼 후 재혼이라는 과정을 거치면서 복잡한 가족구조가 되면서 자녀에게 미치는 정서불안 등의 문제는 간단하게 취급할 수 없다. 또한 폭력이나 학대로 이혼을 하게 되는 경우 외상성스트레스 등이 남는 등 문제를 갖게 된다. 최근 들어 이혼율 또한 증가하는 추세로 나타나고 있다. 이혼의 원인으로는 다음과 같은 것을 들 수 있다.

첫째, 사회적 요인들이다. 이혼이 법적으로 쉬운 사회와 그렇지 못한 사회 간에는 이혼율에 있어서 차이가 존재하며, 위자료나 재산분할청구권 제도나 이혼 후의 생활에 대한 사회보장제도가 작동하는 것에 따라 이혼율의 차이가 나타난다. 한편 사회변화에 따른 가족의 기능 변화도 이혼율에 영향을 미친다. 과거 농경사회 및 대가족제도 하에서 가족은 여러 가지 기능을 가졌으나 현대산업사회에서는 핵가족화되면서 주로 정서적 기능이 중요하게 되었다. 그리고 자녀가 많을 경우에는 자녀가 이혼을 막는 완충역할을 하였지만 대부분 한 자녀인 상황에서 더 이상 이런 완충작용이 큰 역할을 하지 못하게 되었다. 이런 변화에 따라 가족 간의 작은 문제가 발생해도 이혼하게 되는 모습이 나타나곤 한다. 그리고 여성의 지위향상 역시 이혼의 증가를 유발한 중요한 사회적 요인으로 작용하고 있다. 근대화 과정에서 여성들은 교육 수준이 향상되고 자신들의 정체성과 권리에 대해 의문을 제기하게 되었으며, 이는 배우자와 존속들의 부당한 행위에 대응하여 이혼을 선택하는 추세를 유발하였다.

둘째, 경제적 요인 역시 이혼에 상당한 역할을 미치고 있다. 특히 가장의 실업은 다양한 문제를 야기시키는데 최근 우리나라의 대량실업이 가족에 미치는 여러 영향들을 구체적으로 살펴보면 먼저 가장을 제외한 배우자 및 성인 가족구성원의 취업을 증가시키고 있다. 이중 여성의 취업이 많이 늘어났다. 통계청 발표에 의하면 경제활동참가율은 증가했다. 남성의 경제활동 참가율이 줄어든 반면, 여성의 경우 높아졌다. 또한 남성가장의 실직은 본인뿐만 아니라 아내 및 청소년 이상 자녀들 모두 파트타임, 임시직 등의 저임금 취업전선으로 내몰리며, 남성가장의 실직이 어린 자녀를 가진 가정에서 고학력 아내에게까지 식당 등 비공식부문의 저임금 취업전선으로 내몰리고 있다. 또, 배우자의 심리적 고통을 증가시키고 있다. 실직 후 좌절감과 절망감 등으로 인해 실직가장은 먼저 부부관계에 좋지 않은 영향을 주게 되는데, 남편의 자존감을 위해 아내가 심리적 고통을 갖게 되는 경우가 많으며, 가족폭력이 증가되고 있다. 그리고 가장의 실직은 의도하지 않게 자녀의 교육환경에 많은 영향을 주게 된다. 상위학교로의 진학을 못 하게 하거나, 학생자녀들로 하여금 아르바이트 활동을 하게 하며, 또는 이사 등으로 인한 잦은 학교 이동이 일어나게 한다. 또한 어린 자녀로 하여금 불안감을 갖게 하며, 특히 감수성이 예민한 청소년자녀의 정서에 심각한 문제를 발생시킨다.

그리고 가장의 실직으로 인한 가정문제는 최악의 상황에서 청소년 집단자살의 원인이 되기도 한다. 또한, 갑작스러운 가장의 실직은 가정의 심각한 동요와 가정파탄의 상황에 이르게 함으로써 가족해체의 중요한 원인이 되고 있다. 생계 때문에 아이를 영아원이나 육아원에 버려 고아로 만들거나, 집을 떠나 방황하는 노숙자가 되는 참혹한 지경에 처하기도 한다. 이뿐만이 아니라 가족 간 별거, 가출, 이혼이 빈번히 발생하기도 한다. 직장을 잃은 실직자의 경우 정체성 상실에 따른 극심한 정신적 혼란을 견디지 못한 채 자살을 선택하는 일이 급증하고, 이 가운데 일부는 가족과 동반 자살하는 경우마저 나오고 있다. 마지막으로, 여성가장의 실업문제가 심각하다. 흔히 사회적으로 실직한 아버지에게는 관심을 많이 쏟지만 여성가장의 처지에 관심을 갖는 사람은 드물다. 가장은 곧 남성이라는 사회적 인식 탓이다. 그리고 이들에게는 정신적으로 의지할만한 사람이 가정에 없는 데다, 재취업조차 어렵다. 맞벌이가정의 여성, 장애인 및 외국인 노동자의 우선 실직이 증가된다. 여성은 남성에 비해 생계에 대한 책임이 덜하고, 생산성도 낮은 맞벌이 여성 근로자나 장애인, 외국인 노동자들이 양보하라는 것인데, 이는 결국 남성중심사회의 모습과 한국식 온정주의나 편의주의적 발상을 근거로 한 사회적 차별의 한 형태에 지나지 않는다.

셋째, 한 사회가 이혼에 대해 어떤 가치관을 가지고 있는가가 이혼율에 큰 영향을 미친다. 이혼을 흔히 있을 수 있는 행위유형으로 생각하면 이혼은 증가할 수밖에 없으며, 혹은 결혼의 의미를 부부관계에 국한 시킬 경우 이혼율이 높아질 수 있다. 마지막으로 이혼의 요인으로는 이혼당사자들의 연령 차이, 학력, 직업, 생활조건, 성장과정과 종교적 차이 등과 같은 개인적 속성을 들 수 있다.

2. 사망

사망원인으로는 병으로 인한 사망이 80.0%로 가장 많았으며, 이어 사고에 의한 사망(18.3%), 자살(1.7%) 등의 순으로 나타난다. 그런데 이러한 사망은 가족해체와 연결이 된다. 사망을 가족해체와 연결하여 구분하여 보면 다음과 같이 요약이 된다. 사망원인으로 가장 높은 병사에 의한 가족해체는 편부가정이 89.5%로 가장 높았고, 다음으로 1인 단독가구(86.4%), 편모가정(74.1%) 순으로 나타났다. 사망원인으로 두 번째로 높은 사고사에 의한 경우는 편모가정이 24.9%로 가장 높았고, 이어 편부가정(10.5%), 1인 단독가구(3.2%), 편모가정(1.0%) 순으로 나타났다. 부인의 자살에 의하여 편부가정이 된 경우는 나타나지 않았다.

주요 가족원의 사망은 잔여 가족원에게 경제적 어려움을 주는 등 많은 문제를 야기할 수 있음은 주지의 사실이다. 그런데 특히 자살에 의한 사망은 경제적 곤란 외에도 엄청난 심리적 고통을 주며, 가족구성원의 응집력 약화와 적응 지체를 초래할 수 있어 다른 원인에 의하여 발생된 해체가족보다 그 충격이 오래 지속될 수 있다는 점이다.

3. 별거

별거 또한 가족해체의 원인이 된다. 전통적인 별거는 부부간 문제가 있어 서로 따로 사는 것이다. 이것 자체로 가족의 문제가 있음을 볼 수 있다. 그런데 현대사회에서는 이런 부부간 갈등으로 인한 별거와 다른 성격의 별거가 많아지고 있다. 이른바 '기러기아빠'라는 용어가 나올 정도로 가족의 구성 자체가 해체된 것은 아니지만 실질적으로 해제되어 있는 것과 같은 상태를 경험하게 된다. 현대가족에게 있어 이런 별거는 새로운 가족 해체유형으로 나타나고 있다. 크게 보아 이러한 유형도 두 가지로 구분할 수 있다.

1) 새로운 가족해체 유형1- 조기유학열풍의 부작용으로 인한 가족해체

조기 유학열풍이 전국을 강타하고 있다. 2005년 3월부터 2006년 2월 까지 조기유학을 위해 한국을 떠난 아이들은 모두 20,400명. 중국에 이어 미국에서도 외국유학생 구성 비율을 보면 한국인이 당연 1위를 차지한다. 우리나라의 조기유학비율이 높아지고 있기 때문이다. 조기유학으로 한 반에서 10여 명이 빠져나간 초등학교 학급도 있다. 그런데 이런 조기유학은 성장할 나이에 가족과 떨어져 있음으로 인하여 또 다른 부작용이 나타나고 이것이 가족해체의 원인이 되고 있다. 공공연히 알려진 바와 같이 학생들의 학습부적응과 문화적인 충격으로 인한 갈등이 나타나고 있는 것이다. 이는 단순히 부적응 차원에서만 문제가 되는 것이 아니라 가정의 평화와 행복이 깨진다는 데도 영향을 미치고 있다. 조기유학열풍은 우리 교육 시스템이 제대로 갖춰지지 않아 발생하는 문제이다. 경쟁 중심의 교육시스템에서 과도한 경쟁으로 인하여 스트레스를 받고 있으며, 현실적으로 외국 학위의 교환가치가 더 크다는 점과 맞물려 이렇게 스트레스를 받은 교육 시스템이라면 차라리 조기 유학을 떠나자는 생각이 짙게 자리 잡고 있는 것이다. 그런데 이런 조기유학은 무리한 유학비용 부담으로 가계부채가 늘어나게 되고, 가족 간 단절을 경험하게 되어 부모와 자녀 모두에게 씻을 수 없는 상처가 남는 경우가 많다. 멀리 보낸 자녀에 대한 경제적인 지원만으로 부모들은 자신들의 의무를 다했다고 생각하지만, 자녀들은 부모들이 '말썽꾸러기' 자식들을 외국으로 내몰았다고 여기기도 하며, 또한 한국의 부모들은 유학비용 지원을 미래에 대한 '투자'라고 여기며 자신들의 희생을 부각시키지만, 자녀들은 이러한 무리한 부모의 희생이 오히려 부담스러워만 할 뿐이다. 부모들의 지나친 기대 앞에 자녀들은 좌절하고 방황한다.

초중고생의 해외 유학은 대부분 어머니와 동반하는 경우가 많다. 아버지는 한국에 남아 돈을 벌어 유학경비를 대고 어머니는 유학하는 자녀를 돌보기 위하여 함께 외국으로 나가 있는 것이다. 이른바 '기러기아빠'가 양산되고 있다. 그런데 장기간 가족이 떨어져 있음으로 인하여 외로움을 견디지 못한 가장이나 주부들이 탈선을 불러와 가족해체를 가져오기도 한다. 자식 문제에 전력을 쏟는 부부관계는 자식이 잘못될 경우 급격히 위험해지고 만다. 사회 환경의 변화에 무감각한 채 오로지 자녀 교육에만 전력하는 한국의 부모들이 자신을 돌아볼 시간을 가질 필요성이 제기된다.

■ 조기유학열풍의 부작용으로 인한 가족해체를 단적으로 보여준 예

① 서울 강서구의 한 아파트에서 관리인으로 일하는 A씨. 7년 전 유럽의 유명음대에 딸을 유학을 보낸 후 1년 뒤 부인마저 딸에게 떠나자, 경제적 어려움에 시달리며 혼자 외롭게 살고 있다. 얼마 전 심근경색으로 쓰러져 수술을 받은 뒤에는 주머니에 항상 가족의 연락처를 지니고 다닌다. 혹시 갑작스러운 사고를 당했을 때 가족에게 연락이 닿기를 바라는 마음이다. 그러나 그는 딸만 생각하면 부쩍부쩍 힘이 난다. 유학 간 딸을 위해 자신의 모든 것을 바쳐도 아깝지 않기 때문이다.

② 성폭행혐의로 긴급구속 된 분당의 학원강사 B씨, 그런데 놀랍게도 피해자는 자신의 친딸. 2002년 아내와 함께 세 딸을 캐나다로 보낸 최씨는 수년간 가족의 뒷바라지로 매달 8백만 원씩 송금했다. 자신의 월수입 5백만 원을 훨씬 넘어선 비용. 수년간 외로운 기러기아빠 처지에다가 가족들의 호화로운 생활 소문에 배신감을 느끼던 중 유학에 적응하지 못해 귀국한 큰딸을 성폭행하기에 이른다.

③ 안경사 C씨는 4개월 전 아내와 자녀를 모두 유학 보냈다. 가족이 떠난 빈자리를 메울 수 없어 C씨는 지금 심한 우울증에 빠져 약을 먹지 않으면 잠을 잘 수 없다. 심야에 장난 전화를 하거나 채팅으로 밤을 새우기도 한다. 조기유학에 대한 과도한 투자는 가족의 해체라는 극단적인 희생이 따르기도 한다.

④ 전형적인 기러기아빠 D(52)씨. 1981년 결혼한 D씨는 1994년 자녀들을 미국 캘리포니아로 유학 보내면서 뒷바라지를 위해 아내 E(49)씨를 함께 보냈다. 이후 D씨는 한국에 홀로 남아 12년간 자녀들의 유학비용을 보내며 헌신했지만 돌아온 현실은 가혹했다. 항상 과도한 생활비를 요구해오던 아내는 D씨 몰래 한국에 드나들며 이중생활을 한 것으로 드러났다. 배신감에 D씨는 이혼소송을 제기했고 법원은 "E씨가 혼인생활 중 아내로서의 역할을 다하지 않은 사실이 인정된다"며 D씨의 손을 들어줬다.

⑤ 서울가정법원 가사3부(부장판사 F)는 지난해 7월 G(44)씨가 아들(18)을 데리고 중국으로 건너가 유학생활을 하던 남편 H(45)씨를 상대로 제기한 이혼 및 재산분할 소송에서 "두 사람은 이혼하고 남편 H씨는 아내 G씨에게 위자료 5,000만 원, 재산분할 2억 원을 각각 주고 매달 양육비 100만 원을 주라"며 원고승소 판결했다. 재판부는 판결문에서 "G씨가 아들을 데리고 중국으로 건너간 후 교

육문제와 사업자금 문제 등으로 불화가 발생했고, H씨가 아들을 보기 위해 중국 상하이까지 찾아갔지만 문전박대당하고 돌아오는 등 정상적인 가정생활을 하기 힘들었던 점이 인정된다."고 밝혔다. 이처럼 부모가 국제소송에 휘말리는 사이 아들 I군은 중국 유학에 실패하고 캐나다로 다시 유학 갔지만, 또다시 적응에 실패한 채 한국으로 돌아올 날만을 기다리는 상황이 되고 말았다.

2) 새로운 가족해체 유형 2–헤어져야만 살 수 있는 가족, 생계형 이산가족

헤어짐을 선택할 수밖에 없는 가족들도 있다. 바로 생계형 이산가족이다. IMF, 구조조정, 명퇴, 카드대란, 신용불량자, 집값 폭등, 비정규직, 양극화…. 지난 10년간 대한민국 서민 경제에 폭풍처럼 몰아친 일련의 시련을 상징하는 단어들이다. 그리고 생계형 이산가족의 대부분은 이러한 폭풍을 피해 나가지 못한 그저 평범했던 서민들이었다. 대기업 중견 간부, 유명호텔 조리사, 화장품 도매상, 식품공장 사장 등 기러기아빠들 중에는 IMF나 카드대란 이전에는 행복한 가정을 꾸리던 중산층 가장들이 많았다.

한 순간 경제적 몰락으로 집도 잃고, 가족도 뿔뿔이 흩어졌지만 그들이 기댈 만한 곳은 없었다. 새롭게 찾아 나선 일자리도 비정규직이나 일용직, 노점, 행상에 국한된다. 온 가족의 소득을 합쳐 봐도 생계비와 양육비, 이자 등을 겨우 감당할 뿐, 다시 빈곤의 늪에서 헤쳐 나오기란 쉽지 않다. 의지를 갖고 열심히 일해도 빈곤을 벗어나지 못하는 소위 근로빈민층(working poor)에 대한 우리 사회의 지원은 너무도 빈약하다. 2006년 7월 19일 발생해 총 19명의 사상자를 낸 잠실 고시원 화재사건. 화재의 희생자 중 사업실패 후 형편이 어려워져 온 가족이 뿔뿔이 흩어져 살았던 생계형 기러기아빠 손모 씨의 사연은 주위를 더욱 안타깝게 했다. 생계 때문에 아버지는 고시원에서, 엄마는 점포에 딸린 방에서, 자녀들은 시골 외가에서 떨어져 지내다 아버지가 참변을 당한 것이다. 어떻게든 살아보려고, 어떻게든 조금이라도 더 벌어 함께 기거할 방 한 칸 마련하려고 당장 헤어짐을 선택한 가족들이 늘어나고 있다.

생계형 이산가족의 가장 큰 피해자는 아이들이다. 요즘 농촌지역 초등학교 전입생들의 상당수가 도시에서 몰락한 계층의 자녀들이다. 부모들은 이혼이나 생계형 별거로 농촌의 조부모에게 맡겨진다. 2005년 11월 경기도 의왕시 비닐하우스에서 키우던

도사견에 물려 죽은 권모 군도 같은 이유로 외조부모 댁에 보내져 방임되다 참변을 당했다. 가족해체의 가장 큰 피해자인 아이들은 이처럼 사고나 범죄, 방임 등에 노출될 확률이 훨씬 높다.

4. 모자가정

모자가정은 보통은 아버지의 사망이 주된 원인이 되지만 그 외에도 이혼, 별거, 가출 등으로 어머니가 가장의 역할을 하는 가정을 이르는 말이다. 때로는 부친이 장기간 출타 중이거나 남성상이 심히 결여하였거나 질병으로 인해서 무능한 상태에 있는 경우도 이 범주에 포함하여 고려할 수 있다. 이러한 모자가정에서는 일반적으로 경제적, 사회적, 심리적인 면에서 어머니와 자녀 모두가 불안정한 상태에 빠지기 쉽다. 어머니는 남편 상실에 따라 좌절된 여러 욕구를 자녀를 통해 보상받으려는 경향이 나타날 수 있다. 이로 인하여 아이를 과잉보호하거나 지나치게 밀착하는 경향이 나타난다. 자녀 역시 아버지 부재로 인하여 남자에 대한 모델을 경험하지 못함으로 남성 역할에 대한 혼돈을 가질 수 있다.

이성과의 관계가 어렵거나 나이 많은 남성과의 관계에 불편을 느끼거나 남편의 역할이나 아버지의 역할에 대해서 어려워하게 된다. 또한 남자 아이라는 이유로 일찍부터 가정에서 아버지의 역할을 강요받음으로 인하여 지나친 부담감으로 인하여 항상 스트레스 상황에 놓이기도 한다. 아버지의 부재 상태에서 딸의 경우 역시 남자에 대한 모델의 결손으로 인해 남성과 어떻게 관계를 맺어야 하는지 혼란스럽고 지나치게 남자와 쉽게 가까워지거나 아예 터부시하여 멀리하는 경향이 있으며, 일찍 이성에 눈을 떠서 남자를 만나 아버지로부터 받지 못했던 대리적인 욕구를 남편으로부터 채우려는 경향도 있다. 그러므로 모자가정의 자녀들을 위해서 가까운 친족이나 사회에서 모델 역할을 할 만한 남성상을 발견하게 도와주고 그를 통하여 학습할 기회를 마련해 주는 것이 필요하다. 북미에서는 특히 이혼으로 인한 아버지의 부재 아래 성장한 자녀들에 대한 연구가 활발하다.

5. 부자가정

부자가정 역시 일반적으로 어머니의 사망이 주된 원인이 되지만 사회학적으로 볼 때 모성이 결손 된 가정을 통칭하기도 한다. 즉, 성장과정에서 어머니로부터 받아야 할 심리적 양육과 지도의 부적절, 또는 애정 결핍 등으로 인해 발생하는 정서적, 사회적, 지적 발달과 성격형성사의 장애, 지체, 왜곡 현상을 지칭하는 모성실조(maternal deprivation)도 부자가정의 범주에 포함할 수 있다. 대개 모성실조의 발생 기제는 다음의 네 가지 유형이 있을 수 있다.

첫째, 모성과의 이별이다. 이는 전형적인 부자가정의 형태로 사별, 이혼, 별거 등으로 아버지와 자녀만 구성되는 가정에서 모성이 결여되는 것이다. **둘째**, 모성의 불충분한 양육태도이다. 어머니가 없는 것은 아니다. 그러나 사정상 어머니가 장기간 자녀를 양육하는 것이 불가능하여 모성이 부재한 경우가 있을 수 있다. 이런 경우 역시 모성의 결여로 인한 사회 심리적 현상들이 나타날 수 있다. **셋째**, 심리적 결손의 경우이다. 이 경우는 모성도 있고 양육지도 능력도 있으나 자녀에 대한 배척 등으로 인하여 어머니와 자녀 간에 상호작용이 없는 때 발생한다. **넷째**, 지도 양육해 줄 모성도 없고, 대리 모성도 없는 경우이다. 이런 경우는 대체로 소년소녀 가장이나 고아들에게서 나타나는 모성부재를 이른다.

이러한 모성실조 경험하는 자녀들은 발달에 있어 이상 경향을 보이는데 통제력의 결핍, 공격적 행동, 죄의식의 결여, 인내심 부족, 사회적 관계에서의 문제 등으로 나타난다. 대상관계이론(Object Relations Theory)에 의하면, 인간은 태어날 때부터 어머니의 자궁 안에 형성되어 모성을 자기대상(self-object)으로 경험하는 모성 의존적 존재로서, 특별히 어머니와의 관계 경험을 내면화한다고 보며, 이렇게 내면화된 대상관계의 경험들이 성인으로서의 셀프의 관계의 질을 결정한다고 한다. 따라서 모성에 의존하지 않으면 생리적으로 욕구충족이 어렵고, 심리적 욕구도 충족될 수 없다. 자녀에게 있어서 모성의 상실은 자아의 상실인 셈이다.

자녀가 모성을 통해서 성장상의 욕구와 과제가 제대로 충족되지 못했을 때 정상적인 발달의 지장을 초래할 수밖에 없다. 이렇게 본다면 모성의 상실은 언제나 욕구충족 또는 모든 정신병리학의 뿌리가 되는 아픔을 자녀의 내면에 심게 되는 것이라고 할 수 있다.

앞서 부자가정과 모장가정을 다뤘다. 사회복지에서 이런 가정을 통칭하여 한부모가족이라고 한다. 여성가족부는 3년을 주기로 한부모가족에 대한 조사를 실시하는데 2018년 조사에 따르면 한부모가족 가운데 앞서 다룬 부자가정과 모자가정이 더욱 증가하는 추세를 보이고 있다. 부자가정의 경우 2012년 19.1%에서 2015년 19.8%로 0.7%p 증가하였고, 2018년에는 21.1%로 2012년 대비 2%p 증가하였고 2015년 대비 1.3%p 증가한 것으로 나타난다. 모자가정의 경우 2021년 46.9%이고 2015년 47.3%로 0.4%p 증가하였고, 2018년에는 51.6%로 2012년 대비 4.7%p 증가하였고 2015년 대비 4.3%p 증가한 것으로 나타났다. 한부모가족 구성비 중 모자가정과 부자가정이 늘어가는 추세를 보여주고 있다.

(단위: %, 2012년: n = 2,522, 2015년: n = 2,522, 2018년: n = 2,500)

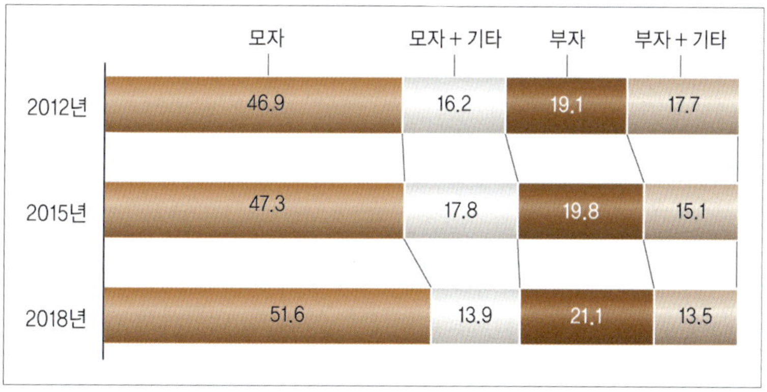

출처: 여성가족부. 「2018년 한부모가족실태조사」.

그림 7-1 한부모가족 가구구성의 변화

6. 계부, 계모가정

가족구성 중 가장 복잡한 가족은 계부 또는 계모가정이다. 부모자녀 간에도 새로운 관계를 맺어야 하지만 자녀들 간에도 새로운 관계를 맺어야 하기 때문에 그 복잡성이 증가하는 것이다. 자녀들이 계부와 이복형제 혹은 계모와 이복형제들과 함께 생활하게 될 때 부부간에 아직 해결되지 않은 여러 가지 해결되지 않은 과제들과 갈등으로 인해 자녀에게 불안정한 환경을 제공할 수 있다. 또한 부모와 자녀 그리고 새로이 형성된 형제관계에서 갈등이나 균형이 깨지는 일들이 일어날 수 있다. 이런 환경으로 인하여 자녀들을 위한 안전한 환경을 마련해 주는 데 어려움을 겪을 수밖에 없다. 부부 사이에서 나타나는 아직 해결되지 않은 갈등들을 다루는 과정에서 자녀들을 학대할 수 있으며, 지나친 과잉보호나 편협하고 일방적인 지도, 혹은 아예 방치해 버리는 식의 방기가 발생할 가능성이 높다. 그리고 친부 또는 친모가 아닌 계부나 계모를 부모로서 인정하고 받아들이기 어려운 상황에서 자녀들은 문제행동을 유발하거나 반사회적인 행동으로 보상받으려는 기제가 발생할 수 있다. 경우에 따라서는 자녀가 자신의 친부 또는 친모를 위하여 자발적인 희생을 떠맡음으로써 자신의 감정을 억압한 채 자녀로서 모범적인 역할을 수행하는 등 자아를 포기하고 살아갈 수도 있다.

3절 » 가족해체로 인한 우리 사회의 문제점

1. 노인

최근 우리나라 노인들이 생활양식 및 의식구조가 급격히 변화하고 있다. 한 연구소에서 50세 이상 장년층과 노년층 등 1천2백6십2명을 대상으로 생활실태 및 의식구조를 알아본 조사에 의하면 응답자의 71.6%가 자녀와 별거할 것을 원하는 것으로 밝혀졌다. 동 조사에서 연령별 분석에서는 연령이 낮을수록 자녀와의 동거를 원치 않았고, 성별 분석에서는 여자가 남자보다 더욱 별거를 희망했고, 교육수준별로는 고학력 노인일수록, 그리고 생활수준별에 있어서는 경제적으로 여력이 있는 노인일수록 별거 지향적인 의식을 지니고 있었다. 이는 과거에는 노인이 자녀에게 부양받는 것을 당연히 여겼지만 현대사회에 와서는 가능하다면 자녀와 떨어져서 독립된 생활을 하고자 하는 경향성이 증가한 것을 보여준다. 그리고 이런 경향성은 경제적 여력이 되는 학력과 생활수준이 높을수록 더욱 많이 나타날 것을 보여준다. 앞으로의 사회에서는 고학력 노인과 경제적으로 여력이 있는 노인 비율이 증가할 것이 예상되므로 자녀와 떨어져서 사는 노인이 늘어갈 것이다. 즉, 핵가족화의 진전 속도는 더욱 가속화될 것이다. 2020년 노인실태조사에 의하면 조사대상자 중 자녀와 살지 않는 노인은 이미 78.2%를 넘고 있다.

노인이 자녀와 떨어져 살게 되는 데에는 현대사회의 경제적 측면도 한 원인이 된다. 오늘날 젊은 세대에게 노인부양은 커다란 짐이 되고 있다. 이런 이유로 인하여 노부모와 함께 동거하기를 꺼리게 된다. 노부모들 역시 자식들을 편안히 살게 해 주기 위해서 별거를 택하는 노인도 적지 않다. 자녀들과 함께 살고 있는 노인들은 대부분 고부관계가 원만하지 못한 것으로 알려지고 있다. 과거 전통사회에서는 노인들이 어른으로서 여러 가지 결정에 대해서 권위를 가졌다. 가사결정권, 재산관리권, 젊은이들을 지휘·감독하는 권한 또는 역할을 가지고 있어 노인으로서의 권위 있는 역할을 일정 부분 수행하였다. 하지만 현대사회에서 이런 노인에게 이런 권위의 수행은 거의 나타나지 않고 있다. 노인들과 함께 사는 경우에도 노인들은 단지 어린이를 보아주는 일, 낮에 집을 보는 일 등 주변적이거나 보조적인 역할을 하고 있을 뿐이다. 노인들은 가정 내에서 보다 권위 있는 역할을 기대하지만 그것이 뜻대로 되지 않는 것이 오늘의 현실이다.

2. 부부

1) 부부에게 미치는 문제

(1) 경제적인 문제

대체로 이혼으로 인해 여성이 더 경제적인 어려움을 경험하는 것으로 생각하지만 이혼은 대다수 남성과 여성 모두에게 수입의 감소를 가져온다. 여성 한부모가족(모자가정)은 부의 상실로 인한 소득의 감소 문제뿐만 아니라 주택문제 그리고 모의 취업문제 등을 포함한다. 모에게 가족 내에서 가장의 역할과 더불어 생계부양자로서의 역할이 가중됨으로 어려움은 더 커진다. 부의 상실로 인한 소득의 감소로 모는 생계유지를 위하여 직업 전선에 나서게 되지만 이들이 종사하는 직종 대부분은 시간제가 많고 전형적인 저임금 직종이어서 취업만으로 그들의 가계를 빈곤선 위로 끌어올리기란 쉽지 않다. 특히 부의 상실 이전에 전업주부인 경우에는 새로운 직장을 잡아야 되며 기술적인 면에서 미숙련 상태이므로 저임금과 취업기회의 제한이 따를 수밖에 없다. 이로 인하여 생계유지의 어려움에 처할 가능성이 한층 더 높아진다.

남성 한부모가족(부자가정)도 여성 한부모가족과 마찬가지로 경제적인 어려움이 가중된다. 모의 부재로 인하여 자녀양육을 감당하다 보면 경제활동에 지장을 받을 수밖에 없기 때문이다. 자녀양육을 위하여 전에 가졌던 정규직을 내려놓고 임시직을 선택해야 하는 경우도 발생한다. 노동현장이 남성중심인 면모가 아직 우리사회 남아 있지만 자녀를 홀로 양육해야 하는 부의 경우에는 노동현장에서 직장생활을 계속 유지하기가 쉽지 않은 것이다. 따라서 생계적 위협은 남성 한부모가족에게도 동일하게 적용된다.

(2) 대인관계 및 사회적인 문제

이혼이 많이 늘어나고 있음에도 우리사회에서 이혼에 대한 인식을 그리 좋지 않다. 가족이나 가까운 사람도 이혼에 대해서 잘 이해하지 못하고 지지하지 못하는 경우가 많아 고통을 받게 된다. 이들은 이혼자가 겪는 고통이나 이혼이라는 어려운 결정에 대해서 이해하고 지지하기보다는 외면하는 것이 보통이다. 또한 이혼을 하게 되면 그 이전부터 오래 사귀어 온 친구들과 친족과의 관계가 변화한다. 이러한 이혼에 대한 부정적인 고정관념 및 사회적 관계망의 축소 문제이외에 자신의 가족을 재정의하는 문제 그리고 이혼과정에 관한 사회적 규범의 부재 때문에 혼란에 빠지게 되기도 한다. 특히 대부분의 사람들이 이혼한 여자에게 갖는 평가는 불쌍한 여자나 이기적인 여자로 보는 이분법적 형태로 나타난다. 어느 경우든 그들은 이혼자의 구체적 경험에 대해 알려고 하기보다는 '이혼' 자체에 대한 무의식적인 거부와 저항을 표시한다. 이러한 사회적 분위기로 인하여 대인관계에 대해서 어려움을 겪기 마련이다.

(3) 신체적, 정신적 건강상의 문제

이혼이 자발적으로 이루어지든지 그렇지 않든지 간에 이혼이라는 과정은 협상, 조율 등 에너지를 많이 소모하는 절차를 갖게 된다. 이런 과정에서 이혼을 하는 이들은 심리적, 정서적, 신체적 부적응을 경험하게 된다. 최근 연구에 의하면 결혼의 붕괴는 면역 체계를 변화시켜 이혼 후 조기사망률이 높아지는 것을 비롯하여 교통사고 및 기타 상해, 만성적 무능력과 질병, 자살, 우울증, 알코올중독, 마약 등의 유혹에 빠지는 경우가 더 높은 것으로 나타난다. 이는 이혼으로 인하여 심리적, 신체적, 정신적 건강 면에서 부정적 결과를 초래하는 것을 보여준다. 이러한 이혼의 심리적, 신체적 스트레스는 이혼 초기단계에서 더 많이 나타난다. 이런 불안정한 감정을 조절하는 것이 이혼에 대한 적응의 관건이 되지만 현실적으로는 쉽지 않다는 게 문제이다. 보통 이혼자들의 정서적 안정의 회복 시기는 남녀구별 없이 2년 이상 걸리는 것으로 보고 있다.

(4) 부모자녀관계 문제

자녀들은 발달과정 속에 있으며 부모의 양육과 지지는 발달의 중요한 기초 자양분이 된다. 특히 자녀들은 변화의 시기가 빠른 특징이 있어 부모가 있더라도 정서적인 문제를 경험하는 것이 일반적이다. 이러한 시기에 부모가 이혼한 경우 자녀들은 새로운 환경으로 인하여 더욱 혼란을 가중하게 된다. 이혼한 부모가 적절하게 기능하지 못함으로써 부모자녀관계에 문제가 야기된다. 부모는 신체적으로 질병에 걸리거나 정서적 혼란을 겪으며, 자녀는 우울하고 분노에 차 있기 때문에 서로 지지하거나 위로하는 데 어려움이 있다.

(5) 자녀의 양육문제

이혼가정, 특히 여성 한부모가정(모자가정)에서의 '양육비' 지원에 대한 문제가 발생한다. 양육비는 이혼가정의 자녀에게 건강한 양육을 보장한다는 차원에서 중요하다. 자녀를 양육하는 이혼 여성은 양육비를 '정당한 권리'로 요구해야 하고, 이혼 남성도 양육비를 자녀양육에 대한 '최소한의 의무'로 인식하고 지불해야 한다. 특히 현대 산업사회에서는 교육비 등 자녀 양육에 들어가는 비용이 많기 때문에 양육비는 자녀를 양육하고 있는 이혼 여성에게는 반드시 필요하다. 그러나 대부분 이혼의 경우 충분한 양육비가 지급되지 않는 것이 일반적인 모습이다. 물론 국가 제도를 통하여 양육비에 대해서 강제하는 방법이 가능하지만 이러한 절차를 거치는 것 자체가 스트레스를 갖게 하는 요인이 된다. 일부 선진국에서는 양육비를 받지 못하는 여성 가장에게 국가가 일단 지급하고, 나중에 부양 의무자에게 구상권을 행사하는 양육비 선급제도를 실시하고 있다.

2) 자녀

(1) 심리, 정서적 문제

이혼은 당사자들로서는 자신들의 인생을 위한 하나의 선택이지만 자녀들에게는 그렇지 않다. 또한 이혼하는 부모들은 자신의 문제를 돌보느라 자녀에 대한 관심을 놓치기 경우가 많다. 한참 심리정서적으로 발달할 시기인 자녀에 대해 소홀하거나 심지어 포기하는 경우도 나타난다. 사회는 전보다는 많이 달라졌지만 여전히 이혼가정의 자녀에 대한 개입은 전무한 실정이다. 부모의 이혼에 대한 자녀들의 반응은 다음과 같다.

첫째, 학령기(2.5~6세): 부모의 이혼에 대해 매우 놀라고, 혼란스러워하며, 자신의 잘못으로 생각한다. 이 시기는 애착대상과 많은 신체적 접촉이 요구되는 시기인데 그렇지 못함으로 인하여 자신이 유기되거나 다른 곳으로 보내질 것이라고 두려워한다. **둘째**, 잠복기 초기(7~8세): 이 시기의 아동은 슬픔, 두려움, 불안정성, 상실감을 나타낸다. 자신들이 거부당했거나 유기되었다고 느낀다. 하지만 그렇다고 하여 자신을 비난하지는 않는다. 이들은 부모에게 자신의 분노를 표현하는 데 어려움을 느낀다. 또한 부모의 재결합에 대한 강한 열망을 가지게 된다. **셋째**, 잠복기 후기(9~10세): 이 시기의 아동은 이혼에 대해 좀 더 현실적으로 이해하며, 자신들의 감정이나 강렬한 분노를 잘 표현할 수 있다. 이혼에 대해 더 이상 책임감을 느끼지 않으나, 두 부모에 대한 사랑 사이에서 갈등을 느끼며, 부모로부터 자신들이 거부되었다는 사실에 분노한다. **넷째**, 청소년기(15~18세): 이혼으로 인해 청소년들은 부모를 한 사람의 인간으로 인식하게 되며, 부모 각자와의 관계에 대해 새롭게 평가한다. 또한 훌륭한 결혼생활에 대한 자신들의 가치나 개념들을 재평가한다.

(2) 사회, 행동적 문제

부모의 이혼으로 인하여 자녀들은 한쪽 혹은 양쪽 부모를 상실하게 되는 상황을 맞는다. 이로 인하여 역할 모델을 상실하게 되고, 상호협력의 부족을 경험하게 되며, 부모-자녀 관계가 어색해짐으로 인하여 사회적 재능이나 사회성에 직접적이고 부정적인 영향을 받게 된다. 이혼한 가정의 청소년들은 사회적으로 덜 유능하고 더 공격적이며, 불복종하고 성적으로 활발하며, 약물이나 술을 더 많이 즐겨 약물 중독자와 알코올 중독자가 될 가능성이 더 크다.

(3) 경제적 문제

부모의 이혼으로 인해 청소년들은 학교를 그만두고 경제적으로 가계에 보탬이 되어야 한다는 강박감을 느껴 역할혼돈과 전환을 경험하기도 한다. 또한 경제적으로 어려운 경우 가난한 이웃과의 생활은 청소년 비행을 부추길 수 있다. 이혼한 가족의 낮은 수입은 학업성취를 떨어뜨리고, 행동문제를 강화하고, 심리적 적응이나 자아개념에 부정적인 영향을 미치고, 사회적 관계를 제대로 갖지 못하게 하는데 영향을 미친다.

(4) 학업적 문제

자녀들은 부모의 이혼 후 친부모와의 관계가 원만하지 못하거나 계속되는 갈등으로 인하여 스트레스를 받는다. 또한 정서적으로 항상 긴장하고 불안정하게 된다. 이런 심리적인 현상이 지속될 경우 공부에 전념할 수 없기에 학업성적이 떨어진다.

(5) 성인기에 나타나는 이혼의 영향

성인이 되어도 아동기에 부모의 이혼을 경험한 경우 그렇지 않은 성인들보다 대인관계와 직업안정에 있어서 문제가 더 많은 것으로 나타난다. 또한, 친구관계와 가족관계에 대해 만족도가 낮으며, 일상생활 역이 불만족한 경향을 보인다. 이럴 경우 우울과 건강문제까지 함께 동반하는 것이 일반적이다. 더구나 부모의 이혼을 경험은 성인이 되어서 자신의 결혼생활에도 영향을 미친다. 배우자에 대해 비현실적인 기대를 가지며, 결혼생활에서 겪는 문제에 잘 적응하지 못하는 편이다.

4절 » 가족해체 문제에 대한 사회복지적 접근

1. 예방의 측면

1) 바람직한 가족관계상의 정립 및 홍보

우리 사회는 아무래도 가부장적인 문화가 있어 성역할에 있어 성 분업화하는 경향이 남아 있다. 따라서 이런 것을 자연스럽게 인식전환을 이루어야 하는데 TV나 라디오 등 대중매체를 통하여 양성평등의 상황을 많이 보여주는 것이 도움이 될 것이다. 대중매체는 많은 사람들이 이용하는 것이기에 그만큼 영향력이 크기 때문이다. 따라서 대중매체를 통하여 은연중 양성평등의 관점으로 인식을 전환하는 모습을 가질 수 있도록 적절한 지원이 있어야 한다. 또한 지역사회의 여러 단체를 대상으로 양성평등에 기초한 바람직한 가족관계에 대한 프로그램을 지원하여 바람직한 가족관계상이 정립되도록 하여야 한다.

2) 사회적 지원-실천적 사회복지 서비스 개선과 대책

(1) 가족해체 방지 프로그램

사회에서 관심을 조금 더 가지는 가족해체를 방지할 수 있다. 일단 가족해체가 이루어지면 회복하는 것은 어렵다. 따라서 해체되기 이전에 예방을 하는 것이 더 우선적이라고 할 수 있다. 그러므로 가족 전체를 대상으로 하여 위기를 맞은 가족들이 사랑과 이해로 이를 극복해 갈 수 있도록 하기 위하여 '가족해체 방지 프로그램'을 운영할 수 있다. 실업으로 인한 경제적 어려움 및 기타 문제들은 가족해체의 요인이 될 수는 있지만 보다 근본적인 원인은 가족 간의 연대감이 결여되었기 때문이다. 이에 가족 간 갈등과 의사소통 해결기술과 분노 및 스트레스 다루는 방법 등 가정 내 문제해결에 구체적인 지침을 주는 프로그램을 운영될 필요가 있다. 프로그램은 결혼만족도 검사, 분노 및 스트레스 평가검사 등 심리검사와 상담, 부부 의사소통 기술과 갈등 해결 훈련, 스트레스 관리 프로그램 및 스트레스 예방책, 분노 조절훈련 등이 필요하다. 그리고 가족구성원을 위한 부모교육, 직업보도, 취미교실 등으로 가정문제를 예방, 치료하고, 가족기능을 유지하게 하여 원만한 가정생활을 영위하도록 하여 가족해체를 방지하여야 한다.

(2) 위기 가정 지원 사업-가정위탁보호

아동의 가정위탁보호 사업도 필요하다. 현대사회의 특징 중 하나는 가정적, 사회적 위기로 보호를 필요로 하는 아동이 증가하고 있다는 점이다. 이런 경우 가족과 같은 환경이 아동에게는 가장 필요하다. 위탁가정보호는 양육 다음으로 가장 가정 친화적인 보호제도이다. 보호아동에게 일반가정이라는 울타리를 만들어 줌으로써 심리적인 안정과 더불어 건강한 발달을 이루어 사회인으로 독립하도록 하여야 한다. 또한 아동이 가정으로 돌아갈 수 있는 상황이라면 위탁가정보호를 하는 동안 위기가정의 생활자립능력을 향상시킴으로 가족해체를 방지하는 것은 물론 사회적 문제해결을 통해 가정적, 사회적 안정을 도모할 수 있다. 가정위탁의 가장 큰 장점이라면 시설수용으로 인하여 나타나는 여러 부작용을 최소화할 수 있다는 점이다. 또한 위탁을 실시하는 가정 역시 사회 구성원으로서 사회에 기여한다는 점에서 사회문제를 사회 구성원들이 풀어나가는 모습이 된다는 점도 중요하다.

(3) 실천적 사회복지 서비스-가족치료

가족치료는 가족 집단을 치료의 단위로 취급하며 가족을 둘러싼 상황을 고려해서 그들의 지닌 문제에 접근한다. 가족 구성원 중 누군가에게 문제가 생길 경우 이것은 개인적 차원의 문제라기보다는 가정적인 문제가 된다. 따라서 가족치료라는 관점에서 접근하는 것이 바람직하다. 현대사회는 가정의 기능이나 가족 구성원의 기능에 대해서 깊이 있는 생각을 하지 못하는 경우가 많다. 이러한 것이 쌓이다 보면 가족문제가 발생하게 된다. 따라서 가족치료를 통하여 가족의 모습을 회복하고, 가족의 기능을 강화하고, 가족 구성원 간의 관계를 재정립하는 것이 필요하다. 가족치료에는 여러 기법이 있으며 한국인 김인수(인수 버그)가 그의 남편 드세이져와 개발 보급한 해결중심 단기가족치료기법도 있다. 현재 가족치료는 관심을 갖는 사람만이 참여하는 수준이다. 다양한 치료기법의 기관이나 단체들이 지역사회 속에서 가족의 기능이나 구조를 더욱 기능적으로 이루도록 활동할 장을 만들어 줄 필요가 있다.

(4) 가족 프로그램-가족기능강화

가족기능강화는 가족구성원 개인 및 가족 전체를 대상으로 상담. 치료. 보육 등의 필요한 복지서비스를 사례관리를 통하여 종합적으로 제공함으로써 가족문제의 해결과 예방 및 가족해체를 방지하고 가족기능을 정상화하여 가족의 행복을 유지할 수 있도록 지원하는 역할을 한다. 가족기능 강화 프로그램을 소개하면 다음과 같다. 가족 기능 강화 프로그램의 실제[1]

프로그램명	프로그램내용	사진
가족문제 상담 및 보건의료	가족문제에 대한 지역사회 내 일차적 상담 서비스 기관으로서 가족의 심리적, 사회적, 신체적, 정신적 건강과 가족기능을 건강하게 유지시키고 예방한다. • 가족문제상담서비스: 가정생활문제, 법률 문제, 패밀리테스트 • 보건의료서비스: 건강상담, 수지침서비스	

1) 광주광역시 양지복지관 프로그램 인용

프로그램명	프로그램내용	사진
요보호가족원 보호 및 양육지원 등 가족보호	보호가 필요한 가족의 보호와 양육으로 인한 가족 내의 어려움을 완화하고 이들이 가족 내에서 돌보아 질 수 있도록 지원하기 위한 서비스를 제공한다. • 방과 후 아동보호 및 보육서비스 • 꿈나무들의 파랑새찾기 아동 보호 서비스 • 결식아동 무료급식: 방학 중 결식아동 (저소득)지원	
가족관계 증진 및 가족원 사회화교육 등 가족개발	가족 간 유대강화와 성장발달을 통해 과족의 관계가 친밀하게 형성되도록 지원하기 위한 상담과 교육서비스를 제공한다. • 아동, 청소년공부방, 도서관운영	
경제적 결핍지원 및 자립지원	가정이 유지되기 위한 기본적 요건인 경제적 자립이 가능하도록 돕기 위한 직, 간접 경제적 서비스를 제공한다. • 저소득가정 의료비, 교육비, 생활비지원: 저소득층 가정에 의료비, 교육비, 생활비를 지원하여 줌으로써 최저생활유지를 돕고자 한다.	
위기가족 지원 및 해체예방사업	지역사회 내의 일차적 가족보호기관으로서 위기에 직면한 가족에 대해 응급한 가족문제에 대한 전문적 사회사업 서비스를 제공한다. • 한부모가정 기 살리기 • 자살예방캠페인	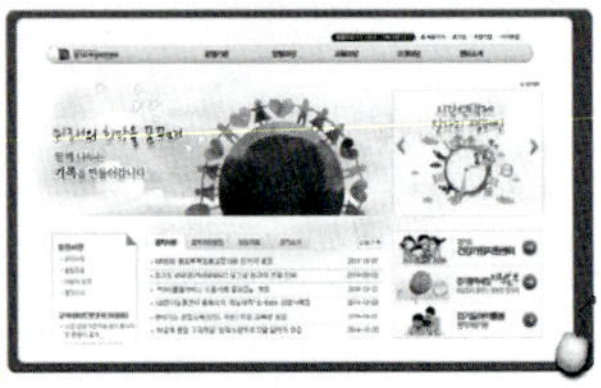
가족지원을 위한 타전문직 의뢰 및 협력사업	특수문제를 가진 가족원과 가족에 대한지역사회 내 타 전문기관과의 협력과 의뢰를 통해 서비스를 연계, 통합지원한다. • 가족행복만들기: 가족관계강화프로그램	

3) 공적 지원체계 확대

(1) 이혼

이혼 후 여성은 빈곤화 경향과 자녀양육의 어려움을 경험하게 된다. 남성은 일상생활에서 어려움을 겪게 된다. 따라서 이혼 여성을 위하여 취업교육에 대한 기회를 확대하고, 아동의 보육시설 우선 이용보장을 하며, 급식을 실시하는 등 자녀양육의 사회화[2)]를 이루어야 한다. 또한 이혼한 남성을 위하여 가정 재편을 위한 상담이나 지원이 필요하다. 아울러 여성이나 남성 모두에게 생활의 보호가 지원되어야 한다. 영구주택 입주권 확대, 공적부조의 확대실시 등이 이에 포함되어야 한다.

또, 이혼 후 개인이 경험하는 심리적 충격은 대단히 크다. 이런 충격은 여성뿐만 아니라 남성에게도 그대로 적용된다. 그러므로 적응단계에 대한 올바른 이해의 확산과 상담기관에서의 이혼자 적응프로그램의 활성화가 요구된다. 특히 이혼이 자녀에게 미치는 영향 중 부모의 이별로 인한 심리적 상실은 매우 크다. 특히 성장기에 부모 중 한편 혹은 양친과 이별한다는 것은 자녀에게 충격이다. 그러므로 이혼 자녀를 위한 상담의 활성화가 요구된다.

(2) 가정폭력 가정

① 가정폭력담당자의 전문성 향상

가정폭력은 단일전문직의 개입만으로 해결될 수 있는 단순한 문제가 아니다. 그러므로 가정폭력에 효과적으로 대응하기 위해서는 각 전문직의 적극적인 참여와 협조와 함께 담당자를 위한 사전교육과 지속적인 보수교육이 의무화되어야 하겠고, 상담원자격시험제도 도입과 보수교육의 등급화, 등급별 교육자료의 개발이 이루어져야 한다.

② 피해자 보호시설의 강화

가정폭력 피해자에 대한 효율적인 서비스를 제공하기 위해서는 **첫째**, 피해자 보호시설에 대한 다양한 측면에서의 지원이 확대되어야 하며, 이를 위해서는 다음과 같이 개선되어야 하겠다. 우선 피해자 보호시설의 보호기간을 탄력적으로 운영할 수 있어야 한다. 피해자의 보호기간을 피해자의 자활기간 정도에 따라 장·단기로 구분

2) * 양육의 사회화: 핵가족화가 이루어졌고 일가정이 양립하기 위해서는 양육을 가정을 책임으로 돌릴 수 없다. 사회가 아동 양육에 대해서 책임을 져야 한다. 우리나라의 경우 충분하지는 않지만 아동수당, 직장어린이집, 누리과정 등이 양육의 사회화를 이루는 일면이 있다.
* 보호(부양)의 사회화: 노인부양 역시 이제는 가정의 책임으로 맡기기에는 너무 큰 사회문제가 되었다. 따라서 노인 보호 역시 사회가 책임지는 방향으로 나가야 한다. 우리나라의 경우 충분하지 않지만 장기노인요양제도, 기초연금, 노인정, 재가복지센터, 단기보호시설 등이 노인보호의 사회화의 일면이라고 할 수 있다. 복지선진국일수록 양육과 보호의 사회화가 안정적인 제도로 안착되어 있다.

하여 실시하고, 특히 장기보호자에 대해서는 자활 프로그램을 장기적인 측면에서 강화해야 한다. **둘째**, 가정폭력상담소의 확대이다. 가정폭력상담소는 2021년 현재 기준으로 전국에 126개소 있다. 이는 2000년도 89개소가 있었던 것에 비하며 많은 늘어난 것이다. 그러나 여전히 지역사회 속에 충분히 있다고 할 수는 없다. 현재 사회복지관이 대부분 지자체 단위별로 있는 것만큼은 아니더라도 접근성을 고려할 때 더 확대될 필요가 있다. **셋째**, 가정폭력상담소와 보호시설에 대한 충분한 예산지원이 필요하다. 가정폭력상담소와 보호시설은 국가 및 지방자치단체의 지원이 크게 부족하여 운영상 어려움이 많고, 더구나 의료기관에 대한 지원은 거의 전무한 실정이어서 충분하고 전문적인 상담과 프로그램 수행을 위해서는 정부로부터의 충분한 예산의 뒷받침이 되어야 할 것이다.

(3) 한부모가족

① 정서적 서비스의 제공이다. 여성상담소 및 아동상담소의 증설과 전문상담원의 배치를 통하여 부모의 자녀양육에 대한 상담, 생활상담 등을 통하여 원만한 생활을 영위할 수 있도록 해야 한다. 또한, 한부모가족 지원에 대해서 한부모가정지원센터가 전국 지방자치단체에 생겼다가 건강가정센터와의 업무중복으로 인하여 건강가정센터와 합치는 과정을 거쳐 현재에 이르고 있다. 큰 틀에서 볼 때 한부모가족의 문제는 건강가족의 문제이기에 방향성은 맞다. 다만, 이런 전환으로 인하여 한부모가족에 대한 지원이 위축될 수 있다는 점이다. 건강가정센터에서 한부모가족에 대한 전문가 채용과 직접적인 서비스 지원을 더욱 확대할 필요가 있다.

② 자녀교육지원 서비스의 제공이다. 한부모가족의 자녀가 공립 유치원이나 어린이집에 우선 입소할 수 있도록 해야 하며 학교에 학교사회복지사를 배치하여 아동 및 청소년의 진로 및 고민에 대한 상담을 하게 하는 등 올바른 인격형성을 도모해야 할 것이다.

③ 가사지원 서비스의 제공이다. 한부모가정에서 나타나는 가사노동의 공백을 보완할 수 있는 가정 봉사원 및 자원봉사자의 파견 프로그램을 개발 · 활용해야 한다.

④ 한부모가정에 대한 사회적 편견을 불식시키는 노력이 필요하다. 현재까지 유교적 전통이 뿌리 깊게 자리 잡아 한부모가정에 대한 좋지 않은 편견을 가지는

사회적 풍토를 개선해야 한다. 특히, 한부모가족에 청소년 한부모가족이 포함된다는 사실을 인식할 필요가 있다. 청소년이 임신한 경우 출산하여 한부모가족을 이룰 수 있는 사회분위가 되어야 한다. 현재 한부모가족 지원에는 청소년 한부모가족도 포함되어 있지만 사회적 편견이 여전하여 청소년들은 임신한 경우 출산을 포기하는 경우가 많다. 임신한 청소년이 학교에 다니는 것을 비롯하여 청소년 한부모가 자녀를 양육하며 학업과 생활을 함께 해 나가는 것이 일상인 모습이 되도록 사회인식이 바뀌어야 한다. 또한 청소년이 임신한 경우 실질적인 보호를 받을 수 있는 제도적 장치나 시설의 확충이 더욱 필요하다.

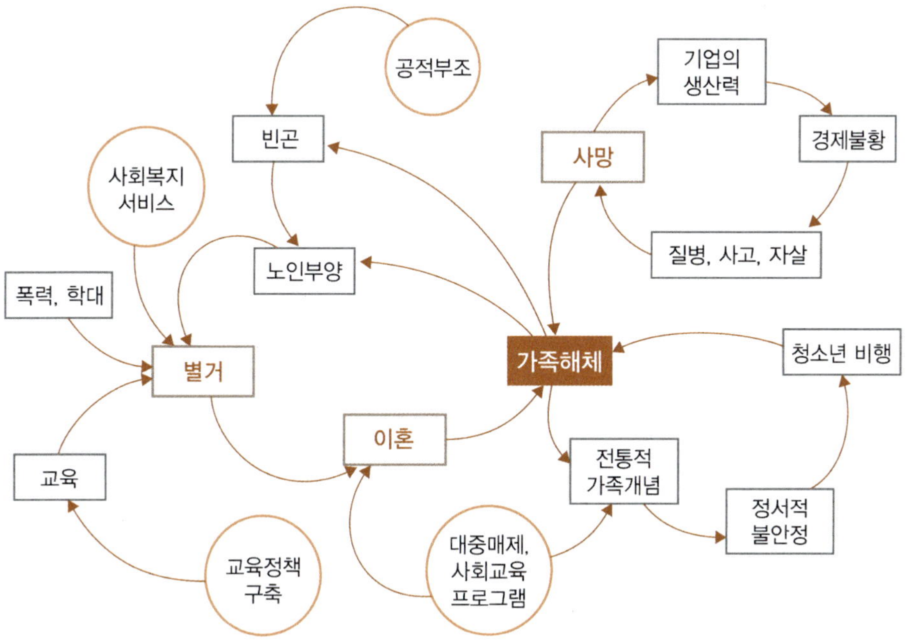

4) 인과지도

지금까지 가족해체의 원인과 유형 및 문제점과 해결방안까지 알아보고, 그에 대한 인과지도를 완성하였다. 여러 가지 요인들이 복잡하게 얽혀있는 사회문제점에 대해 어떤 추세를 가지고 있는지 생각하며 문제점을 살펴보았는데 그 인과관계가 모두 이어져 있다. 가족문제는 가정 안에 머물 수 있는 문제가 아니라는 점을 분명하게 보여주는 것이다. 아직도 가정 안의 문제라는 인식이 완전히 사라진 것은 아니지만 이젠 가족문제가 사회문제라고 여기는 것에 대해서 이견이 없다. 다만, 사회적으로 어느 가족에게서 문제가 발생하든지 남의 가정사에 관여해서는 안 된다는 인식을 내려놓고 인간에 대한 평등한 관점을 갖고 다른 가정의 문제는 결국 내가 속한 사회의 문제라는 인식을 해야 한다.

또한, 가족을 도식적인 묶음으로 보는 것에 하나의 개체로 해체하여 볼 수도 있는 안목이 필요하다고 본다. 이혼의 발생을 예방하는 것도 중요하지만 어쩔 수 없이 이혼하게 된 가정을 유지할 수 있는 대책이 필요하다. 뿐만 아니라 한부모가족뿐만 아니라 1인 가정도 실질적으로 많이 나타나고 있으므로 가족에 대한 개념 또한 확장해야 한다. 아울러 앞으로의 가족정책은 가족성원이 평등을 보장하는 정책을 추구해야 할 것이다.

8장 아동학대 문제

1절 » 아동학대의 개념 및 역사

1. 아동학대의 개념

1) 사전적 의미

(1) 아동의 의미

아동은 신체적 · 지적으로 미숙한 단계에 있는 사람으로 초등학교에 다니는 나이의 아이들을 말한다. 법률적으로 보면, 아동복지법에서는 18세 미만의 사람을 이르는 말이다.

(2) 학대의 의미

몹시 괴롭히거나 가혹하게 대우하는 것을 말한다.

2) 아동학대의 개념 정의

(1) 협의적 개념

Kempe은 부모나 양육자의 행위 또는 태만으로 인하여 초래되는 비 우발적인 신체적 상처를 학대라고 정의했다. 그리고 신체상에 드러나는 손상 부위 및 정도에 따라 학대의 유무를 판정할 수 있다고 말했다. 그러나 심리적 정신적 상처를 주는 행위를 간과했다. 아동학대란 신체적 학대로 정의할 수 있다.

(2) 광의적 개념

Gil(1970)은 아동의 평등한 권리와 자유를 박탈하거나 아동의 적절한 발달을 저해하는 행위나 방임상태, 그리고 개인이나 제도, 사회의 행위나 태만이라고 정의하였다.

우리나라 아동복지법의 경우도 보호자를 포함한 성인에 의하여 아동의 건강, 복지와 정상적인 발달을 저해할 수 있는 신체적 · 정신적 · 성적 폭력 또는 가혹 행위 및 아동의 보호자에 의하여 이루어지는 유기와 방임을 말한다(보건복지부, 2007).

제네바에서 열린 아동학대예방에 관한 회의(1999)에서 세계보건기구(WTO)에서도 아동의 양육에 책임을 지고 있거나, 신뢰 관계에 있거나 권위를 가진 사람에 의한 모든 형태의 신체적 · 정서적 가혹한 처사, 성 학대, 방임 또는 보호의 태만 및 상업적이거나 다른 형태의 착취 결과 아동의 건강, 생존, 발달 및 존엄성에 실제적인 해를 끼치거나 그러한 가능성을 초래한 것을 말한다. 이 정의에서는 아동에게 가해진 실제적인 해 이외에 잠재적인 해까지 포함하는 보다 포괄적 정의하는 것으로 보여진다.

아동복지법 제2조에 "아동학대[1]라 함은 보호자를 추심관리사 포함한 성인에 의하여 아동의 건강 · 복지를 해치거나 정상적 발달을 저해할 수 있는 신체적 · 정신적 · 성적폭력 또는 가혹행위 및 아동의 보호자에 의하여 이루어지는 유기와 방임을 말한다."라는 조항이 있다. 다시 말하면, 적극적인 가해행위뿐만 아니라 소극적 의미의 방임행위까지 아동학대의 정의에 명확하게 표기. 자기의 보호 또는 감독을 받는 18세 미만의 자에 대한 학대행위를 말한다. 아동학대는 아동의 발달과 욕구를 충족시켜주지 못하는 모든 환경을 포함한다.

---

1) 즉, 아동학대라는 것은 보호자를 포함한 성인에 의하여 아동의 권리 또는 건강과 복지를 해치거나 정상적인 성장 발달을 저해할 수 있는 모든 형태의 신체적 · 정서적 가혹 행위, 성희롱, 성폭력, 방임 또는 유기 등의 행위를 포함하는 광의 개념으로 정의할 수 있다.

2. 아동학대 역사

아동학대는 인간의 역사만큼이나 오래된 것이다.

1) 고대의 아동학대

기원전 2100년 전의 함무라비 법전이나 기원전 800년의 헤브라이 법전에서 아동은 소유물로서 간주되었으며, 영아살해는 용인될 수 있는 관습이었다. 로마 시대에는 아버지들이 그들의 자식을 팔거나 산 제물로 바치거나 신체를 불구로 만들거나 죽이는 것을 허용하였다(Jerry Brinegar, Breaking Free from Domestic Violence, Minneapolis: Comp Care Publishers, 1992).

2) 근대시대의 아동학대

근대이전에는 아동의 권리에 대한 인식의 부재로 아동학대가 문제로 인식되지 않았다 하더라도, 20세기에 들어서는 아동이 권리적 존재로 인식되었고, 1992년 독일의 아동법은 최초로 아동의 권리를 선언하였으며, 1924년에 국제연맹이 아동의 권리헌장(제네바 선언)을, 1959년에 국제연합은 아동권리선언을 선언하였으며, 우리나라에서는 1957년 어린이 헌장을 제정하여 아동을 권리적 존재로 규정하였다(장인협, 1984: 8). 아동에 대한 가치관과 태도가 변화함에 따라 아동을 학대로부터 보호하고자 하는 사회적인 대책도 나타나게 되었다.

3) 근대이후의 아동학대

근대이후 산업화 및 도시화에 따른 가족구조의 핵가족화, 취업여성의 증가 그리고 이러한 변동에 따른 가족기능의 약화를 보완하는 가족지원체계의 불충분함 등으로 인하여 현대가족에서의 아동학대 발생가능성을 증가시키고 있다. 특히 최근의 우리나라의 경제난의 가속화로 인한 소득의 감소, 실직자의 증가가 또 하나의 원인으로 작용하면서 아동학대 등의 가정폭력사례가 자주 언론에 보도되고 있는 상황에서 아동학대를 포함한 가정폭력은 가족 문제인 동시에 사회구조적인 요인의 영향을 받으며 일부 특수한 경우에만 발생하는 현상이라기보다는 사회 전체적으로 만연되어 일어나는 현상이라는 점에서 사회문제의 성격이 강하다(이동원, 함인희, 1993: 20).

4) 현재의 아동학대

현재 우리나라의 경우 지나친 허용이나 극심한 체벌에 대해서는 부정적인 입장을 취하고 있으면서도 유교적인 사고방식에 입각한 권위주의적이고 가부장적인 가족문화로 인하여 아동에 대한 체벌을 가정교육을 위해 필요한 수단이고 부모의 고유한 권한으로 인정하고 있다. 또한 일반인들은 아동학대현상이 매우 드물거나 극단적인 경우에만 발생한다고 생각하고 이를 심각하게 받아들이지 않는 실정이며, 부모의 자녀학대 문제를 개별가족의 사적문제로 간주하며 이에 개입하기를 꺼리거나 부모가 고의로 아동을 학대한다는 사실을 인정하려 들지 않는다.

2절 » 아동학대의 유형

1. 아동학대의 분류

신체적 학대 (Physical Abuse)	• 신체적 손상을 입힌 경우와 신체적 손상을 입도록 허용한 경우를 말한다. (예) 신체적 손상: 구타나 폭력에 의한 멍, 화상, 찢김, 골절, 장기 파열, 기능 손상 (예) 생후 12개월 이하의 영아에게 가해진 체벌 등
정서적 학대 (Emotional Abuse)	• 언어적, 정서적 위협, 억제, 감금, 기타 가학적 행위를 포함한다. (예) 아동의 인격, 감정이나 기분을 심하게 무시하거나 모욕하는 행위 (예) 삭발시키는 행위, 아동에게 걸려오는 전화를 바꿔주지 않는 행위 (예) 좁은 공간에서 장시간 혼자 가두어 놓는 행위
성 학대 (Sexual Abuse)	• 성인의 성적 충족을 목적으로 아동과 함께 하는 모든 성적 행위이다. (예) 성적행위에는 성적유희, 성기 및 자위행위 장면의 노출, 관음증 성기 삽입, 성적 접촉, 강간 등과 같은 접촉적인 행위, 매춘, 매매 포르노 매체에 배우로 출연, 포르노물 판매행위
방 임 (Neglect)	• 고의적, 반복적으로 아동 양육 및 보호를 소홀히 함으로 아동의 건강과 복지를 해치거나 정상적인 발달을 저해할 수 있는 모든 행위이다. (예) 고의적이며 반복적으로 아동에게 의식주를 제공하지 않거나, 장시간 아동을 위험한 상태에 방치하는 물리적 방임 및 유기 (예) 교육적 방임: 아동의 무단결석을 허용하는 것 등 • 의료적 방임: 예방접종을 제때에 하지 않거나 필요한 치료를 소홀히 하는 등 • 정서적 방임: 아동과의 약속에 무신경하거나 아동의 마음에 상처 입히는 등

사회적 아동학대 (Social Child Abuse)	• 사회정책이나 프로그램 및 신념, 실천 행위와 태도들을 포함하여, 아동의 정상적인 발달에 악영향을 미치는 모든 행위이다. (예) 가난이나 굶주림, 주거 및 의료시설의 부족, 미비한 교육제도 등의 경제적 환경과 아동결혼, 매춘, 노동 등의 착취적 행위를 포함한 아동의 정서에 유해한 사회문화적인 환경 등 (예) 부적절한 의료서비스나 학교교육에서의 차별대우, 학교가 아동들을 위해 충분한 지원체계를 갖고 있지 못한 경우 • 비행청소년을 위한 충분하고 효과적인 프로그램이 없는 것. • 이혼가정이나 가족갈등을 겪는 아동들을 위한 심리상담 등의 지원체계의 부족 등

2. 아동학대의 징후

아동이 명백한 이유 없이 상처를 입었거나 의기소침해 있거나, 새로운 행동문제를 나타내며 평소와 다른 모습을 보일 때 그리고 성인을 두려워하는 행동을 보인다면 학대의 가능성을 고려해야 한다. 아동학대는 신체적 징후, 행동적 징후로 나누어 볼 수 있다.

신체적 징후	행동적 징후
〈신체학대〉 • 설명하기 어려운 상처와 채찍자국 – 발생 및 회복에 있어 시간차가 있는 상처 – 사용된 도구의 모양이 그대로 나타나는 상처 • 설명하기 어려운 화상 – 손바닥, 발바닥, 등, 엉덩이에 담뱃불 자국 – 양말모양, 장갑모양, 도넛 모양 등의 뜨거운 물에 잠겨서 생긴 화상자국 – 팔, 다리, 목 등에 묶은 줄 자국의 화상 • 설명하기 어려운 골절 – 시간차가 있는 골절 – 복합 및 나선형 골절 • 설명하기 어려운 절상 – 입, 입술, 눈, 외음부 〈정서학대〉 • 성장장애 • 신체발달 저하 • 언어장애	〈신체학대〉 • 어른과의 접촉 회피 • 다른 아동이 울 때에 공포를 나타냄 • 공격적이거나 위축적인 극단적 행동 • 부모에 대한 두려움 • 집에 가는 것을 두려워함 • 위험에 대한 지속적인 경계를 보임 • 부모가 손상을 알려옴 〈정서학대〉 • 특정물건을 계속 빨고 있거나 물어뜯음 • 행동장애(반사회적, 파괴적 행동장애) • 신경성 기질(수면장애, 놀이장애) • 정신신경성 반응(히스테리, 강박, 공포) • 극단 행동 • 지나친 행동 • 발달 지연 • 자살시도

〈성 학대〉 • 걷거나 앉는데 어려움 • 찢어지고 피로 얼룩진 속옷 • 회음부의 동통과 가려움 • 회음부, 질, 항문부위의 출혈이나 멍 • 십대 이전의 성병감염 • 임신	〈성 학대〉 • 위축, 환상, 유아적 행동 • 기괴하고 미묘한 성적 행동과 지식 • 친한 친구가 없음 • 비행 • 가출 • 성적 모독을 호소함
〈방임〉 • 지속적인 배고픔, 나쁜 위생상태, 부적절한 옷차림 • 의학적 치료와 치과 치료의 부족 • 지속적인 피로, 불안정감, 수업 중 과도하게 조는 태도	〈방임〉 • 음식을 구걸하거나 훔침 • 장기간에 걸친 감독 소홀 • 위험한 행동에 대한 감독 소홀 • 비행 또는 도둑질 • 학교에 일찍 등교하고 집에 늦게 하교함

3. 아동학대의 후유증

1) 신체 · 정서학대와 방임의 후유증

아동학대의 결과는 단순한 타박상, 골절 등에 그치지 않고 정상적인 생활을 유지할 수 없는 정도의 후유증을 가져와 사망에 이르게 하는 경우도 있다.

후유증의 예로는 중추신경계 장애, 공격, 파괴적 행동, 과잉 행동, 자학적 행동, 반사회적 행동 및 비행, 자살, 자신감 결여, 자아기능 손상, 위축, 대인관계 기피, 불면증, 급성불안 반응, 심한 공황 상태, 성장 발달 지연, 언어발달의 장애, 집중력 장애, 지적장애 등이 있다.

2) 성 학대 후유증

성추행, 성폭행, 성 착취, 가족 내 성 학대를 지속적으로 경험한 아동에게는 성에 관한 행동들이 나타난다. 예를 들면 관심 등을 얻기 위한 수단으로 성을 이용하기도 하고, 성에 대한 공포심, 수치심, 혼돈 등 부정적 감정을 경험하기도 한다. 그리고 거식증과 같은 파괴적 행동을 보이기도 한다. 성 학대는 시간경과에 따라 달라진다.

학대 초기에는 수면장애, 신경질, 가해자에 대한 공포심 등의 불안증세가 두드러지며, 나이에 맞지 않는 성적행동, 관심을 끄는 행동, 지나치게 매달리는 행동, 성에 관한 혼란된 행동, 성적 방종, 고독, 우울, 슬픔 등 자아개념의 손상과 연관된 행동 변화가 나타난다. 학대받은 아동은 성인이 되어서도 불안장애, 우울, 자아 존중감 저하 및 자살 행동, 약물남용 기타 정신과 질환(경계선 인격 장애, 다중 인격 장애), 성 기능장애, 성범죄 등의 문제 갖게 된다.

〈신체적 학대 사례〉

천안 계모 캐리어 사건, "엄마 숨이 안 쉬어져요"…아동학대 공분

계모 캐리어 사건은 지난해 충남 천안에서 발생한 9살 아동의 가방 감금 사망 사고로 전국민적 공분을 불렀다. 가해자로 지목된 계모의 SNS에 네티즌들의 비난글이 폭주하기도 했다.

당시 A씨의 인스타그램에는 A씨의 얼굴 사진, 친자녀들의 사진, 지인들의 사진이 주로 있는데 전체공개로 설정돼 누구나 볼 수 는 상황이었다.

A씨의 SNS에는 친자녀에 대한 애정이 드러난 사진과 글들이 많이 있어 네티즌들의 분노를 자아냈다. 인터넷 쇼핑몰을 운영 중인 A씨의 해당 홈페이지에는 그의 비난 글이 폭주하기도 했다.

앞서 피해 아동은 지난해 6월 사망했다. 계모인 A씨에 의해 지난 1일 점심부터 7시간 가까이 여행용 가방(캐리어)에 갇혀있다 의식을 잃은 것으로 조사됐다.

A씨는 경찰 조사에서 "체벌 의미로 여행용 가방에 들어가게 했다"고 진술한 것으로 알려졌다.

경찰은 A씨가 당초 아이를 큰 여행용 가방(50×71㎝)에 가뒀다가 작은 가방(44×60㎝)에 옮겨 가뒀다고 설명했다. 계모 A씨의 변호를 맡은 정희원 변호사는 이후 양부모에 의해 사망한 정인이 사건 양모의 변호를 맡아 화제가 되기도 했다.

정인이 사건은 2020년 서울특별시 양천구에서 발생한 아동 학대 살인 사건이다. 홀트아동복지회에서 입양한 당시 8개월의 여자아이를 입양모 장씨와 입양부 안씨가 장기간 심하게 학대, 16개월이 되었을 때 죽음에 이르게 한 혐의를 받고 있다.

출처: 톱스타뉴스(http://www.topstarnews.net)
인터넷기사 2021.05.07 14:59
(http://www.topstarnews.net/news/articleView.html?idxno=3072631)

〈정서적 학대 사례〉

비정한 아버지… "로또 · 우승마 맞혀라" 두 딸 감금 폭행

초등생 두 딸에게 경마 우승마와 로또 당첨번호를 맞히라며 감금과 학대를 일삼아 온 비정한 아버지가 구속됐다.

제주지방경찰청은 31일 2001년부터 6년 동안 제주시 소재 자신의 셋집과 기도원 등에서 아내와 두 딸을 상습적으로 때리고 감금 · 학대한 혐의(아동학대 및 폭행 등)로 서모(52 · 제주시 한림읍) 씨를 구속했다.

서 씨는 고물상을 운영하며 제주경마장을 들락거리다 아내와 두 딸(13, 14세)에게 우승 경주마를 맞히는 훈련을 시켜왔다.

경찰에 따르면 서씨는 오전 5시부터 자정 12시까지 매일 기도를 강요하고 경주 우승마를 알아맞히라며 초등학교 2, 4학년의 두 딸을 학교도 보내지 않은 채 학대했다.

서 씨는 우승마를 맞히는 3평짜리 기도 방에 "아빠를 잘 따르라" "집중하라"는 등의 문구를 붙여놓고 아이들에게 숨소리도 제대로 내지 못하게 했다.

서 씨의 두 딸은 정상대로라면 중학 1년, 초등 5년생이 돼야 하나 아버지의 학대로 3년여 동안 학교에 다닐 수 없었다.

서 씨는 앞서 2000년 전처인 전모(37) 씨가 바람이 났다며 트집 잡아 흉기로 위협하고 때린 뒤 15일 동안 창고에 감금한 혐의도 받고 있다.

서 씨는 지난 26일 아버지의 폭력을 견디다 못해 가출한 딸의 얘기를 전해 들은 전처의 신고로 경찰에 붙잡혔다.

서 씨는 경찰에서 "우승마를 맞혀 많은 돈을 버는 것이 학교에 보내는 것보다 아이의 미래를 위해 더 좋은 일"이라고 말했다.

주미령 기자 [국민일보 2006-07-31]

〈성 학대 사례〉

6살 친딸 성폭행한 '패륜' 아버지

6살 된 친딸을 성폭행한 비정의 아버지가 경찰에 붙잡혔다.

서울 관악경찰서는 친딸을 상습적으로 성폭행한 혐의로 남모 씨(29)에 대해 구속영장을 신청했다. 사건은 지난 2002년 10월 중순쯤. 남씨가 술에 취해 집에 들어오면서부터 시작됐다.

당시 남 씨는 2001년 말, 조루증세 때문에 부인에게 이혼당한 뒤 부인에 대한 복수심에 휩싸여 있었다. 그런데 자고 있던 딸을 보니 울화가 치밀었고 딸을 성폭행하는 것이 전 부인에 대한 복수라는 생각이 순간 들어 당시 5살이던 딸을 성폭행했다.

하지만 남 씨의 패륜행동은 여기서 끝나지 않았다. 당시 4살이던 아들까지 자신의 패륜행위에 이용한 것이다. 경찰에 따르면 남 씨는 딸을 성폭행하는 것을 아들에게 보여주며 똑같이 할 것을 강요했다.

남 씨의 이러한 행동은 딸과 아들이 위탁가정에 보내지기까지 1년 반 동안이나 계속됐다.

아이들, 1년간 치료 후에도 애착 장애 후유증 시달려 결국 위탁가정에 보내진 아이들은 위탁부모가 보는 앞에서 비정상적인 성적행동을 했고 이를 이상히 여긴 위탁부모들은 성 학대아동 쉼터에 이를 신고했다. 상담과정에서 이들 오누이가 아버지로부터 심한 성적학대를 당한 사실이 밝혀졌다.

현재 아이들은 1년간의 치료를 통해 심리적으로 많이 안정된 상태지만 아직도 애착장애 등 아버지의 성적학대로 인한 후유증에 시달리고 있다.

담당 경찰관은 "친자식들에게 이 같은 일을 저지르는 사람은 정신병자일 거라 생각했는데 멀쩡한 직장인이어서 깜짝 놀랐다"며 지금은 애들이 어려 아무것도 모르지만 자라서 자신들이 당한 일이 어떤 의미가 있는지를 알게 되면 받을 충격이 걱정된다고 말했다.

임진수 기자 CBS 노컷뉴스 [2005-04-22]

〈성 학대 개입 및 심층사례〉

(1) 아동의 인적사항과 접수경위 및 조사내용

인적사항으로는 피학대 아동명 = 김지인(가명), 김지영(가명)
성 별 = 여 · 여
연령 = 15세, 9세
거주지 = 충북 충주시
아동학대행위자 = 김은호(가명) 최명자(가명)
관계 = 계부 친모
연령 = 42세 34세
학대유형 = 신체학대 / 정서학대 성 학대 / 방임

(2) 접수경위

2002년 3월 2일 23시경 충주시 ○○파출소에서 본 센터로 의뢰한 사례로, 아동은 평소 밖으로 나오는 일이 거의 없으며 15세의 나이임에도 불구하고 초등학교 3학년까지만 다니고 학교에 다니지 못한 채 집에서 일만 하고 있으며, 계부에 의한 성학대도 의심된다고 신고되었음.

(3) 조사내용

가족으로는 • 김은호(41, 계부, 가명): 아동 1이 초등학교 3학년 때부터 아동의 모와 동거, 고물 수집을 하였음.

- 최명자(33, 친모, 가명): 친부와 소식이 끊긴 상태에서 호적정리가 되지 않은 채 계부와 동거함. 인지능력이 떨어짐.
- 김진명(43, 친부, 가명): 아동1이 7세 때 가출. 전과력이 있으며, 복역 중 주민등록이 말소되었으며, 현재 출소하였으나 사는 곳이 일정치 않음.
- 김지인(15, 아동1, 가명): 계부와 함께 살게 된 초등 3학년 때 학교 그만둠. 모 대신 집안일을 도맡아 하며 동생들을 돌봄.
- 김지영(9, 아동2, 가명): 친부를 확인할 수 없으며, 호적에 등재되지 않음. 학교에 다니지 않음
- 김준호(3, 아동3): 계부와 친모 사이에 태어난 동생으로 역시 호적에 등재되지 않음.
- 김명호(2, 아동4, 가명): 아동3과 마찬가지로 계부와 친모 사이에 태어났으며, 호적 미등재된 상태

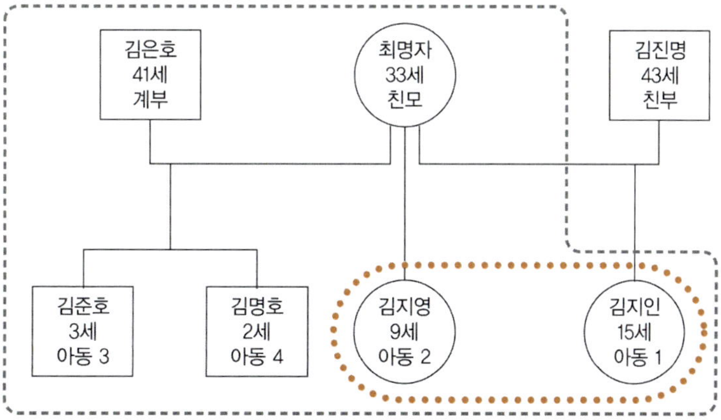

그림 8-1 아동 성 학대 가정 가계도

- 아동 1의 친부는 10여 년 전부터 행방을 알 수 없는 상태이며, 7년 전부터 현재의 계부(모와 사실혼 관계)와 함께 현 거주지에서 살고 있으나 계부, 친모, 아동1 모두가 주민등록도 옮기지 않은 상태이고, 특히 현재 9세의 아동 2와 계부 사이에서 태어난 동생 2명은 출생신고조차 되지 않아 호적이 없는 상태임
- 아동 1은 모가 계부와 함께 살게 된 초등학교 3학년 때부터 경제적으로 어렵다는 이유로 학교도 못 다니고 집에서 일만 하는 등의 교육적 방임은 물론, 잠자고 있는 동안 계부가 아동1을 뒤에서 안고 가슴과 성기를 만지고 또 자신의 성기도 만지게 하는 등 성 학대를 당해옴. 뿐만 아니라 부의 성학대가 있은 다음날에는 친모로부터 아동이 계부에게 꼬리를 쳐서 그렇다는 등 온갖 욕설과 함께 머리채를 잡히며 발로 차이고 꼬집히는 등의 신체적 · 정서적 학대를 받아옴.
- 아동 2도 아직 출생신고가 되어 있지 않아 학교도 못 다니는 교육적 방임은 물론 의료적 방임, 또 계부로부터 성 학대를 받아옴
- 아동들은 계부의 성 학대에도 불구하고 계부보다는 모를 훨씬 더 무서워하였으며 아동1은 매우 위축되어 겁에 질린 표정과 등이 많이 굽은 상태이며, 아동2는 불안함으로 인해 무표정하고 눈을 잘 맞추지 않음
- 한편, 계부와 친모 사이에서 태어난 각각 3세, 4세 남아 두 명이 더 있는데 이 아동들도 아직 출생신고가 안 되어 있고, 추운 날씨인데도 불구하고 바지에 상의로 조끼 하나만 입고 맨살이 드러나 발갛게 상기되어 있는 등 부적절하게 양육됨.

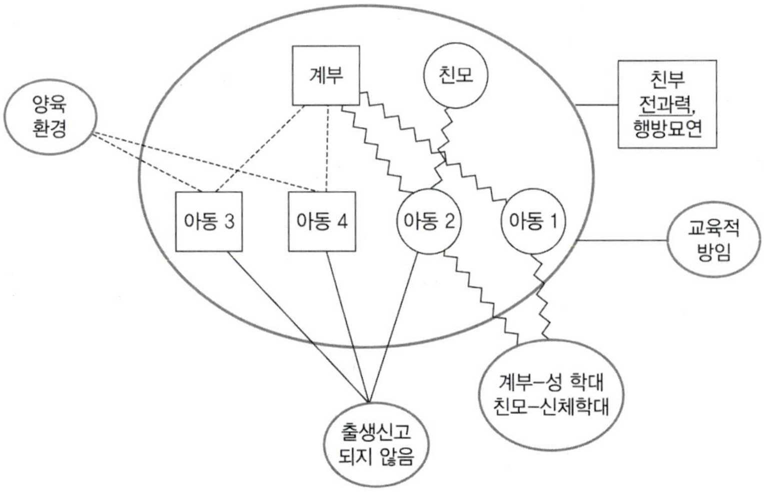

그림 8-2 성 학대가정 생태

(4) 조치내용

① **초기과정**

- 아동 계부는 신고 후 즉시 본 센터의 고발로 구속되어 경찰 및 검찰에서 조사를 받음.
- 아동 1과 아동 2는 현장조사 당일 부모로부터 분리하여 본 센터의 쉼터에 보호조치 하였으며, 학대 후유증에 대해 소아정신과 진료와 함께 미술치료 등 개별상담을 계속하고 있음. 아동 1은 특히 학업에 대한 욕구가 강하여 초등검시를 위한 학습지도를 병행함으로써 성취도 및 목표의식을 갖게 하고, 아동 2 또한 9세임에도 불구하고 출생신고가 되어있지 않음으로 인해 취학이 어려우므로 개별 학습지도를 시행하고 있음.
- 아동 3과 아동 4는 출생 이후부터 예방접종을 전혀 하지 않은 상태이므로 우선 필요한 예방접종을

하였으며, 모의 부적절한 양육이 염려되므로 조모가 함께 아동을 양육하는 것을 조건으로 친인척 귀가 조치함.

② **현재 개입과정**

- 아동 1은 쉼터 입소한달 후부터 감정의 기복이 심하며 감정조절이 잘 안 되는 등의 문제가 나타나 현재 약물치료 중에 있으며, 야학을 통해 학습지도를 받으면서 5월 중순에 있을 초등검정고시를 준비하고 있음. 그리고 계속해서 개별학습지도 미술치료를 받고 있음.
- 아동 2는 4월 하순경 출생 신고하여 주민등록번호를 부여받았으며, 아동1과 마찬가지로 개별학습지도 및 미술치료를 받고 있음.
- 아동 3, 아동 4는 친모의 전남편과의 혼인관계가 정리되는 대로 부와의 혼인신고를 통해 출생신고 계획하고 있음.

③ **향후 개입계획**

- 아동 1, 아동2에 대한 폭행 및 성추행혐의로 아동 부의 재판이 진행 중이며, 아동1이 증인으로 소환예정임.
- 아동 1은 초등검정고시 시험 후 중학교진학이 가능할 경우 중학교로 진학예정이며, 불가능할 경우 중학교검정과정을 준비할 계획임. 아동 2 또한 출생신고가 되었으므로, 학업수행능력평가 후 아동의 학습능력에 따른 초등학교 입학을 추진할 계획임.
- 아동 3, 아동 4는 아동 모, 조모, 삼촌에 의해 양육되고 있으므로 이들에 대한 지속적인 상담을 통해 적절한 보호, 양육이 가능토록 할 계획이며, 모의 인지능력이 떨어지는 문제점이 관찰되었으므로 모의 정신과 진찰 및 치료를 계획하고 있음.

〈방임의 사례〉

네 죽음을 막지 못해 미안하다.

[한겨레 2006-05-11 10:15]

경기 의왕시에서 홀로 지내다 개에 물려 숨진 아홉 살 영인이. 따뜻한 보살핌을 받지 못해 힘겹게 살아가거나 때로 목숨을 잃기도 하는 아이들에 대해 또래 아이들은 어떤 생각을 하고 있을까. 최근 서울 ㄷ초등학교의 한 6학년 교실에서 학생들이 '편지쓰기'를 통해 영인이의 비극에 대한 속내들을 풀어놓았다. 구절구절이 어른들을 향한 '시위'처럼 읽힌다.

외로움=영인이의 참혹한 죽음을 상상하며 아이들이 가장 먼저 떠올리는 것은 공포가 아니라 외로움이었다. ㅂ양은 영인이에게 쓴 편지에서 말한다.

"밥도 제대로 못 먹었겠지? 게다가 추운 비닐하우스 안에서 혼자서 지내니 얼마나 쓸쓸하겠어. 나도 혼자서 그렇게 살았다면 자살 같은 것을 했을지도 몰라."

이 무서운 세상=아이들은 힘이 없다. "나를 보살펴 달라"고 큰 목소리를 내지도 않는다. 어려운 처지의 아이들을 돌봐온 전문가들은 "아이들은 자신의 처지가 부당하다고 여기지도 않은 채 그대로 받아들이며 살 뿐"이라고 전한다.

하지만 영인이의 죽음을 바라보는 아이들은 어른들의 무관심을 질타했다. 한 학생은 "진짜 이 세상이 무섭구나. 너같이 안 좋은 상황에 처해 있는 데도 아무런 도움을 주지 않으니"라고 했다.

잊히는 아이들=영인이가 숨진 지 한 달이 갓 넘었지만, 많은 사람들의 기억에선 이 끔찍한 사건이 잊히고 있다. 아동복지 분야에서 일하는 이들은 "우리사회는 아이 하나가 죽어야만 약간 관심을 갖고, 그나마 얼마 가지 않아 잊어버리고 마는 게 문제"라며 한숨짓는다.

3절 » 아동학대의 원인과 영향

1. 아동학대의 원인

1) 개인적 요인

개인적 요인은 부모와 아동의 특성으로 학대의 원인을 설명하고자 하는 것이다. 부모요인으로는 연령 및 학력, 어린 시절 학대 경험, 만성적인 신체질환, 알코올 및 약물 남용, 성격 특성, 양육 태도 및 신념 등이다.

부모의 연령이나 학력 수준이 낮으면 자녀양육 기술이 부족하고 이에 따른 양육 스트레스로 인해 자녀와의 애착을 형성하는 데 실패하게 된다. 또한 자녀에 대한 지나친 기대와 인내심의 부족으로 아동학대가 발생할 가능성이 높다. 자녀를 학대하는 부모들 중 대부분은 자신들이 어릴 때 부모로부터 학대받은 경험이 있다. 부모로부터 학대를 받은 아동의 1/3이 학대부모가 된다는 연구결과(Widom, 1989)가 있다. 아동을 학대하는 부모가 그렇지 않은 부모에 비해 우울 정도가 높게 나왔고 알코올 및 약물 남용은 양육 능력에 매우 부정적인 영향을 미친다고 보고된다(Mccullough, 1991). 아동학대하는 부모의 성격적인 특징으로는 낮은 자긍심, 분노 조절 능력 결여, 사회성 기술 및 스트레스 관리 능력 부족 등이 있다.

아동은 학대에 대한 책임은 없다. 그러나 아동의 특성으로 아동학대를 설명하는 입장은 학대를 유발하는 특성이 있다고 지적한다. 학대유발의 원인으로는 기질, 원하지 않은 출생과 성, 미숙아, 장애 및 발달지체 등을 꼽는다. 장애나 질병을 가지고 있거나, 지나치게 울거나 달래기 힘들고 잠을 자지 않고 보채는 까다로운 기질의 아동은 일반아동에 비해 부모의 신체적 · 심리적 양육부담을 가중시키고 좌절감을 유발하기 때문에 학대를 유발할 가능성이 높다.

2) 가족 내 요인

아동학대를 유발시키는 가족 내 요인으로는 실직이나 빈곤과 같은 가족의 사회경제적 특성과 가족의 역동, 가족 구조 등을 들 수 있다. 낮은 사회계층은 실직이나 빈곤 등을 더 많이 경험하고 이로 인한 스트레스와 좌절은 아동학대를 유발시킬 가능성이 높다. 고소득층에 비해 저소득층의 발생률이 무려 7배나 높았으며, 발생하는 학대의 정도 역시 저소득층에서 더욱 심각한 것으로 나타났다(Downs, Codtin, & McFadden, 1996). 경제적 압박감은 자기 통제에 필요한 부모의 심리적 기제를 약화시켜 좌절감을 가져오게 하며 이것을 해소하기 위해 아동에게 폭력을 사용하게 된다.

가족 역동 중 아동학대에 관련된 요인으로는 가족 상호 간의 상호작용 부족, 높은 부부 갈등이나 불화 및 부부 논쟁의 해결을 위해 신체적이든 언어적이든 공격적 방법을 사용하는 것이 지적되어 왔다. 그 외에 가족 구조적인 요인으로 대가족이나 인구 밀도가 높은 가정, 편부모의 가정에서 학대 비율이 높게 나타난다.

3) 지역사회 요인

지역사회 요인은 가족체계에 영향을 미치는 공식적 · 비공식적 사회구조를 의미하는 것으로 여기에는 부모의 직장, 이웃, 사회적 지지망 등이 포함된다. 예컨대, 가정이 지리적으로 외딴곳에 위치하여 사회적 교류가 없을 경우, 아동학대의 발생하더라고 발견이 어렵고 지역사회에 아동학대예방 활동을 하는 기관의 지원체계가 미비하거나 없을 때에도 아동학대 발생 가능성이 높다.

4) 사회문화적 요인

사회문화 영역은 아동과 부모가 거주하는 사회의 문화적 가치와 신념 체계를 의미한다. 아동학대와 관련된 사회문화적 요인으로는 체벌에 대한 허용성, 아동에 대한 태도이다. 우리나라의 사회적 분위기는 아동의 훈육을 위해서는 체벌을 사용하는 것이 일반적인 경향이 있는데 유교적 문화권에서의 처벌적 훈육은 신체적 학대의 위험 지표라고 본다. 전통적인 양육태도는 아동학대에 대한 인식 수준을 낮추고 적절한 예방과 대처방법을 제시하는 데 방해가 되어 왔다. 아동이 부모의 소유물이라는 인식하에 내 자식을 잘 가르치기 위한 훈육의 한 방법으로 체벌이 정당화되는 사회에서는 아동학대에 취약할 수밖에 없다.

5) 생태학적 요인

생태학적 요인은 앞서 제시한 여러 관점을 체계적으로 분석 · 통합한 것이다. 즉,

아동이나 부모의 개인적 특성과 가족 등 환경의 특성이 상호작용한 결과로 아동학대의 발생을 설명한다. 벨스키(Belsky, 1980)는 부모가 자녀를 학대하기까지의 과정을 개체발생적 발달 차원으로 보았으며, 이를 둘러싼 생태학적 공간을 미시적 체계, 중시적 체계 및 거시적 체계로 나누어 각 체계가 서로 영향을 주고받으며, 아동학대 발생에 중요한 역할을 한다고 보았다. 미시적 체계는 아동학대가 즉각적으로 일어나는 상황으로, 아동과 부모 및 부부, 기타 여러 가족이 처란 연재의 상황적 조건에 따른 심리적인 변화에 의해 형성된 체계이며, 중시적 체계는 가족의 생활에 영향을 주는 취업상태와 자원의 분배 및 사회적 혜택의 제공 등 공식 및 비공식 구조를 말한다. 또 거시적 체계는 아동학대를 묵인하거나 강화하는 사회의 문화적 가치관과 분위기 등을 말한다(이소희, 1990).

2. 아동학대의 영향

아동학대는 아동의 신체적 · 심리적 · 정신적 · 사회적 발달에 부정적인 결과를 가져오며, 그 영향력은 오랫동안 지속된다. 학대로 인한 결과는 아동에게 학대가 일어났던 연령, 학대의 심각성, 학대받은 기간 및 학대의 유형에 따라 다양하다. 일반적으로 학대받은 연령이 낮을수록, 기간이 오래될수록, 그리고 학대 정도가 심할수록 그 후유증은 더욱 심각하다.

학대의 결과는 멍이나 타박상 같은 신체 손상에 그치는 것이 아니다. 일부는 심각한 뇌 손상이나 정신지체, 언어장애를 초래하기도 하고 심한 경우 사망에 이르게 된다. 학대받은 아동은 지적 및 인지기능이 손상되어, 발달 지연과 중추신경계의 장애를 갖게 된다. 이들은 과잉행동, 충동적 행동이 많고, 외부 위험에 집착하면서 학습과 자기계발에 필요한 에너지를 고갈시키고 만다. 또한 감정 조절기능의 저하, 자기개념의 손상, 애착형성의 붕괴, 충동 조절능력의 저하와 또래관계의 이상, 자학적 자기 파괴행동, 학교 부적응 정신병리 등을 나타내기도 한다. 학대받은 아동은 몹시 위축된 소극적인 성격 특성을 가지며 자기통제력이 부족하다. 따라서 청소년 비행을 저지르거나 성인이 되어 범죄 또는 반사회적 행동을 하게 된다.

아동은 정신적 · 신체적으로 아직 미숙하여 성장 · 발달하는 단계에 있다. 따라서 이와 같은 아동학대의 영향이 일평생 지속된다는 점에서 문제의 심각성이 있다. 가해자가 아동이 가장 신뢰하고 의존하는 부모나 가까운 보호자라는 점에서 이들이 성장한 후에도 가까운 사람을 신뢰하거나 사랑하지 못하게 되기도 한다. 또한 학대 아동들은 자신들이 받았던 학대를 훈육의 방법으로 학습하여 자신의 아이에게 학대를 하는 학대의 세대 간 전이의 악순환이 발생한다는 점에서 학대의 부정적 영향을 간과할 수 없다.

4절 » 아동학대의 실태 및 현황

1. 아동학대의 실태

첫째, 우리나라 사회복지관의 아동학대 개입 프로그램을 실시한 기간이 매우 짧아 전반적으로 활발하지 않다. **둘째**, 예산 책정 여부에 따라 프로그램의 활성화 정도가 다르다. 그 결과 기관마다, 프로그램마다의 정도에 차이가 난다.

셋째, 아동학대의 경우 지역 내 관련 기관과 유기적인 협조관계를 유지하는 것이 필요하다. 그러나 아직 우리나라의 경우 지역과의 연계는 다른 나라와 비교해 볼 때 예방세미나나 상담 프로그램이 많이 부족한 실정이다. **넷째**, 우리나라의 방임·학대아동 보호사업은 극단적인 방임의 한 형태인 기아·미아를 대상으로 보호사업만 실시할 뿐 아동의 성적학대, 신체적 학대 및 시설에서 아동학대 등 나머지 보호사업은 거의 이루어지지 않고 있다. **다섯째**, 현재 개정 아동복지법에 아동학대에 관한 내용이 제정되어 아동학대 개입에 대한 제도적인 기틀은 마련되었다. 하지만 전문적이고 실천적인 아동학대 방지 및 예방활동에 대한 활동은 부족하다.

2. 아동학대 현황

아동들은 산업혁명 전후로는 일방적인 노동착취로 소홀히 취급되었다. 산업화가 급속히 진행된 오늘날에는 가족구조의 변화, 기혼여성의 취업, 이혼과 같은 여러 가지 원인으로 아동의 학대가 빈번해졌다. 그러나 아동은 혼자서는 방어력이 약해 생활이 불가능한 경우가 많다. 그러므로 아동학대의 예방과 치료를 위해서는 현황을 알아보는 것이 중요하다.

1) 연도별 아동학대 신고 및 발생현황

전체 아동학대 신고건수를 살펴보면 2016년 29,674건이었던 것이 2020년에는 42,251건으로 증가하였고 실제 학대로 판단된 건수는 2016년 18,700건, 2020년에는 30,905건으로 1.5배 이상 증가하였다. 아동학대 신고건수와 학대건수의 증가와 함께 아동보호전문기관의 수도 2016년 59개소에서 2020년 71개소로 꾸준히 증가하였다. 아동학대에 대한 신고건수의 증가는 아동학대에 대한 사회적 인식이 증가하고 아동학대예방교육 강화, 신고의무자 범위 확대, 아동보호전문기관의 증가 요인에 따른 결과라 볼 수 있다.

표 8-1 아동학대 신고 및 학대 판단건수 (단위: 건)

구분	2016년	2017년	2018년	2019년	2020년
전체 신고건수	29,674	34,169	36,417	41,389	42,251
국내 신고건수	29,671	34,166	36,416	41,389	42,247
해외사례	3	3	1	0	4
아동학대의심사례건수	25,878	30,923	33,532	38,380	38,929
학대 판단건수	18,700	22,367	24,604	30,045	30,905

출처: 보건복지부(2021). 2020년 아동학대 연차보고서.

표 8-2 연도별 아동보호전문기관의 수 (단위: 개소)

구분	2016년	2017년	2018년	2019년	2020년
전체 신고건수	59	60	62	67	71

출처: 보건복지부(2021). 2020년 아동학대주요통계.

2) 아동학대 신고자 유형

아동학대 신고자는 신고의무자와 비신고의무자로 구분된다. 2020년 아동학대 의심신고 총 38,929건 중 아동학대 신고의무자에 의한 신고는 10,973건(28.2%)으로 나타났으며 세부적으로는 초·중·고교직원이 3,805건(9.8%)으로 가장 많았다. 비신고의무자에 의한 신고접수는 총 27,956건(71.8%)으로 나타났으며, 아동보호전문기관장과종사자[2] 10,254건(26.3%), 부모 6,284건(16.1%), 아동 본인 5,533건(14.2%), 이웃·친구 1,945건(5.0%) 순으로 나타났다.

2) 아동학대범죄처벌 등에 관한 특례법 개정에 따라 아동보호전문기관장과 종사자의 경우 시행일(2020.10.01)부터 신고의무자로 변경되었기 때문에 신고의무자와 비신고의무자 유형에 포함되었다.

표 8-3 아동학대 신고자 유형

(단위: 건, %)

신고의무자			비신고의무자		
전체	10,973	28.2	전체	27,956	71.8
초 · 중 · 고교직원	3,805	9.8	아동보호전문기관장과 종사자	10,254	26.3
아동보호전문기관장과 종사자	2,394	6.1	부모	6,284	16.1
아동복지전담공무원	984	2.5	아동 본인	5,533	14.2
아동복지시설종사자	711	1.8	이웃, 친구	1,945	5.0
사회복지전담공무원	632	1.6	친인척	653	1.7
의료인, 의료기사	363	0.9	형제, 자매	443	1.1
사회복지시설종사자	347	0.9	익명	401	1.0
기타	1734	4.6	기타	2443	6.4

출처: 보건복지부(2021). 2020년 아동학대주요통계.

3) 아동학대 피해아동의 성별, 연령별 현황

2020년 학대피해아동 30,905명의 성별, 연령별 현황을 보면 먼저 성별에 있어서 남아(51.2%)가 여아(48.8%)보다 학대피해가 더 많은 것으로 나타났으나 큰 차이를 보이지 않았다. 연령별로 살펴보면 13세~15세가 22.9%로 가장 많았고, 1세~3세가 9.0%로 적게 나타났다. 하지만 보건복지부의 2020년 아동학대 연차보고서에 따르면 2020년 아동학대로 사망한 아동은 총 43명으로 1세 이하(24개월 미만) 아동이 27명(62.8%)으로 보고되고 있어 유아의 경우 학대가 곧 죽음으로 이어지는 비율이 매우 높음을 알 수 있다.

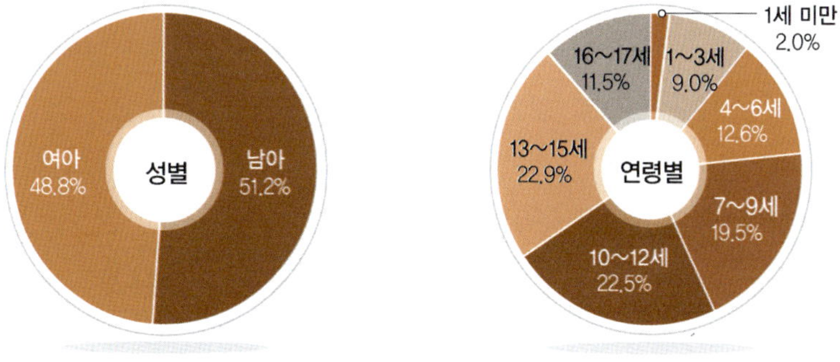

출처: 보건복지부(2021). 2020년 아동학대주요통계.

그림 8-3 2020년 학대피해아동의 성별, 연령별 현황

4) 아동학대 유형별 현황

2016년부터 2020년까지 중복학대가 모두 50% 이상을 차지하면서 가장 많은 유형을 보였고 2020년의 경우 중복학대 중 신체적 · 정서적 학대유형이 12130건(39.2%)으로 대부분의 중복학대 유형으로 나타났다(보건복지부, 2021).

표 8-4 연도별 아동학대 유형별 현황 (단위: 건)

구분	2016년	2017년	2018년	2019년	2020년
합계	18,700	22,367	24,604	30,045	30,905
중복	8,980	10,875	11,792	14,476	14,934
신체	2,715	3,285	3,436	4,179	3,807
정서	3,588	4,728	5,862	7,622	8,732
성	493	692	910	883	695
방임	2,924	2,787	2,604	2,885	2,737

출처: 보건복지부(2021). 2020년 아동학대 연차보고서.

5) 아동학대 행위자 유형

아동학대 행위자의 대부분은 부모로 나타났고 2016년 80.5%, 2017년 76.8%, 2018년 76.9%, 2019년 75.6%로 소폭 감소하다가 2020년 82.1%로 다소 증가하는 현상을 보였다.

이러한 현상은 2020년부터 시작된 코로나19의 확산으로 온라인 수업 확대 등 아동이 가정에서 보내는 시간이 많아졌고, 보호자들의 양육스트레스가 늘어감에 따라 가정폭력 사례도 증가한 것으로 보고 있다.

표 8-5 연도별 아동학대 행위자 유형 (단위: 건, %)

구분	2016년	2017년	2018년	2019년	2020년
계	18,700(100)	22,367(100)	24,604(100)	30,045(100)	30,905(100)
부모	15,048(80.5)	17,177(76.8)	18,920(76.9)	22,700(75.6)	25,380(82.1)
친인척	795(4.3)	1,067(4.8)	1,114(4.5)	1,332(4.4)	1,661(5.4)
대리양육자	2,173(11.6)	3,343(14.9)	3,906(15.9)	4,986(16.6)	2,930(9.5)
부모의 동거인	311(1.7)	247(1.1)	270(1.1)	363(1.2)	444(1.4)
유치원 교직원	240(1.3)	281(1.3)	189(0.8)	155(0.5)	118(0.4)

구분		2016년	2017년	2018년	2019년	2020년
	초중고교 직원	576(3.1)	1,345(6)	2,060(8.4)	2,154(7.2)	882(2.9)
	학원 및 교습소	167(0.9)	217(1)	176(0.7)	320(1.1)	208(0.7)
	보육교직원	587(3.1)	840(3.8)	818(3.3)	1,384(4.6)	634(2.1)
	아동복지시설 종사자	253(1.4)	285(1.3)	313(1.3)	408(1.4)	556(1.8)
	기타시설 종사자	28(0.1)	60(0.3)	27(0.1)	63(0.2)	12(0.0)
	청소년 관련 시설 종사자	2(0.0)	32(0.1)	33(0.1)	87(0.3)	14(0.0)
	위탁부	0(0.0)	4(0.0)	7(0.0)	3(0.0)	4(0.0)
	위탁모	5(0.0)	17(0.1)	2(0.0)	8(0.0)	16(0.1)
	베이비시터	4(0.0)	15(0.1)	11(0.0)	41(0.1)	42(0.1)
타인		201(1.1)	294(1.3)	360(1.5)	663(2.2)	565(1.8)
기타		454(2.4)	441(2)	304(1.2)	364(1.2)	369(1.2)
파악 안 됨		29(0.2)	45(0.2)	–	–	–

출처: 보건복지부(2021). 2020년 아동학대 연차보고서.

6) 아동학대 발생장소

2020년 아동학대 발생 장소의 경우, 가정 내 발생건수가 26,996건(87.3%)으로 가장 많았고 이 중 아동가정 내에서 발생한 사례는 26,249건(84.9%)이었다.

표 8-6 아동학대 발생장소 (단위: 건, %)

발생장소		건수, 비율	
가정 내	아동 가정 내	26,249	84.9
	학대행위자 가정 내	747	2.4
학교		893	2.9
어린이집		658	2.1
아동복지시설		605	2.0
집 근처 또는 길가		586	1.9
기타		1,167	3.8

출처: 보건복지부(2021). 2020년 아동학대주요통계.

7) 학대피해아동쉼터의 피해아동 보호현황

2020년 전국 총 76개의 학대피해아동 쉼터가 총 1026명의 아동을 보호하였다. 이 중 2020년 이전에 입소하여 2020년도에도 보호를 받은 아동의 수는 전체의 374명

(63.5%)이었고, 2020년 입소아동은 652(63.5%)이었다. 퇴소아동은 1,026명 중 526명(51.3%)이었고 재원하고 있는 아동은 500명(48.7%)이었다.

표 8-7 학대피해아동 쉼터 입소현황

(단위: 명, %)

	2020년 이전 입소아동		2020년 입소아동		총 보호아동	
아동 수	374	(36.5)	652	(63.5)	1026	(100.0)

출처: 보건복지부(2021). 2020년 아동학대주요통계.

표 8-8 학대피해아동 쉼터 퇴소현황

(단위: 명, %)

	2020년 이전 입소아동		2020년 입소아동		총 보호아동	
아동 수	374	(36.5)	652	(63.5)	1026	(100.0)

출처: 보건복지부(2021). 2020년 아동학대주요통계.

2020년 학대피해아동쉼터에서 보호를 받다가 퇴소한 아동 총 526명을 기준으로 퇴소 아동들의 거주 기간을 살펴보면, 1개월 미만 거주한 아동이 175명(33.3%)으로 가장 많았고 6개월 이상~1년 미만 113명(21.8%), 1개월 이상~3개월 미만 107명(20.3%), 1년 이상 48명(9.1%) 순으로 나타났다.

표 8-9 학대피해아동 쉼터 퇴소아동의 거주 기간

(단위: 명, %)

	2020년 이전 입소아동		2020년 입소아동		총 보호아동	
아동 수	374	(36.5)	652	(63.5)	1026	(100.0)

거주기간	명수(비율)	
1개월 미만	175	(33.3)
1개월 이상 ~ 3개월 미만	107	(20.3)
3개월 이상 ~ 6개월 미만	83	(15.8)
6개월 이상 ~ 1년 미만	113	(21.8)
1년 이상	48	(9.1)
계	526	(100.0)

출처: 보건복지부(2021). 2020년 아동학대주요통계.

2020년 학대피해아동쉼터에서 퇴소한 아동의 거주지를 살펴보면 타시설로 위탁된 아동이 275명(52.3%)으로 가장 많았고 원가정 복귀가 204명(38.8%), 가정위탁이 12명(2.3%), 친인척 보호가 8명(1.5%)으로 나타났다.

표 8-10 학대피해아동 쉼터 퇴소아동의 거주지

(단위: 명, %)

퇴소후 거주지	명수(비율)	
원가정 복귀	204	(38.8)
친족(친인척)보호	8	(1.5)
가정위탁	12	(2.3)
타시설위탁	275	(52.3)
기타	27	(5.1)
계	526	(100.0)

출처: 보건복지부(2021). 2020년 아동학대주요통계.

3. 아동보호서비스현황

1) 아동보호 서비스 제도화의 배경

① 아동학대고발센터(1979년 한국 사회복지 협의회–홍보부족과 인식부족으로 1년 만에 폐지됨)

② 아동 권익 보호 신고소(1985년 서울시립아동상담소–예방역부족)

③ 아동학대 신고센터(1989년 한국아동학대예방협회–세미나, 캠페인을 통해 인식 고취 위한 노력함) 1989년부터 아동학대와 방임을 예방하는 사업을 전개해 온 한국복지재단은 학대를 받고 있거나 학대의 위험에 놓여 있는 아동의 권리와 안전보장을 도모하고 이를 기반으로 하여 건강한 사회적 단위로서의 가족과 건전한 가족기능의 유지를 돕는 아동학대 상담센터를 운영하고 있다. 이는 아동이 신체적, 정신적으로 건강한 민주시민으로 성장할 수 있도록 도와줌으로써 이 나라 아동복지, 궁극적으로 인간복지의 실현에 기여하고자 함이다.

④ 아동학대 상담 센터(1996년 굿네이버스–사례 발견 및 예방, 아동학대 예방 교육 등 실시함), 굿네이버스는 기독교 정신에 입각하여 가난하고 소외된 지구촌 이웃들의 문제에 관심을 가지며 전문적으로 해결해야 한다는 사회적 요청에 부응코자 1991년 3월 한국인에 의해 설립되었고, 1996년에는 국내 최초로 UN 경제사회이사회(UN ECOSOC)로부터 NGO 최상 위 지위인 포괄적 협의지위(General Consultative Status)를 부여받은 국제비영리단체다.

⑤ IMF 이후, 민간사회복지 단체들의 의견과 [UN아동권리에 관한 국제협약]에 의해 2000년대에 아동보호체계가 제도화되었다.

2) 우리나라의 아동학대 대처 현황

(1) 아동학대 관련법 및 제도

1981년 아동학대예방의 법적근거는 단지, 금지행위뿐이었다. 그러나 2000년도에 아동복지법[3])이 개정되면서 아동학대 예방을 위한 여러 조치가 취해진다.

① 법적으로 아동학대의 개념을 정의했다.

> 제2조. "아동학대"라 함은 보호자를 포함한 성인에 의하여 아동의 건강 · 복지를 해치거나 정상적인 발달을 저해할 수 있는 신체적 · 정신적 · 성적폭력 · 가혹행위 및 아동의 보호자에 의하여 이루어지는 유기와 방임을 말한다.

② 아동학대 신고의무자를 규정하고 신고를 의무화하였다.

> 제26조 아동학대 신고
> 의무와 절차
> ① 누구든지 아동학대를 알게 된 때에는 아동보호전문기관 또는 수사기관에 신고할 수 있다.
> ② 다음 각 호의 1에 해당하는 자는 그 직무상 아동학대를 알게 된 때에 는 아동보호전문기관 또는 수사기관에 신고하여야 한다.
> 1. 초. 중등교육법 제3조의 규정에 의한 교원
> 2. 의료법 제3조의 규정에 의한 의료기관에서 의료업을 행하는 의료인
> 3. 아동복지시설의 종사자 및 그 장
> 4. 장애인복지법 제37조의 규정에 의한 장애인 복지시설에서 장애아동에 대한 상담. 치료. 훈련 또는 요양을 행하는 자
> 5. 영유아보육법 제7조의 규정에 의한 보육시설의 종사자
> 6. 윤락행위방지법 제11조 및 제14조의 규정에 의한 복지시설의 종사자 및 여성복지상담소의 상담원
> 7. 모자복지법 제7조 및 제20조의 규정에 의한 모자복지상담소의 상담원 및 모자복지시설의 종사자
> 8. 가정폭력방지및피해자보호 등에 관한법률 제5조 및 제7조의 규정 에 의한 가정폭력 관련상담소의 상담원 및 가정폭력 피해자보호 시설의 종사자
> 9. 아동복지지도원 및 사회복지사업법 제14조에 의한 사회복지전담공무원

③ 학대아동에 대한 신고조치를 의무화했다.

> 제27조 응급조치의무 등
> ① 아동학대신고를 접수한 아동보호전문기관 직원이나 사법경찰관리는 지체 없이 아동학대의 현장에 출동하여야 하며 아동학대행위자로부터의 격리 또는 치료가 필요한 때에는 아동보호전문기관 또는

3) ①~⑤항의 내용은 아동복지법 [시행 2000. 7. 13.] [법률 제6151호, 2000. 1. 12., 전부개정]을 기준으로 한 조항임

> 치료기관에 인도에 필요한 조치를 하여야 한다.
> ② 아동학대의 신고를 접수한 아동보호전문기관이나 수사기관은 대통령령이 정하는 바에 따라 학대받은 아동의 보호와 학대의 방지를 위하여 제10조 제1항 제2호 내지 제4호의 규정에 의한 조치 등을 의뢰할 수 있다.

④ 금지행위에 대한 처벌 규정을 강화하였다.

> 제29조 금지행위 누구든지 다음 각 호의 1에 해당하는 행위를 하여서는 안 된다.
> 1. 아동의 신체에 손상을 주는 학대행위
> 2. 아동에게 성적 수치심을 주는 성희롱, 성폭행 등의 학대행위
> 3. 아동의 정신건강 및 발달에 해를 끼치는 정서적 학대행위
> 4. 자신의 보호. 감독을 받는 아동을 유기하거나 의식주를 포함한 기본적 보호 및 양육, 의료적 처치를 소홀히 하는 방임행위
> 5. 아동을 타인에게 매매하는 행위
> 6. 아동에게 음행을 시키거나 음행을 매개하는 행위
> 7. 장애를 가진 아동을 공중에 관람시키는 행위
> 8. 아동에게 구걸을 시키거나 아동을 이용하여 구걸하는 행위
> 9. 공중의 오락 또는 흥행을 목적으로 아동의 건강 또는 안전에 유해한 곡예를 시키는 행위
> 10. 정당한 권한을 가진 알선기관 외의 자가 아동의 양육을 알선하고 금품을 취득하는 행위
> 11. 아동을 위하여 증여 또는 급여된 금품을 그 목적 외의 용도에 사용하는 행위

⑤ 아동보호에 대한 의무를 국가와 지자체에서 보조와 부담해준다.

> 제31조 비용보조 국가와 지방자치단체는 대통령령이 정하는 바에 의하여 다음 각 호의 1에 해당하는 비용의 전부 또는 일부를 보조할 수 있다.
> 4. 아동보호전문기관의 설치. 운영에 소요되는 비용

⑥ 아동학대범죄의 처벌 등에 관한 특례법 제정

아동학대 예방 및 보호 조치로 2000년 아동복지법을 전면 개정하여 국가차원의 개입이 진행되었으나 아동학대 발생은 더욱 증가하고 학대 수준이 점차 잔인해지자 국가는 아동학대 가해자에 대한 별도의 조치 없이 피해아동 보호와 예방적 조치만으로 아동학대 행위 근절의 근본적 해결책이 없다는 점을 인식하게 되었다. 이에 아동학대범죄에 대한 처벌을 강화하고 아동학대범죄가 발생한 경우 긴급한 조치 및 보호 등의 주요내용을 골자로 하는 '아동학대범죄의 처벌에 관한 특례법'을 2014년 1월 28일 제정하고 2014년 9월 29일 시행하게 되었다. 하지만 아동학대범죄를 현실에 맞게 유형화하지 않은 문제, 가해자에 대한 형사적 처리와 피해아동에 대한 보호를 연계할 수 있는 방안이 미흡하게 규정되었다는 지적이 있다(정웅석, 2014).

아동학대치사죄 및 아동학대중상해죄를 신설하여 최고 무기징역에 처하도록 아동학대범죄에 대한 처벌규정을 강화하였다. 상습범 및 아동복지시설 종사자 등에 대해서는 가중처벌 하도록 하였다. 아동학대행위자가 아동에게 중상해를 입히거나 상습적으로 아동학대범죄를 저지른 경우에는 검사가 법원에 친권상실을 청구할 수 있도록 하였다.

⑦ 2020년 4월 7일 아동복지법 개정을 통해 아동학대전담공무원 배치.

아동학대로 인한 중상해, 사망 등 심각한 아동학대 사건이 지속적으로 발생 · 증가하고 있는 추세로 시 · 도지사 또는 시장 · 군수 · 구청장이 아동학대전담공무원을 두고 아동학대 조사업무 등을 수행하게 하며, 조사 후에는 피해아동보호계획을 수립하도록 하는 등 아동학대 조사체계를 공공 중심으로 개편하여 아동보호전문기관이 담당함에 따라 조사 거부와 조사자 위협이 빈번하게 발생하는 등 효과적인 조사업무를 수행하기에 한계를 대처하고자 아동복지법 일부를 개정하였다.

⑧ 아동학대범죄의 처벌 등에 관한 특례법 강화

16개월이라는 짧은 생을 학대와 고통 속에 살다간 정인이[4]의 안타까운 사연으로 국민적 관심사가 모아진 가운데 아동학대 방지 및 처벌 강화를 위한 "아동학대범죄의 처벌 등에 관한 특례법" 개정이 2021년 01월 08일 국회를 통과하였다.

▶ 주요내용

- 초기대응능력 강화: 신고의무자가 아동학대를 신고하는 즉시 지자체 또는 수사기관이 수사에 착수하도록 하여 아동학대범죄에 관한 초기대응능력을 이전보다 강화하였다.
- 피해아동 보호를 위한 필요 장소 확대: 사법경찰관 아동학대 전담공무원이 현장 출동 후 출입할 수 있는 장소를 학대신고 현장뿐만 아니라 '피해아동을 보호하기 위하여 필요한 장소로까지 확대하였으며, 피해아동 응급조치 시, 아동학대 행위자의 주거지나 차에 출입할 수 있도록 하였다.
- 가해자와 가해 장소로부터 신속하고 충분한 분리 및 조치 강화: 사법경찰관이 현장조사를 할 때 피해 아동이나 신고자를 아동학대 행위자와 분리할 수 있도록

4) 정인이 사건은 2020년 10월 13일 서울특별시 양천구에서 발생한 아동학대 살인 사건이다. 홀트아동복지회에서 입양한 당시 8개월의 여자아이를 입양모 장하영과 입양부 안성은이 장기간 심하게 학대하여 16개월이 되었을 때 죽음에 이르게 한 혐의를 받고 있다.

하였다. 또한 피해 아동보호의 실효성 확보를 위해 피해아동에 대한 응급조치기간 상한인 72시간에 토요일과 공휴일이 포함되는 경우 48시간의 범위에서 응급조치 기간을 연장할 수 있도록 하였다.

- 관련 업무 방해 행위 처벌 강화: 아동학대 범죄 관련 업무 수행을 방해하는 경우 현행 '5년 이하 징역 또는 1500만 원 이하 벌금'을 '5년 이하 징역 또는 5000만 원 벌금'으로 강화하였다.

(2) 아동을 위한 아동 보호 체계 운영

① 긴급전화

아동복지법 23조에 따라 24시간 운영하는 아동학대 신고전화를 설치하여 2000년 10월 5일 본격적인 운영에 들어갔다. 전국 어디서나 신속한 신고를 도모하기 위해 특수번호(1391)를 도입했다. 또한 신고 접수 시 즉각적인 응급조치를 실시하기 위하여 아동의 발견, 치료, 보호 및 예방 등으로 4회선으로 설치하여 운영하고 있다.

② 아동보호전문기관 설치

2000년 1월 12일 아동복지법 전면개정을 통하여 아동학대의 용어를 정의하고 아동보호전문기관 설치 및 의무를 규정하였다. 2020년 전국 시 · 도에 중앙아동보호전문기관 1개소와 지역별 아동보호전문기관 70개소가 설치 · 운영되고 있다.

③ 아동권리보장원 설치

아동학대예방 및 방지업무, 보호대상아동 및 취약계층아동에 대한 지원업무 등 아동 지원업무가 별개의 기관에 위탁되어 산발적으로 운영되고 있는 현행법의 문제가 지적됨에 따라 아동정책을 종합적이고 체계적으로 추진할 수 있는 통합 수행기관의 필요성이 제기되었다. 이에 보호가 필요한 아동이 발견되어 보호 종료 이후까지 이어지는 전 과정을 총괄적, 체계적으로 지원하도록 하는 아동권리보장원[5]을 신설하게 되었다.

가. 아동정책 연구 · 지원: 아동정책 수립 · 평가, 아동정책개발 조사연구, 교육프로그램 연구개발

5) 아동복지법 [시행 2019.7.16.] [법률 제16248호, 2019.1.15., 일부개정] 10의 2조에 근거하여 아동권리보장원이 신설되었다.

나. 아동성장 · 돌봄: 지역아동센터 지원, 다함께돌봄센터 지원, 아동통합서비스 지원(드림스타트)

다. 아동보호: 아동학대 예방 및 보호, 실종아동 등 보호 지원, 실종예방교육 신청

라. 가정형보호: 가정위탁사업 활성화, 가정위탁 안내 및 절차, 입양정책 수립 지원, 입양 안내 및 절차, 입양인 · 가족지원

마. 아동자립: 아동자립지원, 아동자산형성(디딤씨앗통장)

바. 아동권리 증진: 유엔아동권리협약 이행 지원, 지역사회 중심의 놀이혁신 확산, 대한민국 아동총회

(3) 민간단체의 활동

① 아동권익 신고소

권익을 침해당하는 아동 또는 학대받는 아동들을 보호하고 시민들의 사동 권익 보호 정신을 함양하여 아동복지 증진에 기어코자 하는 데 설치목적이 있다. 학대 사건을 신고하고, 사실 확인이 조사된다. 그 후, 특수한 아동권익침해신고에 대해서는 특별 심의 판정위원회를 구성 운영하여 조정을 지도하거나 경고조치, 사직 당국에 고발, 의법 조치한다.

② 한국아동학대 예방협회

1989년 설립되어, 아동학대의 문제의 심각성과 사회적 법적 대책에 대해 여론 환기를 주도하였다. 매월 사례 발표회를 갖고, 아동학대에 대한 홍보와 상담을 실시하고 있다.

③ 나눔의 집

1991년 개원되어, 빈곤과 결손가정으로 인해 여러 문제에 놓여있는 아동들에게 공부방운영, 상담, 응급 치료 등의 서비스를 제공하거나, 의복, 식사, 숙박 등의 기본적인 도움을 제공하였다. 그러나 이 기관은 장기적인 고위험요소를 가진 아이들은 보호할 수 없는 단점이 있다.

④ 한국이웃사랑회

아동학대 상담센터를 개설하여 학대받는 아동의 발견과 치료, 부모상담 및 가정지원을 통해 해체위기의 가정을 돕고 아동의 권리증진에 힘쓰고 있다.

활동내용은 아동상담으로 피학대 아동을 위한 개별상담, 집단상담, 부모 상담으로 자신의 문제, 아동양육에 어려움을 갖는 부모를 위한 상담, 위기개입으로 위급한 상황에 놓인 아동을 격리보호와 입원과 예방 교육사업, 결식아동지원 등의 사업을 수행한다.

⑤ 굿네이버스

굿네이버스는 아동학대 문제의 심각성을 인식하고 아동보호와 아동학대예방을 위한 다양한 활동을 전개하기 위해 1996년 민간단체 최초로 아동학대상담센터를 운영하였다. 아동학대예방 등 아동보호를 위한 제도 마련의 필요성을 지속적으로 제기하여 2000년 아동복지법 개정을 이끌었으며, 아동보호전문기관의 설치 및 법적 근거를 마련하여 국가 차원의 아동학대예방사업이 본격적으로 추진될 수 있는 기반을 조성하였다. 현재 보건복지부 위탁 중앙아동보호전문기관을 비롯하여 전국 시 · 도 위탁 아동보호전문기관을 운영하고 있다.

▶ 주요사업내용

가. 중앙아동보호전문기관 1개소(보건복지부 위탁운영) 운영

- 지역아동보호전문기관 지원, 아동학대예방사업을 위한 연계체계구축, 프로그램 개발 · 평가, 아동보호전문기관 전산시스템 구축 및 운영을 하고 있다.

나. 지역 아동보호전문기관 전국 28개소(지방자치단체 위탁운영) 운영

- 아동학대 신고접수, 현장조사 및 응급보호, 학대피해아동 및 학대행위자 상담 및 치료지원, 아동학대예방교육 및 홍보 등을 수행하고 있다.

다. 위기가정아동지원

- 복지 사각지대에 놓인 위기가정 아동을 발굴하여 장학금, 의료비, 주거비 등의 기금 지원을 실시하고 있다.

라. 시설 아동 지원

- 굿네이버스와 협력하고 있는 아동복지시설에서 생활하는 아동과 청소년을 대상으로 다양한 서비스를 지원(물품 및 장학금 지원, 아동프로그램 지원 등)하고 있다.

3) 외국의 아동학대 서비스 현황

(1) 미국

미국의 아동보호 서비스는 치료중심에서 예방을 중시하게 되었다. 그리고 개별 가족의 구성원에 대한 개입보다는 가족전체를 대상으로 하는 서비스의 범위를 넓혀 왔다.

① 아동보호서비스로 아동학대가 발견되었거나 의심이 갈 때 어디에 신고해야 하며 신고 될 사례는 어떻게 처리되며 누가 개입의 책임을 지는가에 대한 법적 규정과 이에 따른 전담기관의 수립이 요구되는 제도이다. 재원은 연방과 주에서 충당하며 주의 권한으로 아동보호서비스의 포괄적인 프로그램 제공한다.

② 아동학대에 대한 신고

모든 주와 콜롬비아 특별지구는 아동학대와 방임으로 의심되는 것을 의무적으로 신고하도록 하는 법이 있다.

미국의 신고법

- 학대의 정의– 신체적, 정서적, 성적 학대와 방임을 아동학대에 포함. 전문가들은 교육과 훈련을 받은 사람이므로 이들이 아동학대로 의심하는 경우에는 신고를 하면 된다.
- 적용되는 사람– 의사, 간호사, 사회사업가, 교사 등 정규적으로 아동과 접촉하게 되는 대부분의 전문가들은 의심되는 아동학대 사례를 신고해야 한다.
- 신고– 법에서 명시된 특정 기관에 해야 한다.
- 적시의 조사– 신고 후, 통상적으로는 48시간 안에 조사가 시작되고, 6달 안에 일반적으로 종결되어야 한다.
- 위급상황의 제거 및 치료– 아동이 긴박한 위험에 처해있다는 이유가 있다면, 부모의 보호를 48시간 동안 벗어날 수 있다. 그리고 아동의 건강 보호 위해 의학적 치료의 권한을 준다.
- 면제– 신고한 전문가는 시민의 고소를 면할 수 있다.
- 신고하지 않을 때의 대응– 벌금이나 구금 등을 부과한다.

③ 프로그램의 소개

- 가족 지원 프로그램: 자녀를 성공적으로 양육하기 위한 가족의 능력증진이라는 목표를 가지고, 문제를 예방하려 한다.
- 가족 보존 서비스: 미국은 아동학대에 대한 가장 중요한 가치는 자녀의 안전성과 가족보존이다. 치료는 가족에 기반 해야 한다고 생각하며, 가족을 중심으로 한

서비스를 제공한다.

- 자녀 학대 잠재성을 측정하는 프로그램=CAP(Child Abuse Potential): 학대의 위험이 높은 부모들을 파악하기 위하여 자녀 학대 잠재성 목록을 작성하는 프로그램이다. 예측 도구를 이용하여, 이들에 대한 지원을 제공하고 도움이 되는 서비스로 안내하는 것이다.
- 아동학대예방 목표를 위한 교부금(Child Abuse Prevention Challenge Greats): 매년 5백만 달러의 기금이 조성되는 아동학대예방을 목표로 한 교부금 프로그램은 아동학대와 방임의 예방만을 위한 유일한 연방기금프로그램이다.

(2) 영국

① 아동보호서비스

영국은 초기부터 정부가 아동보호서비스에 관여했다. 또한 영국은 위험에 처한 아동을 파악하고 전문가간의 상호협력을 극대화하기 위한 절차를 만드는 것에 강조점을 두었다.

영국의 아동보호 서비스 중 가장 중요한 요소는 아동보호 회의다. 학대가 의심되면 지역아동 보호 위원회의 사례회의를 거치고, 위험수준을 평가하여, 보호하기 위한 계획을 발전시키고 아동보호 기록부의 기재 여부를 판단한다. 그리고 네트워크 모임도 있다. 한 사례에 다양한 집단을 포함시켜, 아동의 상황에 대해 토의와 서비스 계획을 도모하는 것이다. 아동학대의 업무를 담당하는 요원과 전문봉사자들의 훈련은 정부수준에서 이루어진다.

② 조직의 활동

지역아동보호위원회－1970년에 설립된 것으로 아동보호에 관련된 정책을 개발하고 관련기관들에 대한 학대로부터 아동을 보호하기 위한 상호협력을 담당하고 있다.

③ 학교와 관련한 활동

체벌의 금지, 폭력예방 프로그램 등이 있다.

(3) 호주

전국아동학대방임예방협회(NAPCAN ; National sociation for the Prevention of

Child Abuse and Neglect)에서 아동의 자아존중과 안전을 유지하기 위해 주로 예방적 프로그램을 시행하고, 전국아동보호주간을 제정, 매스미디어 캠페인을 전개하고 있다(예: 아기를 절대로 흔들지 맙시다: Never, Never Shake a Baby!!). 또한 특정 전문집단이 아동학대 발견 시 보건지역사회서비스 당국에 신고를 의무화하고 있다.

4. 아동학대의 과제 및 사회복지적 접근

1) 아동학대의 과제

(1) 사회적 가치의 변화

첫째, 사회구성원 간의 인격적인 존중이 중요하다.

우리나라의 경우, 아동학대는 대부분 훈육의 의도로 이루어지는 경우가 많다. 그래서 가족이 아닌 다른 사람들은 그런 학대를 보고도 모른 척할 수밖에 없었다. 그러나 아동학대는 의도와는 달리 아동을 인격적으로 무시하는 것에서 시작된다. 나이가 어리고, 보호를 받는다는 이유로 폭력을 행사하는 것이다. 즉, 아동도 하나의 인격체로 존중하는 것이 필요하다. 아동뿐 아니라, 우리사회에는 인격이 우선이 아니라 지위나 성별에 따라 사람을 판단하는 경우가 허다하다. 즉 아동을 인격체로 받아들이기 위해서 사회구성원 모두 서로를 인격적으로 바라보는 것이 중요하다.

둘째, 폭력을 허용하지 않는 사회적 인식의 변화이다.

아동학대를 막기 위해서는 사회에서 가정에서 일어나는 폭력을 허용하지 않는 태도가 필요하다. 즉, 폭력을 미화하는 등의 내용을 삼가고, 가정폭력 또한 폭력의 일종으로 인식하도록 해야 한다.

(2) 예방을 위한 프로그램 개발

① 부모교육의 실시

대부분의 아동학대가 가정에서 많이 일어난다는 것을 초점화해서 부모교육은 매우 중요하다. **첫째, 미혼기에 정결한 몸과 마음가짐**을 가져야 한다. 학대받기 쉬운 자녀로 부모가 원하지 않는 상태에서 태어난 아이를 들었고, 동시에 학대하기 쉬운 부모의 특성으로 양육하기에 부담을 느끼는 상태에서 자녀를 낳았을 때가 예로 들렸다. 즉, 부모가 되기 이전에 건강한 신체뿐 아니라, 마음도 준비해야 한다.

둘째, 부모의 역할에 대해 바르게 이해하고 있어야 한다. 부모 중심의 시작에서 벗어나야 한다. 또한 부모역할의 특성으로는 자녀의 성장에 따라 변해야 하고, 자녀의 성과 출생 순위 등의 개인차를 고려해서 양육해야 하는 등의 특성이 있다.

셋째, 바른 양육태도를 지녀야 한다. 즉 적대적이지 않고 통제적이지 않으며, 안일하지 않고 합리적인 태도로 양육해야 한다.

넷째, 자녀의 발달특성을 이해해야 한다. 아동의 양적인 변화뿐 아니라 질적인 변화에 있어 부모는 파악하고 있어야 한다. 또한 그 각각의 **시기에 맞는 발달과업을 수행**하게 도와주어야 한다.

② 학교를 통하여 학생들을 대상으로 하여 부모준비교육을 시킴으로써 부모가 되었을 때 실제적인 역할을 잘 수행할 수 있도록 해야 한다. 또한 가정폭력에 관련된 주제를 가지고 비디오나 연극발표 등을 포함하여 워크숍 등을 연다. 즉 학생들에게 폭력에 대한 편견을 없애고 미래의 폭력을 예방하도록 한다. 그리고 학대받은 아이에게 긍정적인 자아상을 심어주고, 갈등 해결방법으로서 폭력은 정당화될 수 없다는 것을 교육한다.

③ 일반시민들을 대상으로 TV나 라디오 등의 공익광고는 시민의식에 큰 영향을 끼친다. 즉 이런 홍보로 심각성을 자각할 수 있다.

④ 아동학대의 프로그램 개발 및 시행을 위해서는 무엇보다 기금마련이 중요하다. 우리는 아직 예산 부족으로 기금프로그램이 없는 상황이다. 하지만 앞으로 예방 관련 프로그램 등에 지원할 수 있는 기금이 마련된다면 학대 후 치료비용보다 훨씬 경제적일 수 있다.

2) 아동학대 예방을 위한 사회복지적 접근

(1) 아동학대 신고 및 예방교육 조항의 신설

① 신고의무의 강화

아동학대 신고 현황에서 나타난 신고제의 문제점은 아동복지법상 신고의무자의 신고의무 불이행시 처벌조항 및 신고교육 및 매뉴얼에 대해 법적으로 명시되지 않은 점에 기인한다. 따라서 이러한 문제점을 개선하기 위해서는 먼저 신고의무자의 신고의무를 강화하기 위해 성폭력범죄의 처벌 및 피해자보호 등에 관한 법률에서 규정되어 있는 바와 마찬가지로 신고의무자의 아동학대 미신고에 대한 과태료 부과제도를 도입한다. 또한 신고의무자들이 아동학대에 대한 신고의무를 정확히 인지하기 위해 신고의무자에 대한 의무교육의 도입을 검토할 필요성이 있으며, 신고의무자들에게 아동학대에 대한 기준과 업무지침 등을 다룬 매뉴얼 개발 보급할 필요성이 있다. 그리고 아동학대에 관해 허위신고를 하는 경우도 미신고자에 마찬가지로 과태료를 부과할 수 있도록 한다.

② 아동학대 예방 관련 교육 의무조항의 신설

아동학대의 예방을 위해서는 무엇보다 교육이 활성화되어야 한다. 그러나 아동복지법에는 보육시설 및 학교에서의 어린이 안전에 대한 교육을 의무화하고 있지만 아동학대 예방 교육에 대한 강제규정은 도입되지 않았다. 따라서 국가 및 지방자치단체가 아동학대의 예방을 위해 아동학대에 관련된 교육을 실시하도록 하는 교육의무 규정을 신설할 필요성이 있다.

(2) 아동학대서비스 전달체계 개선

현재 우리나라 아동학대와 관련된 서비스 전달체계를 살펴보면, 다른 모든 사회복지 서비스 전달체계와 마찬가지로 정책을 수립 집행하는 행정기관과 서비스제공을 담당하는 기관과 분리 · 운영하는 방식을 채택하여 각 시 · 도 단위로 아동보호전문기관을 설치하고 대부분의 기관을 민간기관에 위탁운영하고 있다. 또한 중앙의 1개소의 아동보호 전문기관과 각 시 · 도를 대표할 수 있는 아동보호전문기관 그리고 일정지역을 담당하는 소규모의 아동보호전문기관 3개 유형의 전달체계를 가지고 있다. 그러나 이러한 민간위탁 운영방식의 경우 아동학대와 관련된 서비스 제공에 있어서 공적인 권한이 부여되지 않아 업무를 수행하는데 그 한계를 가지고 있다. 아울러 아동보호전문기관은 아동학대가 발생한 이후 신고접수와 현장조사, 아동보호서비스 제공, 심리상담 및 치료서비스 제공 등 사후대처 중심의 업무를 담당하는 등 많은 업무를 전담하고 있지만, 이와 관련된 인프라와 인력, 예산이 턱없이 부족하다.

① 중앙 및 지방의 아동보호전문기관의 명확한 역할 규정

중앙아동보호전문기관은 중앙정부가 하지 못하는 아동학대와 관련된 다양한 정책적 대안 제시와 자료 분석, 상담원 교육 등 다양한 업무를 담당하고 있는데, 민간기관에서 위탁운영하고 있어 공공기관에서 운영하고 있는 지방아동보호전문기관이나 같은 지위를 가지고 있는 지방아동보호전문기관에게 기술적인 업무수행을 지시할

수 있는 권한을 확보하는 데 한계가 있다. 또한 아동복지법상 아동보호전문기관의 업무만 명시되어 있을 뿐 중앙과 지방의 아동보호전문기관의 역할의 차이와 업무지도 그리고 소규모 지역아동 보호전문기관과의 업무협조관계 등에 대한 규정이 이루어지지 못하고 있다. 따라서 중앙과 지방 그리고 소규모 아동보호전문기관의 지위 및 역할 그리고 업무수행체계에 관한 규정을 신설하여 아동학대 업무에 관한 규정을 신설하여야 한다.

② 아동보호전문기관 인력증원 인프라와 인력의 확충, 적정한 예산 지원

먼저 아동보호전문기관의 인프라와 담당인력을 확대해야 할 필요성이 있다. 아동보호전문기관이 관할하는 구역이 좁고 행정구역 내에 아동인구가 적을수록 그리고 아동보호전문기관 종사자의 수가 많을수록 아동학대발견과 아동학대를 예방할 가능성이 당연히 높아진다.

하지만 아동보호전문기관은 2020년 12월 기준으로 중 71개소가 설치 · 운영되고 있다. 전국 266개 지자체의 31% 수준에 불과하다. 아동학대 의심사례 건수는 기하급수적으로 늘고 있지만, 아동보호전문기관의 확충 속도는 이를 따라가지 못하고 있다. 상담원은 현장조사와 학대여부 판단, 사례관리 업무까지 맡고 있는 등, 한 사람이 담당해야 할 업무가 아 모든 사례를 감당하기 역부족인 실정이다.

미국아동복지연맹에서는 상담원 1인당 적정 사례 건수를 17건으로 정하고 있지만 보건복지부는 1인당 적정 아동학대 사례 관리 건수 기준을 32건으로 제시하고 있다. 하지만 2019년 상담원 1인당 사례관리 건수가 64건으로 보건복지부가 제시한 기준의 2배에 달한다. 또한 이들은 과중한 업무뿐만 아니라 욕설과 협박 등 민원인으로부터 정신적 스트레스를 겪기도 한다. 이러한 과도한 업무와 스트레스는 잦은 이직과 짧은 근속기간으로 이어질 수 있는데 실제 2019년 한 해 28.5%의 이직률을 보였고 근속기간도 3.3년으로 매우 짧은 것으로 나타났다. 따라서 각 지자체는 아동복지법에 명시된 규정을 충족시키기 위한 아동보호전문기관을 설치할 것이 아니라 행정구역 관할 아동의 수, 관할 면적, 위험도 등 실질적 상황을 고려한 아동보호전문기관을 설치 운영하여야 할 것이며 업무수행에 필요한 적정 인력배치가 되어야 할 것이다.

다음은 예산의 문제이다. 2020년 아동보호전문기관 운영에 투입되는 아동보호 관련 예산은 285억여 원으로 보건복지부 총예산인 82조 5269억 원의 0.03% 수준에 불과하다. OECD 회원국 평균 예산의 1/7분 수준에 그친다. 특히 아동학대 예방과 관련

된 예산 대부분이 국가의 정식 예산인 일반회계가 아닌 법무부의 범죄피해자기금과 기재부의 복권기금 등으로 충당된다는 점도 문제다. 즉 다른 부서의 예산이 늘어나면 아동학대 예방 관련 예산은 줄어들 수 있기 때문에 피해자 발생에 따른 조치가 예산에 따라 차별을 받을 수 있다. 따라서 현장이 반영된 합리적 예산이 일반회계로 편성되게 하고 아동보호전문기관에 종사하는 인력의 처우를 고려한 예산이 반영되게 함에 따라 전문성이 있는 인력확충과 장기근속할 수 있는 여건을 형성시켜야 할 것이다.

③ 상담원 역할 및 지위 보완

아동보호전문기관은 직접적인 서비스전달기관으로 신고접수, 현장조사 등의 업무를 수행하도록 명시되어 있으나 실질적인 업무를 수행하기 위한 상담원의 권한이 규정되어 있지 않고 업무도 명확하지 않아 업무수행에 어려움이 있다. 또한 신고접수 후 현장조사를 수행함에 있어서 현장조사를 거부할 경우 강제로 현장조사를 실시할 수 있는 법적 권한도 가지지 못하고 있다. 따라서 이러한 문제점을 극복하기 위해 상담원의 업무를 명확히 규정하는 것이 필요하며, 상담원의 현장조사를 거부하는 경우에 과태료를 처할 수 있는 조항을 신설하는 것이 필요하다.

④ 타 기관과의 협력체계 규정보완

아동학대와 관련된 업무를 수행함에 있어 경찰은 학대사례에 대한 신고접수기관으로 자체적인 업무처리가 가능하도록 되어 있지만 이러한 업무처리는 아동학대와 관련된 업무의 일관성과 전문성이 결여될 가능성이 높다. 또한 현장조사 시 아동보호전문기관의 요청에 의해 동행하도록 명시되어 있으나, 경찰의 역할에 대해 명확히 규정하지 않아 아동보호전문기관의 업무수행에 어려움을 주기도 한다. 또한 아동학대 사례 대처를 두고 경찰과 아동보호전문기관 간의 이견이 발생하는 문제도 있다. 학대조사 단계에서 경찰은 형법에 근거해 뚜렷한 범죄피해 사실이 발견되지 않으면 아동학대로 인식하지 않지만, 아동보호전문기관 상담원들은 가벼운 외상과 방임도 학대로 인식한다. 아동학대 판정 여부를 두고 양 기관이 다른 의견을 보이는 경우가 있어 아동학대 피해 학부모들의 혼란이 가중되는 경우도 있다. 한편 동사무소, 학교 등 타 기관의 경우 현장조사 시 업무수행 매뉴얼에 의하면 아동보호전문기관이 요청하는 정보를 제공하고, 의뢰되는 사례에 대한 전문적인 개입서비스를 제공하는 역할을 담당하도록 규정되어 있으나 법적으로 이러한 의무나 역할에 대한 조항이 명시되어 있지 않기 때문에 아동보호전문기관의 협조요청에 응하지 않을 수도 있다. 따라서 이러한 문제점을 극복하기 위해 법상에 경찰의 역할, 타 기관의 협조를 의무화하고 타 기관과 아동학대에 대한 공통된 법적 기준마련을 해야 할 필요성이 있다.

(3) 가해자 처벌의 다양화

아동학대 가해자에 대한 처벌조항은 법의 금지행위 규정에 제시되어 있으나, 아동학대 가해자의 대부분이 피해아동의 부모로 나타남에 따라 가해자를 처벌하기 위해서는 부모를 경찰에 고소 고발하여야 하는 문제점이 발생하고 있다. 또한 현재 아동학대 가해자들의 경우 아동보호전문기관의 치료자 프로그램에 참여하기는 하지만 참여가 의무화되어 있지 못하여 그 효과도 미흡한 실정이며, 피해아동의 가정 복귀 후에도 학대가 재 발생하는 경우도 나타나고 있다. 따라서 현재 규정되어 있는 징역형이나 벌금형을 대신할 수 있는 처벌규정을 도입할 필요성이 있다.

첫째, 보호관찰제의 도입이다. 성폭력범죄의 처벌 및 피해자보호 등에 관한 법률에서와 마찬가지로 법원이 아동학대를 범한 자에 대하여 형의 선고를 유예할 경우에는 1년 동안보호관찰을 받을 것을 명할 수 있는 제도와 사회봉사 또는 수강명령을 받을 수 있는 제도를 도입한다.

둘째, 치료 프로그램의 효과성을 높이기 위해서는 처벌받지 않는 아동학대 가해자의 경우 반드시 일정시간 치료 프로그램에 참여하도록 하는 강제치료권의 도입을 검토한다.

셋째, 가해자 처벌과 관련된 부분에 있어서 검토해야 할 부분은 아동학대가해자가 아동 관련 직종에 종사할 수 있는 것을 제한하는 조항의 신설이다. 아동학대의 가해 경험이 있는 자가 아동관련 직종(유치원, 어린이집, 학교 교사)에 종사하도록 하는 것은 아동들을 학대의 위험에 노출시키는 위험한 일이다. 따라서 이러한 문제를 해결하기 위해 아동학대 가해자가 아동관련 직종에 종사하는 것을 제한하도록 하는 조항 신설을 검토해야 한다.

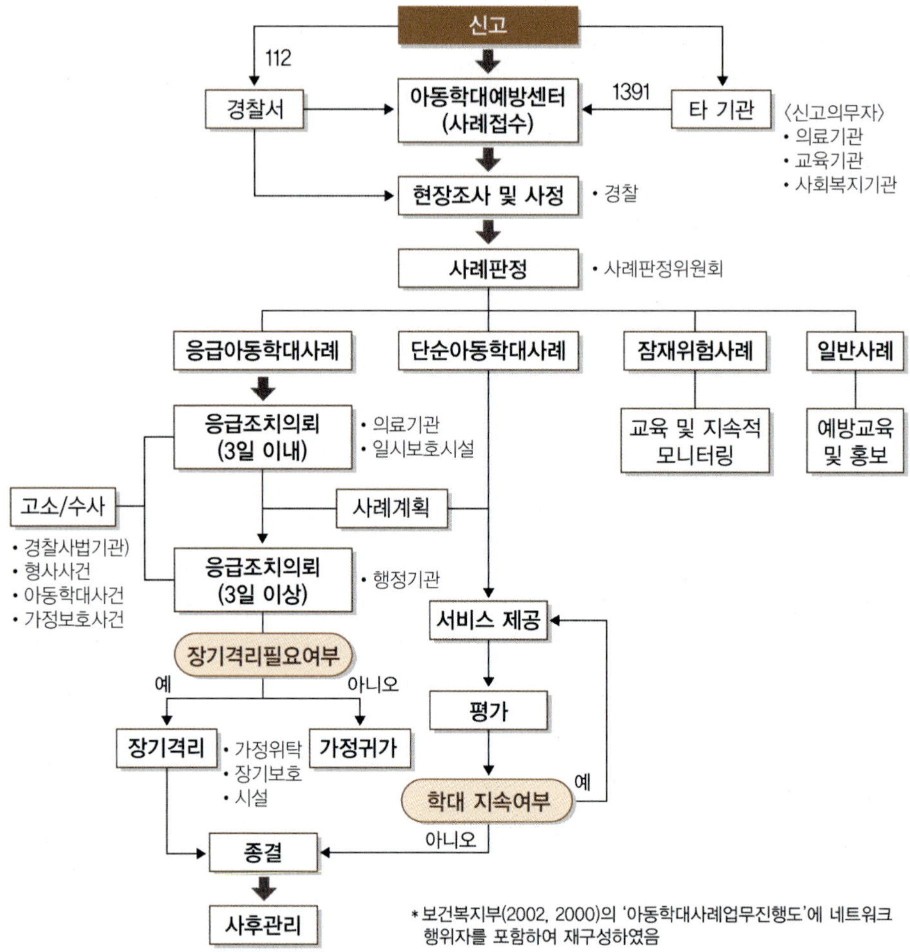

그림 8-4 아동학대 사례 업무 진행도

(4) 피해아동보호를 위한 보호시설 설치 및 보호규정의 신설

피해아동 보호를 위해서는 일시보호시설 및 전문치료시설의 설치가 필수적이나 법상에 이러한 시설의 설치가 규정되어 있지 않으며 기존의 아동복지시설에서 피해아동을 보호하고 있어 전문적인 보호가 제공되지 못하여, 일부 시설의 경우 피해아동의 입소를 거부하는 사례도 발생하고 있다. 그 결과 현재 민간단체의 지원을 받아 피해아동의 보호를 위한 일시보호시설의 설치를 추진하고 있지만 이에 대한 정부의 예산지원 및 직원배치 규정 등은 검토되지 못하고 있다. 따라서 아동학대 피해아동의 보호를 위한 피해자보호시설과 관련된 규정을 신설하여 전문적인 시설의 설치 및 서비스의 제공을 검토하여야 한다. 그리고 아동학대사건의 진행과 관련되어 피해아동을 보호하기 위한 규정으로는 신뢰관계에 있는 상담원의 동석규정만 도입되어 운영되고 있다. 그 결과 경찰수사나 검찰의 보강조사 그리고 법원의 재판과정에 있어서 일부사례의 경우 피해아동이 3~4차례 출석하여 학대사건에 대해 진술해야 하는 문제점이 발생하고 있다. 이러한 문제점을 해결하기 위해서는 아동의 심리 및 정서적인 안정을 도모하여 아동을 보호할 수 있는 규정의 신설과 조사 횟수의 최소화 그리고 영상물 촬영보존 등의 규정을 도입할 필요성이 있다. 또한 재판과정에서의 심리 비공개제도의 도입을 통해 아동학대 피해자와 그 가족에 대한 보호를 도입하며 비디오 등 중계 장치에 의한 증인신문제도의 도입 등도 검토할 필요가 있다.

(5) 전달체계 또는 네트워크 강화

아동학대예방 및 보호 네트워크의 중요한 행위자와 협력관계는 [그림 8-5]에서와 같이 여섯으로 나눌 수 있다.

그림 8-5 아동학대 예방 및 보호 네트워크 분석틀

① 사법기관과의 연계

학대받는 아동을 신속하게 발견하고 보호하기 위해서는 경찰의 협조가 필요하다. 경찰은 심각한 아동학대 사례의 현장행동과 가해자로부터의 아동의 격리 등의 역할을 수행해야 한다. 또한 경찰은 아동학대사례 신고접수기관으로 되어 있어 현장조사와 응급처치에 대한 조치 후 아동학대예방센터에 의뢰하여 피학대아동에 대한 전문적인 상담과 치료를 받을 수 있도록 하여야 한다.

외형적으로 아동보호예방센터와 경찰의 협력이 어느 정도 이루어지고 있는 것으로 보이나 실제적으로 현장과 사례처리에서 다음과 같은 문제점들이 발견되고 있다.

가. 현장에서의 경찰의 미온적 대처를 들 수 있다. 경찰은 경찰관 직무직행법 제6조(범죄의 예방과 제지)와 제7조(위험방지를 위한 출입)를 근거로 학대행위가 목전에서 행해지지 않는 경우에는 적극적인 개입을 주저한다.

나. 신고 되거나 고소고발 된 아동학대 사례의 조사에 임하는 사법기관의 미숙한 태도를 들 수 있다. 가해자는 아동에게 위협을 가하거나 행동을 조작할 가능성이 높고 피 학대아동은 경찰의 조사에 매우 위축되어 제대로 사실관계를 진술할 수 없을 뿐만 아니라 때로는 반복적인 조사 인터뷰가 사실을 왜곡하거나 축소시키며 번복할 위험이 크다.

이상의 문제점들은 아동학대에 대한 사법기관의 낮은 인식에서 비롯된다고 볼 수 있다. 경찰이나 검찰의 아동학대에 대한 인식이 낮으며, 아동학대 신고현장에 출동하여 적극적인 개입에 미온적인 태도를 보이고, 사례 조사 시에 학대받은 아동의 특수성을 고려하는 노력이 부족하다. 따라서 아동학대를 전담하는 경찰과 검찰 인력에게는 아동학대에 대한 접근 방법 및 아동 면접방법을 교육시켜야 하며, 일반 경찰관에게는 전문아동보호기관의 직원을 동행해야 할 필요성 등에 대한 교육훈련이 이루어져야 한다. 이와 함께 아동학대사례 업무를 담당하는 기관들 간 긴밀한 연계에 대한 사항을 직무규정에 포함시켜야 할 것이다.

② 의료기관과의 연계

의료기관의 의사와 간호사는 아동학대의 신고의무자인 동시에 치료자이고 또한 가해자와 피해아동에 대항 의료적 소견을 제시해 줄 수 있는 전문적 행위자이므로 이들과의 연계는 중요하다. 의료기관과의 연계는 학대받은 아동에 대해서만 필요할 뿐 아니라 아동학대 가해자에 대하서도 중요하다. 전체 가해자 중 의료적인 치료가 필요한 알코올 및 약물남용과 신체 및 정신장애가 상당 부분 차지하기 때문이다. 하지만 가해자 중 알콜리즘, 정신질환자 등에 대한 치료받을 수 있도록 하는 법적제도 장치가 없다. 일부 아동학대 예방센터의 경우 잘 이루어지고 있으나, 센터 소장의 역량에 따라 차이를 보인다. 치료 및 부수비용에 대한 예산이 충분히 확보되지 않는 한 의료기관의 적극적인 협조를 지속시키기 어렵다. 예산의 확보와 함께 다양한 유인책을 마련해야 한다.

③ 교육기관과의 연계

교육기관의 종사자들은 아동들과 많은 시간을 보내며 학부모와 면담이나 교육의 기회가 많다. 또한 학비나 급식비 지원 등을 통하여 가정의 상황을 가장 잘 파악할 수 있는 위치에 있기 때문에 아동학대 신고와 피 아동학대의보호에 있어 중요한 역할을 한다. 전반적으로 교사들의 아동학대에 대한 인식이 미흡할 뿐만 아니라 자신이 법적으로 아동학대 신고 의무자인 사실조차 인지하지 못하고 있는 교사도 많다. 교사들에 대한 교육을 보다 효과적으로 실시하기 위해서는 보건복지부와 교육인적자원부의 협의에 의해 제도적 장치가 우선적으로 마련되어야 하겠지만, 아동학대예방센터 스스로도 관할지역 교육위원회의 교육정책을 맡고 있는 책임자와의 협력방안을 마련해야 한다.

아동이 학대로 인해 가해자와 격리되어 있을 경우 학업문제에 관한 배려가 요구된다. 이와 함께 피 학대아동의 비밀을 유지해주는 데 대한 인식도 미흡한 설정이다. 교육기관과의 연계에 있어 또 다른 중요한 사항은 피 학대 아동의 학습권을 보장해주는 것이다.

④ 행정기관과의 연계

아동학대예방센터와 행정기관의 협조는 아동학대의 예방, 사례접수, 현장조사, 그리고 사후관리 단계에 이르기까지 긴밀하게 이루어져야 한다. 각 지역의 담당공무원과 단체장의 아동학대예방사업에 대한 인식 정도에 따라 협조 정도에 차이가 있으며, 전반적으로 볼 때 행정기관의 인식이 부족하고 협조가 미흡한 실정이다. 사례의 현장조사 단계에서는 지역 주민들의 생활현장에서 사회복지서비스를 담당하고 있는 동사무소의 사회복지전문 공무원들과의 협조체계가 잘 이루어져야 한다. 피 학대아동의 격리보호에 있어서도 행정기관의 신속하고 일관성 있는 협조가 필수적이다. 아동학대사례의 처리과정에서의 협조와는 별도로 아동학대예방센터를 운영하는데 필요한 자원을 확보하는 데 있어서도 관련 행정기관과의 협조가 중요하다. 민간이 운영하는 아동학대예방센터의 경우에는 행정기관과의 협조에 많은 어려움을 겪고 있다. 따라서 아동학대 관련 주무부처인 보건복지부는 중앙정부 단위의 공식적 연계 구조를 만들 뿐 아니라, 지방정부별로도 연계에 대한 강제규정을 두어 협력을 의무화하고 관련 기관 간의 협력절차를 정립할 필요가 있다.

⑤ 사회복지기관들과의 연계

아동학대의 예방, 발견, 보호, 치료가 하나의 기관에서 이루어지는 것이 바람직하나, 아동에 대한 보호와 관리를 함에 있어 사회복지기관들과 협조한다. 지역사회복지관과 연계가 제대로 되어있지 않은 경우 피해아동의 보호에 효과적으로 대처하지 못하고 있는 것으로 판단된다.

⑥ 민간부분과의 연계

가능하다면 최대한 민간자원을 끌어들여 이들의 활력과 전문성을 아동학대예방 및 보호에 활용하여야 한다. 공식적인 연계로서 아동학대사례판정위원회를 들 수 있다. 위원회는 아동학대 사례인지 판단하기 모호하거나 가해자가 이의를 제기하는 사례 등에 대한 자문을 구하기 위하여 지방아동학대예방센터에 설치하도록 되어있다.

전문분야의 자원봉사자들은 아동학대예방센터의 인력이나 예산부족의 문제를 줄일 수 있는 방안으로 많이 활용되고 있다. 피해아동이 원 가정으로 복귀한 후 6개월 동안의 사후지도에도 자원봉사자들이 활용되고 있다. 보다 민간자원을 효율적으로 활용하기 위해서는 각 자치단체에서 운영하고 있는 자원봉사센터와의 연계를 강화해야 한다. 이를 통해 아동학대보호 및 예방에 필요한 일들을 도울 수 있는 훈련된 자원봉사자를 지원받도록 하여야 하며, 자원봉사자들이 준 전문인으로서 지속적으로 봉사할 수 있도록 인센티브를 부여하는 방안도 고려해야 한다.

(6) 전문학대예방경찰관 양성 및 수사권 강화

정인이 사건을 맡았던 학대예방경찰관[6]들은 부실 대응 책임을 지고 줄줄이 징계를 받았다. 하지만 동국대학교 법과대학 강동욱 교수에 따르면 아동학대를 막기 위

6) 학대예방경찰관(anti-abuse police officer)은 장기결석아동사건을 계기로 가정폭력과 학대를 사전에 발견하고 예방하기 위해 2016년 4월 출범하였다.

해 전담 경찰관이 신고를 받고 출동을 하더라도 출입을 거절당하는 경우가 30%나 넘는 것으로 조사됐다. 아동학대자가 현장 출입을 거부하거나 조사를 회피하는 게 다반사지만, 현행범이 아닌 이상 학대예방경찰관에게도 이를 강제할 권한은 없다. '단순 불응이나 회피'로 현장 출입을 거부하는 경우 이를 처벌하는 규정이 없기 때문이다. 2020년 9월 기준 전국의 학대예방경찰관은 737명, 경찰서 한곳에 두세 명 수준으로, 한 명당 아동 만 명을 담당한다. 현장업무를 마치고 행정업무까지 처리해야 하고 다른 업무도 병행하고 있어 전체 학대예방경찰관의 85% 이상은 업무 부담이 과하다고 느끼고 있다. 경찰 내부에서도 이런 문제를 직시하고 학대예방경찰관을 일이년 내에 260명 더 늘리고, 5년 장기 근무를 의무화하는 등의 노력을 하고 있지만 업무과중과 정인이 사건이후로 기피되고 있다. 아동학대 사건은 업무 전문성이 중요한다. 따라서 아동학대 전담 경찰관을 만들어 보직 변경 없이 같은 업무를 보는 전문가를 길러 내야 하고 혜택도 늘려야 할 것이다. 그리고 학대예방경찰관의 피해 아동 보호 활동에 대해선 민·형사상 책임을 면제할 수 있도록 법으로 보장되어야 아동학대 신고에 대한 효율적 대처가 가능할 것이다.

9장 노인학대 문제

1절 » 현대사회의 노인문제

1. 노인문제의 사회화

1960년대 초부터 본격화되기 시작한 산업화 과정에서 초래된 도시화, 핵가족화 그리고 전통적 노인 부양의식의 약화 등 사회구조적 변화로 인하여 1970년대 이후부터 노인문제가 사회적 관심영역으로 점차 대두되고 있으며, 더구나 앞으로 노인인구의 급증으로 인하여 더욱 심각해 질 것으로 예상되고 있다.

65세 이상 노인의 약 55%가 수입원의 대부분을 자녀에게 의존하는 등 경제적으로 어려운 생활을 유지하고 있고, 노인의 약 87%가 치매, 중풍 등 각종 만성질환을 앓고 있으며, 노인의 3.5%가 독립적인 일상생활이 불가능하다.

사회나 가정으로부터 역할상실에 따른 소외감, 고독감으로 노인들의 사회참여와 여가에 대한 욕구가 증대하고 있지만 이를 충족시킬 수 있는 여건이 미흡하고, 각종 여가 시설이나 프로그램이 부족한 것이 현실이다. 어느 사회에서나 산업화 과정에서 노인문제는 중요한 사회문제로 등장하지만 서구사회는 긴 세월을 통해 노인문제에 대한 대응능력과 복지기반을 다져왔으나, 우리사회는 30년이라는 짧은 기간에 노인

문제가 급격히 대두되어 이에 충분하게 대비를 해오지 못하였다. 따라서 이제는 경로효친의 추상적 접근이 아니라 제도적 차원에서 노인문제를 풀어 나가는 인식의 전환이 있어야 한다.

2. 우리나라 노인인구의 특성

우리나라는 해방 후 평균수명의 꾸준한 연장과 동시에 인구정책의 성공으로 소산소사형으로 전환됨에 따라 노인인구의 증가가 현저하게 나타났다. 65세 이상 인구는 1960년 이후 급속하게 증가되어 2000년 전체인구의 7%를 차지하면서 고령화사회에 진입하였고 불과 21년만인 2021년에는 전체인구의 17%가 넘어섰다. 2025년에는 전체 인구의 20% 이상을 차지하면서 초고령사회(super-aged society)에 진입할 예정이다.

1) 급속한 노령화 속도

일반적으로 65세 이상의 노인인구가 전체 국민의 7% 이상이 되면 고령화 사회(Aging Society)라고 하며, 14% 이상이면 고령사회, 그리고 20% 이상일 때 초고령사회 또는 후기고령사회로 구분할 수 있다. 선진국의 경우에는 고령화 사회에서 고령사회로 변화하는 소요기간이 길었기 때문에 노인문제 해결을 위한 자원조달과 서비스 개발을 비교적 오랜 기간 동안 점진적이고 체계적인 방법으로 실시할 수 있었으나, 우리나라의 경우에는 짧은 기간 동안 급격한 사회변동과 아울러 고령인구가 급증하기 때문에 각종 노인문제가 심각하게 대두되고 있다.

2) 여성 노인인구의 비중 증가

우리나라 노인인구의 특성 가운데 하나는 연령이 높을수록 여성노인인구가 더욱 많다는 것이다. 따라서 노인문제는 곧 여성노인문제라는 점을 인식하고 노인문제의 대응책을 구상하고 접근해야 할 것이다.

3) 질병 · 장애노인의 증가

노인은 신체적 · 정신적 약화현상으로 말미암아 질병에 대한 저항력이 약화되면서 각종 퇴행성 장애와 질병 등을 동반하게 된다. 즉 노인은 점차 신체적 · 정신적 장애인으로 변화해 간다고 볼 수 있으며, 노인의 증가는 바로 장애노인이나 일상생활의 거동이 불편한 노인이 늘어간다는 것을 의미하는 것으로 이들에 대한 사회적 복지정책이 요청된다고 할 수 있다.

2절 » 노인학대의 발생요인

1. 인구학적 요인

1) 평균수명의 연장

1970년 62.3세이던 우리 국민의 평균수명은 2019년 83.3세로 무려 21년 이상 연장되어 노인인구의 증가를 가져왔다.

표 9-1 연도별 평균수명 현황 (단위: 년, 세)

연도	1970	1980	1990	2000	2010	2019
전체	62.3	66.1	71.7	76.0	80.2	83.3
남자	58.7	61.9	67.5	72.3	76.8	80.3
여자	65.8	70.4	75.9	79.7	83.6	86.3

출처: 국가통계포털. 연도별 평균수명 현황 재구성.

2) 고령인구의 증가

국민의 평균수명이 연장됨에 따라 65세 이상 고령인구는 2017년 707만 명, 2025년에 1,000만 명이 넘고, 2050년에 1,901만 명까지 이를 전망이다. 보다 중요한 것은 85세가 넘는 후기고령인구는 2017년 60만 명에서 2024년에 100만 명이 넘고, 2067년

512만 명으로 2017년 대비 8.6배 수준으로 증가하여 2017년 1.2% 수준에서 2067년 13.0%로 증가할 전망이어서 심신기능이 허약하고 경제력도 부족한 후기고령노인들이 크게 급증하고 있다는 것이다.

이러한 후기 고령노인이 많아지면 일상생활 동작능력(Activities of Daily Living: ADL)과 가사생활 수행능력(Instrumental Activities of Daily Living: IADL)이 저하되고 치매유병률이 높아 자립적인 가정생활을 계속할 수 없는 의존성 노인이 증가하게 되어 이들에 대한 부양부담이 증가되어 사회문제가 등장하게 될 것이다.

3) 고령화 사회의 도래

프랑스는 115년, 스웨덴은 82년, 미국은 69년, 일본은 24년 등 선진국의 경우 고령화 사회에서 고령사회로 변화하는 소요기간이 매우 길었다. 그러나 우리나라는 불과 17년 만에 고령화 사회에서 고령사회로 접어들었고 2025년에는 초고령사회로 진입할 예정이다.

서방 국가들에서는 산업발달과 더불어 노인인구가 증가하기 시작했고, 또한 인구의 고령화 기간이 길었기 때문에 노인문제의 해결을 위한 자원조달과 서비스 개발을 점진적이고 체계적인 방법으로 실시할 수 있었으나 우리나라의 경우에는 짧은 기간 동안 급격한 사회변동과 아울러 고령인구가 급증했기 때문에 각종 노인문제가 심각하게 대두되고 있다.

4) 시설보호대상 노인인구 증가

2020년 노인실태조사에 따르면 우리나라 65세 이상 노인의 84%가 고혈압, 당뇨, 고지혈증, 관절염 등의 만성질환을 가지고 있으며, 나이가 많을수록 복합만성질환 유병률이 높아지는 경향을 보이고 있다. 대부분의 노인은 다소간의 기능장애가 있어도 필요한 도움을 받을 수 있으며 가정에서 자율적인 생활을 계속할 수 있으나, 문제는 남의 도움 없이는 일상생활을 하기가 어려운 장기요양서비스가 필요한 노인들이 점차 증가하고 있다는 것이다.

2000년 고령화사회에 접어든 우리나라는 급증하는 노인의 문제가 대두되면서 노인복지전문가들을 중심으로 노인장기요양보호의 필요성이 제시되었다. 2001년 8월 15일 대통령경축사에서 노인요양보호제도의 도입을 공식적인 제시를 하였고 이후 많은 정책과정을 거쳐 2007년 4월 입법되고 2008년 7월부터 노인장기요양보험제도가 시행되었다. 시행 초기인 2008년 노인장기요양서비스 대상자가 159,798명이었던 것이 급증하여 2015년에는 453,801명, 2021년에는 더욱 급증하여 921,633명으로 시행 초기보다 거의 6배 가까이 증가하였다. 노인인구의 급격한 증가, 특히 후기 고령노인이 빠른 증가는 장기요양 서비스 대상자의 확대를 예고하고 있다.

표 9-2 노인장기요양보험 등급판정결과 연도별 현황[1]

(단위: 명)

연도	계	1등급	2등급	3등급	4등급	5등급	인지지원등급
2021	921,633	46,294	91,053	252,955	408,122	101,456	21,753
2015	453,801	37,122	70,619	175,034	154,190	16,836	
2008	159,798	52,732	42,585	64,481			

출처: 노인장기요양보험홈페이지 통계자료실(2021) 자료 재구성.

한편 서비스 공급을 위한 요양시설과 재가복지시설이 미처 준비되지 못한 상황에서 제도가 시행됨에 따라 제도 초기에는 이용에 어려움이 있었으나 입소시설은 2008년 1,752개소였던 것이 2021년에는 5,905개로 3.4배로 증가하였고 재가급여기관은 2,298개소에서 34,991개소로 무려 15배나 증가하였다. 이에 따라 장기요양서비스 공급과잉의 문제가 되는 지방자치단체는 입소시설의 무분별한 난립을 막고자 시설 총량제를 도입하여 운영하고 있다. 노인요양시설을 이용하는 노인의 수와 시설의 수가 급증하면서 노인학대에 대한 신고도 증가되고 있는데 이는 노인인권에 대한 인식이 학대되고 학대유형의 범주가 광범위해 짐에 따라 노인학대에 대한 신고가 증가하는 요인으로 보고 있다.

1) 연도별 현황은 각 년도의 8월 기준자료임. 2008년 1~3등급으로 구분하여 등급판정하였던 것이 2014년 7월부터 1~5등급으로 세분화되었고 2008년 1월부터는 인지지원등급을 신설하여 신체적 기능 상태와 관계없이 모든 치매질환 어르신까지 장기요양서비스 대상자가 될 수 있도록 개선하였다.

표 9-3 노인장기요양기관 현황[2] (단위: 개소)

연도	입소시설			재가급여 기관 수	재가급여 서비스별 기관 수						
	소계	노인요양시설	공동생활가정		소계	방문요양	방문목욕	주야간보호	단기보호	방문간호	복지용구
2021	5,905	4,036	1,869	20,268	34,991	15,969	11,392	4,738	141	792	1,959
2008	1,754	1,332	422		2,298	1,111	349	621	217	–	–

출처: 노인장기요양보험홈페이지 통계자료실(2021) 자료 재구성.

2. 가족관계 요인

최근 우리나라가 산업화, 도시화, 핵가족화가 계속되면서 노인들이 자녀들과 별거하는 현상이 증가하고 있다. 또한 급증하는 핵가족화와 더불어 일어나는 현상은 평균가족원 수가 줄어드는 소가족화 현상이다. 이 같은 가족원 수의 감소는 곧 가족의 부양기능 약화를 뜻하며, 특히 가정에서 노부모를 부양하고 있는 수발자들의 과중한 부담을 나타내기도 한다.

3. 사회적 요인

1960년대부터의 급격한 산업화는 농업 중심에서 제조업이나 서비스업으로 산업구조를 변화시켰고, 이러한 변화는 인구의 수평적 이동을 가져와 결과적으로 도시 인구가 급격하게 증가하게 되었다. 이러한 도시인구의 급증은 자연인구의 증가보다는 젊은 층 노동력의 이농향도형 인구 이동의 결과로 이루어졌으며, 이는 농촌지역에 노인층이 그대로 남아 있는 결과로 나타난 현상이라 볼 수 있다.

4. 문화적 요인의 변화

산업화, 도시화, 핵가족화 등의 사회 환경의 변화는 효의 실천에 있어 현실조건에

2) 2021년 재가급여 기관 수와 재가급여 서비스별 기관 수가 다른 것은 하나의 기관이 여러 서비스를 제공한 것을 각각의 기관수로 산정하였기 때문이다. 2008년도 재가급여 기관 수 산정자료가 명확하지 않아 재가급여 서비스별 기관 수로 2021년과 비교하였다.

맞는 실용적이고 합리적인 방법으로의 변화를 추구하고 있다. 부부와 자녀만을 중심으로 한 핵가족 단위 생활체계와 개인을 더 중시하는 경향은 노인의 부양문제를 가족에게만 의존할 수 없게 하고 있는 것이다.

3절 » 노인학대 문제

1. 노인학대 문제

전통사회에서 노인은 가족에서 중요한 위치에 있었으며, 집단의 연장자로서 경제적. 신체적 정서적 보호와 대우를 받으며 살아왔다. 그러나 산업화에 따른 사회경제적 발전 속에서 효에 대한 전통적 가치관과 가족주의 가치관의 변화는 노인의 경제적 사회심리적인 지위와 역할에 많은 변화를 초래하였으며 우리 민족만의 훌륭한 미풍인 경로 효친사상 마저도 퇴색되어가고 있다.

노인은 그동안 젊은 시절에 노동을 통해 우리 사회에 공헌해 왔고 자녀의 양육에 헌신하여 왔다. 따라서 노인이 되어 심신이 노쇠해 지면 보호를 받아야 하는 것은 당연한 일이지만 오늘날 노인들이 "현대판 고려장" 격으로 유기당하기도 하고 경제력이 없는 무능한 '뒷방 늙은이'로 취급하여 방치당하며 심지어는 매 맞는 노인까지 생겨나고 있는 것이다.

이와 같이 우리나라의 노인학대 문제가 날로 증가하고 심각해지고 있음에도 불구하고 그동안 은폐되어 온 이유는 부모가 자식에게 학대를 당하고도 자식이 사회적으로 손가락질을 받을까 봐 말을 하지 않았으며 학대에 대한 개념이나 법적인 범주도 애매했기 때문에 어느 정도까지를 학대로 봐야 할 것인지에 대한 명확한 기준도 없었던 것이 사실이다.

1) 노인학대의 정의

노인학대는 가볍게는 노인에게 말을 함부로 하거나 자존심을 상하게 하는 말을 하는 언어적 학대와 노인의 심기를 불편하게 하는 정서적 학대에서부터 심하게는 노인에게 구타와 폭력을 행하는 신체적 학대, 노인의 재산을 착취하는 재정적 학대까지 포함되며, 좁게는 증거가 명백한 신체적 학대에서부터 넓게는 방임, 자기방임, 학대까지 포함되고 있다. 노인학대의 개념은 노인 스스로 자기를 돌보지 않거나, 노인의 부양이나 수발을 담당하고 있는 부양자가 의도적, 또는 비의도적으로 노인에게 신체적, 정서적, 성적, 재정적인 손상을 가하거나 부양의무를 소홀히 하는 것이라고 정의할 수 있다.

2) 노인학대의 유형

노인학대의 유형은 학대의 발생장소를 중심으로 가정 내 학대, 시설 내 학대, 자기방임 또는 자기학대의 세 가지로 분류되기도 하고, 학대의 행위와 관련해서 신체적 학대, 정서적. 심리적 학대, 언어적 학대, 재정적. 물질적 학대, 성적 학대, 소극적 또는 적극적 방임 및 자기방임 등으로 분류되기도 한다. 노인학대의 주요 유형은 다음과 같다. 신체적 학대, 정서적 학대, 경제적 학대, 성적 학대, 방임, 자기방임, 유기 등이다.

노인학대 유형	정의
신체적 학대	물리적 힘 또는 도구를 이용하여 노인에게 신체적 혹은 정신적 손상, 고통, 장애 등을 유발시키는 행위
정서적 학대	비난, 모욕, 위협 등의 언어 및 비언어적 행위를 통하여 노인에게 정서적으로 고통을 유발시키는 행위
성적 학대	성적 수치심 유발행위 및 성폭력(성희롱, 성추행, 강간) 등의 노인의 의사에 반하여 강제적으로 행하는 모든 성적 행위
경제적 학대	노인의 의사에 반(反)하여 노인으로부터 재산 또는 권리를 빼앗는 경제적 착취, 노인 재산에 관한 법률 권리 위반 등 경제적 권리와 관련된 의사결정에서 통제하는 행위
방임	부양의무자로서의 책임이나 의무를 거부, 불이행 혹은 포기하여 노인의 의식주 및 의료를 적절하게 제공하지 않는 행위(필요한 생활비, 병원비 및 치료, 의식주를 제공하지 않는 행위)
자기방임	노인 스스로가 의식주 제공 및 의료 처치 등의 최소한의 자기보호 관련행위를 의도적으로 포기 또는 비의도적으로 관리하지 않아 심신이 위험한 상황이나 사망에 이르게 하는 행위
유기	보호자 또는 부양의무자가 노인을 버리는 행위

노인학대의 각 유형별 구체적인 학대행동은 다음과 같다.

(1) 신체적 학대

① 노인을 강제로 지하실이나 방에 가둔다.
② 노인을 강제로 의자나 침대에 묶어둔다.
③ 노인을 주변의 물건을 집어 던지거나 흉기로 위협한다.
④ 노인을 발로 차거나 주먹으로 때린다.
⑤ 노인을 밀어서 넘어뜨린다.
⑥ 노인의 머리채를 잡아당기거나 움켜잡아 뽑는다.
⑦ 의사의 처방을 받은 약품을 주지 않거나, 의사의 처방을 받지 않은 약물을 강제로 복용시킨다.

(2) 정서적 학대

① 노인을 부양하는 것이 부담스럽다고 노인 앞에서 노골적으로 말한다.
② 집안 의사결정 과정에서 고의로 노인을 소외시킨다.
③ 위협적이고 무례한 태도를 취한다.
④ 거동이 불편한 노인에게 청소나 빨래 등 어려운 일을 강요한단.
⑤ 노인의 친구나 친지 등이 방문하는 것을 싫어한다.
⑥ 노인이 보는 앞에서 물건을 던지거나 부수면서 화풀이를 한다.
⑦ 노인이 가족을 타이르거나 의견을 말하면 간섭한다고 불평하거나 화를 낸다.
⑧ 노인의 일상적 사회활동이나 종교 활동 등을 노골적으로 방해한다.
⑨ 노인에게 발을 구르거나 방문을 세게 닫는 등 거친 행동을 한다.
⑩ 부양자가 노인에게 "없어져 주었으면 하는 느낌을 갖게" 만든다.
⑪ 노인이 수치심을 느끼게 하는 모욕적인 말을 한다.
⑫ 노인에게 집을 나가라는 폭언을 한다.
⑬ 노인에게 욕설을 하거나 고함을 지른다.
⑭ 노인에게 쓸모없는 늙은이라고 하는 등 자존심을 상하게 하는 말을 한다.
⑮ 신체기능의 저하(예: 요실금, 실변)로 인한 노인의 실수를 비난하고 꾸짖는다.
⑯ 노인을 양로원 등의 시설로 보내겠다고 위협한다.

(3) 경제적 학대

① 노인의 유언장을 허위로 작성하거나, 노인이 작성한 유언장을 노인의 동의 없이 수정한다.

② 노인의 허락 없이 부양자가 마음대로 노인의 부동산 소유권 이전 등과 같은 재산권을 행사한다.

③ 연금이나 임대료 등 노인의 소득을 가족이나 친지가 가로챈다.

④ 노인에게서 빌린 돈이나 물건을 돌려주지 않는다.

⑤ 보석 등 값나가는 노인의 물건을 빼앗는다.

⑥ 노인의 허락 없이 노인의 재산을 담보로 해서 대출받는다.

⑦ 생활이 어려운 노인에게 생활을 유지하는데 필요한 용돈이나 생활비 등을 주지 않는다.

(4) 성적학대

① 노인이 성적 수치심을 갖게 하는 성 관련 언어 표현 및 행위를 한다.

② 성적언어, 시각적 자료, 행동으로 성적굴욕감을 유발하는 행위를 한다.

③ 폭행한 후 강제적으로 성행위 및 강간하는 행위를 한다.

④ 물건이나 흉기를 사용하여 강제적으로 성폭행을 한다.

⑤ 원치 않는 성행위 및 강간을 행한다.

⑥ 성적 수치심을 유발하는 환경(남녀 구별 필요공간에 구별 없는 경우, 탈의실 · 화장실 개방 등)을 조성한다.

(5) 방임

① 병원에서 치료를 받아야 할 상황인데도 노인을 병원에 모셔가지 않는다.

② 노인이 사고를 당할 수 있는 위험한 상황에 처하게 한다.

③ 목욕이나 배변 시 도움이 필요한 노인에게 도움을 주지 않는다.

④ 노인에게 음색을 주지 않아 끼니를 거르게 한다.

⑤ 부양자가 경제적인 능력이 있는데도 불구하고 돋보기, 보청기, 틀니 등 필수적인 것을 해 주지 않는다.

⑥ 부양자나 가족들이 노인에게 무관심하거나 냉담하게 대한다.

⑦ 치매 등으로 인하여 인지기능을 상실한 노인에게 주의를 기울이지 않는다.
⑧ 거동이 불편한 노인을 2~3일 이상 혼자 집에 내버려 둔다.

(6) 자기방임

① 노인 스스로 할 수 있음에도 불구하고 신변의 청결, 건강관리, 가사 등을 포기하거나 관리하지 않아 심신의 문제가 발생한다.
② 자기의 신변청결, 건강관리, 가사 등을 본인이 할 능력이 부족하거나 어떤 이유로 노인도 모르는 사이에 심신의 문제가 발생한다.

(7) 유기

① 노인을 낯선 장소에 버린다.
② 노인을 다른 주거지에 기거하게 하고 연락을 두절한다.
③ 거동이 불편한 노인을 시설에 맡기고 연락을 두절한다.
④ 노인을 강제적으로 반 감금 형태 시설에 보내 집으로 돌아오지 못하게 한다.
⑤ 입소비용을 납부하지 않았다는 이유로 어떤 보호조치도 없이 시설에서 퇴소시킨다.

2. 노인학대의 발생원인

노인학대의 발생 원인에는 크게 학대를 유발시키는 노인 관련 요인, 학대를 가하는 가해자 관련 요인, 가해자와 노인과의 상호작용요인, 가정환경요인, 사회문화적 요인 등을 들 수 있는데 이를 구체적으로 살펴보면 다음과 같다.

1) 노인의 개인적 특성

노인의 성격적 특성, 정신장애, 알코올중독, 무기력감 등이 학대를 유발하기도 한다.

2) 노인의 의존성

노인이 장애, 질병, 치매 등을 가지고 있어서 의존적일 때 노인학대가 일어나게 된다.

3) 가해자의 개인적 특성

가해자의 성격적 특성, 정서장애. 정신장애, 알코올 중독, 약물 중독 등에 의해 학대를 하기도 한다.

4) 부양자의 부양스트레스

부양자의 신체적. 정신적 스트레스, 부양 미숙, 부양능력의 결여 등에 의해 노인학대가 일어나게 된다.

5) 가정 환경적 요인

가정의 경제적 문제, 가족관계의 불화, 재산문제, 힘의 갈등 등에 의해 노인학대가 일어나게 된다.

6) 세대 간 학대의 전이

어려서 부모에게 학대를 받고 자란 자녀가 성인이 되어서 노부모를 학대하게 된다.

7) 사회문화적 요인

사회의 노인차별, 가치관의 변화, 사회보장 및 노인복지서비스의 결여 등과 같은 요인들에 의해서도 노인학대가 일어나게 된다.

3. 노인학대의 실태

노인의 수가 급증하면서 노인학대가 사회적 문제로 대두되자 2004년 1월 노인복지법을 일부 개정하여 노인학대를 정의하고 학대받는 노인을 보호할 수 있도록 긴급전화 및 노인보호전문기관을 설치하도록 하며 노인학대에 대한 신고의무와 조치사항을 규정하는 등 제도적 장치를 통하여 노인학대의 예방과 학대받는 노인을 보호하도록 하였다.

노인학대 관련하여 개정된 노인복지법은 2004년 7월 30일부터 시행되면서 당해

12월까지 전국 시도에 17개소가 설치 · 운영되었다. 이후 노인보호전문기관은 시도 구역별로 세분화 설치되면서 2021년에는 전국에 35개소로 증가되었다.

〈표 9-4〉는 노인보호전문기관이 설치된 이후부터 2020년까지의 노인학대 신고접수 한 건수를 나타낸 표이다. 표에서 알 수 있듯이, 2005년 전체 노인학대 신고접수 건수가 3,549건이었던 것이 2013년에는 10,162건, 점차 증가하여 2020년에는 16,973건으로 15년 사이 5배로 증가하였다. 이는 각 기관마다 활발한 교육과 홍보의 실시와 노인인권에 대한 사회적 인식이 확대된 결과 때문이다.

표 9-4 연도별 전체 노인학대 신고접수 건수 및 비율 (단위: 건, %)

구분	2005	2006	2007	2008	2009	2010	2011	2012	2013	2014	2015	2016	2017	2018	2019	2020
일반 사례	1,511	1,722	2,418	2,885	3,485	4,435	5,162	5,916	6,642	7,037	8,087	7,729	8,687	10,294	10,828	10,714
	42.6	43.1	51.1	54.9	56.6	59.1	60.0	63.3	65.4	66.6	67.9	64.4	65.3	66.5	67.4	63.1
증감률	–	14.0	40.4	19.3	20.8	27.3	16.4	14.6	12.3	5.9	14.9	−4.4	12.4	18.5	5.2	−1.1
학대 사례	2,038	2,274	2,312	2,369	2,674	3,068	3,441	3,424	3,520	3,532	3,818	4,280	4,622	5,188	5,243	6,259
	57.4	56.9	48.9	45.1	43.4	40.9	40.0	36.7	34.6	33.4	32.1	35.6	34.7	33.5	32.6	36.9
증감률	–	11.6	1.7	2.5	12.9	14.7	12.2	−0.5	2.8	0.3	8.1	12.1	8.0	12.2	1.1	19.4
전체 사례	3,549	3,996	4,730	5,254	6,159	7,503	8,603	9,340	10,162	10,569	11,905	12,009	13,309	15,482	16,071	16,973
	100	100	100	100	100	100	100	100	100	100	100	100	100	100	100	100
증감률	–	12.6	18.4	11.1	17.2	21.8	14.7	8.6	8.8	4.0	12.6	0.9	10.8	16.3	3.8	5.6

출처: 노인보호전문기관, 노인학대현황보고서(2021).

중앙노인보호전문기관이 '2020 노인학대현황보고서'를 통해서 발표한 전국의 노인학대 실태를 살펴보면 다음과 같다.

1) 노인학대의 유형

노인학대는 노인복지법 제1조의2 제4호에 근거하여 신체적 학대, 정서적 학대, 성적 학대, 경제적 학대, 방임, 자기방임 등으로 분류하며, 2020년 학대피해노인의 수는 6259건[3)]으로 중복으로 학대를 받는 노인이 75.4%로 가장 많은 유형을 차지하였고 학대유형 건수는 9,803건으로 정서적 학대가 42.7% 가장 많았고, 신체적 학대가 40.0% 순으로 나타나 학대피해노인의 수를 고려했을 때 정서적, 신체적 학대가 중복되어 이루어짐을 예측할 수 있다.

3) 노인학대는 2가지 이상의 학대유형이 동반되어 발생할 수 있기 때문에 전체노인학대 수치와 노인학대 유형별 통계수치는 차이가 있음. 즉, 학대피해노인 1명이 학대행위자로부터 정서적 학대와 신체적 학대를 당한 경우, 학대사례는 1건이나 학대유형 건수는 2건으로 집계됨.

표 9-5 노인학대 유형 I (학대피해노인 수) (단위: 건, %)

신체적 학대	정서적 학대	성적 학대	경제적 학대	방임	자기방임	유기	중복학대	계
571	501	38	90	230	92	15	4,722	6,259
9.1	8.0	0.6	1.4	3.7	1.5	0.2	75.4	100

출처: 노인보호전문기관, 노인학대현황보고서(2021).

표 9-6 노인학대 유형 II (학대유형 건수) (단위: 건, %)

신체적 학대	정서적 학대	성적 학대	경제적 학대	방임	자기방임	유기	계
3,917	4,188	231	431	760	223	53	9,803
40.0	42.7	2.4	4.4	7.8	2.3	0.5	100

출처: 노인보호전문기관, 노인학대현황보고서(2021).

2) 노인학대 유형별 학대피해노인 성별

전체 학대피해노인의 성별 비율을 보면 남성이 23.5%, 여성이 76.5%로 나타나 여성이 남성보다 3배 이상 높게 학대를 받는 것으로 나타났다. 학대유형별로 보면 대부분의 유형에서 여성이 남성보다 높게 나타났지만 자기방임의 경우 여성 99명(44.4%), 남성 124명(55.6%)으로 남성이 여성보다 높게 나타난 특징을 보였다. 자기방임은 자살생각, 자살시도로 이어지고 남성이 여성보다 자살할 가능성이 높다. 실제 '2021 자살예방백서'에 따르면 65세 이상 노년층을 기준으로 할 때 남성의 자살률은 인구 10만 명 76.7명, 여성 자살률은 24.0명으로 나타나 자살률은 남성이 여성보다 3.2배 높다고 보고되고 있다.

표 9-7 노인학대 유형별 학대피해노인 성별 (단위: 건, %)

구분	남성	여성	계
신체적학대	839	3,078	3,917
	21.4	78.6	100
정서적학대	885	3,303	4,188
	21.1	78.9	100
성적학대	36	195	231
	15.6	84.4	100
경제적학대	144	287	431
	33.4	66.6	100

구분	남성	여성	계
방임	253	507	760
	33.3	66.7	100
자기방임	124	99	223
	55.6	44.4	100
유기	23	30	53
	43.4	56.6	100
계	2,304	7,499	9,803
	23.5	76.5	100

출처: 노인보호전문기관, 노인학대현황보고서(2021).

3) 노인학대 유형별 학대행위자와의 관계

전체 학대의 학대행위자 유형을 살펴보면 배우자(35.8%), 아들(35.8%), 기관(9.1%), 딸(8.4%) 등 순으로 나타났다. 신체적 및 정서적 학대의 학대행위자 유형은 "배우자－아들－딸" 순이며, 방임의 경우는 "기관－아들－딸" 순으로 나타났다.

표 9-8 노인학대 유형별 학대행위자와 학대피해노인과의 관계 (단위: 건, %)

구분	피해자 본인	친족							타인	기관	계
		배우자	아들	며느리	딸	사위	손자녀	친척			
신체적 학대	－	1,682	1,423	55	282	21	112	30	104	208	3,917
	－	42.9	36.3	1.4	7.2	0.5	2.9	0.8	2.7	5.3	100
정서적 학대	－	1,680	1,626	78	369	14	121	40	146	114	4,188
	－	40.1	38.8	1.9	8.8	0.3	2.9	1.0	3.5	2.7	100
성적 학대	－	50	7	－	－	－	1	－	17	156	231
	－	21.6	3.0	－	－	－	0.4	－	7.4	67.5	100
경제적 학대	1	44	194	8	49	3	24	14	35	59	431
	0.2	10.2	45.0	1.9	11.4	0.7	5.6	3.2	8.1	13.7	100
방임	10	41	215	14	101	－	6	11	12	350	760
	1.3	5.4	28.3	1.8	13.3	－	0.8	1.4	1.6	46.1	100
자기 방임	195	5	11	2	7	－	－	1	2	－	223
	87.4	2.2	4.9	0.9	3.1	－	－	0.4	0.9	－	100
유기	2	3	29	－	15	－	－	－	2	2	53
	3.8	5.7	54.7	－	28.3	－	－	－	3.8	3.8	100
계	208	3,505	3,505	157	823	38	264	96	318	889	9,803
	2.1	35.8	35.8	1.6	8.4	0.4	2.7	1.0	3.2	9.1	100

출처: 노인보호전문기관, 노인학대현황보고서(2021).

4) 노인학대 발생 장소

전체 학대사례 6,259건 중 노인학대 발생장소는 가정 내 학대가 5,505건(88.0%)으로 높은 비율을 나타내며, 그 외 세부 유형으로는 생활시설 521건(8.3%), 이용시설 92건(1.5%), 기타 65건(1.0%), 공공장소 39건(0.6%), 병원 37건(0.6%) 순으로 나타났다. 시설의 학대가 전체 중 차지하는 비중이 크지 않지만 2010년 시설 학대가 220건이었던 것이 2015년 263건, 2020년 613건으로 큰 폭으로 증가되고 있다. 시설 학대는 직원을 통해 발생할 가능성이 크고 학대원인은 다양한 시설환경에서 발생할 수 있음으로 학대예방을 위해서 조직, 법제도의 변화가 동반되어야 할 것이다(임정미, 2021).

표 9-9 노인학대 발생 장소 (단위: 건, %)

가정 내	생활시설		이용시설		병원		공공장소	기타	계
	노인의료복지시설	노인주거복지시설	노인여가복지시설	재가노인복지시설	요양병원	일반병원			
5,505	483	38	4	88	27	10	39	65	6,259
88.0	7.7	0.6	0.1	1.4	0.4	0.2	0.6	1.0	100

출처: 노인보호전문기관, 노인학대현황보고서(2021).

5) 노인학대 발생 빈도

노인학대 발생 빈도는 1개월에 한 번 이상이 27.7%로 가장 많았고 1주일에 한 번 이상이 26.6%, 일회성 16.0%, 매일 11.6%, 3개월에 한 번 이상 9.8%, 6개월에 한 번 이상이 8.3% 순으로 나타났다.

표 9-10 노인학대 발생 빈도 (단위: 건, %)

매일	1주일에 한번 이상	1개월에 한번 이상	3개월에 한번 이상	6개월에 한번 이상	일회성	계
726	1,664	1,733	614	520	1,002	6,259
11.6	26.6	27.7	9.8	8.3	16.0	100

출처: 노인보호전문기관, 노인학대현황보고서(2021).

학대발생 빈도별 노인학대 유형을 보면 신체적 학대와 정서적 학대가 대부분을 차지하고 있다.

표 9-11 노인학대 발생 빈도별 학대유형

(단위: 건, %)

구분	신체적 학대	정서적 학대	성적 학대	경제적 학대	방임	자기방임	유기	계
매일	271	311	35	41	261	117	24	1,060
	25.6	29.3	3.3	3.9	24.6	11.0	2.3	100
1주일에 한번 이상	1,045	1,263	135	109	213	55	5	2,825
	37.0	44.7	4.8	3.9	7.5	1.9	0.2	100
1개월에 한번 이상	1,144	1,363	28	179	93	23	7	2,837
	40.3	48.0	1.0	6.3	3.3	0.8	0.2	100
3개월에 한번 이상	467	440	5	27	23	4	2	968
	48.2	45.5	0.5	2.8	2.4	0.4	0.2	100
6개월에 한번 이상	359	372	3	25	31	12	1	803
	44.7	46.3	0.4	3.1	3.9	1.5	0.1	100
일회성	631	439	25	50	139	12	14	1,310
	48.2	33.5	1.9	3.8	10.6	0.9	1.1	100
계	3,917	4,188	231	431	760	223	53	9,803
	40.0	42.7	2.4	4.4	7.8	2.3	0.5	100

출처: 노인보호전문기관, 노인학대현황보고서(2021).

6) 노인학대 지속기간

학대가 이루어지는 기간의 지속여부를 살펴보면 5년 이상이 34.1%로 가장 많았고, 그 뒤로 1년 이상에서 5년 미만이 30.5%로 나타나 학대가 단기간에 걸쳐 끝나는 것이 아니라 대부분 장기적, 상습적 학대가 발생하는 심각한 수준을 보이고 있다.

표 9-12 노인학대 지속기간

(단위: 건, %)

1개월 미만	1개월 이상 1년 미만	1년 이상 5년 미만	5년 이상	일회성	계
243	1,043	1,907	2,136	930	6,259
3.9	16.7	30.5	34.1	14.9	100

출처: 노인보호전문기관, 노인학대현황보고서(2021).

표 9-13 노인학대 지속기간에 따른 학대 유형 (단위: 건, %)

구분	신체적 학대	정서적 학대	성적 학대	경제적 학대	방임	자기방임	유기	계
매일	271	311	35	41	261	117	24	1,060
	25.6	29.3	3.3	3.9	24.6	11.0	2.3	100
1주일에 한번 이상	1,045	1,263	135	109	213	55	5	2,825
	37.0	44.7	4.8	3.9	7.5	1.9	0.2	100
1개월에 한번 이상	1,144	1,363	28	179	93	23	7	2,837
	40.3	48.0	1.0	6.3	3.3	0.8	0.2	100
3개월에 한번 이상	467	440	5	27	23	4	2	968
	48.2	45.5	0.5	2.8	2.4	0.4	0.2	100
6개월에 한번 이상	359	372	3	25	31	12	1	803
	44.7	46.3	0.4	3.1	3.9	1.5	0.1	100
일회성	631	439	25	50	139	12	14	1,310
	48.2	33.5	1.9	3.8	10.6	0.9	1.1	100
계	3,917	4,188	231	431	760	223	53	9,803
	40.0	42.7	2.4	4.4	7.8	2.3	0.5	100

출처: 노인보호전문기관, 노인학대현황보고서(2021).

7) 노인학대 발생원인

노인학대 발생원인을 학대행위자 원인에서 살펴보면 개인의 내적문제[4]가 35.5%로 가장 많게 나타났고 개인의 외적문제[5]가 16.7%, 알코올 및 약물사용 장애가 13.8%, 정신적 의존성이 12.4%, 경제적 의존성이 10.2% 등의 순으로 나타났다.

표 9-14 노인학대 행위자 원인 (단위: 건, %)

학대행위자 원인	건 수	비 율
개인의 내적문제	3,878	35.5
개인의 외적문제	1,827	16.7
경제적 의존성	1,112	10.2
과거 학대 받은 경험	155	1.4

4) 개인의 내적인 문제는 성격 문제를 의미하는 것으로 분노, 고집스러운 성격, 자신감 결여, 지나친 경계, 사회적 반응의 결핍, 적대적 행위, 충동적 성격, 폭력적 성격, 사회적 고립, 정서적 욕구불만 등이 포함됨.

5) 개인의 외적인 문제는 학대행위자의 이혼, 재혼, 부부갈등, 스트레스, 실직 등이 해당됨

학대행위자 원인	건 수	비 율
신체적 의존성	531	4.9
알코올 및 약물 사용 장애	1,508	13.8
정신적 의존성	1,349	12.4
피해자 부양부담	549	5.0
계	10,909	100

출처: 노인보호전문기관, 노인학대현황보고서(2021).

가족-환경의 원인에 살펴보면 피해자-학대행위자의 갈등이 65.7%, 가족 구성원과의 갈등이 23.2%로 나타나 부모 부양부담에 대한 학대행위자, 가족구성원 간의 갈등이 결국 노인학대로 이어짐을 예측할 수 있다.

표 9-15 가족-환경 원인 (단위: 건, %)

가족구성원과의 갈등 (자녀간, 형제간, 친족간)	가족의 경제적 어려움	피해자-학대행위자 갈등	계
1,314	632	3,730	5,676
23.2	11.1	65.7	100

출처: 노인보호전문기관, 노인학대현황보고서(2021).

4. 노인학대 신고의무자 및 법적 조치

노인인구의 급증과 더불어 노인학대가 사회적 문제로 인식되면서 정부는 2004년 1월 29일 노인복지법을 일부개정하였다. 개정의 주요내용은 노인학대를 방지하고 학대받는 노인을 보호할 수 있도록 긴급전화 및 노인보호전문기관을 설치와 더불어 노인학대에 대한 신고의무와 조치사항을 규정하는 내용을 골자로 하였다. 이는 노인학대 예방과 학대받는 노인의 보호를 위한 제도적 장치를 강화하려는 시도였다. 노인학대신고의무와 관련된 법적조치는 다음과 같다.

1) 노인학대 신고의무자

직무상 65세 이상의 사람에 대한 노인학대를 알게 된 때에는 즉시 노인보호전문기관 또는 수사기관에 신고하여야 한다(「노인복지법」 제39조의6 제2항).

1. 의료법 제3조 제1항의 의료기관에서 의료업을 행하는 의료인 및 의료기관의 장
2. 제27조의2에 따른 방문요양과 돌봄이나 안전확인 등의 서비스 종사자, 제31조에 따른 노인복지시설의 장과 그 종사자 및 제7조에 따른 노인복지상담원
3. 「장애인복지법」 제58조의 규정에 의한 장애인복지시설에서 장애노인에 대한 상담 · 치료 · 훈련 또는 요양업무를 수행하는 사람
4. 「가정폭력방지 및 피해자보호 등에 관한 법률」 제5조 및 제7조에 따른 가정폭력 관련 상담소 및 가정폭력피해자 보호시설의 장과 그 종사자
5. 「사회복지사업법」 제14조에 따른 사회복지전담공무원 및 같은 법 제34조에 따른 사회복지관, 부랑인 및 노숙인보호를 위한 시설의 장과 그 종사자
6. 「노인장기요양보험법」 제31조에 따른 장기요양기관의 장과 그 종사자
7. 「119구조 · 구급에 관한 법률」 제10조에 따른 119구급대의 구급대원
8. 「건강가정기본법」 제35조에 따른 건강가정지원센터의 장과 그 종사자
9. 「다문화가족지원법」 제12조에 따른 다문화가족지원센터의 장과 그 종사자
10. 「성폭력방지 및 피해자보호 등에 관한 법률」 제10조에 따른 성폭력피해상담소 및 같은 법 제12조에 따른 성폭력피해자보호시설의 장과 그 종사자
11. 「응급의료에 관한 법률」 제36조에 따른 응급구조사
12. 「의료기사 등에 관한 법률」 제1조의2 제1호에 따른 의료기사
13. 「국민건강보험법」에 따른 국민건강보험공단 소속 요양직 직원
14. 「지역보건법」 제2조에 따른 지역보건의료기관의 장과 종사자
15. 제31조에 따른 노인복지시설 설치 및 관리 업무 담당 공무원

2) 노인학대 신고의무자 교육

(1) 법적근거

노인학대 신고의무자가 소속된 다음 각 호의 기관의 장은 소속 노인학대 신고의무자에게 노인학대예방 및 신고의무에 관한 교육을 실시하고 그 결과를 보건복지부장관에게 제출하여야 한다(「노인복지법」 제39조의6 제2항).

1. 노인복지법[6] 제31조에 따른 노인복지시설

6) 노인주거복지시설, 노인의료복지시설, 노인여가복지시설, 재가노인복지시설, 노인보호전문기관, 노인일

2. 「의료법」 제3조 제2항 제3호 라목 및 마목에 따른 요양병원 및 종합병원
3. 「노인장기요양보험법」 제2조 제4호에 따른 장기요양기관

(2) 교육대상 및 내용

- (교육대상) 노인학대 신고의무자
- (교육내용)

① 노인학대 예방 및 신고의무에 관한 법령
② 노인학대 발견 시 신고 요령
③ 피해노인 보호 절차(「노인복지법 시행규칙」 제29조의16)

(3) 교육시간 및 제출방법

교육시간은 1시간 이상, 집합 교육 또는 인터넷 강의 활용하여, 결과 제출방법은 해당 신고의무자 자격 소관 중앙행정기관→복지부로 제출한다.

(4) 교육자료 및 사이버 교육

- 교육자료

중앙노인보호전문기관 홈페이지 자료실－교육자료－발간자료－노인학대 신고의무자 분야별 교육교재 다운받아서 활용하여야 한다.

- 사이버 교육

① 교육플랫폼 회원가입

중앙노인보호전문기관 홈페이지 아이디와 연동되지 않으므로, 한국보건복지인력개발원 학대신고의무자교육과정(112cyber) 접속하여 이수하거나, 교육플랫폼 내 노인학대예방(공통)과정 혹은 노인생활시설학대예방교육 이수하여야 한다.

3) 신고 불이행 시 법적 제재

신고의무자가 노인학대를 신고하지 않은 경우, 노인복지법 제61조의2 제1항 제2호에 의거하여 500만 원 이하의 과태료를 부과한다.

자리지원기관, 학대피해노인 전용쉼터

4절 » 노인학대 문제점 및 사회복지적 접근

노인학대는 여러 요인들의 복합적이고 역동적인 상호작용으로 발생하므로 피학대 노인의 측면, 가해자 측면, 피해자와 가해자와의 상호작용 측면, 가정환경요인 측면, 사회문화요인 등의 다면적인 접근을 통해 문제를 조명하고 원인을 파악해서 다면적인 개입과 대책을 강구하는 시각이 필요하다고 하겠다. 노인 개인에 대한 접근에서는 노인의 의존성을 줄이고 자립력을 증대시키기 위한 지원이 이루어져야 하고 노인 스스로도 의존적인 상태를 줄이기 위한 노력을 해야 하며, 가족에 대한 접근에서는 노인에 대한 가족의 개호 부담을 경감시키기 위한 지원이 이루어져야 하고 가족들은 노인의 특성과 노령에 따르는 심신의 변화를 이해하려고 노력해야 하며, 사회적 접근에서는 개인과 가족을 위한 법적, 제도적, 사회서비스적인 원조체계가 마련되어야 하며, 이러한 원조체계들이 연계성을 갖고 구축되어야 할 것이다. 이런 관점에서 노인학대에 대한 법적/제도적/사회적 대처방법, 노인학대 가족을 위한 가족 지원서비스, 피학대 노인에 대한 대처방법 등을 모색해 보기로 한다.

1. 노인학대를 사회문제로 인식하는 시각의 필요성이다.

무엇보다도 먼저 노인학대를 개인의 문제 또는 가족의 문제로만 방치하지 말고 사회문제로 인식하여 국가 사회적인 대책이 모색되어야 한다는 것이다. 즉 노인과 가족을 위한 법적, 제도적, 사회서비스적인 원조체계가 모색되어야 할 것이다. 현재 노인학대에 대한 직접적인 사회적 대응책은 거의 없는 실정이므로, 노인학대에 대한 정부와 사회의 적극적인 대책이 절실히 요구된다고 할 수 있다.

2. 노인학대 관련법 제정이다.

노인학대에 대한 법적 장치로서 독립된 노인학대방지법의 제정이 필요하다. 현재는 가정폭력방지법에 의한 소극적인 대응으로 이루어지고 있는데, 이것만으로는 충분하지 못하다.

3. 노인 자기방임에 대한 사회적 대책이 절실히 필요하다.

중앙노인보호전문기관의 '2020년 노인학대현황보고서'를 보면 노인의 자기방임은 전체 노인학대 건수 중 1.5%(92건)로 매우 낮은 상태이지만 건강악화와 우울로 인한 자살가능성이 매우 높기 때문에 사회적 대책이 필요하다고 본다. 노인의 자기방임은 경제수준이 낮고, 우울 정도가 높으며 사회적 지지관계망이 적을수록 자기방임적 행위가 증가하는 경향이 있다(권은주, 윤일, 김순은, 2018; 김말령, 이재정, 2016). 자기방임의 경우 1인 가구 형태가 많고 사회적 관계가 낮아 확인이 어려울 가능성이 크다. 따라서 현재 제공되고 있는 노인돌봄서비스의 기능을 확대하여 자기방임 징후의 노인을 조기발견하고 자기방임의 원인에 따른 해결을 위한 안전망 확충이 필요하다. 특히, 우울로 인한 자기방임은 극단적인 상황으로까지 이어질 수 있으므로 치료를 하는데 우선순위를 두어야 할 것이다.

4. 은폐된 노인학대의 발견과 개입에 대한 제도적 장치의 필요성이다.

노인학대는 주로 가정이라는 밀폐된 공간에서 일어나며, 동거하는 가족에 의해서 행해지고 있으므로, 가정에서 일어나는 은폐된 노인학대의 발견과 개입에 대한 제도적인 장치가 필요하다고 하겠다. 예를 들면 현재 아동학대를 막는 데에만 도입된 피해자보호명령제도도 도입해야 한다. 피해자보호명령제도는 가정폭력 가해자를 가족으로부터 격리하는 제도다. 노인학대가 신고되고 학대가 확인되어 처벌하려고 하여도 대부분의 노인학대 피해노인은 친족이 형사처벌 받는 것을 꺼리므로 노인학대가 방치되고 재학대가 발생하므로 노인복지법에도 피해자보호명령제도를 도입해야 한다.

5. 시설에서의 노인학대 발생을 예방해야 할 것이다.

노인학대의 대부분이 가정에서 발생되고 있지만 2020년의 경우 시설에서의 노인학대가 9.8%나 차지하고 있고 2005년 이후부터 꾸준히 증가추세에 있다. 이러한 시설노인학대 증가요인은 시설의 양적확대가 요인 중 하나가 될 수 있겠지만 정확한 원인을 진단하여 문제에 대한 대응이 필요하겠다. 우리나라보다 일찍 노인장기요양보험제도를 실시한 일본도 시설 노인학대가 점차 증가하고 있다. 개호 직원들이 가해자인 학대사례가 점차 급증하고 있는 것은 개호 시설을 이용하는 노인들의 수 자체가 증가하는 반면 이들을 돌볼 젊은 직원들의 수가 적기 때문이다. 고령화와 생산가능인구의 감소, 일손 부족, 개호인력의 고령화가 개호 현장에도 악영향을 끼치고 있는 것이다. 우리나라도 점차 생산인구가 감소하고 요양보호사 직군에 종사하는 연령이 고령화되어 가는 추세에 있다. 이러한 추세는 노동강도가 높아짐으로 인한 감정조절 문제로 이어져 노인학대 가능성을 높여줄 수 있다. 따라서 노인장기요양보험제도의 서비스 공급에 대한 인력배치 기준을 재검토하고 젊은 인력의 수급을 위해 유인할 수 있는 정책 마련이 필요하며 종사자의 노인인권의식 고취를 위한 교육시스템의 강화가 필요하다.

6. 노인보호전문기관과 담당인력의 확대가 필요하다.

현재 전국 16시 · 도에 노인학대 관련 업무를 수행하기 위한 노인보호전문기관만이 35개 설치되어 있어 시행 초기보다 2배 이상 확충되었다. 그러나 노인인구의 밀집도와 광범위한 지역을 고려한 노인보호전문기관의 설치가 필요하다. 2021년 9월 기준 서울과 경기의 노인은 전체 노인 중 40%를 차지하여 권역별 기관을 더욱 세분할 필요가 있고 전라남도의 경우 전국 도서지역 3,184곳 중 1,965곳이 전남에 소재하여 전체 도서지역의 61.7%를 차지하여 광범위한 면적을 담당한 기관과 인력이 고려되어 할 것이다. 따라서 앞으로 노인전문기관이 더욱 증설되어야 한다.

7. 노인에 대한 부양부담을 경감시키는 가족지원 서비스 실시이다.

노인학대의 가해자는 주로 직계가족, 특히 주로 아들과 며느리, 딸 등인데, 이 가해자는 노인을 부양하는 가족이므로 부양자가 동시에 가해자가 되기 때문에 노인학대를 예방하고 해결하기 위해서는 피학대 노인에 대한 보호서비스뿐만 아니라,

피해자와 가해자가 있는 가족에 접근해서 지원책을 모색하는 가족복지서비스가 실시되어야 할 것이다. 학대의 원인에 있어 서 노인에 대한 부양자의 부양스트레스가 적지 않은 원인으로 나타났듯이 노인학대는 가족이 노인에 대한 부양을 담당하기 어려운 상황에서 발생하고 있기 때문에 노인에 대한 부양을 가족에게만 전담시킬 것이 아니라 그 부양 부담을 경감시킬 수 있는 가족지원 서비스가 이루어져야 할 것이다. 특히 학대의 가해는 한 사람에 의해서만 행해지는 것이 아니라 복수의 가족들에 의해서 행해지기도 하므로 가족 전체에 대한 지원서비스가 필요하다고 하겠다.

8. 가족원에 대한 노인의 이해 교육 실시가 필요하다.

노인학대 가족에 대해서는 노인과 동거하는 가족들이 노년기 특성 및 노인의 심리적 특성에 대해서 이해할 수 있는 교육을 통해서 노인을 이해할 수 있도록 원조하는 것이 필요하다고 할 수 있다.

9. 피학대 노인에 대한 대처방안이다.

피학대 노인에 대해서는 적절한 치료나 가족과의 분리와 같은 서비스가 필요하며, 노인 자신의 의존성을 줄이고 자립력을 증대시키기 위한 지원이 필요하다고 본다. 피해자의 특성으로는 남성보다는 여성이 많고, 건강이 좋지 않은 노인, 사회활동 참여가 저조한 노인의 경우가 피학대율이 높으므로 이런 노인들에 대한 특별한 관심과 서비스가 필요하고 사회활동 참여 촉구가 필요하다고 하겠다.

피학대 노인에 대한 접근에 있어서 보다 구체적인 대응방법을 생각해 보면, 노인학대 유형 중에서 가장 심한 학대로 인지되고 있는 것은 신체적 학대였으며, 상대적으로 가장 가벼운 학대로 인지되고 있는 것은 정서적 학대로 나타났으나, 각 학대유형의 심각성에 대한 인지에 있어서는 정서적 학대를 가장 심각한 것으로 인지했고, 신체적 학대를 가장 심각하지 않은 것으로 인지하고 있는 것으로 나타났다. 여기에서 정서적 학대는 가장 가벼운 학대로 인지되고 있으면서 또한 가장 심각한 것으로 인지되고 있는데, 이는 평소 노인에 대해서 함부로 무례하게 대하는 것을 그다지 학대라고 생각하지 않는 반면 이런 행동들이 가장 많이 행해지고 있다는 것을 의미하는 것으로서 가볍게 지나칠 수 있는 정서적 학대도 노인학대라는 것을 알고 이에 대한 대처가 필요하다고 하겠다. 또한 학대를 당하는 노인들은 두세 가지 학대를 중복적으로 받게 되기 쉬우므로 학대의 후유증이라든지 학대의 피해가 훨씬 가중된다고 할 수 있다. 따라서 단일학대에 대한 보호뿐만 아니라 중복학대에 대한 세심한 관심과 서비스가 필요하다고 할 수 있다.

10. 피학대 노인에 대한 사회적 지원체계 확립이다.

노인들이 쉽게 접근할 수 있는 외부 지원체계의 확립이 필요하다고 본다. 노인들은 학대를 당하고도 그냥 참고 있거나 수동적, 소극적으로 대응하는 경우가 대부분이다. 이는 피학대 노인들이 학대 사실을 남에게 알리는 것을 꺼리는 성향이 있기도 하고 또한 외부 원조기관이 무엇이 있는지, 외부의 원조를 어떻게 구해야 하는지를 몰라서 그럴 수도 있으므로, 노인 스스로도 학대로부터 벗어나려는 노력을 하는 것이 필요하다고 하겠다. 노인들이 쉽게 접근할 수 있는 외부지원체계로는 노인학대 상담센터, 노인학대 신고센터, 노인임시보호시설과 같은 기관이 설치 및 확대되어야 할 것이다.

노인학대를 가정폭력에만 국한시킬 경우 노인학대는 반인륜적 사건으로 치부되어 대응방안도 처벌 및 가족으로부터의 격리가 강조된다. 실제로 노인학대에 대한 전문적 개입은 단 하나의 전략, 노인을 학대적인 환경에서 제거하되, 심지어 그것이 그들 자신의 집이라 할지라도, 그들을 시설에 배치시키는 데 집중되어 왔다. 분리는 상당히 중요하나, 이러한 행동은 학대자나 피해자에게 있어 최상의 이익이 아닐 수 있다. 처벌적인 대응책은 문제를 더욱 은폐시킬 뿐만 아니라 문제의 원인을 가해자나 피해자 개인의 결함으로 돌릴 가능성을 높인다. 가족으로부터의 격리는 결국 노인의 시설배치로 이어질 것이며, 이는 시설에서의 노인학대도 상당하게 발견되고 있는 현실을 무시한 처사이다. 사실 학대나 인권유린에 대한 관심은 역사적으로 시설을 중심으로 발달되어 왔으며, 또 앞으로 노인들 스스로가 자녀보다는 시설에 노후를 의지하려는 경향이 높아짐을 고려할 때 시설에서의 학대, 예를 들어, 자유의 제한, 프라이버시 침해, 질 낮은 보호, 입소노인의 재산 약취 등에 대해서도 관심을 가질 필요가 있다.

더불어 노인에 대한 기존 인식의 전환이다. 노인은 본디 의존적인 존재가 아니며,

단지 독립과 자율성을 경험할 기회가 다른 연령층에 비해 제한되어 의존적이 된 경향이 많다. 노인에게도 적당한 기회와 적절한 상황이 주어진다면 얼마든지 독립적으로 생활할 수 있다. 노인들이 가족 및 타인에 대한 의존에서 벗어나 독립적인 생활을 유지할 수 있도록 하기 위해서는 자기방임의 위험요소를 사전에 제거해 주는 사회적 노력이 중요하다. 노인학대는 위협으로부터의 제거라는 협소한 목적에 기초해서는 안 된다. 노인학대는 노인의 삶의 질이라는 전체적인 맥락 안에서 검토되어야 한다. 대부분의 학대 전문가들은 노인소외나 고립과 같은 학대의 형태는 관대하게 다소 정상적인 것으로 바라보며, 신체적, 재정적, 정서적 학대에 보다 많은 관심을 갖는 경향이 있다. 그러나 노인들은 소외와 고독, 가족으로부터의 고립을 가장 우려한다. 노인들 자신의 관심을 고려하지 않을 때 대부분의 경우 학대발생 시의 개입은 강제분리조치이다.

이것이 진정 노인을 위하는 길인가? 노인이 학대로 인식하지 않는 부분에 대해 사회적 개입을 실시하는 것은 노인의 자기결정 권리를 침해하는 것이 되어 기본 권리의 침해라는 또 다른 형태의 노인학대가 되지는 않는가? 그동안 노인학대 영역뿐만 아니라 다른 많은 노인문제 영역에서 너무 쉽게 노인을 간과해 왔다. 문제의 중심에 노인이 없었다고 해도 지나치지 않을 것이다. 노인들은 아동과는 달라 자기결정권을 갖는 성인이다. 비록 노인이 정신적 장애로 인해 자기결정이 의심되는 경우에도 어떤 방법을 동원해서라도 가능한 한 노인의 욕구에 민감해야 한다. 여기서 우리는 또다시 사회복지의 기본적 가치인 클라이언트 입장에서 시작하라는 원칙을 떠올리게 된다.

10장 청소년 문제

1절 청소년의 개념

청소년은 어른과 아동의 중간 시기이다. 청소년의 연령규정은 법규마다 다르나, 청소년기본법에 9세에서 24세 사이의 사람으로 규정하였다. 본 논문에서 청소년이라 하면 만 13세에서 만 18세 사이의 중학교와 고등학교 시기의 학생을 말한다. 때로 사춘기를 겪고 있는 사람을 칭하기도 한다(2002 청소년백서). 이러한 10대 청소년의 특징을 살펴보면 자아의식이 고양되고 독립과 해방에의 욕구가 강화되는 시기로 기성세대의 가치기준과 전통적인 가정사회의 존재양식과 많은 충돌을 일으킨다. 또한 사회적으로 미성숙하고 사회 적응력이 부족하며 당면한 현실에 충동적 비 방향적으로 문제를 처리하는 경향을 보이기도 한다. 따라서 자신과 유사한 또래집단 안에서만 유일하게 인정과 정신적 안정감을 얻을 수 있다. 이 시기는 밝고 현명하며 합리적인 생활태도 강한 권리의식, 현실적인 행복감, 기성권위의 부정 등의 적극적인 면과 깊이 없는 사고, 약한 인내심, 낮은 책임감, 순간적이고 충동적 · 공격적인 행동의 양상 등 가치관의 양면성과 비일관성이 공존하는 시기라고 볼 수 있다. 이러한 청소년기의 특징을 질풍노도, 좌충우돌 등의 표현을 사용하는데 이는 성숙한 신체의 발달에 못 미치는 정서 · 심리적 미성숙함에서 오는 혼란과 갈등이라고 할 수 있다. 청소년의 부적응은 여러 측면(1982, 청소년백서)으로 볼 수 있다.

2절 » 청소년 문제의 원인

에릭슨(Erikson, 1994)에 의하면 개인의 발달은 개인적, 성숙적 요인과 사회문화적 요인의 상호작용 결과로 이뤄지며 행동과 사고는 인생의 특정한 시기에 이르러 질적인 변화를 보이는데 각 단계마다 긍정적인 발달을 하며 그렇지 않을 때는 부정적인 발달을 한다고 하였다. 그는 임상 실험의 경험을 바탕으로 인간의 발달 단계를 8단계로 나누고 각 단계마다 겪게 되는 발달상의 위기를 성공적으로 발달상의 위기를 성공적으로 극복하면 희망, 의지력, 목적의식, 유능성, 충성심, 사랑, 보호벽, 지혜 등을 갖게 되지만 이때 위기를 극복하지 못하면 퇴행과 일탈행위가 일어난다고 하였다.

김동하(1992)는 청소년 비행의 중요 원인을 내적 요인(개체)과 외적요인(환경)으로 나누면서 신체적 결함, 정서적 장애, 지능의 저하 등 내적요인과 가정, 학교, 지역사회 등의 환경적 요인 등 여러 가지 외적요인에 의한 결과라고 하였다. 가장 밀접한 사회관계의 시작인 부모-자녀관계에서 어떠한 존재로 인정받았는가가 정서적 안정이나 학교생활 적응에 지대한 영향을 미친다고 보고 부적응의 원인은 잘못된 부모-자녀관계에서 비롯된다고 주장하는 연구도 있다(유형근, 1992; 오승원, 1993). 이렇게 가족과 가정의 기능이 주는 안정성과 만족도는 매우 중요하다고 볼 수 있다. 그러나 우리나라 학생들은 학업과 관련한 스트레스가 심했으며, 이어 외모, 부모와 관련한 스트레스 등이 뒤를 이었다. 생활만족도 조사(2016, 국가지표체계)를 살펴보면 가장 높은 한국 어린이 청소년의 생활 만족도는 '주관적으로 건강하지 못하다', '소속감을 느끼지 못 한다'라고 답한 학생은 각각 26.5%와 18.3%를 기록, OECD 국가들 중에서 가장 높은 비율을 나타냈다. '외로움을 느낀다'는 응답은 16.7%로 일본(29.8%)과 비슷하게 나타났다. '행동과 안전', '교육', '가족과 친구 관계' 등의 영역에서도 한국은 중상위권을 차지한 것으로 나타났다.

청소년기의 자기조절은 우울, 공격성, 대인관계, 또래 괴롭힘 등 심리적 부적응과 관련되어 있으며(이지영, 권석만, 2006) 여기서 말하는 부적응은 단순히 적응에 반대되거나 대립 되는 개념이 아니라 적응실패로 인한 문제행동을 의미한다(김혜원, 설인자, 조아미, 한상철, 2003). 자기조절의 부족은 분노, 욕구, 화, 폭발, 고집행동 등을 참기 어렵게 하여 교사와의 관계, 또래 관계 등 대인관계에서의 갈등을 초래한다. 그 갈등으로 청소년은 학교생활에서 고립감과 좌절감, 부적절감을 경험하고 자신을 부족한 사람 혹은 실패자로 인식하고 의욕 상실을 경험하거나 학업 동기가 낮아져 성적 부진과 학업포기 등의 부정적인 결과가 유발되기도 한다. 또한 청소년 자신이 학업에 열중하거나 목표를 이루려고 하더라도 이를 수행하는 과정 중에 자기조절 기능이 원활하지 않다면 학업중단, 가출 같은 행동이 야기 될 수도 있다(Kuhl & Kazen, 2006; 김산옥, 2012에서 재인용). 청소년 자신의 정서나 행동을 스스로 조절하고 적절하게 통제하는 자기조절 능력은 학교적응뿐 아니라 성인기의 사회적응에도 중요한 역할을 함으로 청소년으로 하여금 자기조절 능력을 향상시키도록 하는 것은 청소년의 발달에 매우 큰 의미가 있다.

3절 » 청소년 문제의 현황과 실태

1. 학교폭력

학교폭력은 자기보다 약한 처지에 있는 상대에게 불특정 다수의 학생이 남이 보이지 않는 곳에서 신체적, 심리적인 폭력을 반복하여 행사하거나 심한 공격을 가하는 문제행동이라고 정의한다. 이와 같은 학교폭력으로 많은 청소년들이 상처와 고통을 받으며 성장하는 동안 내현화 또는 외현화 문제를 야기시키거나 심한 경우 극단의 상황으로 가는 경우도 있다. 따라서 사회문제로 그 대두되고 있는 심각성에 따라 학교폭력의 원인과 실태의 근원을 모색하여 학교폭력이 갈수록 저연령화와 심각성에 대한 면밀한 검토와 분석을 통해 가정과 학교, 사회문제에 대한 효율적인 대응방안을 마련할 필요성이 제기되고 있다.

이와 함께 학교폭력자치위원회에 대한 정확한 이해를 바탕으로 학교폭력으로 인해 정신적으로 신체적으로 피해받은 많은 청소년들을 위한 적절한 대책 마련을 위해 사회복지의 실천과 정책적 사안으로 살펴봐야 할 것이다. 그러나 학교폭력 사안에 대한 무관용 원칙과 준사법적 성격의 학교폭력 처리 과정은 교사의 교육적 해결 의지를 약화시키고 학교의 교육력을 감소시켰으며 가피해자 간 소송을 부추기는 등 학교폭력 예방과 대응에 부정적 영향을 미치고 있다는 비판이 지속되고 있다(교육부 보도자료 2019. 1. 30). 이에 따라서 사안 처리의 전문성 및 공정성 확보 담당 교원 및 학교 업무 부담 감소 학교폭력 사안의 교육적 해결 도모를 목적으로 2019년 8월 학교폭력 예방 및 대책에 관한 법률이 개정되었다. 개정된 학교 폭력 법률 그에 따라 2019년 9월부터 학교장 자체 해결 절차가 법제화되었고 기존의 각 단위 학교별로 설치되었던 학교폭력대책자치위원회가 교육지원청의 학교폭력대책심의위원회로 이관되어 운영되고 있다.

2. 학교폭력의 발생원인

학교폭력의 원인으로는 개인적 · 심리적 원인, 가정환경의 원인, 학교내외에서의 원인, 사회 · 문화적 원인을 살펴보고, 학교폭력이 일반 폭력과 상이 한 점을 가해학생, 피해학생, 방관자의 입장에서 공정한 대응방안을 찾아야 할 것이다.

3. 학교폭력의 유형과 실태

학교폭력의 유형을 나누는 것은 연구자의 접근방법에 따라 약간씩은 상이하나 폭력행위의 근본적 행위에서는 큰 차이가 없다. 학교폭력대책법상의 제반 행위유형을 법 규정 위주로 분류하고, 이를 대별하면 학교폭력의 유형은 다음과 같이 구별할 수 있다.

① 신체폭력유형으로서 상해(형법 제257조), 폭행(형법 제260조), 감금(형법 제276조), 약취 · 유인(형법 제287조)
② 언어폭력유형으로서 명예훼손(형법 제307조), 모욕(형법 제311조), 협박(형법 제283조)
③ 금품갈취유형으로서 공갈(형법 제350조)
④ 강요행위유형으로서 강제적 심부름, 강요(형법 제324조)
⑤ 성폭력
⑥ 따돌림
⑦ 사이버폭력유형으로서 사이버 따돌림
⑧ 정보통신망을 이용한 음란, 폭력정보 등

이중 상해, 폭행, 감금, 약취 · 유인과 명예훼손, 모욕, 협박, 공갈, 강요 등은 형법상 규정한 죄명과 동일한 명칭을 사용하지만 따돌림이나 사이버 따돌림 등은 형법의 규정을 벗어난 포괄적 개념을 포함하고 있다.

> **2020년 학교폭력 실태조사 개요**
>
> • **(추진근거)** 「학교폭력예방 및 대책에 관한 법률」 제11조 및 같은 법 시행령 제9조
> • **(기간/대상)** 2020.9.14.~10.23. (6주) 온라인 조사 / 초4~고2 재학생 전체(약 357만 명)
> ※ 조사 참여율: 82.6%(약 295만 명) / 코로나19 상황에서 학생들의 자발적 참여를 원칙으로 조사 진행
> • **(조사내용)** 2019년 2학기부터 응답 시점까지의 학교폭력 피해 · 가해 · 목격 경험 및 인식
> • **(조사주체)** 전국 시도교육감(한국교육개발원, 한국교육학술정보원 위탁)

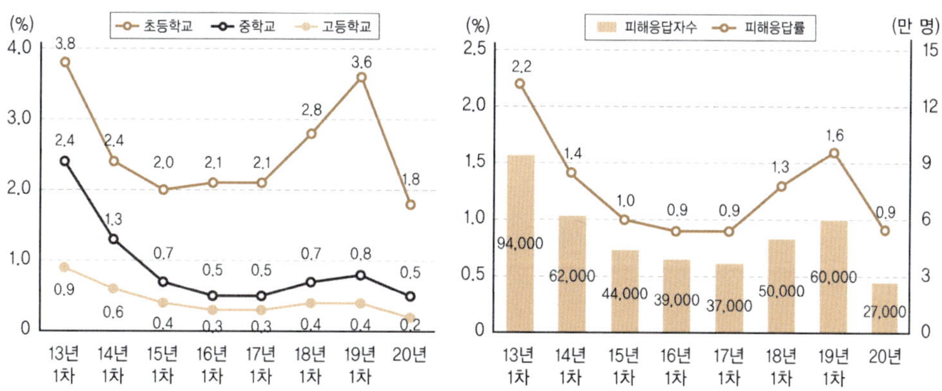

그림 10-1 피해응답률과 학교급별 피해응답률

표 10-1 학생 천 명당 피해유형별 응답 건수와 경험

구분	2013년 1차	2014년 1차	2015년 1차	2016년 1차	2017년 1차	2018년 1차	2019년 1차	2020년	증감 (건)
언어폭력	13.6	9.4	6.8	6.2	6.3	8.7	8.1	4.9	△3.2
집단따돌림	6.6	4.6	3.6	3.3	3.1	4.3	5.3	3.8	△1.5
스토킹	3.7	3.0	2.6	2.0	2.3	3.0	2.0	1.0	△1.0
신체폭력	4.7	3.1	2.4	2.2	2.2	2.5	2.0	1.2	△0.8
사이버폭력	3.6	2.5	1.9	1.7	1.8	2.7	2.0	1.8	△0.2
금품갈취	4.0	2.2	1.5	1.2	1.2	1.6	1.4	0.8	△0.6
성폭력	1.3	1.0	0.9	0.8	0.9	1.3	0.9	0.5	△0.4
강요	2.4	1.3	0.9	0.8	0.7	1.0	1.1	0.6	△0.5

출처: 경찰청(2019). 경찰백서.

피해 유형별 결과

조사 내용	주요 결과표

피해 응답률

구분	전체	초	중	고
비율(%)	0.9	1.8	0.5	0.2
명수(천명)	26.9	19.2	5.8	1.8

피해 유형별 비율(%) (복수응답, 건수기준)

구분	언어 폭력	집단 따돌림	스토킹	신체 폭력	사이버 폭력	금품 갈취	성폭력	강요
전체	33.6	26.0	6.7	7.9	12.3	5.4	3.7	4.4
초	34.7	26.8	6.3	8.7	10.2	5.6	3.2	4.5
중	30.2	24.3	7.6	5.4	18.1	5.2	4.8	4.4
고	32.3	23.8	7.6	7.2	15.4	4.5	4.9	4.3

가해자 유형 (%)

구분	같은 학교 같은 반	같은 학교 같은 학년	같은 학교 다른 학년	다른 학교 학생	잘 모르는 사람	기타
전체	50.9	26.1	6.6	4.1	2.0	10.3
초	52.7	24.3	7.3	3.3	2.0	10.4
중	46.8	30.5	4.5	6.0	2.0	10.2
고	45.5	30.6	4.8	6.7	2.0	10.4

피해 장소 (%) (복수응답, 건수기준)

구분	학교 안(64.2)							학교 밖(28.3)						기타
	교실 안	복도	운동장	화장실	특별실	기숙사	급식실, 매점 등	놀이터	사이버 공간	학원 주변	학교 밖 체험	집, 집 근처	PC 노래방	
전체	32.5	11.5	7.4	3.4	1.6	0.5	7.3	6.6	9.2	3.7	4.1	3.9	0.8	7.4
초	32.1	11.0	8.9	3.4	1.4	0.2	6.2	8.3	6.6	4.4	4.5	4.6	0.4	8.0
중	33.0	12.9	4.2	3.3	1.7	0.4	9.8	2.7	16.5	2.1	3.1	2.4	1.9	6.0
고	35.4	12.2	2.7	3.3	2.6	3.5	11.1	2.5	13.1	1.4	2.7	2.0	1.3	6.0

피해 시간 (%) (복수응답, 건수기준)

구분	쉬는 시간	점심 시간	하교 이후	수업 시간	하교 시간	학교밖 체험	등교 시간	방과후 수업	기타
전체	36.0	15.1	16.0	7.3	5.3	4.4	3.2	2.4	10.3
초	36.5	13.4	17.5	5.6	6.0	4.5	3.2	3.0	10.3
중	35.1	18.5	12.9	9.9	3.9	4.4	3.1	1.2	11.0
고	34.5	20.0	11.3	14.1	3.3	3.2	3.3	1.7	8.6

<table>
<tr><th>조사 내용</th><th colspan="10">주요 결과표</th></tr>
<tr><td rowspan="7">피해 사실을 알린 사람 (%)</td><td>구분</td><td>보호자나 친척</td><td>학교 선생님</td><td>친구 선·후배</td><td>117 신고센터</td><td>학교 상담실 선생님</td><td>학교전담경찰관, 경찰</td><td>학교 폭력 신고함</td><td>학교밖 기관</td><td>미신고</td></tr>
<tr><td rowspan="2">전체</td><td colspan="8">주위에 알리거나 신고(82.4)</td><td rowspan="2">17.6</td></tr>
<tr><td>45.3</td><td>23.0</td><td>9.3</td><td>1.4</td><td>1.6</td><td>0.5</td><td>0.3</td><td>1.0</td></tr>
<tr><td>초</td><td>48.8</td><td>20.7</td><td>7.4</td><td>1.6</td><td>1.0</td><td>0.3</td><td>0.1</td><td>1.2</td><td>18.9</td></tr>
<tr><td>중</td><td>38.2</td><td>27.4</td><td>13.3</td><td>1.2</td><td>3.1</td><td>0.6</td><td>0.6</td><td>0.4</td><td>15.2</td></tr>
<tr><td>고</td><td>31.3</td><td>33.1</td><td>16.4</td><td>1.1</td><td>3.8</td><td>1.2</td><td>0.5</td><td>0.6</td><td>12.0</td></tr>
</table>

<table>
<tr><td rowspan="5">피해 미신고 이유 (%)</td><td>구분</td><td>별일이 아니라고 생각해서</td><td>더 괴롭힘을 당할 것 같아서</td><td>스스로 해결하려고</td><td>이야기해도 소용이 없을 것 같아서</td><td>선생님이나 부모님의 야단/걱정 때문에</td><td>어디에 도움을 요청할지 몰라서</td></tr>
<tr><td>전체</td><td>28.5</td><td>14.8</td><td>23.8</td><td>18.6</td><td>11.4</td><td>2.9</td></tr>
<tr><td>초</td><td>29.8</td><td>15.6</td><td>24.6</td><td>15.9</td><td>11.1</td><td>3.0</td></tr>
<tr><td>중</td><td>25.8</td><td>12.9</td><td>21.3</td><td>25.3</td><td>12.4</td><td>2.3</td></tr>
<tr><td>고</td><td>20.7</td><td>8.9</td><td>21.1</td><td>35.2</td><td>11.3</td><td>2.8</td></tr>
</table>

출처: 경찰청(2019). 경찰백서.

4. 학교폭력 선도프로그램 주요 내용 및 현황

① **연계 대상**: 훈방·즉결심판 청구 등 경찰 단계에서 종결되는 경미 초범 소년범과 입건 대상자 중에서도 선도 가능성이 높은 소년범 등이다.

② **소년범 특성에 맞는 선도프로그램 운영**

③ **전문기관 연계 선도프로그램(사랑의교실)**: 청소년상담복지센터 수련관 등 청소년 전문단체 연계, 비행청소년 재범방지를 위해 역할극·미술치료·봉사활동 등 운영하고 있다.

④ **경찰 선도프로그램(희망동행교실)**: '12년부터 관서별 학교·NGO 등과 협조, 전문가 교육·경찰체험 등 지역별 프로그램 개발·운영하고 있다.

⑤ **치유 선도프로그램(마음나눔교실)**: 대한신경정신의학회와 연계, 전문의 임상심리사로 구성된 운영팀이 진행하며 전문의 면담 및 자기통제, 의사소통기술 등 운영하고 있다.

표 10-2 지방청별 프로그램 운영 현황(2019년 기준)

구분		계	서울	부산	대구	인천	광주	대전	울산	경기남부	경기북부	강원	충북	충남	전북	전남	경북	경남	제주
위탁	전문기관 연계	245	16	9	8	16	4	3	3	41	19	25	17	18	6	23	7	25	4
	치유선도	51	16	3	3	3	0	2	0	10	5	1	1	2	1	1	1	1	1
자체	경찰선도	165	31	0	8	9	0	5	0	23	9	8	8	8	15	10	5	23	3

출처: 경찰청(2019). 경찰백서.

ㅁ 가해 경험

조사 내용	주요 결과표

가해 응답률

구분	전체	초	중	고
비율(%)	0.3	0.7	0.2	0.05
명수(천명)	9.3	7.1	1.8	0.3

가해 이유 (%) (복수응답, 건수기준)

구분	전체	초	중	고
상대방이 먼저 괴롭혀서	17.5	19.3	12.6	8.7
장난이나 특별한 이유 없이	28.1	27.9	28.6	29.1
오해와 갈등으로	13.9	12.2	19.4	20.6
상대방의 행동이 마음에 안 들어서	12.7	12.0	15.2	15.0
다른 친구가 하니까	10.1	10.1	10.8	6.5
화풀이 또는 스트레스 때문에	8.3	8.7	6.4	9.0
강해 보이려고	5.0	5.3	3.5	6.1
나의 보호자나 선생님의 관심을 받고 싶어서	1.5	1.5	1.3	2.4
선배나 친구가 시켜서	2.9	3.0	2.3	2.5

가해 방법 (%)

구분	단독	집단
전체	45.3	54.7
초	46.1	53.9
중	40.1	59.9
고	51.3	48.7

□ **목격 경험**

<table>
<tr><th>조사 내용</th><th colspan="5">주요 결과표</th></tr>
<tr><td rowspan="3">목격 응답률</td><td>구분</td><td>전체</td><td>초</td><td>중</td><td>고</td></tr>
<tr><td>비율(%)</td><td>2.3</td><td>4.0</td><td>1.6</td><td>0.8</td></tr>
<tr><td>명수(천명)</td><td>67.2</td><td>43.4</td><td>17.9</td><td>5.6</td></tr>
<tr><td rowspan="7">목격 후 행동 (%)</td><td colspan="5">피해를</td></tr>
<tr><td>구분</td><td>전체</td><td>초</td><td>중</td><td>고</td></tr>
<tr><td>때리거나 괴롭히는 친구를 말렸다</td><td>15.9</td><td>18.8</td><td>11.2</td><td>8.9</td></tr>
<tr><td>가족, 선생님, 학교전담경찰관 등 주위에 알리거나 신고했다.</td><td>11.2</td><td>11.9</td><td>9.9</td><td>10.0</td></tr>
<tr><td>받은 친구를 위로하고, 도와주었다</td><td>36.4</td><td>34.1</td><td>38.3</td><td>47.8</td></tr>
<tr><td>나도 같이 피해 학생을 괴롭혔다.</td><td>1.9</td><td>2.0</td><td>1.7</td><td>1.1</td></tr>
<tr><td>아무것도 하지 못했다.</td><td>34.6</td><td>33.2</td><td>38.8</td><td>32.2</td></tr>
</table>

□ **예방 교육**

<table>
<tr><th>조사 내용</th><th colspan="5">주요 결과표</th></tr>
<tr><td rowspan="7">학교폭력 발생 시 대처행동 (%) (복수응답, 건수기준)</td><td>구분</td><td>전체</td><td>초</td><td>중</td><td>고</td></tr>
<tr><td>학교선생님이나 신고함에 알리겠다.</td><td>32.6</td><td>32.3</td><td>33.8</td><td>31.0</td></tr>
<tr><td>117 신고센터 · 경찰관에게 알리겠다.</td><td>22.2</td><td>19.4</td><td>23.8</td><td>24.3</td></tr>
<tr><td>가족이나 보호자에게 도움을 요청하겠다.</td><td>12.8</td><td>14.4</td><td>11.2</td><td>12.8</td></tr>
<tr><td>피해를 받은 친구를 위로하고 도와주겠다.</td><td>18.0</td><td>19.2</td><td>17.7</td><td>16.5</td></tr>
<tr><td>때리거나 괴롭히는 친구를 말리겠다.</td><td>9.4</td><td>10.5</td><td>8.4</td><td>9.2</td></tr>
<tr><td>친구나 선배(후배)에게 도움을 요청하겠다.</td><td>5.0</td><td>4.1</td><td>5.1</td><td>6.2</td></tr>
</table>

5. 비행

우리나라 법에서는 비행 청소년을 크게 세 가지로 구분하고 있다. 2007년 개정되어 2008년부터 적용된 소년법 제4조에 의하면 청소년이란 10세 이상 19세 미만의 청소년에 의한 범죄행위 조법 행위 모범 상태를 말하며 이러한 행위를 하거나 상태에 놓인 청소년을 각각 범죄 소년, 촉법소년, 우범소년이라고 한다. 라고 정의하고 있다. 소년법 제4조의 보호 대상의 분류에 따른 비행 청소년의 분류는 표와 같다. 소년법에서의 청소년 비행이란 형법을 위반한 행위뿐만 아니라 미래의 형법을 위반

할 가능성이 있는 행위들을 포함하여 정의하고 있음을 알 수 있다. 또한 소년법에서는 범죄 소년과 촉법소년을 모두 형 벌 법령에 저촉되는 행위를 한 청소년임에도 연령에 따라 형사 책임을 질 수도 지지 않을 수도 있다.

이는 형사법상 형사 미성년자의 연령이 14세 미만으로 13세 이하는 범죄 행위를 저질렀어도 형사처분을 받지 않는 형사 미성년자이기 때문이다.

형사법상 비행청소년이라는 범죄를 저지르거나 범죄의 위험성이 있는 청소년으로 국가의 사법처분의 대상이 되는 청소년을 지칭한다. 여기에서 범죄란 현행 실정법에 위반한 행위를 말하며 범죄의 위험성이란 범죄를 저지를 가능성이 있는 심리적 행동적 상황을 말한다(박정란, 서홍란, 장수한, 2017). 청소년의 일탈 행위를 성행과는 달리 비행이라고 규정하고 성인 범죄와 달리 조금 더 관대하게 대하는 이유는 청소년의 일탈이나 비행 행동의 원인을 온전히 개인 내적 요인으로 보기보다는 미성숙하고 불안정한 청소년기의 고유한 특성이라고 여기기 때문이다. 또한 성인 범죄에 비해 가정이나 사회 환경 등 왼쪽 요인이 청소년 비행에 더 강력한 영향력을 발휘하기 때문이다(이수정, 2006). 청소년은 아직 인격 형성기에 있고 순환의 가능성이 있어서 형벌보다는 교정과 선도의 중심을 두고 환경 조성이나 보호처분을 통해 전과자로 낙인찍히는 것을 방지하면서 그들이 건전한 육성과 사회 통합을 유도하기 위해서이다(김영화, 최영진, 2017).

1) 청소년 범죄 현황

소년 재산범죄는 2010년 소년 인구 10만 명당 400.7건에서 지속적으로 증가하여 2012년 442.4건으로 최고치를 기록하였다. 이후 대체로 감소하는 추세를 보였으며 2019년에는 327.6건 발생하였다. 지난 10년간 소년 재산범죄 발생비는 18.2% 감소하였다. 강력범죄(흉악)는 2010년 소년인구 10만 명당 33.7건에서 2011년 38.1건으로 증가한 후 4년간 감소세를 보이다가 2016년부터 꾸준히 증가하여 2019년에는 43.2건 발생하였다. 지난 10년간 소년 강력범죄(흉악)의 발생비는 28.2% 증가하였다. 강력범죄(폭력)는 소년 인구 10만 명당 250.5건에서 증가하여 2012년 310.0건으로 최고치를 기록하였다. 이후 3년간 감소하는 경향을 보였으며 2016년부터 다소 증감을 반복하다가 2019년 219.4건 발생하였다.

지난 10년간 소년 강력범죄(폭력)의 발생비는 12.4% 감소하였다. 교통 범죄의 발생비는 소년인구 10만 명당 150.9건에서 대체로 감소추세를 보이고 있으며 2019년에는 88.0건이 발생하였다. 전체적으로 볼 때, 지난 10년간 소년 교통범죄의 발생비는 41.7% 감소하였다. 4가지 범죄군 중에서 소년범죄 발생비가 가장 높은 범죄군은 재산범죄이며, 강력범죄(폭력), 교통범죄, 강력범죄(흉악)의 순이었다. 2019년 강력범죄(흉악)의 소년범죄 발생비는 다른 범죄군에 비하여 가장 낮았지만, 다른 범죄군은 지난 10년간 증감률이 감소한 반면 강력범죄(흉악)는 28.2% 증가하였다.

표 10-3 주요 범죄군별 소년범죄의 발생비 추이(2010~2019년) (단위: 발생비, %)

연도	재산범죄		강력범죄(흉악)		강력범죄(폭력)		교통범죄	
	발생비	증감률	발생비	증감률	발생비	증감률	발생비	증감률
2010	400.7	–	33.7	–	250.5	–	150.9	–
2011	403.0	0.6	38.1	13.1	265.2	5.8	136.3	−9.7
2012	442.4	10.4	34.7	3.0	310.0	23.7	115.1	−23.7
2013	430.9	7.6	34.4	2.1	215.4	−14.0	96.2	−36.3
2014	367.4	−8.3	32.0	−5.0	196.0	−21.8	93.7	−37.9
2015	332.9	−16.9	28.2	−16.4	181.4	−27.6	89.4	−40.8
2016	352.9	−11.9	35.7	5.9	207.7	−17.1	99.4	−34.1
2017	319.3	−20.3	38.1	13.0	231.2	−7.7	105.8	−29.9
2018	300.6	−25.0	39.8	18.2	224.0	−10.6	86.7	−42.6
2019	327.6	−18.2	43.2	28.2	219.4	−12.4	88.0	−41.7

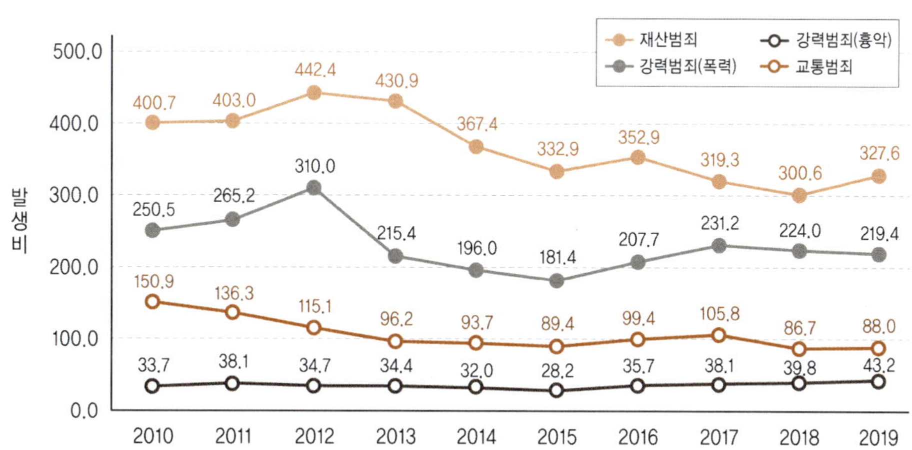

출처: 경찰청(2019). 경찰백서.

2) 범죄자의 성별과 연령

강도범죄 범죄자의 연령별 분포를 보면, 19세~30세가 30.1%로 가장 많고 다음은 18세 이하 소년범죄자(26.8%)로 다른 강력범죄에 비해 소년 범죄자가 차지하는 비율이 상대적으로 높게 나타났다. 남성범죄자는 19~30세의 비율이 33.0%로 가장 높고, 18세 이하(23.1%), 31~40세(17.0%) 등으로 나타났다. 여성범죄자는 소년범죄자의 비율이 53.9%로 가장 높고, 그 다음이 41~50세(11.4%), 51~60세(10.2%) 등의 순으로 나타났다. 여성범죄자는 남성범죄자에 비해 18세 이하, 61세 이상 연령층의 비율이 높은 반면, 19~30세, 31~40세, 41~50세, 51~60세 연령층의 비율은 낮게 나타났다.

표 10-4 범죄자의 성별 분포 (단위: 명(%))

범죄자 연령	범죄자 성		계
	남성	여성	
18세 이하	276(23.1)	90(53.9)	366(26.8)
19–30세	395(33.0)	16(9.6)	411(30.1)
31~40세	203(17.0)	14(8.4)	217(15.9)
41~50세	157(13.1)	19(11.4)	176(12.9)
51~60세	124(10.4)	17(10.2)	141(10.3)
61세 이상	42(3.5)	11(6.6)	53(3.9)
계	1,197(100.0)	167(100.0)	1,364(100.0)

출처: 경찰청(2019). 경찰백서.

3) 강도범죄 범행동기

강도범죄 범죄자의 범행동기를 기타를 제외하고 살펴보면, 생활비 마련이 18.5%로 가장 많았고, 우발적 동기(17.8%), 유흥/도박비 마련(11.3%) 순이었다.

강도범죄 범죄자 중 소년범죄자의 비율은 23.5%, 성인범죄자의 비율은 76.5%로 나타났다. 소년범죄자의 범행동기 비율은 유흥/도박비 마련이 성인범죄자에 비해 높게 나타났다.

표 10-5 **범행자의 범행동기별 분포**

(단위: 명(%))

범행동기	소년범 여부		계
	소년범	성인범	
생활비 마련	34(12.9)	173(20.2)	207(18.5)
유흥/도박비 마련	46(17.5)	81(9.4)	127(11.3)
우발적	34(12.9)	165(19.2)	199(17.8)
기타	149(56.7)	439(51.2)	588(52.5)
계	263(100.0)	858(100.0)	1,121(100.0)

출처: 경찰청(2019). 경찰백서.

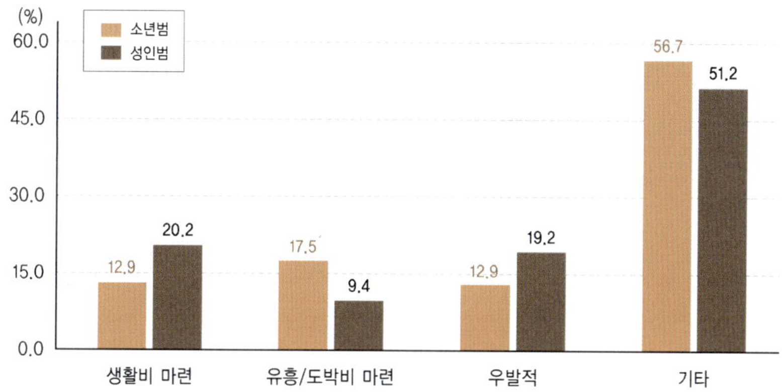

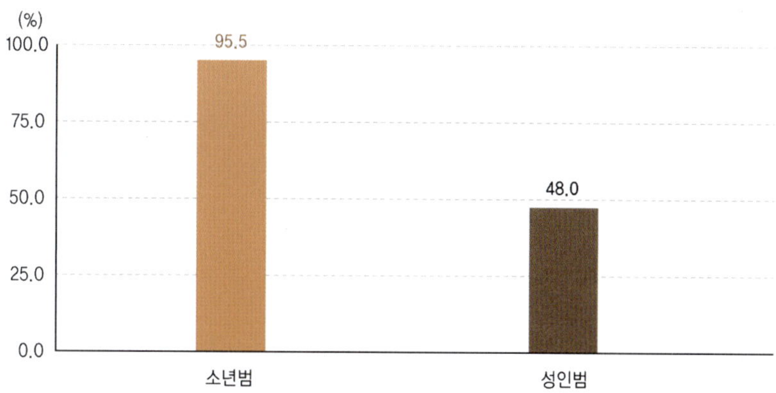

4) 공범 여부

강도범죄의 62.0%가 공범이 있는 것으로 나타났다. 성인범죄자의 48.0%가 공범이 있는 반면에, 소년범죄자는 95.5%가 공범이 있는 것으로 나타났다.

표 10-6 공범 여부 (단위: 명(%))

공범 여부	소년범 여부		계
	소년범	성인범	
단독범	16(4.5)	447(52.0)	463(38.0)
공범	342(95.5)	412(48.0)	754(62.0)
계	358(100.0)	859(100.0)	1,217(100.0)

출처: 경경찰청(2019). 경찰백서.

5) 절도범죄 범행동기

절도범죄 범죄자의 범행동기는 기타를 제외하고 보면, 우발적 범행이 38.2%로 가장 많았다. 그 다음은 기타 이욕(18.9%), 생활비 마련(9.8%) 등의 순이다. 소년범죄자는 성인범죄자에 비해 호기심/유혹(소년범 13.7%, 성인범 1.9%)에 의해서나 유흥/도박비(소년범 5.2%, 성인범 1.0%) 마련을 위해 절도범죄를 저지르는 경우가 상대적으로 많았다.

소년범죄자의 범행동기 중 이욕에 해당되는 생활비 마련(7.7%), 유흥/도박비 마련(5.2%), 기타 이욕(17.0%)이 30.0%를 차지함에 따라, 우발적(32.4%) 범행과 함께 많은 비중을 차지하는 절도 범행 원인임을 나타낸다.

표 10-7 범행동기 (단위: 명(%))

범행동기	소년범 여부		계
	소년범	성인범	
생활비 마련	688(7.7)	7,499(10.1)	8,187(9.8)
유흥/도박비 마련	462(5.2)	767(1.0)	1,229(1.5)
기타이욕	1,514(17.0)	14,201(19.1)	15,715(18.9)
호기심/유혹	1,217(13.7)	1,430(1.9)	2,647(3.2)
우발적	2,885(32.4)	28,852(38.8)	31.737(38.2)
기타	2.125(23.9)	21,530(29.0)	23,655(28.4)
계	8,891(100.0)	74,279(100.0)	83.170(100.0)

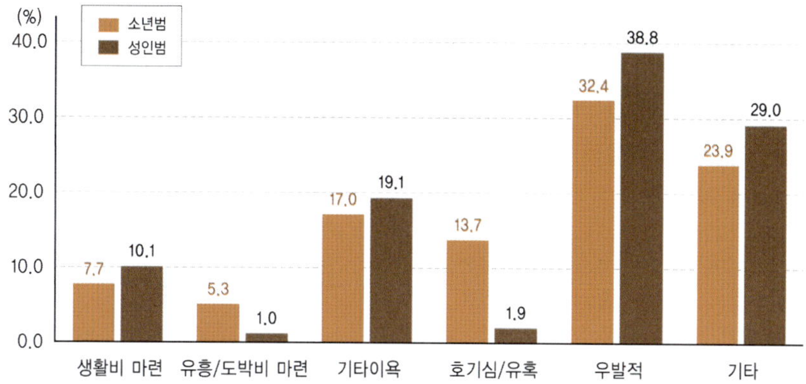

출처: 경찰청(2019). 경찰백서.

표 10-8 범죄자의 연령별 범행동기별 분포

죄종 \ 연령		계	미성년								
			소계	14세	15세	16세	17세	18세	소계	19세	20세
계		75,022	49,588	8,642	10,568	10,499	10,346	9,533	25,393	5,141	3,138
(%)		(100.0)	(66.1)	(11.5)	(14.1)	(14.0)	(13.8)	(12.7)	(33.8)	(6.9)	(4.2)
강력범죄	소계	3,175	1,842	297	405	389	395	356	1,333	242	124
	살인기수	8	5	–	–	3	1	1	3	3	–
	살인미수 등	8	5	2	1	–	2	–	3	–	–
	강도	211	202	34	59	50	37	22	9	4	2
	강간	869	498	50	109	112	121	106	371	73	29
	유사강간	187	116	13	24	21	32	26	71	13	11
	강제추행	1,670	835	157	160	163	178	177	835	134	79
	기타 강간·강제 추행 등	111	90	10	25	17	18	20	21	8	3
	방화	111	91	31	27	23	6	4	20	7	–
절도		15,912	13,915	3,990	3,972	2,958	1,929	1,066	1,995	434	293
폭력범죄	소계	22,218	14,232	2,371	3,163	2,796	2,849	3,053	7,968	1,847	1,127
	상해	2,920	1,911	283	390	347	447	444	1,005	234	119
	폭행	10,160	5,283	695	1,017	989	1,128	1,454	4,870	1,050	695
	체포·감금	118	72	8	21	8	16	19	46	12	8
	협박	777	516	82	101	138	106	89	257	43	37
	약취·유인	13	10	3	–	2	2	3	3	2	–
	폭력행위 등	5,949	4,853	1,002	1,257	984	843	767	1,093	349	185
	공갈	828	790	164	225	165	155	81	38	13	6
	손괴	1,453	797	134	152	163	152	196	656	144	77
지능범죄	소계	10,286	7,421	712	1,147	1,693	2,002	1,867	2,863	661	395
	직무유기	–	–	–	–	–	–	–	–	–	–
	직권남용	1	–	–	–	–	–	–	1	–	–
	증수뢰	1	–	–	–	–	–	–	1	–	–
	통화	21	13	–	1	5	5	2	8	3	–
	문서·인장	1,070	978	20	104	131	366	357	92	27	12

	유가증권인지	1	–	–	–	–	–	–	1	–	–
	사기	7,788	5,441	575	869	1,317	1,373	1,307	2,345	550	319
	횡령	1,396	989	117	173	240	258	201	407	81	62
	배임	8	–	–	–	–	–	–	8	–	2
풍속범죄	소계	2,489	1,476	229	269	308	344	326	1,010	179	127
	성풍속범죄	2,246	1,417	228	265	301	332	291	826	155	108
	도박범죄	243	59	1	4	7	12	35	184	24	19
특별경제범죄		1,355	506	22	57	85	130	212	847	220	101
마약범죄		193	27	1	3	2	7	14	166	18	19
보건범죄		82	7	–	2	1	–	4	75	4	6
환경범죄		10	5	2	–	2	–	1	5	–	–
교통범죄		10,406	5,207	446	809	1,259	1,349	1,344	5,199	841	473
노동범죄		1	1	–	1	–	–	–	–	–	–
안보범죄		5	–	–	–	–	–	–	5	–	–
선거범죄		–	–	–	–	–	–	–	–	–	–
병역범죄		261	–	–	–	–	–	–	261	2	2
기타		8,629	4,949	572	740	1,006	1,341	1,290	3,666	693	471

성년											미상
21~25세	26~30세	31~35세	36~40세	41~45세	46~50세	51~55세	56~60세	61~65세	66~70세	71세 이상	
13,776	2,457	464	181	81	59	34	30	23	6	3	41
(18.4)	(3.3)	(0.6)	(0.2)	(0.1)	(0.1)	(0.0)	(0.0)	(0.0)	(0.0)	(0.0)	(0.1)
802	129	18	9	4	1	1	3	–	–	–	–
–	–	–	–	–	–	–	–	–	–	–	–
2	1	–	–	–	–	–	–	–	–	–	–
2	–	1	–	–	–	–	–	–	–	–	–
222	33	10	3	–	–	–	1	–	–	–	–
43	4	–	–	–	–	–	–	–	–	–	–
513	88	7	6	4	1	1	2	–	–	–	–
9	1	–	–	–	–	–	–	–	–	–	–
11	2	–	–	–	–	–	–	–	–	–	–
1,052	155	33	13	6	4	1	2	1	–	1	2
4,173	604	116	47	23	11	9	7	4	–	–	18
528	86	21	7	3	4	1	2	–	–	–	4
2,618	373	71	30	15	4	8	4	2	–	–	7
21	4	–	–	–	–	–	–	1	–	–	–
121	44	7	4	1	–	–	–	–	–	–	4
1	–	–	–	–	–	–	–	–	–	–	–
502	43	9	2	1	1	–	–	1	–	–	3
18	–	–	1	–	–	–	–	–	–	–	–
364	54	8	3	3	2	–	1	–	–	–	–
1,482	237	39	16	12	9	5	4	3	–	–	2
–	–	–	–	–	–	–	–	–	–	–	–
1	–	–	–	–	–	–	–	–	–	–	–

1	–	–	–	–	–	–	–	–	–	–	–
4	1	–	–	–	–	–	–	–	–	–	–
35	11	5	–	2	–	–	–	–	–	–	–
1	–	–	–	–	–	–	–	–	–	–	–
1,220	191	25	15	7	8	4	3	3	–	–	2
216	34	8	1	3	1	–	1	–	–	–	–
4	–	1	–	–	–	1	–	–	–	–	–
567	105	20	8	3	1	–	–	–	–	–	3
445	90	19	7	1	1	–	–	–	–	–	3
122	15	1	1	2	–	–	–	–	–	–	–
396	84	17	2	6	6	6	1	6	2	–	2
106	22	1	–	–	–	–	–	–	–	–	–
46	15	3	–	–	1	–	–	–	–	–	–
4	1	–	–	–	–	–	–	–	–	–	–
2,976	653	150	54	14	13	9	8	2	4	2	–
–	–	–	–	–	–	–	–	–	–	–	–
4	1	–	–	–	–	–	–	–	–	–	–
–	–	–	–	–	–	–	–	–	–	–	–
171	81	3	2	–	–	–	–	–	–	–	–
1,997	370	64	30	13	13	3	5	7	–	–	14

출처: 경찰청(2019). 경찰백서.

6) 소년선도보호제도

법사랑위원('14. 2. 27. 개정 법무부 훈령 제934호 "범죄예방자원 봉사기본규정"에 따라 범죄 예방위원에서 법사랑 위원으로 명칭 변경)이 선도조건부 기소 유예처분을 받은 소년을 물심양면으로 지원, 선도 보호하여 그들의 재범을 예방하고 나아가 국가사회에 기여하는 건전한 사회인으로 복귀시키고 아울러 범죄 예방 활동을 통해 지역사회 발전에 기여함을 목적으로 하고 있다. 소년 선도 보호방법으로 접촉선도 귀주처가 있는 유예소년과 접촉을 갖고 상담 · 지도 등을 통해 소년의 반사회성을 교정하고 지식과 기술을 습득시키며 정서를 순화하여, 건전한 사회인으로 복귀시키는 선도방법과 귀주처가 없거나 있더라도 귀주시키는 것이 부적당한 유예소년에 대하여 선도보호위원의 주거나 복지시설에서 기거하게 하고, 의 · 식 · 주를 제공하면서 접촉선도하는 원호선도 방법이 있다.

7) 선도조건부 기소유예제도

1978년 광주지방검찰청에서 소년에 대한 선도조건부 기소유예제도를 처음 시행하기 시작하여 1981. 1. 20. 법무부훈령 제88호 [소년선도보호지침]이 제정되어 전국에 확대실시된 뒤 수차에 걸쳐 개정되어 현재는 2013. 5. 16. 개정된 법무부훈령 제894호에 따라 시행되고 있다. 소년선도보호제도는 범죄예방위원(청소년선도, 범죄예방활동 등의 업무를 담당하는 법무부 유관 비영리단체)이 선도조건부기소유예처분을 받은 소년을 물심양면으로 지원, 선도 보호하여 그들의 재범을 예방하고 나아가 국가사회에 기여하는 건전한 사회인으로 복귀시키고, 아울러 범죄예방활동을 통해 지역사회 발전에 기여함을 목적으로 하고 있다.

소년선도보호방법은 [접촉선도], [원호선도]로 구분할 수 있다. [접촉선도]라 함은 귀주처가 있는 유예소년과 주기적인 정기적인 만남, 대화, 고민상담 · 지도 등을 통해 소년의 반사회성을 교정하고, 정서를 순화하여 건전한 사회인으로 복귀시키는 선도방법을 말한다. [원호선도]라 함은 귀주처가 없거나 있더라도 귀주시키는 것이 부적당한 유예소년에 대하여 선도보호위원의 주거나 복지시설에서 기거하게 하고, 의 · 식 · 주를 제공하면서 선도하는 것을 말한다.

8) 보호관찰소 선도위탁

1995. 1. 5. [보호관찰등에관한법률]이 제정 · 시행되면서 동법 제15조 제3호(검사가 보호관찰소의 선도를 조건으로 공소제기를 유예하고 위탁한 선도의 실시)에 근거하여 1995. 4. 15. 법무부훈령 제332호 [보호관찰소선도위탁규정]이 제정 · 시행되었고, 현재는 2012. 12. 6. 개정된 법무부훈령 제875호에 따라 시행되고 있다. 보호관찰소 선도위탁제도는 범죄예방위원에 의한 선도조건부 기소유예제도와는 달리 보호관찰소의 장이 선도업무를 관장하고, 보호관찰소장은 선도대상자를 담당할 보호관찰관을 지정하여 선도하도록 되어 있다. 보호관찰소 선도위탁 방법은 보호관찰관이 보호관찰소 선도조건부 기소유예처분을 받은 사람을 선도교육, 상담, 봉사활동 체험 등 적절한 지도를 실시하고 있다.

선도조건부 기소유예 대상은 18세 미만의 범죄소년을 주 대상으로 하는 데 대하여 보호관찰소 선도유예 대상은 소년범에 제한을 두지 않고 연령과 범죄의 동기, 수단 및 결과 등 제반 사정을 고려하여 전문적인 선도가 요구되는 범죄자를 대상으로 하고 있다.

9) 대안교육 등 다양한 조건부 기소유예 제도

검찰은 기존에 시행하고 있는 선도조건부 기소유예 및 보호관찰소위탁조건부 기소유예 이외에도 소년범의 특성에 따라 다양한 조건부 기소유예를 소년범에게 적용함으로써 선도 및 재범방지의 효과를 높이고 있다. 청소년꿈키움센터(2007년 '대안교육센터'라는 명칭으로 6개 지역에 최초로 설치되었으며, 2013년 11월 청소년꿈키움센터로 명칭 변경하여 현재 서울북부 · 남부 청소년꿈키움센터 등 전국에 16개의 센터)에서 교육, 사전 상담 후 학교폭력 등 문제유형별 전문교육, 예절교육, 예술치료 등을 다양한 교육을 받도록 함으로써 재범방지, 인성개발 등의 측면에서 실효성을 거두고 있는 대안교육이수 조건부 기소유예제도, 청소년인 자원봉사 대학생이 청소년과 1대1로 결연하여 상담 · 스포츠 · 문화활동 · 봉사활동 등의 일정한 프로그램을 거치면서 대상 청소년을 선도하는 '멘토(mentor)', '멘티(mentee)' 이수 조건부 기소유예, 청소년희망재단 등 청소년단체의 전문가로부터 상담을 받게 하는 조건으로 소년범을 기소유예 처분하여 청소년 비행문제에 효율적으로 대처하는 상담 조건부 기소유예제도 등이 지역별 여건에 따른 다양한 조건부기소유예제도를 시행하고 있다. 또한 2008년 6월 22일 소년법의 일부 개정으로 [검사결정전 조사제도](소년법 제49조의 2)를 도입하였고, 2013. 5. 8. 학교폭력 등 학생사건에 대한 [교사의견 청취제도]를 시행하여, 소년사건에 대한 검사 처분 전에 비행원인 진단을 실시함으로써 다양한 조건부기소유예 제도 등과 연계하여 소년의 교화 · 개선에 가장 적합한 처분을 할 수 있도록 하고 있다.

10) 우범소년 결연사업

우범소년결연사업은 학교폭력 등 청소년범죄에 효과적으로 대처하기 위하여 1995년 11월 1일부터 서울, 부산, 광주, 제주지검 및 산하지청에서 시범적으로 실시하던 중 1995년 12월 6일 국무총리 주관하의 [학교 폭력근절대책 추진회의]에서 검찰의 추진과제의 하나로 선정되어 전국적으로 확대 시행되었다. 사업은 범죄예방위원이 교육기관 등의 협조 하에 우범소년과 결연을 맺고 그들을 물심양면으로 지원 · 선도하여 정상적인 학업과 생업에 복귀시킴으로써 소년범죄나 비행을 사전에 방지함을 그 목적으로 한다. 결연대상자는 학교에서 퇴학 · 정학 등 징계처분을 받은 자와 폭력서클에 가입하거나 학교 주변에서 폭력을 행사하는 학생 중심으로 선정하도록 하고 있으며, 결연대상자는 선도결연회의를 통하여 선정하며, 결연활동 중 소년이 소재불명 되거나 선도에 불응하여 결연을 계속할 수 없을 경우에는 법원 소년부에 통고하도록 하고 있다.

4절 » 청소년 문제 행동에 대한 사회복지적 접근

청소년의 비행에 대하여는 각 국가마다 상의하고 공통적인 추세는 비행 청소년들이 인격 형성 과정에 있는 시기이기 때문에 정신적으로 미성숙하고 규정 가능성이 크다는 점에서 형사처벌보다는 보호처분과 교육에 중점을 두고 있다. 따라서 소년사법제도의 개혁 방향으로 다체계적이고 통합적인 예방 전략, 지역사회 중심의 처우 정책 민간 분야의 참여 확대 사회 임상 과학적 새로운 처우 대안으로 회복 사업 추구 등을 제한하고 있다. 따라서 이러한 관점에서의 대응 방안을 구체적으로 제시하였다.

1. 청소년의 성장 단계별 비행 예방 교육 수립

중학생과 고등학생의 비행 유형에는 차이가 있음을 보고하는 이종원의 연구에 따르면 이는 중학생과 고교생 모두를 대상으로 하는 획일적인 비행 예방 교육에서 벗어나 청소년이 성장 단계에 대응하는 비행 예방 교육이 이루어져야 함을 시사하고 있다. 또한 청소년 교육 비행이 사이버 비행에서부터 컴퓨터와 휴대전화 등 매체 활용 교육이 강화되어야 하고 또한 흡연과 연 음주 성관계 등 실제 많은 경험을 하고 있는 청소년들이 문제에 대한 조기 교육이 이루어져야 할 것이다. 또한 초등학생의 경우 학교폭력 증가율이 다른 학교급에 비해 더 높은 것으로 나타났고 초등학교에서의 학교폭력에 대한 교육이 강화될 필요가 있음을 알 수 있다. 이에 따라 청소년의 성장 단계에 따른 비행의 양상을 정확하게 이해하고 이를 토대로 대상별 특성에 부합되는 대응 방안을 마련할 필요가 있다.

2. 학교폭력과 청소년 비행에 대한 회복적 정의의 실천 방안

청소년 비행이 학생에 의한 비율이 높아지고 있으며 학교 폭력의 재심 신청률이 높아지고 있다는 점을 감안하여 학교 내 회복적 정의의 실천이 필요함을 말해주고 있다. 여기에서의 회복적 정의란 비행 청소년을 지역사회에서 다시 통합시키는 것을 목표로 하는 것이다.

이것은 지역사회라는 중간적 차원을 활용하여 피해자와 가해자의 화해를 통해 가해 청소년과 피해 청소년 모두 화해를 통한 회복을 이루는 것을 주요한 목표로 하고 있다. 회복 사법의 철학 안에는 가해자의 책임을 묻고 가해자의 피해자에 대한 진정한 사과와 배상 그리고 피해자의 가해자에 대한 진정한 용서라는 개념이 내포되고 있으며 이러한 개념을 통해 가해자와 피해자의 진정한 화해라는 목적을 달성하고자 하였다. 그러나 국내 사법 절차에서 피해자는 단지 참고인 또는 증인의 자리를 지키고 있으며 이로 인해 피해자는 진정한 의미의 주체가 되지 못하고 있다. 따라서 가해자가 주체가 되어 절차가 진행되는 것을 보게 된다. 이러한 절차는 결국 가해자로부터 진정한 책임 의식과 죄책감 등을 끌어내지 못하게 하고 가해자가 또 다른 범죄를 저지르는 결과가 나타나게 되는 것이다(이수정 외, 2007). 최근 학교 현장에서 회복적 생활교육 매뉴얼이 학생 중심의 생활교육과 함께 학교폭력 절차에서 회복적 조정을 수행하고 있으며 그 효과가 긍정적인 것으로 나타나고 있다. 따라서 학교생활교육의 새로운 방향으로 회복적 정의가 확대될 수 있도록 학교폭력 예방과 대책에 관한 법률 개정이 필요하며 학교 내 문화가 학생 중심으로 변화될 수 있도록 다양한 노력이 필요할 것이다.

3. 청소년의 성 주체성 형성을 위한 교육과 사회적 개입

청소년의 성 비행은 해마다 증가하고 있으며 우리나라의 청소년 성 비행은 매우 높은 순위를 차지하고 있다. 이것은 청소년이 가지고 있는 성적 욕구와 관심이 자연스러운 발달 과정이지만 성행동이 향락적이고 상품화되는 경우가 많아 청소년 스스로 성 왜곡으로 인한 비행 행동의 잠복성과 사회적 일탈을 경험하고 있다는 결과이기도 하다. 따라서 우리 사회에 아직도 팽배해 있는 성 윤리관과 밀접한 관련이 있는 것으로 판단되며 이것은 건강하고 현실적인 청소년의 성 윤리관 확립과 성 주체성 형성을 통해 음성적이고 일탈적인 성행위의 발생을 억제하는데 기여할 수 있을 것이다. 청소년의 성 주체성은 청소년이 자신과 타인의 성적 욕구 및 성적 자존감에 대한 존중을 기반으로 하여 성적 결정을 함에 있어 기존의 남녀 차별적 관행과 보수적 기성세대의 관점과 그 기대로부터 자연스러운 위치에서 상대방과 자신이 완전하고 합의를 한 의사결정으로 금전이나 현실성 없는 관계에서 벗어나 적합한 성행동을 결정하고 그에 따른 책임을 지게 하는 것이다. 따라서 청소년의 성행동을 부정적으로 인식하여 금기시하고 억압하기보다는 청소년이 성행동을 본인들의 성적 주체로서 인정하고 그들이 건강한 성행위를 유도할 수 있는 젠더감수성에 대한 교육적 사회적 개입이 요구된다.

4. 지역 기관의 협력체계 구축과 민간 차원의 처우 확대

청소년 비행의 특성 중 하나는 재범 청소년이 많다는 것이다. 이것은 사회적 처우 방법에 문제가 있음을 보여주는 것으로 비행청소년에 대한 사회적 차원은 민간 차원의 확대와 기관관의 협력체계가 우선되어야 한다. 또한 국내 비행 청소년들이 접하게 되는 기관은 사법기관과 민간기관인데 국내의 사법기관은 약 200개가량으로 민관기관은 최소 2천 개 정도로 추산된다. 민간기관의 수가 사법기관의 수보다 10배 이상 되는 것으로 이것은 사법기관에서의 이러한 지역사회의 민간기관을 기반으로 한 다양한 시스템을 적극적으로 제도화하여 비행 청소년들이 가지게 되는 낙인에 대한 문제를 줄여주고 예방적 회복적 차원의 지원을 확대해야 할 것이다. 또한 지역사회의 민간기관을 기반으로 한 처우는 청소년들에게 지역사회로의 재통합할 수 있는 가능성을 높이며 청소년들에게 책임 의식을 갖게 하는 효과를 가져올 수 있을 것이다. 또한 시스템의 통합을 통한 가정과 학교 지역사회를 연결하는 지역사회 중심의 사회 재통합 전략을 통하여 기관 간의 협력체계를 활용하는 것이 청소년 범죄의 욕구에 대응할 수 있는 적절한 방안이 될 수 있을 것이다.

5. 가족 지원프로그램의 강화와 확대

비행 청소년들의 대부분은 빈곤 가정에서 성장하거나 가정 해체가 주는 가족 기능이 약화 된 가정에 성장하게 되는 경우가 많다. 따라서 심리적으로 불안정하며 이를 통한 문제의 행동으로 표출되기도 한다. 가족 구조 및 기능의 약화 현상을 통한 지속성이 보일 높을 수 있으며 비행 청소년의 가정에 대한 사회복지적 개입이 시급하다. 또한 부모 교육을 비롯하여 부모 양육 태도에 대한 교육과 사회복지 서비스의 개입 또한 정치 극적인 실제적인 비 지원이 필요하다 또한 통합적 사례 관리를 통해 부모의 직업 훈련과 고용 지원 생계급여의 현실적 지원이 현실적인 욕구를 충족시켜줄 수 있을 것이다. 이에 따라 사회적 자원의 효율적 배분을 통한 정책적 고려가 요구되며 무엇보다 빈곤 가정의 부모 교육은 현실적인 인센티브를 주어 이들의 교육이 활성화될 수 있도록 해야 할 것이다.

11장 집단따돌림의 문제

1절 » 집단따돌림(왕따)의 개념

한국판 이지메인 왕따[1)]라는 용어가 생긴 것은 1997년 6월 한 여중생이 집단따돌림을 견디지 못하고 옥상에서 투신자살한 사건이 발생했을 때 그 여학생의 급우들에 의해 사용되었다.

이지메라는 용어로 집단따돌림을 최초로 사용한 국가인 일본에서는 이지메(괴롭힘)를 특정한 개인 위협하기, 밀기, 밀어붙이기, 또는 주먹으로 때리기 등을 포함하는 신체적 또는 언어적 공격과 피해자에게 고통을 주는 따돌리기와 계속적으로 반복되는 심리적 압력이라고 정의했다. 집단따돌림(Bullying)은 특정인을 그가 속해 있는 집단 속에서 소외시켜 구성원으로서의 역할을 수행하지 못하게 하거나 인격적으로 무시 또는 음해하는 심리적, 언어적, 신체적 모든 행위를 말하는 것으로, 왕따, 집단괴롭힘, 또래따돌림, 또래 괴롭힘 등의 용어 뿐 아니라 은어로서 은따, 전따 등의 용어로 사용되고 있다. 또한 최근에 와서는 스마트폰이 보편화 되면서 SNS를 활용한

1) 왕따와 관련된 은어: "따"－일반적으로 따돌림을 당하는 학생들을 부르는 말. "따돌이" "따순이"－따돌림 당하는 남학생, 여학생. "은따"－학급이나 학교에서 은근히 따돌림을 당하는 학생. "전따"－전교생에게 따돌림 당하는 학생. "개따"－개인적으로 따돌림을 당하는 학생. "집따"－집단따돌림의 준말

카톡 감옥, '떼카', '방폭'이라는 신종집단따돌림 용어로 사회 · 환경에 맞게 진화되어 사용되고 있다. 외국에서는 집단따돌림을 'bullying', 'mobbing', 혹은 'social exclusion & harrassment', 'peer abuse', '이지메'라고 불린다.

학교폭력 문제의 하나로서 집단따돌림 문제는 집단적으로 대상이 되는 한 명의 학생을 인격적으로 무시하고 약점을 들추어 모함하며 장난을 빙자 삼아 은근히 괴롭히는 등 직접, 간접적인 형태까지 존재한다.

1. 집단따돌림의 정의

집단따돌림(왕따: 왕 따돌림의 줄임말)이란, 두 사람 이상의 집단이 어떤 개인의 인격을 무시하고 신체 또는 언어적으로 가해하는 행위를 지칭한다. 집단따돌림은 직접적으로 폭력을 가하거나 금품을 갈취할 수도 있고 말을 걸지 않거나 집단으로 무리를 지어 따돌려서 사회적으로 고립시키는 간접적인 형태로 나눌 수 있다.

피카스(Pikas, 1975)는 집단따돌림을 정의하는 기준으로 한 사람에 대해 2명 또는 그 이상의 개인들에 의해 가해지는 부정적인 활동이 있어야만 한다고 주장했다.

올웨스(Olweus, 1987)는 괴롭힘을 한 명 또는 그 이상의 다른 사람으로부터 계속적으로 공격을 받는 것으로 정의하였다.

로랜드(Roland, 1988)는 괴롭힘을 실제 상황에서 자신을 방어할 수 없는 개인에게 장기적이고 조직적인 정신적, 신체적 폭력을 사용하는 것이라고 정의했다.

구본용(1997)은 집단따돌림을 두 명 이상이 집단을 이루어 특정인(혹은 특정 집단)을 그가 소속해 있는 집단 속에서 소외시켜 구성으로서의 역할 수행에 제약을 가하거나 인격적으로 무시하는 언어적, 신체적 일체의 행위라고 정의하고 있다.

청소년폭력예방재단에서는 '자기보다 약한 처지에 있는 상대방에게 불특정 다수의 학생들이 남이 보지 않는 곳에서 신체적 또는 심리적인 폭력을 반복하여 행하거나 심각한 공격을 가하는 행동'으로 정의하고 있으며, 서울시 교육청의 집단따돌림에 대한 자료에서는 '한 개인이 일방적이고 지속적인 심리적 또는 육체적 고통을 받은 결과 심각한 고통을 느끼는 것'이라고 피해자 측면에서 집단따돌림을 정의하였다.

2. 집단따돌림의 특성

첫째, 간접적 가해에서 직접적인 가해로 발전하려는 경향이 있다. **둘째**, 집단따돌림의 가해자는 피해자에게 원인을 전가시키려는 경향이 있다. **셋째**, 교사의 눈을 피해서 이루어지고 특히 학교의 교칙보다는 집단 내의 규범에 의해 교사에게 이야기하지 않는 경향이 있어 은폐되기 쉽다. **넷째**, 집단따돌림의 특이한 현상은 표적이 되는 대상이 정해져있지 않으며 가해 학생이 피해 학생이 될 수 있는 순환성을 가진 점이 독특하다. **다섯째**, 공격에 있어서는 특별한 이유가 없는 경우가 대부분이다. 예를 들면 외모가 이상하게 생겼다는 이유나 또 지나치게 나서기를 좋아한다거나 선생님이 차별한다는 이유 등이 있다.

집단따돌림의 종류는 타인의 사회적 위치 및 친밀한 관계를 손상시킬 목적으로 한 행위로 보고 경멸하기, 헛소문 퍼뜨리기, 친구관계 조정하기로 분류하고 있는데, 특히, 크리켓과 그로펫터(Crick & Grotpeter)은 친구관계를 악화시키기 위해 조종하는 직접적인 행위를 관계적 공격으로 보고, 눈 흘기기, 기분 나쁜 표정과 몸짓, 나쁜 소문 퍼뜨리기, 뒷북치기, 친구에게서 고립시키기 등이 해당된다고 보았다. 또한 특수교육학사전에는 가해 학생과 피해 학생의 힘의 불균형에서 발생하는 부정적 행동으로, 폭행, 위협, 못살게 굴기, 놀리기, 소외시키기 등이 이에 포함된다고 보았다.

3. 집단따돌림의 이론

1) 공격성 이론

공격성(aggression)이란 한 개인이 다른 개인에게 피해를 가할 목적을 가지고 있으며 의도적으로 신체적, 심리적 상처나 고통을 주는 것으로 정의할 수 있다.

공격성을 뒷받침하는 이론으로 **첫째**, 정신분석학자인 프로이트(Freud)의 정신적 에너지원으로서 본능을 통해 공격성을 설명하고 있다. **둘째**, 동물행동학적 이론에서는 공격성을 인간이 인위적으로 조절할 수 있는 것이 아닌 하나의 본능으로 이해하고 있다. 로렌츠(Lorenz)는 공격성을 인간이 동물처럼 자제하지 못하는 하나의 투쟁 본능으로 보았다.

셋째, 달라드(Dollard)의 욕구좌절 이론(좌절공격 이론)에서는 인간은 외적 자극(좌절)에 따라 행동(공격)이 유발된다고 보는 관점이다. 공격성은 좌절과 결핍, 불쾌감, 혐오스러움을 경험하였을 때 발생하는 행동이라고 규정하고 있다. **넷째**, 반두라(Bandura)의 사회학습 이론에서는 인간의 인격 발달은 학습에 의해 가장 많이 결정된다는 이론으로서 공격성은 학습된다는 관점을 주장한다. 인간의 행동은 보상과 처벌에 의해서도 동기화되지만 가장 큰 것은 모방, 즉 학습이라고 주장했다.

2) 애착 이론

'애착'이라는 용어를 처음 사용한 보울비(Bowlby, 1958)는 유아가 생후 자신을 돌봐주는 사람에 대해 밀접한 정서적 유대 관계를 가지는 것을 말하는 것으로 엄마와 유아 간의 정서적인 유대를 정의하는 용어이다. 아기는 자신을 돌봐주는 사람으로부터 안정감과 신뢰감을 획득하게 되면 이를 통해 발달을 하게 되는데 엄마와 애착을 잘 형성하면 사회생활이나 인간관계도 잘할 수 있지만 그렇지 못할 경우 다른 사람과의 관계 형성에 어려움이 있다는 관점을 가진다. 애착 이론은 영아와 아동뿐만 아니라 청소년과 성인의 행동 패턴을 설명하기 위한 것이다.

4. 집단따돌림의 발생원인 및 징후

1) 집단따돌림의 발생원인

심리적 요인으로 청소년기는 자기중심적인 성향이 강하며 다른 사람의 입장이나 감정, 정서를 이해하려고 하는 마음이 부족한 시기이며 지나친 경쟁 심리와 공격적이고 지배적인 심리 성향이 집단따돌림 문제를 발생시킨다.

(1) 가해 학생의 심리적 특성

첫째, 강한 충동을 지니고 있다. **둘째**, 타인을 지배하려는 욕구가 강하다. **셋째**, 폭력에 대해 보다 긍정적으로 받아들이는 성향이 강하다는 연구 결과가 있다.

(2) 피해학생의 심리적 특성

피해 학생 역시 공격 성향이 강한 아이들이며 자라면서 양육자로부터 심리적으로 억압을 당한 경우가 많다고 한다. **첫째**, 지나치게 자기를 과대평가하거나 자기중심적인 성향이 있다. 이른바 '공주병', '왕자병'이라고 불리는 자신의 신체적 이미지에 지나친 자기애적 경향을 가진 경우이다. **둘째**, 자기주장이 강해 다른 사람에게 열등감을 불러일으키는 경우이다. **셋째**, 내성적이고 소심해 부끄러움을 잘 타고 자기주장을 못하는 성향이 있다. **넷째**, 가정환경이 좋지 않은 경우이다. **다섯째**, 신체적 결함이 있어 다른 사람들에게 우월감을 제공하는 경우이다.

집단따돌림 피해 경험은 청소년들에게 삶의 의미와 가치를 상실하게 하며 고립으로 인한 부정적 사고를 갖게 하여, 낮은 자아존중감과 자아효능감, 열등감을 갖게 되는 것으로 보고되고 있다. 또한 학교생활에 대한 만족도가 낮고 교우관계와 학교수업에 적응하지 못하며, 주위환경에 대한 스트레스와 불안이 증가하여 성인이 되어서도 성범죄나 성격이상 및 부적응 행동이 나타날 가능성이 높은 것으로 보고되고 있다. 집단따돌림 피해를 지속적으로 받는 청소년들은 그렇지 않은 청소년에 비해 우울과 불안, 자살충동이 높은 것으로 나타나고 있고, 성인기에 이르러서도 자살생각에 영향을 줄 수 있는 것으로 나타났다.

즉, 청소년기의 집단따돌림은 청소년기에만 나타나는 일시적 상황으로만 이해되는 것이 아니라 성인기에도 지속적으로 영향을 미치는 주요한 요인으로 주목할 필요가 있다. 더욱이 집단따돌림을 경험한 피해 청소년들은 따돌림에 반복적으로 노출되면서 발생되는 학습된 분노와 공격성이 자신보다 약한 학생을 상대로 나타나게 되므로 또 다른 폭력의 가해자가 될 수도 있는 부정적 순환과정을 만들게 된다. 이와 같이 집단따돌림은 그 자체만으로도 문제지만 이차적인 또 다른 문제를 일으킬 가능성이 크기 때문에 이에 대한 예방 및 대처의 필요성이 증대되고 있다.

(3) 왕따 발생의 가정적 요인

정신분석학자 프로이트는 가정적 요인으로 아동기 초기(5세 전후) 경험과 양육자와 신뢰를 어떻게 쌓아 가는가에 따라 한 인간의 성장에 많은 영향을 미친다고 주장하였다. 따라서 가정이 기본적인 기능을 상실한다면 그 가정에서 청소년이 건전하게 자라날 수 없는 것은 자명한 일이다.

첫째, 가족구조의 변화를 들 수 있다. 과거에는 대가족 중심의 가족 구조에서 오늘날 핵가족화로 인해 가족의 기능이 바뀌고 가정의 역할도 많이 축소되었으며, 맞벌이 부부의 증가로 늦도록 혼자서 가정을 지키는 청소년이 증가함에 따라 문제가 자주 발생할 수 있다. **둘째**, 부모의 일관적이지 못한 양육 태도이다. 부모의 일관적이 못하고 폭력적인 태도 아래서 자녀는 사회에 대한 적개심을 가지게 되며 나아가서는 비행으로까지 이어질 수 있는 것이다.

(4) 왕따가 발생하는 학교 환경적 요인

학교적 요인으로 청소년들의 대부분은 학교에서 보내는 시간이 가장 많다. 사회적 요인으로서 오늘날 정보화 시대의 도래, 매스미디어의 증가, 인터넷의 빠른 보급 등으로 인한 부작용을 들 수 있겠다. 모방이 강한 청소년들에게 텔레비전이나 폭력적인 영화 등은 그대로 위험한 일인 것이다.

첫째, 입시 위주의 잘못된 교육체계가 원인이다. 잘못된 교육 환경 속에서 공부를 못하거나 상급 학교에 진학하지 못할 경우 교사나 친구, 그리고 가정에서 인정받지 못하게 되면 소외될 수 있는 것이다. **둘째**, 이러한 교육 분위기에서 당연히 부적응 청소년이 생겨나고 이는 곧 왕따와 같은 학교 폭력으로도 이어질 수 있는 것이다. 다음은 중앙일보에 게재된 기사이다.

▶ 애들 스트레스 어른만큼 심하다(중앙일보 2003년 11월 18일)

초등학생들이 연일 유서를 남긴 채 자살했다. 한 아이는 날마다 학교교육, 과외교육에 시달리는 벅찬 자신의 삶을 절망하며 "나도 물고기처럼 자유롭게 살고 싶다"는 말을 남긴 채, 또 다른 아이는 왕따(집단따돌림)를 당하는 자신의 처지를 비관하며 세상을 떠났다.

또 '시험 없는 나라에서 살고 싶다'는 등의 비현실적 소망이나 '내가 죽으면 나를 힘들게 했던 사람들이 마음 아파할 거야'라는 일종의 복수심도 자살을 초래한다.

부모들은 이렇게 = 아이가 힘들어할 땐 어른들의 적극적인 관심과 배려가 필요하다. 우선 어린이들도 힘든 상황에서는 어른과 똑같이 스트레스를 받고 좌절감을 맛본다는 점을 인정해야 한다. 다만 아이들은 표현을 어른만큼 하지 못할 뿐이다. 또 말을 하더라도 대부분 어른들이 무시하는 게 문제다.

신 교수는 "'힘들다'는 상황은 주관적인 감정이므로 아이의 하소연을 존중해줘야 한다."고 들려준다.

2) 집단따돌림의 징후

첫째, 가정에서 발견할 수 있는 피해 징후는 다음과 같다. 자주 옷이나 안경, 소지품 등을 잃어버리고 온다. 몸에 다친 상처나 멍 자국이 자주 발견되고 그 사실을 숨긴다. 교과서나, 가방, 공책에 '죽어라', '죽고 싶다'와 같은 낙서가 발견된다. 용돈이 모자란다고 하거나 말도 없이 집에서 돈을 가져간다. 풀이 죽어서 들어와 방 안에 들어가서 나오려고 하지 않는다. 몸이 좋지 않다고 호소하며 학교 가기를 싫어한다. 친구에게 전화 오는 것조차 싫어한다. 갑자기 성적이 떨어진다. 증상으로는 가위눌림, 몽유병, 자다가 이불에 오줌 싸기, 손톱 물어뜯기, 심리적, 신체적인 질병, 원인불명의 동통, 두통, 복통, 주저함, 신경질, 건망증, 산만함, 신경성 틱 반응(눈을 반복적으로 깜박거리기, 계속하여 발을 떨기 등) 등이다.

둘째, 학교에서 발견할 수 있는 피해 징후는 다음과 같다. 수업시간에 특정 학생에게 야유나 험담이 많이 나돈다. 주변 학생에게 험담을 들어도 반발하지 않는다. 체육시간, 점심시간, 야외활동시간에 집단에서 떨어져 따로 행동하는 학생이 있다. 옷이 지저분하거나 단추가 떨어지고 구겨져 있다. 안색이 안 좋고 평소보다 기운이 없다. 머뭇거리거나 친구가 시키는 그대로 따르며, 친구의 심부름을 자주 한다. 성적이 떨어진다. 청소 당번을 항상 동일한 학생이 한다. 자주 지각을 하거나 몸이 아프다는 이유로 결석이 잦아진다. 상담실을 서성이거나 양호실을 찾아오는 횟수가 잦다.

표 11-1 괴롭힘 유형의 분류

구분	직접적인 괴롭힘	간접적인 괴롭힘
신체적인 괴롭힘	• 때리기 • 차기 • 돌 던지기 • 침 뱉기	• 다른 사람에게 누군가를 해치도록 시키기
비신체적인 언어적 괴롭힘	• 언어적 모욕 • 별명 부르기(험담하기) 등	• 누군가 모욕하도록 다른 사람을 설득하기
비언어적인 괴롭힘	• 위협적이고 음란스러운 몸짓 등	• 소지품 버리기와 감추기 • 어떤 집단이나 활동에서 고의적으로 소외시키기 등

표 11-2 집단따돌림의 유형 및 내용

유형	직접 또는 간접적 따돌림 내용
활동에 참여시키지 않기	• 쉬는 시간에 고립시키기 • 체육시간에 팀에 넣어 주지 않기 • 좌석 배치 시 옆자리 기피하기 • 점심식사 할 때 함께 하지 않기
침묵으로 따돌리기	• 공연히 쳐다보고 비웃기 • 물어봐도 대답하지 않고 못 들은 척하기 • 몇 명이 쳐다보고 비웃으며 수군대기 • 그 학생 옆으로 지나다니지 않고 지나갈 때 중얼대기

유형	직접 또는 간접적 따돌림 내용
과잉친절로 못난이 취급하기	• 돌봐주는 척하면서 이것도 못하냐며 바보 취급하기 • 편들어 주는 척하면 다른 친구들에게 비난하기
신체적 특징을 놀림감 삼기	• 꿀돼지, 땅딸보, 거지, 사오정, 멍청이 등
직접적으로 폭력 가하기	• 밀고 때리고 발로 차거나 물에 빠뜨리기 • 얼굴에 침을 뱉거나 하인 부리듯 하기
다른 사람의 물건에 피해주기	• 학용품을 감추거나 버리기 • 금전 등 물품을 갈취하기 • 도시락을 먹을 수 없도록 만들거나 가방 등에 벌레 넣기
언어를 사용한 폭력	• 말로 협박하고 겁주기(죽여 버릴 거야, 꼴도 보기 싫어, 나가 죽어 등) • 자존심 상하는 말로 빈정대기(밥맛이야, 왕재수야 등)

2절 » 청소년이 고민하는 문제와 상담내용

2020년 우리나라 13~18세 청소년이 가장 고민하는 문제는 공부(46.5%)이며, 그 다음은 외모(12.5%), 직업(12.2%) 순인 반면, 19~24세 청소년은 직업(40.3%), 공부(16.9%), 신체적 · 정신적 건강(9.4%) 순이다. 2008년 청소년이 가장 고민하는 문제는 공부(성적, 적성)(57.2%), 직업(44.1%), 외모(34.7%) 등의 순이다. 15~18세 청소년은 공부(성적, 적성)(81.0%), 외모(39.5%), 직업(26.3%) 순으로 고민이 많으나, 19~24세 청소년들은 직업(59.6%), 공부(성적, 적성)(36.4%), 외모(30.4%) 순으로 나타났다.

표 11-3 청소년이 고민하는 문제(13~24세)

	계	공부(성적, 적성)	직업	외모	신체적 정신적 건강	용돈 부족	가계 경제 어려움	가정 환경	친구(우정)	기타[1]	연애상대와의 관계[2]	고민 없음
2018년	100.0	29.6	30.2	10.9	5.4	4.9	4.8	1.7	2.5	1.8	1.8	6.4
2020년	100.0	29.7	28.1	10.2	8.2	4.5	4.4	1.9	1.9	1.9	0.7	8.5
남자	100.0	29.8	26.7	8.6	8.7	5.1	4.0	1.8	1.1	2.6	0.7	10.7
여자	100.0	29.6	29.5	11.7	7.7	3.8	4.8	1.9	2.7	1.3	0.7	6.3
13~18세	100.0	46.5	12.2	12.5	6.6	4.6	2.0	1.6	3.2	2.5	0.1	8.4
19~24세	100.0	16.9	40.3	8.4	9.4	4.4	6.3	2.1	1.0	1.5	1.2	8.5

주: 1) '학교·학원 폭력', '흡연, 음주', '인터넷 중독' 포함
2) 2020년부터 '이성교제'→ '연애 상대와의 관계'로 명칭 변경
출처: 통계청. 사회조사.

상담내용은 정보제공, 정신건강, 학업 · 진로, 근로 등과 관련된 상담은 전년 대비 증가하였으며, 대인관계, 가족 등과 관련된 상담은 전년 대비 감소하였다. 청소년이 고민을 상담하는 대상은 친구 · 동료가 53.6%로 절반 이상을 차지하고 있다. 2006년에 비해 「스스로 해결」 비율이 줄어든 반면, 부모, 친구, 동료, 선 · 후배를 찾는 비율이 늘어났다. 또한 연령별로는 15~18세의 경우 부모, 스승을 찾는 비율이 상대적으로 높고, 19~24세는 친구, 동료, 선 · 후배를 찾거나 스스로 해결하는 비율이 높았다. 2019년 청소년(13~24세) 10명 중 9명(89.9%)은 낙심하거나 우울해서 이야기 상대가 필요할 때 도움을 받을 사람이 있다고 밝혀졌다.

1. 청소년 고민상담 유형

청소년 상담(1388) 건수는 2019년 90만 2천 건으로 2011년(68만 5천 건) 이후 계속 증가하고 있었다. 청소년 고민에 대한 상담은 전화, 문자, 카카오톡, 인터넷 채팅으로 상담을 제공하는 서비스였다. 청소년의 고민상담 유형은 정보제공(18.2%), 정신건강(18.1%), 대인관계(16.6%), 학업 · 진로(12.3%) 순으로 나타났다.

표 11-4 청소년 고민상담 내용 (단위: 천건, %)

	상담건수	정보제공	정신건강	대인관계	학업진로	가족	일탈비행	성격	근로	성	인터넷사용	생활습관	활동	법률정보	기타
2014	751	189	60	135	94	59	38	22	10	30	20	13	7	1	75
2015	772	136	77	140	90	110	33	27	6	32	24	18	11	1	66
2016	833	143	93	146	98	127	38	29	5	29	17	16	11	2	79
2017	863	168	118	157	101	94	39	30	7	30	22	16	17	2	61
2018	878	152	150	157	99	101	41	27	16	31	20	16	12	2	54
2019	902	165	163	150	111	82	39	36	26	26	24	16	10	2	54
구성비	100.0	18.2	18.1	16.6	12.3	9.1	4.3	4.0	2.8	2.8	2.7	1.8	1.1	0.2	6.0

출처: 여성가족부, 「청소년 상담(1388) 실적」.

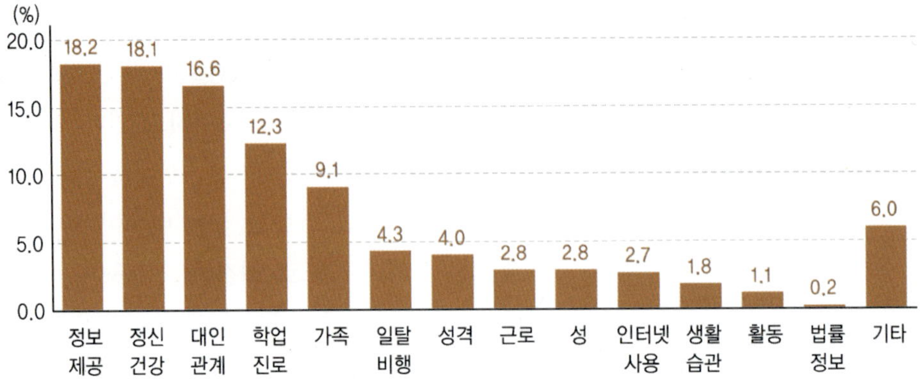

출처: 여성가족부, 「청소년 상담(1388) 실적」

그림 11-1 청소년 고민상담 내용

2. 청소년 고민상담 대상

청소년이 고민을 상담하는 대상은 친구 · 동료(43.4%)가 가장 많고, 그 다음은 부모(27.1%), 스스로 해결(19.1%), 형제자매(6.1%) 등의 순으로 나타났다. 13~18세의 경우 19~24세에 비하여 부모에게 상담하거나 스스로 해결하는 경우가 상대적으로 많았다.

표 11-5 청소년의 고민상담 대상(13~24세) (단위: %)

	계	친구 · 동료	부모			형제 자매	인터넷 (SNS)[1]	스승	기타[2]	선후배	스스로 해결
				아버지	어머니						
2018년	100.0	49.1	28.0	4.1	23.9	5.1	–	1.5	1.0	1.5	13.8
2020년	100.0	43.4	27.1	4.2	23.0	6.1	1.4	1.0	0.9	0.8	19.1
남자	100.0	40.7	28.0	6.8	21.2	4.9	1.7	1.2	0.9	1.1	21.5
여자	100.0	46.0	26.3	1.6	24.7	7.3	1.2	0.8	0.9	0.5	16.9
13~18세	100.0	36.1	32.5	5.1	27.5	5.9	1.9	1.5	0.5	0.6	21.1
19~24세	100.0	49.0	23.0	3.5	19.6	6.3	1.1	0.7	1.3	1.0	17.7

주: 1) 2018년 '스스로 해결'에 포함. 2020년부터 '인터넷(SNS 등)'을 분리하여 별도 항목으로 조사
2) '전문 상담가' 포함
출처: 통계청. 사회조사.

3. 사회적 관계망

청소년 10명 중 9명(89.9%)은 낙심하거나 우울해서 이야기 상대가 필요할 때 도움을 받을 사람이 있으며, 그 수는 평균 4.1명이었다. 도움을 받을 사람이 있는 청소년 비중은 2011년 이후 계속 증가하고 있다. 도움을 받을 수 있는 사람 수는 2011년 4.6명 이후 계속 감소하다가 2017년에 4.2명으로 소폭 상승한 후 2019년에 다시 4.1명으로 감소하는 추세이다.

여자(92.3%)가 남자(87.5%)보다, 20~24세(90.0%)가 13~19세(89.8%)보다 도움을 받을 사람이 있는 비중은 높으나 도움을 받을 수 있는 사람 수는 적은 것으로 나타났다.

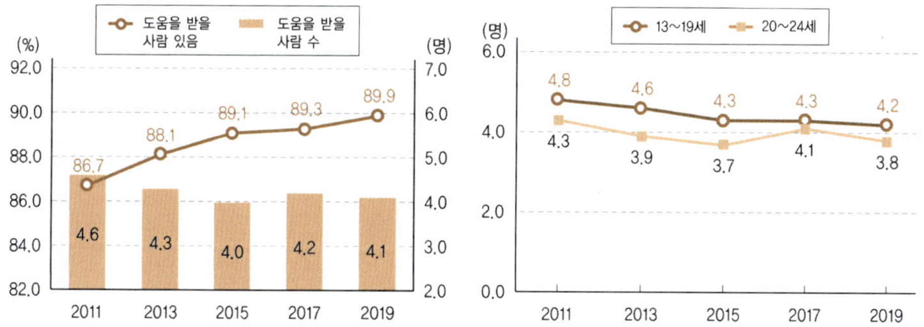

출처: 통계청. 사회조사.

그림 11-2 사회적 관계망 - 도움을 받을 수 있는 사람 수

4. 인간관계 만족도

2019년 청소년(13~24세) 3명 중 2명(64.9%)은 전반적인 인간관계에 만족하고 있으며, 3.8%는 인간관계에 만족하지 못하였다. 청소년 상담(1388) 건수는 90만 2천 건으로 2011년 이후 계속 증가하고 있으며, 고민상담 유형은 정보제공(18.2%), 정신건강(18.1%), 대인관계(16.6%) 순이었다.

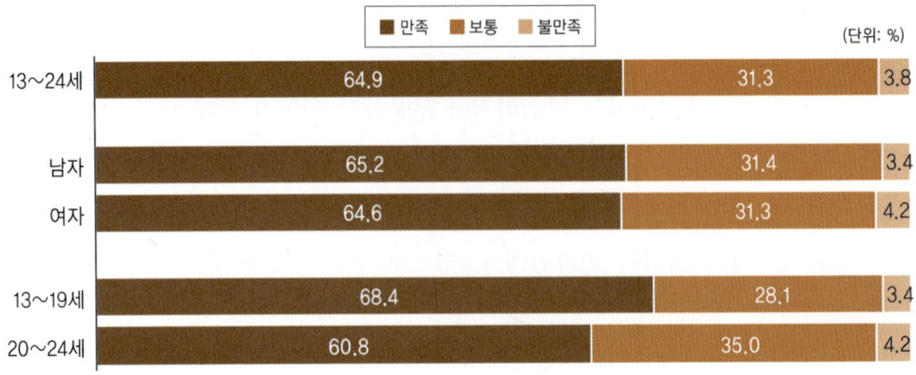

출처: 통계청. 사회조사.

그림 11-3 인간관계 만족도

5. 스트레스와 우울감

스트레스와 우울감은 2019년 중 · 고등학생 10명 중 4명(39.9%)은 스트레스를 많이 느끼고 있었다. 스트레스 인지율은 고등학생(42.4%)이 중학생(37.2%)보다, 여자(48.8%)가 남자(31.7%)보다 높으며, 학교급보다 성별에 따른 차이가 크게 나타났다. 중 · 고등학생 10명 중 3명(28.2%)은 최근 1년 내 우울감을 경험하였다. 우울감 경험률도 고등학생(29.4%)이 중학생(26.9%)보다, 여자(34.6%)가 남자(22.2%)보다 높으며, 학교급보다 성별에 따른 차이가 크게 나타났다.

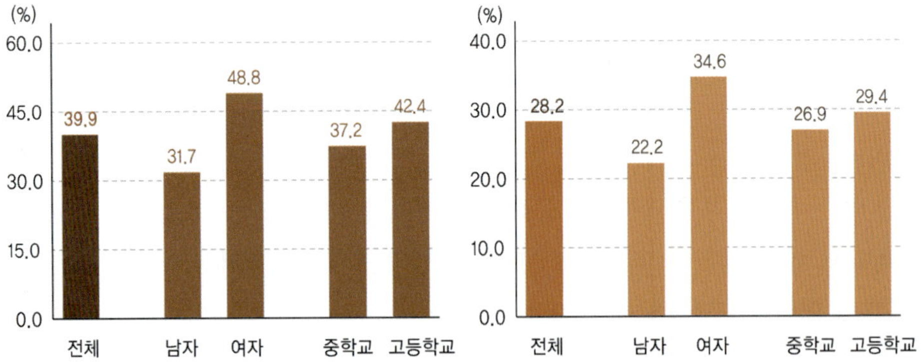

출처: 교육부·보건복지부·질병관리본부, 청소년건강행태조사.

그림 11-4 스트레스 인지율 - 우울감 경험률

6. 청소년 흡연 음주 상황

2019년 중 · 고등학생 100명 중 7명(6.7%)은 최근 30일 내 흡연한 적이 있다고 응답하였다. 중학생은 100명 중 3명(3.2%)이, 고등학생은 100명 중 10명(9.9%)이 최근 30일 내 흡연한 적이 있었다. 중 · 고등학생 100명 중 15명(15.0%)은 최근 30일 내 음주한 적이 있었다. 중학생은 100명 중 8명(7.6%)이, 고등학생은 100명 중 22명(21.8%)이 최근 30일 내 음주한 적이 있다고 나타났다.

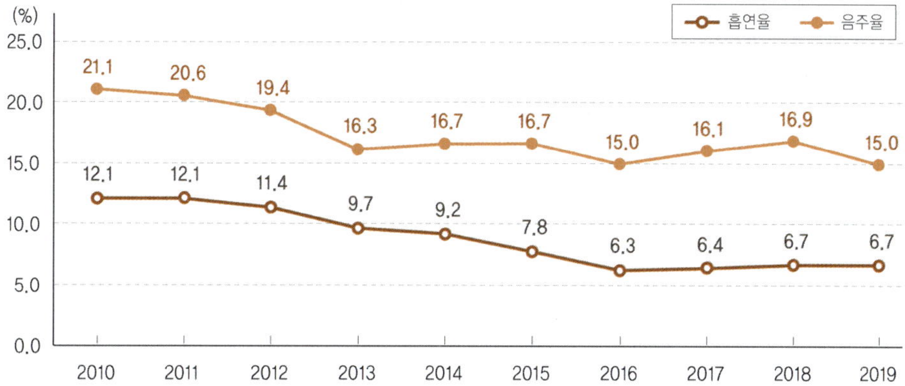

출처: 교육부·보건복지부·질병관리본부, 청소년건강행태조사.

그림 11-5 청소년 흡연 음주율 추이

3절 » 집단따돌림 문제에 대한 사회복지적 접근

집단따돌림의 문제는 청소년과 주변 환경(학교, 또래집단 등)이 상호작용을 일으켜 발생하는 사회문제로서 따돌림 문제를 예방하기 위해서는 가정과 학교, 사회사업가의 종합적인 관심과 노력이 요구된다.

집단따돌림 문제를 예방하기 위한 몇 가지 방안을 제시하면 다음과 같다. **첫째**, 인식의 개선이 요구된다. 교사의 권위주의적이고 경쟁적인 지도 방식의 개선이 요구된다고 할 수 있다. 학생이 주체가 되는 분위기를 조성하는데 교사가 주도적인 역할을 담당해야 하고 학생과 면밀한 신뢰관계를 통해 집단따돌림 문제를 예방해야 한다. **둘째**, 집단따돌림 문제의 대상을 포괄적(보편적)으로 정의해야 한다. 집단따돌림 문제를 조명한다면 그 대상은 일부 왕따를 당하는 청소년뿐만 아니라 모든 청소년이 대상이 되어야 한다. 현재는 따돌림에 있어 가해 학생이라 할지라도 잠재적으로 따돌림의 대상이 될 수 있는바 전체 청소년을 대상으로 예방 차원에서 이루어져야 한다. **셋째**, 학교사회사업(School Social Work)의 정착이 요구된다. 학교에서는 청소년 문제의 심각성을 인식하고 대처 방안으로 학교 사회사업의 도입에 적극적으로 협조해야 한다. 학교 내 전문 상담실이나 클리닉을 개설하는데 협조적이어야 하고 학생들의 올바른 지도를 위해 사회사업가와 정보를 공유해야 한다.

우리 사회복지 분야에서는 학교사회사업에 대한 올바른 홍보와 전문 프로그램을 갖추어야 하며 경쟁력 있는 전문가를 양성해야 한다.

1. 왕따를 극복하기 위한 프로그램

1) 프로그램의 목적

왕따 현상은 집단 이기주의에 근거하여 타인에 대한 이해와 배려의 부족에서 기인한 것이므로 공동체 훈련과 분위기 형성을 통하여 왕따를 극복하고자 한다.

2) 학교차원의 요구사항

첫째, 학급공동체 만들기로 담임교사의 역할 강화 및 담임교사에게 인센티브 부여(승진 가산점 등) 담임교사의 수업시수 줄여주기, **둘째**, 학교 내 학생 자치활동 공간 제공으로 '그린 스페이스' 학생 간의 대화창구 역할(Green space: 일종의 교실카페), **셋째**, 상담 활성화: 상담 전담 교사 1인 배치, 열린 상담실 운영, **넷째**, 특별활동시간 활성화지지(CA, HR 등), **다섯째**, 교사연수 프로그램: 학교폭력 중심으로 재단에서 제공(폭행, 따돌림, 금품갈취, 협박 유형별 연수) 하게, 동계 집중연수 받도록 제공되고 있다.

3) 학급차원의 요구사항

(1) 학급공동체 만들기

첫째, 학급토의 및 학급 규칙 만들기로 따돌림, 급우 간 폭행을 주제로 학급토의를 하고, 민주적으로 미리 학급 규칙을 정한다. 또한 따돌림이나 폭행사건이 발생했을 경우, 학급에서 학생들끼리 어떻게 대처하겠는가를 정한다. **둘째**, 또래상담자 프로그램으로 또래 상담반을 구성하여 청소년의 갈등을 또래끼리 의논하여 분쟁을 평화적으로 해결하도록 유도한다. **셋째**, 조별 멋쟁이 만들기로 여러 명이 한 사람을 바보로 만들 수 있듯이 여러 명이 좀 부족한 친구를 멋쟁이로 만들 수 있도록 한다. 조별로 나누어 무작위로 한 명을 뽑아 장점을 살려주도록 한다. **넷째**, 짝과의 한 달 프로그램으로 학년 초에 한 달 정도 작지 짝과 도시락 먹기를 권장하고, 일주일에 한 번씩 자기 짝의 장점을 발표한다.

(2) 그린 스페이스(학생 자치활동 공간) 만들기

이동수업, 점심시간, 방과 후 시간 등에 자유롭게 이용하도록 책상, TV, 오디오 등 시설을 설치한다.

(3) 열린 상담실을 운영한다.

첫째, "함께 어울리기"-유형별 집단 상담 프로그램으로 학교 상담실에서 수행한다. 유형별로 대인관계 증진 프로그램, 인간관계 개선 프로그램을 운영, 자기주장 훈련 프로그램, 공감 훈련 프로그램 등을 수행한다. **둘째**, "자녀와 함께"-학부모와 함께 하는 가족치료 프로그램으로 상담실에서 수행 학교부적응 문제를 나타낸 학생들 대상으로 가족치료 병행한다. **셋째**, "나를 알아가요"-일반 학생을 대상으로 하는 자신의 성격과 적성파악 및 적성검사 프로그램으로 상담실에서 학급별, 학년별로 순차적으로 실행한다.

2. 왕따 극복 집단상담 프로그램

대상은 왕따 피해 가능성이 있는 학생으로 한다. 프로그램은 다음과 같다.

(인원: 약 10명)

회차	내용	목적
1	• 오리엔테이션 • 느낌 나누기	왕따 극복하기에 프로그램에 대한 정확한 이해와 참가자 간의 친밀감을 형성한다.
2	• 자기 노출하기 • 느낌 나누기	자신을 개방함으로써 참가자 간의 응집력과 신뢰감을 가질 수 있도록 한다.
3	• 대인관계 지도 그리기 • 갈등대상 그리기 • 느낌 나누기	자신과 관련된 인간관계를 점검하고 자신과 가장 갈등이 되는 대상을 그리고 표현할 수 있도록 한다.
4	• 따돌림 탐색 • 역할극 • 느낌 나누기	따돌림 당한 원인을 파악하고 실제 역할극을 통해 표현을 해보도록 한다.
5	• 대인관계 훈련 • 느낌 나누기	자신의 문제와 타인을 대할 때의 기술을 습득하고 실천할 수 있도록 한다.
6	• 장점 나누기 • 미래설계 하기 • 느낌 나누기	참가자들이 자신감을 심어주며, 미래에 대한 희망을 가질 수 있도록 한다.

1) 따돌림 극복하기

(1) 목적

따돌림 당한 원인을 파악하고 실제 역할극을 통해 표현을 해보도록 한다.

(2) 활동

- 자신이 따돌림 당한 상황을 자세히 기록한다.
- 따돌림을 당한 원인에 대해 파악을 한다.
- 따돌림을 당했을 때 나의 반응이 적절했는지를 탐색하고, 적절치 않았다면 좋은 대처방법에 대해 이야기한다.
- 따돌림 상황을 역할극을 통해 교정할 수 있도록 한다.
- 프로그램 종료 후 서로의 느낌을 이야기한다.

2) 집단따돌림의 예방책

(1) 예방을 위한 교육 내용

- 혼자 있으면 위험에 처할 수 있다. 즉 집단에 계속 붙어 있고 특히 고립된 건물이나 장소를 나설 때에는 혼자 떨어져서 남아있지 말아야 한다.
- 가능하면 또래나 어른들이 보이는 곳에 머물러야 한다.
- 가해 학생이 보이면 똑바로 서서 자신감 있게 보이도록 노력하라.
- 성난 반응을 보이지 말고 침착하게 행동하라.
- 천천히, 분명히, 확실히 말하라.
- 좀 더 일찍, 혹은 늦게 등교하는 것에 대하여 생각해 보고 다른 등굣길도 이용하라.
- 비싼 물건은 집에 놓고 다니고 소지품이나 돈을 자랑하지 말라.
- 만일 내가 싫어하거나 나를 험담하는 별명이 있다면, 그것에 익숙해지려고 노력하라. 나를 놀리는 것을 두려워 말라. 이것은 그들에게 재미를 더해 주고 오히려 더 놀림을 당하게 될 것이다.
- 늘 누구에게(어른이면 더 좋고) 말하라. 있었던 일을 자세하게 설명하고, 두렵다면 도움을 청하라.
- 다른 곳으로 피해가기, 침착해지기, 조롱을 웃어넘기기 등을 연습하라.

(2) 청소년이 스스로 따돌림을 극복하는 방법

- 왜 따돌림을 당하게 되었는지 그 원인을 찾는다.
  (나의 행동 및 언어를 잘 생각해본다)
- 원인을 잘 모를 경우 주도적으로 따돌리는 학생에게 따돌리는 이유가 무엇인지를 묻는다.
  예) "ㅇㅇ야 나는 네가 나를 자꾸 피하고 잘 놀아주지 않아 무척 힘들어. 만일 내가 잘못한 게 있으면 말해주었으면 좋겠어. 내가 고치도록 노력할게."
- 자신도 모르게 실수를 하였을 경우 먼저 사과를 하도록 한다.
  예) "ㅇㅇ야 지난번 일은 내가 실수를 한 것 같구나."
  "나는 그것 때문에 네가 상처를 받을 거라고는 생각을 못 했어. 내가 사과할게."
  "그 일로 네가 자꾸 나를 피하고 따돌려서 나도 무척 힘들었어…"

- 따돌리는 친구가 놀리거나 욕을 하며 괴롭힐 때 민감한 반응(울거나, 화를 내거나 힘들어하는 표정)을 보이지 말고 웃으며 상냥하게 대한다.
- 따돌리는 친구들에게 매일 편지나 호출기에 지금 힘든 상황을 잘 전달하여 마음의 문을 열도록 노력한다(끈기 있게 지속적으로 해야 한다).
- 지속적으로 따돌림을 당할 경우 주변의 다른 친구를 찾아 친해지도록 노력한다. (자신에게 호의를 보이는 친구나 반에서 인기가 있는 친구와 친해지도록 한다)
- 나의 약점이나 단점을 보완하도록 노력한다.
- 내가 잘 할 수 있는 특기를 한 가지 찾아 개발하여 나의 장기로 삼는다.
- 자신의 힘이 부족할 경우 주변에 믿을 만한 사람에게 도움을 요청한다.
- 따돌림으로 인해 자포자기하지 않도록 한다. 나도 예전처럼 생활할 수 있다는 확신과 자신감을 가지고 노력해야 한다(자신의 잘못이 아니더라도 타인의 잘못으로 따돌림을 당할 수 있으므로 자신감을 잃지 말아야 한다).

(3) 따돌림 피해자녀를 지도하는 방법

- 따돌림 당하는 자녀를 비난하지 말고 용기를 준다.
- 피해 사실을 알았을 때 당황하지 말고 침착하게 행동하며, 문제를 끝까지 해결해 줄 수 있다는 믿음을 심어주어야 한다.
  (자녀에게 도움이 필요할 경우 적극적으로 개입한다)
- 혼자서 해결하기 힘들 경우 언제든지 주변의 믿을만한 사람에게 도움을 요청하도록 이해시킨다.
  (자신이 노력해도 문제가 해결이 되지 않아 타인에게 도움을 요청하는 것은 고자질이 아니다)
- 따돌림을 하는 학생이나 부모를 직접 만나지 않는 것이 좋다.
  (가해자가 학교에서 마마보이라고 하며 2차 따돌림이 생길 수 있다. 가해자 부모와는 싸움이 일어날 확률이 많다)
- 만일 가해자의 부모를 만날 경우 감정적인 대응은 금물. 피해상황을 정확히 파악하고 가해자가 잘못된 행동을 하고 있다는 것을 확실히 전달하고 시정하도록 요구한다.
- 담임에게 이야기할 경우 따돌림의 원인, 피해상황, 가해자 특성에 대해 확실히 파악한 후에 상담을 하고, 사실이 인정된 경우 담임을 통해 가해자와 가해자 부모

가 따돌린 사실을 인정하도록 하며, 가해자 및 부모에게 사과를 받고 다시는 따돌리지 않는다는 각서를 받는다.

- 따돌림 발생 초기에 학교 상담교사와 상담을 통해 문제해결의 열쇠를 찾는다.
- 자녀가 학교를 거부하고 강력하게 전학을 요구할 경우 문제가 해결된 후에 전학을 고려하는 것이 좋다.
- 문제가 해결된 후 전문적인 치료를 받도록 해서 빨리 적응할 수 있도록 도와주어야 하며, 부모의 세심한 관심이 필요하다.
- 자녀가 따돌림을 받게 된 원인에 대해 깊이 생각하고 부모가 잘못지도 한 것이 있는지 반성하고 고치도록 노력한다.
- 부모가 문제해결에 어려움을 느낄 경우 전문상담원, 의사, 변호사의 도움을 받도록 한다.

(4) 따돌림 가해 자녀를 지도하는 방법

- 자녀를 무조건 감싸는 것은 자녀를 도와주는 것이 아니라 더 나쁜 길로 가도록 도와주는 것이라는 것을 인식해야 한다.
  (부모가 올바른 자녀교육관을 가지고 있어야 한다)
- 원인이 누구에게 있든지 남을 따돌린 행동은 잘못된 것임을 인정하도록 지도한다. 가해 사실 알고 난 후 자녀에게 폭력을 사용해서 야단치기보다는 자녀의 행동 중 무엇이 잘못이 있었는지를 자세히 설명한다.
- 자신이 따돌리고 괴롭힌 친구가 현재 얼마나 큰 고통을 당하고 있는지에 대해 자세히 설명한다. (등교거부, 대인관계 부적응, 치료과정 등을 설명)
- 자녀도 따돌림을 당할 수 있다는 것을 설명하고 그때의 고통이 얼마나 심할 것인지를 인식하도록 이해시킨다.
- 부모와 자녀가 잘못을 인정하고 나서 피해자에게 정중히 사과하도록 한다.
- 자녀의 부정적 공격 에너지를 긍정적 에너지로 전환할 수 있도록 도와준다.
  (정기적인 운동을 통한 에너지 발산, 대인관계훈련 및 심성훈련 등 상담교육프로그램 참여)
- 자녀가 자신의 행동에 대해 인정을 하지 않을 경우 전문가와 상담을 하고 행동과 성격을 교정하도록 도와준다.

(5) 학교에서 교사가 지도하는 방법

- 상담부 활동을 다각적으로 활성화한다.
  (각 학급에 대한 설문조사, 인성교육 및 상담프로그램 실시 등)
- 또래상담원을 구성하여 학생 간의 문제를 해결할 수 있도록 한다.
- 학교 상담실이 학생들의 안식처와 피난처가 될 수 있도록 학생들의 비밀을 보장한다.
- 학급회의 시간에 집단따돌림에 대한 토의를 실시하여 학생들 스스로가 집단따돌림이 잘못된 행동임을 깨달을 수 있도록 한다.
- 모둠학습을 통해 공동 과제물을 수행할 수 있도록 한다.
- 교사가 없는 시간(점심시간, 쉬는 시간, 직원조회시간, 방과 후)에 교사, 학부모가 당번을 정해 교실을 돌아보도록 한다.
- 교사가 학생에 대해 편견을 갖고 있는지를 확인하고 이를 시정하도록 한다.

(6) 따돌림 발생 시 지도방법

- 학생이 따돌림의 피해에 대해 이야기를 할 때 진지한 태도로 받아주어야 한다(건성으로 듣거나 있을 수 있는 일로 생각할 경우 문제가 매우 악화될 수 있다. 학생이 교사에게 이야기할 정도이면 문제가 심각한 경우가 많다).
- 피해자를 성급하게 노출하는 것은 더 심한 따돌림 피해를 당할 수 있으므로 주의한다. (학생들은 고자질했다고 생각함) (잘못된 지도의 예) 교실에서 교사가 "○○야 네가 ××를 따돌렸니? 사과해"
- 누구 한 명을 지칭하는 것보다는 반 전체를 대상으로 따돌림에 대한 피해를 설명하고 따돌림은 우리 반에서 절대 일어나서는 안 된다는 강력한 의지를 표명한다.
- 자치회의 시간 및 특활시간에 따돌림에 대한 토론 및 역할극 등을 실시해 피해자의 고통을 가해자가 느껴 볼 수 있도록 한다.
- 가해자가 행동을 교정하지 않고 계속해서 따돌림을 할 경우 그에 따른 적절한 벌을 주어 다른 학생들이 따돌림을 하면 안 된다는 것을 인식하도록 한다. (가해자가 자신의 잘못을 인정할 수 있도록 교사가 자세히 설명을 하고 자신의 잘못을 인정하도록 지도해야 한다. 이 과정이 생략된 채 심한 야단이나 체벌을 가하면 가해자는 피해자가 고자질해서 자기가 혼나고 있다는 생각을 해 반성을 하지 않

게 된다)

- 피해자 부모가 따돌림으로 인해 상담을 요청할 경우 피해자 부모의 입장에서 이야기를 들어야 한다. (피해자 부모는 자녀의 피해 때문에 감정이 상한 상태여서 교사의 사소한 태도에도 서운함을 느끼게 된다)
- 항상 피해자의 피해 내용을 먼저 확인한 후 가해 학생을 상담한다.
- 가해자의 부모에게 피해자의 피해 내용을 확인시키고 사과와 반성을 하도록 한다.
- 가해학생의 가정을 반드시 방문하여 상담을 하도록 한다. (자신의 행동으로 인해 교사가 집까지 방문할 정도의 관심을 가지고 있다는 것을 보여 준다)
- 가해자가 좋아하는 선배나 교사와 결연을 시켜 지도할 수 있도록 한다.
- 특별활동 부서로 또래 상담반을 만들어 직접 학생들이 왕따를 직접 조사 후 도와준다.
  (또래 상담반을 먼저 구성하여야 한다)
- 교사의 힘이 부족할 경우는 전문가에게 도움을 청해 조속히 문제를 해결하도록 해야 한다.
  (시간이 많이 지날수록 피해자 부모와의 관계가 악화되고 해결이 어려워지는 경우가 많다)

(7) 따돌림이 되기 쉬운 청소년의 행동특성

- 내성적이며 자기주장을 잘 하지 못하는 학생
- 친구들이 놀리거나 괴롭혀도 가만히 있으며 얼굴 표정이 어두운 학생
- 신체외모나 목소리가 특이한 학생
- 잘 씻지 않고 다니는 학생(복장이 지저분한 학생)
- 거짓말을 잘하며, 말과 행동이 다른 학생
- 또래집단의 문화에 잘 어울리지 못하는 학생(옷차림, 언어, 유행어, 연예인 화제 등)
- 잘난 척하는 학생
- 이기적이며 자신의 생각만 주장하는 학생
- 친구들이 놀릴 때 부끄럼을 많이 타거나 과잉반응을 보이는 학생
- 농담과 진담을 구분하지 못하는 학생

- 교사가 편애하는 학생
- 교사의 관심과 애정을 지나치게 원하는 학생

(8) 자녀를 따돌림 피해자로 만들 수 있는 부모유형

- 유아기 및 아동기 때 자녀에게 따듯한 사랑의 표현을 잘 하지 않은 부모
- 맞벌이나 기타의 사정으로 인해 부모가 직접 키우지 못하고 여러 사람의 손을 거치며 자녀를 키운 부모(이 경우 자녀에게 일관성 있는 교육을 하지 못한 경우가 많다)
- 이혼 및 기타 문제 등으로 인해 결손가정을 이룬 부모
- 자녀와 대화하기보다는 폭력을 많이 가해 자녀를 정서적으로 위축시킨 부모
- 자녀가 해야 할 것을 부모가 대신 해주거나 자녀가 원하는 것은 무조건 다 해주는 등 과잉보호를 한 부모(공주병, 왕자병을 만드는 부모)
- 자녀의 행동에 대해 칭찬과 지지보다는 잔소리와 비난을 하는 부모
- 자녀에게 친구와 어울리게 하거나 단체생활을 권장하기보다는 혼자 있는 시간을 많이 갖도록 하는 부모
- 잘못된 것을 보고도 무조건 피하라고 교육하는 부모
- 형제끼리 차별하여 정서적으로 위축되게 만드는 부모
- 강압적이고 부모의 의견만 주장하며 자녀의 이야기를 잘 듣지 않고 무시하는 부모
- 자녀의 적성과 특기를 고려치 않고 부모가 원하는 진로를 강요하는 부모

(9) 자녀를 '따돌림 가해자'로 만들 수 있는 부모유형

- 자녀의 행동에 관심과 애정을 가지지 않고 방치하는 무관심한 부모
- 자녀가 자신의 이익만을 알고 타인을 이해하지 못하는 이기적인 아이로 키운 부모
- 자녀에게 폭력이나 폭언을 사용하여 폭력성을 가르치는 부모, 과정중심보다는 결과를 중요시하는 부모
  예: 자녀가 공부를 해 나가는 과정보다는 성적으로 나타난 결과만을 중시하는 부모
- 자녀의 잘못을 타인 앞에서 무조건 감싸는 부모
- 자녀에게 장점과 칭찬을 하기보다는 단점과 야단을 많이 치는 부모
- 자녀와 이야기할 때 다른 집 자녀와 비교하여 이야기하는 부모

- 맞고 들어오거나 따돌림을 당했을 때 혼내면서 “너도 그렇게 해, 내가 책임질게” 라고 하며 은연중에 폭력을 가르치는 부모
- 수용적인 가족 분위기를 만들기보다는 공격적이고 경쟁적인 가정 분위기를 조성하는 부모
- 자녀 앞에서 다른 사람의 허물이나 단점을 자주 이야기하는 부모

(10) 교사가 알 수 있는 ‘따돌림 당하기 쉬운 학생’의 행동 유형

- 교사에게 상담을 요청하고 따돌림에 대해 이야기를 한다. (초등학생 및 중학교 저학년의 경우)
- 쉬는 시간이나 점심시간에 자기 반에 있지 않고 다른 반에 가거나 운동장에 혼자 있는 경우가 많다.
- 수업시간에 한 학생이 발표를 할 때 일부 학생들이 웃거나 흉내를 내며 비웃는다.
- 수업시간에 교사와 눈을 잘 마주치지 않고 피하며 항상 고개를 숙이고 있다.
- 체육시간이나 야외 활동 시간에 짝이 없이 혼자인 경우가 많다.
- 수업시간에 학생들이 특정인의 흉내를 내며 웃을 때 침울해하는 학생이 있다.
- 수학여행이나 소풍 때 차 안에서 혼자 앉아 있다.
- 수련회 및 체육대회(운동회)를 참석하기 싫어한다.
- 학부모가 자녀의 문제로 상담을 요청해 올 때(성적문제 제외)가 종종 있다.
- 학생들이 한 학생을 지칭하며 “재수 없다”, “냄새난다”, “웃기는 놈이다”라고 이야기하는 것을 종종 듣는다.
- 청소시간에 혼자서 청소만 묵묵히 한다.
- 주위를 잘 두리번거리고 눈치를 본다.
- 값비싼 소지품을 가지고 다니면서 자랑한다.
- 짝을 바꿀 때 아무도 짝이 되려고 하지 않는다.
- 교우관계 조사에서 친한 친구가 없다.

(11) 교사가 알 수 있는 ‘따돌림 가해 학생’의 행동유형

- 교사와 눈길을 자주 마주치며 수업분위기를 독점하려고 든다.
- 교사 앞에서는 고분고분 하지만 교사가 없을 때 거친 행동을 한다.

- 학생들에게 큰소리를 많이 치고 반 분위기를 주도한다.
- 학생들을 위협하여 학생들이 교사에게 말을 하지 못하게 한다.

3. 집단따돌림 예방책

왕따의 문제가 학교는 물론 군대, 회사 등 외부로부터의 억압이 상대적으로 더한 공간에서 주로 발생하는 것은 우연이 아니다. 한 사람을 짓밟아야만 지탱되는 공동체는 끔찍할 수밖에 없다. 왕따 문제의 해결은 '나'와 다른 남을 인정하지 않고 획일화된 '우리' 안에 속해야만 정체성을 확인할 수 있는 사회, 희생양에 대한 폭력으로 구조의 폭력을 속이는 사회의 구조를 바꾸어내야 한다. 우리 어른들의 행동양식이 우리 아이들에게 부끄러운 자화상으로 비추어지는 것이다.

우리들은 서로 다른 점에 대해서 이상하게 생각하고 판단하는 경향이 있다. 우리는 서로가 가지고 있는, 있는 그대로 보여주고 그 자체를 인정하며 존중해주어야 한다. 이것이 진정한 개인주의의 시작이라 생각한다. 개인주의와 이기주의는 엄연히 다르다. 서양사회의 성격으로 흔히 특징지어지는 것은 기기주의가 아니라 개인주의라는 것이다.

우리는 타인이 가지고 있는 문화를 이상하게 바라보지 말고 자신과 다른 문화에 대해 호기심을 갖고 받아들여야 한다. 다른 문화를 이상하게 바라보는 시각은 다른 문화를 동화시키려고 하거나 상대방을 비방하고, 나아가 자신의 편에서 제외시켜 버리려고 하여서는 안 된다. 우리들 사회 속에서 발생하고 있는 왕따 현상도 자기와는 다른 특성들을 그 자체로 인정하고 받아들이려고 하는 진정한 개인주의가 심어지지 않았기 때문일 것이다.

자신의 아이가 다른 아이들과 같기를 바라는 부모의 욕심이 왕따를 당하면서도 부모에게 조차 상의하지 못하는 비극적인 아이들을 만드는 것이 아닌가 한다. 한 사회의 문화는 어느 순간 갑자기 만들어지는 것이 아니라 어린아이들이 자라 청소년이 되고 그들이 자라 성인이 되는 모든 과정에서 서서히 이루어지는 것이다.

부모는 자녀들의 왕따 문제를 예방하려면 우선 자신감을 길러줘야 한다. 자신감은 부모자녀 관계에서부터 시작된다. 부모에게 사랑받고 있다는 믿음이 확실하게 심어져야 한다. 부모의 사랑으로부터 방치된 청소년들은 자기를 괴롭히는 환경에 대응하지 못하고 왕따의 희생양이 될 수 있다. 부모의 역할은 우리 아이들을 통제하려 하지 말고 집단 속에서 다양한 경험을 얻을 수 있도록 지도하여 자아를 완성해 나갈 수 있도록 하여야 한다. 왕따의 문제는 우리의 가정에서부터 시작된다는 것을 잊지 말아야 한다. 자녀의 다른 점을 인정할 때, 우리들의 자녀들은 왕따의 그늘에서 벗어날 수 있는 것이다.

12장 성폭력 문제

1절 » 서론

성폭력은 기본적으로 불평등한 권력관계를 배경으로 형성된 차별적인 성문화와 잘못된 성의식에서 비롯되는 사회문제이다. 성폭력이 인간의 존엄성을 훼손하는 중대한 범죄임에도 불구하고 다양한 층위 문제, 우리 사회의 보수적인 성문화와 왜곡된 시선, 이를 수용하는 일반인들의 편견과 고정관념 등 그 발생구조의 복잡성으로 인하여 성폭력의 발생 원인을 파악하고 이해하는 데에 어려움이 있다. 성에 대하여 폐쇄적인 태도를 가진 우리나라의 사회문화 특성은 성폭력 문제 역시 매우 동떨어진 누군가의 범죄로 생각하게 하거나, 자극적인 소재로 언론매체에 의해 자주 왜곡되어 왔다.

우리 사회에 성폭력이 가시화되기 시작한 것은 1983년 한국 여성의 전화 개소 시 아내 구타를 문제화하면서부터이다. '여성의 전화'가 708명의 서울거주 주부를 대상으로 한 '아내 구타'에 관한 최초의 설문조사 결과 42.2%의 주부가 결혼 후 한 번은 남편에게 맞은 적이 있다고 대답하였고 이 설문조사 결과가 언론에 대대적으로 보도되었다. 그 후 1985년에는 인신매매와 매춘 여성이 공개 토론의 주제로 채택되었다. 이 당시 강간 등 성폭력이 매매춘, 인신매매 등과 혼재되어 여성에 대한 폭력의 의미를 가지면서 조금씩 표면에 등장하기 시작하였다. 또한 1986년 권인숙 성고문사건[1]이 발생한 이후 강간 문제가 이슈화될 때마다 여성단체들이 적극적으로 연합했으며, 특히 1988년 변월수 씨 사건[2]은 강간 피해자의 사법처리 과정의 부당성을 문제 삼음으로써 강간 자체에 대한 사회적 관심을 이끌어내는 데 기폭제 역할을 하였다. 그러나 그때까지만 해도 강간 등의 사건은 일상 세계와는 떨어진 범죄 세계에서나 있을 법한 특수한 현상으로 여겨졌으며 강간이라는 말은 공식적으로 언급하기조차 꺼리는 금기 사항이었다. 그럼에도 1989년의 강간을 주제로 한 이화여대 여성학 논문들은 피해자와 가해자가 뚜렷한 강간을 문제화하면서 우리 사회의 강간 문화에 대한 각성을 불러일으켰다. 이러한 사회분위기 속에서 1991년에는 성폭력문화에 대한 문제 제기와 함께 여성학 교수들, 졸업생과 학생들, 그 외 관심 있는 사람들이 발기하여 여성주의적 상담을 표방하는 '한국성폭력상담소'를 개소하였다.

또한 성폭력상담소와 관련 여성단체, 시민단체는, 성폭력이 인권침해의 문제임을 알리고 성폭력 피해자들의 권익회복을 위해 성폭력 특별법 제정을 위해 노력했다. 그 결과 1994년 '성폭력 범죄의 처벌 및 피해자 보호 등에 관한 법률'이 제정되었다. 성폭력 특별법은 성폭력 범죄를 예방하고 피해자를 보호하며 성폭력 범죄의 처벌 및 절차에 관한 특례를 규정함으로써 성적 자유 및 건전한 성도덕 감정을 보호하여 국민의 인권 신장과 건강한 사회 질서 확립을 목적으로 하였다. 성폭력을 단순히 개인 간의 이해 문제가 아니라 커다란 사회문제라는 시각에서 다루게 된 것이었다. 성폭력을 드러낸 역사는 짧지만 여성 단체의 활발한 활동과 성폭력특별법의 제정 및 법률의 실효성을 높이기 위한 거듭되는 개정으로 성폭력은 점차 그 실효성이 커져 가고는 있으나 아직까지 여러 가지 문제를 안고 있는 것이 현실이다.

1) 권인숙 사건은 1986년의 공권력에 의한 성폭력 사건이다. 대학생 위장 취업 혐의로 연행된 권인숙이라는 여대생이 부천 경찰서에서 조사를 받던 중 성고문을 당한 사실이 알려지게 된다. 권인숙은 혁명을 위해서는 性도 도구화하는 극렬 좌경 세력의 행동 대원으로 매도당한 채 공문서 위조범으로 재판을 받게 되었다.

2) 변월수 사건은 1980년대 후반에 성폭력 문제를 전국적으로 알려 다시 한번 성폭력의 심각성과 여성 인권유린을 폭로한 사건이다. 1988년 9월 한밤중 귀갓길에, 강간하려는 가해자의 혀를 잘라 구속 기소된 주부에게 1년 징역이 구형되었다. 그러나 강간의 위기에 있는 여성이 어떻게 해야 '정당하게' 자신을 방어하는 것인가에 대한 국민적 관심과 '정당방위'의 한계에 대한 논쟁, 여성 단체들의 무죄 판결 투쟁 끝에 이 사건은 결국 정당방위로 인정받게 되었다.

2절 » 젠더기반 폭력과 성폭력

UN 여성 기구에 따르면 젠더폭력이란 '사회적으로 정의된 성별의 차이를 이유로, 법적으로 명시된 인권에 반해서 가해지는 폭력행위를 이르는 용어'라고 정의하고 있다.

1. 젠더기반 폭력(Gender-Based Violence, GBV)이란 무엇인가?

1) 젠더기반 폭력에 대한 정의

젠더기반 폭력이란 여성과 남성 간에 사회적으로 할당된 성적 차이를 바탕으로 하여 개인의 의지에 반하여 행해지는 물리적 · 성적 · 언어적 폭력을 일컫는다(김양희, 2013). 이 용어는 1993년 UN '여성에 대한 폭력 철폐선언'에서 처음 사용되기 시작했다. 1979년 '여성에 대한 모든 형태의 차별 철폐협약'을 통해 여성에 대한 폭력이 인권의 문제이며, 이를 위해서는 여성에 대한 모든 차별을 철폐해야 한다는 국제사회의 관심과 인식이 증대된 이후 형성된 개념이다.

여성에 대한 폭력 철폐선언에 따르면 젠더기반 폭력은 가정폭력, 성폭력, 성적 착취, 강요된 인신매매, 성희롱, 성기절단, 지참금 살인, 명예살인, 전쟁무기로서의 강간 등 여성에 대한 모든 종류의 폭력이 포함되어 있다. 그러나 젠더기반 폭력과 여성에 대한 폭력이 완전히 일치되는 개념이라고 보기는 어렵다. 젠더기반 폭력은 여성이라는 생물학적 성 때문이 아니라, 사회적으로 부여된 '여성성', '남성성'을 바탕으로 약자에게 가해지는 폭력을 통칭하는 개념으로서, 남성도 어떤 특정 조건에서는 젠더기반 폭력의 피해자가 될 수 있기 때문이다(김양희, 2013). 가령 학교나 군대 내에서 발생하는 남성에 대한 성폭력, 게이에 대한 혐오 폭력 등은 남성 사이에 발생한 폭력이지만 젠더기반 폭력으로 정의할 수 있다.

남성 간에 일어나는 성추행이나 성폭력의 경우, 남성의 놀이문화나 '짓궂은 장난' 정도로 치부되지만, 실은 이성애 주의에 기반한 남성성에 대한 특정한 통념이 권력관계와 긴밀하게 작용하여 발생한 폭력이기 때문이다. 학교에서는 보통 힘이 약하거나 왕따를 당하는 등 불균형한 권력관계에서 취약한 위치에 있는 남학생들이 피해자가 된다. 피해 남학생의 경우 남성으로부터 성폭력 피해를 입었다는 사실 자체가 수치심과 굴욕감에 더욱 노출시키고, 따라서 피해는 인정하지 않거나 알리지 않는 경우도 많다. 폭력을 통해 남성성을 확인하고, 증명하고, 강화하는 남성문화를 '자연스러운' 것으로 인정하려 하고, 남성이 성폭력 피해자가 될 수 있다는 사실 자체를 사회적으로 인정하지 않는 통념 때문이다. 따라서 젠더기반 폭력을 이해할 때는 남성성과 여성성을 우리 사회가 어떻게 구성하고 있는지, 이것이 현상적으로는 물론 구조적으로 어떠한 차별을 만들어 내는지를 들여다볼 때에야 힘을 가질 수 있다.

2) 성별(gender) 문제로서 성폭력[3] 인식하기

1980년대 한국사회는 부녀자 인신매매와 강도, 강간 그리고 가정주부를 가족이 보는 앞에서 성폭행한 소위 '가정파괴범' 같은 사건들이 사회 전체를 공포로 몰아갔다. 이런 와중에 여성운동단체는 노동 문제나 민주화 운동과 아무 연관이 없는 '여성 문제'로서의 성폭력 사건인, 영생애육원 사건과 변월수 사건을 접하게 되었다. '여성'이라는 범주는 여성을 제 2의 성으로 규정하는 가부장제 문화 속에서 특정한 상징작용을 통해 여성들에게 어떠한 공통적 체험을 하게 한다(장필화, 1996: 186). 따라서 '여성'문제는 여성이 가부장제 문화에서 공통적으로 경험하는 문제이다.

3) 젠더폭력과 성폭력(sexual violence)

한국사회에서는 젠더기반 폭력보다는 젠더폭력(gender violence)이라는 말이 더 오랫동안 사용되어 왔다. 젠더폭력과 성폭력 개념 간의 분별 혹은 각축의 역사를 통해 젠더기반 폭력으로서의 (성)폭력문제를 어떻게 생각해야 하는지에 대한 단서를 찾아보고자 한다.

1980년대까지 젠더위계[4]와 불평등으로 인해 발생하는 여성에 대한 폭력을 의미하는 젠더폭력과 성폭력이 등치된 개념으로 사용되었다. 추행이나 강간과 같이 섹슈얼

3) 「성폭력범죄의 처벌 및 피해자보호 등에 관한 법률」은 1994년 1월 5일 법률 제4702호로 제정된 법률이다. 약칭 성폭력특별법이라고 한다. 이 법은 2010년 4월 15일에 성폭력범죄의 처벌 및 그 절차에 관한 특례를 규정한 「성폭력범죄의 처벌 등에 관한 특례법」과 성폭력을 예방하고 성폭력피해자를 보호 · 지원함을 목적으로 하는 「성폭력방지 및 피해자보호 등에 관한 법률」이 각각 제정됨으로써 폐지되었다.

4) 젠더 위계(gender hierarchy): 젠더는 사회적으로 구성된 성으로, 흔히 역할 구분으로 나타난다. 남성 우위 사회에서는 젠더에서도 위계가 존재할 수밖에 없으며, 이는 법과 제도뿐만 아니라 일상생활에서의 성차별과 젠더 폭력(가정폭력, 데이트폭력, 디지털성범죄)의 형태로 광범위하게 나타난다.

리티를 매개로한 폭력만이 아니라 (아내)구타 등의 가정폭력, 매춘이나 인신매매 등 여성(성)의 매매와 상품화, 그리고 이러한 폭력을 조장하는 성 차별적인 제도까지 포괄했던 것이다.

1990년대 들어 성폭력에 관한 입법운동을 전개하면서 법적으로 규율할 수 있는 언어를 생성해야 했고, 대학가를 중심으로 성 정치운동이 활발하게 부상하면서 섹슈얼리티에 대한 관심이 고조되었다. 이 과정을 통해 섹슈얼리티를 매개로 나타나는 폭력의 양상에 방점이 찍힌 성폭력 개념이 형성되었다. 그러나 성폭력이나 젠더폭력의 개념적 분리가 분명하거나 안정적일 수는 없다. 우리말에서 신체나 생식에 관한 것(sex), 신체나 생식에 관한 지식까지를 포함하여 사회문화적으로 형성된 것(gender), 성적 정체성과 욕망에 관한 것(sexuality)등이 따로 분리되지 않은 채 '성'이라는 한 단어 안에 복합적으로 녹아있는 것처럼, '남성'과 '여성'으로서의 경험은 섹스, 젠더, 섹슈얼리티의 상호작용을 통해 결정된다.

성폭력이 남성 지배구조의 산물일 뿐만 아니라, 여성을 통제할 수 있다는 신념을 지탱시켜주는 중심기재라고 주장한 Susan Brown miller(1979)나 '성폭력 연속선'의 개념을 통해 성폭력을 남성의 권력실천의 연장이라고 주장한 켈리(1987)의 논의는 성적 폭력과 성불평등 구조와의 연계를 해체해서 사고하기란 힘들다는 점을 보여준다. 가령 성적인 폭력과 가장 멀어 보이는 단순한 언어폭력조차 권력의 맥락을 살펴보기 위해서는 사회적으로 형성되어온 욕설의 성적 뉘앙스가 남성과 여성에게 미치는 차이에 대한 고려를 배제하기 어려운 경우가 많기 때문이다.

2. 성폭력 개념 및 유형

1) 성폭력이란

상대방의 의사에 반하여 이루어지는 성적 언동으로, 상대의 성적 자기결정권을 침해하는 모든 행위를 말한다. 그러나 모든 성폭력이 법적으로 처벌을 받는 것은 아니며, 법적으로 처벌되지 않는다고 해서 성폭력피해가 아닌 것은 아니다.

성폭력은 성폭력관련법에 의해 처벌할 수 있는 강간 및 강제추행뿐만 아니라, 언어적 성희롱과 같이 민사적 대응 또는 비사법적 절차로 권리가 구제되는 유형도 포함된다.

2) 성폭력 관련 법률

성폭력 관련 법률은 다음과 같다.

성폭력 관련 법률	
형법	• 강간과 추행의 죄 및 성 풍속에 관한 죄
성폭력범죄의 처벌 등에 관한 특례법	• 성폭력의 정의 • 성폭력 범죄 처벌 및 신상공개 등
성폭력방지 및 피해자보호 등에 관한 법률	• 성폭력 피해자 방지 및 보호 • 성폭력 예방교육, 피해자 지원 체계 등
아동 · 청소년의 성보호에 관한 법률	• 아동 · 청소년 대상 성범죄 정의 • 아동 · 청소년 대상 성범죄자에 대한 벌칙
정보통신망 이용촉진 및 정보보호 등에 관한 법률	• 불법정보(음란한 부호 · 문언 · 음향 · 화상 또는 영상)의 유통금지 등

3) 성폭력방지법 일부개정법률(7월 13일부터 시행)

- 성폭력 사건이 발생한 공공기관이 장은 여가부 장관에 통보, 3개월 내에 사건처리 경과와 2차 피해방지에 관한 사항 등을 담은 '재발방지대책' 제출
- 성폭력 신고자에 대한 불이익 조치 시 3년 이하 징역 3천만 원 이하 벌금
- 공공기관에서 「위계 · 위력에 의한 성폭력 사건」이 발생한 경우 기관장 또는 업무담당자는 피해자의 명시적인 반대가 없는 한 수사기관에 신고하여야 하며 신고하지 않은 경우 3백만 원 이하의 과태료가 부과되어 기관 내에서의 조직적 은폐 등을 방지할 수 있을 것으로 기대한다.

4) 성폭력 유형 및 관련 법률

(1) 강간(형법 제297조 등)

- 폭행 또는 협박을 가하여 간음(성기삽입)하는 것을 의미한다. 폭행 또는 협박은 주먹 등으로 때리거나 흉기로 위협을 한 일이 없더라도 피해자를 밀치거나 꼼짝 못 하게 누르는 행위, 완력으로 옷을 벗기는 행위, 반항하며 위해를 가할 것처럼 행동하는 것 등도 해당할 수 있다.
- 폭행 또는 협박으로 사람을 강간한 자는 3년 이상의 유기징역에 처한다.
〈개정 2012.12.18.〉 → 강간 피해자를 '부녀'로 한정하다가 남자 청소년까지 확대

하고(청소년성보호법 2012.3.16. 시행), 이후 '사람'으로 확대함(2013.6.19. 시행)

(2) 유사강간(형법 제297조의2 등)

- 폭행 또는 협박으로 사람에 대하여 구강, 항문 등 신체(성기는 제외)의 내부에 성기를 넣거나, 성기, 항문에 손가락 등 신체(성기는 제외)의 일부 또는 도구를 넣는 행위
- 2년 이상의 유기징역에 처한다. 〔본조신설 2012.12.18〕

(3) 강제추행(형법 제298조 등)

- 폭행 또는 협박을 가하여 사람에 대하여 추행하는 행위로 폭행하는 행위 자체가 추행하는 행위인 경우도 포함하며 성욕을 자극, 흥분, 만족시키려는 주관적 동기나 목적이 없어도 성립한다.
- 폭행 또는 협박으로 사람에 대하여 추행을 한 자는 10년 이하의 징역 또는 1천500만 원 이하의 벌금에 처한다.

  → 강제추행의 경우, 강제(強制)라는 용어의 의미 때문에 물리력이 동반된 유형력 행사가 있으며, 성적인 의도로 추행하는 경우만으로 생각하는 경우가 많다. 우리나라 법에서 강제추행은 폭행 또는 협박을 가하여 저항을 곤란하게 하는 추행 행위뿐만 아니라 폭행 행위 자체가 추행이라고 인정되는 경우도 포함된다. 폭행의 수준이 반드시 상대방의 의사를 억압할 정도의 것을 요하지 않는다.

(4) 준강간, 준강제추행(형법 제299조 등)

- 폭행 또는 협박이 없이 사람의 심신상실 또는 항거불능의 상태를 이용하여 간음 또는 추행한 행위를 이르며 이때 심신상실이란 또는 항거불능의 상태는 술이나 잠, 약물 등으로 인해 사물을 변별하거나 의사를 결정할 능력이 없는 상태를 말한다.
- 준강간, 준강제추행을 한 자는 제297조, 제297조의2 및 제298조의 예에 의한다. 〈개정 2012.12.18〉.

(5) 친족관계에 의한 강간 등(성폭력처벌법 제5조)

① 친족관계인 사람이 폭행 또는 협박으로 사람을 강간한 경우에는 7년 이상의 유기징역에 처한다.

② 친족관계인 사람이 폭행 또는 협박으로 사람을 강제추행한 경우에는 5년 이상의 유기징역에 처한다.

③ 친족관계인 사람이 사람에 대하여 「형법」 제299조(준강간, 준강제추행)의 죄를 범한 경우에는 제1항 또는 제2항의 예에 따라 처벌한다.

④ 제1항부터 제3항까지의 친족의 범위는 4촌 이내의 혈족 · 인척과 동거하는 친족으로 한다.

⑤ 제1항부터 제3항까지의 친족은 사실상의 관계에 의한 친족을 포함한다.

(6) 장애인에 대한 강간 · 강제추행 등(성폭력처벌법 제6조)

① 신체적인 또는 정신적인 장애가 있는 사람에 대하여 「형법」 제297조(강간)의 죄를 범한 사람은 무기징역 또는 7년 이상의 징역에 처한다.

② 신체적인 또는 정신적인 장애가 있는 사람에 대하여 폭행이나 협박으로 다음 각 호의 어느 하나에 해당하는 행위를 한 사람은 5년 이상의 유기징역에 처한다.

1. 구강 · 항문 등 신체(성기는 제외한다)의 내부에 성기를 넣는 행위
2. 성기 · 항문에 손가락 등 신체(성기는 제외한다)의 일부나 도구를 넣는 행위

③ 신체적인 또는 정신적인 장애가 있는 사람에 대하여 「형법」 제298조(강제추행)의 죄를 범한 사람은 3년 이상의 유기징역 또는 3천만 원 이상 5천만 원 이하의 벌금에 처한다. 〈개정 2020. 5. 19.〉

④ 신체적인 또는 정신적인 장애로 항거불능 또는 항거곤란 상태에 있음을 이용하여 사람을 간음하거나 추행한 사람은 제1항부터 제3항까지의 예에 따라 처벌한다.

⑤ 위계(僞計) 또는 위력(威力)으로써 신체적인 또는 정신적인 장애가 있는 사람을 간음한 사람은 5년 이상의 유기징역에 처한다.

⑥ 위계 또는 위력으로써 신체적인 또는 정신적인 장애가 있는 사람을 추행한 사람은 1년 이상의 유기징역 또는 1천만 원 이상 3천만 원 이하의 벌금에 처한다.

⑦ 장애인의 보호, 교육 등을 목적으로 하는 시설의 장 또는 종사자가 보호, 감독의 대상인 장애인에 대하여 제1항부터 제6항까지의 죄를 범한 경우에는 그 죄에 정한 형의 2분의 1까지 가중한다.

(7) 13세 미만의 미성년자에 대한 강간, 강제추행 등(성폭력처벌법 제7조)

① 13세 미만의 사람에 대하여 「형법」 제297조(강간)의 죄를 범한 사람은 무기징역 또는 10년 이상의 징역에 처한다.

② 13세 미만의 사람에 대하여 폭행이나 협박으로 다음 각 호의 어느 하나에 해당하는 행위를 한 사람은 7년 이상의 유기징역에 처한다.

1. 구강 · 항문 등 신체(성기는 제외한다)의 내부에 성기를 넣는 행위
2. 성기 · 항문에 손가락 등 신체(성기는 제외한다)의 일부나 도구를 넣는 행위

③ 13세 미만의 사람에 대하여 「형법」 제298조(강제추행)의 죄를 범한 사람은 5년 이상의 유기징역에 처한다. 〈개정 2020. 5. 19.〉

④ 13세 미만의 사람에 대하여 「형법」 제299조(준강간, 준강제추행)의 죄를 범한 사람은 제1항부터 제3항까지의 예에 따라 처벌한다.

⑤ 위계 또는 위력으로써 13세 미만의 사람을 간음하거나 추행한 사람은 제1항부터 제3항까지의 예에 따라 처벌한다.

(8) 업무상 위계 위력 등에 의한 추행(성폭력처벌법 제10조 제1항)

① 업무, 고용이나 그 밖의 관계로 인하여 자기의 보호, 감독을 받는 사람에 대하여 위계 또는 위력으로 추행한 사람은 3년 이하의 징역 또는 1천500만 원 이하의 벌금에 처한다. 〈개정 2018. 10. 16.〉

② 법률에 따라 구금된 사람을 감호하는 사람이 그 사람을 추행한 때에는 5년 이하의 징역 또는 2천만 원 이하의 벌금에 처한다. 〈개정 2018. 10. 16.〉

(9) 공중 밀집 장소에서의 추행(성폭력처벌법 제11조)

대중교통수단, 공연 · 집회 장소, 그 밖에 공중(公衆)이 밀집하는 장소에서 사람을 추행한 사람은 3년 이하의 징역 또는 3천만 원 이하의 벌금에 처한다. 〈개정 2020. 5. 19.〉

(10) 성적 목적을 위한 다중이용장소 침입행위(성폭력처벌법 제12조)

자기의 성적 욕망을 만족시킬 목적으로 화장실, 목욕장 · 목욕실 또는 발한실, 모유수유시설, 탈의실 등 불특정 다수가 이용하는 다중이용 장소에 침입하거나 같은 장소에서 퇴거의 요구를 받고도 응하지 아니하는 사람은 1년 이하의 징역 또는 1천만 원 이하의 벌금에 처한다.

〈개정 2017.12.12., 2020.5.19.〉〔제목개정 2017.12.12.〕

(11) 통신매체를 이용한 음란행위(성폭력처벌법 제13조)

자기 또는 다른 사람의 성적 욕망을 유발하거나 만족시킬 목적으로 전화, 우편, 컴퓨터, 그 밖의 통신매체를 통하여 성적 수치심이나 혐오감을 일으키는 말, 음향, 글, 그림, 영상 또는 물건을 상대방에게 도달하게 한 사람은 2년 이하의 징역 또는 2천만 원 이하의 벌금에 처한다. 〈개정 2020.5.19.〉

(12) 카메라 등을 이용한 촬영(성폭력처벌법 제14조)

① 카메라나 그 밖에 이와 유사한 기능을 갖춘 기계장치를 이용하여 성적 욕망 또는 수치심을 유발할 수 있는 사람의 신체를 촬영대상자의 의사에 반하여 촬영한 자는 7년 이하의 징역 또는 5천만 원 이하의 벌금에 처한다. 〈개정 2018. 12. 18., 2020. 5. 19.〉

② 제1항에 따른 촬영물 또는 복제물(복제물의 복제물을 포함한다. 이하 이 조에서 같다)을 반포 · 판매 · 임대 · 제공 또는 공공연하게 전시 · 상영(이하 “반포 등”이라 한다)한 자 또는 제1항의 촬영이 촬영 당시에는 촬영대상자의 의사에 반하지 아니한 경우(자신의 신체를 직접 촬영한 경우를 포함한다)에도 사후에 그 촬영물 또는 복제물을 촬영대상자의 의사에 반하여 반포 등을 한 자는 7년 이하의 징역 또는 5천만 원 이하의 벌금에 처한다. 〈개정 2018. 12. 18., 2020. 5. 19.〉

③ 영리를 목적으로 촬영대상자의 의사에 반하여 「정보통신망 이용촉진 및 정보보호 등에 관한 법률」 제2조 제1항 제1호의 정보통신망(이하 “정보통신망”이라 한다)을 이용하여 제2항의 죄를 범한 자는 3년 이상의 유기징역에 처한다. 〈개정 2018. 12. 18., 2020. 5. 19.〉

④ 제1항 또는 제2항의 촬영물 또는 복제물을 소지·구입·저장 또는 시청한 자는 3년 이하의 징역 또는 3천만 원 이하의 벌금에 처한다. 〈신설 2020. 5. 19.〉

⑤ 상습으로 제1항부터 제3항까지의 죄를 범한 때에는 그 죄에 정한 형의 2분의 1까지 가중한다. 〈신설 2020. 5. 19.〉

(13) 촬영물 등을 이용한 협박·강요(성폭력처벌법 제14조의3)

① 성적 욕망 또는 수치심을 유발할 수 있는 촬영물 또는 복제물(복제물의 복제물을 포함한다)을 이용하여 사람을 협박한 자는 1년 이상의 유기징역에 처한다.

② 제1항에 따른 협박으로 사람의 권리행사를 방해하거나 의무 없는 일을 하게 한 자는 3년 이상의 유기징역에 처한다.

③ 상습으로 제1항 및 제2항의 죄를 범한 경우에는 그 죄에 정한 형의 2분의 1까지 가중한다. [본조신설 2020. 5. 19.]

(14) 성희롱(국가인권위원회법 제2조 제3호)

성희롱[업무, 고용, 그 밖의 관계에서 공공기관(국가기관, 지방자치단체, 각급 학교, 공직 유관단체를 말한다)의 종사자, 사용자 또는 근로자가 그 직위를 이용하여 또는 업무 등과 관련하여 성적 언동 등으로 성적굴욕감 또는 혐오감을 느끼게 하거나 성적 언동 그 밖의 요구 등에 따르지 아니한다는 이유로 고용상의 불이익을 주는 것을 말한다]행위

직장 내 성희롱을 규정하고 있는 현행법

- 양성평등기본법(여성발전기본법 시행규칙 전부를 2015.7.1 개정함)
- 국가인권위원회법
- 남녀고용평등과 일·가정 양립 지원에 관한 법률(약칭: 남녀고용평등법)
- 정보통신망 이용촉진 및 정보보호 등에 관한 법률(약칭: 정보통신망법)

3절 » 성폭력의 발생원인

1. 사회구조적 관점의 이해

1) 가부장제 자본주의 사회의 특성

우리 사회에 자본주의가 도입되기 이전의 가부장제 사회를 지배한 것은 유교의 위계질서였다. 장유유서, 남녀유별 등을 기본으로 하는 유교사회는 남녀구별뿐만이 아니라 남녀차별의 사회였다. 남녀의 역할이 다를 뿐만이 아니라 남녀의 위치가 '하늘'과 '땅'의 차이로 인식되는 남녀불평등 사회인 것이다.

가부장제 사회는 성(sexuality)에 대해서도 남녀에게 각각 다른 기준이 적용되었다. 즉 남성에게는 성이 적극적, 허용적이고 여성에게는 소극적이고 억제해야 할 것으로 되어 성의 이중기준이 적용되는 것이다. '영웅호색'이라는 용어는 여러 여자를 거느리는 남성이 바람직하다는 것을 내포하고 있는 반면, 여성은 정절을 지키는 것이 강요되었다. 이처럼 남녀에게 다른 성의 이중기준이 적용되는 사회에서 여성은 두 부류로 나누어지게 된다. 즉 한 집단은 정절을 지키는 양갓집의 정숙한 여성이고, 다른 한쪽은 남성의 성적 욕망을 만족시켜 주는 노리개로써 존재하는 여성이다. 이러한 가부장제적 전통 위에서 자본주의의 도입은 대량적인 여성의 상품화를 초래하였다.

자본주의의 속성은 대량생산한 상품(물품과 서비스)의 판매를 통한 이윤추구이다. 이 과정에서 상품화하지 말아야 할 것, 사람의 성도 상품화한다. 일반적인 자본주의 사회라면 여성의 성뿐 아니라 남성의 성도 같이 상품화되겠지만 가부장제적 자본주의 사회이기 때문에 남성의 성에 비해 여성의 성이 압도적으로 많이 상품화되는 것이다. 성매매의 증가, 여성이 상품화된 광고, 포르노적 영화, 비디오, 만화의 증가 등은 가부장제적 자본주의 사회에 필연적으로 부수되는 현상이다.

2) 한국의 경제발전과 여성의 상품화

여성의 성의 상품화 정도는 각 사회의 자본주의적 발전의 성격과 유형에 따라 달라진다. 우리나라는 30여 년의 기간 동안 급속도의 성장과 경제발전을 이루었다. 한국의 경제성장은 정부 주도, 수출 중심적, 대외 의존적, 파행적 발전의 성격을 갖는다.

한국의 경제성장과정에서 부산물로 나타난 것 중 하나는 향락산업의 증대와 성적 서비스를 파는 여성의 증가이다. 각종 향락업체에서 성적 서비스를 파는 여성이 증가한 것은 외국인 상대의 기지촌 성매매, 기생관광, 외국 바이어 접대 등의 허용과 기업의 접대문화, 그리고 졸부들의 향락산업에 대한 투자와 탈세로 향락업체들이 수익을 올릴 수 있도록 된 경제구조 때문이다. 어느 자본주의 사회나 향락산업에서의 여성의 상품화는 존재하지만 한국은 그 파행적이고 왜곡된 경제성장과정으로 인해 다른 사회보다 향락산업의 크기가 단기간 내에 팽창하였고, 성 상품화의 정도도 급증했다고 할 수 있다.

3) 성 상품화와 성폭력

여성이 상품화되는 사회에서는 남성은 여성을 인격적인 존재로서가 아니라 성적 대상물로 여기게 된다. TV 광고에서, 거리의 벽보에서, 선정적인 잡지에서 또 술집에서 남자들은 끊임없이 상품화된 여성을 보게 된다. 경제적으로 남성에게 의존해야 하는 여성은 또한 남성의 관심을 끌기 위하여 남성들의 눈에 맞는 옷차림과 행동을 하게 된다. 여성의 상품화가 만연된 사회는 이미 사회 환경이 남성의 성적 충동을 끊임없이 유발한다. 이러한 상황 아래에서 유발된 성충동을 어떻게 처리해야 하는가는 그 사회의 가치와 행동양식에 따라 달라진다. 폭력이 용인되는 사회는 강간이 쉽게 저질러지고, 여성의 사회적 위치와 세력이 낮은 사회에서는 여성은 더욱 쉽게 성폭력의 피해자가 된다.

2. 사회문화적 맥락의 이해

성폭력 발생률이 높은 사회는 폭력에 대한 허용도, 남성의 공격성에 대한 지지, 성별분업의 고착화, 여성에 대한 남성지배의 조장 등의 특징을 보인다(Judith Worell & Pamela Remer, 2003). 성폭력 발생은 주로 남성에 의해 강제적이고 강압적으로 발생한다. 현재까지 성폭력 발생의 수많은 경계는 남성과 여성 사이에 놓여 있고 이것은 성역할 사회화와 젠더의 권력 차이를 반영하는 것이다.

1) 남성과 여성의 힘의 불균형

수잔 브라운 밀러(Susan Brown miller)는 성폭력은 여자를 남자 아래 두기 위해서 사용된다고 주장한다. 강간은 여성과 남성의 권력 불평등의 결과로 보고 있다. 또한 우리 사회에 만연한 성폭력에 대한 통념 역시 남성이 오랫동안 여성을 지배하고 있던 권력에서 나온 것이라 하였다. 모든 불평등한 관계를 주도하는 사람들은 그들의 위치를 유지하기 위하여 폭력으로 위협을 하거나 실제로 폭력을 행사한다. 특히 성희롱은 남녀불평등의 맥락 안에서 발생하기 쉽다. 우리나라의 직장은 권위, 신분으로 구성되는 수직 구조와 더불어 남존여비 사상이 강한 우리사회는 여성은 동료라는 개념보다는 권력의 중심이 아직도 남성에게 치중되어 있어, 여성은 남성 밑에서 일을 도와주는 종속물 내지는 남성들에게 활력을 주는 보조자 개념이 팽배하기 때문이다.

2) 성역할 사회화

러셀(Russell,1984)은 성폭력 발생 원인이 남성의 성역할 사회화, 즉 그 사회의 남성성과 사내다움에 대한 신화가 성폭력과 여성에 대한 태도를 결정한다고 보았다. 성역할은 사회 구성원으로써 남자나 여자에게 필요한 행위나 태도를 권장하고 그렇지 못한 것은 제재를 통해 학습된다고 하였다. 전통적으로 우리 사회는 남성다움을 강함, 지배, 공격, 생산, 활동적인 것으로, 여성다움은 복종, 수동, 의존, 연약, 가정적, 내향, 감정적인 것으로 가르쳐져 왔다. 이러한 전통적 성규범은 여성에게는 성에 대해 자유롭게 참여하거나 자신의 관심을 솔직하게 표현하지 못하도록 학습되는 반면, 남성은 여자가 성관계를 원하지 않는다고 말할 때조차 성적인 친밀감을 나타내려는 시도를 하고 지속하도록 학습된다(Gagnon & Simon, 1973). 이러한 성역할 사회화 과정은 남녀 간의 의사소통이 왜곡되고 강간을 너그럽게 봐주는 문화가 형성되게 하여, 강간은 정상적으로 성역할 안에서 수용되는 것으로 간주되어 여성이 피해자가 되기 쉽게 한다.

여성의 성역할 사회화의 결과, 여성의 성(sexuality)은 여성을 강간당하기 쉬운, 취약한, 보호해주어야 할 것으로 구성하게 되는 상관성을 갖게 하며, 남성은 성장하면서, 우리 사회의 남성 중심적 성역할 사회화 과정을 통하여, 남성은 억제할 수 없는 만큼의 강한 성욕의 소유자라는 것이 아주 자연스러운 현상으로 간주되어, 그 주체할 수 없는 성적 욕구를 충족시키기 위하여 여성을 정복하고 지배하며 소유하는 것이 당연하다는 성적 주체로서 정체성을 형성하게 된다. 또한 청소년기에 접하게 되는 대중매체들 특히 여성을 극단적으로 비하하고 성의 상품화로 전락시키는 포르노물들은 여성을 남성과 평등한 주체로 보는 것이 아니라 남성의 성적 대상물로, 성적 배설대상으로 보게 한다.

▣ 남성성 신화

남성들은 청소년기를 거치면서, 공격성, 힘, 권력, 강함, 터프함, 지배, 경쟁력 등을 남자답다고 배운다. 이긴다는 것, 우월함, 정복, 남성성의 과시는 성적인 행동에서 두드러진다. 많은 남성들에게, 공격과 성은 아주 밀접한 관련이 있어 보인다. 공격적인 것은 남성적인 것이고, 성적으로 공격적인 것은 남성적인 것이다. 이러한 극단의 형태인 강간은 성적으로 공격적인 행동이다. 그러므로 강간은 사회적 범죄행위의 인식보다 남성적 행위로 여기는 것이다. 따라서 강간을 범죄로 생각하는 것이 아니라 일종의 농락행위로 보는 경향이 농후하다. 섹스와 쾌락에 대한 이미지들은 보통 남성성을 획득하는 과정을 중심으로 확립된다. 여성과의 섹스가 남성의 강함과 우월함, 공격적인 면을 부각시키는 일종의 자아표출이라는 면에서 섹스는 남성에게 일종의 권력을 확인하는 방식이다.

이와 같이 남성성 신화는 남성들에게는 어린 시절부터 성적 욕구와 돌봄, 존중, 좋아함, 사랑이 분리되어 훈련된다. 결국 남성이 여성을 총체적 인간으로 보기보다는 성적 대상으로 보게 만든다.

3) 가해자의 왜곡된 성인식

성폭력 범죄는 남성 개인이 갖고 있는 성폭력, 자신의 성, 여성에 대한 가치관으로부터 큰 영향을 받는다. 성폭력은 일부 '특수한 정신병자'들의 행위가 아니라 남성성을 획득하고 섹슈얼리티를 구성해나가는 과정 속에서 확립된 사고 체계에 의해 발생하는 것이다. 때문에 성폭력은 남성의 사고체계 과정의 판단을 따른 것이고, 그들의 인지 체계의 결과이다(변혜정 외, 2005).

3. 심리적 동기에 대한 고찰

1) 발달적 측면

볼프와 마샬(Wolf & Marshall) 등은 성폭력 가해자는 성장과정에서 성적 학대나 다른 폭력의 피해 경험이 있는 경우가 많으며, 가족관계에서도 문제가 많은 것으로 나타난다고 하였다. 가해자들은 부모와의 초기 애착관계 형성에서부터 문제가 발생한다고 하며, 이로 인한 또래관계 등 전반적인 대인관계 형성에 어려움을 보인다고 하였다.

마샬(Marshall, 1999) 등은 가해자 개인의 어린 시절 부모와의 불안정한 애착관계와 청소년기를 거치면서 그 사회에서 만연한 다양한 사회적 태도들 중에서 대인관계에서의 폭력 사용의 용인, 여성과 아이들에 대한 부정적인 관점, 남성 우월주의, 강간과 어린아이 성 학대에 대한 관용성 등은 성범죄의 특징을 나타내는 태도들로서, 이러한 사회적 맥락들이 포르노, 광고, 영화, TV 등을 통하여 취약한 청소년들에게 어필하게 된다고 보았다.

(1) 성폭력 가해자의 어린 시절 성폭력 피해 경험

볼프의 모델(Wolf Model)에서는 성폭력 가해자의 어린 시절 성폭력 피해 경험으로 인하여, 성인이 되어서 성폭력 가해를 하는 과정을 주기(cycle)로 설명하고 있다. 성폭력 가해자는 어린 시절에 성폭력 피해를 경험했거나, 심리적 신체적 학대, 성애화, 방임 등의 경험이 있고 역기능적 가족 안에서 성장하였다고 본다. 성폭력 가해자들은 어린 시절 자신이 경험한 신체적, 성적 학대의 결과로 빈약한 자기상을 가지게 된다. 가해자는 자신의 빈약한 자기상 때문에, 실패하거나 거절당할 것이라고 예측하고, 고립당할 것에 방어를 한다. 이러한 고립감에 대처하기 위하여, 가해자는 좀 더 좋은 기분을 느끼고 자신이 통제력을 가지고 있다고 느끼기 위하여 성적 환상으로 도피하게 된다. 어린 시절 그들의 학대경험으로 인하여, 취약감을 느낄 때, 일탈적 성적 행위에 대해 상상을 하고 자위를 하게 된다. 성적 행위에 대한 매력 수준이 증가하면, 일탈적 성행위에 대한 금기수준은 내려가게 된다. 가해자는 충동을 강화시키기 위하여 알코올, 약물, 포르노 같은 또 다른 기제를 사용하기도 한다. 가해자는 일탈된 환상에 몰입한 결과로 생기는 죄의식을 경감시키기 위해 왜곡된 사고를 작동시킨다. 그러한 왜곡된 사고는 자신의 경험에서 발생한 사고인데, 이것은 성폭력 가해자의 특징적 사고로 자리 잡게 되고, 주기적으로 발생한다.

(2) 어린 시절 부모와의 불안정한 애착관계

Marshall 등(1999)은 아동과 부모 간의 애착 관계가 성범죄 발달에 있어 미치는 중요성에 대해 자세히 묘사했다. 아동들이 부모에 대해 불안함을 느끼게 되면, 아동들은 부모와의 관계를 통해 자신감을 획득할 수 있는 기회와, 동년배와의 상호작용에 있어 필요한 사회적 기술들을 연습할 수 있는 기회와 특히 성적 욕구와 친밀감의 욕구를 효과적으로 만족시킬 수 있는 기술을 연습할 기회를 잃게 된다고 하였다. 불안정한 부모/아이 애착관계는 어린아이가 다른 사람과의 친밀감 형성에 있어 두려워하거나 회피적인 태도를 발달시키게끔 만든다. 불안정한 애착을 가지고 있는 아동들은 비사교적이고, 의존적이며, 감정적이고, 따뜻함이 결여되어 있고, 낮은 자아 존중감과 사회적으로 불안하거나 불완전하다. 이러한 특징들은 청소년기를 지나 어른이 되어서까지 유지되는 경향이 있으며, 한 사람을 성범죄자로 만드는 것으로 생각되어지는 특징들이다.

Marshall과 그의 동료들(1999)은 성폭력 가해자들의 외로움과 친밀감의 결핍은 부적절한 애착 유형에서 비롯되었으며, 대다수의 가해자들은 불안정한 성인애착 유형을 보이며, 아동대상 성범죄자들은 아주 의존적이며 거절당하는 것에 대해 매우 민감하다고 하였다. 불안정한 애착유형은 아주 어렸을 때에 형성되며 부모－아동 상호작용과 연관되기 때문에, 성폭력 가해자들은 어린 시절 그들의 부모와 좀 더 많은 부정적 상호작용을 가졌을 것이라고 생각되어진다.

또한 이런 불행한 가정으로부터 나온 아동들은 성적으로 학대받게 되는 큰 위험에 처해있게 되는데, 이는(가정적으로) 왜냐하면 그들은 성인 학대자로부터 주어지는 관심과 보상에 굶주려 있기 때문이며, 그들의 부모들은 아동들에게 거의 관심을 쏟지 않기 때문이라고 하였다. 성범죄자들은 성범죄자가 아닌 이들보다 더 자주 어린 아이였을 때 신체적으로, 성적으로 학대를 분명 받은 것 같이 보인다. 게다가, 그런 어린 시절의 학대의 경험은 일반적인 반사회적 행동(antisocial behavior)의 예언 요소가 되며, 성범죄자들은 역시 종종 비성적인(nonsexual) 범죄를 저지른 기록을 가지고 있다. 프렌들키(Prentky) 등은 성범죄자들의 파괴적인 어린 시절의 경험은 성적 공격(sexual aggression)의 강도를 예측한다고 주장하였다.

2) 인지적 측면

(1) 인지왜곡

와드(Ward)에 따르면, 인지왜곡은 사람들이 친숙하지 않은 사물들을 체계화하고 해석함으로써 그들의 생각과 일치시킨다고 하였다. 즉, 사람들은 그들의 생각에 일치시키기 위해 정보를 왜곡시킨다. 그러므로 가해자들이 똑같이 자신들의 생각과 일치시키기 위해 정보를 왜곡한다는 것은 그리 놀라운 일이 아니다. 이러한 내재적 생각은 도식(schema) 또는 명제(proposition)로 기술되며, 입력된 정보의 해석을 끌어냄으로써 암묵적 이론들은 행동을 지시한다.

가해자의 내재화된 가설들은 일반적인 사람들에 대한 가정, 여성과 아이에 대한 이론들 또는 특정 피해자에 대한 구체적인 믿음들과 관련된다. 특히 성범죄자 대부분은 피해자의 행동을 잘못 지각하는 특징을 가지고 있다. 성범죄 행동 이전에 가해자들은 그들 피해자의 행동을 성적 유발로, 구체적인 성적 관심으로 지각한다. 이처럼 가해자 대부분이 피해자들의 행동을 의식적으로 재구성하지 않고 그 상황을 당연하게 받아들이는 것이다. 그래서 가해자들은 종종 피해자들이 그들을 사건으로 이끌었고, 사건 마지막 순간에 아니면 그 후에 마음을 바꾸었다고 주장하는 것이다. 이와 같이 가해자들은 피해자의 단서를 잘못 파악한 것으로 보인다.

라이트와 슈나이더(Wright & Schneider, 1997)는 가해자의 성적 환상에는 피해자의 모습 즉 가해자의 성적 행동에 순응하고, 적극적이고, 성적 요소에 강하게 성적으로 동기화하고, 도발적으로 묘사하는 요소를 포함한다고 하였다. 이러한 환상의 특징은 왜곡된 믿음에 빠지게 만드는데, 가해자들이 실제 상황을 그들의 환상으로 대치시키면서 실제 세계에 대한 왜곡된 신념을 구축하게 된다.

이와 같이 성폭력 가해자들은 성에 대한 왜곡된 인식, 의사소통능력의 부족 등으로 자기 행동, 타인의 반응, 상황에 적절하게 반응하는 능력이 떨어진다. 특히 가해자의 인지 왜곡은 자신의 행동을 합리화하고 부인(denial), 최소화하게 만든다. 왜곡된 인지과정은 성폭력 가해자가 일탈적인 범죄행위를 지속시키는 가장 핵심적인 역할을 수행한다고 알려져 있다(Carich et al., 2001).

(2) 성폭력 행위에 대한 부인(denial)과 최소화(minimizing)의 방어기제

거의 대부분의 성폭력 가해자들에게서 공통적으로 발견되는 것은 범죄행위의 부인(denial)이고, 만약 범죄를 인정하더라도 횟수나 심각성, 과거 성범죄 경력 등을 최소한으로 축소시켜 보고한다. 성폭력 행위에 대한 부인과 최소화 현상은 거의 모든 연령대의 성범죄에게서 나타나며, 가해자의 가족이나 친구들 역시 가해자의 진술을 옹호하며, 가해자를 지지하는 경향을 보인다(Stevenson, Castillo, & Sefarbi, 1989). 이러한 부인의 기제는 성폭력 행위에 대해 자신이 잘못하지 않았다고 하면서 상대에게 책임을 전가하는 데 있다.

노주희(1997)는 보호관찰을 받고 있는 성폭력 가해자 연구에서 이들이 자신의 범행을 부인하고 '피해자 책임론'을 통해 합리화하는 경향이 있음을 밝혔다. 합리화와 부인의 배경에는 여성에 대해 보호받을 정조와 보호받지 못할 정조로 이분법적 이중윤리의 지배를 받고 있다. 가해자들은 사회적으로 학습된 행동과 여성에 대한 고정관념을 통해 자신의 행동을 정당화하면서 성폭력을 부인한다(Scully, 1990). 이들은 여성들의 행동을 비난하고 피해를 받아도 당연한 여성들에 대해 설명하면서 '여자가 유혹했다, 여성의 거부는 승인을 의미한다, 정숙한 여성은 강간당하지 않는다, 여성들은 강간당하는 것을 즐긴다' 등의 합리화를 통해 자신의 행동의 정당함을 설명한다. 또한 자신의 행동에 대해 최소화, 합리화, 정당화, 부인하는 왜곡된 사고를 가지고 있는데(Kahn, 1996), '단지 장난이었다, 그렇게 하려고 했던 것은 아니었다, 그것은 내 잘못이 아니었다, 그녀가 그것을 원했다' 등의 변명을 통해 자신의 책임을 회피하는 왜곡된 사고를 보인다. 이런 특성은 범죄 발생에 영향을 미칠 뿐 아니라, 범죄 발생 이후의 교정을 어렵게 만드는 요인이다.[5)]

3) 정서적 측면

(1) 공감능력의 결여(empathy deficit)

공감이란 타인의 관점을 가지고 이해할 수 있고, 다른 사람이 느끼는 것과 동일한 감정을 경험하고 연민을 가지고 행동할 수 있는 능력으로, 인지적, 정서적, 행동적 요소를 모두 포함하고 있다. 공감능력은 아동과 성인에게서 공격성의 억제제

5) 필자가 2016.12~2020.5월까지 성폭력/성매매/아동 · 청소년대상성범죄자(아동 · 청소년의 성보호에 관한 법률 위반)치료수강프로그램 진행 중에 수강자들은 '여자들의 야한 옷차림과 조심성 없는 행동이 성폭력을 유발한다'는 왜곡된 통념을 비롯하여 자신의 행동에 대해 최소화, 합리화, 정당화, 부인하는 왜곡된 사고를 나타내는 경향이 매우 컸으며, 이것이 교정의 가능성을 좌우하는 중요한 요인으로 작용하는 것을 알 수 있었음.

(inhibitor)로 여겨져 왔다(Feshback, 1978; Tangney, 1991). 성폭력 가해자들의 공감의 결핍은 피해자가 입은 피해를 경시하게 만들며, 성폭력 행위의 유발 요인과 유지에 주요한 역할을 한다. 그렇기 때문에 공감능력 훈련은 대부분의 치료 프로그램에 필수 요소로 포함되어 있다.

(2) 낮은 자존감

낮은 자존감을 가진 사람들은 성적인 관계에서 거절당하게 되는 것을 피하려는 것과 마찬가지로 그들은 다른 대인 관계의 상호작용에서도 그들이 거부되는 것을 피하려 한다. 성폭력 가해자들, 특히 낮은 자존감을 가진 가해자들은 일반적으로 성범죄 고유의 특성 때문에 다른 사람으로부터 거부당하게 될 것이라고 확신한다. 그리고 가해자들은 그들 자신의 범죄가 가장 심한 범죄이기 때문에 다른 사람들도 자기들을 가장 "역겨운" 또는 "흉악한" 범죄자라고 보게 될 것이라고 확신한다. 그러므로 가해자들은 당연히 그런 감정들을 피하고 싶어 하고, 이는 가해자들이 그들 범죄에 대해 정직하게 보고하고, 그들의 범죄에 대해 완전히 책임지게 하는 것을 꺼리게 만든다.

이들 가해자들은 그들의 관점에서, 피해여성이 강간당할 만했다거나 또는 적극적으로 강간을 유도했다는 것을 언급하면서, 피해여성에 대한 부정적 피드백을 함으로써 그들의 성폭력 행동을 정당화한다. 이들은 또한 경찰관 또는 전반적인 사법체제에 대한 부정적인 언급을 함으로써, 자신을 피해자로 만들면서 범죄행위가 야기시킨 손해에 대한 생각을 왜곡시킨다.

4절 » 성폭력의 실태와 현황

1. 성폭력피해 상담소 및 보호시설 등 지원시설별 현황

1) 여성긴급전화 1366센터

2010년부터 2018년까지 총 상담 건수는 증가하는 경향을 보이고 있는데, 2010년

183,240건에서 2018년 352,269건으로 2배 가까이 증가한 것으로 나타난다.

이에 따라 유형별 상담 건수도 증가하고 있으며, 특히 데이트폭력의 경우 2014년 1,591건에서 2018년 13,289건으로 큰 폭으로 증가한 것으로 나타난다.

표 12-1 여성긴급전화 1366센터 상담 유형(2010~2018) (단위: 건)

연도	계	가정폭력	성폭력	데이트폭력	성매매	기타
2010	183,240	60,489	8,688	–	1,497	112,566
2011	191,050	71,070	9,700	–	2,027	108,253
2012	223,109	94,984	12,156	–	2,324	113,645
2013	253,616	122,229	15,636	–	2,981	112,770
2014	265,792	137,560	17,007	1,591	3,070	106,564
2015	274,226	159,081	16,239	2,096	3,046	93,764
2016	266,901	164,937	16,526	4,138	2,647	78,653
2017	289,032	180,326	21,470	8,291	3,405	75,540
2018	352,269	189,057	27,683	13,289	3,890	118,350

출처: 여성가족부(2019). 「2018년도 가정폭력피해자 지원시설 운영실적」.

2) 성폭력 피해 상담소

여성가족부(2021) 「2020년도 성폭력 피해 상담소 · 보호시설 등 지원실적 보고」에 나타난 결과는 다음과 같다.

(1) 총괄 운영실적

(단위 : 건, %)

연도	개소수	상근 종사자수(명)	상담실적			개소당 평균 상담실적
			계	성폭상담	기타상담	
'16년	167	549	158,029	101,028	57,001	946
'17년	167	577	180,572	111,123	69,449	1,081
'18년	170	622	241,343	154,378	86,965	1,420
'19년	168	628	276,122	148,311	127,811	1,644
'20년	169	598	258,410	153,221	105,189	1,529

출처: 여성가족부(2021). 2020년도 성폭력 피해 상담소·보호시설 등 지원실적 보고서.

(2) 전체 상담내용

(단위 : 건, %)

	계	성폭력	기 타								
			소계	가정 폭력	성 매매	데이트 폭력	스토킹	가족 문제*	성 상담	학교 폭력	기타**
전체	258,410	153,221	105,189	49,832	582	2,293	565	13,713	8,988	2,916	26,300
	100%	59.3	40.7	19.3	0.2	0.9	0.2	5.3	3.5	1.1	10.2
장애	46,785	35,379	11,406	3,678	149	131	2	974	1,906	62	4,504
	100%	75.6	24.4	7.9	0.3	0.3	0.0	2.1	4.1	0.1	9.6

* 가족문제: 부부갈등, 이혼 등 가족 간 발생한 문제 / ** 기타: 중독 등
출처: 여성가족부(2021), 2020년도 성폭력 피해 상담소·보호시설 등 지원실적 보고서.

(3) 성폭력 상담 유형

(단위 : 건, %)

	계	상담대상자(이용자)				계	상담방법				
		본인	가족 친인척	동료 이웃 지인	기타*		내방	방문	전화	사이버	기타
전체	153,221	90,747	15,709	2,559	44,206	153,221	22,855	15,719	89,751	19,642	5,254
	100%	59.2	10.3	1.7	28.9	100%	14.9	10.3	58.6	12.8	3.4
장애	35,379	15,661	4,254	603	14,861	35,379	2,955	6,134	22,872	2,605	813
	100%	44.3	12.0	1.7	42.0	100%	8.4	17.3	64.6	7.4	2.3

출처: 여성가족부(2021), 2020년도 성폭력 피해 상담소·보호시설 등 지원실적 보고서.

(4) 성폭력 피해자 지원내용

(단위 : 건, %)

계	심리 · 정서적 지원	수사 · 법적 지원	의료지원	기관연계*	기타**
153,221	75,797	30,387	9,904	6,874	30,259
100%	49.5	19.8	6.5	4.5	19.7

* 기관연계: 보호시설, 의료기관, 장애인복지시설 등
** 기타: 정보제공, 장애인 등록, 국가기초생활보장법 수급자 신청, 전학 지원 등
출처: 여성가족부(2021), 2020년도 성폭력 피해 상담소·보호시설 등 지원실적 보고서.

(5) 성폭력 피해자 연령

(단위: 명, %)

계		피해자 연령					
		7세 미만	7-13세 미만	13-19세 미만	19-65세 미만	65세 이상	미상
전체	26,031	262	1,422	4,013	16,560	380	3,394
	100%	1.0	5.5	15.4	63.6	1.5	13.0
장애인	2,960	5	126	524	1,731	56	518
	100%	0.2	4.3	17.7	58.5	1.9	17.5

〈참고 - 장애인 피해자 장애 유형〉

계	신체 장애					정신 장애		중복장애
	지체	뇌병변	시각	청각언어	기타	발달	정신	
2,960	90	109	50	67	29	2,195	340	80
100%	3.0	3.7	1.7	2.3	1.0	74.2	11.5	2.7

출처: 여성가족부(2021), 2020년도 성폭력 피해 상담소·보호시설 등 지원실적 보고서.

(6) 성폭력 피해 유형

(단위: 건, %)

계		강간 및 유사강간	강제추행	카메라 등 이용촬영	통신매체 이용음란	성희롱	기타
전체	153,221	67,936	52,621	8,147	9,434	8,833	6,250
	100%	44.3	34.3	5.3	6.2	5.8	4.1
장애	35,379	22,085	9,550	704	1,772	443	825
	100%	62.4	27.0	2.0	5.0	1.3	2.3

출처: 여성가족부(2021), 2020년도 성폭력 피해 상담소·보호시설 등 지원실적 보고서.

(7) 성폭력 가해자 유형

(단위: 명, %)

계	친족 친인척 배우자	애인, 데이트 상대자	동급생 선후배 친구	이웃	교사 강사	직장 관계자	모르는 사람	기 타*
24,877	3,618	2,686	2,709	1,512	592	4,030	2,176	7,554
100%	14.5	10.8	10.9	6.1	2.4	16.2	8.7	30.4

※ 피해자 1인에 대하여 복수의 가해자가 있을 경우 복수 기재

* 기타: 복지시설관계자, 채팅 상대자, 서비스제공 관련자, 단순대면인 또는 기타 지인, 미파악 등

출처: 여성가족부(2021), 2020년도 성폭력 피해 상담소·보호시설 등 지원실적 보고서.

5절 » 직장 내 성폭력 및 성희롱

전통적으로 구분된 성역할의 고정관념에 의하면, 남성은 밖에서 일하고 여성은 자녀의 양육이나 가사를 담당한다. 이 고정관념에 따라 우리 문화권에서는 아내와 남편을 내외(內外)라고 불러왔으며, 서구에서도 'Men at work, women at home!'이라고 표현하였다. 그렇지만 20세기 중반을 지나면서 산업사회 후기 이후 여성의 사회진출이 활발해지고, 이에 따라 조직 사회에서도 성역할 구분에 대한 해석이 달라졌다. 예를 들면, 과거에는 조직 사회에서 활동하던 여성을 남성이 보조자로만 인식하였지만, 요즘에는 남성과 능력에서 차이가 없다고 검증되어 여성도 조직 사회에서 중요한 위치를 차지하고 있다.

전통적인 성역할 구분 사고방식의 잔재 때문에 여성의 조직 사회 진출 이후에 남녀 간의 상호작용 과정에서 여러 가지 문제가 드러나기 시작하였다. 그중 하나는 남성들이 여성들을 성적으로 괴롭히는 문제다. 서양에서는 이를 'sexual harassment'라고 하는데, 이는 1975년 미국 코넬(Cornell) 대학교 캠퍼스에서 논의되기 시작하면서 대중에게 인식되었으며, 우리 문화권에서는 1993년 10월 처음으로 성희롱 사건이 법정 소송으로 비화되면서 세인들의 관심거리로 등장하였다.

성희롱은 상하의 지위관계가 뚜렷하게 구분된 조직 사회에서 발생하는데, 대부분의 직장세계가 성희롱이 발생할 수 있는 장면에 해당된다. 직장 내 성희롱은 피해자에게 수치심이나 정신적 고통을 줄 뿐만 아니라 피해자가 업무를 이전처럼 수행하기 어려운 근무환경을 만드는 차별적인 행위이다. 직장 내 성희롱은 주로 불평등한 권력관계에서 발생하며 역사적으로 사회적 지위가 낮은 여성들이 주로 피해자가 되었으며 여성이 근로자인 경우에는 가해자들은 그녀의 상급자나 그녀의 동료 남성들이다. 또한 성희롱은 이성간, 동성간, 남녀노소 구별 없이 일어날 수 있다.

1. 직장 내 성희롱 실태

생애주기 상 첫 경력을 개발 · 관리하고 자기발전을 꾀하는 데 있어 가장 중요한 시기인 20,30대의 여성이 직장 내 성폭력피해를 당한 뒤 퇴사하거나 해고되는 경우가 적지 않다. 그러나 현재 이들의 현황과 규모를 보여주는 국가의 통계는 물론 지원

정책도 없는 실정이다. 일단 여성가족부가 직장인 상대로 실시하는 '성희롱 실태조사'에서도 '성폭력 경력단절'은 추려지지 않는다. 이 조사는 공공·민간부문의 30인 이상 사업체 일반 직원과 성희롱 예방교육업무 담당자를 대상으로 직장 내 성희롱실태를 파악하고자 3년마다 이뤄지지만, '재직자'만을 대상으로 하기 때문에 성희롱 피해를 입고도 오히려 직장을 떠나야 했던 '퇴사자'의 목소리는 들을 수 없는 것이 현실이다.

사례1) 서울여성노동자회가 지난 2016년 피해자 103명을 대상으로 한 설문조사 결과에서, 응답자의 72%가 성희롱 피해를 본 뒤 퇴사한 것으로 나타났다. 퇴사율은 72%, 재직 28%, 퇴사 시기로는 1개월 내 57%, 3개월 내 11%, 6개월 내 14%, 6개월 이후 18% 등으로 나타났다.

사례2) 2018~2020년 7월 상담사례 864건 분석결과는 직장 내 성희롱 행위자 중 상사가 55.4%, 사장이 25.3%, 동료가 1.8%, 부하직원이 1.2%, 고객 2.8%, 기타 3.5% 순으로 나타났다.

사례3) 서울여성노동자회 2018년 상담사례(1,113건) 분석결과는 다음과 같다.

첫째, 직장 내 성희롱 62.1%, 근로조건 18.1%, 성차별 8.5%, 모부성권 7.4% 순으로 나타났다. 2016년부터 2018년까지 3년에 걸친 총상담의 상담유형별 변화를 살펴보면, 뚜렷하게 직장 내 성희롱 상담이 증가하고 있다. 직장 내 성희롱 상담 증가 추이는 2016년 대비 161%, 2017년 대비 115.4% 증가한 것으로 나타나, 2년 전에 비해 1.6배로 대폭 늘어났다.

둘째, 성희롱 가해자 중 사장 25%, 상사 53%, 동료 14%, 고객 4% 순. 성희롱 행위자는 사장과 상사가 78%로 나타났고, 특히 사장이 25%로, 직장 내 성희롱은 대부분 고용상 권력을 이용한 행위임을 다시 한번 확인할 수 있다.

셋째, 불이익 조치 경험이 있다는 응답이 53%, 없다는 15%에 불과했다. 32%는 아직 모른다고 답했으나, 문제제기 후 불이익 발생 가능성이 매우 높아 실제 불이익 조치 경험 비율은 더 높아질 것으로 파악된다.

넷째, 성희롱으로 인한 불이익 조치 내용은 집단따돌림, 정신적 손상 등을 회사에서 조장하거나 방치하는 경우가 가장 많았고, 외형적인 자진사직 등 기타불이익, 해고 등의 순으로 성희롱 피해자들은 매우 심각한 2차 피해를 겪고 있음을 확인할 수 있다(서울여성노동자회).

2. 성희롱 성립요건 및 판단기준

1) 성희롱이란

양성평등기본법 제3조 제2호: 업무, 고용, 그 밖의 관계에서 국가기관·지방자치단체 또는 대통령령으로 정하는 공공단체의 종사자, 사용자 또는 근로자가 다음의 어느 하나에 해당하는 행위를 한 경우이다.

① 지위를 이용하거나 업무 등과 관련하여 성적 언동 또는 성적 요구 등으로 상대방에게 성적굴욕감이나 혐오감을 느끼게 하는 행위

② 상대방이 성적 언동 또는 요구에 대한 불응을 이유로 불이익을 주거나 그에 따르는 것을 조건으로 이익 공여의 의사표시를 하는 행위 등이다.

2) 성희롱 성립요건

'성희롱'이 성립하려면 행위자 및 피해자에 해당되는지의 여부를 파악하여야 한다. 또한 업무관련성 여부 및 행위자의 행위가 피해자에게 성적굴욕감을 유발했는지, 또는 성적 요구에 불응한 것을 이유로 불이익을 주었거나, 성적 요구에 응할 것을 조건으로 이익 공여의 의사표시를 하였는지 여부를 파악해야 한다.

표 12-2 성희롱 성립요건

구분	양성평등기본법	국가인권위원회법	남녀고용평등법
행위자	• 공공기관(국가기관, 지방자치단체, 각급학교, 공직유관단체)의 종사자, 사용자 또는 근로자		사업주, 상급자, 근로자
피해자	• 공공기관(국가기관, 지방자치단체, 각급학교, 공직유관단체)의 종사자, 사용자 또는 근로자 예) 종사자, 사용자, 근로자, 구직자, 민원인, 고객, 거래처관계자, 용역업체 종사자, 학생, 교육생, 파견종사자, 취업할 의사를 가진 구직자, 협력업체 종사자 등		사업주에게 고용된 자, 취업할 의사를 가진 구직자
업무 관련성	• 업무, 고용, 그 밖의 관계[6] • 직위를 이용하거나 업무 등과 관련[7]		직장 내 지위를 이용하거나 업무와 관련하여 이루어짐
행위	• 성적인 언동으로 성적굴욕감이나 혐오감을 느끼게 하는 행위 • 성적 요구에 대한 불응을 이유로 한 고용상의 불이익		

6) 업무나 고용관계에 한정하지 않고 보다 넓은 관계에서의 언동까지 제한하고 규제함.

3) 성희롱 유형

"성희롱"의 유형은 크게 성적인 언동 등으로 성적굴욕감이나 혐오감을 느끼게 하는 행위, 성적요구에 대한 불응을 이유로 한 고용상의 불이익이 발생하는 경우로 나뉜다. 「남녀고용평등법 시행규칙」 제2조 및 별표 1에서 규정하는 직장 내 성희롱 판단기준 예시에 의하면 육체적 성희롱, 언어적 성희롱, 시각적 성희롱, 기타 성희롱으로 분류된다.

표 12-3 성희롱의 유형

구분	정의
육체적 성희롱	"상대 의사와 상관없이 신체적으로 접촉하거나 특정 신체부위를 만짐으로써 피해자에게 성적굴욕감이나 혐오감을 주는 행위" • 입맞춤, 포옹, 뒤에서 껴안는 등의 신체적 접촉행위 • 가슴, 엉덩이 등 특정 신체 부위를 만지는 행위
언어적 성희롱	"상대 의사와 상관없이 음란하고 상스러운 말을 하거나 외모에 대한 성적인 비유나 평가를 하거나 성적인 사생활을 묻거나 유포하는 행위 • 음란한 농담이나 상스러운 이야기를 하는 행위(전화통화 포함) • 외모에 대한 성적인 비유나 평가를 하는 행위 • 성적인 사실관계를 묻거나 성적인 내용의 정보를 의도적으로 퍼뜨리는 행위 • 성적인 관계를 강요하거나 회유하는 행위
시각적 성희롱	"상대 의사와 상관없이 눈으로 인지가 가능한 행동을 통해 성적혐오감이나 불쾌감을 주는 행위" • 음란한 사진 그림 낙서 출판물 등을 게시하거나 보여주는 행위(전화, 문자, SNS, 팩시밀리 등을 이용하는 경우 포함) • 자신의 특정 신체부위를 고의적으로 노출하거나 만지는 행위 • 상대방의 특정 신체부위를 음란한 시선으로 쳐다보는 행위
기타 성희롱	"사회통념상 성적 굴욕감 또는 혐오감을 느끼게 하는 것으로 인정되는 언어나 행동"
고용상 불이익	채용탈락, 감봉, 승진탈락, 정직, 휴직, 해고 등과 같이 채용 또는 근로조건을 일방적으로 불리하게 하는 것

4) 성적 굴욕감 · 혐오감의 판단

(1) '합리적 피해자의 관점'에서 판단하여야 한다.

성희롱 여부를 판단할 때는 피해자의 주관적인 사정을 고려하되 피해자와 비슷한

7) 장소가 직장 내 공간이 아니어도 근무시간 외 직장 밖의 장소에서도 업무수행과 관련성이 존재하는 경우에는 성희롱 성립

조건과 상황에 있는 사람이 피해자의 입장이라면 문제가 되는 성적 언동에 대해 어떻게 반응했을까를 함께 고려해야 한다. 즉 성희롱에 해당하는지 여부는 '사회 전체의 일반적이고 평균적인 사람이 아니라 피해자들과 같은 처지에 있는 평균적인 사람의 입장에서 성적 굴욕감이나 혐오감을 느낄 수 있는 정도였는지를 기준을 심리·판단'(대법2017두74702)한다.

(2) "성인지 감수성"에 입각하여 피해자의 특별한 사정을 감안하여야 한다.

성희롱 여부를 판단할 때는 "그 사건이 발생한 맥락에서 성차별 문제를 이해하고 양성평등을 실현할 수 있도록 '성인지 감수성'을 잃지 않아야" 하며, "우리 사회의 가해자 중심적인 문화의 인식, 구조 등으로 인하여 피해자가 성희롱 사실을 알리고 문제를 삼는 과정에서 오히려 부정적 반응이나 여론, 불이익한 처우 또는 그로 인한 정신적 피해 등에 노출되는 이른바 '2차 피해'를 입을 수 있다는 점을 유념"하여야 하고, 피해자는 '2차 피해'에 대한 불안감이나 두려움으로 인하여 피해를 당한 후에도 가해자와 종전의 관계를 계속 유지하는 경우도 있고, 피해사실을 즉시 신고하지 못하다가 다른 피해자 등 제3자가 문제를 제기하거나 신고를 권유한 것을 계기로 비로소 신고를 하는 경우도 있으며, 피해사실을 신고한 후에도 수사기관이나 법원에서 그에 관한 진술에 소극적인 태도를 보이는 경우도 적지 않으므로 "성희롱 피해자가 처하여 있는 특별한 사정을 충분히 고려하지 않은 채 피해자 진술의 증명력을 가볍게 배척"하여서는 안 된다(대법2017두74702).

(3) '성희롱' 정의에서 '성적 굴욕감이나 혐오감', '성적 언동 및 요구'가 뜻하는 것은 다음과 같다.

표 12-4 '성적굴욕감 및 혐오감', '성적 언동 및 요구' 기준

구분	내용
성적굴욕감, 혐오감	• 피해자가 느끼는 불쾌한 감정으로 그 느낌은 행위자가 아닌 피해자의 관점을 기초로 판단됨 • 성희롱 행위자의 의도나 동기가 아닌 피해 당사자가 느낀 감정
성적 언동 및 요구	• 신체의 접촉이나 성적 의사표현뿐만 아닌 성적 함의가 담긴 모든 언행과 요구를 뜻함 • 행위자의 의도와는 무관하며 행위자가 성적 의도를 가지고 한 행동이 아니었다고 하더라도 성희롱으로 인정될 수 있음

6절 » 2차 피해에 대한 고찰

최근 성폭력 피해자 보호와 지원을 강화하기 위해 법의 제 · 개정, 성폭력 관련 기관의 확대 등 2차 피해를 줄이려는 사회적 관심과 노력이 적극적으로 이뤄지고 있다. 범죄로 인해 피해자가 직접 겪게 되는 육체적 · 정신적인 고통이 '1차 피해'이며, 추후 사법기관이나 가족, 지인, 여론 등에 의해 이루어지는 부정적인 반응으로 인한 정신적 · 사회적 피해를 '2차 피해'라고 한다. 이는 연속적 메커니즘(mechanism)에 의해 증폭된다.

1. 경찰 수사과정에서의 2차 피해 실태

보호받아야 할 성폭력 피해자는 그 사실을 경찰에 알리고 도움을 청하는 과정에서 수사기관의 부정적 반응으로 인해 2차 피해를 경험하게 된다. 한국성폭력상담소(2002)의 수사 · 공판 단계별 2차 피해 사례분석 결과에 의하면, 성폭력으로 인한 2차 피해는 수사과정(52.2%)에서 가장 많이 발생하며, 다음으로 수사 · 공판과정 이외(21.1%), 공판과정(11.7%)의 순으로 나타났다. 이는 2차 피해의 주요 가해자가 수사과정의 경찰관이라는 현실을 반영한다. 성폭력 사건을 수사하는 경찰관은 피해자의 진실성 여부를 판단하는 데 치중하고, 이러한 행동은 성폭력에 대한 특정 편견에서 비롯된다고 볼 수 있다.

1) 2차 피해 유발요인

(1) 왜곡된 성문화와 이중적 성규범

성폭력범죄에 대한 왜곡된 성문화와 잘못된 편견은 가해자의 행동을 정당화함으로써 또 다른 성폭력 범죄를 조장할 수 있으며, 피해자에게는 스스로의 책임귀인을 통한 이중의 피해를 초래하기도 한다. 성폭력범죄를 범죄가 아닌 성관계라고 보고 피해자는 여성으로서의 순결을 잃었다는 잘못된 통념으로 피해사실 신고 자체를 주저하게 만든다. 우리 사회 내 여성과 남성에 대한 이중적 성규범과, 성폭력과 관련된 통념은 성폭력 피해자들을 침묵하게 만들고, 크나큰 상처와 고통을 준다는 점은 주지의 사실이다. 특히 '피해자가 유발한 성폭력'이라는 통념은 형사사법과정에서 성폭력에 대한 합리적인 처리를 저해할 뿐만 아니라 성폭력 피해자에게 오히려 지속적이고 반복적인 상처와 고통을 안겨준다.

(2) 수사경찰관의 그릇된 편견과 그 위험성

성폭력에 대한 수사경찰관의 통념은 형사사법처리 과정에서 성폭력의 존재여부와 정도를 판단하는 중요한 잣대로 작용하며, 수사경찰관의 성차별적 태도에 영향을 미치게 되어 피해자와 가해자를 역전시키는 양상을 가져오기도 한다. 즉, 성폭력에 대한 편견을 가진 경찰관은 고소 여성들에 대한 낮은 신뢰와 수사과정의 왜곡을 통하여 2차 피해의 중요한 원인을 제공하게 된다(권혜림, 2019). 경찰관들의 성폭력에 대한 편견을 살펴보자. 발생한 성범죄 사건에 직 · 간접적으로 관여하게 되는 다양한 직업군(경찰, 교사, 상담원 등)을 상대로 그들의 강간통념을 조사한 연구결과에 의하면, '강간은 피해자의 책임도 크다', '저항을 강하게 하는 여자를 상대로 강간은 불가능하다' 등의 강간통념이 수용되고 있음이 드러났다. 특히, 경찰 집단이 가장 보수적이고 고정관념적인 집단으로 조사되었다.

(3) 범죄통제 지향적 하위문화의 문제점

대표적인 경찰 하위문화로는 비밀주의, 사회로부터 고립, 범죄통제 지향, 냉소주의 등이 있으며 이러한 하위문화가 강한 경우 일반인을 적대적이고 믿지 못할 존재이며 잠재적으로는 폭력적인 것으로 인식하는 경향이 있다. 사회 내 팽배한 이념이나 규범, 신념 등은 경찰 하위문화 내에서 생산과 재생산을 거듭하게 되는데, 성과 관련된 통념 역시 그렇다. 경찰조직 내에서 성폭력 수사와 관련된 정책이나 절차가 바뀐다 하더라도 수사 활동에는 큰 변화가 없는 것은 이러한 이유들이 작용하기 때문으로 보인다. 범죄통제 지향적 하위문화를 많이 수용하는 경찰관일수록 범죄수사 시 수사대상에 대한 적대감이 더 강할 것이라 예상되며 이는 2차 피해에도 영향을 미칠 것으로 보인다(권혜림, 2019).

7절 » 아동 · 청소년 성폭력 문제

1. 서론

아동 청소년 대상 성범죄 문제는 심각한 사회 문제로 등장하고 있다. 『아동 · 청소년의 성보호에 관한 법률』상 아동 · 청소년 대상 강간, 강제 추행 등의 성폭력범죄와 아동 · 청소년 대상 성매매 강요, 알선, 성매수, 음란물 제작 등의 성풍속과 관련된 범죄를 말하며, 그 유형이 추가되고 있거나 특정 범죄에 대하여 강화된 단속으로 인하여 범죄 발생 건수가 늘어나기도 한다.

2. 아동 · 청소년 대상 성범죄 동향 및 추세

1) 주요 범행 특성

(1) 성폭력 범죄(강간 + 유사강간 + 강제추행)

범죄 장소는 전반적으로 피해자 · 가해자 등의 '집(27.8%)'에서 많이 발생하였으며, 범죄 유형별로는 강간 · 유사강간이 '집'(각 52.0%, 52.4%)에서, 강제추행은 '야외 및 거리 등'(27.1%)에서 주로 발생하였다. 가해자와 피해자 관계는 강간과 유사강간의 경우 '아는 사람'(각 82.3%, 84.1%)에 의한 피해가 많았으나, 강제추행은 낯선 사람 등 '전혀 모르는 사람'(47.4%)에 의한 피해가 많았다. 특히 강간은 '인터넷 채팅을 통해 알게 된 사람'(19.0%)[8]에 의한 피해가 가장 많았다.

13세 미만 성폭력 범죄는 성폭력 범죄 중 13세 미만 아동을 대상으로 한 성폭력 범죄는 30.8%(813건)로 최근 3년간 그 비율이 7.2%p 증가(2016년 23.6% → 2019년 30.8%)하였으며, 그 중 강제추행 유형이 77.9%로 가장 많았다.

친족관계 성폭력 범죄는 친족을 대상으로 한 성폭력 범죄는 13.8%(351건)로 최근 3년간 그 비율이 3.1%p 증가(2016년 10.7% → 2019년 13.8%)하였으며, 가해자가 친

8) 아는 사람: 가족 · 친척, 인터넷을 통해 알게 된 사람, 이웃, 직장상사 · 고용주 등, 전혀 모르는 사람: 낯선 사람, 즉석만남을 통해 알게 된 사람 등, 가해자가 '전혀 모르는 사람'인 경우 범행이 1회에 그치는 경우가 97.2%, 가해자가 '가족 및 친족관계'인 경우 범행이 지속되는 경우가 56.5%이다.

족 및 가족관계인 경우 범행이 지속된 비율이 56.5%로 상대적으로 높게 나타났다.

(2) 성매매 범죄(성매수 + 성매매강요 + 성매매알선)

성매매 알선·영업 경로는 성매수의 90.5%, 성매매 알선·영업의 96.7%가 채팅앱, 메신저, 사회관계망서비스(SNS) 등 정보통신망을 통해 이루어진 것으로 나타났다. 성매수에 많이 사용되는 스마트폰 채팅앱은 앙톡(27.4%), 앙챗(7.8%), 채팅몬(5.6%), 즐톡(4.5%) 순이었다. 또한 성매매 강요 유형은 유인·권유가 33.3%, 대가의 편취 또는 요구가 31.4%, 폭행이나 협박이 23.5% 순으로 나타났다.

(3) 디지털 성범죄[9)]

현황을 살펴보면, 디지털 기기나 온라인을 통해서 아동·청소년에게 성적 내용의 문자 등을 보내거나, 아동·청소년의 성적 이미지를 촬영·제작하거나 유포하겠다고 협박하는 등의 아동·청소년 대상 '디지털 성범죄[10)]는 505건으로 전년(251건) 대비 101.2% 증가하였다.

촬영·제작 방식은 성착취물 제작 등 범죄 중 아동·청소년 유인·협박 등으로 아동·청소년 스스로 자신의 성적 이미지를 촬영·제작하도록 한 비율은 51.0%, 음란행위 강요죄 중 같은 방식의 음란행위 강요는 76.9%였다. 카메라등이용촬영죄 중 피해자가 알지 못한 은닉촬영은 92.6%였다.

유포 협박은 디지털 성범죄 중 가해자가 아동·청소년의 성적 이미지를 유포하겠다고 협박한 경우는 8.8%였다. 아동·청소년이 유인에 의해 자신의 성적 이미지를 촬영·제작하여 전송한 때에는 유포 협박 피해에 노출될 가능성이 은닉촬영의 경우 등에 비해 훨씬 더 높은 것[11)]으로 나타났다.

---

9) 카메라등이용촬영죄 + 성착취물 제작 범죄 + 통신매체이용음란죄 + 아동복지법 상 음란행위 강요죄(단, 촬영·제작 방식 및 유포협박 분석 시에는 '통신매체이용음란죄'는 제외하고 분석)

10) 카메라등이용촬영죄 299건('18년 대비 94.2% 증), 성착취물 제작 등 93건('18년 대비 75.5% 증), 통신매체이용음란죄 61건('18년 대비 221.1% 증), 아동복지법상 음란행위 강요죄 52건('18년 대비 108% 증) 등

11) 주로 가해자의 유인·협박 등으로 피해아동·청소년이 스스로 자신의 성적 이미지를 촬영·제작하도록 하는 성착취물 제작(20.7%) 및 아동복지법의 음란행위 강요(23.1%)의 경우 유포 협박 비율이 20%를 넘는 반면, 은닉촬영이 대부분을 차지하는 카메라등이용촬영죄의 경우 유포 협박 비율이 2.7% 수준

2) 성범죄자의 특성

(1) 성별 연령

전체 성범죄자 중 98.1%(2,702명)가 남성이고, 평균연령은 35.3세이다. 연령대는 19~29세(28.7%), 30대 및 40대(각 17.8%), 19세 미만 미성년(15.6%) 순으로 나타났다. 19세 미만 미성년자 비율은 증가하는 경향을 보이고 있다(2014년 11.8% → 2019년 15.6%).

범죄 유형별로는 성매매 강요(19.8세), 성매매 알선 영업(20.3세), 카메라 등 이용촬영죄(26.0세), 성착취물 제작 등(26.2세), 강간(28.4세), 유사강간(30.5세), 성매수(34.2세), 아동 성학대(35.9세), 강제추행(41.8세) 순이다.

(2) 직업

무직이 29.7%로 가장 많았고, 그 다음으로 단순노무직(14.8%), 서비스 판매직(12.8%), 사무관리직(12.4%), 학생(10.8%) 순으로 나타났다. 예외적으로 카메라등이용촬영죄의 경우 학생(27.5%)이, 성매수의 경우 사무관리직(36.1%)의 비중이 높았다.

3) 성범죄 피해아동 청소년의 특성

(1) 성별

피해아동 · 청소년은 3,622명으로 여성이 92.4%, 남성이 6.8%이며, 남성 아동 · 청소년 피해자 비율은 유사강간(37명, 19.6%)과 강제추행(176명, 9.1%)에서 상대적으로 높았다.

(2) 연령

피해아동 청소년의 평균 연령은 14.2세이고, 13세 미만 아동피해자는 26.1%(946명)였다. 피해자의 평균 연령은 카메라등이용촬영죄(15.9세), 성매매 강요(15.7세), 성매매 알선 · 영업(15.4세), 성매수(15.1세)에서 전체 피해자의 평균(14.2세)보다 다소 높았고, 강제추행(13.8세), 유사강간(13.7세), 아동 성학대(13.0세) 피해자의 평균 연령은 다소 낮았다.

(3) 성범죄자와의 관계

피해아동 · 청소년이 가해자를 '전혀 모르는 사람'(34.8%)인 경우에 비해 가족 및 친척 등을 포함한 '아는 사람'(60.4%)인 경우가 더 많았다. 가족 및 친척 이외 '아는 사람' 중에는 '인터넷 채팅 등을 통해 알게 된 사람'(15.1%)이 가장 많았고, 범죄 유형별로는 성매수(90.5%), 통신매체이용음란죄(86.9%), 성착취물 제작 등(80.6%)은 피해아동 · 청소년 대부분이 인터넷 채팅을 통해 가해자와 알게 된 것으로 나타났다.

인터넷을 통해 성범죄자를 알게 된 아동 · 청소년(548명)의 70.3%가 오프라인에서 성범죄자를 만났고, 이 중 절반(48.7%)가량은 이른바 '조건만남'을 위해서 만났으나 피해 유형은 성매수뿐만 아니라 카메라 등 이용촬영, 강간, 강제추행 등 다양한 것으로 나타났다.

이를 통해 인터넷을 통한 그루밍(성적 대화, 성적 행위 유인 · 권유 등)이 디지털 성범죄뿐만 아니라 성매수 · 강간 등과 같이 오프라인에서 발생하는 다양한 유형의 성범죄로 이어질 수 있음을 알 수 있다.

4) 법원의 최종심 선고 유형 및 징역 형량

(1) 총괄

아동 · 청소년대상 성범죄자의 49.7%가 집행유예, 36.3%는 징역형, 13.3%는 벌금형을 선고받은 것으로 나타났다. 특히 징역형 비율은 강간(67.9%), 유사강간(59.8%), 성매매 알선 · 영업(59.1%) 순으로 높았으며, 집행유예 비율은 성매수(64.5%), 통신매체이용음란죄(62.5%), 강제추행(57.2%) 순으로 높았다.

(2) 최종심 평균 징역형량

강간 5년 8개월, 유사강간 4년 8개월, 성매매 알선 · 영업 3년 8개월 순으로 높게 나타났으며, 카메라등이용촬영죄 1년 1개월, 아동 성학대 1년 4개월, 성매수 1년 5개월 순으로 낮게 나타났다. 성착취물 제작 등 범죄는 지난 5년간 징역형 비율이 대폭 증가(2014년 2.0%→2019년 49.2%)하였으며, 평균 징역 형량도 지난 5년간 2배 이상 증가(2014년 16.7개월→2019년 35.9개월)하였다.

(3) 신상정보 공개

아동 · 청소년대상 성범죄로 신상정보 등록 처분 대상자가 된 2,753명 중 법원의 신상정보 공개 명령에 따른 공개 대상자는 9.3%인 255명으로 나타났다.

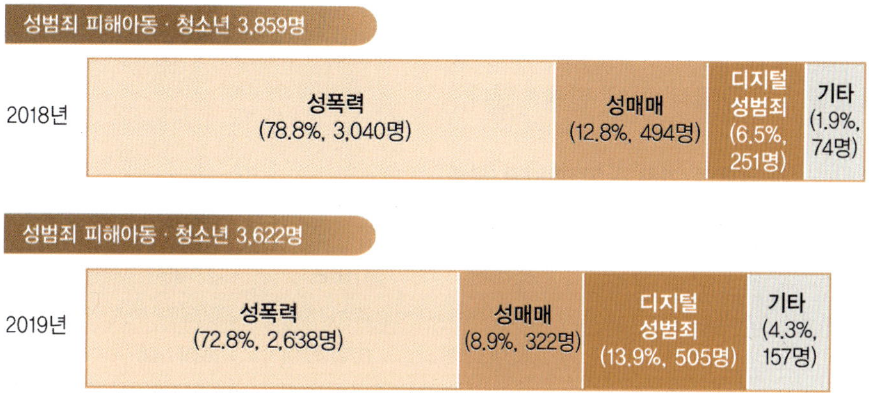

출처: 여성가족부(2019). 아동·청소년 대상 성범죄 발생 추세와 동향 분석.

그림 12-1 아동 · 청소년 대상 성범죄 추이

3. 신상정보 등록대상 성범죄자 및 피해자 현황

1) 범죄유형별 분포

범죄자 기준으로, 강제추행이 1,382명(50.2%)으로 가장 많았고, 강간 529명(19.2%), 유사강간 179명(6.5%), 성매수 169명(6.1%), 카메라 등 이용촬영 149명(5.4%), 아동 성학대* 125명(음란행위 강요 38명+음란행위 강요 이외 아동 성학대[12] 87명, 4.6%), 성매매 알선 · 영업 93명(3.4%), 성착취물 제작 등 63명(2.3%), 성매매 강요 48명(1.7%), 통신매체 이용음란 16명(0.6%) 등의 순으로 나타났다. 카메라 이용 등 성범죄는 성매매 등과 비교할 때 범죄자 대비 피해자가 많은 것으로 나타났는데, 이는 한 명의 범죄자가 다수의 아동 · 청소년을 대상으로 범죄를 저지를 수 있는 디지털 성범죄의 특성이 반영된 것으로 보인다.

12) 아동에게 음란한 행위를 시키거나 이를 매개하는 행위 또는 아동에게 성적 수치심을 주는 성희롱 등의 성적 학대행위(아동복지법 제17조 제2호)

2) 성범죄 범행특성

(1) 범행 발생 장소

전체적으로 집(27.8%)에서 많이 발생하고, 그 다음은 공공기관 및 상업지역(22.8%), 야외 · 거리 · 산야 · 대중교통시설 등(20.9%) 순으로 많이 발생하며, 집의 비중의 가장 높은 강간과 유사강간에 비해 강제추행은 상대적으로 야외 · 거리 · 산야 · 대중교통시설 등에서 많이 발생하였다.

표 12-5 범죄유형별 가해자 및 피해자 분포 (단위: 명(%))

범죄유형	가해자 기준		피해자 기준	
	2019년	2018년	2019년	2018년
성폭력	2,090(75.9)	2,431(75.5)	2,638(72.8)	3,040(78.8)
강간	529(19.2)	672(20.9)	525(14.5)	655(17.0)
유사강간	179(6.5)	97(3.0)	189(5.2)	106(2.7)
강제추행	1,382(50.2)	1,662(51.6)	1,924(53.1)	2,279(59.1)
성매매	310(11.3)	493(15.3)	322(8.9)	494(12.8)
성매수	169(6.1)	268(8.3)	179(4.9)	291(7.5)
성매매 강요	48(1.7)	81(2.5)	51(1.4)	70(1.8)
성매매 알선 · 영업	93(3.4)	144(4.5)	92(2.5)	133(3.4)
디지털 성범죄	266(9.7)	223(6.9)	505(13.9)	251(6.5)
통신매체 이용음란	16(0.6)	17(0.5)	61(1.7)	19(0.5)
카메라 등 이용촬영	149(5.4)	139(4.3)	299(8.3)	154(4.0)
성착취물 제작 등	63(2.3)	42(1.3)	93(2.6)	53(1.4)
아동 성학대 중 음란행위강요	38(1.4)	25(0.8)	52(1.4)	25(0.6)
음란행위강요 이외 아동 성학대	87(3.2)	72(2.2)	157(4.3)	74(1.9)
계	2,753(100.0)	3,219(100)	3,622(100.0)	3,859(100)

출처: 여성가족부(2019). 아동·청소년 대상 성범죄 발생 추세와 동향 분석.

표 12-6 성폭력 범죄유형별 범행 발생장소 (단위: 건(%))

범행 발생장소	성폭력 범죄유형						계	
	강간		유사강간		강제추행			
집	273	(52.0)	99	(52.4)	362	(18.8)	734	(27.8)
피해자의 집	46	(8.8)	21	(11.1)	70	(3.6)	137	(5.2)
가해자의 집	103	(19.6)	26	(13.8)	130	(6.8)	259	(9.8)
다른 사람의 집	36	(6.9)	13	(6.9)	17	(0.9)	66	(2.5)
피해자와 가해자의 공동 주거지	88	(16.8)	39	(20.6)	145	(7.5)	272	(10.3)

범행 발생장소	성폭력 범죄유형						계	
	강간		유사강간		강제추행			
주택가 및 이면도로	10	(1.9)	8	(4.2)	106	(5.5)	124	(4.7)
아파트, 다세대, 단독주택 주변	3	(0.6)	4	(2.1)	66	(3.5)	73	(2.8)
공동주택 내부 계단, 승강기 등	7	(1.3)	4	(2.1)	40	(2.1)	51	(1.9)
학교	4	(0.8)	4	(2.1)	281	(14.6)	289	(11.0)
교실, 복도 등 시설 내부	3	(0.6)	2	(1.0)	239	(12.4)	244	(9.2)
운동장	0	(0.0)	0	(0.0)	22	(1.1)	22	(0.8)
학교 뒷산, 학교담장 주변	0	(0.0)	0	(0.0)	10	(0.5)	10	(0.4)
기숙사	0	(0.0)	1	(0.5)	5	(0.3)	6	(0.2)
기타	1	(0.2)	1	(0.5)	5	(0.3)	7	(0.3)
주차장	2	(0.4)	5	(2.6)	20	(1.0)	27	(1.0)
공공기관 및 상업지역	153	(29.1)	39	(20.6)	409	(21.3)	601	(22.8)
관공서, 의료기관, 종교기관	2	(0.4)	1	(0.5)	38	(2.0)	41	(1.6)
식당·술집·나이트클럽·게임장 등 유흥업소	13	(2.5)	4	(2.1)	129	(6.7)	146	(5.5)
호텔, 여관, 펜션 등 숙박업소	123	(23.4)	27	(14.3)	49	(2.6)	199	(7.5)
목욕탕, 찜질방	0	(0.0)	1	(0.5)	49	(2.6)	50	(1.9)
공장, 창고, 공사장	3	(0.6)	1	(0.5)	1	(0.1)	5	(0.2)
기업회사 사무실	1	(0.2)	0	(0.0)	6	(0.3)	7	(0.3)
백화점·시장가게 등 상업건물	3	(0.6)	2	(1.1)	104	(5.4)	109	(4.1)
공공기관 및 기타 상업시설	8	(1.5)	3	(1.6)	33	(1.7)	44	(1.7)
야외, 거리, 산야, 대중교통시설 등	22	(4.2)	7	(3.7)	522	(27.1)	551	(20.9)
유원지·공원·산야·공터·체육시설·운동장	16	(3.1)	1	(0.5)	98	(5.1)	115	(4.4)
도로 상(노상)	5	(1.0)	6	(3.2)	244	(12.7)	255	(9.7)
버스·기차·지하철·택시·항공기·선박 등	1	(0.2)	0	(0.0)	133	(6.9)	134	(5.1)
교통시설 내부	0	(0.0)	0	(0.0)	11	(0.6)	11	(0.4)
대중교통정거장 역의 대합실	0	(0.0)	0	(0.0)	36	(1.9)	36	(1.4)
(공중)화장실	19	(3.6)	5	(2.6)	32	(1.7)	56	(2.1)
자동차 안	35	(6.7)	11	(5.8)	86	(4.5)	132	(5.0)
학원 및 보육시설	2	(0.4)	9	(4.8)	92	(4.8)	103	(3.9)
어린이집, 보육원(고아원), 유치원 등	0	(0.0)	3	(1.6)	6	(0.3)	9	(0.3)
학원 교실	1	(0.2)	2	(1.1)	72	(3.7)	75	(2.8)
복도, 계단, 엘리베이터, 옥상	1	(0.2)	0	(0.0)	5	(0.3)	6	(0.2)
화장실	0	(0.0)	1	(0.5)	1	(0.1)	2	(0.1)
기타 학원 및 보육시설	0	(0.0)	3	(1.6)	8	(0.4)	11	(0.4)
사이버공간	0	(0.0)	0	(0.0)	5	(0.3)	5	(0.2)
기타	5	(1.0)	2	(1.1)	9	(0.5)	16	(0.6)
계	525	(100.0)	189	(100.0)	1,924	(100.0)	2,638	(100.0)

출처: 여성가족부(2019). 아동·청소년 대상 성범죄 발생 추세와 동향 분석.

(2) 범행 발생시간

강간은 밤 9시부터 새벽 시간대 발생비율이 상대적으로 더 높고, 강제추행은 오후 시간대의 발생비율이 상대적으로 더 높게 나타났다.

표 12-7 성폭력 범죄유형별 범행 발생시간 (단위: 건(%))

범행 발생시간	성폭력 범죄유형			계
	강간	유사강간	강제추행	
0시~2시	67(12.8)	35(18.5)	131(6.8)	233(8.8)
3시~5시	62(11.8)	16(8.5)	92(4.8)	170(6.4)
6시~8시	44(8.4)	5(2.6)	119(6.2)	168(6.4)
9시~11시	26(5.0)	10(5.3)	121(6.3)	157(6.0)
12시~14시	50(9.5)	11(5.8)	217(11.3)	278(10.5)
15시~17시	53(10.1)	15(7.9)	354(18.4)	422(16.0)
18시~20시	35(6.7)	15(7.9)	273(14.2)	323(12.2)
21시~23시	57(10.9)	12(6.3)	215(11.2)	284(10.8)
미상	131(25.0)	70(37.0)	402(20.9)	603(22.9)
계	525(100.0)	189(100.0)	1,924(100.0)	2,638(100.0)

출처: 여성가족부(2019). 아동·청소년 대상 성범죄 발생 추세와 동향 분석.

(3) 가해자와 피해자의 관계

피해 아동 · 청소년과 범죄자와 전혀 모르는 사람이 37.6%, 가족 친척을 제외한 아는 사람 45.4%, 가족 및 친척이 13.6%를 차지하였다. 강간범죄의 경우 가족 친척 제외 아는 사람이 60.4%, 가족 및 친척 21.9%, 전혀 모르는 사람 10.9%의 순이다. 강간범죄에서 범죄자가 피해자의 가족 친척을 포함한 아는 사람인 경우는 82.3%에 달하였다.

유사강간범죄의 경우 가족 친척 제외한 아는 사람이 58.7%, 가족 및 친척 25.4%, 전혀 모르는 사람 12.2%의 순이다. 가족 친척을 포함한 아는 사람인 경우는 84.1%에 달하였다. 강제추행범죄의 경우 전혀 모르는 사람의 비율이 47.4%, 가족 친족 외 아는 사람 40.0%, 가족 및 친척 10.2%의 순으로 나타났다.

표 12-8 성폭력 범죄유형별 피해자와 범죄자의 관계 (단위: 명(%))

피해자와 가해자의 관계	성폭력 범죄유형			계
	강간	유사강간	강제추행	
전혀 모르는 사람	57(10.9)	23(12.2)	912(47.4)	992(37.6)
낯선 사람	45(8.6)	17(9.0)	872(45.3)	934(35.4)
즉석만남 등을 통해 알게 된 사람	11(2.1)	4(2.1)	8(0.4)	23(0.9)
택시기사	1(0.2)	–	10(0.5)	11(0.4)
숙박업소 · 목욕탕 · 주점 · 노래방 등 인 혹은 종업원	–	2(1.1)	22(1.1)	24(0.9)
가족 및 친척 이외 아는 사람	317(60.4)	111(58.7)	769(40.0)	1,197(45.4)
애인 · 이성친구, 친구	51(9.7)	17(9.0)	19(1.0)	87(3.3)
학교 선/후배	13(2.5)	6(3.2)	12(0.6)	31(1.2)
선생님	13(2.5)	11(5.8)	349(18.1)	373(14.1)
이웃 · 잘 알고 지내는 사람	29(5.5)	13(6.9)	77(4.0)	119(4.5)
같은 종교집단에 소속되어 있는 성직자	3(0.6)	–	7(0.4)	10(0.4)
직장상사 · 고용주/동료/업무관계인	15(2.9)	2(1.1)	87(4.6)	104(3.9)
친구의 부모	3(0.6)	2(1.1)	20(1.0)	25(0.9)
부모의 친구	3(0.6)	7(3.7)	27(1.4)	37(1.4)
아파트 관리인 등	–	–	4(0.2)	4(0.2)
안면만 있는 사람	5(1.0)	1(0.5)	30(1.6)	36(1.4)
병원 · 수용시설직원 · 관리사 · 사회복지사	2(0.4)	–	11(0.6)	13(0.5)
인터넷채팅 등을 통해 알게 된 사람	100(19.0)	19(10.1)	50(2.6)	169(6.4)
기타 아는 사람	80(15.2)	33(17.5)	76(4.0)	189(7.2)
가족 및 친척	115(21.9)	48(25.4)	196(10.2)	359(13.6)
친부	36(6.9)	17(9.0)	78(4.1)	131(5.0)
의부	34(6.5)	16(8.5)	48(2.5)	98(3.7)
모의 동거인(내연남)	5(1.0)	3(1.6)	20(1.0)	28(1.1)
형제자매	11(2.1)	2(1.1)	5(0.3)	18(0.7)
4촌 이내의 혈족 및 인척(사실혼 포함)	27(5.1)	8(4.2)	41(2.1)	76(2.9)
5촌 이상의 혈족 및 인척(사실혼 포함)	2(0.4)	2(1.1)	4(0.2)	8(0.3)
미상	36(6.9)	7(3.7)	47(2.4)	90(3.4)
계	525(100)	189(100)	1,924(100)	2,638(100)

출처: 여성가족부(2019). 아동·청소년 대상 성범죄 발생 추세와 동향 분석.

(4) 범행횟수

범행횟수는 성폭력 범행이 1회에 그친 경우가 75.9%로 나타났으며, 2회 이상 지속적으로 이루어진 경우는 24.1%. 범죄유형별로는 강간 31.4%, 유사강간 26.5%, 강제추행 21.9%가 동일한 피해자에 대해 2회 이상의 범행을 저지른 것으로 나타나고 있다.

표 12-9 성폭력 범죄유형별 동일 피해자 대상 범행의 지속성 (단위: 건(%))

범행 횟수	성폭력 범죄유형			계
	강간	유사강간	강제추행	
1회	360(68.6)	139(73.5)	1,502(78.1)	2,001(75.9)
지속	165(31.4)	50(26.5)	421(21.9)	636(24.1)
2회	77(14.7)	28(14.8)	213(11.1)	318(12.1)
3회	36(6.9)	11(5.8)	98(5.1)	145(5.5)
4회	23(4.4)	7(3.7)	50(2.6)	80(3.0)
5회 이상	29(5.5)	4(2.1)	60(3.1)	93(3.5)
계	525(100.0)	189(100.0)	1,923(100.0)	2,637(100.0)

출처: 여성가족부(2019). 아동·청소년 대상 성범죄 발생 추세와 동향 분석.

3) 13세 미만 아동 대상 성폭력범죄

(1) 현황

2019년 전체 성폭력범죄 중 13세 미만 아동을 대상으로 한 성폭력범죄는 30.8%(813건)를 차지하였다. 전체 성폭력범죄 중 13세 미만 아동 대상 성폭력범죄는 2016년 23.6%, 2017년 24.1%, 2018년 30.3%, 2019년 30.8%로 최근 3년 연속 증가하고 있다.

범죄유형별로 보면, 13세 미만 아동 대상 성폭력범죄 813건 중 아동 대상 강제추행이 77.9%(633건)로 가장 많았고, 그 다음은 강간 14.0%(114건)이었고, 유사강간은 8.1%(66건)로 나타나고 있다.

표 12-10 피해 아동 · 청소년 연령별 성폭력범죄의 추이(2014~2019년) (단위: 건(%))

피해자 연령	신상정보 등록연도	성폭력 범죄유형						계	
		강간		유사강간		강제추행			
전체 성폭력		4,287	(22.9)	394	(2.1)	14,033	(75.0)	18,714	(100.0)
아동	2014	141	(17.4)	–		671	(82.6)	812	(24.7)
	2015	115	(12.5)			805	(87.5)	920	(25.5)
	2016	87	(11.9)			646	(88.1)	733	(23.6)
	2017	121	(16.5)	28	(3.8)	584	(79.7)	733	(24.1)
	2018	151	(16.4)	40	(4.3)	730	(79.3)	921	(30.3)

피해자 연령	신상정보 등록연도	성폭력 범죄유형						계	
		강간		유사강간		강제추행			
전체 성폭력		4,287	(22.9)	394	(2.1)	14,033	(75.0)	18,714	(100.0)
	2019	114	(14.0)	66	(8.1)	633	(77.9)	813	(30.8)
	계	729	(14.8)	134	(2.7)	4,069	(82.5)	4,932	(26.4)
청소년	2014	771	(31.2)	–		1,700	(68.8)	2,471	(75.3)
	2015	673	(25.0)			2,021	(75.0)	2,694	(74.5)
	2016	621	(26.2)			1,748	(73.8)	2,369	(76.4)
	2017	578	(25.0)	72	(3.1)	1,660	(71.9)	2,310	(75.9)
	2018	504	(23.8)	66	(3.1)	1,545	(73.0)	2,115	(69.7)
	2019	411	(22.5)	122	(6.7)	1,290	(70.8)	1,823	(69.2)
	계	3,558	(25.8)	260	(1.9)	9,964	(72.3)	13,782	(73.6)

* 피해자 기준 건수임; 2014년~2016년에는 피해자 기준 대표 죄명이 유사강간인 경우 강제추행에 포함되어 있음, 피해 아동·청소년의 연령을 알 수 없는 203건을 제외하고 분석한 결과임

출처: 여성가족부(2019). 아동·청소년 대상 성범죄 발생 추세와 동향 분석.

(2) 친족관계에 의한 성폭력 범죄

현황을 살펴보면, 2019년 전체 성폭력범죄 중 친족을 대상으로 한 성폭력범죄는 13.8%(351건)를 차지한다. 친족 대상 성폭력범죄 비율은 2016년 10.7%, 2017년 11.1%, 2018년 13.2%, 2019년 13.8%로 최근 3년 연속 증가하였다. 범죄유형별로 보면, 친족 대상 성폭력범죄 351건 중 강제추행이 54.7%(192건)로 가장 많았고, 그 다음은 강간 32.2%(113건)였고, 유사강간은 13.1%(46건)로 가장 낮게 나타났다.

표 12-11 피해 아동 · 청소년과 가해자의 관계별 성폭력범죄의 추이(2014~2019년) (단위: 건(%))

관계	신상정보 등록연도	성폭력 범죄유형			계
		강간	유사강간	강제추행	
전체 성폭력		3,967(21.9)	384(2.1)	13,751(76.0)	18,102(100.0)
친족관계	2014	152(42.5)	–	206(57.5)	358(11.6)
	2015	149(35.6)		270(64.4)	419(12.0)
	2016	132(40.1)		197(59.9)	329(10.7)
	2017	133(40.7)	16(4.9)	178(54.4)	327(11.1)
	2018	155(39.3)	26(6.6)	213(54.1)	394(13.2)
	2019	113(32.2)	46(13.1)	192(54.7)	351(13.8)
	계	834(38.3)	88(4.0)	1,256(57.7)	2,178(12.0)

관계	신상정보 등록연도	성폭력 범죄유형			계
		강간	유사강간	강제추행	
비친족 관계	2014	667(24.5)		2,050(75.5)	2,717(88.4)
	2015	580(19.0)	–	2,480(81.0)	3,060(88.0)
	2016	517(18.7)		2,241(81.3)	2,758(89.3)
	2017	515(19.7)	81(3.1)	2,016(77.2)	2,612(88.9)
	2018	478(18.5)	79(3.1)	2,023(78.4)	2,580(86.8)
	2019	376(17.1)	136(6.2)	1,685(76.7)	2,197(86.2)
	계	3,133(19.7)	296(1.9)	12,495(78.5)	15,924(88.0)

* 피해자기준 건수임; 2014년~2016년에는 피해자 기준 대표 죄명이 유사강간인 경우 강제추행에 포함되어 있음, 피해자와 가해자의 관계를 알 수 없는 815건을 제외한 분석결과임

출처: 여성가족부(2019). 아동·청소년 대상 성범죄 발생 추세와 동향 분석.

(3) 범행지속성

피해자와 가해자가 친족관계일 경우 동일 피해자를 대상으로 범행이 지속된 비율이 56.5%로 전혀 모르는 사람일 때 2.8%, 가족 및 친척 이외 아는 사람일 때 33.0%에 비해 훨씬 더 높게 나타나고 있다.

표 12-12 성폭력범죄자와 피해자별 관계성 지속여부 (단위: 건(%))

범행지속 여부	성폭력범죄의 피해자와 가해자와의 관계				계
	전혀 모르는 사람	가족 및 친척 이외 아는 사람	가족 및 친족관계	미상	
1회	964(97.2)	801(66.9)	156(43.5)	80(88.9)	2,001(75.9)
지속	28(2.8)	395(33.0)	203(56.5)	10(11.1)	636(24.1)
계	992(100.0)	1,196(100.0)	359(100.0)	90(100.0)	2,637(100.0)

* 피해자기준 건수임

** 범행지속여부를 알 수 없는 1건을 제외한 분석결과임

출처: 여성가족부(2019). 아동·청소년 대상 성범죄 발생 추세와 동향 분석.

4) 성매매범죄의 특성

(1) 성매수 및 성매매 알선 · 영업 경로

아동 · 청소년 대상으로 한 대부분의 성매수(90.5%)와 성매매 알선 · 영업(96.7%)이 정보통신망을 통해 이루어지는 가운데, 특히 성매수의 78.8%, 성매매 알선 · 영업

의 92.4%가 채팅앱을 통해서 이루어지는 것으로 나타났다.

(2) 성매수 발생장소 및 성매수 대가

성매수는 숙박업소(49.2%)에서 가장 많이 발생하며, 그 다음은 가해자의 차(24.0%), 가해자의 집(13.4%) 등의 순으로 나타났다. 성매수 대가로는 성매수는 숙박업소(49.2%)에서 가장 많이 발생하며, 그 다음은 가해자의 차(24.0%), 가해자의 집(13.4%) 등의 순으로 나타났다. 성매수 대가는 대부분 금전(88.8%)으로 지급되었으며, 구체적인 금전적 대가는 10만 원 이상~20만 원 미만이 44.0%로 가장 높았고, 그 다음은 10만 원 미만과 30만 원 이상(각 18.2%), 20만 원 이상~30만 원 미만(15.7%)의 순으로 나타났다.

표 12-13 성매수 대가 (단위: 건(%))

성매수 대가의 금전 액수(실제 지급 혹은 약속 금액)	빈도(%)	
10만 원 미만	29	(18.2)
10만 원 이상~20만 원 미만	70	(44.0)
20만 원 이상~30만 원 미만	25	(15.7)
30만 원 이상	29	(18.2)
미상	6	(3.8)
계	159	(100.0)

* 피해자기준 건수임
출처: 여성가족부(2019). 아동·청소년 대상 성범죄 발생 추세와 동향 분석.

(3) 성매매 강요의 구체적 유형

성매매 강요범죄의 구체적인 유형을 살펴보면, 유인 · 권유가 33.3%로 가장 많았고, 그 다음은 대가를 받거나 요구한 경우 31.4%, 폭행이나 협박 23.5%를 차지하고 있다. 미성년 범죄자가 성인 범죄자에 비해 폭행 · 협박으로 성매매를 강요하거나 대가를 받거나 요구한 비율이 더 높은 것으로 나타났다.

표 12-14 아동 · 청소년대상 성매매 강요 범죄의 구체적 유형 (단위: 건(%))

성매매 강요 범죄의 구체적 유형	범죄자 연령		
	미성년	성인	계
폭행 · 협박으로	6(27.3)	6(20.7)	12(23.5)
선불금, 그 밖의 채무를 이용하거나 위계 또는 위력을 이용	2(9.1)	1(3.4)	3(5.9)
업무 · 고용이나 그 밖의 관계로 자신의 보호 또는 감독을 받는 것을 이용	0(0.0)	1(3.4)	1(2.0)
영업으로 유인 · 권유	1(4.5)	7(24.1)	8(15.7)
성매매를 강요한 사람이 대가의 전부 또는 일부를 받거나 이를 요구 또는 약속	8(36.4)	8(27.6)	16(31.4)
유인 · 권유	6(27.3)	11(37.9)	17(33.3)
계	22(100.0)	29(100.0)	51(100.0)

* 피해자기준 건수임
** 복수응답 분석결과(케이스 기준)임
출처: 여성가족부(2019). 아동·청소년 대상 성범죄 발생 추세와 동향 분석.

5) 디지털 성범죄의 특성

(1) 디지털 성범죄의 발생 현황

디지털 기기나 온라인을 통해서 아동 · 청소년의 성적 이미지를 촬영 · 제작하거나 유포하거나 유포하겠다고 협박하는 등의 아동 · 청소년 대상 '디지털 성범죄'[13]는 505건(피해자 수 기준)으로 전년 대비 101.2% 증가하였다.

표 12-15 아동 · 청소년 대상 디지털 성범죄유형별 현황 (단위: 건, %)

범죄유형	가해자기준			피해자기준		
	2019년	2018년	증감율	2019년	2018년	증감율
디지털성범죄	266	223	19.3	505	251	101.2
통신매체 이용음란	16	17	-5.9	61	19	221.1
카메라 등 이용촬영	149	139	7.2	299	154	94.2
성착취물 제작 등	63	42	50.0	93	53	75.5
아동복지법 중 음행강요	38	25	52.0	52	25	108.0

출처: 여성가족부(2019). 아동·청소년 대상 성범죄 발생 추세와 동향 분석.

13) 카메라 등 이용촬영죄 299건(2018년 대비 94.2% 증), 성착취물 제작 등 93건('18년 대비 75.5% 증), 통신매체 이용음란 61건(2018년 대비 221.1% 증), 아동복지법 중 음란행위 강요범죄 52건(2018년 대비 108% 증)

(2) 아동 · 청소년의 성적 이미지 촬영 · 제작 방식

카메라 등 이용촬영의 경우에는 피해자가 촬영 여부를 알지 못한 은닉촬영이 92.6%로 대부분을 차지한다. 반면에, 성착취물 제작 등과 아동복지법의 음란행위 강요는 채팅앱 등에서 가해자가 아동 · 청소년을 유인 혹은 협박 등 스스로 자신의 성적 이미지를 촬영 · 제작하도록 한 비율이 각각 51.0%와 76.9%였다. 단, 이하 촬영 · 제작 방식 및 유포협박 분석 시에는 '통신매체 이용음란죄'는 제외하고 있다.

표 12-16 아동 · 청소년 대상 디지털 성범죄의 성적 이미지 촬영/제작 방식 (단위: 건(%))

이미지 촬영/제작 방법			범죄유형			계
			카메라 등 이용촬영	성착취물 제작 등	아동복지법 음란행위 강요	
가해자 촬영/제작	피해 아동청소년 비동의	강제	3(1.0)	5(5.1)	2(3.8)	10(2.2)
		은닉	277(92.6)	2(2.0)	–	279(62.1)
		화상 녹화	–	9(9.2)	–	9(2.0)
		이미지 합성	–	1(1.0)	–	1(0.2)
	피해 아동청소년 동의		3(1.0)	16(16.3)	2(3.8)	21(4.7)
소계			283(94.6)	33(33.7)	4(7.6)	320(71.3)
피해 아동청소년 자기 촬영/제작	가해자 유인/협박		1(0.3)	15(15.3)	14(26.9)	30(6.7)
	피해 아동청소년 동의		–	35(35.7)	26(50.0)	61(13.6)
소계			1(0.3)	50(51.0)	40(76.9)	91(20.3)
기타			9(3.0)	6(6.1)	5(9.6)	20(4.5)
미상			6(2.0)	9(9.2)	3(5.8)	18(4.0)
계			299(100)	98(100)	52(100)	449(100)

출처: 여성가족부(2019). 아동·청소년 대상 성범죄 발생 추세와 동향 분석.

(3) 디지털 성범죄에서 촬영/제작된 성적 이미지 내용

카메라 등 이용촬영범죄의 경우에는 옷을 입은 상태에서 노출된 신체 부위나 착의한 성적 신체 부위에 초점을 맞추어 촬영한 이미지가 61.7%로 가장 많았으나, 성착취물 제작 등이나 아동복지법 음란행위강요 범죄는 성기 혹은 노출된 신체 부위가 각각 58.2%와 67.1%로 가장 많았고, 카메라 등 이용촬영에 비해 성착취물 제작 등(15.8%) 및 아동복지법 음란행위 강요죄(18.3%)에서 자위행위 이미지가 상대적으로 높은 비율을 차지하고 있다.

표 12-17 디지털 성범죄에서 촬영/제작된 성적 이미지 내용 (단위: 건(%))

이미지 내용	디지털 성범죄유형			계
	카메라 등 이용촬영	성착취물 제작 등	아동복지법 음란행위 강요	
성교 행위	23(6.3)	15(9.1)	-	38(6.2)
유사 성교행위	4(1.1)	17(10.3)	6(7.3)	27(4.4)
(성기 제외) 노출된 신체의 전부 또는 일부	40(11.0)	59(35.8)	35(42.7)	134(22.0)
노출된 성기	27(7.4)	37(22.4)	20(24.4)	84(13.8)
자위행위 등	1(0.3)	26(15.8)	15(18.3)	42(6.9)
용변(소변)보는 행위	37(10.2)	-	1(1.2)	38(6.2)
착의한 전신	1(0.3)	-	-	1(0.2)
착의한 성적 신체 부위(성기, 가슴, 치마 속)	91(25.1)	5(3.0)	1(1.2)	97(15.9)
착의 중 노출된 신체 부위(허벅지, 종아리 등)	133(36.6)	5(3.0)	2(2.4)	140(23.0)
기타	6(1.7)	1(0.6)	2(2.4)	9(1.5)
계	363(100)	165(100)	82(100)	610(100)

출처: 여성가족부(2019). 아동·청소년 대상 성범죄 발생 추세와 동향 분석.

(4) 유포 협박 및 유포 피해

디지털 성범죄에서 가해자가 피해 아동 · 청소년에게 성적 이미지를 유포하겠다고 협박한 비율은 8.8%(39건)이다. 유포 협박 비율은 아동복지법의 음란행위강요범죄가 23.1%(12건)로 가장 높았고, 그 다음은 성착취물 제작 등 범죄로 20.7%(19건)였다. 이에 비해 카메라 등 이용촬영범죄는 2.7%(8건)로 낮았다.

아동 · 청소년의 성적 이미지가 정보통신망 등을 통해 유포된 비율은 디지털 성범죄의 13.5%였음(유포 협박 후 유포한 사건 1.6%(7건)+유포 협박 없이 유포만 한 사건 12.0%(53건))이다.

표 12-18 디지털 성범죄에서 가해자의 성적 이미지 유포 협박 및 유포 여부 (단위: 건(%))

유포 협박 및 유포 여부		디지털 성범죄유형			계
		카메라 등 이용촬영	성착취물 제작 등	아동복지법 음란행위 강요	
유포 협박과 유포 모두 없음		260(87.0)	53(57.6)	38(73.1)	351(79.2)
유포 협박 있음	유포하지 않음	5(1.7)	16(17.4)	11(21.2)	32(7.2)
	유포 함	3(1.0)	3(3.3)	1(1.9)	7(1.6)
	소계	8(2.7)	19(20.7)	12(23.1)	39(8.8)
유포만 함		31(10.4)	20(21.7)	2(3.8)	53(12.0)
계		299(100)	92(100)	52(100)	443(100)

* 피해자기준 건수임

출처: 여성가족부(2019). 아동·청소년 대상 성범죄 발생 추세와 동향 분석.

6) 성범죄자 특성

(1) 성별

전체 범죄자 중 98.1%(2,702명)가 남성이며, 1.9%(51명)는 여성으로 나타났다.

표 12-19 범죄유형별 가해자의 성별 (단위: 명(%))

범죄자 성별	범죄유형										계
	강간	유사 강간	강제 추행	통신매체 이용음란	카메라등 이용촬영	성착취물 제작등	성매수	성매매 강요	성매매 알선 · 영업	아동 성학대 **	
남자	526 (99.4)	173 (96.6)	1,367 (98.9)	15 (93.8)	148 (99.3)	63 (100.0)	168 (99.4)	34 (70.8)	84 (90.3)	124 (99.2)	2,702 (98.1)
여자	3 (0.6)	6 (3.4)	15 (1.1)	1 (6.3)	1 (0.7)	–	1 (0.6)	14 (29.2)	9 (9.7)	1 (0.8)	51 (1.9)
계	529 (100)	179 (100)	1,382 (100)	16 (100)	149 (100)	63 (100)	169 (100)	48 (100)	93 (100)	125 (100)	2,753 (100)

출처: 여성가족부(2019). 아동·청소년 대상 성범죄 발생 추세와 동향 분석.

(2) 국적

범죄자 중 97.9%(2,696명)가 내국인이며, 2.1%(57명)는 외국인으로 나타났다.

표 12-20 아동 · 청소년대상 범죄유형별 가해자의 국적 (단위: 명(%))

범죄자 국적	범죄유형										계
	강간	유사 강간	강제 추행	통신매체 이용음란	카메라등 이용촬영	성착취물 제작 등	성매수	성매매 강요	성매매 알선 · 영업	아동 성학대 **	
내국인	524 (99.1)	176 (98.3)	1,340 (97.0)	16 (100.0)	147 (98.7)	63 (100.0)	167 (98.8)	48 (100.0)	93 (100.0)	122 (97.6)	2,696 (97.9)
외국인	5 (0.9)	3 (1.7)	42 (3.0)	–	2 (1.3)	–	2 (1.2)	–	–	3 (2.4)	57 (2.1)
계	529 (100)	179 (100)	1,382 (100)	16 (100)	149 (100)	63 (100)	169 (100)	48 (100)	93 (100)	125 (100)	2,753 (100)

* 가해자기준 건수임 / ** 아동복지법 제17조 제2호 위반
출처: 여성가족부(2019). 아동·청소년 대상 성범죄 발생 추세와 동향 분석.

(3) 연령

전체 성범죄자 중 19세~29세가 28.7%(791명)로 가장 높은 비율을 차지하고 있고, 그 다음 30대와 40대가 각 17.8%(490명과 489명), 19세 미만 미성년자 15.6%(430명), 50대 11.7%(323명)의 순으로 나타남. 60대 이상은 8.4%(230명)를 차지하고 있다. 범죄유형별로 주된 연령층은 강간의 경우 19세 미만 미성년자(32.3%)와 19세~29세(29.3%)인데 비해, 강제추행의 경우는 40대(23.7%)가 가장 높은 비율을 차지하고 있다.

전체 성범죄자의 평균연령은 35.3세이며, 이 중 강제추행 범죄자의 평균연령이 41.8세로 가장 높았고, 그 다음 아동 성학대 범죄자 35.9세, 성매수 범죄자 34.2세, 유사강간 범죄자 30.5세, 강간 범죄자 28.4세, 통신매체 이용음란 26.8세, 성착취물 제작 등 범죄자 26.2세, 카메라 등 이용촬영 26.0세, 성매매 알선 · 영업 범죄자 20.3세, 성매매 강요 범죄자 19.8세 순으로 나타났다.

표 12-21 아동 · 청소년대상 범죄유형별 가해자의 연령 (단위: 명(%))

범죄자 연령	범죄유형										계
	강간	유사 강간	강제 추행	통신매체 이용음란	카메라등 이용촬영	성착취물 제작 등	성매수	성매매 강요	성매매 알선 · 영업	아동 성학대**	
19세 미만	171 (32.3)	57 (31.8)	89 (6.4)	5 (31.3)	34 (22.8)	4 (6.3)	2 (1.2)	28 (58.3)	40 (43.0)	–	430 (15.6)
19세~29세	155 (29.3)	45 (25.1)	281 (20.3)	7 (43.8)	73 (49.0)	44 (69.8)	70 (41.4)	18 (37.5)	47 (50.5)	51 (40.8)	791 (28.7)
30대	85 (16.1)	27 (15.1)	248 (17.9)	1 (6.3)	28 (18.8)	12 (19.0)	51 (30.2)	–	5 (5.4)	33 (26.4)	490 (17.8)
40대	74 (14.0)	26 (14.5)	328 (23.7)	2 (12.5)	11 (7.4)	2 (3.2)	28 (16.6)	1 (2.1)	1 (1.1)	16 (12.8)	489 (17.8)
50대	34 (6.4)	12 (6.7)	238 (17.2)	1 (6.3)	3 (2.0)	1 (1.6)	15 (8.9)	1 (2.1)	–	18 (14.4)	323 (11.7)
60대	7 (1.3)	11 (6.1)	132 (9.6)	–	–	–	2 (1.2)	–	–	5 (4.0)	157 (5.7)
70대 이상	3 (0.6)	1 (0.6)	66 (4.8)	–	–	–	1 (0.6)	–	–	2 (1.6)	73 (2.7)
계	529 (100)	179 (100)	1,382 (100)	16 (100)	149 (100)	63 (100)	169 (100)	48 (100)	93 (100)	125 (100)	2,753 (100)
평균 연령	28.4	30.5	41.8	26.8	26.0	26.2	34.2	19.8	20.3	35.9	35.3

출처: 여성가족부(2019). 아동·청소년 대상 성범죄 발생 추세와 동향 분석.

(4) 직업

전체적으로 무직자(29.7%)가 가장 많았고, 단순노무직(14.8%), 서비스·판매직(12.8%), 사무관리직(12.4%) 순으로 나타났으며, 범죄유형별로도 성매수, 카메라 등 이용촬영을 제외한 대부분의 범죄에서 무직자의 비율이 가장 높았다.

범죄유형별로는 강간 범죄자는 무직자(31.4%) 이외에 학생(18.1%), 단순노무직(13.2%), 서비스판매직(12.9%) 등의 순으로 나타났으며, 강제추행 범죄자는 무직자(29.4%)의 비율이 가장 높고, 그 다음으로 단순노무직(16.9%), 서비스·판매직(13.5%), 사무관리직(11.6%) 등이 높은 비율을 차지하고 있다.

표 12-22 범죄유형별 가해자[14]의 직업 (단위: 명(%))

범죄자 직업	범죄유형										
	강간	유사 강간	강제 추행	통신매체 이용음란	카메라등 이용촬영	성착취물 제작 등	성매수	성매매 강요	성매매 알선 ·영업	아동 성학대 **	계
사무 관리직	47 (8.9)	18 (10.1)	160 (11.6)	1 (6.3)	25 (16.8)	8 (12.7)	61 (36.1)	1 (2.1)	2 (2.2)	17 (13.6)	340 (12.4)
전문직	12 (2.3)	4 (2.2)	29 (2.1)	–	1 (0.7)	4 (6.3)	1 (0.6)	–	–	3 (2.4)	54 (2.0)
서비스 판매직	68 (12.9)	19 (10.6)	187 (13.5)	1 (6.3)	8 (5.4)	5 (7.9)	33 (19.5)	5 (10.4)	13 (14.0)	13 (10.4)	352 (12.8)
농어업	9 (1.7)	3 (1.7)	24 (1.7)	–	–	–	4 (2.4)	–	–	4 (3.2)	44 (1.6)
생산 기능직	23 (4.3)	10 (5.6)	54 (3.9)	1 (6.3)	4 (2.7)	1 (1.6)	5 (3.0)	–	1 (1.1)	5 (4.0)	104 (3.8)
단순 노무직	70 (13.2)	23 (12.8)	233 (16.9)	3 (18.8)	19 (12.8)	7 (11.1)	18 (10.7)	4 (8.3)	13 (14.0)	18 (14.4)	408 (14.8)
군인	5 (0.9)	4 (2.2)	7 (0.5)	–	4 (2.7)	–	4 (2.4)	1 (2.1)	–	–	25 (0.9)
교사	2 (0.4)	2 (1.1)	45 (3.3)	–	1 (0.7)	1 (1.6)	2 (1.2)	–	–	12 (9.6)	65 (2.4)
강사 (초중고 교사 제외)	11 (2.1)	10 (5.6)	110 (8.0)	–	6 (4.0)	1 (1.6)	1 (0.6)	–	–	7 (5.6)	146 (5.3)

14) 비고: 이전 보고서와 같이 표준직업분류(통계청)를 기준으로 하되 일부 기준을 변경함. 강사(초중고 교사 제외) 항목 추가, 일반운전사/택배운전사/대리운전 등은 단순노무직, 택시/버스 운전사는 서비스·판매직으로, 아르바이트/종업원은 업종이 표시되어 있을 경우는 해당 업종으로 분류하되 그렇지 않을 경우는 단순노무직으로 구분. 유흥업소 종사자는 서비스·판매직으로 구분, 교사 항목에는 초중고 교사(기간제, 방과후 교사 포함)만을 포함. 교수/목사는 전문직에 포함됨.

범죄자 직업	범죄유형										계
	강간	유사 강간	강제 추행	통신매체 이용음란	카메라등 이용촬영	성착취물 제작 등	성매수	성매매 강요	성매매 알선 · 영업	아동 성학대 **	
학생	96 (18.1)	34 (19.0)	85 (6.2)	3 (18.8)	41 (27.5)	9 (14.3)	5 (3.0)	7 (14.6)	8 (8.6)	9 (7.2)	297 (10.8)
무직	166 (31.4)	45 (25.1)	406 (29.4)	7 (43.8)	33 (22.1)	22 (34.9)	27 (16.0)	29 (60.4)	54 (58.1)	30 (24.0)	819 (29.7)
기타	20 (3.8)	6 (3.4)	40 (2.9)	–	7 (4.7)	5 (7.9)	8 (4.7)	1 (2.1)	2 (2.2)	7 (5.6)	96 (3.5)
미상	–	1 (0.6)	2 (0.1)	–	–	–	–	–	–	–	3 (0.1)
계	529 (100)	179 (100)	1,382 (100)	16 (100)	149 (100)	63 (100)	169 (100)	48 (100)	93 (100)	125 (100)	2,753 (100)

* 가해자기준 건수임
** 아동복지법 제17조 제2호 위반
출처: 여성가족부(2019). 아동·청소년 대상 성범죄 발생 추세와 동향 분석.

7) 피해자의 특성

(1) 성별

성범죄 피해아동 · 청소년 중 여자 아동 · 청소년은 92.4%(3,347명), 남자 아동 · 청소년은 6.8%(246명)였고, 남자 아동 · 청소년 피해자 246명 중 강제추행 176명, 유사강간 37명, 아동 성학대와 카메라 등 이용촬영 각 16명, 성착취물 제작 등 1명으로 나타났다.

표 12-23 아동 · 청소년대상 범죄유형별 피해 아동 · 청소년의 성별 (단위: 명(%))

피해자 성별	범죄유형										계
	강간	유사 강간	강제 추행	통신매체 이용음란	카메라 등 이용촬영	성착취물 제작 등	성매수	성매매 강요	성매매 알선 · 영업	아동 성학대**	
남자	–	37 (19.6)	176 (9.1)	–	16 (5.4)	1 (1.1)	–	–	–	16 (7.7)	246 (6.8)
여자	522 (99.4)	151 (79.9)	1,728 (89.8)	61 (100.0)	281 (94.0)	92 (98.9)	179 (100.0)	50 (98.0)	92 (100.0)	191 (91.4)	3,347 (92.4)
미상	3 (0.6)	1 (0.5)	20 (1.0)	–	2 (0.7)	–	–	1 (2.0)	–	2 (1.0)	29 (0.8)
계	525 (100)	189 (100)	1,924 (100)	61 (100)	299 (100)	93 (100)	179 (100)	51 (100)	92 (100)	209 (100)	3,622 (100)

* 피해자기준 건수임 / ** 아동복지법 제17조 제2호 위반
출처: 여성가족부(2019). 아동·청소년 대상 성범죄 발생 추세와 동향 분석.

(2) 연령

전체 피해자의 26.1%가 13세 미만의 피해자이며, 범죄유형 중 아동 성학대 범죄의 13세 미만 피해자의 비율이 40.2%로 가장 높았고, 그 다음은 유사강간(34.9%), 강제추행(32.9%), 강간(21.7%), 성착취물 제작 등(20.4%)의 순이었다.

표 12-24 범죄유형별 피해 아동 · 청소년의 연령 (단위: 명(%))

피해자 연령	범죄유형										계
	강간	유사 강간	강제 추행	통신매체 이용음란	카메라등 이용촬영	성착취물 제작 등	성매수	성매매 강요	성매매 알선 · 영업	아동 성학대**	
6세 이하	4 (0.8)	12 (6.3)	64 (3.3)	–	1 (0.3)	–	–	–	–	3 (1.4)	84 (2.3)
7~12세	110 (21.0)	54 (28.6)	569 (29.6)	8 (13.1)	13 (4.3)	19 (20.4)	8 (4.5)			81 (38.8)	862 (23.8)
13~15세	168 (32.0)	53 (28.0)	487 (25.3)	28 (45.9)	56 (18.7)	38 (40.9)	98 (54.7)	22 (43.1)	50 (54.3)	79 (37.8)	1,079 (29.8)
16~18세	243 (46.3)	69 (36.5)	803 (41.7)	25 (41.0)	152 (50.8)	35 (37.6)	73 (40.8)	29 (56.9)	41 (44.6)	46 (22.0)	1,516 (41.9)
미상	–	1 (0.5)	1 (0.1)	–	77 (25.8)	1 (1.1)	–	–	1 (1.1)	–	81 (2.2)
계	525 (100)	189 (100)	1,924 (100)	61 (100)	299 (100)	93 (100)	179 (100)	51 (100)	92 (100)	209 (100)	3,622 (100)
평균연령	14.8	13.7	13.8	14.8	15.9	14.3	15.1	15.7	15.4	13.0	14.2

* 피해자기준 건수임 / ** 아동복지법 제17조 제2호 위반 / *** 평균연령은 연령 미상을 제외하고 계산한 수치임
출처: 여성가족부(2019). 아동·청소년 대상 성범죄 발생 추세와 동향 분석.

피해 아동 · 청소년의 평균연령을 살펴보면, 전체 피해자가 14.2세이다. 범죄유형별로 살펴보면, 카메라 등 이용촬영 피해자의 평균연령이 15.9세로 가장 높았고, 그 다음은 성매매 강요 15.7세, 성매매 알선 · 영업 15.4세, 성매수 15.1세, 강간과 통신매체이용음란 각 14.8세, 성착취물 제작 등 14.3세, 강제추행 13.8세, 유사강간 13.7세 등의 순이었고, 아동 성학대 피해자의 평균연령이 13.0세로 가장 낮았다.

(3) 성범죄자와의 관계

피해 아동 · 청소년이 가해자를 '전혀 모르는 사람'(34.8%)인 경우에 비해 가족 및 친척 등을 포함한 '아는 사람'(60.4%)인 경우가 더 많았다. 가족 및 친척 이외 '아는

사람' 중에는 '인터넷 채팅 등을 통해 알게 된 사람'(15.1%)이 가장 많았고, 범죄유형별로는 성매수(90.5%), 통신매체이용음란(86.9%), 성착취물 제작 등(80.6%)은 피해 아동·청소년 대부분이 인터넷 채팅을 통해 가해자와 알게 된 것으로 나타났다.

인터넷을 통해 성범죄자를 알게 된 아동 청소년(548명)의 70.3%가 오프라인에서 성범죄자를 만났고, 이중 절반(48.7%) 정도는 일명 '조건만남'을 위해서 만났으나 피해를 입은 범죄유형은 성매수뿐만 아니라 강간, 강제추행 등 다양한 것으로 나타났다. 이를 통해 인터넷을 통한 온라인 그루밍(성적 대화, 성적 행위 유인·권유 등)이 디지털 성범죄뿐만 아니라 성매수·강간 등과 같이 오프라인에서 발생하는 다양한 유형의 성범죄와 연관되어 있음을 알 수 있다.

표 12-25 성범죄유형별 피해자와 가해자의 관계 (단위: 명(%))

피해자와 가해자의 관계	범죄유형										계
	강간	유사 강간	강제 추행	통신 매체 이용 음란	카메라 등 이용 촬영	성 착취물 제작 등	성매수	성매매 강요	성매매 알선 · 영업	아동 성학대	
전혀 모르는 사람	57 (10.9)	23 (12.2)	912 (47.4)	3 (4.9)	188 (62.9)	–	3 (1.7)	2 (3.9)	–	72 (34.4)	1,260 (34.8)
낯선 사람	45 (8.6)	17 (9.0)	872 (45.3)	3 (4.9)	185 (61.9)	–	3 (1.7)	1 (2.0)	–	70 (33.5)	1,196 (33.0)
즉석만남 등을 통해 알게 된 사람	11 (2.1)	4 (2.1)	8 (0.4)	–	1 (0.3)	–	–	1 (2.0)	–	1 (0.5)	26 (0.7)
택시기사	1 (0.2)	–	10 (0.5)	–	–	–	–	–	–	–	11 (0.3)
숙박업소·목욕탕·음식점·주점·노래방·비디오방 주인 혹은 종업원	–	2 (1.1)	22 (1.1)	–	2 (0.7)	–	–	–	–	1 (0.5)	27 (0.7)
가족 및 친척 이외 아는 사람	317 (60.4)	111 (58.7)	769 (40.0)	57 (93.4)	94 (31.4)	86 (92.5)	168 (93.9)	36 (70.6)	56 (60.9)	123 (58.9)	1,817 (50.2)
친구(동성)/애인·이성친구	51 (9.7)	17 (9.0)	19 (1.0)	2 (3.3)	29 (9.7)	8 (8.6)	–	2 (3.9)	1 (1.1)	5 (2.4)	134 (3.7)
학교 선/후배	13 (2.5)	6 (3.2)	12 (0.6)	–	1 (0.3)	–	–	1 (2.0)	1 (1.1)	1 (0.5)	35 (1.0)
선생님	13 (2.5)	11 (5.8)	349 (18.1)	–	41 (13.7)	1 (1.1)	–	–	–	42 (20.1)	457 (12.6)
이웃·잘 알고 지내는 사람	29 (5.5)	13 (6.9)	77 (4.0)	–	4 (1.3)	–	1 (0.6)	4 (7.8)	12 (13.0)	2 (1.0)	142 (3.9)

피해자와 가해자의 관계	범죄유형										계
	강간	유사 강간	강제 추행	통신 매체 이용 음란	카메라 등 이용 촬영	성 착취물 제작 등	성매수	성매매 강요	성매매 알선 · 영업	아동 성학대	
같은 종교집단에 소속되어 있는 성직자	3 (0.6)	–	7 (0.4)	–	–	–	–	–	–	–	10 (0.3)
직장상사 · 고용주/직장동료/업무관계인	15 (2.9)	2 (1.1)	87 (4.5)	–	6 (2.0)	–	–	1 (2.0)	2 (2.2)	2 (1.0)	115 (3.2)
친구의 부모	3 (0.6)	2 (1.1)	20 (1.0)	–	–	–	–	–	–	1 (0.5)	26 (0.7)
부모의 친구	3 (0.6)	7 (3.7)	27 (1.4)	–	–	–	–	–	–	–	37 (1.0)
아파트 관리인 등	–	–	4 (0.2)	–	–	–	–	–	–	3 (1.4)	7 (0.2)
안면만 있는 사람	5 (1.0)	1 (0.5)	30 (1.6)	1 (1.6)	–	–	–	2 (3.9)	–	–	39 (1.1)
병원 · 수용시설 직원 · 관리사 · 사회복지사	2 (0.4)	–	11 (0.6)	–	–	–	–	–	–	2 (1.0)	15 (0.4)
인터넷채팅 등을 통해 알게 된 사람	100 (19.0)	19 (10.1)	50 (2.6)	53 (86.9)	4 (1.3)	75 (80.6)	162 (90.5)	10 (19.6)	14 (15.2)	61 (29.2)	548 (15.1)
기타 아는 사람	80 (15.2)	33 (17.5)	76 (4.0)	1 (1.6)	9 (3.0)	2 (2.2)	5 (2.8)	16 (31.4)	26 (28.3)	4 (1.9)	252 (7.0)
가족 및 친척	115 (21.9)	48 (25.4)	196 (10.2)	–	1 (0.3)	1 (1.1)	1 (0.6)	–	–	10 (4.8)	372 (10.3)
친부	36 (6.9)	17 (9.0)	78 (4.1)	–	–	1 (1.1)	–	–	–	5 (2.4)	137 (3.8)
의부	34 (6.5)	16 (8.5)	48 (2.5)	–	1 (0.3)	–	–	–	–	2 (1.0)	101 (2.8)
모의 동거인 (내연남)	5 (1.0)	3 (1.6)	20 (1.0)	–	–	–	–	–	–	–	28 (0.8)
형제자매	11 (2.1)	2 (1.1)	5 (0.3)	–	–	–	1 (0.6)	–	–	–	19 (0.5)
4촌 이내의 혈족 및 인척(사실혼 포함)	27 (5.1)	8 (4.2)	41 (2.1)	–	–	–	–	–	–	3 (1.4)	79 (2.2)
5촌 이상의 혈족 및 인척(사실혼 포함)	2 (0.4)	2 (1.1)	4 (0.2)	–	–	–	–	–	–	–	8 (0.2)
미상	36 (6.9)	7 (3.7)	47 (2.4)	1 (1.6)	16 (5.4)	6 (6.5)	7 (3.9)	13 (25.5)	36 (39.1)	4 (1.9)	173 (4.8)
계	525 (100)	189 (100)	1,924 (100)	61 (100)	299 (100)	93 (100)	179 (100)	51 (100)	92 (100)	209 (100)	3,622 (100)

출처: 여성가족부(2019). 아동·청소년 대상 성범죄 발생 추세와 동향 분석.

표 12-26 인터넷을 통해 알게 된 이후, 오프라인에서 만났는지 여부 (단위: 명(%))

오프라인 만남 여부	범죄유형										계
	강간	유사 강간	강제 추행	통신 매체 이용 음란	카메라 등 이용 촬영	성 착취물 제작 등	성매수	성매매 강요	성매매 알선·영업	아동 성학대	
오프라인에서 만난 적 없다	–	–	4 (8.0)	49 (92.5)	1 (25.0)	50 (66.7)	9 (5.6)	1 (10.0)	–	49 (80.3)	163 (29.7)
오프라인에서 만나 적 있다	100 (100.0)	19 (100.0)	46 (92.0)	4 (7.5)	3 (75.0)	25 (33.3)	153 (94.4)	9 (90.0)	14 (100.0)	12 (19.7)	385 (70.3)
계	100 (100)	19 (100)	50 (100)	53 (100)	4 (100)	75 (100)	162 (100)	10 (100)	14 (100)	61 (100)	548 (100)

* 피해자기준 건수임
** 아동복지법 제17조 제2호 위반
출처: 여성가족부(2019). 아동·청소년 대상 성범죄 발생 추세와 동향 분석.

표 12-27 오프라인에서 만난 경우, 조건만남을 위해 만났는지 여부 (단위: 명(%))

조건만남 여부	범죄유형										계
	강간	유사 강간	강제 추행	통신 매체 이용 음란	카메라 등 이용 촬영	성 착취물 제작 등	성매수	성매매 강요	성매매 알선	아동 성학대	
조건만남 해당	14 (14.3)	2 (10.5)	7 (15.2)	–	1 (33.3)	2 (8.3)	153 (100.0)	3 (33.3)	3 (21.4)	1 (8.3)	186 (48.7)
조건만남 비해당	84 (85.7)	17 (89.5)	39 (84.8)	4 (100.0)	2 (66.7)	22 (91.7)	–	6 (66.7)	11 (78.6)	11 (91.7)	196 (51.3)
계	98 (100)	19 (100)	46 (100)	4 (100)	3 (100)	24 (100)	153 (100)	9 (100)	14 (100)	12 (100)	382 (100)

* 피해자기준 건수임
** 아동복지법 제17조 제2호 위반
*** 조건만남 여부를 알 수 없는 3명을 제외하고 분석한 결과임
출처: 여성가족부(2019). 아동·청소년 대상 성범죄 발생 추세와 동향 분석.

4. 법원의 선고유형 및 형량

1) 최종심 선고유형

전체 아동 · 청소년 성범죄자 49.7%가 집행유예를 받았고, 36.3%가 징역형을 받았다. 이외에도 벌금형은 13.3%, 강간범죄자의 경우, 징역형을 선고받은 비율이 67.9%

로 가장 높았고, 집행유예 32.1%, 유사강간범죄자의 경우, 징역형을 선고받은 비율이 59.8%로 가장 높았고, 집행유예 40.2%의 순으로 나타났고, 성매매 알선 · 영업, 성매매 강요, 성착취물 제작 등 범죄자의 경우 징역형이 59.1%, 54.2%, 49.2%로 가장 높았고, 성매수, 통신매체 이용음란, 성착취물 제작 등, 아동 성학대, 카메라 등 이용촬영은 집행유예가 64.5%, 62.5%, 50.8%, 48.8%, 46.3%로 가장 높게 나타났다.

표 12-28 범죄유형별 최종심 선고형의 종류

(단위: 명(%))

최종심 선고형의 종류	범죄유형										계
	강간	유사 강간	강제 추행	통신매체 이용음란	카메라 등 이용촬영	성착취물 제작 등	성매수	성매매 강요	성매매 알선 · 영업	아동 성학대 **	
징역형	359 (67.9)	107 (59.8)	329 (23.8)	6 (37.5)	26 (17.4)	31 (49.2)	23 (13.6)	26 (54.2)	55 (59.1)	36 (28.8)	998 (36.3)
유기징역	12 (2.3)	4 (2.2)	8 (0.6)	–	–	–	–	1 (2.1)	1 (1.1)	–	26 (0.9)
유기징역 +부가처분	343 (64.8)	101 (56.4)	316 (22.9)	6 (37.5)	25 (16.8)	30 (47.6)	23 (13.6)	24 (50.0)	54 (58.1)	36 (28.8)	958 (34.8)
유기징역+ 벌금	4 (0.8)	2 (1.1)	5 (0.4)	–	1 (0.7)	1 (1.6)	–	1 (2.1)	–	–	14 (0.5)
집행유예	170 (32.1)	72 (40.2)	790 (57.2)	10 (62.5)	69 (46.3)	32 (50.8)	109 (64.5)	19 (39.6)	35 (37.6)	61 (48.8)	1,367 (49.7)
집행유예	3 (0.6)	3 (1.7)	41 (3.0)	–	3 (2.0)	–	–	–	–	3 (2.4)	53 (1.9)
집행유예 + 부가처분	167 (31.6)	69 (38.5)	749 (54.2)	10 (62.5)	66 (44.3)	32 (50.8)	109 (64.5)	19 (39.6)	35 (37.6)	58 (46.4)	1,314 (47.7)
벌금	–	–	248 (17.9)	–	49 (32.9)	–	35 (20.7)	3 (6.3)	3 (3.2)	28 (22.4)	366 (13.3)
벌금	–	–	16 (1.2)	–	2 (1.3)	–	4 (2.4)	1 (2.1)	–	4 (3.2)	27 (1.0)
벌금+ 부가처분	–	–	232 (16.8)	–	47 (31.5)	–	31 (18.3)	2 (4.2)	3 (3.2)	24 (19.2)	339 (12.3)
선고유예	–	–	15 (1.1)	–	5 (3.4)	–	2 (1.2)	–	–	–	22 (0.8)
계	529 (100)	179 (100)	1,382 (100)	16 (100)	149 (100)	63 (100)	169 (100)	48 (100)	93 (100)	125 (100)	2,753 (100)

출처: 여성가족부(2019). 아동·청소년 대상 성범죄 발생 추세와 동향 분석.

표 12-29 범죄유형별 최종심 평균 징역형량 (단위: 개월)

범죄유형	2019년	2018년
강간	67.4	61.9
유사강간	55.2	55.0
강제추행	31.3	30.6
통신매체 이용음란	17.7	10.0
카메라 등 이용촬영	12.4	13.6
성착취물 제작 등	35.9	31.2
성매수	16.2	16.6
성매매 강요	38.2	33.3
성매매알선 · 영업	43.4	32.1
아동 성학대**	15.8	18.4
전체 성범죄	46.4	43.9

출처: 여성가족부(2019). 아동·청소년 대상 성범죄 발생 추세와 동향 분석.

2) 최종심 선고형량

아동 · 청소년대상 성범죄자에 대한 최종심 유기징역형의 범죄유형별 평균형량은 강간 5년 8개월(18년 5년 2개월), 유사강간 4년 8개월(18년 4년 7개월), 성매매 알선 · 영업 3년 8개월(18년 2년 9개월) 순으로 높게 나타났으며, 카메라 등 이용촬영 1년 1개월(18년 1년 2개월), 아동 성학대 1년 4개월(18년 1년 7개월), 성매수 1년 5개월(18년 1년 5개월) 순으로 낮게 나타났다.

3) 신상정보 공개

아동 · 청소년 대상 성범죄자 2,753명 중 255명에 해당하는 9.3%가 법원으로부터 신상정보 공개 명령을 받은 것으로 나타났다. 신상정보 공개비율은 2018년 11.9%에 비해 2.6%p 감소하였고, 범죄유형별로 살펴보면, 강간범죄의 신상정보 공개비율이 14.9%로 가장 높았고, 그 다음은 아동 성학대(11.2%), 강제추행(9.8%), 성착취물 제작 등(9.5%), 유사강간(6.7%), 통신매체 이용 음란(6.3%, 1명) 등의 순이었음 범죄유형별로 살펴보면, 강간범죄의 신상정보 공개비율이 14.9%로 가장 높았고, 그 다음은 아동 성학대(11.2%), 강제추행(9.8%), 성착취물 제작 등(9.5%), 유사강간(6.7%), 통신매체 이용 음란(6.3%, 1명) 등의 순이었다.

표 12-30 아동 · 청소년 대상 성범죄 유형별 신상정보 공개 여부 및 유형 (단위: 명(%))

신상정보 공개 여부	범죄유형										계
	강간	유사 강간	강제 추행	통신매체 이용음란	카메라 등 이용촬영	성 착취물 제작 등	성매수	성매매 강요	성매매 알선 · 영업	아동 성학대	
신상정보 등록 (등록만)	450 (85.1)	167 (93.3)	1,246 (90.2)	15 (93.8)	143 (96.0)	57 (90.5)	168 (99.4)	48 (100.0)	93 (100.0)	111 (88.8)	2,498 (90.7)
신상정보 공개 (소계)	79 (14.9)	12 (6.7)	136 (9.8)	1 (6.3)	6 (4.0)	6 (9.5)	1 (0.6)	–	–	14 (11.2)	255 (9.3)
인터넷 공개	1 (0.2)	–	2 (0.1)	–	–	–	–	–	–	1 (0.8)	4 (0.1)
인터넷 공개+ 우편고지	78 (14.7)	12 (6.7)	134 (9.7)	1 (6.3)	6 (4.0)	6 (9.5)	1 (0.6)	–	–	13 (10.4)	251 (9.1)
계	529 (100)	179 (100)	1,382 (100)	16 (100)	149 (100)	63 (100)	169 (100)	48 (100)	93 (100)	125 (100)	2,753 (100)

* 가해자기준 건수임

** 아동복지법 제17조 제2호 위반

출처: 여성가족부(2019). 아동·청소년 대상 성범죄 발생 추세와 동향 분석.

8절 » 아동 · 청소년 성범죄의 시사점과 사회복지적 접근

1. 시사점

1) 아동 · 청소년 대상 강간 범죄 증가추세가 꺾임

최근의 조사에서 아동 청소년 대상 성폭력범죄 중 강간범죄의 증가추세가 꺾인 것으로 나타났다. 2011년 이후 아동 청소년 대상 강간 범죄자수는 지속적으로 증가추세에 있었으나 최근 5년 만에 감소한 것으로 나타났다.

최근 5년간 아동 청소년 대상 강간 범죄자가 2010년 440명에서 2014년 866명으로 꾸준하게 상승세를 유지하던 추세(2012년 소폭 감소 제외)에 비해, 2015년 강간 범죄자 비율은 733명으로 감소하였다. 전년도인 2014년도 866건(31.6%)에 비해서는 2015년도에는 733건(25.6%)으로 전년 대비 약 15.4%가 감소하였다.

아동 청소년 대상 강간범죄가 최근 5년 만에 증가추세가 꺾인 것이 일시적인 감소 현상인지, 앞으로 감소추세를 이어갈 것인지는 지켜보아야 할 것이나 전년 대비 약 15.4%가 감소한 것의 의미를 볼 때 처분 강화 등 범죄 예방을 위한 그동안의 정책의 효과가 나타나기 시작한 것으로 추측할 수 있다.

2) 아동 · 청소년 대상 강제추행 범죄의 지속적 증가

아동 청소년 대상 강간 범죄는 감소한 반면, 아동 청소년 대상 강제추행 범죄는 매년 지속적으로 증가하고 있다. 최근의 법 개정으로 아동 청소년 대상 성범죄에 공중 밀집장소에서의 추행, 통신매체를 이용한 음란행위, 카메라 등을 이용한 촬영죄 등이 포함되었고, 이들이 모두 강제추행 범죄유형에 포함됨으로써 강제추행 범죄 발생비율은 지속적으로 증가하고 있는 추세이다. 2015년 전체 신상정보 등록대상 성범죄자 수 3,366명 중 강제추행이 63.3%(2,129명)로 가장 높은 비율을 차지하고 있다. 또한 연도별 아동 청소년 대상 강제추행 범죄자는 2011년 945명, 2012년 936명, 2013년 1,379명, 2014년 1,874명에 이어 2015년에는 2,129건으로 지속적으로 증가(2012년 소폭감소 제외)하고 있다.

3) 아동 · 청소년 대상 성매매 관련 범죄의 심각성 및 정보통신망을 이용한 범죄 증가

아동 청소년 대상 성매매 알선범죄 중 아동 청소년의 성을 사는 행위를 알선하거나 정보통신망에서 알선정보를 제공하는 행위를 업으로 하여 처벌된 건수는 151건으로 2014년 29건 대비 5배 이상 급증하였고, 아동 청소년 대상 성매매를 알선하거나 정보통신망에서 알선정보를 제공하여 처벌된 건수는 2014년 20건에서 40건으로 2배 증가하였다.

특히, 정보통신망을 이용한 성매매 알선 범죄의 구체적 경로 유형 중 메신저, SNS 및 스마트폰 애플리케이션을 범죄의 경로로 이용한 경우는 2014년 28건 대비 141건으로 급증하였고, 이는 성매매 알선 범죄의 전체 경로 유형 중 70.5%를 차지할 정도로 높은 비율이다.

한편, 아동 청소년 대상 성매매 알선 범죄에서 가해자가 동일한 피해자에게 시간의 간격을 두고 1회 이상 지속적으로 피해를 주었는가의 여부 중, 특히 5회 이상 범행을 저지른 경우가 2014년도 22건(28.9%)에서 2015년도 78건(39.0%)으로 크게 증가하였다. 즉, 알선 범죄를 저지르면 1회에 그치지 않고 반복적으로 범죄를 저지를 가능성이 높다는 것을 보여준다.

그러나 이러한 범죄의 심각성에도 불구하고 성매매 알선 범죄의 집행유예 비율은 2014년 13명(33.3%)에서 2015년 53명(44.2%)으로 크게 증가하여, 성매매 알선 범죄에 대한 처벌이 관대함을 알 수 있다. 아동 청소년 대상 성매매 강요 범죄도 알선 범죄와 마찬가지로 우려되는 양상이 나타나고 있다. 아동 청소년 대상 성매매 강요 범죄 가해자의 평균 연령이 2014년도 34.8세에서 2015년도 19.6세로 낮아졌다. 또한 아동 청소년 대상 성매매 강요 범죄의 구체적 경로 유형 중 '메신저, SNS, 스마트폰 애플리케이션'을 이용한 범죄가 증가하였다. 이 방법을 이용한 범죄는 2014년 33건(47.1%)에서 2015년 62건(80.5%)으로 증가하였다. 범죄자 연령을 구분했을 때 2014년 미성년 13건(61.9%), 성년 20건(40.8%)에서 2015년 미성년 35건(83.3%), 성년 27건(77.1%)으로 증가하여 미성년범죄자의 성매매 강요범죄가 크게 증가한 것을 볼 수 있다.

성매매 강요 범죄자의 저연령화와 메신저, SNS, 스마트폰 애플리케이션을 이용한 범죄 증가는 밀접한 관련성이 있는 것으로 보인다. 아동 청소년 대상 성매매 범죄의 예방을 위해서는 이러한 변화추세를 반영한 적극적인 대처가 요구된다.

4) 아동 · 청소년 대상 성범죄에 대한 집행유예 등 여전히 관대한 처분

2015년 아동 청소년 대상 성범죄자에 대한 최종심 판결문의 집행유예 비율은 45.5%로 나타났다. 전체 아동 청소년 대상 성범죄 신상정보 등록대상자 3,366명 중 1,532명이 집행유예를 선고 받은 것으로 나타나 아동 청소년 대상 성범죄에 대해 여전히 관대한 처분이 이루어지고 있음을 알 수 있다. 비록 강간 범죄자의 집행유예 비율은 32.3%로 2014년 34.9%에 비해 2.6%가 낮아졌으나 강제추행 범죄자에 대한 집행유예 선고 비율은 2014년도 48.4%에서 2015년 50.6%로 증가하고 있어 관대한 처벌을 지적할 수 있겠다.

아동 청소년 대상 성매매 관련 범죄에 대한 처분도 매우 관대한 것으로 나타나고 있다. 집행유예 비율은 성매매 강요 범죄의 경우 40.7%, 성매매 알선범죄의 경우

44.1%, 성매수 범죄의 경우 48.5%로 나타나고 있다.

아동 청소년 대상 강간범죄자에 대한 집행유예비율이 다소 감소하였다고는 하나 여전히 3명 중 1명은 집행유예로 풀려나고 있고, 아동 청소년 대상 강제추행 범죄자의 절반은 집행유예로 풀려나고 있어서, 처분이 여전히 관대한 것으로 볼 수 있다. 아동 청소년 대상 성범죄의 심각성과 중대성을 감안하여 처분이 더욱 엄중해 져야 할 것이다.

5) 범죄취약계층에 대한 피해발생의 증가

아동 청소년 피해자 중 범죄에 더욱 취약한 피해자들의 성범죄 피해가 증가하고 있어 매우 우려되는 상황이다. 장애를 가진 피해자, 가출상황에 놓여 있는 피해자, 어린 나이부터 성폭력피해에 노출되는 친족 간 성폭력피해자를 들 수 있다.

첫째, 범죄취약계층인 장애자에 대해 살펴보면, 장애를 가진 피해자 중 특히 정신적 장애를 가진 경우 성범죄에 노출되는 경향이 높아지고 있다. 2015년 판결문조사에서 현재 범죄유형별 피해아동 청소년의 장애여부를 보면, 정신적 장애가 있는 경우가 신체적 장애가 있는 경우보다 높게 나타났다. 신체적 장애가 있는 경우는 0.4%, 정신적 장애가 있는 경우는 4.1%로 나타났다. 정신적 장애를 가진 아동 청소년에 대한 성폭력, 성매매예방교육이 실질적으로 이루어질 수 있도록 프로그램 마련과 사후 관리가 시급하다. 특히 정신적 장애 중 경계성 장애를 가진 아동 청소년에 대한 교육이 필수적으로 이루어져야 한다.

둘째, 성매매 강요 알선, 성매수 피해자의 경우 가출상태에서 피해발생이 높은 것으로 나타났다. 2015년 판결문조사 결과 가출상태는 성매매 강요의 경우 62.3%, 성매매 알선의 경우 41.5%, 성매수의 경우 11.6%로 나타났다. 강간, 강제추행 범죄 피해자의 가출비율은 10% 이내이나 성매매 관련 범죄 피해자의 가출비율이 높은 것은 피해아동 청소년이 숙식해결과 생계비 마련을 위해 성매매 범죄에 노출되는 것과 필연적으로 연관된다.

이와 같이 아동 청소년의 가출은 숙식해결과 생계비 마련을 위해 성매수 범죄의 상대방이 되거나 다른 아동 청소년에게 성매매를 강요하거나 성매매를 알선하거나 성매매 대가를 갈취하는 등 다른 범죄에도 연류 될 가능성이 높기 때문에 일차적으로 가출을 예방해야 하고, 가출한 경우에도 쉼터, 상담소 등 적절한 연계를 통해 조속히 가출상태에서 벗어나도록 해야 한다.

성매매 강요, 알선의 경우 가출이 증가하고 있는 현상을 심각하게 받아들이고, 아동 청소년의 가출을 예방하기 위한 가족적, 사회적, 국가적 대책마련에 관심을 기울여야 할 것이다.

마지막으로 친족관계에 의한 성폭력범죄 피해자의 경우를 보기로 하겠다. 범죄 발생추세와 관련 하여 전체 성폭력사건 중 가해자와 피해자관계가 친족관계인 경우가 2011년 14.6%, 2012년 13.1%, 2013년 12.6%, 2014년 12.1%, 2015년 10.1%로 소폭이지만 감소추세에 있다. 그러나 그 비율이 10%를 넘고 있어서 아직도 높은 비율을 차지하고 있음을 알 수 있다. 친족관계에 의한 성폭력범죄는 성폭력범죄 중에서도 가장 드러내기 어려운 범죄라고 할 수 있다. 이에 대한 신고를 더욱 확대하기 위해 피해자 및 가해자가 아닌 가족들의 신고에 관한 인식변화를 유도하고, 일반인들에게도 친족관계에 의한 성폭력의 범죄성을 홍보할 수 있는 방안을 모색해야 할 것이다.

2. 사회복지적 접근

1) 아동 · 청소년 대상 성범죄 예방을 위한 엄격한 법집행 및 정책의 실효성 강화

최근 5년간 증가추세에 있던 아동 청소년 대상 강간범죄가 2015년에 처음으로 증가추세가 꺾인 것은 그간 범죄예방을 위한 정책 및 제도의 효과가 나타나기 시작한 것으로 볼 수 있다. 정책과 제도가 강화됨으로써, 수면 아래에 있었던 아동 청소년 대상 성범죄의 신고와 처벌이 증가하면서 확정판결을 받은 범죄자가 증가하여 오다가, 정책과 제도의 운영을 통하여 실질적인 강간 범죄 발생율의 감소를 가져온 것으로 조심스럽게 분석할 수 있다. 그러나 한편으로는 강제추행 등 강간을 제외한 아동 청소년 대상 성범죄는 지속적으로 증가 추세에 있는바, 아동 청소년 대상 성범죄의 감소를 위해서는 도입된 제도와 정책을 실효성 있게 지속적으로 추진 집행해 나갈 필요가 있다.

아동 청소년 대상 성범죄를 예방하고 발생을 감소시키기 위해서는 법집행이 엄격하게 이루어져야 한다. 현 단계에서는 더 이상의 법정형 강화보다는 법정형에 따른 처벌과 집행을 엄격하게 하는 것이 중요하다. 본 연구결과에 의하면, 아동 청소년

대상 성범죄에 대한 집행유예 비율이 여전히 높아 처분이 관대한 것으로 나타나고 있는바, 아동 청소년 대상 성범죄의 중대성과 심각성을 고려하여 집행유예는 예외적인 경우가 아니라면 원칙적으로 지양되어야 하며, 더욱 엄격한 처분과 법집행이 필요하다. 또한 이미 도입된 아동 청소년 대상 성범죄의 재범방지를 위한 제도들을 실효성 있게 집행하기 위하여서는 보호관찰 인력 등 관련 전담인력을 충분히 배치하여 관리의 전문성과 실효성을 강화하여야 한다.

2) 사이버 경로를 이용한 아동 · 청소년 대상 성매매 관련 범죄 예방 및 단속 강화

위에서 본 바와 같이 아동 청소년 대상 성매매를 알선하거나 정보통신망에서 알선정보를 제공을 업으로 하여 처벌된 건수가 증가하였고, 특히 정보통신망을 이용한 성매매 알선 범죄의 구체적 경로 유형 중 메신저, SNS 및 스마트폰 애플리케이션을 범죄의 경로로 이용한 경우가 증가한 것으로 나타났다. 또한 아동 청소년 대상 성매매 강요 범죄의 구체적 경로 유형 중 '메신저, SNS, 스마트폰 애플리케이션'을 이용한 범죄도 증가하였다. 뿐만 아니라, 이와 같은 환경하에서 가해자의 연령도 저연령화되고 있다.

아동 청소년 대상 성매매 관련 범죄를 예방하기 위해서는 새로운 사이버 성매매 환경을 규제하고 사이버상 아동청소년 대상 성매매 알선, 강요 및 알선 조직을 단속하기 위한 대책이 시급하다. 사안의 심각성을 인식하고 전담 기구 마련 및 강력한 단속 의지가 요구된다. 그리고 이를 위해서는 관련 부처들의 협력이 반드시 필요하다. 또한 빠른 속도로 진화, 발전하고 있는 사이버 성매매 환경을 지속적으로 감시하고 신고할 수 있는 민간 영역의 모니터링 활동을 지원 발전시켜야 한다.

3) 아동 · 청소년 대상 성범죄 예방 및 재범방지를 위한 교육 강화

아동 청소년 대상 성범죄를 예방하기 위해서는, 인권을 존중하고 성에 대하여 건전하고 건강한 인식과 가치관을 갖도록 하는 보편적 교육이 기본적으로 강화되어야 한다. 성에 대한 왜곡된 가치관을 조장하는 유해한 환경으로부터 아동과 청소년이 보호되도록 모니터링과 교육을 할 필요가 있으며, 관련 부처가 협력하며 실효성 있는 대책을 추진하여야 할 것이다.

보편적인 교육과는 별도로 아동 청소년 대상 성범죄자에 대한 재범방지 교육이 더욱 효과적으로 이루어질 수 있도록 교육 내용과 방법에 대한 연구와 개발이 적극적으로 이루어져야 할 것이다.

4) 특수한 범죄취약집단에 대한 대처방안 마련

범죄에 특별히 더 취약한 집단에 대한 대처방안을 시급히 마련해야 한다.

지적 장애 아동 청소년과 보호자 대상의 성폭력 예방교육이 실시되어야 한다. 이들은 자신에게 일어난 범죄피해를 정확하게 표현하기 어려운 경우가 있기 때문에 주위의 지원이 반드시 필요하다. 따라서 지적장애, 경계성 장애를 가진 아동 청소년 대상의 성폭력 예방교육이 학교, 성문화센터 등을 중심으로 이루어져야 하며, 보호자 교육이 필수적으로 병행되어야 한다.

아동 청소년의 가출에 대한 방지대책이 필요하다. 아동 청소년의 가출은 필수적으로 범죄로의 가능성과 연결되기 때문에 가출을 미연에 방지하는 방안을 모색해야 한다. 가족 내 폭력이나 갈등구조를 해소하기 위한 지역사회의 관련 프로그램의 마련과 시행이 필요하다. 또한 가출한 아동청소년들이 가출 팸 조직 등을 통해 가출을 고착화시키지 않도록 쉼터나 상담소 등의 지원체계가 원활하게 작동할 수 있도록 해야 한다.

친족 간 성폭력에 대한 대책마련이 필요하다. 최근 친족 간 성폭력사건이 감소되는 것으로 나타나고 있지만, 그 비율이 10% 이상인 점에서 친족 간 성폭력 피해를 막을 수 있는 방안을 적극적으로 모색해야 한다. 신상정보 우편고지나 전자발찌 명령은 가족 간에 일어나는 성폭력범죄의 방지에는 크게 효과가 없을 것으로 보이며 이 범죄유형에 적합한 대책이 마련되어야 할 것이다.

5) 성매매 대상 아동 · 청소년 조항삭제를 위한 법 개정

현행 아동 청소년의 성보호에 관한 법률상 성매매에 유입되는 아동 청소년을 처벌하지 않도록 규정하고 있음에도 불구하고 이러한 아동 청소년을 피해아동 청소년이 아닌 대상 아동 청소년으로 정의하여 소년법상의 보호처분을 할 수 있도록 하고 있다. 이처럼 보호처분을 받는다는 것을 이유로 성 매수자나 성매매알선자들이 해당 아동 청소년을 협박하거나 해당 아동 청소년이 성 매수자나 알선자를 적극적으로 신고하기 어렵게 만든다.

아동청소년법 개정을 통해 대상 아동 청소년을 삭제하고 피해아동 청소년에 성매매피해아동 청소년을 포함하며 이들에 대한 보호처분을 폐지할 필요가 있다. 또한 성매매 피해아동 청소년지원센터를 설치하여 아동 청소년 대상 성매매범죄 신고 접수 및 상담, 성매매 피해아동 청소년의 교육 상담 및 지원, 신체적 정신적 치료 안정 회복과 사회복귀를 돕는 업무 등 지원체계를 마련할 필요가 있다.

9절 » 장애인 성폭력

1. 장애의 이해

1) 장애인의 정의

우리나라의 장애인 복지는 다른 복지 분야에 비하여 많이 뒤떨어져 있다. 장애인의 복지를 보다 높은 수준으로 끌어올리기 위해서는 장애인에 대한 우리의 인식변화와 장애에 대한 바른 이해가 무엇보다 중요하다 하겠다.

장애의 의미는 사회구조와 경제여건에 따라 달라질 수 있으며, 시대가 바뀜에 따라 변하고 있다. 뿐만 아니라 같은 시대에 살면서도 자라온 환경과 주위환경여건에 따라 장애인을 바라보는 시각도 개인 간에 차가 있음을 보게 된다. 장애에 대한 우리의 전통적인 개념은 장애를 "불구"라고 하였듯이 주로 외적으로 보이는 신체적 결함에 초점을 맞추려는 경향이 있었다. 그러나 이러한 개념은 점차 바뀌면서 그 대상도 달라지고 범위도 확대되고 있다.

유엔에서 정한 장애인권리선언문(1957)[15] 제1조에서는 장애인을 "선천적이든 후

---

15) 1. '장애인'이라는 개념은 선천적으로나 후천적으로나 신체적 능력이나 정신적 능력에 결함이 발생함으로써, 자신 스스로 개인생활이나 사회생활을 정상적으로 영위할 수 있는 필요조건을 전혀 갖출 수 없거나 부분적으로 갖출 수밖에 없는 모든 사람을 의미한다.
2. 모든 장애인은 이 선언에 명시된 모든 권리를 누려야 한다. 이러한 권리는 인종, 피부색, 성별, 언어, 종교, 정치적 입장이나 여타의 견해, 국적이나 사회적 신분, 빈부, 출생, 장애인이나 그 가족이 처한 상황 등에 따라 어떤 차별도 받지 않고 예외 없이 모든 장애인에게 인정되어야 한다.

천적이든 관계없이 신체적, 정신적 능력의 불완전으로 인하여 개인의 일상생활이나 사회생활에 필요한 것을 확보하는데 자기로서는 완전하게 또는 부분적으로 할 수 없는 사람"으로 정의하고 있다. 그러므로 '신체적 또는 정신적 결함 등으로 살아가는 데 다른 사람의 도움이 필요한 사람'을 장애인이라고 할 수 있겠다.

2) 지적장애인의 성적 발달 및 성행동 특성

지적장애아뿐 아니라 일반 아동들도 다양한 성행동을 하는데, 이러한 행동은 때로는 정상적으로 여겨지는 반면 때로는 사회적으로 지탄을 받거나 문제를 일으키곤 한다. 여기서 주의해야 할 점은 문제가 되는 성행동은 비장애인에게도 볼 수 있는 것이지만 지적장애가 심할수록 더 직선적이고 공개적으로 이루어지기 때문에 더욱

3. 모든 장애인에게는 인간으로서 존엄성을 존중받아야 할 천부적 권리가 있다. 모든 장애인에게는 장애의 원인과 특징과 정도에 관계 없이 동일한 연령의 일반 시민과 마찬가지로 기본적 권리, 즉 무엇보다도 먼저 품위 있는 생활을 정상적으로 최대한 누릴 수 있는 권리가 있다.
4. 모든 장애인에게는 다른 사람과 마찬가지로 시민적 권리와 정치적 권리가 있다. 하지만 〈정신지체인 권리 선언〉 7조에는 정신 장애인에게 그러한 권리를 제한하거나 억제할 수 있다는 조항이 존재한다.
5. 모든 장애인에게는 최대한 자립을 돕기 위해 마련된 모든 수단을 이용할 권리가 있다.
6. 모든 장애인에게는 보장구1)를 포함하여 의료와 심리 치료와 기능 치료를 받을 뿐만 아니라, 의료 재활과 사회 재활, 교육, 직업 훈련과 재활, 개호, 상담, 취업 알선, 장애인의 능력과 기술을 최대한 향상시켜서 그들의 사회 통합이나 재통합 과정을 촉진하는 다양한 서비스 등을 받을 수 있는 권리가 있다.
7. 모든 장애인에게는 경제 · 사회적 생활 보장과 품위 있는 생활수준을 누릴 수 있는 권리가 있다. 모든 장애인에게는 각자 능력에 따라 고용을 보장받거나 유익하고 생산적이고 보수가 보장되는 직종에 종사하면서 노동조합에 가입할 수 있는 권리가 있다.
8. 모든 장애인에게는 경제 · 사회적 계획 수립의 모든 단계에서 자신의 특수한 필요조건이 반영되도록 요구할 수 있는 권리가 있다.
9. 모든 장애인에게는 가족이나 수양부모와 함께 살면서 사회 활동과 생산 활동이나 오락 활동에 참여할 수 있는 권리가 있다. 주거에 관한 한 모든 장애인은 건강 상태나 건강 개선을 위해 불가피한 경우를 제외하고 어떤 차별 대우도 받아서는 안 된다. 장애인이 불가피하게 특수 시설에 수용되는 경우, 그 곳의 환경과 생활 조건은 가능한 한 그와 연령이 똑같은 일반인이 정상적으로 누리는 생활 조건과 유사해야 한다.
10. 모든 장애인은 모든 형태의 착취, 모든 형태의 규제, 차별적이고 모욕적이고 천박한 성격을 띠는 모든 처우로부터 보호되어야 한다.
11. 모든 장애인이 자신의 인격과 재산을 보호하기 위해 법률 지원이 필요한 경우, 그러한 지원을 적절하게 제공받을 수 있어야 한다. 장애인에 대한 사법 소송이 제기된 경우, 그들의 심신 상태를 충분히 고려하여 법적 절차가 적용되어야 한다.
12. 모든 장애인 단체는 장애인의 권리에 관한 모든 사안에 대해 유익한 조언을 제공할 수 있다.
13. 모든 장애인과 그 가족과 사회는 모든 적절한 방법을 통해 이 선언에 포함된 권리에 대해 충분히 파악하고 있어야 한다.

드러나게 된다는 점이다. 예를 들어, 자위행위가 문제가 되는 것은 이들이 장소에 관계치 않고 공중 앞에서 하며, 그 횟수가 빈번하기 때문이다. 또한 이성의 신체접촉과 냄새 맡기는 연소아의 경우에는 문제가 되지 않지만 사춘기 학생의 경우는 문제가 되며, 특히 중증도와 최중증도 지적장애아의 경우에 이러한 현상이 두드러진다. 즉, 지적수준이 낮을수록 사회규범의 학습이 이루어지기 어렵다는 것을 볼 수 있다.

3) 지적장애인 성폭력 실태 및 성폭력 예방교육

(1) 성적 착취(학대) 및 성폭력 실태

국내에서 지적장애인에 대한 성폭력 및 착취의 통계는 알려져 있지 않다. 이는 장애인 스스로가 표현하기가 어렵고 그동안의 폐쇄적 성문화에 의해 피해자들도 신고를 꺼리는 경향이 있고 따라서 잘 드러나지 않고 있기 때문이다.

전국여성장애인폭력피해지원상담소 및 보호시설협의회에 따르면 2018년, 장애인 성폭력상담소에 접수되어 지원한 피해자(비장애인포함)는 총 1,709명이며 이중에서 장애인 성폭력 피해자는 1,358명이다. 피해유형은 강간 및 유사강간 피해가 60%를 차지한다. 지적장애인 피해자가 장애유형 중 80%를 차지하고 있고, 지적장애인 피해자의 경우에는 제3자가 알기 전에는 피해가 잘 드러나지 않는 특성이 있다는 점을 감안해 볼 때, 장기적으로 성폭력 피해에 노출된 피해자일수록 피해유형 중 강력범죄에 해당하는 강간피해의 비율이 높아지는 것을 알 수 있다.
피해자의 장애유형을 살펴보면 신체적 장애인보다 정신적 장애인이 훨씬 더 많은 피해를 경험하고 있었다.

특히 지적장애인 피해자는 전체피해자의 80%를 차지하고 있다. 성폭력피해 지적장애 여성은 '지적장애' 특성으로 인해 성폭력 피해에 쉽게 노출되는 경향을 보이고 있다. 지적장애 여성의 성폭력 피해가 반복적으로 발생하는 원인은 인지기능의 제한으로 가족, 지원자 등에 의한 보호 및 결정에 의존해야 하므로 이는 타인의 접근에 경계심을 갖지 않게 되는 이유이며, 이런 특성은 성적으로 이용하려는 가해자에 의해 쉽게 포섭된다.

성폭력피해 장애인 피해자의 연령대를 살펴보면 만 13세 미만 장애아동은 57명(4.2%)이며, 이중 장애남아가 14명이 포함돼 있다. 장애청소년(13~18세)은 319명(23.5%)으로 장애 아동과 청소년은 전체 피해자의 27.7%를 차지한다. 전체 피해자의

67.1%는 성인이다.

장애인 성폭력 피해자와 가해자와의 관계를 살펴보면 가족 및 친인척은 전체의 11%이며, 피해자와 성폭력사건 발생 이전부터 가족이거나 친밀한 관계를 맺고 있거나 평소 알고 있는 가해자는 전체의 60%를 차지한다. 이는 가해자가 대부분 친분이 있거나 피해자의 취약하고 미약한 지적능력을 알고, 낮은 자기방어능력 등의 약점을 이용한 것이라고 볼 수 있다. 또한 채팅상대자에 의해 성폭력을 경험하는 피해자가 매년 증가하고 있다. 지적장애 여성은 채팅을 통해 관계 맺기를 시도하고, 채팅 등에서도 가해자의 의도를 잘 파악하지 못해 성폭력에 노출되는 일이 빈번하다고 분석했다. 협의회는 "지적장애인 피해자의 경우 가해자 정보를 파악하지 못한 경우를 감안할 때, 성폭력 가해자는 19-60세 미만의 가해자가 다수이며, 통계에는 드러나지 않지만 사회적으로 취약한 계층의 남성 가해자들이 다수를 차지한다."며 "이는 성폭력 피해가 권력관계에 의해 작동되는데 특히 여성장애인의 경우에는 성별권력, 나이권력, 장애유무 등이 피해자와 가해자의 관계에서 더 확연하게 드러나는 경우가 많다"고 밝혔다. 지적장애아동의 경우 일반 아동에 비해 모르는 사람을 쉽게 신뢰하고(인간적 정에 굶주려 있다가 조그마한 친절에 쉽게 따르곤 한다), 타인의 동기 및 상황을 판단하고 행동할 능력이 떨어지고 장래의 위험을 예지할 능력도 떨어지므로 자기방어능력이 떨어져 성폭력의 강도가 더 심하고(성폭행, 강간, 임신 등) 발생 빈도가 높을 것으로 생각된다.

외국의 경우 청소년기의 지적장애 여아의 경우 25%에서 강간 또는 강간미수의 피해 경험이 있고 비장애인과 마찬가지로 친족이나 잘 아는 사람에 의한 성폭행이 많고 중증도 지체보다 경도의 지적장애일수록 피해의 빈도가 높았다(Chamberlain et al., 1984). 이외에도 경도의 장애인이 중증도 또는 그 이하에 행하는 성적 착취 행위 등 지적장애인이 가해자가 될 수도 있고 사회에서 문제가 되었듯이 시설의 관리자나, 선생님 등에 의해 행해지는 성폭력 등도 드물지 않게 보인다.

실제로 실무자들에 의하면 가정, 학교 등에서 동성 간, 이성 간의 성적학대 행위, 일반학교의 특수학급에 다니는 아동의 경우, 선배나 친구들에 의한 화장실 등에서의 행위, 더욱이 장애 아동이 이에 대한 인식이 부족하고 이를 즐기는 행위를 자주 경험하며 또는 이미 성경험이 있어서 서로의 짝을 찾는 데 몰두하는 행위를 볼 수 있다고 한다. 나아가 이런 성적 학대나 폭력은 피해자가 성적 행위의 학습에 의해 다른 장애아를 학대하는 문제를 유발하기도 하는데 문제의 심각성이 있다.

자신의 몸과 마음을 통제하는 데 어려움이 있는 장애인들은 일반인들에 비해 성폭력 피해자로 노출되기 쉽고 이런 상황에서 자신을 보호하는 데 어려움을 겪는다. 특히 지적장애인들은 인지 및 대처능력이 떨어지기 때문에 자신을 방어하기가 어려워 성폭력 피해자가 되기 쉽다. (이혜경, 2002). 는 일반 아동에 비해 장애인들이 성폭력을 당할 확률이 4-10배에 달한다고 하며, 여자 정신지체인의 39~68%, 남자정신지체인의 16~30%가 18세 이전에 성폭력을 당할 가능성이 있다고 보고하고 있으며, Mccarthy & Thompson(1997)의 보고서에서도 61%의 정신지체 여성과 25%의 정신지체 남성이 성적학대로 희생당하고 있는 것으로 나타났다(박효경, 2001). 이예자(2000)의 연구에 의하면 전체 40건의 여성장애자 성폭력 피해사례 중에서 정신지체아들의 성폭력 피해 비율이 25명으로 절대다수를 차지하는 것으로 나타나, 청각, 언어, 시각, 다른 정신질환을 통한 장애아보다 이들이 더욱 많은 피해를 당하고 있음을 알 수 있었다.

(2) 성폭력 예방을 위한 교육내용

지적장애인을 위한 성폭력 예방교육은 다음 내용을 토대로 해야 할 것이다.

① 자신이 사랑받고 있으며 안전할 권리가 있는 존재임을 가르친다.
② 신체적으로 안전한 접촉과 위험한 접촉에 대해 설명해 준다.
③ 신체 각 부분에 대한 올바른 이름을 가르쳐 명확히 의사소통할 수 있도록 한다.
④ 낯선 사람에 대한 경계만이 아니라 모든 사람에 대해 안전교육을 시킨다.
⑤ 불편함을 느낄 때는 언제든지 "싫어요"라고 거부할 수 있도록 한다.
⑥ 누구라도 그들에게 비밀을 지킬 것을 강요한 사람이 있다면 꼭 알려주도록 한다.
⑦ 어른들 중에는 나쁜 사람도 있다는 것을 가르친다.
⑧ 피해 사실을 말했을 때 당신이 그의 이야기를 믿어주고 지지해 줄 것임을 알리고, 평소에 장애아동이 믿고 의지할 수 있도록 행동하고 애정으로 양육한다.
⑨ 피해를 입은 사람에게는 절대로 잘못이 없다는 것을 가르친다.
⑩ 피해를 입었을 때는 반드시 자신이 신뢰하는 사람에게 이야기하도록 한다.

10절 » 친족 성폭력

최근 청와대 국민청원 게시판에 '청주 두 여중생 사건' 등 친족 성폭력 관련한 피해자들의 목소리가 세간에 알려지면서 친족 성폭력 가해자에 대한 공소시효를 폐지하거나 현행 10년보다 10년을 연장해야 한다는 취지의 주장이 제기되고 있다. 현행법상 친족의 범위는 8촌 이내의 혈족, 4촌 이내의 친척, 배우자로 규정한다. 친족 성폭력은 이처럼 가정이라는 울타리 안에서 일어나는 특성 때문에 은폐되고 지속·반복되면서도 드러나지 않는 범죄였다. 그러나 최근 청와대 국민청원에 게재되어 20만 명 이상의 동의를 얻은 '성폭행 피해자인 제가 가해자와 동거 중입니다'라는 글과 청주에서 의붓아버지에게 학대와 성폭력을 당한 여중생과 그 친구가 극단적 선택을 한 '청주 두 여중생 사건' 등이 알려지면서 심각성이 점차 드러나고 있다.

1. 친족 성폭력의 실태

한국성폭력상담소가 지난 3월 19일 발간한 '2020년 상담현황 및 전체 통계'에 따르면 총 620건의 상담 사례 가운데 친족이 가해자인 경우는 총 59건(9.5%), 친족 외 인척은 43건(6.9%)이었다. 친인척이 가해자인 경우는 전체 16.4%에 육박하는 것이다. 문제는 친족 성폭력의 경우 다른 사례보다 암수율(실제 범죄가 발생했지만 공식적 범죄통계에 집계되지 않은 비율)이 높은 범죄로 꼽힌다는 점이다. 그렇기에 '드러나지 않은 피해자', 즉 실제 피해자는 이보다 더 많을 가능성이 높다는 게 중론이다.

그 이유로는 가족 구성원들이 피해자에게 회유나 협박을 통해 은닉할 것을 요구한다는 점이 꼽힌다. 구성원들이 먼저 나서 피해자에게 '너만 말하지 않으면 된다.' 고 압박하는 것이다. 실제 앞서 밝힌 국민청원 작성자 역시 해당 글에서 부모님에게 자신에게 성폭력을 가한 오빠의 어떠한 점이 싫다고 이야기를 했지만 돌아온 답은 "네가 오빠한테 살갑게 대하지 않아서 그렇다. 오빠 한번 안아주고 그래라"였다고 토로했다. 사실상 가족 구성원이 피해자에게 2차 가해를 한 것이다.

연령이 낮아질수록 더욱 친족 성폭력 피해에 노출되는 비중도 높다. 상담소 통계에 따르면 성인보다 청소년일수록 친인척으로부터 성폭력을 당하는 사례가 더욱 높았으며 이는 연령대가 낮아질수록 비율이 더욱 커졌다.

1) 피해자 연령별 가해자와의 관계

① **성인**: 직장(38.9%), 친밀한 관계(14.3%), '그 외' 사례는 46.8%로 집계되었다.

② **청소년**: 친족(15.9%), 인터넷(15.9%), 학교(13.4%), 친족 외 인척(7.3%), 그 외 사례는 47.5%로 나타났다.

③ **어린이(8~13세)**: 친족 외 인척(35.3%), 친족(33.3%), 그 외는 31.4%로 나타났다.

④ **7세 이하 유아**: 친족(47.8%), 친족 외 인척(39.1%), 그 외(13.1%)로 나타났다.

2) 연령대가 낮을수록 성범죄에 더욱 노출될 가능성이 높은 이유

아동이나 유아의 경우 성 지식이 미비하기 때문에, 가해자의 행위가 어떤 맥락을 지니고 있는지 이해하지 못하거나 별다른 문제의식을 느끼지 못할 가능성이 크며 가해자는 아이들이 '모른다'는 점을 악용하기 때문이다.

3) 현재 친족 성폭력 공소시효는 10년으로 규정하고 있다.

2007년 범죄에 대한 공소시효가 전반적으로 상향 조정되면서 당초 7년에서 3년 늘어난 10년으로 개정됐다. 일각에서는 '친족 성폭력 공소시효 폐지' 주장도 나오고 있다. 현행법상 13세 미만 미성년자나 장애인 같이 신고 여부에 대한 판단능력이 결여되거나 부족한 경우 공소시효를 연장하거나 배제하는데, 친족 성폭력 역시 '친족'이라는 특수한 상황을 고려해야 한다는 주장이다.

11절 » 성폭력 피해자의 심리적 후유증

1. 성폭력 피해자에 대한 이해

성폭력은 여성의 통제력, 정체성, 관계성 자기 가치감을 침해하는 행위이다. 이로써 성폭력의 결과는 피해자를 물건으로 취급하는 '대상화'와 여성의 자존감과 자기됨의 주체성을 부정하게 된다. 또한 성폭력은 여성에게 소중하다고 여겨지는 '여성성'

의 상징인 신체부위의 공격이기 때문에 성폭력 피해는 상당히 심각할 수 있으며, 성적수치심을 낳게 한다.

1) 힘의 관점–무력감, 통제력 상실

성폭력 상황은 피해자가 통제할 수 없는 상황이고, 자신의 안전을 스스로 지킬 수 없는 상황이다. 즉 피해자는 타인에 의해서 자신의 안전을 스스로 통제할 수 없는 상황을 경험하고 그 속에서 자신의 성적 자기결정권과 안전이 박탈되는 경험을 한다. 특히 어린 시절의 성폭력 피해는 어린 시절의 의지, 욕구, 자기 효능감이 지속적으로 꺾여온 과정이기 때문에 무력감과 관련이 깊다. 아동은 자신을 보호하려고 하지만 대체로 권력적인 어른에 의해 피해를 입는다. 이런 경험이 지속되면 성인이 되어서도 유사한 상황에서 무기력하게 되면서 학습된 무력감을 발달시키게 된다. 결국 피해여성은 자신을 보호하려는 시도를 멈추고 대신에 위축되고 신체적으로 무방비 상태가 되거나 분리 상태가 될 수도 있다. 결국 성폭력 피해자들은 외적 환경이나 내적 욕구에 대한 통제력, 성에 대한 통제력(성적 자기결정권 등)을 느끼지 못하게 된다.

2) 자기비난의 관점–수치심, 자책감, 순결상실감

성폭력 피해 생존자들은 우리 사회의 성에 대한 왜곡된 통념 때문에 성폭력 피해를 입었음에도 자신이 더렵혀지거나 여성으로서의 가치를 잃었다고 생각하기 쉽다. 그리고 자신이 좀 더 저항을 했더라면 또는 자신이 특정 행동이나 태도를 취하지 않았다면 성폭력이 발생하지 않았을 것이라는 자기비난을 하게 된다. 이것은 성폭력의 책임이 자신에게 있다고 보는 관점과 여성의 순결여부가 여성으로서의 가치를 결정하게 하는 잘못된 통념들과 관계있다. 하지만 성역할 사회화를 통해 사회구성원에게 자연스럽게 학습된 이러한 가치관들은 피해자들에게 작동한다. 이러한 성역할 사회화는 여성의 성적 규범인 순결, 정숙 등을 중요시하게 되고, 성폭력도 순결이나 정숙의 관점에서 바라보게 됨으로써 여성에게 성폭력피해를 수치스럽게 느끼도록 한다. 여성에게 그 행위가 수치스러운 것은 '특정한 맥락'에서만 허용할 수 있는 관계, 영역, 역할 등이 의도하지 않은 침입에 의해서 공격받았기 때문이고, 따라서 성폭력 피해자의 치유상담에 수치심을 다루는 것은 필수적이다.

3) 중요성의 관점-자기 가치감의 저하

피해생존자들은 피해경험 시 자신의 가치에 대해서 사람이 아닌 다른 무엇으로 느꼈기 때문에 자신을 중요하게 보지 못한다. 이들은 자신을 가해한 가해자의 욕구가 피해자인 자신의 욕구보다 더 중요하다고 생각한다. 특히 친족성폭력이 발생했을 때 가족들이 아무 일이 없다는 듯이 행동하거나 부인한다면 피해자는 더 큰 혼란을 느낀다. 가해자, 가족들의 부인(否認)은 피해자의 실제 경험을 부인하므로 무엇이 진실이고 무엇이 아닌지를 분간하기가 어렵게 만든다. 성인이 되어서도 자신의 성폭력 피해 경험에 대한 중요성을 평가하는 것에 의문을 제기하게 된다. 더불어 거절이나 학대에 대한 두려움 때문에 자신이 중요한 존재로 인식되기를 거부한다. "내가 중요하면 눈에 띄게 되고 그렇게 되면 다시 피해를 입게 될지도 몰라"라는 생각을 하게 되고, 이런 생각들은 자신이 중심이 되고 중요하게 되는 과정을 회피하게 한다.

4) 관계성의 관점-소외감, 고립감

성폭력 피해는 만족스러운 인간관계에 영향을 미친다. 이들의 대인관계는 고립에서부터 극도의 정서적 의존까지 다양한 양태를 보인다. 극도의 의존적인 피해자들은 방임되는 것이 두렵기 때문에 어떠한 정서적 애착일지라도 심지어 학대자일지라도 혼자 있는 것보다는 낫다고 생각한다. 그들은 정서적 친밀감을 원하지만 실제적으로는 그것을 두려워하기도 한다. 그들은 정서적으로 친밀하게 되면 상처 입을 것이라고 믿기 때문이다. 이러한 불가피한 고통을 회피하기 위해서 그들은 정서적으로 소원한 관계를 유지하게 되고, 스포츠, 일로서 사람들과 유대관계를 유지하게 되고, 때로는 이러한 유대마저 전혀 맺지 않기도 한다.

또한 자신의 성폭력 사실이 다른 사람들에게 알려지는 것에 대한 불안함 때문에 타인과의 관계형성에 있어서도 소극적이 될 수 있고, 성폭력 피해를 입었다는 것은 '남다른 문제'를 경험한 것이기 때문에 자신은 남들과 다르고 그렇기 때문에 사람들과 어울리기 어렵다고 생각할 수 있다. 이처럼 성폭력 피해는 대인관계에서의 소외감과 고립감을 경험하게 하고 위축되고 자신감 없는 대인관계를 갖게 하거나 아예 대인관계를 회피할 수도 있다.

5) 주체성의 관점–정체성

성역할 사회화는 여성을 학대받기 쉬운, 취약한, 보호해주어야 되는 대상으로 구성하기 때문에 남성과 평등한 성적 주체로서의 정체성 형성을 어렵게 한다. 성폭력은 피해자들을 성적 대상화의 당사자로서 극단적인 불평등의 관계에 놓이게 하며, 피해자 자신의 욕구, 의사, 감정은 무시되고 가해남성의 욕구대상으로 성적 대상물이 되는 과정이다. 이 과정에서 피해자는 자신의 존재가치가 부정되고 자신의 무권력을 확신하게 된다.

이러한 과정은 피해자 자신이 인간존재로써 가치 있다는 것, 자신의 삶에 주인이 자신이라는 주체성의 손상을 가져올 수 있다. 특히 어린 시절부터 성폭력 피해를 당한 피해자들은 이러한 주체성에 손상을 받을 수 있고, 지속적이고 긍정적인 정체감을 가지지 못할 경우에는 스스로 자신의 존재를 인정하는 데에 어려움을 가지게 되어 정체성 형성에 문제가 생긴다. 그리고 피해자 스스로 일관적인 태도로 자신을 보지 않기 때문에 신뢰감을 갖고 타인과 상호작용하기에도 어려움이 생긴다.

2. 성폭력에 대한 후유증 단계

성폭력으로 인한 후유증은 모든 성폭력 피해 생존자가 동일한 과정을 겪는 것은 아니다. 어떤 경우에는 건너뛰기도 하고, 어떤 경우에는 다시 그 이전단계로 되돌아가기도 한다.

① 충격/혼란의 단계

피해자는 성폭력 상황이 너무 충격이 되어, 실제적인 상황인지 매우 혼란스러워하며 현실을 제대로 인지하지 못한다.

② 부정의 단계

피해자는 성폭력 상황을 인정하고 싶지 않아 현실을 부정하며 아무 일도 없었던 것이라고 자기 최면을 걸며 현실을 거부한다.

③ 우울/죄책감의 단계

성폭력 피해자는 매우 괴로워하는 단계이다. 성폭력의 피해로 인하여 본인은 살아갈 가치가 없는 존재이며, 성폭력 상황 시의 피해가 자신이 신속한 대처를 하지 못하여 일어난 것이라는 죄책감으로 매우 우울해하는 단계이다.

④ 공포/불안감의 단계

성폭력으로 인하여 '자신의 삶이 엉켜버리지나 않을까'하는 두려움과, 성폭력으로 인하여 '또 다른 피해를 입지는 않을까' '세상의 모든 사람이 알게 되지는 않을까' 하는 두려움으로 세상을 외면하며 살아가는 단계이다.

⑤ 분노의 단계

성폭력만 일어나지 않았으면 행복하게 잘 살아갈 수 있는 자신의 삶을 성폭력으로 인한 피해로 자신의 생활이 바뀌어 버린 현실을 느끼며 가해자에 대한 분노로 가득 차게 된다. 그러므로 피해자는 가해자를 처벌하기 위하여 모든 삶을 바치기도 하고, 또 다른 가해자가 되어 자신의 분노를 되돌려 주는 삶을 살기도 한다.

⑥ 수용의 단계

성폭력은 본인의 잘못으로 일어난 것이 아니라, 자신은 가해자의 폭력에 의한 피해자임을 인지하고, 폭력의 피해로부터 벗어나 새로운 자신의 삶을 계획하는 단계이다. 이 마지막 수용의 단계에 이르게 되면 성폭력 피해자는 피해의 후유증에서 완전히 벗어 날 수 있게 되는 것이다.

12절 » 성폭력 예방 및 성평등을 위한 사회복지적 접근

1. 아동기부터 발달단계에 따른 인권감수성 교육이 이뤄져야 한다.
2. 데이트폭력 피해자에 대한 적극적인 지원체계와 가해자에 대한 사법처리절차 강화가 필요하다.
3. 젠더 교육을 위한 적극적인 개입과 프로그램 개발이 시급하다.
4. 젠더감수성에 대한 사회적 인식강화와 젠더감수성 확산을 위한 법적 제도적 장치가 필요하다.
5. 개인에게는 성인지감수성향상이 요구되며 조직에는 성평등조직문화가 조성되

어야 한다.

6. 여성폭력대응 매뉴얼의 제작 및 보급이 필요하며 서로가 인권기반 젠더감수성 역량 강화 교육실시도 시급하다.
7. 국가와 지자체가 성폭력예방과 근절을 위하여, 공통적으로 또는 지역특성을 포함한 다양한 정책 및 제도가 마련되어야 한다.
8. 각 공공기관, 기업체, 학교, 전 국민을 대상으로 하는 맞춤형 교육프로그램 보급과 성인지 감수성을 높이기 위한 교육정책이 현실화되어야 할 것이다.
9. 젠더기반 폭력 예방교육을 강화해야 한다.
10. 미혼남녀 20~30대 청년들의 성인식, 성 태도, 성 역할이 매우 중요하며, 데이트 폭력을 줄이기 위한 노력이 절실한 상황 속에서 사랑과 성에 대한 올바른 이해와 관련된 실질적 교육이 대학 내에서도 의무화되어야 할 것이다.

13장 데이트폭력 문제

1절 » 데이트폭력의 개념

최근 우리나라에서는 이성 교제 중인 연인에 대한 데이트폭력이 큰 사회적 문제로 대두되고 있다. 경찰청의 범죄 통계에 따르면 2011년부터 2017년 사이에 일어난 데이트폭력 범죄는 한 해 평균 9,049건으로 집계되었으며, 이는 점점 증가하여 2017년에는 총 10,326건이 발생했는데 이는 하루 평균 28.3건이 발생하는 꼴이다(경찰범죄통계, 2018). 데이트폭력이란 결혼 상태에 있지 않은 남 · 녀가 서로 합의하지 않은 상태에서 상대방에게 신체적, 정신적, 성적인 피해를 가할 의도와 목적을 가지고 실제 행동을 하는 것 혹은 그러한 의도와 목적을 가지고 있다고 인정할 수 있을 정도의 폭력적 행동을 가하는 것이다(Shorey, Cornelius, & Bell, 2008; 정춘아, 2017, 최진 외, 2019). 이는 연구자에 따라 다양하게 명명되어 왔는데, 대다수의 연구자들은 데이트폭력과 이성 교제 폭력과 혼용하여 사용하다가 최근에는 데이트폭력이란 용어를 많이 사용하고 있다(Cate, et al., 1982; Katz, Kuffel & Coblentz, 2002; Luthra & Gidyc, 2006; 강희숙, 이은숙, 2014; 서경현, 이영자, 2001; 안귀여루, 2002; 양혜원, 신혜섭, 2006; 조우연, 김경희, 2015).

미국의 관계폭력 각성 센터(The Center for Relationship Abuse Awareness)에 따르

면 데이트폭력의 정의는 "현재 사귀고 있거나 예전에 사귀었던 상대를 강압하거나 조정하기 위해 사용되는 폭력이나 억압"입니다. 폭행과 상해가 아니어도 상대가 위협을 느끼거나 정신적 상해를 입는 여러 경우가 데이트폭력으로 분류될 수 있다.

한편, 한국여성의전화 「데이트폭력 · 스토킹 피해자지원을 위한 안내서」에 의하면, '데이트폭력은 데이트 관계에서 발생하는 신체적, 정서적, 경제적, 성적 폭력으로 다양하고 복합적인 폭력(감시, 통제, 폭언, 갈취, 협박, 폭행, 상해, 감금, 납치, 살인미수 등)을 말한다. 데이트 관계는 데이트 또는 연애를 목적으로 만나고 있거나 만난 적이 있는 관계와 넓게는 맞선 · 부킹 · 채팅을 통해 그 가능성을 인정하고 만나는 관계까지 포괄하며, 사귀는 것은 아니나 호감을 갖고 있는 상태까지 포함한다.'고 되어있다.

2절 » 데이트폭력의 특성

데이트폭력은 이성 교제 중인 당사자 간에 일어나는 일이기 때문에 가해자는 한 명이며, 친밀한 관계에서 데이트폭력의 피해자들은 대개 지속적인 폭력에 노출되면서 자신도 모르는 사이에 상대방의 폭력 행사에 익숙해져 자신이 폭력의 피해자라는 사실을 잘 인식하지 못하게 된다. 심지어 상대방의 폭력을 잘 견디고 용서해주면 가해자와 더 좋은 관계를 유지할 수 있다는 잘못된 기대를 가지게 되는 경우도 있어, 상당한 피해를 당하면서도 가해자와 지속적으로 만남을 유지하는 경우가 많다. 그러나 이러한 지속적인 폭력에의 노출은 피해자들로 하여금 불안, 우울, 혼란감, 대인 예민성 등을 겪게 만들며 심한 경우에는 외상 후 스트레스 장애를 겪게 되기도 한다. 즉 데이트폭력은 관계가 지속될수록 폭력피해의 심각성은 가중되는 반면, 오히려 관계는 정리하기 어렵다는 특성이 있기 때문에 간과할 수 없는 중대한 범죄로 인식되어야 한다(박경은, 유영권, 2017; 안귀여루, 2006).

데이트폭력은 단 한 번의 폭력으로 끝나지 않고 오랜 기간 폭력에 노출되는 경우가 대부분임에도 불구하고, 폭력을 행사하면서도 사랑한다고 말하는 가해자의 언행으로 인해 피해자는 사랑과 폭력을 혼동할 수 있다. 또한 관계를 단절하는 과정에서 폭력, 협박, 스토킹의 피해를 겪기도 한다. 이때 관계의 특성상 가해자는 피해자의 개인정보, 취약성 등 정보를 과도하게 많이 알고 있으며, 이로 인해 피해자는 심한 공포와 불안을 호소한다. 그러나 친밀한 관계 내 폭력의 특성상 데이트폭력은 '사랑싸움' 등으로 '사소화'되어 처벌이 제대로 이루어지지 않기도 하는데, 실제 피해자들은 데이트폭력의 원인으로 '가해자에 대한 미약한 처벌'을 꼽았으며 가해자에 대한 법적 조치 강화가 데이트폭력 예방을 위해 필요하다고 호소한다.

3절 » 데이트폭력의 실태

데이트폭력 신고건수는 최근 4년간 연평균 1만8,000여 건 접수됐다. 지난 2017년 1만4,136건, 2018년 1만8,671건, 2019년 1만9,940건, 2020년 1만8,945건으로 매년 증가했다. 지난해 기준 매일 데이트폭력 신고가 52건씩 발생하고 있다(경찰청, 2021.6). 이 기간 연인에 의한 폭행·상해, 체포·감금·협박, 살인 등으로 형사 입건된 이들은 1만 여명에 달한다. 그러나 실제 데이트폭력을 당하고 있지만 '가스라이팅'을 당하거나 보복이 두려워 신고를 하지 않는 사례까지 더하면 실제 발생하는 데이트폭력 건수는 더 많을 것으로 추산된다. 데이트폭력은 현재 이성 교제 중인 모든 성별과 연령에서 나타나고 있다. 데이트폭력 경험을 한 20대가 36.2%로 가장 많았으며 30대가 27.2%로 그 뒤를 이어, 데이트폭력의 거의 60%가 20대와 30대 청년층에서 발생하고 있었다. 그러나 이후 연령대에서도 데이트폭력은 40대 18.2%, 50대 11.7%, 10대 3.4%, 60대 이상 3.3% 순으로 나타났다(박외병, 2018). 또한 데이트폭력 경험에 대한 남녀의 차이를 조사했던 2018년 대구여성가족재단에서 조사했던 데이트폭력 실태조사에 따르면, 데이트폭력의 경험 유형에서는 남·여 간에 성차가 있는 것으로 나타났다. 최근 1년 이내에 데이트폭력의 가해 혹은 피해 경험이 있다고 응답한 2·30대 미혼 성인들을 대상으로 한 이 조사에 따르면, 신체적 폭력과 성적폭력은 남성들이 더 많이 가하는 것으로 나타났는데 특히 성적폭력의 경우에는 여성이 남성에 비해 3배 이상 높은 피해를 당했다고 보고하였다.

여성의 경우에는 대개 언어폭력이나 정서폭력을 많이 가하는 것으로 나타났다.

데이트폭력 피해를 입은 경험이 있는 서울 및 대전 지역의 여대생 578명을 대상으로 한 연구를 통해 이들 주 신체적 폭력 경험 비율은 10.8%, 성적폭력 경험 비율은 8.3%에 달한다고 보고했다(신혜섭, 2007). 여대생들을 대상으로 조사한 결과 데이트폭력 피해를 입은 사람 중 91.7%가 심리적 폭력을 경험했고, 41.4%는 신체적 폭력, 36.1%는 성적폭력을 경험한 것으로 나타났다. 이때 폭력의 유형은 중복되어 나타나는 경우가 많았다(이은혜 외, 2009). 데이트폭력 피해 경험이 있는 대학생들에 대한 실태조사에서 남학생의 경우 96.2%, 여학생의 경우 95.1%가 심리적 폭력의 피해를 당한 경험이 있고 신체적 폭력도 남학생 49.4%, 여학생 37.8%가 경험이 있다고 응답했다(서경현, 2009). 데이트폭력의 피해가 비단 여성만의 문제가 아니라 남성들 또한 피해자가 될 수 있음을 시사한다.[1] 이처럼 과거에는 주로 데이트폭력의 피해를 여성에만 국한하던 관점에서 벗어나 남성과 여성 모두를 데이트폭력의 가해 및 피해자로 보는 관점에서의 연구들이 활발하게 이어지고 있다. 선행연구를 통해 살펴본 결과 많은 연구자들은 심리적 폭력이 신체적 폭력과 성적폭력의 전조 증상임을 지적하고 있는바 우리나라 미혼 남녀 20~30대 청년들의 심리적 폭력이 신체적 폭력 및 성적폭력으로 연결되지 않을 수 있도록 돕기 위해 이러한 폭력에 영향을 미친 요인들에 대한 탐색적 연구가 활발히 이루어져야 할 필요가 있음을 알 수 있다.

사례를 살펴보면, 다음과 같다.

사례 1) '내가 너에게 얼마나 잘 해줬는데…' A씨의 남자친구는 A씨에게 수차례 데이트폭력을 행사했다. 저항도 하지 못하는 A씨를 때린 뒤 흥분이 가라앉으면 '사랑해서 그런 것'이라며 자신의 폭행을 합리화시켰다. A씨는 '피해 사실을 아무에게도 알려선 안 된다'는 남자친구의 말을 굳게 믿고 수개월을 지낸 뒤에야 자신이 '가스라이팅'에 당했다는 사실을 인지했다.

친밀한 사이에서 벌어지는 데이트폭력 피해자들은 여전히 제도권 안에서도 위험에 노출된다. 친밀한 사이에서 벌어지는 데이트폭력은 집이나 직장 등 피해자의 신변이 노출됐기 때문이다. 피해자 보호를 위한 다양한 시도가 있지만 현장에서는 여전히 실효성 있는 대책 마련이 시급하다는 지적이다.

1) 한국여성의전화가 2020년 1월1일부터 12월 31일까지 언론에 보도된 사건들을 분석한 결과에 의하면, 남편이나 애인 등 친밀한 관계의 남성에 의해 살해된 여성 중 데이트 관계에서 살해된 여성은 48명, 살인미수 77명으로 125명의 데이트폭력 피해자가 발생한 것으로 나타났다. 보도되지 않은 사건을 포함하면 친밀한 관계의 남성에 의해 살해된 실제 피해 여성은 훨씬 많을 것이다.

가스라이팅은 지속적으로 집요하게 피해자의 심리를 지배해 이성적인 판단을 할 수 없도록 하는 가해 행위다. 가해자들은 데이트폭력 피해 사실을 피해가 아닌 '사랑'이라고 합리화해 이를 믿도록 피해자를 설득했다. 결국 피해자들은 병원 진단서를 끊는 등 피해사실에 대한 증거를 수집하지 못하는 결과로 이어졌다.

A씨도 수차례 데이트폭력을 당했지만 "사랑한다.", "널 위해서 그러는 거니 고맙다고 해라"라는 말에 남자친구를 고발하지 못했다. 자신만 잘 하면 관계가 원만할 것이라고 믿었기 때문이다. A씨는 "(피해사실을) 가족이나 친구에게 알릴 경우 힘들어할 테니 절대 알리지 말라고 남자친구는 당부했다."며 "나를 위한 일이라고 지속적으로 설득했다."고 말했다.

사례 2) 2019년 7월 1일 김모 씨(20)는 헤어진 여자친구 A양(10대)을 찾아가 성폭행한 후, 21일에 다시 찾아가 흉기로 협박했다. "죽이지는 않고 찌르기만 할게" 등의 말로 10분 넘게 위협하다가 신고를 받고 경찰에 체포됐다.

사례 3) 2019년 8월 5일에는 현역 육군 중위가 모텔에서 여자친구를 무차별 폭행한 혐의로 긴급 체포됐다. 여자친구가 잠든 사이 몰래 여자친구 핸드폰 잠금을 풀어 메신저를 확인했고, 자신을 욕한 사실을 발견했다. 메신저로 자신을 욕했다는 이유로 여자친구를 2시간 동안 때려서 갈비뼈가 부러지는 등의 심한 상해를 입혔다.

사례 4) 2019년 8월 15일에는 20대 남성이 이별을 통한 전 여자친구를 찾아가 트렁크에 납치한 후, 3시간가량 감금한 사실이 밝혀졌다. 이 남성은 여자친구가 이별을 통보한 뒤, 자신을 만나 주지 않았다는 이유로 범행을 저질렀다고 진술했다.

사례 5) 2019년 8월 5일부터 14일까지 열흘간 여자친구를 감금하고 폭행한 사건도 있었습니다. 자신의 집에 여자친구를 가두고 목을 조르거나 얼굴 등을 수차례 때린 남성(22)이 불구속 입건됐다. 경찰 조사 결과에 따르면 이별을 통보받고 저지른 범행으로 밝혀졌다(트렌드모니터, 2018 데이트폭력에 대한 대처 행동의 적극성 평가 조사).

표 13-1 데이트 '폭력' 뒤의 핑계 - 강력범죄로 이어진 데이트폭력 주요사례

2016년 3월	이별 통보한 여자친구 붙잡아 인질극 및 새 남자친구 흉기로 찌른 20대 남성
2018년 3월	음란사이트에 헤어진 여자친구 2명 얼굴 노출, 성관계 동영상 유포한 20대 남성
2019년 4월	이별 통보한 내연녀에 가학적인 유사성행위로 과다출혈 일으켜 숨질 때까지 방치한 50대 남성

2020년 1월	이별한 여자친구 살해 후 마대자루에 담아 공터에 시신 유기한 20대 남성
5월	헤어진 여자친구 자취방 주소로 조건만남 글 올린 20대 남성
2021년 1월	구애 거절당하자 조폭 행세하며 여성 성폭행한 40대 남성
7월	한 달 반 사귄 남성을 7개월간 스토킹하다 흉기로 찔러 살해한 30대 여성
9월	보험금 노리고 교제 시작한 뒤 친구 2명과 여자친구 살해 공모한 10대 남성

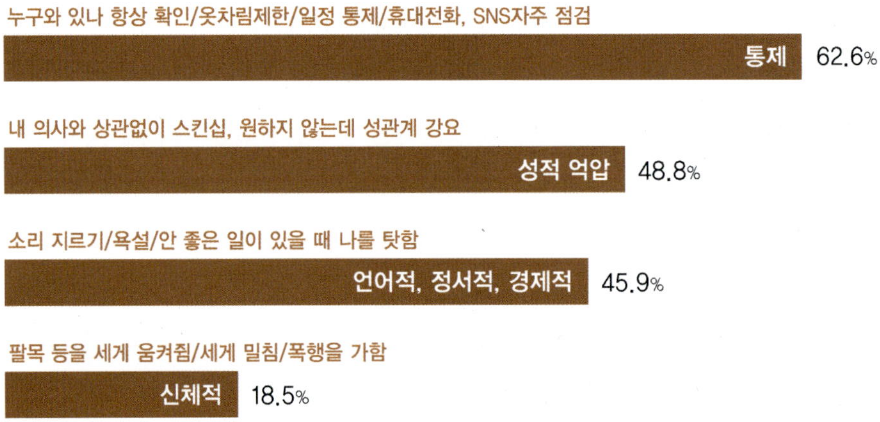

통계: 사단법인 한국여성의전화에서 실시한 2018 데이트폭력 실태조사

전문가들은 데이트 폭력 가해자 대부분의 공통적인 특징을 소유욕으로 분석합니다.
가해자들은 자신의 폭력 원인을 피해자에게 전가하는 특징도 있습니다.

출처: 트렌드모니터, '데이트폭력에 대한 대처 행동의 적극성 평가 조사결과' 2018.

표 13-2 2020년 언론에 보도된 친밀한 관계의 남성에 의한 여성 살해 피해자[2] 수

피해자 범죄유형	배우자관계	데이트관계	기타	소계	주변인	총계
살인	45	48	4	97	18	115
살인미수 등	50	77	4	131	39	170
누계(명)	95	125	8	228	57	285

출처: 한국 여성의 전화 상담통계(2020).

2) 배우자관계: 현재 또는 과거(사실) 혼인 상태의 아내
데이트관계: 현재 또는 과거 데이트관계의 여성(동거, 소개팅이나 채팅, 조건만남 등 포함)
기타: 배우자나 데이트관계가 아닌 상대방이 일방적으로 교제나 성적인 요구를 하는 관계 등

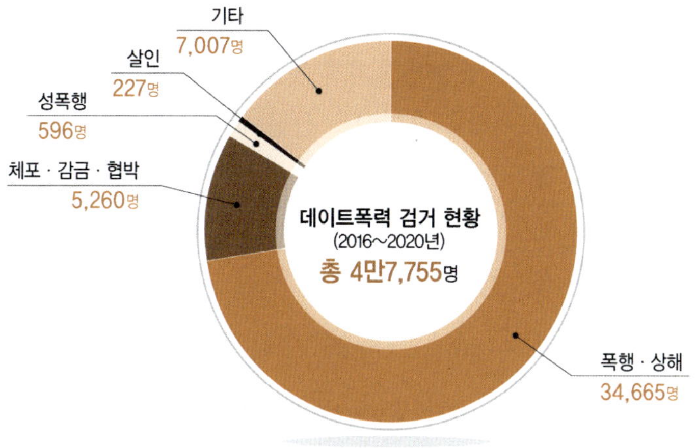

출처: 경찰청(2021). 범죄백서.

그림 13-1 데이트폭력 검거 현황

4절 » 데이트폭력에 영향을 미치는 요인[3)]

데이트폭력에 영향을 미치는 요인들은 여러 연구들을 통해 다양하게 제시되어 왔다 이러한 연구들은 데이트폭력 발생에 영향을 미치는 요인을 크게 원격 요인과 근접 요인으로 구분한다.

1. 원격 요인

원격 요인은 먼 과거로부터 오는 영향을 의미하며, 대표적인 것으로는 아동학대, 가정 내 폭력 경험, 원 가족과의 애착, 성격, 알코올 및 약물중독 경험 등이 있다.

2. 근접 요인

현재 발생되는 데이트폭력과 인접한 시기에 발생되는 다양한 개인 내적 및 외적

3) Caldwell et al., 2009; Flynn & Graham, 2010; Kelley et al., 2015; Shorey et al., 오윤희, 임성문, 2019.

특성들을 포함하고 있다. 이러한 원격 요인 및 근접 요인 중에서도, 데이트폭력을 직접적으로 유발하는 가장 큰 영향력을 가진 것은 근접 요인으로 알려져 있다. Flynn과 Graham(2010)은 데이트폭력을 유발하는 근접 요인이 다음의 5가지 하위 요인으로 구성되어 있다고 하였다.

1) '상대방의 도발 및 공격' 요인

연인 중 어느 한 사람이 상대방을 폭력적으로 반응하도록 먼저 도발하거나 공격적으로 행동하는 것으로서, 주로 자기방어, 이전의 상처에 대한 앙갚음 형식의 보복, 이별이나 외도 등 관계 위협에 대한 인식, 성관계의 거절 등이 포함된다.

2) '정서 · 정신 · 신체 상태' 요인

폭력이 일어나기 직전에 나타나는 가해자의 불안정한 신체 및 정신 상태를 의미하는 것으로서, 주로 분노나 질투 같은 정서 상태, 약이나 술에 취한 정신 및 신체 상태 등이 포함된다.

3) '의사소통 이슈' 요인

의사소통이 원활하지 않을 때 의사소통의 대안적 방법으로 폭력을 사용하는 현상인 것으로서, 말로 감정을 표현하기 어려울 때, 자신의 사랑을 증명하는 것을 실패했을 때, 관심을 받기 위해 폭력을 사용하는 것을 뜻한다.

4) '힘 · 권위의 행사' 요인

연인과의 관계에서 자신이 우위를 차지하기 위해 폭력을 활용하는 것으로서, 이는 상대방을 통제하려는 경향이 강한 사람들에게서 나타나는데, 이성 교제 중인 대상에게 무엇을 하게 하거나 그만두게 하기 위해 내가 더 강함을 증명하기 위한 강요, 위협, 처벌 등의 형태 데이트폭력이 발현된다.

5) '현안문제' 요인

당면한 생활 문제인 분업, 경제적 문제, 취업 여부 등과 같은 것으로서, 데이트폭력의 원인이 될 수 있는데 사실상 이 요인은 데이트폭력보다는 동거 중인 사실혼 관계에 있는 사람들이나 결혼 후 가정을 꾸리고 있는 사람들에게서 폭력의 형태로 발현될 수 있기 때문에 데이트폭력보다는 가정폭력에서 더 큰 연관이 있는 것으로 알려져 있다(오윤희 · 임성문, 2019).

즉, "데이트폭력은 범죄이면서도 동시에 애정, 소속감, 긍휼, 희생과 같이 한국에서 긍정적으로 평가되는 정서와 강하게 연합되어 있다"며 "이는 가해자가 피해자를 조종하는 것을 용이하게 하고, 피해자가 자신이 겪은 폭력을 범죄로 규정하는 것을 어렵게 한다."고 설명했다. 또한 피해자의 몸이 데이트폭력 상태에 오래 방치되는 경우 "무기력, 통제감 상실 등을 겪으며 우울증, 인지 저하, 신체기능 저하로 이어져 스스로 문제 해결을 더 어렵게 만든다."고 말했다. 김나영 미국변호사는 최근 들어 데이트폭력, 여성 살해 등 한국의 여성폭력이 더 가시화되는 것에 대해 "그만큼 여성차별과 여성혐오가 심각하다는 지표"이자 "페미니즘에 대한 백래시(사회변화에 대한 저항 · 반동) 현상의 일부라고 본다."고 밝혔다(한지영, 신체심리학자, 2021).

5절 » 스토킹의 특성과 실태

1. 스토킹의 특성

스토킹이란 상대방의 의사에 반하여, 공 · 사를 아우르는 생활영역에 직접 또는 간접적으로 접근하여 괴롭히는 행위를 말한다. 반복적으로 접근하거나 미행하는 행위, 주거지 근무지 학교 등의 활동 장소에서 지켜보거나 통행로에 서 있는 행위, 특정 물건이나 사진, 문자를 반복적으로 보내는 행위, 피해자와 그 주변인의 안전과 생명을 침해하거나 위협하는 행위, 그 외 자유로운 생활 형성을 침해하는 경우 등이 이에 속한다. 스토킹은 대부분이 애인이나 배우자같이 친밀한 관계에 있거나 있었던 사람으로부터 발생한다. 생활통제부처 살인에 이르기까지 다양한 범죄유형으로 존재, 변화, 발전하며, 그 피해는 신체적 피해부터 사회생활의 단절까지 다양하게 나타난다. 또한 그 피해는 당사자에 국한되지 않고 주변인들에게까지 영향을 미친다.

2. 스토킹의 실태

1) 스토킹 피해자 지원실적

지원내용	지원시설	2018	2019	2020
스토킹 상담(건)	가정폭력상담소	413	497	399
	성폭력상담소	–	708	516
	1366센터	935	1,294	1,175
	소계	1,348	2,499	2,090
피해자일시보호(명)	1366센터(긴급피난처)	–	6	8

출처: 여성가족부 정책뉴스(2121.4.28.).

2) 한국여성의전화 상담통계

한국여성의전화 스토킹에 대한 상담통계를 살펴보면 다음과 같다. 피해자의 성별은 여성 99.6%, 남성 0.4%, 가해자의 성별로는 남성 98.1%, 여성 1.9%, 스토킹 가해유형은 정서적 65.6%, 경제적 4.1%, 성적 13.0%, 신체적 17.3%로 나타났다(한국여성의전화, 2018).

출처: 한국여성의전화 상담통계(2017).

3. 스토킹범죄의 처벌 기준

수준이 너무 약해 처벌을 강화하기 위한 '스토킹 범죄의 처벌 등에 관한 특례 법안은 다음과 같다.

스토킹범죄의 처벌 등에 관한 법률(약칭: 스토킹처벌법)
[시행 2021. 10. 21.] [법률 제18083호, 2021. 4. 20., 제정]

제1장 총칙

제1조(목적) 이 법은 스토킹범죄의 처벌 및 그 절차에 관한 특례와 스토킹범죄 피해자에 대한 보호절차를 규정함으로써 피해자를 보호하고 건강한 사회질서의 확립에 이바지함을 목적으로 한다.

제2조(정의)

1. "스토킹행위"란 상대방의 의사에 반(反)하여 정당한 이유 없이 상대방 또는 그의 동거인, 가족에 대하여 다음 각 목의 어느 하나에 해당하는 행위를 하여 상대방에게 불안감 또는 공포심을 일으키는 것을 말한다.
   가. 접근하거나 따라다니거나 진로를 막아서는 행위
   나. 주거, 직장, 학교, 그 밖에 일상적으로 생활하는 장소(이하 "주거 등"이라 한다) 또는 그 부근에서 기다리거나 지켜보는 행위
   다. 우편 · 전화 · 팩스 또는 「정보통신망 이용촉진 및 정보보호 등에 관한 법률」 제2조 제1항 제1호의 정보통신망을 이용하여 물건이나 글 · 말 · 부호 · 음향 · 그림 · 영상 · 화상(이하 "물건 등"이라 한다)을 도달하게 하는 행위
   라. 직접 또는 제3자를 통하여 물건 등을 도달하게 하거나 주거 등 또는 그 부근에 물건 등을 두는 행위
   마. 주거 등 또는 그 부근에 놓여 있는 물건 등을 훼손하는 행위

제2장 스토킹범죄 등의 처리절차

제3조(스토킹행위 신고 등에 대한 응급조치) 사법경찰관리는 진행 중인 스토킹행위에 대하여 신고를 받은 경우 즉시 현장에 나가 다음 각 호의 조치를 하여야 한다.

1. 스토킹행위의 제지, 향후 스토킹행위의 중단 통보 및 스토킹행위를 지속적 또는 반복적으로 할 경우 처벌 경고
2. 스토킹행위자와 피해자 등의 분리 및 범죄수사
3. 피해자 등에 대한 긴급응급조치 및 잠정조치 요청의 절차 등 안내
4. 스토킹 피해 관련 상담소 또는 보호시설로의 피해자 등 인도(피해자 등이 동의한 경우만 해당한다)

제4조(긴급응급조치) ① 사법경찰관은 스토킹행위 신고와 관련하여 스토킹행위가 지속적 또는 반복적으로 행하여질 우려가 있고 스토킹범죄의 예방을 위하여 긴급을 요하는 경우 스토킹 행위자에게 직권으로 또는 스토킹행위의 상대방이나 그 법정대리인 또는 스토킹행위를 신고한 사람의 요청에 의하여 다음 각 호에 따른 조치를 할 수 있다.

1. 스토킹행위의 상대방이나 그 주거 등으로부터 100미터 이내의 접근 금지
2. 스토킹행위의 상대방에 대한 「전기통신기본법」 제2조 제1호의 전기통신을 이용한 접근 금지

② 사법경찰관은 제1항에 따른 조치(이하 "긴급응급조치"라 한다)를 하였을 때에는 즉시 스토킹행위의 요지, 긴급응급조치가 필요한 사유, 긴급응급조치의 내용 등이 포함된 긴급응급조치결정서를

작성하여야 한다.

제9조(스토킹행위자에 대한 잠정조치) ① 법원은 스토킹범죄의 원활한 조사 · 심리 또는 피해자 보호를 위하여 필요하다고 인정하는 경우에는 결정으로 스토킹행위자에게 다음 각 호의 어느 하나에 해당하는 조치(이하 "잠정조치"라 한다)를 할 수 있다.

1. 피해자에 대한 스토킹범죄 중단에 관한 서면 경고
2. 피해자나 그 주거등으로부터 100미터 이내의 접근 금지
3. 피해자에 대한 「전기통신기본법」 제2조 제1호의 전기통신을 이용한 접근 금지
4. 국가경찰관서의 유치장 또는 구치소에의 유치

② 제1항 각 호의 잠정조치는 병과(併科)할 수 있다.

③ 법원은 잠정조치를 결정한 경우에는 검사와 피해자 및 그 법정대리인에게 통지하여야 한다.

④ 법원은 제1항 제4호에 따른 잠정조치를 한 경우에는 스토킹행위자에게 변호인을 선임할 수 있다는 것과 제12조에 따라 항고할 수 있다는 것을 고지하고, 다음 각 호의 구분에 따른 사람에게 해당 잠정조치를 한 사실을 통지하여야 한다.

1. 스토킹행위자에게 변호인이 있는 경우: 변호인
2. 스토킹행위자에게 변호인이 없는 경우: 법정대리인 또는 스토킹행위자가 지정하는 사람

⑤ 제1항 제2호 및 제3호에 따른 잠정조치기간은 2개월, 같은 항 제4호에 따른 잠정조치기간은 1개월을 초과할 수 없다. 다만, 법원은 피해자의 보호를 위하여 그 기간을 연장할 필요가 있다고 인정하는 경우에는 결정으로 제1항 제2호 및 제3호에 따른 잠정조치에 대하여 두 차례에 한정하여 각 2개월의 범위에서 연장할 수 있다.

제17조(스토킹범죄의 피해자에 대한 전담조사제) ① 검찰총장은 각 지방검찰청 검사장에게 스토킹범죄 전담 검사를 지정하도록 하여 특별한 사정이 없으면 스토킹범죄 전담 검사가 피해자를 조사하게 하여야 한다.

② 경찰관서의 장(국가수사본부장, 시 · 도경찰청장 및 경찰서장을 의미한다. 이하 같다)은 스토킹범죄 전담 사법경찰관을 지정하여 특별한 사정이 없으면 스토킹범죄 전담 사법경찰관이 피해자를 조사하게 하여야 한다.

③ 검찰총장 및 경찰관서의 장은 제1항의 스토킹범죄 전담 검사 및 제2항의 스토킹범죄 전담 사법경찰관에게 스토킹범죄의 수사에 필요한 전문지식과 피해자 보호를 위한 수사방법 및 수사절차 등에 관한 교육을 실시하여야 한다.

제3장 벌칙

제18조(스토킹범죄) ① 스토킹범죄를 저지른 사람은 3년 이하의 징역 또는 3천만 원 이하의 벌금에 처한다.

② 흉기 또는 그 밖의 위험한 물건을 휴대하거나 이용하여 스토킹범죄를 저지른 사람은 5년 이하의 징역 또는 5천만 원 이하의 벌금에 처한다.

③ 제1항의 죄는 피해자가 구체적으로 밝힌 의사에 반하여 공소를 제기할 수 없다.

제19조(형벌과 수강명령 등의 병과) ① 법원은 스토킹범죄를 저지른 사람에 대하여 유죄판결(선고유예는 제외한다)을 선고하거나 약식명령을 고지하는 경우에는 200시간의 범위에서 다음 각 호의 구분에 따라 재범 예방에 필요한 수강명령(「보호관찰 등에 관한 법률」에 따른 수강명령을 말한다. 이하 같다) 또는 스토킹 치료프로그램의 이수명령(이하 "이수명령"이라 한다)을 병과할 수 있다.

1. 수강명령: 형의 집행을 유예할 경우에 그 집행유예기간 내에서 병과
2. 이수명령: 벌금형 또는 징역형의 실형을 선고하거나 약식명령을 고지할 경우에 병과

② 법원은 스토킹범죄를 저지른 사람에 대하여 형의 집행을 유예하는 경우에는 제1항에 따른 수강명령 외에 그 집행유예기간 내에서 보호관찰 또는 사회봉사 중 하나 이상의 처분을 병과 할 수 있다.

③ 제1항에 따른 수강명령 또는 이수명령의 내용은 다음 각 호와 같다.
1. 스토킹 행동의 진단 · 상담
2. 건전한 사회질서와 인권에 관한 교육
3. 그 밖에 스토킹범죄를 저지른 사람의 재범 예방을 위하여 필요한 사항
④ 제1항에 따른 수강명령 또는 이수명령은 다음 각 호의 구분에 따라 각각 집행한다.
1. 형의 집행을 유예할 경우: 그 집행유예기간 내
2. 벌금형을 선고하거나 약식명령을 고지할 경우: 형 확정일부터 6개월 이내
3. 징역형의 실형을 선고할 경우: 형기 내
⑤ 제1항에 따른 수강명령 또는 이수명령이 벌금형 또는 형의 집행유예와 병과된 경우에는 보호관찰소의 장이 집행하고, 징역형의 실형과 병과된 경우에는 교정시설의 장이 집행한다. 다만, 징역형의 실형과 병과된 이수명령을 모두 이행하기 전에 석방 또는 가석방되거나 미결구금일수 산입 등의 사유로 형을 집행할 수 없게 된 경우에는 보호관찰소의 장이 남은 이수명령을 집행한다.
⑥ 형벌에 병과하는 보호관찰, 사회봉사, 수강명령 또는 이수명령에 관하여 이 법에서 규정한 사항 외에는 「보호관찰 등에 관한 법률」을 준용한다.

제20조(잠정조치의 불이행죄) 제9조 제1항 제2호 또는 제3호의 잠정조치를 이행하지 아니한 사람은 2년 이하의 징역 또는 2천만 원 이하의 벌금에 처한다.

사례) 전 직장 동료를 지속해서 따라다니고 문자메시지를 보내는 등 스토킹한 20대 남성이 구속됐다. 스토킹처벌법이 시행된 후 구속된 첫 사례다. 경찰 등에 따르면 경기 안성경찰서는 스토킹처벌법 위반 혐의로 20대 남성 A씨를 구속했다.

A씨는 같은 직장에 다니던 여성 B씨가 자신을 만나주지 않는다는 이유로 신변을 비관하는 문자메시지를 여러 차례 보내는 등 괴롭힌 혐의를 받는다. 또 그는 B씨가 직장을 옮기자 새 직장으로 찾아가기도 한 것으로 조사됐다.

경찰은 A씨의 이러한 행위가 스토킹처벌법에 따른 처벌의 핵심 요건인 '지속성'과 '반복성'을 충족한다고 보고 A씨를 체포한 뒤 구속영장을 신청했다. 이후 검찰이 청구한 구속영장이 법원에서 받아들여져 지난 24일 A씨를 구속했다.

지난 2021. 10. 21일 시행된 스토킹처벌법에 따르면 스토킹 범죄는 상대방과 그 동거인 · 가족에게 접근하거나 진로를 막는 등 크게 다섯 가지 행위를 지속 · 반복해 불안감 또는 공포심을 일으킬 때 성립된다. 스토킹 범죄를 저지르면 3년 이하 징역 또는 3000만 원 이하 벌금형에 처한다. 흉기 등을 이용한 경우에는 5년 이하 징역 또는 5000만 원 이하 벌금으로 가중 처벌된다. 하지만 반의사불벌 조항이 포함돼 피해자에게 처벌 의사가 없으면 가해자를 처벌할 수 없다.

6절 » 선진국의 가정폭력 정책

1. 영국

영국 내무성이 최근 중점을 두고 추진 중인 정책들은 가정폭력 개념의 재정립, 가정폭력방지법의 제정, 가정폭력전과공개제도(Domestic Violence Disclosure Scheme), 일명 클레어법(Clare's Law)의 실시하고 있다.

가정폭력(domestic violence)의 정의는 '친밀한 파트너 또는 가족구성원이 16세 이상의 사람을 성별 또는 성적 정체성과 상관없이 통제하거나(controlling), 강요하거나(coercive), 위협하거나(threatening), 폭력을 가하거나(violence), 학대하는(abuse) 행위, 즉 심리적, 신체적, 성적, 재정적 및 정서적 학대를 뜻한다.

1) 가정폭력전과공개제도의 목적

가정폭력전과 공개의 주된 목표는 가정폭력의 전과가 있는 상대의 새로운 파트너가 상대방의 과거 전과를 인지한 상황에서 관계를 유지할지 여부 및 어떤 관계를 맺을지 여부를 선택할 수 있게끔 하는 것이다.

가정폭력전과 공개제도에 있어서 가장 중요한 점은 공개절차의 모든 단계에서 피해위험도를 측정하는 것이며, 이 위험도의 측정은 전과가 있는 상대방으로부터 보호하고 잠재적 피해의 단계를 알려주기 위해 필요한 실무조치를 알려주는 기능을 한다.

2) 가정폭력전과공개제도의 특징

첫째, 새로운 파트너에게 가정폭력전과가 있는 사람의 폭력전과에 대한 정보를 알려주고 A가 B와 계속 관계를 유지할지 여부를 선택할 수 있게 한다.

둘째, 과거 관계 공무원이 가해자의 과거 폭력전과에 대한 정보를 얻고자 하는 경우 그 공개에 대하여 수동적으로 대응했던 방식을 능동적으로 전환한다.

셋째, "문의할 권리(right to ask)"에 기초하여, 가정폭력피해의 위험에 놓인 피해자는 사전적으로 필요 정보를 구할 수 있고, 담당 공무원이 피해자보호에 대한 책임을 가지고 관련 중요 정보를 피해자에게 제공할 것이라는 신뢰를 가질 수 있다.

넷째, "알 권리(right to know)"에 기초하여, 보호책임이 있는 기관은 가정폭력 전과가 있는 B가 그 파트너 A에게 위해를 가할 위험이 있다는 정보를 갖게 될 경우, 그 보호기관은 잠재적 피해자의 보호와 관련하여 관련 정보의 공개의 합법성과 필요성, 균형성을 심사하여야 한다.

다섯째, 주변인들로 하여금 피해자의 안전에 대한 책임감을 강화시킴 다만, 가정폭력전과공개 제도를 위해 새로운 법령이 제정된 것은 아니며, 따라서 정보공개는 현행 법체계 내에서 이루어져야 하고, 특히 판례법과 인권보호법(The Human Rights Act 1998), 정보보호법(The Data Protection Act 1998), 범죄자갱생법(The Rehabilitation of Offenders Act 1974)을 준수하여야 한다.

정보공개제도는 2012년 1년간의 시범실시 이후 2014년 3월부터 영국 전역과 웨일스 지역에 확대되어 실시하고 있다.

2. 미국

가정폭력과 스토킹, 성폭력 등으로부터 여성을 보호하기 위해 연방과 주차원에서 다각도의 노력을 기울이고 있다. 영국과 마찬가지로 데이트폭력을 가정폭력 개념에 포함시키는 주가 점차 늘어가는 추세이다. 무엇보다도 데이트폭력에 대한 효과적인 예방 및 대응방안으로 연방법으로서 여러 차례 재승인받은 여성폭력방지법의 내용 및 운용이 매우 주목할 만하다.

연방기관인 여성폭력방지사무소의 설립이나 여성폭력가해자에 대한 총기소지 제한, 인센티브 제도를 통한 협력 강화 등 여성폭력방지를 위한 다양한 노력을 펼치고 있는데, 그중에서도 여성폭력방지법 기금을 통해 매해 50만 명의 법집행기관 직원과 검사, 판사, 피해자변호인 등을 훈련하여 여성폭력에 대한 기존의 그릇된 인식을 제거하고, 여성폭력전담특수부서가 설치된 검찰과 경찰, 법원에 재정적 지원을 함으로써 상대적으로 높은 기소율과 유죄율, 양형을 이끌어냈다.

피해자지원차원으로는 핫라인을 설치하고, 거주지지원기금을 마련하여 거주지지원을 확대함으로써 피해자가 가해자로부터 재차 폭행을 당하지 않도록 도와주고 있고, 기금을 새롭게 형성하여 의료인들이 가정폭력을 심사하고 가정폭력방지 프로그램과 연합할 수 있도록 도와줌으로써 피해자건강관리뿐만 아니라 가정폭력증거수집에도 도움을 주고 있으며, 보호대상을 자국 여성뿐만 아니라 아동과 노인, 장애자, 외국인, 성소수자 등 취약계층으로 더욱 확대해 나가고 있음이 모범적이라고 평가할 수 있을 것이다.

백악관의 2014년 조사결과 여성폭력방지법의 시행 이후 미국 내 가정폭력발생률이 감소하였고, 성폭력에 의한 개인적 · 사회적 비용이 감소하였으며, 가정폭력에 대한 사회적 인식이 개선되었다는 점은 그간의 노력에 대한 성과로 볼 수 있을 것이다. 더불어 2013년 여성폭력방지법이 캠퍼스보안공개법(Jeanne Clery Act) 개정안을 통과시켜, 대학들이 캠퍼스 내 성폭력의 예방과 각성, 적절하고 공정한 조사 및 해결을 도모하는 것을 우선정책으로 삼을 것과 해자들의 권리와 원조에 관한 정보들을 연간 보고서에 실을 것을 명함으로써 캠퍼스 내 성폭력의 예방 및 적절한 대처를 도모한 점도 시사하는 바가 크다.

3. 독일

독일은 가정폭력이나 성폭력 등에 대한 대응을 위해 2002년 폭력보호법을 제정하였고, "가해자는 떠나야 하고, 피해자가 집에 머문다"는 원칙하에 가정폭력 등 여성에 대한 폭력으로부터 여성을 보호하기 위한 여러 장치를 마련하여 운용하고 있다.

특히 거처양도명령제도(Wohnungs berlassung)의 도입을 통해 피해자가 자신의 집에서 법적 보호를 받을 수 있는 역할을 해주고, 가해자에게는 가정폭력이 사적영역에서 행해져도 결코 사적 문제가 아님을 보여주고 있다. 폭력보호법은 주로 배우자나 동거남 등 파트너의 폭행으로부터 여성과 자녀를 보호하기 위한 목적으로 만들어졌으나, 동법상의 여러 보호조치에 대한 신청권자가 배우자나 동거자 등 친밀한 관계에 있을 것을 요구하고 있지 않고 누구나 가능하므로 결혼이나 동거가 아닌 단기간의 연인관계에 있는 사람들, 더 나아가 연인관계가 아닌 사람들도 해당한다는 점에서 데이트폭력의 피해자 역시 동법상의 보호대상에 해당한다. 특히 동법이 피해자가 원치 않음에도 피해자의 집에 침입하거나 지속적으로 쫓아다니는 등의 행위, 이른바 스토킹(Stalking)의 피해자 역시 동법의 보호대상으로 삼았음을 볼 때, 데이트폭력의 피해자 역시 동법의 보호대상이 됨은 분명하다.

4. 세계보건기구(World Heath Organization, WHO)

세계보건기구(World Heath Organization, 이하 WHO)는 2013년 5월 [친밀한 관계에서의 파트너에 의한 폭력과 여성에 대한 성범죄에 대한 대응 WHO의 치료와 정책 지침서에서 다만 부모를 대상으로 자녀가 신청하는 것은 명시적으로 제한되어 있다.

친밀한 관계에 있는 파트너에 의한 폭력(이하 '파트너폭력') 및 성폭력에 초점을 맞추어 의료서비스제공자들이 폭행피해여성을 식별할 최선의 방법을 증거에 기초하여 제시하고 있으며, 최초로 의료서비스 제공자 및 다른 관련 팀 구성원을 위한 배우자 폭행 및 성폭행 분야의 훈련 과정 안내를 제공해주는 역할을 한다.

이 지침서는 의료기관으로 하여금 파트너폭력 및 성폭행의 피해를 입은 여성에게 의료행위 및 심리적 지원을 포함하여 적절한 응대를 할 수 있도록 다양한 사항에 관하여 지침을 제공하고 있는데, 특히 기존의 관련 연구를 검토한 후 실효성이 입증된 사항들을 권고함으로써 매우 신뢰할만하고, 그런 점에서 앞으로 개별 국가가 파트너폭력과 성폭행의 식별과 피해자를 위한 의료행위, 관련 훈련, 파트너폭력의 강제적 보고 등에 관하여 이를 훌륭한 지침서로 활용할 수 있어, 피해자의 치료와(증거수집을 통한) 가해자의 처벌, 재범예방에 도움을 줄 것으로 보인다.

7절 » 데이트폭력 예방을 위한 사회복지적 접근

1. 전과정보공개제도 도입 필요성

공식범죄통계를 통해 살펴본 결과, 연인을 살해한 범죄자의 경우 지난 10년간 살인범죄자 중 전과자가 74.4%에 이를 정도로 전과자의 비율이 높았으며, 성폭력범죄자의 71.5%, 폭행 또는 상해범죄자의 76.8%가 전과자로서 전과자의 비율이 매우 높았다. 또한 청구전조사서에 대한 기록조사에서도 연인 살인범죄자의 81.0%, 성폭력범죄자의 77.8%가 전과가 있는 것으로 밝혀졌다.

본 설문조사의 응답자들 중 여성은 데이트폭력을 예방하기 위해 교제 상대방의 전과조회를 허용하는 것에 대해 '철저한 관리를 전제로 찬성' 한다는 응답이 48.0%로 가장 높았고, 다음은 '전적으로 찬성'한다는 의견이 38.3%로 나타나 찬성입장이 전체의 86.8%에 달했다. 이에 비해 '인권문제가 있으니 반대'한다는 의견은 9.8%, '전적으로 반대'한다는 의견은 3.5%에 불과하여 데이트폭력을 예방하기 위해 교제 상대방의 전과조회를 허용한다는 의견이 절대적으로 많았다.

여성에 비해 남성 응답자들의 찬성입장은 다소 낮은 편이긴 하나 데이트폭력을 예방하기 위해 교제 상대방의 전과조회를 허용하는 것에 대해 '전적으로 찬성한다.' 22.5%, '철저한 관리를 전제로 찬성'한다는 응답이 40.2%로 찬성한다는 입장이 62.7%로 나왔다. 즉 남성들 역시 찬성한다는 입장이 많았다.

영국에서는 최근 가정폭력의 개념에 데이트폭력을 포함시켜 배우자나 동거남에 의한 폭력 피해자뿐만 아니라 연인에 의한 폭행피해를 가정폭력데이트폭력에 포함시킴으로써 피해자 보호의 영역을 확대하였고, 특히 클레어 사건이 발단이 되어 마련된 가정폭력전과공개법의 실시로 인해 연쇄폭력범에 의한 젊은 여성 및 소녀에 대한 재범을 막을 수 있도록 하고 있다.

가정폭력전과의 공개는 (전과)정보주체의 프라이버시를 침해할 수 있다는 의견이 있었음에도 불구하고 적절한 대책을 통해 논란은 많지 않다. 가정폭력전과 공개 관련 지침을 보면 지역정보공개결정위원회가 보통법, 인권보호법, 정보보호법을 준수하여야 하고, 합법성과 필요성, 균형성에 기초하여 '위해위험도 측정' 등 여러 장치를 통해 공개여부에 대해 신중하게 판단할 수 있도록 함으로써, 범죄피해예방이라는 공익과 개인의 프라이버시 보호라는 사익의 균형점을 찾도록 노력하고 있다.

우리도 영국에서와 같이 가정폭력전과 공개 관련 지침서에 대한 철저한 준수 하에 전과정보공개제도 도입에 대해 적극적으로 검토할 필요성이 있다.

2. 데이트폭력 방지 및 피해자 보호 법제 정비

현재 데이트폭력에 관련된 법제는 그 내용을 통일적으로 담고 있는 것이 아니라 「형법」, 「성폭력범죄의 처벌 등에 관한 특례법」, 「아동 · 청소년의 성보호에 관한 법률」 및 「경범죄 처벌법」 등의 해당 사건과 관련된 조항을 개별적으로 사용하고 있는데 문제는 데이트폭력의 경우 이에 대한 수사기관이나 사법기관의 인식이 부족하고 범죄의 성격상 증거가 부족하여 처벌하기가 쉽지 않은 어려움이 있다.

유죄판결을 받는다 하더라도 그 양형판단에서 데이트폭력이 발생하는 맥락(예를 들어, 피해자에게도 범행의 발생 또는 피해의 확대에 상당한 책임이 있는 경우)이 오히려 감경요소로 작용할 여지도 있다.

이처럼 특성상 처벌이 쉽지 않은 데이트폭력의 경우 우선 수사기관이나 사법기관으로 하여금 연인들 사이의 사랑싸움으로 치부해 버리는 경향에서 벗어나 피해자에게 심각한 고통을 주는 범죄라는 것을 인식하도록 해야 할 것이며, 연인이라는 관계로 인해 오히려 감경요소로 작용할 수 있는 여지도 신중히 검토하는 등 처벌을 강화하기 위한 방안을 시급히 마련해야 할 것이다.

또한 교제 경험이 있는 성인 남녀를 대상으로 한 설문조사 결과, 여성응답자의 거의 10% 정도는 결별 이후 상대방으로부터 스토킹 피해를 당한 경험이 있는 것으로 나타났고, 남성 응답자의 거의 10% 정도는 스토킹 경험이 있는 것으로 드러났다.

스토킹 범죄는 데이트폭력과 매우 밀접한 관련이 있다는 걸 모르는 분은 없을 겁니다. 하지만 지금까지 스토킹에 대한 처벌은 '경범죄처벌법'에 의해 고작 10만 원 이하의 벌금 정도에 그쳤었다. 이러한 폐단을 방지하고자 지난 2021년 4월 '스토킹범죄의 처벌 등에 관한 법률'이 제정되었다. 2021년 10월 21부터 본격적인 시행에 들어갔다. 이 법에 따라 이제 스토킹 범죄는 3년 이하의 징역 또는 3천만 원 이하의 벌금에 처해지고, 흉기나 위험한 물건을 이용한 스토킹의 경우 5년 이하의 징역 또는 5천만 원 이하의 벌금에 처해진다.

스토킹 처벌법 제정으로 인한 파급효과로 데이트폭력과 관련된 법률의 개정 및 제정 역시 기대하고 있다. 비록 현재는 가해자의 행위에 대한 형법상 범죄로 규율하는 것이 최선이지만, 데이트폭력으로 인한 막대한 사회적 · 국민적 피해를 보면 스토킹범죄보다 심각하다고 해도 과언이 아니다.

스토킹범죄의 심각성은 피해자로 하여금 공포와 두려움, 불안으로 정상적인 일상생활을 하기가 어렵게 만든다는 점, 위법성 또는 침해의 정도가 점차 심해진다는 점, 그리고 범죄 신고를 이유로 보복범죄가 발생할 수 있으므로 피해자가 추가 범행 위험에 그대로 노출될 수 있다는 점 등이다.

3. 데이트폭력 피해자보호 제도 보완 필요성

'가정폭력범죄의 처벌 등에 관한 특례법'상 대상의 범위를 확대하여 데이트폭력의 피해자를 포함시키는 방안 현행법상 데이트폭력의 피해자들을 효과적으로 보호하기 위한 제도는 아직 미흡한 실정이다.

데이트폭력범죄와 유사한 범죄로 가정폭력을 들 수 있는데, 데이트폭력은 피해자와 범죄자의 관계가 가족이 아닐 뿐 둘 사이의 관계가 친밀한 관계라는 공통점이 있으며 범죄의 특성이나 양상도 다소 유사하다고 볼 수 있다. 사실 친밀한 관계 또는 친밀한 파트너 관계에서 발생하는 폭력에는 교제 중인 연인이나 전 애인뿐만 아니라 배우자와 전 배우자도 포함할 정도로 범죄나 피해의 양상 및 범죄피해 후의 대처 등도 유사하다고 할 수 있다.

영국, 미국, 독일은 데이트폭력을 가정폭력의 개념에 포함시키고 있다. 미국의 경우 모든 주에서 데이트폭력을 가정폭력의 개념에 포함시키고 있지는 않지만 점차 포함시키는 주가 늘어가는 추세이며 무엇보다 연방법인 '여성폭력방지법'에는 포함되어 있다.

4. 데이트폭력에 대한 인식 전환

일반적으로 데이트폭력상황에 대해서 이를 연인들 사이의 사랑싸움으로 치부해버리거나 연인들 사이의 사적인 일이므로 제3자가 개입할 필요가 없다는 생각을 가지고 있는 이들이 적지 않다는 문제가 있다. 이로 인해 데이트폭력을 경찰에 신고하더라도 수사하거나 가해자를 쉽게 처벌하기가 쉽지 않은 문제도 있다.

예를 들어, 데이트폭력이 이루어지는 동안 관계의 친밀도, 정서적 의존성으로 인해 피해를 외부에 호소하는 경우도 많지 않으며, 폭력 상황이 두 당사자만의 사적인 공간에서 이루어지기 때문에 폭력을 증명하기도 쉽지 않을 뿐만 아니라 이를 범죄로 인식하는 비율도 상당히 낮다.

설문조사에서도 심각한 피해를 당했음에도 불구하고 이를 범죄로 인식하거나 이를 경찰에 신고하는 비율은 극히 낮았다.

폭력의 피해자가 섣부른 대응으로 오히려 가해자로 처벌받을 수 있는 상황이 될 수 있으므로 이에 대한 교육도 필요할 것이다. 예를 들어, 데이트폭력의 피해상황을 SNS 등 정보통신망을 통해 알리게 되는 경우 오히려 명예훼손 혐의로 고소당할 수도 있고, 게시글 삭제 등의 가처분 신청을 당할 수도 있다. 형법 제307조에 따르면, 타인의 사생활 또는 명예에 관하여 허위 적시는 물론 진실한 사실을 적시하더라도 명예훼손죄에 해당될 수 있다. 물론 진실한 적시라도 공공의 이익에 관한 것일 때는 위법성이 조각될 수 있으나 데이트폭력 문제를 개인 간의 사적 영역에서의 문제로 치부하는 현재의 통념 하에서는 데이트폭력에 대한 문제를 제기하는 글을 게시하는 경우 비록 진실이라 할지라도 공공성을 인정받기가 쉽지 않기 때문에 명예훼손으로 처벌받을 가능성을 배제할 수 없다는 문제가 있다.

데이트폭력에 대한 인식의 전환을 위해서는 범정부적으로 캠페인들을 벌여야 할 것다. 예를 들어, 미국에서는 매년 2월을 '데이트폭력 근절의 달'로 지정하여 이에 대한 관심을 높이는 노력을 하고 있다. 정부에서는 가정폭력과 성폭력, 데이트폭력 예방에 대한대책 수립과 범죄방지에 노력하고 있는데, 데이트폭력도 포함하여 이에 대한 국민들의 인식수준을 높이는 것이 필요할 것이다.

5. 폭력에 대한 태도 전환교육 실시

설문조사결과, 남녀 간에 성의식이나 성관계 대한 인식이 여전히 차이가 컸으며 남성의 폭력에 대한 태도나 허용도가 여전히 여성보다 높았다.

예를 들어, 남성들을 대상으로 한 조사결과에서 교제중인 연인에게 폭력가해경험이 없는 응답자에 비해 가해경험이 있는 응답자들이 신체적 폭력에 대한 태도, 폭력·성폭력에 대한 태도, 폭력 정당화에 대한 동의 정도가 모두 높았다. 즉 폭력가해경험이 있는 응답자와 가해경험이 없는 응답자에 비해 폭력에 대해 긍정적이고 허용적이며 폭력에 대한 정당화 경향성이 더 높았다.

또한 아무리 사소한 폭력이라도 폭력을 사용해서는 안 된다는 인식을 가지고 있어야 함에도 불구하고 많은 남성들이 상황에 따라 또는 조건만 된다면 폭력을 행사할 수도 있다고 생각하고 있고, 심지어 연인 관계에 있어서도 폭력을 행사할 수 있다고 생각하고 있었다. 예를 들어, 설문조사에서 나타난 바와 같이 '남자친구에게 뺨을 맞을 만한 여자도 있다', '바람을 피우면 남자친구에게 뺨을 맞아야만 한다.', '맞을 만한 이유가 없으면 남자는 여자 친구를 잘 때리지 않는다.', '맞을 만한 이유가 있으면 여자 친구의 뺨을 때리는 것은 괜찮다.', '내(여자)가 잘못을 저질러서 폭력을 당한다면, 나(여자)의 잘못이다.', '여자 친구의 뺨을 때려야 할 정도로 질투가 심해질 수도 있다', '여자 친구를 때릴 정도로 남자의 사랑이 깊어질 수도 있다'와 같이 남자의 폭력이 마치 여자의 잘못 때문이라거나 사랑 때문이라고 하며 폭력을 정당화하는 문항에 대해서도 여자에 비해 남자의 동의 정도가 통계적으로 유의미하게 높았다.

설문조사 결과, 남녀 간에는 폭력에 대한 대응에서도 차이가 컸다. 예를 들어, '연인관계에서 싸우고 난 후의 성관계는 화해 또는 사랑을 확인하는 방법'이라는 문항과 '폭력적인 연인을 개선하기 위해서는 사랑을 더 베풀어야 한다.'라는 문항에 대해서 남자의 동의정도가 여자에 비해 통계적으로 유의미하게 차이가 날 정도로 높았다. 여자의 입장에서는 싸우고 난 화해 또는 사랑을 확인하는 방법으로의 성관계가 오히려 폭력의 연장이라는 인식이 강할 수 있음에도 불구하고 이를 인식하지 못하는 남성들이 많다고 할 수 있다.

또한 '연인 사이에서 맞는 것을 즐기는 사람도 있다. 그러니 참는 것이다'라는 문항에 대해서는 동의 정도가 높지는 않지만, 이 역시 남녀 간의 태도 차이가 유의미하였다. 이런 결과는 결국 남녀의 차이에 대한 이해력을 높이는 것이 필요하다는 것을 시사하며, 중 · 고등학교에서부터 남녀의 차이 등 남녀 상호 간의 이해력을 높이는 교육이 행해져야 함을 시사한다.

전생애에 걸쳐 각 연령대별 예방프로그램이 갖추어져야 할 것이다. 아동기의 학대를 예방하기 위한 방문교육 및 학대받은 아동이나 청소년에 대한 조기 개입프로그램, 처음으로 교제를 시작하게 되는 청소년기 학생들 및 대학생을 대상으로 하는 데이트폭력예방프로그램, 성인지 교육 및 성폭력예방프로그램, 의사소통 및 갈등해결기술프로그램, 남녀차이에 대한 이해 프로그램, 성인을 대상으로 하는 성불평등 인식 및 해소 프로그램, 역량강화프로그램 등을 범정부차원에서 시급히 마련해야 할 것이다.

6. 폭력의 순환성 방지 및 치료

설문조사 결과, 성장기에 부모들의 폭력을 경험하거나 학대경험이 있는 경우에 폭력 경향성이 더 높은 것으로 나타났다. 이는 많은 선행연구 결과와 일치하는 것으로 가정폭력을 예방하는 노력과 더불어 가정폭력 또는 학대경험이 있는 사람들에 대한 조기 상담이 요구된다. 즉 학교에서부터 학대경험이나 가정폭력 및 부부간의 폭력이 있는 가정에 있는 학생들을 조기에 선별하고 개입하여 적절한 상담과 심리치료를 하는 적극적인 노력이 필요하다. 아동기 학대경험이 학교폭력의 가해에도 영향을 준다는 많은 연구들이 있으므로 데이트폭력을 위해서만이 아니더라도 데이트폭력에 대한 효과적인 예방 및 대응방안은 이들에 대해서는 조기에 개입해서 상담하고 심리

치료를 하는 것이 그들 자신을 위해서도 필요할 것이고 피해를 예방한다는 점에서도 필요할 것이다.

불안애착이나 회피애착이 있는 경우에 폭력을 더 저지르는 것으로 나타난 결과를 고려 한다면, 이들 역시 가정에서의 문제로 인해 불안애착이 형성될 가능성이 크기 때문에 가정에 문제가 있는 학생들을 학교에서 적극적으로 상담하는 것이 시급하다고 판단된다. 폭력의 위험 요인이 있는 가정에 대해서는 교육이나 지원요청을 기다릴 것이 아니라 '찾아가는 서비스'를 통해 적극적이고 능동적인 예방 노력을 기울여야 할 것이다.

7. 피해자 지원 강화

피해자 지원과 관련해서는 WHO의 친밀한 관계에서의 파트너에 의한 폭행과 여성에 대한 성범죄에 대한 대응에 관한 지침서를 참고하여 보다 적극적으로 피해자 지원제도를 마련해야 할 것이다. 이 지침서는 의료기관으로 하여금 파트너폭력 및 성폭행의 피해를 입은 여성에게 의료행위 및 심리적 지원을 포함하여 적절한 응대를 할 수 있도록 다양한 사항에 관하여 지침을 제공하고 있는데, 특히 기존의 관련 연구를 검토한 후 실효성이 입증된 사항들을 권고함으로써 매우 신뢰할 만하고, 그런 점에서 앞으로 개별 국가가 파트너폭력과 성폭행의 식별과 피해자를 위한 의료행위, 관련 훈련, 파트너폭력의 강제적 보고 등에 관하여 이를 훌륭한 지침서로 활용할 수 있어, 피해자의 치료와 (증거수집을 통한) 가해자의 처벌, 재범예방에 도움을 줄 것이다. 특히 여성중심케어(women-centered care)의 관점을 유지하여 2차 피해를 방지하는 것을 우선적으로 고려해야 할 것이다.

앞에서 제안한 바와 같이 데이트폭력을 가정폭력의 범위에 포함시켜서 데이트폭력 피해자에 대해서도 '가정폭력범죄의 처벌 등에 관한 특례법' 상의 긴급임시조치, 임시보호조치, 피해자보호명령제도 등을 적용할 수 있다면 데이트폭력으로부터의 2차 피해를 방지하는데 효과적인 수단으로 활용될 수 있을 것이다(류병관, 2014).

또한 데이트폭력이 심각한 범죄라는 사실과 피해에 대한 적절한 상담과 대처가 중요하다는 사실을 알릴 수 있도록 전국의 범죄피해자지원센터나 성폭력상담소, 한국여성의 전화 등 범죄피해자지원기관의 보다 적극적인 홍보가 필요하다. 즉 데이트폭력의 피해자들을 기다리기만 할 것이 아니라 보다 적극적인 홍보를 통해서 상담기관의 지원을 받지 못하고 고통에서 벗어나지 못하는 피해자들에게 우선적으로 상담 및 지원센터의 존재를 알려야 할 것이다.

8. 미디어를 통한 피해 대처방안 필요

최근 데이트폭력이 사회문제화되면서 매스컴으로도 데이트폭력의 실태 및 심각성에 대한 보도들이 많아지고 있으나, 일반적으로 매스컴의 보도 패턴을 보면, 실제 데이트폭력에 대한 사례를 제시한 이후 공식범죄통계를 제시하고, 현행 처벌의 양형 등을 보도할 뿐이다. 문제는 이토록 사회적으로 심각한 문제에 대한 문제의식과 실태를 점검, 그리고 피해자의 심각한 피해 상황 등만을 전할 뿐 교제 상대방의 어떤 행위를 폭력으로 볼 것인지, 피해자들이 어떻게 대처해야 하는지 피해를 당하면 어디서 상담을 받아야 되는지 등에 대한 안내자로서의 역할은 미흡하다는 점이다.

앞에서도 언급한 바와 같이 연인관계에 있을 시에는 데이트폭력이 범죄라는 사실을 잘 인식하지도 못하고, 또한 피해를 외부에 호소하는 경우도 드물며, 폭력을 증명하기도 쉽지 않음으로 인해 형사사법기관에 신고하기도 꺼리는 경우가 많은 실정이다. 따라서 교제 시에 폭력이라는 것을 어떻게 인식할 수 있는지, 폭력의 피해에 어떻게 대처해야 하는지, 형사사법기관에 신고하기가 두렵다면 상담은 어디서 받아야 되는지 등 데이트폭력에 대한 효과적인 예방 및 대응방안에 대한 안내자로서의 역할이 필요하다. 앞에서도 언급한 바와 같이 데이트폭력에 대한 상담전문가들이 주장하는 것처럼 "폭력인지 사랑인지 헷갈리면 폭력"이라고 인식하도록 해야 할 것이다.

또한 앞에서도 언급한 바와 같이 자신의 절박한 상황을 SNS 등 정보 통신망을 통해 알리게 되는 경우 오히려 명예훼손 혐의로 고소당할 수도 있고, 게시글 삭제 등의 가처분 신청을 당할 수도 있는 등 섣부른 대응이나 부적절한 호소로 인해 피해자가 가해자가 되어 법적인 처벌을 받을 수도 있으므로 이에 대한 안내도 필요하다.

9. 데이트폭력에 대한 연구 지원

친밀한 관계에서의 폭력 중 가정폭력에 대한 연구는 정기적으로 실태조사도 이루어지고 있고 법과 제도도 어느 정도 정비되어 있으며 연구도 다소 이루어지고 있긴 하나 가정 이외에서 이루어지는 친밀한 관계 특히 성인 연인 사이에서의 폭력에 대해서는 심층적인 연구가 거의 이루어지지 않은 실정에 있다.

따라서 성인 여성을 대상으로 친밀한 관계에서 발생하는 폭력의 피해실태를 심층적으로 파악, 분석하고 폭력발생의 심리적 요인을 규명함으로써 폭력 예방정책 및 형사법적 대응정책 수립을 위한 조사연구가 필요하다. 현재 한국형사정책연구원에서 전국범죄피해조사를 통해 전국적인 피해 실태를 파악하고 있기는 하나 이보다는 교제 중인 사람들을 대상으로 보다 심층적으로 조사를 할 필요가 있을 것이다.

성인만이 아닌 청소년까지 포함하여 연령대별 폭력 및 피해의 실태를 조사하고 각 연령대에 적합한 교육이나 예방 프로그램 개발의 기초자료를 지속적으로 축적해야 할 것이다.

또한 데이트폭력과 관련 있는 것으로 밝혀진 다양한 요인들을 중심으로 데이트폭력에 대한 이론화에 대한 연구를 보다 활성화할 수 있도록 다양한 자료를 지원해야 할 것이다. 예를 들어, 대검찰청에서 발간하는 「범죄분석」이나 경찰청에서 발간하는 「범죄통계」를 통해서는 이에 대한 심층적인 분석을 하기 어렵기 때문에 이들 책자를 발간하기 위한 자료를 활용하여 연인을 대상으로 한 범행특성이나 범죄자의 특성을 보다 심층적으로 분석할 수 있도록 해야 할 것이다.

14장

가정폭력 문제

1절 » 서론

가부장제 관습이 깊게 뿌리내린 한국 사회에서 가정폭력은 과거부터 가족구성원의 잘못된 행동을 교정하거나 가정 내 질서를 유지하는 수단으로 여겨져 왔다. 이로 인해 가정폭력은 공공연하게 묵인되어 왔으며, 사회문제로 인식되지 못했다. 남편이 아내를 때리는 일은 '부부싸움은 칼로 물 베기'다, '맞을 짓을 했으니까 맞는다', '북어와 마누라는 사흘에 한 번 때려야 맛이 난다' 는 등 아내학대를 정당화하는 가부장적 고정관념에 가려져, 어느 가정이든 있을 수 있는 '사소한 일'로 여겨졌고, 범죄라거나 인권의 문제로 인식하지 않았다.

1980년 대 중반부터 일부 여성단체들은 아내구타를 '추방되어야 할 사회악'으로 규정짓고 가정폭력을 사회문제로 부각시키기 위해 노력하였다. 그리고 여성들의 일상생활 속에서 벌어지는 여성억압의 문제를 부각시켜 여성들의 기본적 자유와 인권을 확보하려는 새로운 여성운동을 펼쳐 나갔다. 이러한 활동의 결과로서 가정폭력문제는 사회가 보다 적극적으로 개입해야 할 사회문제로 인식되기 시작했다.

1990년대는 어느 때보다도 가정폭력관련 사건이 빈번하게 발생했다. 아내를 상습적으로 구타하던 남편들이 살해당하거나 고소당하는 사건들이 연이어 발생했다. 당시 우리나라에는 아내구타에 관한 처벌법이 따로 마련되어 있지 않았다. 현행법 아래서 구타 남편을 고발하려면 최소 3주 이상의 진단서가 첨부되어야 했으며 남편을 형사고발하면 이혼을 각오해야 했다. 그러나 대부분 전업주부가 많은 현실에서 여성의 경제적 독립의 어려움과 자녀와 헤어지기 어려운 어머니로서의 정서를 고려할 때 이혼소송의 제기나 형사고발은 사실상 불가능했다. 이런 현실에서 아내구타관련법의 부재나 현행법상의 문제점을 고려할 때 아내구타를 다루는 법의 제정은 반드시 필요했다(심영희, 1994). 피해여성들의 끊임없는 호소와 15년여 동안 여성의전화가 벌여온 아내구타추방운동 그리고 범국민운동본부의 노력으로 1997년 12월, '가정폭력범죄의 처벌 등에 관한 특례법'과 '가정폭력방지 및 피해자보호 등에 관한 법률'이 제정, 시행되기에 이르렀다. 그 후 지난 23년간 가정폭력에 관한 두 특별법은 새로운 제도의 신설과 개정을 거듭하며 발전되어 왔고, 가정폭력 분야에 대한 다양한 연구도 함께 축적되어 왔다.

코로나19로 전 세계가 팬데믹(pandemic) 상황에 놓여 있는 지금, 가정폭력이 코로나19의 또 다른 사회문제로 떠올랐다. 프랑스에서는 가정폭력 신고 건수가 1차 봉쇄령 때 42%, 10월 30일부터 내려진 2차 봉쇄령에서는 11월 중반까지 15%가 늘었다. 스페인에서는 지난해 1~9월까지 가정폭력 긴급 상담전화건수가 2019년 같은 기간보다 24% 상승했다, 세계보건기구에서는 2020년 5월 "지난 4월 동거인으로부터 폭력을 당한 여성의 응급전화 건수가 지난 해 같은 기간보다 60% 증가했다고 회원국들이 보고했다"고 했다. 한편 유엔 여성기구 대표는, 여성에 대한 폭력 또한 팬데믹, 대유행 상황이라며 국제적인 대응과 실행 가능한 규약을 마련해야 한다'고 강조했다.[1)]

영국 또한 코로나19 사태로 이동제한령이 내려진 뒤 가정폭력이 증가, 영국 가정폭력 상담기관에 따르면 최근 1주일간 신고전화가 25% 증가했으며, 홈페이지 접속은 150% 증가한 것으로 집계되었다. 다른 나라도 상황은 비슷하다. 미국, 프랑스, 남미에서도 코로나19 확산으로 정부의 봉쇄조치가 내려진 후 가정폭력사례가 급증하였고 문제의 심각성을 인지한 UN에서는 "각국 정부가 여성에 대한 폭력 예방을 국가적인 코로나19 대응 계획의 핵심 부문으로 삼을 것을 촉구"하였다.[2)]

우리나라의 경우 한국여성의전화에 걸려온 상담전화 가운데 가정폭력 관련은 지

1) 코로나19로 가정폭력 급증...세계 여성들 절규!/ YTN, 2020.11.26
2) "코로나19 막기 위해 늘어난 집콕... 가정폭력도 급증"/ 연합뉴스 TV, 2020.4.7

난해 1월 26%에서 재택근무 등이 시작된 2월부터는 40%대로 늘었다. 코로나19로 가족과 함께 집에 있는 시간이 늘면서 관련 폭력 사건도 늘어난 것으로 풀이된다. 한편 경남지역에서는 여성을 대상으로 한 가정폭력과 성폭력이 2019년보다 더 늘어난 것으로 나타났다. 코로나19 사태가 발생한 2020년 1~4월 동안 지난해보다 가정폭력 검거 13.1%, 성폭력 발생 6%가 증가한 것으로 나타났다.[3)]

2절 » 가정폭력의 정의

'가정폭력범죄의 처벌 등에 관한 특례법'(약칭: 가정폭력처벌법) 제2조에서는 가정폭력(family violence, violence in the family)에 대하여 다음과 같이 정의한다.

1. "가정폭력"이란 가정구성원 사이의 신체적, 정신적 또는 재산상 피해를 수반하는 행위를 말한다.
2. "가정구성원"이란 다음 각 목의 어느 하나에 해당하는 사람을 말한다.
   가. 배우자(사실상 혼인관계에 있는 사람을 포함한다. 이하 같다) 또는 배우자였던 사람
   나. 자기 또는 배우자와 직계존비속관계(사실상의 양친자관계를 포함한다. 이하 같다)에 있거나 있었던 사람
   다. 계부모와 자녀의 관계 또는 적모(嫡母)와 서자(庶子)의 관계에 있거나 있었던 사람
   라. 동거하는 친족
3. "가정폭력범죄"란 가정폭력으로서 다음 각 목의 어느 하나에 해당하는 죄를 말한다.

가정폭력은 가족구성원 중의 한 사람이 다른 가족에게 계획적이고 반복적이며 의도적으로 물리적 힘을 사용하거나 정신적 학대를 통해 신체적 · 정신적 고통을 주는 행위이다. 이와 같이 '가정폭력 범죄의 처벌 등에 관한 특례법'(이하 '가정폭력처벌

3) "가정 내 여성이 불안하다... 코로나19로 폭력위험↑"/ YTN, 2021.3.8

법')에서는 가족 및 폭력개념의 범위를 매우 포괄적으로 인정하고 있다. '가정폭력처벌법'에 의하면 가정폭력은 가정구성원 사이의 폭력행위를 의미하며, 가정구성원에는 현재 및 과거의 배우자, 이들의 직계 존 비속 관계에 있거나 있었던 사람, 계부모와 자의 관계 또는 적모서자의 관계에 있거나 있었던 자, 그리고 동거하는 친족 관계에 있는 자 등까지 포함하고 있다. 또 가정폭력의 범위를 "신체적, 정신적 또는 재산상 피해를 수반하는 행위"로 보고 있어 신체적 폭력에 국한하지 않고 정신적 학대와 재산상의 손해 및 손괴를 포함하는 포괄적인 폭력개념으로 인정하고 있다. 따라서 가정폭력은 남편의 아내에 대한 배우자 폭력뿐만 아니라, 부모의 자녀에 대한 자녀폭력, 자식의 노부모에 대한 노인폭력, 형제간의 발생하는 형제폭력 등 가정에서 발생할 수 있는 모든 폭력의 유형을 포괄하는 개념이라 할 수 있다. 그리고 배우자폭력의 현대적 개념은 부권상실, 경제적 부담, 가족역할의 변화 등의 변인에 대해 남편과 아내가 서로 다른 적대적 인식을 갖게 되고, 이에 따라 부부갈등이 심화되어 보편적으로 물리적 힘이 강한 남편에 의해 아내가 구타되는 경우를 의미한다.[4)]

가정폭력이란 다른 사람에게 의도적으로 힘(force)을 사용하는 것, 즉 여러 가지 목적으로 물리적인 힘을 사용하는 것을 말한다(Gilels & Straus, 1979). 특히, 이러한 폭력이 1차 집단인 가정 내에서 그 구성원들 간에 발생할 때 이를 "가정폭력"이라 한다(김재엽, 1996). 가정구성원이란 배우자, 전(前)배우자, 사실혼관계에 있는 자, 사실혼관계에 있었던 자, 부모, 자녀, 형제자매와 기타 동거하는 친족관계에 있는 자를 포함한다. 흔히 신체적 폭력만을 가정폭력이라고 생각하기 쉽지만, 가정폭력은 신체적, 정서적, 언어적, 성적, 경제적, 방임, 재산상의 손실 등 다양한 학대 행위를 의미한다.

3절 » 가정폭력 원인의 이론적 배경

가정폭력 가해남성의 심리적 특성에 대하여는 다양한 각도에서 많은 연구들이 진행되고 있으나 개인의 심리발달상요인이론(psychopathology, psycho-dynamic/attachment

4) 조민선,『가정폭력의 개념과 기본유형에 관한 연구』, 국민대학교, 1999.

theory, alcohol and drug abuse), 사회문화적이론, 사회학습이론(social learning theory), 애착이론(attachment theory) 등의 접근이 주류를 이룬다.

1. 개인의 심리발달상요인이론

개인의 심리발달상요인이론(psychopathology, psycho-dynamic/attachment theory, alcohol and drug abuse)은 가해남성의 폭력적 행동이 어떻게 발달되어 유지되는가에 대한 통찰과 개입방법의 방향을 제시해 주며(Mcguire, 2000), 폭력행동의 원인규명과 해결적 접근을 용이하게 해준다. 개인의 심리발달상요인이론은 사회학습이론의 요인이나 사회문화적인 요인이 있음에도 불구하고 폭력을 행사하지 않는 가정폭력 가해남성의 가정폭력행위까지도 설명이 가능하며, 폭력을 행사하게 되는 최종적 결정에는 개인적 요인이 크게 작용하기 때문이다.[5)]

2. 사회문화적이론

사회문화적 이론은 폭력을 가치, 제도, 체계운영 등과 같은 사회적 구조나 질서 등 거시적 수준에서 설명하려는 시도로서 사회구조, 기능, 하위문화, 그리고 사회체제 등과 같은 거시적 변인에 의해 가족 내에서의 개인폭력을 설명하며 여기에는 체계이론, 기능이론, 구조적이론, 문화적 이론, 맑스 이론, 그리고 여권론적 이론 등이 있다(Gelles & Straus, 1979).

3. 사회학습이론(social learning theory)

사회학습이론은 개인이 타인의 폭력행위를 관찰하고 모방함으로써 새로운 공격행위의 기술을 습득한다고 보는 관점이다. 그러므로 사회학습이론에 근거한 가정폭력 가해남성 중재 프로그램의 핵심은 폭력 행동이 어떻게 학습되었는지를 깨우치게 한 후, 긍정적인 새로운 모델을 제시하면서 보상을 통한 강화로 학습시킨다.

5) 여은경 박사논문,『가정폭력 가해남성을 위한 심리적 이미지치료 프로그램 개발 및 효과』,명지대학교 대학원, 2011)(kemp, 이화여자대학교 사회사업연구회 옮김, 2000) 재인용

젤레스와 스트라우스(Gelles & Straus,1979)는 가해남성의 폭력에 대한 무감각함을 염려하면서, 아동이 가정에서 부모의 폭력을 관찰하거나 자신이 신체적으로 체벌을 당하는 경험을 통해 폭력에 대하여 문제의식을 갖지 못하고 폭력을 행사하게 되는 폭력의 학습적인 면을 강조했다. 즉 어린 시절의 폭력피해 경험이나 폭력관찰 경험들은 경험하는 사람의 내면세계에 저장되어 이후 성인의 삶에서의 정서, 사고, 행동, 언어 체계에 부정적인 영향을 미친다는 입장이다.

그러나 사회학습이론은 가해자가 어떻게 폭력적인 것을 배우는가를 설명하기 좋은 준거틀인 것 같지만 여기에는 문제가 있다. 사회학습이론에서 가장 심각한 도전은, '목격했지만 가해자가 되지 않은 사람들은 어떻게 설명할 것인가?'의 문제다.

4. 애착이론(attachment theory)

가정폭력 가해남성들의 심리적 특성을 이해하려는 노력의 일환으로 애착이론적 틀에서 가정폭력 가해남성들과 그들의 폭력성을 접근하는 연구들이 이뤄져 왔다. 애착이론에서 존 볼비(John Bowlby)와 그의 동료들은 의미 있는 타인과의 초기 정서적 유대관계가 안정적으로 형성되어야 이후 성인기까지 안정적인 인간관계를 유지할 수 있다고 본다(Holmes, 2005). 즉, 이들은 정상적인 초기발달 단계에서 주 양육자와의 건강한 상호관계 속에서 아이가 명확한 정신내적 표상(internal pictures)을 성취해야 함을 강조한다. 정신내적 표상이란 자신, 타인, 자신과 타인 간 관계에 대해 심리내면에 형성된 이미지들이다. 이러한 정신내적 표상들은 이후 세상을 보고 반응하게 되는 내적 작동 모델(internal working models)을 발달시키는 기초가 된다. 내적 작동 모델은 1차 양육자와의 관계를 통해 형성되며 이후 일반화되고, 내재화되어 있다가 이후의 인간관계에 영향을 미치는 세상에 대한 표상이 된다(상게서, 2005).

어머니로부터 적극적으로 상호작용과 보살핌을 받는 경험을 한 경우, 자신이 사랑받을만한 존재라는 표상을 갖게 되어 자신을 가치 있는 개체로 인정하는 자아개념을 소유하게 되는데 비해, 덜 안정된 애착관계를 가진 아동은 자신을 가치 없는 존재로 인식하고 타인에 대하여도 부정적인 행동을 예상하여 공격적이거나 부정적인 행동을 선택할 수 있다(Sroufe, 1983). 즉 부모와 불안정애착을 형성했을 경우 자신과 타인에 대한 부정적인 내적 작동 모델이 형성되고 그 결과 낮은 자아존중감을 갖게 되고, 관계에 대한 부정적인 신념과 기대를 만들어 일어나는 여러 일들에 대해 부정적으로 귀인을 하게 되며(Bradbury & Findham, 1988; Fletcher & Fincham, 1991), 그 결과 타인에 대한 불신, 불안함, 분노를 잘 느끼고 공격적이고, 공감을 잘 하지 못하는 성격적 특성을 나타낸다(Bretherton & Munholland, 1999). 이처럼 인간발달의 초기인 영아기 시절에 안정적인 애착을 형성하지 못할 경우, 부정적인 자기개념, 낮은 자아존중감, 불안이 형성되게 되며, 아내에게 폭력을 행사하는 주요요인으로 작용하게 된다(Wigman, Graham-Kevan & Archer, 2008; Buttell, Muldoon & Carney, 2005; Holtzworth-Monroe, Meehan, Herron, & Stuart, 1997; Murphy, Meyer., & O'Leary,1994). 즉 안정애착이 형성되지 못 한 경우 개인의 감정을 잘 조절하지 못하고 내외의 스트레스 상황에도 잘 적응하지 못하며 불안에도 취약한 성향을 보인다(Rutter, 1985).

5. 성역할이론

성역할이론은 가정폭력의 요인을 정형화된 성역할에서 찾으려는 입장이다. 어느 정도 남녀평등의 윤곽이 잡혀가는 현대사회에 있어서도 남성은 공격적이고 능동적이며, 여성은 순종적이고 수동적어야 한다는 전통적인 성역할이 보이지 않게 학습되어 지는 것이 사실이다. 가정폭력에 있어서 성역할에 따른 고정관념은 학대적 환경을 용인할 수 있는 빌미를 제공해주고, 이는 더욱 발전하여 가정폭력에 대한 심각한 영향성을 사회적으로 무감각하게 유도해 가는 부정적 방패막의 기능을 수행하고 있는 것이다.

6. 가부장제 이론

현대사회에서 지대한 영향력을 갖고 있는 각종 매체를 통해 강력한 성적 이미지로 부각되고 있으며, 이는 다시 가장에 순종하는 가족이 이상적인 가정의 모델로 제시되어 현재까지도 사회적으로 통념화되고 있다. 남성중심의 사회에서는 폭력이 분쟁의 해결수단인 동시에 남성의 권위를 강화하는 수단으로 기능한다고 볼 수 있다. 특히 남성이 가족 간의 폭력사용이 더욱 높게 나타나고 있다는 것은 그만큼 가부장제적 사고가 가정폭력에 미치는 영향성이 높다는 것을 의미하는 것이다.

앞의 이론들은 모두 가정폭력의 요인을 가해자 중심의 편향적 시각으로 이론적인 전개를 통해 유추하고 있다는 점에서 논리의 객관성이 미약하다고 할 수 있다. 따라서 피해자 중심적 관점에서 가정폭력을 조망하고 보다 논리적으로 정리하여 가해자적 관점과 대비하거나 절충해 가는 것은 가정폭력의 근본적인 요인을 보다 객관적이고 과학적으로 규명할 수 있게 하며, 명확한 가정폭력의 기준이 제시될 수 있을 것이다.

4절 » 가정폭력의 발생원인

1. 가정폭력의 원인

1) 아내와 자식을 내 마음대로 할 수 있다는 소유의식에 있다.

"내 마누라, 내 자식 내 마음대로 하는데 무슨 상관이냐"는 잘못된 인식이 가정폭력을 양산시킨다, 우리나라에서는 아직도 남자는 돈 벌고 가족을 부양해야 하며 여자는 육아와 가사를 전담하고 있다. 따라서 아내는 경제적으로 완전히 무권리한 상태에 놓여 있다.

이러한 사회구조 때문에 남편은 자신이 아내와 자식을 먹여 살린다는 권위와 자부심으로 아내와 자식을 통제하려는 의식을 갖고 있다. 그러므로 가족관계는 평등한 인격적 관계가 아니라 상하관계, 주종관계가 되어 구타와 학대를 합리화하고 지속시킨다.

2) 폭력문화를 양산하는 문화 규범적 인식에 있다.

우리사회는 모든 문제와 갈등을 폭력으로 해결하려는 문화가 보편화되어 있다. 국가공권력인 경찰 등에 의한 일반시민에 대한 폭력, 학교에서의 체벌이라는 미명하에 발생하는 폭력들이 통치의 이름으로, 교육이라는 이름으로, 또는 사랑이라는 이름으로 당연하게 발생하고 있다.

또한 TV와 영화 등 대중매체에서는 폭력을 휘두르는 남성을 미화하고 영웅시하기까지 한다. 감수성이 예민한 청소년들이 어디에서나 손쉽게 접할 수 있는 폭력문화는 이들에게 대화와 설득으로 문제를 해결하고 합리적 해결책을 찾는 것이 올바르다는 가치관 대신 힘과 권위에 의한 강압적 방식을 동원하여 문제를 해결하도록 부추기는 것이다.

3) 남의 집안문제에 끼어들면 안 된다는 잘못된 사회적 인식에 있다.

가정문제는 그 집안의 가장이 책임져야 할 개별 가정의 문제로 보며 사회적 관여를 꺼리는 것과 아내나 자녀를 구타하여도 아무런 사회적 비난이나 처벌을 받지 않는 것 역시 폭력가정을 양산하는 것이다. 그러나 가족관계는 인격적 존중과 신뢰를 바탕으로 하는 가장 가까운 인격적 관계인만큼 이러한 것이 이루어지지 못할 때 가정폭력의 피해자들은 심한 자기 불신과 사회적 부적응을 나타내며 학대당한 아동의 경우는 폭력적인 성격이나 사회에 적응하지 못하는 등 심각한 후유증을 나타낸다.

4) 음주문제에 있다.

알코올과 가정폭력에 관한 국내외 연구를 살펴보면, 국외에서는 음주와 가정폭력의 동시 발생에 대한 보고가 계속적으로 지적되어 왔으며(Gelles, 1972; Walker, 1979; Kantor & Straus, 1987; Caetano et al., 2001) 그 범위는 40~90% 정도까지 상당히 높은 수준으로 보고되고 있다. 고니(Gorney, 1989)는 가정폭력가해자의 48~87%가 술 취한 상태에서 폭력을 사용한다고 하며, 로이(Roy, 1982)는 학대받는 여성의 남편 중 70%가 알코올 의존자라고 하였다. 브루코프 등(Brookoff et al., 1997)은 가정폭력으로 체포된 가해자의 92%가 폭력 당시 알코올을 사용했다고 보고하였다(장수미, 2003 재인용).

한편 알코올과 가정폭력에 관한 국내연구를 살펴보면, 한국보건사회연구원에서 전국의 만 20세 이상 남녀 1000명을 대상으로 한 아내학대에 관한 조사에서는 폭력 원인 1위가 남편의 술버릇(29.0%)으로 나타났고(김승권 · 조애저, 1998), 1천205명을 대상으로 한국인의 가정폭력에 관해 연구한 김재엽(1998)은 음주수준이 높아질수록 아내에 대한 남편의 구타가 심해진다는 결과를 보고하였다. 뿐만 아니라, 가정폭력 행위자들은 잦은 음주와 폭음의 습관을 가지고 있는 것으로 보고되는데, 가정폭력 피해여성을 대상으로 한 김재엽 외(2010)의 연구에서 가정폭력 행위자들의 약 70%가 한 달에 10회 이상 술을 마시며 한 번 술을 마실 때 10잔 이상 마시는 것으로 나타났다. 이 외 다수의 연구에서 가정폭력 행위자의 위험 음주율이 35%에서 50%(김재엽 외, 2010)에 이른다고 제시하여 음주와 가정폭력과의 밀접한 관련성을 시사한다. 음주와 폭력행동과의 강한 관련성에 대하여 Harris 등(2005)은 음주가 감정 및 행동 제어기능을 마비시키기 때문에 혹은 음주를 통해 폭력행동에 대한 책임을 면하기 위해서라고 설명하였다.

5) 성역할태도에 있다.

가정폭력 행위자들은 남성과 여성에 대한 성역할태도에 있어서 매우 가부장적이며 남성우월적인 태도를 가지고 있는 것으로 보고된다. 가부장적 신념이 강한 남성들은 아내를 마음대로 통제할 수 있다는 소유의식을 가져 아내가 전통적 규범을 어기거나 역할에 대한 책임을 소홀히 할 경우 가장으로서 폭력을 행사할 수 있다고 정당화한다(심영희 · 김혜선, 2001). 아마드(Ahmad, 2004)의 연구에서 가부장적 신념과 아내에 대한 학대행위와는 정적인 상관관계를 나타내었으며 우리나라의 김경신과 김경란(2002)의 연구에서도 가정폭력으로 신고되어 보호관찰 수강명령을 받은 가정폭력 행위자들 중 절반 정도(43.3%)가 가부장적 사고를 뚜렷이 보인 것으로 나타났다.[6)]

최근조사(여성가족부, 2020)에서 성역할 태도에서 '사회에서 중요한 일을 추진하는 것은 주로 남자의 역할이다'와 '사회적으로 남자가 리더가 되어야 한다'가 각각 49.8%, 46.1%로 절반 해당하는 사람들이 동의하고 있어, 사회적으로 중요한 일의 추진과 리더로서의 역할에 있어 여전히 남성이 중요하다고 인식하고 있었다. 이외에 '성관계는 남자가 주도해야 한다.'(39.6%), '집안일은 아내가 주로 해야 한다.'(36.0%), '가정의 경제적 결정권은 남편이 가져야 한다.'(25.7%), '아내가 직장을 가질 것인지 말 것인지는 남편의 의사를 따라야 한다'(20.7%), '자녀에 대한 중요한 결정(진학, 취학)은 남편의 의견이 아내의 의견보다 더 우선되어야 한다'(20.5%) 순으로 나타나, 다른 문항에 비하여 가족 내 남편과 아내로서 요구되는 성역할에 동의하는 비율이 상대적으로 낮은 편이다.

---

6) 필자가 2016.12~2021.9.까지 부부폭력/아동학대 수강명령을 받은 가정폭력행위자들 대상 치료수강 프로그램 진행 결과 수강자들이 교육 前 자신의 가부장적 사고를 알아보는 문항체크에서는 20% 정도로 나타났으나 실제 프로그램 중에 나타나는 가부장적 사고 및 태도에서는 57%를 상회하는 것으로 나타남.

6) 폭력에 대한 허용적인 태도이다.

폭력행위를 예측하고 설명하는 주요 변인으로 가정폭력 행위자의 주된 특성 중 하나이다. 디블과 스트라우스(Dibble & Straus, 1980)는 전미 2,143가구를 대상으로 폭력에 대한 허용적 태도와 폭력 행동과의 연관성을 조사하였는데 배우자 폭력이 비정상적이며 나쁘다는 태도를 가진 남성이 실제 아내에게 폭력을 행사한 경우는 8%에 불과한 반면, 배우자 폭력에 허용적 태도를 가진 남성이 실제 아내에게 폭력을 행사한 경우에는 2배로 높게 나타났다. 우리나라 김재엽(1998)의 연구에서도 아내구타에 대해 허용적인 태도를 가진 남편의 50.0%, 부정적 태도를 가진 남편의 14.2%가 아내에게 폭력을 행사하는 것으로 나타났다.

경미한 폭력과 심한 폭력 모두에서 남편이 아내구타에 대해 허용적 태도를 가졌을 경우에 높은 아내 구타율을 보였는데 특히, 심한 폭력의 경우는 허용적 태도를 지닌 경우에 무려 4배 이상의 높은 폭력률을 보여, 매우 높은 상관관계를 갖는 것으로 나타났다. 결과적으로, 남편이 아내에게 폭력행동을 시도하는 것이 가능하다는 태도를 가질 경우 폭력의 정도에 관계없이 실제적으로도 아내를 구타할 위험성이 높다고 할 수 있다.

7) 부부간의 의사소통에 있다.

가족건강성을 연구한 여러 학자들에게서 명확하고 직접적이며 상대를 경청하는 의사소통을 하는 것이 건강한 가족의 특성으로 논의되고 있다. 스티넷(Stinnett)과 동료들(1979)은 바람직한 의사소통을, 밤힐(Bamhill, 1979)은 명확한 의사소통을 건강한 가족의 특성 가운데 하나로 제시하고 있으며, 월시(Walsh, 1993)는 규칙과 기대가 명확한 개방된 의사소통을 하는 가족을 건강한 가족으로 보았다. 선행 연구들을 통해 부부의 의사소통은 부부뿐만 아니라 가족 전체의 중요한 건강지표라 할 수 있으며, 특히 부부체계가 가족을 이루는 기본적인 구조라고 할 때 부부의사소통과 가족건강성은 연관성을 가진다 할 것이다.

부부간 폭력과 부부간의 의사소통과 연계하여 이루어진 연구에서, 김갑숙(1991)은 부부갈등과 부부폭력과의 관계를 조사한 결과, 부부갈등 가운데 의사소통문제로 갈등을 경험할 경우 아내구타가 심하였다. 김정옥 외(2000)는 남성의 의사소통 유형이 산만형과 비난형일수록 아내에게 신체적인 폭력을 많이 하는 것으로 보고하였다. 김재엽(1999)이 전국 1,540명을 대상으로 조사한 전국가정폭력실태조사에 의하면, 폭력이 있는 부부의 경우 의사소통에서 부정적인 방식을 보다 많이 사용하고 있었다. 또한 보호관찰소 가해남성 82명을 심층면접 조사하였는데, 조사결과 가정폭력 가해남편의 의사소통유형은 자신의 생각이나 느낌을 마음속에 담아두기보다는 직설적으로 이야기하는 공격적 성향을 보이는 것으로 나타났다.

8) 아동기 학대경험에 있다.

위딩, 시무스, 헤이번스, 스미드와 오까(Whiting, Simmons, Havens, Smith. & Oka, 2009)는 친밀한 파트너에게 폭력을 행사하는 사람들에 대한 연구 결과, 아동기에 학대를 경험한 경우, 낮은 자존감, 한 해 전에 PTSD(Post−Traumatic Stress Disorder)[7]로 진단된 경험, 과거의 알코올 의존성, 친밀한 파트너에게 폭력을 행사하는 것과 유의미하게 연합되어 있음을 밝혀내어 아동기 학대 경험의 후유증의 심각성을 보고했다. 이는 부모의 폭력을 경험하였거나 자신이 학대를 당한 아동은 이후 삶을 살아가면서 낮은 자존감과 알코올 남용, 높은 공격적 성향, 인간관계의 어려움, 약물남용, 불안, 수면문제를 갖게 되고, 친밀한 관계에서 폭력을 사용하게 될 가능성이 높다(Ehrensaft, Cohen., & Brown, 2003; Silvern, karyl, Waelde, Hodges, Starek, & Heidt, 1995)는 연구결과와도 일치한다.

우리나라의 가정폭력 실태조사(여성가족부, 2020)에서도 아동기보호자로부터의 폭력피해경험은 '회초리로 손바닥이나 종아리를 때렸다.'의 응답률이 42.9%로 가장 높았는데 남성 응답자는 46.7%가 응답하여 거의 절반에 가까운 사람들이 경험이 있었으며 여성도 39.1%로 나타났다. 체벌에 허용적인 우리사회의 특성상 어린 시절 훈육목적의 체벌 경험이 포함되면서 가장 높은 응답률을 나타낸 것으로 추측된다. 이외'욕설이나 무시하는 말 등 심한 말을 하였다'와 '손으로 때리거나 발로 찼다.'도 각각 27.4%와 19.6%로 나타나, 적지 않은 수가 어린 시절 보호자로부터 폭언이나 손이나 발로 맞는 등의 폭력을 경험하였음을 알 수 있다. 상대적으로 낮은 응답률을 보인 항목은 방임문항인 '어른과 함께 있어야 하는 상황임에도 불구하고 혼자 있게

7) 전쟁, 테러, 천재지변, 화재, 신체적 폭행, 성폭력, 교통사고 등 생명이나 신체를 위협할 정도의 극심한 스트레스(정신적 외상을 경험한 후 나타나는 정신적 질병이며, 보통 우울증, 불안장애, 또는 공황장애를 동반한다. 이와 반대로 정신적 충격을 경험한 뒤 정신적인 성장을 보이는 것을 '외상 후 성장'이라고 한다.

하였다(4.9%)'와 '식사를 제때 잘 챙겨주지 않거나, 진료가 필요한데도 병원에 데리고 가지 않았다(2.5%).'이었고, 신체적 폭력 중 하나인 '허리띠, 몽둥이 등 맞으면 다칠 수 있는 물건으로 때렸다(4.8%)'도 다소 낮게 나타났다. 성별로는 모든 문항에서 남성의 응답률이 여성보다 높게 나타나, 남성이 여성보다 아동기보호자로부터 폭력피해를 더 많이 경험하고 있음을 알 수 있다. 조사결과 성장기 학대경험은 가정폭력 가해행위와 매우 밀접한 관련성이 있다는 것을 보여주고 있다.

2. 가정폭력에 대한 잘못된 사회적 통념과 원인

1) 가정폭력에 관한 잘못된 통념이다.

가정폭력은 경제적 및 학력 수준이 낮은 사람들에게만 일어나는 것이다.

피해자들은 경제력이나 학력을 떠나 모든 계층에 있다. 인종, 문화, 직업, 수입 정도 그리고 나이를 떠나 배우자, 이성 친구, 애인 그리고 동거관계에 있는 배우자로부터 학대를 받을 수 있다.

2) 임신한 여자들은 맞지 않을 것이다.

가정폭력 피해자 중 25~45%가 임신 중에 맞는다고 한다.

3) 가정폭력은 개인적인 문제이므로 다른 사람이 관여할 문제가 아니다.

가정폭력은 범죄이다. 이것은 심각한 사회적 문제이며 더 이상 개인의 문제가 아니다.

4) 배우자를 학대하는 것은 자녀들에게는 전혀 영향을 끼치지 않는다.

자녀들이 직접적으로 학대를 받지 않았다 하더라도 가정폭력은 자녀들에게 매우 심각한 영향을 준다.

5) 구타를 당하는 피해자들은 피학대 음란증을 가지고 있다.

학대 관계를 떠나지 못하는 피해자들은 경제적 · 감정적으로 의존적이기 쉽고 수치심과 고독감을 가지고 있으며 가해자의 보복을 두려워해 죄책감에 시달리고 있다.

6) 술이나 약물을 사용했기 때문에 배우자를 학대한다.

가해자들 중에 많은 사람들이 술과 약물을 남용하는 것으로 나타난다. 술이나 약물을 사용했기 때문에 폭력을 행사하는 것이 아니라 폭력을 행사하기 위해 술과 약물을 복용한다고 보아야 한다. 가해자 중에 술이나 약물을 복용하지 않는 사람들도 상당 수 있다.

7) 가해자들은 모든 대인관계에서 폭력적이다.

대부분의 가해자들은 가정에서만 폭력적이다. 그들은 다른 사람에게는 친절하고 예의 바르다.

8) 가해자들은 자신들의 폭력적 행동을 통제할 수 없다.

가해자들은 자신의 행동을 통제할 수 있다. 그들은 폭력 대신에 보다 나은 다른 방법을 선택하도록 교육을 받고 행동에 변화를 가져올 수 있다.

9) 피해자들이 잔소리를 하지 않는다면 맞지 않을 것이다. 피해자들의 바르지 못한 행동이 폭력의 원인이다.

가정폭력은 피해자의 행동이나 태도에 따라 발생하는 것이 아니다. 대부분의 가해자들이 사회에서는 폭력을 행하지 않다는 것은 가해자가 힘으로 통제할 수 있는 사람에게만 폭력을 행사한다는 것을 의미한다. 피해자들이 어떻게 행동하든 가해자는 폭력을 행사한다.

10) 여자도 남자와 같이 폭력적이다.

대부분의 여자들은 자기 방어를 위해 폭력을 행사한다. 이런 경우에도 남자가 폭력의 피해자가 되는 경우는 매우 적다.

11) 가정폭력은 일시적으로 감정을 통제하지 못해서 발생하는 것이다.

가정폭력은 지속적이고, 시간이 지남에 따라 점점 심각해지는 경향이 있다. 가해자는 폭력행사를 통해 피해자를 통제하려 하며 두려움을 조장하는 것이다.

12) 피해자들은 가정폭력 관계에서 벗어날 수 없다. 그것은 운명이므로 감수하고 살아야 한다.

피해자들은 가정폭력 관계에서 벗어나기 힘든 것처럼 보인다. 그것은 운명이기 때문이 아니라 스스로를 보호하도록 배울 기회가 없었기 때문이다. 피해자도 스스로를 보호하는 법을 배우면 충분히 폭력적 관계에서 벗어날 수 있다.

13) 피해자들은 정신이 이상하거나 열등하다.

피해자들은 자신들이 학대를 받는다는 사실을 인정하려 하지 않기 때문에 종종 혼란에 빠진다. 피해자가 이상하기 때문에 맞는 것이 아니라, 폭력을 당하기 때문에 이상해지는 것이다.

5절 » 가정폭력의 실태와 현황

1. 배우자에 의한 폭력 실태

최근 조사(여성가족부, 2020)에 의하면 배우자에 의한 신체적, 성적 폭력 피해율은 여성 5.9%, 남성 1.3%였으며, 4개 유형 폭력(신체적/성적/경제적/정서적 폭력) 피해율은 여성 10.9%, 남성 6.6%였고, 5개 유형 폭력(신체적, 성적, 경제적, 정서적 폭력 및 통제) 피해율은 여성 28.9%, 남성 26.0%로 나타났다. 이는 여성 응답자의 5.9%,

남성 응답자의 1.3%가 지난 1년 동안 신체적 폭력 또는 성적 폭력 행동 중 하나라도 경험한 적이 있으며, 여성 응답자의 28.9%, 남성 응답자의 26.0%가 지난 1년 동안 신체적 폭력, 성적 폭력, 경제적 폭력, 정서적 폭력, 통제 피해 중 하나라도 경험한 적이 있음을 의미한다.

폭력 유형별로 나누어보면, 여성과 남성 모두 통제 피해 경험률이 가장 높았고 두 번째로 정서적 폭력 피해 경험률이 높았다. 여성의 25.4%, 남성의 24.5%가 통제 피해를 경험했으며, 정서적 폭력 피해 경험은 여성의 8.3%, 남성의 6.0%에서 나타났다. 그 다음으로는 성별에 따라 피해율 순위에 차이가 있었다. 여성은 성적 폭력(4.6%), 신체적 폭력(2.1%), 경제적 폭력(1.2%) 순이었던 반면, 남성은 신체적 폭력(0.9%), 경제적 폭력(0.8%), 성적 폭력(0.6%) 순으로 나타났다. 즉 여성은 성적 폭력 피해 경험이 더 높은데 비하여 남성은 성적 폭력 피해 경험이 폭력 유형 중 가장 낮았다. 연령대별로는 지난 1년간 배우자에 의한 신체적, 성적 폭력 피해율은 만 65세 미만 응답자 3.9%(여성 6.1%, 남성 1.5%), 만 65세 이상 응답자 1.9%(여성 4.0%, 남성 0.3%)였다. 지난 1년간 4개 유형 폭력 피해율은 만 65세 미만 응답자 9.0%(여성 11.2%, 남성 6.6%), 만 65세 이상 응답자 7.4%(여성 8.8%, 남성 6.4%)였고, 5개 유형 폭력 피해율은 만 65세 미만은 28.3%(여성 29.7%, 남성 26.7%), 만 65세 이상은 21.5%(여성 21.3%, 남성 21.7%)였다.

이전의 피해 경험을 포함하여, 평생 현 배우자에 의한 폭력 피해경험을 살펴보면, 신체적, 성적 폭력 피해율은 여성 10.5%, 남성 2.9%였으며, 4개 유형폭력 피해율은 여성 20.7%, 남성 13.9%로 나타났다.

폭력 유형별로는 여성과 남성 모두 정서적 폭력 피해 경험이 가장 많아, 여성은 17.8%가, 남성은 13.1%가 평생 한 번이라도 정서적 폭력 피해를 경험했다. 지난 1년간 피해 경험과 마찬가지로 평생 피해 경험에서도 성별에 따라 많이 경험한 피해의 종류에 차이가 나타났다. 여성은 정서적 폭력 다음으로 성적 폭력 피해 경험이 많았고(7.2%), 그 다음으로 신체적 폭력(5.4%), 경제적 폭력(3.2%) 순이었던 데 반하여 남성은 정서적 폭력 다음으로 신체적 폭력(2.4%), 성적 폭력(1.3%), 경제적 폭력(1.2%) 순으로 나타났다.

표 14-1 평생 현 배우자에 의한 폭력경험

(단위: %(명))

구분	4개 유형 폭력					
	신체적/성적 폭력			경제적 폭력	정서적 폭력	피해율 계
	신체적	성적	피해율 소계			
전체 (분석 대상수)	3.9 (5,794)	4.3 (5,795)	6.8 (5,794)	2.2 (5,813)	15.5 (5,792)	17.4 (5,783)
여성 (분석 대상수)	5.4 (2,966)	7.2 (2,966)	10.5 (2,966)	3.2 (2,978)	17.8 (2,964)	20.7 (2,962)
남성 (분석 대상수)	2.4 (2,829)	1.3 (2,829)	2.9 (2,829)	1.2 (2,835)	13.1 (2,828)	13.9 (2,821)
만 65세 미만 (분석 대상수)	3.8 (5,081)	4.6 (5,082)	6.8 (5,081)	2.1 (5,095)	15.1 (5,079)	17. (5,070)
만 65세 이상 (분석 대상수)	4.9 (713)	2.1 (713)	6.3 (713)	3.3 (718)	18.7 (713)	19.7 (713)

주: 신체적 폭력은 7개, 성적 폭력은 5개, 경제적 폭력은 4개, 정서적 폭력은 6개 문항이며, 유형별 피해율은 각 유형에 해당하는 문항 중 하나라도 경험한 비율임

출처: 여성가족부, 2019년 가정폭력실태조사현황, 2020.

2. 가정 내 의사결정권자별 배우자에 의한 폭력 피해경험

가정 내 의사결정권은 조사결과, 성적폭력을 제외한 신체적, 경제적, 정서적 폭력 및 통제에서 부부가 함께 의논하여 의사결정을 하는 집단의 피해경험이 가장 낮았고, 상대방이 주도적 역할을 하는 경우의 피해경험이 가장 높았다. 여성의 경우 남편이 재산관리에서 의사결정을 주로 또는 전적으로 하는 경우와 부부가 함께 의논하는 경우를 비교해 보면, 남편이 주도하는 경우가 부부가 함께 의논하는 경우보다 통제(9.3%), 경제적 폭력(4.3%), 정서적 폭력(4.1%), 신체적 폭력(3.2%)에서 더 높은 피해율을 보였다. 남성 응답자 또한 아내가 재산관리 의사결정을 주도하는 경우 피해율이 더 높은 것으로 나타나, 성적폭력을 제외하면 가정 내 재산관리에 대한 의사결정에서 평등한 집단의 폭력피해가 더 적은 것을 알 수 있다.

표 14-2 재산관리 의사결정권자별 배우자에 의한 폭력 피해경험(여성) (단위: %(명))

구분	신체적 폭력	성적 폭력	경제적 폭력	정서적 폭력	통제
부부가 의논해서 함께	1.6	4.0	0.8	7.6	24.3
(분석 대상수)	(2,022)	(2,022)	(2,021)	(2,022)	(2,021)
여성(본인) 주도	2.4	6.1	0.8	8.6	25.0
(분석 대상수)	(640)	(640)	(640)	(640)	(641)
남성(상대방) 주도	4.8	5.0	5.1	11.7	33.6
(분석 대상수)	(317)	(317)	(316)	(317)	(317)

표 14-3 재산관리 의사결정권자별 배우자에 의한 폭력 피해경험(남성) (단위: %(명))

구분	신체적 폭력	성적 폭력	경제적 폭력	정서적 폭력	통제
부부가 의논해서 함께	0.4	0.3	0.3	4.5	22.7
(분석 대상수)	(1,901)	(1,901)	(1,899)	(1,901)	(1,901)
남성(본인) 주도	1.8	1.1	1.0	7.6	25.4
(분석 대상수)	(396)	(396)	(396)	(396)	(397)
여성(상대방) 주도	2.0	1.0	2.4	10.1	30.1
(분석 대상수)	(546)	(546)	(546)	(546)	(549)

출처: 여성가족부, 2019년 가정폭력실태조사현황, 2020.

3. 폭력유형별 실태

1) 신체적 폭력

여성 응답자의 배우자에 의한 폭력 피해 경험을 폭력 유형별로 나누어 살펴보면 다음과 같다. 먼저 신체적 폭력 7개 문항의 경험률을 보면, 지난 1년간 피해 경험으로 '밀치거나 팔, 어깨, 머리 등을 움켜잡았다'(1.6%), '나를 다치게 할 수 있는 물건을 던졌다'(1.1%), 손바닥으로 뺨이나 머리, 몸을 때렸다'(0.9%), '주먹이나 발로 때리거나 사정없이 마구 때렸다'(0.3%)였으며, 그 외에 '목을 조르거나 코와 입을 막는 등 숨을 쉬지 못하게 하거나 고의로 화상을 입혔다', '칼이나 흉기 등으로 위협하거나 다치게 하였다', '허리띠, 몽둥이 등 맞으면 다칠 수 있는 물건으로 때렸다'가 각각 0.1%로 나타났다. 가장 피해 경험률이 높은 '밀치거나 팔, 어깨, 머리 등을 움켜잡았다'의 피해 빈도를 보면, 1년에 3~4회 그와 같은 행동을 경험한 경우가 1.4%로 가장 많았고, 월 1회 경험한 경우가 0.2%, 월 2~3회 경험한 경우는 0.1%였다.

표 14-4 여성이 배우자에 의한 신체적 폭력 피해경험 (단위: %(명))

폭력행위	지난 1년간(2018년 8월 ~ 2019년 7월)							2018년 7월 이전		
	(분석 대상수)	전혀 없음	폭력 있음					(분석 대상수)	폭력 없음	폭력 있음
			1년에 3~4회	월 1회	월 2~3회	주 1회 이상	소계			
나를 다치게 할 수 있는 물건을 던졌다	(2,980)	98.9	0.9	0.1	0.1	-	1.1	(2,966)	97.4	2.6
밀치거나 팔, 어깨, 머리 등을 움켜잡았다	(2,980)	98.4	1.4	0.2	0.1	-	1.6	(2,966)	96.0	4.0
손바닥으로 뺨이나 머리, 몸을 때렸다	(2,980)	99.1	0.6	0.3	0.1	-	0.9	(2,966)	97.1	2.9
목을 조르거나 코와 입을 막는 등 숨을 쉬지 못하게 하거나 고의로 화상을 입혔다	(2,980)	99.9	0.1	0.0	0.0	-	0.1	(2,966)	99.5	0.5
칼이나 흉기 등으로 위협하거나 다치게 하였다	(2,980)	99.9	0.1	-	0.0	-	0.1	(2,966)	99.6	0.4
허리띠, 몽둥이 등 맞으면 다칠 수 있는 물건으로 때렸다	(2,980)	99.9	0.1	-	-	-	0.1	(2,966)	99.6	0.4
주먹이나 발로 때리거나 사정없이 마구 때렸다	(2,980)	99.7	0.2	0.1	0.0	-	0.3	(2,966)	99.3	0.7

주: 비율은 소수점 둘째자리에서 반올림한 것임. 즉 '-'는 사례수가 없는 경우이며 '0.0'은 0.0%와 0.1%의 사이값을 의미함.

출처: 여성가족부, 2019년 가정폭력실태조사현황, 2020.

2) 성적폭력

배우자에 의한 성적 폭력 피해로는 '내가 원하지 않는 신체적 접촉(만지기, 키스, 포옹 등)'이 3.8%로 가장 많았고, '무력은 사용하지 않았지만, 내가 원하지 않을 때 성관계를 강요하거나 내가 원하지 않는 형태의 성관계를 강요하였다'도 3.3%의 경험률을 보였다. 그 다음으로 '무력을 사용하여, 내가 원하지 않을 때 성관계를 강요하거나 내가 원하지 않는 형태의 성관계를 강요하였다'는 0.9%였으며, '나의 신체 일부 또는 성행위를 동의 없이 촬영하였다', '나의 신체 일부 또는 성행위를 촬영한 사진, 동영상 등을 동의 없이 올렸다'가 각각 0.1%였다. 피해 경험률이 가장 높은 '내가 원하지 않는 신체적 접촉(만지기, 키스, 포옹 등)을 하였다'의 피해 빈도는 1년에 3~4회가 2.4%였으며, 월 1회가 0.8%, 월 2~3회가 0.6%였고, 주 1회 이상도 0.1% 있었다.

'무력은 사용하지 않았지만, 내가 원하지 않을 때 성관계를 강요하거나 내가 원하지 않는 형태의 성관계를 강요하였다'의 피해 빈도는 1년에 3~4회가 2.2%였으며, 월 1회가 0.8%, 월 2~3회가 0.3%로 나타났다.

피해 경험률을 보면 '내가 원하지 않는 신체적 접촉(만지기, 키스, 포옹 등)'이 5.7%, '무력은 사용하지 않았지만, 내가 원하지 않을 때 성관계를 강요하거나 내가 원하지 않는 형태의 성관계를 강요하였다'가 4.6%로 나타나, 여성이 상대방이 원치 않는 성적 접촉이나 성관계 강요 등을 배우자로부터 경험하는 피해가 나타났다. 그 다음으로 '무력을 사용하여, 내가 원하지 않을 때 성관계를 강요하거나 내가 원하지 않는 형태의 성관계를 강요하였다'는 1.4%였으며, '나의 신체 일부 또는 성행위를 동의 없이 촬영하였다'가 0.6%, '나의 신체 일부 또는 성행위를 촬영한 사진, 동영상 등을 동의 없이 올렸다'가 0.4% 순이었다.

표 14-5 여성이 배우자에 의한 성적 폭력 피해경험 (단위: %(명))

폭력행위	지난 1년간(2018년 8월 ~ 2019년 7월)							2018년 7월 이전		
	(분석 대상수)	전혀 없음	폭력 있음					(분석 대상수)	폭력 없음	폭력 있음
			1년에 3~4회	월 1회	월 2~3회	주 1회 이상	소계			
무력을 사용하여, 내가 원하지 않을 때 성관계를 강요하거나 내가 원하지 않는 형태의 성관계를 강요하였다	(2,980)	99.1	0.6	0.3	0.0	0.0	0.9	(2,967)	98.6	1.4
무력은 사용하지 않았지만, 내가 원하지 않을 때 성관계를 강요하거나 내가 원하지 않는 형태의 성관계를 강요하였다	(2,980)	96.7	2.2	0.8	0.3	–	3.3	(2,967)	95.4	4.6
내가 원하지 않는 신체적 접촉(만지기, 키스, 포옹 등)을 하였다	(2,980)	96.2	2.4	0.8	0.6	0.1	3.8	(2,967)	94.3	5.7
나의 신체 일부 또는 성행위를 동의 없이 촬영하였다	(2,980)	99.9	0.0	0.0	–	–	0.1	(2,967)	99.4	0.6
나의 신체 일부 또는 성행위를 촬영한 사진, 동영상 등을 동의 없이 올렸다	(2,980)	99.9	0.1	–	–	–	0.1	(2,967)	99.6	0.4

주: 비율은 소수점 둘째자리에서 반올림한 것임. 즉 '-'는 사례수가 없는 경우이며 '0.0'은 0.0%와 0.1%의 사이값을 의미함.
출처: 여성가족부, 2019년 가정폭력실태조사현황, 2020.

3) 경제적 폭력

배우자에 의한 경제적 폭력 피해 경험은 다음과 같다. '배우자가 생활비를 부담해야 하지만 일부러 생활비를 주지 않았다'가 1.1%로 가장 많았고, '수입과 지출을 독점하였다' 0.6%, '나의 재산 또는 나에게 지분이 있는 재산을 동의 없이 처분했다' 0.2%, '나의 돈이나 재산을 빼앗거나 빚을 내게 떠넘겼다.' 0.1% 순으로 나타났다.

이전의 경험률은 '배우자가 생활비를 부담해야 하지만 일부러 생활비를 주지 않았다'가 2.5%, '수입과 지출을 독점하였다' 1.2%, '나의 재산 또는 나에게 지분이 있는 재산을 동의 없이 처분했다' 0.6%, '나의 돈이나 재산을 빼앗거나 빚을 내게 떠넘겼다' 0.2% 순이었다.

표 14-6 여성이 배우자에 의한 경제적 폭력 피해경험 (단위: %(명))

폭력행위	지난 1년간 (2018년 8월 ~ 2019년 7월)			2018년 7월 이전		
	(분석 대상수)	폭력 없음	폭력 있음	(분석 대상수)	폭력 없음	폭력 있음
배우자가 생활비를 부담해야 하지만 일부러 생활비를 주지 않았다	(2,978)	98.9	1.1	(2,978)	97.5	2.5
나의 재산 또는 나에게 지분이 있는 재산을 동의 없이 처분했다	(2,978)	99.8	0.2	(2,978)	99.4	0.6
수입과 지출을 독점하였다	(2,978)	99.4	0.6	(2,978)	98.8	1.2
나의 돈이나 재산을 빼앗거나 빚을 내게 떠넘겼다	(2,978)	99.9	0.1	(2,978)	99.8	0.2

출처: 여성가족부, 2019년 가정폭력실태조사현황, 2020.

4) 정서적 폭력

여성의 정서적 폭력 피해를 조사한 결과, '모욕하거나 욕을 했다'의 경험이 7.8%로 가장 많았고, '때리려고 위협하였다'도 3.0%의 경험률을 보였다. 그 다음으로는 '나의 물건을 부쉈다' 1.8%, '잠을 못 자게 괴롭혔다.' 1.0%였으며, '내가 아끼는 사람이나 반려동물을 해치거나 해치겠다고 위협하였다', '내 앞에서 자해를 하거나 자해, 자살하겠다고 위협했다'가 각각 0.3%였다. 피해 경험률이 가장 높았던 '모욕하거나 욕을 했다'의 경우 1년에 3~4회 경험한 경우가 6.8%였고, 월 1회가 0.4%, 월 2~3회가

0.3%, 주 1회 이상이 0.2%로 나타났다.

이전의 정서적 폭력 피해 경험에서 '모욕하거나 욕을 했다'의 경험은 15.8%로 가장 높았으며, '때리려고 위협하였다'도 8.4%의 경험률을 보였다. 다음으로 '나의물건을 부숴다'는 5.8%였으며 '잠을 못 자게 괴롭혔다'가 1.9%, '내가 아끼는 사람이나 반려동물을 해치거나 해치겠다고 위협하였다', '내 앞에서 자해를 하거나 자해, 자살하겠다고 위협했다'가 각각 0.7%였다.

표 14-7 여성이 배우자에 의한 정서적 폭력 피해경험 (단위: %(명))

폭력행위	지난 1년간(2018년 8월 ~ 2019년 7월)							2018년 7월 이전		
	(분석 대상수)	전혀 없음	폭력 있음					(분석 대상수)	폭력 없음	폭력 있음
			1년에 3~4회	월 1회	월 2~3회	주 1회 이상	소계			
모욕하거나 욕을 했다	(2,980)	92.2	6.8	0.4	0.3	0.2	7.8	(2,966)	84.2	15.8
때리려고 위협하였다	(2,980)	97.0	2.5	0.3	0.2	–	3.0	(2,967)	91.6	8.4
나의 물건을 부숴다	(2,980)	98.2	1.4	0.2	0.2	–	1.8	(2,967)	94.2	5.8
내가 아끼는 사람이나 반려동물을 해치거나 해치겠다고 위협하였다	(2,980)	99.7	0.3	0.0	0.0	–	0.3	(2,966)	99.3	0.7
내 앞에서 자해를 하거나 자해, 자살하겠다고 위협했다	(2,980)	99.7	0.2	0.0	0.1	–	0.3	(2,966)	99.3	0.7
잠을 못 자게 괴롭혔다	(2,980)	99.0	0.8	0.1	0.1	–	1.0	(2,965)	98.1	1.9

주: 비율은 소수점 둘째자리에서 반올림한 것임. 즉 '-'는 사례수가 없는 경우이며 '0.0'은 0.0%와 0.1%의 사이값을 의미함.

출처: 여성가족부, 2019년 가정폭력실태조사현황, 2020.

5) 4개 유형 폭력의 첫 피해 시기

신체적, 성적, 경제적, 정서적 폭력 피해 경험이 하나라도 있는 첫 피해시기를 알아보았다. '결혼 후 5년 이후'에 처음으로 피해가 발생한 사례가 46.0%였고 절반 이상이 결혼 후 5년 미만에 발생하였다. '결혼 후 1년 이상 5년 미만'이 30.0%, '결혼 후

1년 미만'이 20.6%였으며, '결혼 전 교제기간'도 3.3%여서, 데이트폭력 경험이 중단되지 않고 결혼 이후의 폭력으로 지속되는 문제를 보여준다.

표 14-8 여성이 배우자에 의한 폭력(신체적·성적·경제적·정서적 폭력) 첫 피해 시기

(단위: %(명))

구분	(분석 대상수)	결혼 전 교제기간	결혼 후 1년 미만	결혼 후 1년 이상 5년 미만	결혼 후 5년 이후
여성	(326)	3.3	20.6	30.0	46.0

출처: 여성가족부, 2019년 가정폭력실태조사현황, 2020.

3. 임신 중 배우자에 의한 폭력 피해 경험

임신 기간에 배우자에 의한 폭력 피해를 경험하였는지, 임신 기간에 폭력 피해의 변화가 있었는지, 배우자로부터 신체적, 성적 폭력 경험이 있으면서 현 배우자와의 관계에서 임신 경험이 있는 여성이 폭력이 시작된 시기를 조사 결과, 배우자로부터의 신체적/성적 폭력 및 임신 경험자 중 59.4%가 '임신 종료(출산, 유산) 후부터', 3.9%는 '임신 기간부터' 신체적/성적 폭력이 시작되었다고 나타났다.

표 14-9 임신 경험 여성의 배우자에 의한 신체적/성적 폭력 첫 피해 시기 (n=220)

구분	임신 전부터	임신 기간부터	임신 종료(출산, 유산) 후부터	계
%	36.7	3.9	59.4	100.0

출처: 여성가족부, 2019년 가정폭력실태조사현황, 2020.

신체적, 성적 폭력이 '임신 전부터' 있었던 경우는 배우자로부터의 신체적, 성적 폭력 및 임신 경험자 중 36.7%였다. 임신 전부터 폭력이 있었다면 임신 기간에는 폭력 피해가 덜했는지, 더 심해졌는지를 조사하였다. 그 결과 임신 기간에 폭력이 중단된 경우는37.2%였고 나머지 62.8%는 임신 기간에도 폭력이 유지되었다. 폭력의 정도가 심해진 경우는 보고되지 않았고, 임신 전보다 덜해졌거나(52.3%) 임신 전과 비슷했다(10.5%).

표 14-10 임신 전부터 배우자에 의한 신체적, 적 폭력 피해 경험 여성의 임신 기간 신체적, 성적 폭력 피해 경험

(n=81)

구분	임신 중 피해 경험 있음				임신 중 피해 경험 없음	계
	임신 중에는 덜했다	임신 중에도 비슷했다	임신 중에 더 심해졌다	소계		
%	52.3	10.5	-	62.8	37.2	100.0

출처: 여성가족부, 2019년 가정폭력실태조사현황, 2020.

4. 남성이 배우자에 의한 폭력 피해 경험

1) 전체 실태

남성이 배우자에 의한 폭력 피해 경험을 보면, 신체적 폭력이나 성적 폭력을 하나라도 경험한 비율은 1.3%, 신체적 폭력, 성적 폭력, 경제적 폭력, 정서적 폭력, 통제 피해를 하나라도 경험한 비율은 26.0%였다. 폭력 유형별로는 통제가 24.5%로 가장 많았으며, 정서적 폭력이 6.0%, 신체적 폭력이 0.9%, 경제적 폭력이 0.8%, 성적 폭력이 0.6% 순이었다.

표 14-11 남성이 배우자에 의한 폭력 피해 경험

(단위: %(명))

구분	5개 유형 폭력						
	신체적/성적 폭력			경제적 폭력	정서적 폭력	통제	피해율 계
	신체적 폭력	성적 폭력	피해율 소계				
남성 (분석 대상수)	0.9 (2,838)	0.6 (2,843)	1.3 (2,843)	0.8 (2,840)	6.0 (2,843)	24.5 (2,847)	26.0 (2,838)

주: 유형별 피해율은 각 유형에 해당하는 폭력 행동들 중 하나라도 경험한 비율임.
출처: 여성가족부, 2019년 가정폭력실태조사현황, 2020.

2) 폭력유형별 실태

① 신체적 폭력

남성이 배우자에 의한 폭력 피해 경험을 폭력 유형별로 살펴보았다. 피해 경험으로는 '나를 다치게 할 수 있는 물건을 던졌다'가 0.6%, '밀치거나 팔, 어깨, 머리 등을 움켜잡았다'가 0.5%였고, '손바닥으로 뺨이나 머리, 몸을 때렸다', '목을 조르거나 코

와 입을 막는 등 숨을 쉬지 못하게 하거나 고의로 화상을 입혔다'가 각각 0.2%였다. '칼이나 흉기 등으로 위협하거나 다치게 하였다', '허리띠, 몽둥이 등 맞으면 다칠 수 있는 물건으로 때렸다', '주먹이나 발로 때리거나 사정없이 마구 때렸다.' 등 대체로 폭력의 정도가 심각한 문항은 피해 경험이 보고되지 않았다.

② 성적 폭력

남성이 배우자에 의한 성적 폭력 피해 경험으로는 '내가 원하지 않는 신체적 접촉(만지기, 키스, 포옹 등)을 하였다'가 0.6%로 가장 높았고, '무력을 사용하여, 내가 원하지 않을 때 성관계를 강요하거나 내가 원하지 않는 형태의 성관계를 강요하였다', '무력은 사용하지 않았지만, 내가 원하지 않을 때 성관계를 강요하거나 내가 원하지 않는 형태의 성관계를 강요하였다'가 각각 0.1%였다. '나의 신체 일부 또는 성행위를 동의 없이 촬영하였다', '나의 신체 일부 또는 성행위를 촬영한 사진, 동영상 등을 동의 없이 올렸다' 등 촬영 및 유포 피해는 보고되지 않았다.

③ 경제적 폭력

경제적 폭력 피해 경험은 '수입과 지출을 독점하였다'가 0.7%로 가장 높았고, '배우자가 생활비를 부담해야 하지만 일부러 생활비를 주지 않았다'(0.4%), '나의 재산 또는 나에게 지분이 있는 재산을 동의 없이 처분했다'(0.2%), '나의 돈이나 재산을 빼앗거나 빚을 내게 떠넘겼다'(0.1%) 순이었다.

④ 정서적 폭력

정서적 폭력 피해 경험을 알아본 결과, '모욕하거나 욕을 했다'가 5.5%로 가장 높았으며, '나의 물건을 부쉈다'가 1.4%, '때리려고 위협하였다', '잠을 못 자게 괴롭혔다'가 각각 1.2%였고, '내 앞에서 자해를 하거나 자해, 자살하겠다고 위협했다'가 0.3%, '내가 아끼는 사람이나 반려동물을 해치거나 해치겠다고 위협하였다'가 0.1% 순이었다.

⑤ 4개 유형 폭력의 첫 피해 시기

신체적, 성적, 정서적, 경제적 폭력 피해 경험이 하나라도 있는 최초 피해 시기를 알아본 결과, 58.0%가 '결혼 후 5년 이후'에 처음 발생했다고 응답하였다. 그 다음으로는 '결혼 후 1년 이상 5년 미만'(20.7%), '결혼 후 1년 미만'(16.4%), '결혼 전 교제기간'(4.9%) 순으로 나타나, 여성 응답자에 비하여 폭력 발생 시기가 비교적 늦은 편이지만 결혼 전에 폭력이 발생한 비율은 남성 응답자가 조금 더 많았다.

5. 배우자에 의한 폭력 피해 영향

1) 신체적 상처 경험 및 치료 경험

① 신체적 상처 경험

한 번이라도 배우자로부터 신체적, 성적 폭력 피해로 인하여 신체적 상처를 입은 경험을 조사한 결과 신체적, 성적 폭력 피해 경험이 있는 여성의 7.4%, 같은 피해 경험이 있는 남성의 3.3%가 신체적 상처를 입은 경험이 있는 것으로 나타났다. 상처를 입은 횟수는 남성 응답자의 경우 상처를 입은 경험이 있는 응답자 모두 '1~2회'라고 답변하였던 반면, 여성의 경우 '1~2회' 4.7%, '3~5회' 1.8%, '6회 이상' 0.9%로 상처를 입은 경험이 3회 이상인 경우도 나타났다.

② 신체적 상처 치료 경험

한 번이라도 배우자로부터 신체적, 성적 폭력 피해를 입은 경험이 있고 그로 인하여 신체적 상처를 입고 당시의 상처로 약국에서 의약품을 구입한 경험, 병원에 간 경험이 있는지를 살펴보았다. 신체적 상처를 입은 적이 있는 여성의 46.6%, 남성의 23.9%가 의약품 구입 경험이 있었고, 신체적 상처를 입은 적이 있는 여성의 8.6%가 매번 병원에 갔으나, 신체적 상처를 입은 적이 있는 남성은 모두 '병원에 가지 않은 적도 있다'고 답하였다.

③ 신체적 상처를 입었지만 병원에 가지 않은 이유

배우자로부터의 신체적, 성적 폭력 피해로 신체적 상처를 입은 적이 있지만 병원에 가지 않은 이유를 살펴보았다. 여성은 '상처(부상)가 병원에 갈 만큼 심각하지 않아서'가 63.5%로 가장 많았으나, '배우자에게 폭력을 당한 것이 드러날까 봐'(30.1%), '병원에 갈 시간이나 마음의 여유가 없어서'(22.2%), '병원에 가도 나아질 것 같지 않아서'(12.0%) 등의 이유도 나타났다. 남성은 전원이 '상처(부상)가 병원에 갈 만큼 심각하지 않아서'라고 답하였으며, '병원에 갈 시간이나 마음의 여유가 없어서'도 69.0%로 많았고, '병원에 가도 나아질 것 같지 않아서'는 28.5%였다.

2) 정신적 고통 경험 및 치료 경험

① 정신적 고통 경험

배우자에 의한 신체적, 성적, 경제적, 정서적 폭력으로 인한 정신적 고통의 정도를 살펴보면, 배우자에 의한 신체적, 성적, 경제적, 정서적 폭력 경험이 있었던 응답자들의 문항별 정신적 고통의 평균값은 '무력감, 자존감 하락' 1.7점, '배우자에 대한 적대감, 분노' 1.6점, '계속 당시의 생각이 남' 1.5점, '매사에 우울, 불안' 1.4점, '위협감, 공포심' 1.3점, '죽고 싶다는 생각' 및 '고립감, 사람 만나는 것을 기피'가 각각 1.2점 순으로 나타났다.

성별로는 전반적으로 여성의 정신적 고통이 남성보다 다소 높은 편이었으며 정신적 고통이 '매우 심각하다'는 응답은 여성 응답자에서만 보고되었다. '심각한 편이다'와 '매우 심각하다' 항목을 합산한 값을 성별로 비교해보면, '배우자에 대한 적대감, 분노' 여성 18.4%, 남성 14.5%, '무력감, 자존감 하락'은 여성 16.0%, 남성 14.1%, '계속 당시의 생각이 남' 여성 14.3%, 남성 9.1%, '매사에 우울, 불안' 여성 10.1%, 남성 6.8%, '위협감, 공포심' 여성 8.4%, 남성 3.8%, '죽고 싶다는 생각' 여성 4.2%, 남성 2.9%로 6개 문항에서 여성의 응답이 더 많았으나, '고립감, 사람 만나는 것을 기피'만 여성 2.6%, 남성 2.9%로 남성이 다소 많게 나타났다.

② 정신적 고통 치료 경험

위에서 정신적 고통 중 하나라도 '전혀 심각하지 않다' 외의 선택지('심각하지 않은 편이다', '심각한 편이다', '매우 심각하다')를 택한 응답자에게 당시의 정신적 고통으로 약국에서 의약품을 구입하거나 병원 치료를 받은 경험이 있는지 살펴본 결과, 7.7%가 의약품 구입 경험이 있었고 5.3%가 병원 치료 경험이 있었다. 성별로 나누어 보면, 의약품 구입 경험은 여성 7.1%, 남성 8.8%였고, 병원치료 경험은 여성 4.9%, 남성 6.1%였다.

③ 경제활동에의 영향

배우자에 의한 신체적, 성적, 경제적, 정서적 폭력으로 응답자의 경제활동에 영향이 있었는지 살펴보면, 폭력 피해 당시 경제활동을 하고 있지 않았던 경우를 제외하고 폭력 피해 경험이 있는 여성의 8.6%, 남성의 7.7%가 경제활동에 지장이 있었다고 답하였다.

경제활동에 지장이 있었던 응답자를 대상으로, 당시 경험했던 경제활동에서의 영향을 중복응답으로 조사하였다. 성별로 나누어 보면, 지난 1년간 배우자에 의한 폭력 피해로 경제활동에 지장이 있었다고 답한 여성 중에서 87.1%가 '업무 능률이 떨어졌다'고 답하였고, '일을 그만두어야 할지 심각하게 고민했다' 29.2%, '인간관계에 어려움이 생기거나 신뢰를 잃었다' 28.7%, '일을 그만두었다' 15.3%, '휴가나 휴직이 필요했다'가 14.2%로, 단순한 업무능력의 감소 외에 폭력으로 인하여 경제활동의 지속성이 위협을 받거나 직장에서 인간관계의 문제로 구직활동에 어려움이 생겼다'로 확인되었다.

3) 배우자의 폭력에 대한 대응

① 폭력 대응 방법

배우자로부터 신체적, 성적, 경제적, 정서적 폭력을 경험하였을 때 어떻게 대응하였는지를 살펴보았다. '별다른 대응을 한 적이 한 번도 없다'는 응답이 45.6%로, 절반 이상은 자리를 피하거나 맞대응하거나 도움을 청하는 등의 대응 행동을 하였다.

성별로 구분하면 여성의 경우 '별다른 대응을 한 적이 한 번도 없다'가 48.3%로 남성(40.7%)보다 대응하지 않은 비율이 더 높았다. '배우자에게 맞대응했다'는 42.8%였으며, '자리를 피하거나, 집밖으로 도망갔다' 9.8%, '주위에 도움을 요청하였다' 1.5%로 나타났다. 남성은 '배우자에게 맞대응했다'가 43.6%로 가장 많았고, '별다른 대응을 한 적이 한 번도 없다'가 40.7%였으며, '자리를 피하거나, 집밖으로 도망갔다' 17.2%, '주위에 도움을 요청하였다' 0.2% 순이었다. 주위에 도움을 청한 경험률은 남성(0.2%)보다 여성(1.5%)이 다소 높았으나 여성과 남성 모두 드문 것으로 나타났다.

② 별다른 대응을 하지 않은 이유

폭력 피해를 경험하였지만 별다른 대응을 한 적이 한 번도 대응한 적이 없는 이유를 살펴보면, '배우자이기 때문에'가 21.9%로 가장 많았고, '대응해도 달라질 게 없을 것 같아서'(14.9%), '폭력이 심각하지 않다고 생각해서'(13.7%), '그 순간만 넘기면 될 것이라고 생각해서'(13.3%), '내 잘못도 있다고 생각해서'(10.5%) 순이었다. 여성과 남성 모두 '도움을 청할 곳이 없어서' 대응하지 못했다는 응답은 없었다.

성별에 따라서 응답에 차이가 있었다. 여성은 '배우자이기 때문에'가 25.3%로 다른 응답에 비하여 더 많았으며, '대응해도 달라질 게 없을 것 같아서'(18.5%), '폭력이 심각하지 않다고 생각해서'(12.7%), '그 순간만 넘기면 될 것이라고 생각해서'(11.5%) 순이었다. 그에 비하여 남성은 '내 잘못도 있다고 생각해서'가 22.6%로 가장 높았고, 그 다음으로 '그 순간만 넘기면 될 것이라고 생각해서'(17.0%), '폭력이 심각하지 않다고 생각해서'(15.7%), '배우자이기 때문에'(14.8%) 순으로 나타났다.

또한 '배우자이기 때문에'가 36.3%로 가장 많았고 '그 순간만 넘기면 될 것이라고 생각해서'(31.8%), '폭력이 심각하지 않다고 생각해서'(30.4%), '대응해도 달라질 게 없을 것 같아서'(21.5%), '내 잘못도 있다고 생각해서'(15.6%), '대응하면 폭력이 심해질 것 같아서'(10.8%) 순이었다.

성별에 따라서 살펴보면, 여성의 경우 '그 순간만 넘기면 될 것이라고 생각해서'가 35.1%로 가장 많았으며, '배우자이기 때문에'도 34.7%로 높았다. '폭력이 심각하지 않다고 생각해서'는 25.1%로 세 번째 이유였다. 그 다음으로 '대응해도 달라질 게 없을 것 같아서'(23.8%), '아이들 때문에'(16.5%), '창피하고 자존심 상해서'(15.5%), '대응하면 폭력이 심해질 것 같아서'(11.7%), '내 잘못도 있다고 생각해서'(10.7%) 등이었다.

반면 남성은 '폭력이 심각하지 않다고 생각해서'가 41.2%였고, '배우자이기 때문에'(39.5%), '내 잘못도 있다고 생각해서'(25.6%), '그 순간만 넘기면 될 것이라고 생각해서'(24.8%), '대응해도 달라질 게 없을 것 같아서'(16.9%), '아이들 때문에'(16.3%), '창피하고 자존심 상해서'(10.5%) 등으로 나타나, 폭력이 심각하지 않다고 생각하여 대응하지 않았다는 응답이 가장 많게 나타났다.

③ 도움을 요청한 경험

배우자로부터 신체적, 성적, 경제적, 정서적 폭력을 경험한 그 이후에 누군가에게 도움을 요청한 경험을 살펴보면, 경찰, 가족이나 친척, 이웃이나 친구, 종교 지도자, 여성긴급전화 1366, 가정폭력상담소 및 보호시설, 기타 대상자에게 각기 도움을 청한 적이 있는지 질문한 결과, 배우자에 의한 폭력 피해 경험자의 85.7%는 폭력 이후에도 각 대상에게 도움을 청한 적이 전혀 없었다. 성별로는 여성은 80.3%, 남성은 94.2%가 각 대상에게 도움을 청한 경험이 전혀 없는 것으로 나타났다.

대상별로 보면, 여성은 가족이나 친척에게 도움을 청한 경험이 10.0%로 가장 많았고, 이웃이나 친구는 5.6%였으며, 경찰에 도움을 청한 경험은 2.6%였다. 여성긴급전화 1366이나 가정폭력상담소 및 보호시설에 도움을 청한 경험도 각각 0.2%에 그쳤다.

남성도 가족이나 친척에게 도움을 청한 경험이 2.4%로 가장 많았지만 여성에 비해 현저히 적었고, 경찰에 도움을 청한 경험은 1.9%였다. 여성과 달리 이웃이나 친구에게 도움을 청한 경험은 0.2%에 불과했다.

④ 경찰에 도움을 요청하지 않은 이유

배우자로부터 폭력을 경험하였지만 경찰에게 도움을 요청하지 않은 가장 큰 이유는 '폭력이 심각하지 않다고 생각해서'가 32.8%로 가장 높았고, '그 순간만 넘기면 되어서'가 26.2%로 두 번째로 높았다. 그 다음으로는 '신고한다고 나아질 것 같지 않아서'(12.1%), '자녀들을 생각해서'(8.7%), '경찰이 도와줄 수 없을 것 같아서'(7.0%) 순이었다.

성별로도 대체로 순위가 유사하였으나, 여성의 경우 '자녀들을 생각해서'(9.2%)가 '경찰이 도와줄 수 없을 것 같아서'(6.1%)보다 많았던 반면 남성은 '경찰이 도와줄 수 없을 것 같아서'(8.6%)가 '자녀들을 생각해서'(7.8%)보다 다소 많았다. 또한 '배우자의 보복이 두려워서'는 여성의 경우 1.6%였으나 남성은 나오지 않았으며, '배우자가 전과자가 될까 봐' 경찰에 도움을 청하지 못했다는 응답은 여성은 4.9%였으나 남성은 0.7%에 불과하였다.

성별로도 여성의 경우 '그 순간만 넘기면 되어서'가 50.9%, '폭력이 심각하지 않다고 생각해서' 48.8%로 절반 정도가 이 두 가지 이유를 선택하였고, 그 다음으로 '자녀들을 생각해서'(26.0%), '신고한다고 나아질 것 같지 않아서'(20.9%), '경찰이 도와줄 수 없을 것 같아서'(10.2%) 순이었다. 그에 비하여 남성은 '폭력이 심각하지 않다고 생각해서'에 응답한 사례가 66.7%로 높았고, '그 순간만 넘기면 되어서'가 그 다음으로 46.9%였다. 뒤이어 '신고한다고 나아질 것 같지 않아서'(24.9%), '자녀들을 생각해서'(21.2%), '경찰이 도와줄 수 없을 것 같아서'(8.6%) 순으로 나타났다.

그 외의 이유를 살펴보면, '배우자가 전과자가 될까 봐' 경찰에 도움을 청하지 않았다는 응답은 여성 7.0%, 남성 3.2%로 여성의 응답이 높았고, '신고할 수 있다는 것을 몰라서'는 여성(4.6%)보다 남성(5.5%)의 응답이 좀 더 높았으며 '신고하면 헤어지게 될까봐' 역시 남성(5.7%)이 여성(3.4%)보다 높았다. '배우자의 보복이 두려워서'는 남성의 응답이 없었으나 여성 3.1%, 남성 3.0%로 엇비슷하였고, '배우자에게 폭력을 당한 것이 드러날까봐'는 여성(2.6%)의 우려가 남성(2.0%)보다 다소 높았다. 또한 남성은 폭력이 심각하지 않다고 생각해서 신고하지 않았다는 답이 66.7%였던 반면 여성은 절반이 채 되지 않았던 것을 볼 때, 여성이 경찰에 도움을 요청하지 않는 이유가 폭력이 심각하지 않아서가 아니고, 폭력이 심각하더라도 신고하지 않는 경우가 많다는 점을 알 수 있다.

⑤ 피해자 지원 기관에 도움을 요청하지 않은 이유

배우자로부터 폭력을 경험하였으나 피해자 지원 기관에 도움을 요청하지 않은 주된 이유를 살펴보면, 먼저 '폭력이 심각하지 않다고 생각해서'가 30.1%로 가장 많았고, '부부간에 알아서 해결할 일인 것 같아서'가 25.8%, '그 순간만 넘기면 되어서'가 22.1% 순이었다. 성별로도 대체로 비슷한 응답이 나타난 편이며, '관련 기관이 도와줄 수 없을 것 같아서'는 남성(7.4%)이 여성(4.6%)보다 비교적 많았고, '관련 기관의 존재나 연락할 방법을 몰라서'는 여성(7.7%)이 남성(2.8%)보다 더 많게 나타났다.

또한 구체적으로 살펴보면, '폭력이 심각하지 않다고 생각해서'가 54.8%로 절반을 넘었고, '부부간에 알아서 해결할 일인 것 같아서'가 44.6%, '그 순간만 넘기면 되어서'가 45.1%로 다른 이유보다 응답이 많았다. 성별에 따라서는 차이가 있었다. 여성은 '폭력이 심각하지 않다고 생각해서'가 51.9%로 절반을 약간 넘는 수준이었던 데 비하여, 남성은 60.0%로 좀 더 많은 응답이 나타났다. 그 다음으로는 여성의 경우 '그 순간만 넘기면 되어서'가 44.4%로 '부부간에 알아서 해결할 일인 것 같아서'(39.4%)보다 응답이 더 많았으나, 남성의 경우는 절반 이상(53.6%)이 '부부간에 알아서 해결할 일인 것 같아서' 도움을 청하지 않았다고 답하였고, '그 순간만 넘기면 되어서'는 46.3%로 세 번째였다. '도움을 청한다고 나아질 것 같지 않아서'는 여성 20.7%, 남성 13.0%가 응답하였으며, '관련 기관이 도와줄 수 없을 것 같아서'는 여성 11.4%, 남성 8.5%, '관련 기관의 존재나 연락할 방법을 몰라서'는 여성 9.9%, 남성 2.8%로 여성의 응답이 더 많았고, '배우자에게 폭력을 당한 것이 드러날까 봐' 우려되어 도움을 청하지 않았다는 응답은 남성(4.7%)이 여성(1.4%)보다 더 많게 나타났다.

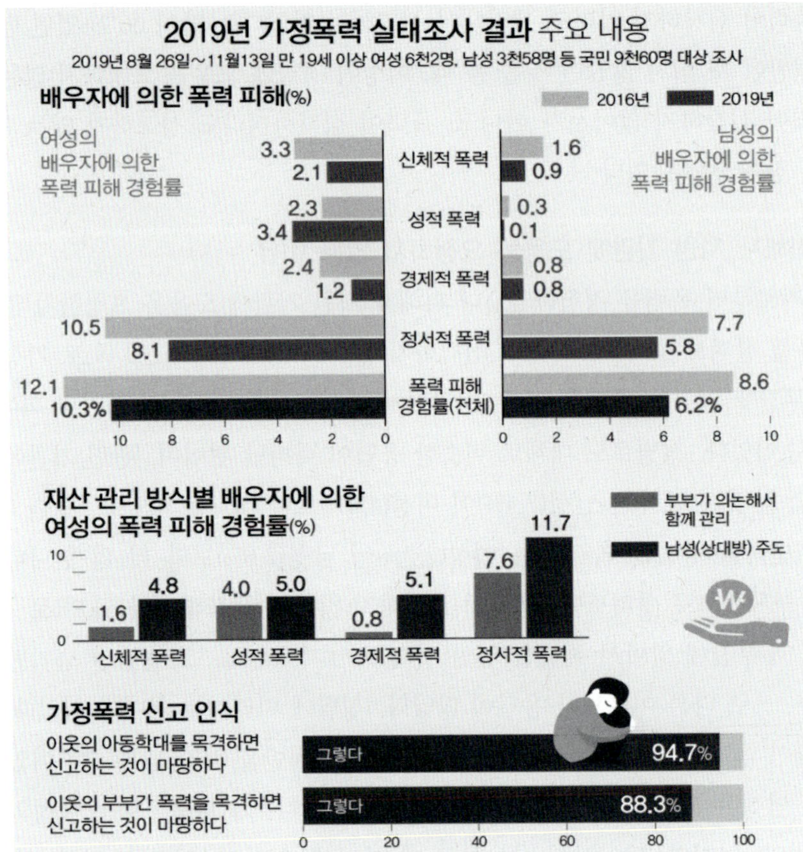

출처: 여성가족부, 연합뉴스, 2020.

그림 14-1 2019년 가정폭력 실태조사 주요내용

6. 가정폭력 유관기관 및 상담현황

1) 가정폭력상담소 설치 현황

가정폭력상담소 설치 현황은 다음과 같다.

표 14-12 가정폭력상담소 설치 현황 (2020.12.31. 기준 단위: 개소)

구분	합계	서울	부산	대구	인천	광주	대전	울산	경기	강원	충북	충남	전북	전남	경북	경남	제주	세종
국비지원 상담소	128 (30)	13 (2)	10 (5)	3 (2)	5 (1)	4 (1)	3 (1)	3 (1)	21 (4)	10 (4)	5 (1)	8 (3)	8 (1)	9 (1)	10 (2)	13 –	3 (1)	– –

* ( )는 통합상담소 개소 수, 통합상담소는 전체 가정폭력상담소 개소 수에 포함
◎ 장애인상담소 4개소: 일반 1개소(광주), 통합 3개소(부산 1, 대구 1, 제주 1)
출처: 여성가족부. 「2020년 가정폭력 피해자 지원사업 운영실적 보고」

2) 가정폭력 상담현황

가정폭력 상담현황은 다음과 같다.

표 14-13 가정폭력 상담현황 (2020.12.31.기준, 단위: 개소, 건, 명)

연도별	상담소 개소수	상담실적(건)			개소당 평균 상담실적(건)
		계	가정폭력	기타	
2011	244	288,751	126,240	162,511	1,183
2012	228	272,580	118,178	154,402	1,196
2013	196	264,115	125,694	138,421	1,348
2014	200	291,244	143,190	148,054	1,449
2015	203	296,104	164,250	131,854	1,459
2016	205	303,745	178,533	125,212	1,482
2017	208	317,936	171,975	145,961	1,528.5
2018	203	394,192	219,459	174,733	1,942
2019	208	421,916	238,601	183,315	2,028
2020	215	396,951	230,578	166,373	1,846

출처: 여성가족부. 「2020년 가정폭력 피해자 지원사업 운영실적 보고」.

3) 가정폭력 상담의뢰자 현황

가정폭력 상담의뢰자 현황은 다음과 같다.

표 14-14 상담의뢰자 (단위: 건, %)

연도	계 / 비율	본인	가족, 친인척	동료, 이웃, 교사(교육 및 행정기관) 등	기타		이주여성
					경찰 등 관련기관	기타	
2016	303,745	234,710	13,809	7,967	39,781		7,478
	100	77.3	4.5	2.6	13.1		2.5
2017	317,936	227,175	20,633	8,567	53,471		7,503
	100	71.5	6.5	2.7	16.9		2.4
2018	394,192	281,309	20,342	13,131	73,159		6,251
	100	71.4	5.2	3.3	18.6		1.6
2019	421,916	241,128	20,448	7,280	128,965	17,870	6,225
	100	57.2	4.8	1.7	36.3	4.2	1.6

연도	계 / 비율	본인	가족, 친인척	동료, 이웃, 교사(교육 및 행정기관) 등	기타		이주여성
					경찰 등 관련기관	기타	
2020	396,951	223,027	17,434	16,206	122,279	11,814	6,194
	100	56.2	4.4	4.1	30.8	3.0	1.5

※ 상담실적 건 = 상담의뢰자 = 상담방법 = 상담내용
※ 상담의뢰자 ≠ 실 상담의뢰 인원수
※ 2019년도부터 항목 세분화(경찰 등 관련기관)
※ 경찰 등 관련기관: 사법기관, 여성폭력피해자지원기관, 유관기관(사회복지시설 등)

4) 가정폭력 상담방법

가정폭력 상담방법은 다음과 같다.

표 14-15 상담방법 (단위: 건, %)

연도	계 / 비율	상담방법				
		내방	방문	전화	사이버	기타
2016	303,745	138,983	23,392	127,584	3,303	10,523
	100	45.8	7.7	42	1.1	3.5
2017	317,936	143,191	25,509	131,506	6,194	10,949
	100	45.1	8.0	41.4	2.0	3.5
2018	394,192	178,057	31,524	158,958	10,254	14,399
	100	45.2	8.3	40.3	2.6	3.7
2019	421,916	174,334	34,562	190,360	11,075	11,585
	100	41.3	8.2	45.1	2.6	2.8
2020	396,951	114,370	23,819	220,359	24,313	14,090
	100	28.8	6.0	55.5	6.1	3.6

5) 가정폭력 피해자 연령

가정폭력 피해자 연령은 다음과 같다.

표 14-16 피해자 연령 (단위: 명, %)

연도	계 / 비율	연령			
		19세 미만	19~60세 미만	60세 이상	미상
2011	96,584	3,575	77,942	7,863	7,204
	100	3.7	80.7	8.1	7.5

연도	계 / 비율	연령			
		19세 미만	19~60세 미만	60세 이상	미상
2012	94,272	4,747	75,766	6,320	7,439
	100	5.0	80.4	6.7	7.9
2013	91,264	5,449	70,153	6,937	8,725
	100	6.0	76.9	7.6	9.6
2014	103,920	4,464	82,081	10,181	7,194
	100	4.3	79	9.8	6.9
2015	132,239	5,603	103,682	12,590	10,364
	100	4.2	78.4	9.5	7.8
2016	148,400	5,710	115,761	12,218	14,711
	100	3.8	78.0	8.2	9.9
2017	140,116	5,264	108,589	12,908	13,355
	100	3.8	77.5	9.2	9.5
2018	106,523	4,833	84,043	11,505	6,142
	100	4.5	78.9	10.8	5.8
2019	98,244	4,287	77,104	10,602	6,251
	100	4.4	78.4	10.8	6.4
2020	73,332	2,820	57,566	7,908	5,038
	100	3.8	78.5	10.8	6.9

6) 가정폭력 가해자 유형과 피해자 및 가해자 지원내용

가정폭력 가해자 유형과 피해자 및 가해자 지원내용은 다음과 같다.

표 14-17 가해자 유형 (단위: 명, %)

연도	계 / 비율	배우자	과거 배우자	직계 존속	직계 비속	계부모	동거하는 친족	기타
2011	98,228	80,970	2,890	6,067	2,105	870	985	4,341
	100	82.4	2.9	6.2	2.1	0.9	1.0	4.5
2012	94,492	78,998	1,914	5,861	2,588	437	825	3,869
	100	83.6	2.0	6.2	2.7	0.5	0.9	4.1
2013	90,678	73,341	2,568	7,782	2,624	541	857	2,965
	100	80.9	2.8	8.6	2.9	0.6	0.9	3.3
2014	106,648	87,579	2,146	8,622	2,829	629	948	3,895
	100	82	2	8.1	2.6	0.6	0.9	3.7

연도	계 / 비율	배우자	과거 배우자	직계 존속	직계 비속	계부모	동거하는 친족	기타
2015	129,359	104,668	2,139	9,302	3,511	366	935	8,438
	100	80.9	1.7	7.2	2.7	0.3	0.7	6.5
2016	146,938	114,957	1,337	12,904	5,082	774	2,265	8,619
	100	78.2	1.6	8.8	3.5	0.5	1.5	5.9
2017	135,956	103,923	2,490	12,285	4,345	960	1,730	10,223
	100	76.4	1.8	9.0	3.2	0.7	1.3	7.5
2018	112,279	84,604	2,630	9,821	4,915	570	1,234	8,505
	100	75.4	2.3	8.7	4.4	0.5	1.1	7.6
2019	103,881	82,234	2,548	8,802	4,707	390	1,311	3,889
	100	79.2	2.5	8.5	4.5	0.4	1.3	3.6
2020	82,721	60,552	2,608	8,690	4,595	453	1,268	4,555
	100	73.2	3.2	10.5	5.6	0.5	1.5	5.5

※ 피해자 1인에 대한 다수 가해자 모두 표기(피해자 총계와 불일치)

표 14-18 피해자 지원내용(조치결과) (단위: 건, %)

연도	계 / 비율	심리 · 정서적 지원	수사 · 법적 지원	의료지원	시설 입소연계	기타
2011	148,347	99,590	26,191	1,854	4,407	16,305
	100	67.1	17.7	1.2	3.0	11.0
2012	139,024	96,025	18,599	1,736	3,411	19,253
	100	69.1	13.4	1.2	2.5	13.8
2013	142,134	95,754	21,483	2,170	3,544	19,183
	100	67.4	15.1	1.5	2.5	13.5
2014	157,298	107,073	20,262	4,221	3,196	22,546
	100	68	12.9	2.7	2.0	14.3
2015	178,369	123,845	21,188	3,019	3,007	27,310
	100	69.4	11.9	1.7	1.7	15.3
2016	184,821	124,206	21,996	3,194	2,547	32,878
	100	67.2	11.9	1.7	1.4	17.8
2017	181,290	123,646	21,427	4,655	2,362	29,200
	100	68.2	11.8	2.6	1.3	16.1
2018	196,166	138,014	17,518	3,230	2,486	34,918
	100	70.4	8.9	1.6	1.3	17.8
2019	234,688	165,567	20,924	4,174	2,149	41,874
	100	70.5	8.9	1.8	0.9	17.9

연도	계 / 비율	심리 · 정서적 지원	수사 · 법적 지원	의료지원	시설 입소연계	기타
2020	231,078	167,627	15,288	1,448	1,685	45,030
	100	72.6	6.6	0.6	0.7	19.5

표 14-19 가해자 지원내용

(단위: 건, %)

연도	계 / 비율	일반상담	교육프로그램 운영	타기관의뢰	기타
2011	56,975	36,769	15,911	618	3,677
	100	64.5	27.9	1.1	6.5
2012	53,426	33,554	14,736	641	4,495
	100	62.8	27.6	1.2	8.4
2013	51,586	31,182	16,500	884	3,020
	100	60.4	32	1.7	5.8
2014	63,344	38,603	19,074	839	4,828
	100	61	30.1	1.3	7.6
2015	64,680	35,360	22,189	1,035	6,096
	100	54.7	34.3	1.6	9.4
2016	78,646	39,586	29,888	1292	7,880
	100	50.3	38.0	1.6	10.0
2017	80,052	45,842	27548	1,590	5,072
	100	57.3	34.4	2.0	6.3
2018	81,134	38,119	35436	1,209	6,370
	100	47.0	43.7	1.5	7.9
2019	89,898	50,061	33903	524	5,410
	100	55.7	37.7	0.6	6.0
2020	79,824	47,823	21058	719	10,224
	100	59.9	26.4	0.9	12.8

출처: 여성가족부. 「2020년 가정폭력 피해자 지원사업 운영실적 보고」.

7) 가정폭력 사건 발생 검거 및 처리 현황

가정폭력 사건 발생 검거 및 처리 현황은 다음과 같다.

표 14-20 가정폭력 검거 및 조치 현황과 재범률 (2019.12.31. 기준)

연도	검거 건수 (건)	검거 인원 총계(명)	구속 인원(명)	불구속 인원(명)	가정보호 사건송치(명)	재범률 (%)
2015	40,828	47,543	602	46,941	15,714	4.9
2016	45,619	53,511	503	53,008	19,834	3.8
2017	38,583	45,264	384	44,880	15,979	6.2
2018	41,905	43,576	355	43,221	14,689	9.2
2019	50,279	59,472	490	58,982	21,228	(19.06까지) 11

출처: 2020년 경찰청 통계연보.

6절 » 가정폭력의 특성

일반적으로 가정폭력은 심각한 사회문제로 수용되지 못하거나, 개인적이고 사소한 문제 로 축소되는 등 은폐성 및 사건 축소와 같은 특징들이 나타난다. 자녀에 대한 폭력은 훈육으로, 배우자에 대한 폭력은 부부싸움으로 정당화되는 것이 좋은 예이다. 반면 효(孝) 사상을 강조하는 전통문화에서 부모에 대한 폭력, 노인 폭력은 정당화되기 쉽지 않은데, 노인폭력의 경우 극히 일부의 일탈로 생각하거나 혹은 핵가족화로 인한 가족 문제로만 생각하기 때문에 이에 대한 문제성 인지나 근본적인 문제 해결 접근이 어려운 것을 알 수 있다.

1. 은폐성

가정폭력은 개인의 가장 사적인 공간에서 발생하기 때문에 외부에서 이를 인지하거나 확인하는 것이 쉽지 않다. 그리고 가정폭력을 부부싸움이나 자녀 훈육, 가정구성원 간의 '사소한 일'로 축소·은폐하기 때문에 그 범죄의 암수성이 매우 높다. 가정폭력의 피해자들은 '맞을 짓을 했으니까 맞지'라고 하는 사회적 통념과 자책감으로 인해 외부에 알려 도움을 청하는 경우가 드물고 공포심과 수치심 때문에 제대로 신고조차 하지 못하기 때문에 감춰지는 사례가 많고, 이에 대한 개입도 피해자의 진술에 크게 의존하게 된다. 사회적 인식도 가정폭력에 개입하는 것을 남의 가정사에 끼어드는 것으로 여겨 관심을 갖지 않으므로 가정폭력은 은폐된 채로 피해자들은 반복적이고 지속적인 폭력을 당하게 된다. 따라서 가정폭력이 외부로 알려져 심각성이 인식되고 외부의 개입이 시작될 때는 이미 가족 구성원을 치료하기 어려운 상태인 경우가 많다.

2. 중첩성

가정폭력은 하나의 형태로만 나타나지 않는다. 배우자폭력, 아동학대, 노인학대 등 여러 형태의 폭력이 중첩된다. 예를 들어 언어적 폭력이 있으면 신체적 폭력이나 정서적 폭력이 함께 나타나거나, 아동학대와 노인학대가 혹은 모든 유형의 폭력이 중첩적으로 나타난다.

3. 지속성 · 반복성

1) 가정폭력의 진행과정을 한 마디로 표현하자면 '더 자주 더 강하게'로 특정지을 수 있다. 한국 여성의 전화 조사에서는 첫 폭력의 시기는 결혼 6개월 이내가 65.5~70%로 거의 결혼 초기에 남편에 의한 폭력을 경험하는 것으로 나타났다. 대부분의 일상생활을 공유하는 가정구성원들 사이에서 폭력이 발생하는 경우, 1회성으로 끝나지 않으며 지속적 · 반복적으로 일어나게 되는 경우가 많다. 이는 친밀한 관계에서 이루어진 폭력에 대하여 피해자 역시 "그래도 가족인데"라는 생각으로 이를 수용하거나, 가해자가 "가족끼린데"라는 생각으로 죄의식을 축소시킴으로써 문제의식을 약화하고 반복된 행동을 야기할 위험성이 크기 때문이다.
2) 반복적으로 지속되는 폭력은 결국 일상생활처럼 수용되고, 익숙해지면서 피해자 스스로 피해에서 벗어나야 하거나 혹은 이것이 문제라는 것을 인지하기 어렵게 만든다. 또한 가해자 역시 반복적인 폭력에 대한 죄의식이 낮아짐으로써 폭력이 상승하거나 반복적으로 지속되는 문제를 야기할 수 있다. 친밀한 관계

에서 이뤄지는 폭력은 가해자와 피해자의 폭력감수성을 둔화시키며 이를 일상적인 일로 수용하게 하는 데 영향을 준다.

3) 결혼 초기에 시작된 가정폭력은 더 빈번히 일어나고 뺨 한 대로 시작된 폭력은 물건을 던지거나 흉기로 위협하는 등 점점 더 그 강도가 강해지며 다음과 같은 특성이 있다. 그 특성은 워커(Walker, 1979)가 제시한 가정폭력 순환의 원리로서 그녀가 개발해 낸 폭력의 사이클은 가정폭력에 대한 이해를 위해 무엇보다도 중요하다.[8] 긴장이 쌓이는 단계에서는 스트레스가 적절하게 외부로 표출되지 못하면 긴장이 고조되어 향후 폭력행위로 발전할 수 있다. 두 번째는 학대사건 발생단계로 참았던 감정과 갈등이 밖으로 폭발하는 단계이다. 세 번째는 화해단계이다. 가해자는 폭행 이후 감정이 누그러지면 자신의 폭력행위에 대한 죄책감을 느끼게 되고 아내에게 사과를 한다. 이때 가해자는 피해자에게 무슨 일이 있어도 폭력으로 해결하지 않겠노라 다짐을 하고 피해자도 폭력행위와 사과를 받아들이게 되면서 다시 결혼생활을 이어간다. 그러나 다시 학대 행위는 지속되고 가정을 '떠나지 않은 아내는 학대의 순환 원리 속에서 벗어나지 못하는 상태가 된다. 한국여성개발원(1993)의 연구에 의하면 가정폭력에 노출된 부부들이 초기에는 분노를 바로 표출하지 않고 긴장이 쌓이는 단계, 첫 번째 단계에서 많은 시간을 보낸다고 한다. 그리고 폭행을 행한 이후 재빨리 사과하고 화해하나 폭력행위가 빈번해지기 시작하면 세 단계의 주기가 빨라지게 되면서 세 번째 단계인 화해의 단계가 줄어들거나 아예 없어지게 된다고 하였다. 긴장하고 폭발하게 되는 두 단계만이 남게 된다고 하면서 학대의 악순환을 설명하였다.

8) Lenore Walker의 책 ≪피해여성(The Battered Woman, 1979)≫은 가정폭력분야에서 가장 두드러진 책 중의 하나다. 그녀가 개발해 낸 폭력의 사이클은 120명이 넘는 피해여성들의 면접에 기초하여 폭력관계의 역동을 설명하기 위해 개발했다.
그 특성은 긴장이 쌓이는 단계, 학대사건 발생단계, 화해의 세 단계로 이루어져 순환의 원리를 가지고 반복된다고 하였다.

7절 » 가정폭력의 피해자와 가해자의 특성

1. 가정폭력 피해여성들의 특성

워커(Walker, 1979) 박사는 저서 '매 맞는 아내 증후군'(Battered Woman Syndrome)에서 피해여성들의 특성을 다음과 같이 설명한다.

1) 일반적인 특성

일반적 특성으로는 낮은 자존감, 구타관계에 대한 신화를 믿는 것, 전통주의자가 되는 것(즉, 전통적 가족 가치관과 성 역할의 편견), 구타자의 행동에 대해 책임지는 것과 공포나 분노감을 부인하면서 죄의식으로 고통 받는 것, 피동적인 것 같지만 더 이상의 폭력을 피하기 위해 죽는 위험까지를 포함해 환경을 조작하는 것, 심리 신체적 증상호소와 더불어 심한 스트레스 반응을 갖는 것, 친근감을 갖기 위해 성관계를 이용하는 것, 자신 외에는 누구도 자신의 상태를 해결하지 못한다고 믿는 것이다.

2) 심리적인 특성

심리적 증상으로는 수면장애, 섭식장애, 만성피로, 신체 문제와 신체화 증상 호소: 두통, 위장문제, 고혈압, 알레르기, 심장문제 등과 자존심 손상과 수치심, 굴욕감, 자신에 대한 이해부족과 정체감 혼돈, 상대에 대한 적개심, 분노, 억울함, 다시 폭력을 당할 것에 대한 두려움, 두근거림, 답답함, 정신둔화 자율신경과민, 울화 등으로 인해 우울증, 알코올중독, 자해, 불면증, 실어증 등에 시달리기도 한다.

이렇게 심리적으로 심각한 부작용을 생성하는 가정폭력에 대한 피해여성들은 대부분 소극적이어서 남편의 폭력이 발생하는 초기에 아내들은 소극적 대응을 하거나 외부의 도움을 요청하지 않는 경우가 많다. 아내들은 남편이 폭력을 행사한 이유를 정당화하고 합리화하여 이해하고 받아들이면서 현실을 심각하게 인정하지 않으려 한다. 또 자신의 잘못이라고 생각하는 경우도 많다. 이는 주위에 걱정을 끼치지 않으려는 마음과 자신의 자존심 때문에 주위사람들에게 창피 당하기 두려워하여 망설이기 때문이다. 이렇게 남편에게 당한 폭력에 대한 기억이 약화될 때 남편이 아내에게 사과하고 용서를 구하면 아내는 결혼생활에 대해 낙관하고 그 관계에 남아 있게 된다. 그러나 남편의 폭력은 다시 지속되기 쉽고 그때마다 남편은 사과를 반복하고 그 관계는 악순환에 빠져 결국 아내는 무력감에 사로잡히게 되고 대처할 수 있는 능력을 상실하게 된다. 이때 남편들이 사과하거나 화해를 청해서 관계의 긴장이 해소되는 것도 한 가지 이유이다. 이러한 폭력여성의 특징은 다음의 세 가지로 구분된다.

(1) 학습된 무기력 증후군

피해여성운동의 개척자인 Lenore Walker는 1979년 'The battered Woman'이라는 책을 펴냈다. Walker는 그 책을 120명의 피해여성을 면접한 자료를 토대로 썼는데, 그녀가 면접한 다양한 여성들의 공통점을 '매 맞는 아내 증후군'(Battered Woman Syndrome)이란 표현으로 설명했다. Walker(1979)는 고통스러우면서도 여성들이 머무르는 이유를 설명하기 위해 심리학자인 Martin Saligman이 행한 고전적 연구에 의지한다. 이 설명과 연관된 단어가 학습된 무기력감이다(learned helplessness). 그의 실험은 우리 속에 개를 집어넣고 전기쇼크를 가하는 것이었다. 처음에 그 개는 피하려는 노력을 시도했지만 우리가 막혀 있고 도망가는 것은 불가능했다. 어떻게 하든지 전기쇼크를 피할 수 없다는 것을 학습한 개는 스스로 그 운명에 굴복하는 것 같았다. 이런 일이 생겨나면 그들은 냉담한 상태로 우리 속에 머무르고 그 후 우리의 문이 열린 후에도 떠나지 않고 고통스러운 쇼크의 대상이 되는 것을 지속하였다.

가정폭력에 대해서 이 이론의 적용성은 아주 분명했다. 피해자는 아무것도 할 수 없다는 것을 배울 뿐 아니라 그들은 우울하고 불안해한다. 이 같은 정서상태는 피해자를 나약하게 만들 뿐 아니라 어떤 행동을 하기 어렵게 만든다. 불행하게도 학대과정 동안 많은 사람들은 가족이나 친구들로부터 격리되고 흔히 경제적, 심리적으로 가해자에게 의존하게 된다. 스케터와 건리(Schcter & Ganley, 1995)는 피해자가 그 관계에 머무르는 다음과 같은 몇 가지 이유를 들고 있다. **첫째**, 가해자에 대한 두려움, **둘째**, 다른 선택의 부족, **셋째**, 고용과 경제적 자원의 결핍, **넷째**, 심리적 결함, **다섯째**, 관계 속에 머물기를 권고하는 문화적 · 가족적 · 종교적 믿음 · 가해자가 변할 것이라는 믿음, 여섯째, 자신이 원인일 수도 있다고 믿는 것 등이다.

(2) 외상 후 스트레스성 장애

폭력이라는 정신적 외상이 반복되면 정신의학에서 말하는 외상 후 스트레스성 장애를 앓게 된다. 깜짝 놀람, 악몽, 환청, 회피, 우울, 불안, 해리 등의 증상이 나타난다. 한때 '매 맞는 여성 증후군'이라 불리던 증세도 이 외상 후 스트레스성 장애의 상태를 두고서 말한 것이다.

(3) 학습된 희망

피해자들의 상당수가 자신의 배우자가 한 번의 폭력 이후에 다시는 폭력을 사용하지 않을 것이라는 약속에 대해 믿는 경향이 있다. 그리고 폭력이 발생하게 된 상황 중의 일부 혹은 상당 부분이 자신의 잘못도 기여했다고 느끼게 된다. 그래서 반복적인 학대에도 가정에 머무르게 된다. 이를 학습된 희망이라고 부른다.

2. 가정폭력 행위자의 특성

가정폭력 행위자의 특성은 개입과정에 영향을 미치고, 가정폭력의 원인 및 이를 가정폭력을 유지하게 만드는 요인들에 대한 이해를 높여준다. 그러나 생태학적인 관점에서, 보다 다양한 차원의 요인들과 함께 고려되어야 한다.

1) 인구학적 요인

(1) 연령 및 학력

폭력과 연령, 교육수준과 폭력의 관계에 대해 일관된 연구결과가 제시되어 있지 않다.

(2) 직업 및 소득

소득이 낮거나 남편의 사회경제적 지위가 낮은 집단이 폭력을 더 많이 사용한다는 연구 결과들이 존재하나, 신체적 폭력의 사용이 사회적 계층에 상관없이 일어나는 현상이라는 주장도 있다.

2) 배경적 요인

(1) 아동기 학대경험

성장과정에서 폭력을 목격하거나 경험한 아동들은 학습과정을 통해 폭력을 갈등해결의 수단으로 사용할 수 있다는 태도를 갖게 된다.

또한 부모의 폭력을 목격하거나 아동기에 학대를 당한 경험이 있는 이들이 성인이 된 후 자녀나 배우자에게 폭력을 더 많이 사용하는 경향이 있다.

(2) 알코올 및 약물사용

알코올이 가정폭력과 밀접한 상관관계를 가지고 있고 행위자의 음주량이 많을수록 폭력을 더 많이 사용한다는 보고들이 있다. 또한 알코올 치료 그 자체가 행위자의 폭력행동을 변화시키지는 않으나 알코올 문제가 행동 수정과정을 방해하므로 행위자프로그램 이전 혹은 동시에 알코올 치료가 이뤄져야 한다.

3) 정서적 요인

(1) 질투심

행위자들은 일반남성에 비해 아내에 대한 질투심과 소유욕의 정도가 높고 이로 인해 여성들이 친구와 가족으로부터 고립되는 경향이 있다.

(2) 자존감

가정폭력 행위자들은 자존감이 낮고 자신의 삶에 대해 높은 수준의 불만족을 경험한다. 또한 자존감이 낮은 남성들은 남의 비판에 민감한 반응을 보이고, 상처와 두려움이 쉽게 분노로 바뀌면서 공격행동을 표출하게 된다.

(3) 분노

행위자들은 일반남성에 비해 더 적대적이고 분노수준이 높다. 그러므로 행위자들이 분노를 긍정적으로 방출시킬 수 있도록 하고, 화가 나면 폭력을 써도 된다는 행위자의 태도와 신념을 변화시키는 것이 중요하다.

(4) 우울

행위자들은 심각한 우울 성향이 있다. 그러므로 개입 프로그램은 폭력행동에 대한 초점을 유지하되 정서적 지지를 제공함으로써 그들에게 희망을 제공할 수 있어야 한다.

4) 태도 요인

(1) 여성에 대한 태도 및 성역할 기대

가정폭력은 고정된 성역할 태도의 사회화를 통해 나타나며, 가부장적 성역할 태도에 의해 보다 쉽게 유발된다. 또한 폭력적인 남성들은 아내의 역할과 임무에 대해 융통성 없는 고정관념을 가지고 있으며, 과장된 남성성에 대한 인식 속에서 아내에게 통제적이고 지배적인 행동을 취하는 경향이 있다.

(2) 아내폭력에 대한 허용도

폭력에 대한 허용도와 폭력의 실제적 사용 사이의 상관관계를 검토한 연구들은 아직 제한적이다. 단지 2개의 연구만이 아내폭력에 대한 태도와 남성의 폭력 사용 사이의 유의미한 관계를 보고하고 있다.

(3) 자녀학대 및 자녀양육태도

아내에게 폭력을 사용하는 남성들이 자녀들에게 폭력을 사용할 가능성은 매우 높으며 더 비민주적인 방식으로 자녀를 양육한다. 그러므로 가정폭력 행위자들의 자녀들은 부모의 폭력을 목격할 뿐 아니라 직접적인 학대의 위험에도 노출되어 있다.

5) 사회적 요인

(1) 사회적 지지

사회적으로 고립된 행위자들은 자신들의 정서적 욕구를 아내로부터 얻고자 하며 아내에게 과잉 의존하게 된다. 또 사회적 관계가 폭력행동을 부추기거나 억제함으로써 행위자의 행동변화에 영향을 주게 된다.

(2) 스트레스

일상생활에서 경험하는 스트레스를 효과적으로 관리하지 못할 때 폭력행동이 일어날 수 있다. 높은 스트레스가 폭력행동의 직접적인 원인은 아니지만 다른 요인들과 결합될 때 폭력의 가능성을 높일 수 있다.

6) 성격 및 정신의학적 특성

(1) 의존성

행위자들은 자신의 아내에게 극도로 의존적이며, 아내로부터 버림받을지도 모른다는 두려움과 불안으로 인해 폭력과 같은 강압적인 수단을 사용하여 아내를 곁에 머무르게 하려고 한다.

(2) 친밀감

행위자들은 친밀한 관계를 원하지만, 관계의 강도와 통제력 상실 가능성을 두려워하며 친밀한 관계에서 편안함을 느끼지 못하는 경향이 있다.

(3) 통제에 대한 욕구

행위자들은 통제에 대한 과도한 욕구를 가지고 있으며 아내가 독립적이기를 허용하지 않고 가정생활의 모든 측면을 지배하려는 욕구가 강하다.

(4) 방어기제 사용

행위자들은 자신들의 폭력행동에 대해 최소화, 부인, 부정 등의 방어기제를 사용하는 경향이 있다. 또는 피해자에게 비난을 투사하기도 한다.

(5) 성격장애 관련 특성들

행위자들 중 어떤 이들은 어느 정도의 정신병리적 성향을 가지고 있는 것으로 나타남. 이와 관련된 특성들로는 의존성, 망상, 자기감정으로부터의 해리, 빈약한 충동 통제, 반사회적 경향성, 여성에 대한 적대감 등이 있다.

7) 기술적 요인

(1) 주장기술

행위자들은 자신의 욕구를 사회적으로 적절하게 표현하지 못하고 통제력을 잃거나 상대방의 거부에 취약해지는 경향이 있다. 특히 언어적 주장 능력이 부족한 남성들은 폭력에 의지할 가능성이 높다.

(2) 갈등해결기술

폭력가정에서 자란 이들은 폭력 이외에 대안적이고 건설적인 갈등해결 방법을 학습하지 못하고 폭력을 갈등해결의 효과적인 수단으로 간주한다. 행위자들은 일반남성에 비해 갈등해결 기술이 부족하다.

(3) 자기통제능력

행위자들은 빈약한 충동조절 능력을 가지고 있으며 충동적인 경향이 있다.

3. 가정폭력 행위자 유형

1) 가정폭력 행위자 유형구분의 중요성

가정폭력 행위자를 유형화시켜 구분하는 것은 가정폭력이 진행되는 방식과 폭력을 발생시키는 원인에 대한 이해를 높여준다. 가정폭력 행위자의 유형에 맞는 효과적인 개입프로그램을 고안함으로써 최대의 효과성을 얻을 수 있는 프로그램을 위한 기반을 마련하여야 한다.

2) 가정폭력 행위자 유형을 다룬 선행연구

(1) Faulk(1974)는 행위자 유형을 5가지로 구분한다.

지속적/감정적(stable/affectionate) 행위자 유형, 의존적, 수동적(dependent/passive) 행위자 유형, 의존적, 의심이 많은, (dependent/suspicious) 행위자 유형, 지배적(dominating) 행위자 유형, 폭력, 괴롭히는(violent/bullying) 행위자 유형 등이다.

(2) Elbow(1977)는 임상적 관찰에 기반을 두어 행위자를 4가지 유형으로 구분한다.

지배자형(controller), 방어자형(defender), 승인추구형(approvalseeker), 혼합형(incorporator) 등이다.

(3) Hamberger와 Hastings(1986)는 성격장애 특성에 따라 행위자를 3가지 유형으로 구분한다.

경계선성격/정신분열성(borderline/schizoidal) 집단, 자기애, 반사회성(narcissistic/antisocial) 집단, 수동－의존, 강박적(passive-dependent/compulsive) 집단 등이다.

(4) Caesar(1986)는 행위자를 3가지 유형으로 구분한다.

폭군(tyrant)유형 집단, 노출된 구원자(exposed rescuer) 유형, 노출되지 않은 이타주의(un-exposed altruist)유형 등이다.

(5) Gondolf(1988)는 행위자를 3가지 유형으로 구분한다.

사회병질적(sociopathic) 집단, 반사회적(antisocial) 집단, 전형적인(typical) 가해집단 등이다.

(6) Hastings와 Hamberger(1988)는 성격검사 결과에 따라 행위자를 3가지 유형으로 구분한다.

경계선 성격장애(borderline)와 일치하는 유형, 자기애적 반사회성 성격장애(narcissistic and antisocial)와 유사한 유형, 의존, 강박성 성격장애(dependent/compulsive)와 유사한 유형 등이다.

(7) Hale과 동료들(1988)은 MMPI결과에 따라 행위자를 3가지 유형으로 구분한다.

모든 MMPI 항목 상승 집단, 어떤 항목도 상승하지 않은 집단, 우울(2번)척도와 정신병리(4번) 척도 상승 집단 등이다.

(8) Hershorn과 Rosenbaum(1991)은 MMPI를 사용해 행위자를 2가지 유형으로 구분한다.

적개심을 과잉통제(overcontrol)하는 집단, 적개심 통제력이 부족한(undercontrol) 집단 등이다.

(9) Saunders(1992)는 군집분석 결과에 따라 행위자를 3가지 유형으로 구분한다.

가족에게만 폭력을 행사하는 유형(Family-only aggressors), 일반적으로 폭력을 사용하는 유형(generally violent aggressors), 정서적으로 폭발하기 쉬운 공격자 유형(emotionally volatile aggressors) 등이다.

(10) Stith와 동료들(1992)은 남녀대학생들의 데이트폭력을 대상으로 행위자를 4가지 유형으로 구분한다.

안정된 연인들(secure lovers), 오래된 폭력회피 집단(stable minimizer), 적대적 추구자(hostile pursuer) 집단, 적대적이고 고립된 개인들(hostile disengaged individuals) 등이다.

(11) Holzworth-Munroe와 Stuart(1994)는 행위자를 3가지 유형으로 구분한다.

가족 내에서만 폭력을 행사하는 유형(family-only), 보편적으로 폭력적 반사회적 성향을 지닌 유형(generally violent/antisocial) 폭발적 경계선 특성을 지닌 유형(dysphoric/borderline) 등이다.

(12) Gottman과 동료들(1995)은 맥박의 변화에 따라 행위자를 2가지 유형으로 구분한다.

폭력발생 시 맥박이 감소하는 유형, 폭력발생 시 맥박이 증가하는 유형 등이다.

8절 » 국내 · 외 정책동향의 시사점

선진국의 여성폭력 대응 정책들을 바탕으로 우리나라에 주는 시사점을 도출하면 다음과 같다.

첫째, 미국의 경우 여성폭력정책이 사후적 치료정책보다 예방정책에 초점을 맞추어 수행하고 있는 데 반해 우리나라의 경우는 사후적 치료정책에 예산투입이 집중되어서 향후 가정 폭력발생의 근절차원에서 선진국의 예방중심의 정책은 우리에게 시사하는 바가 크다.

둘째, 선진국의 여성폭력정책은 연구와 조사에 근거하여 장기적으로 계획을 수립하고 있으며 프로그램 운영도 기금을 조성하여 지속적 체계적으로 수행하고 있다. 우리나라는 국가적 차원에서 이뤄진 최초의 「2004년 가정폭력실태조사」 이후 「2019년 가정폭력실태조사」[9]가 이뤄졌다(이 교재를 이용하여 공부하는 학습자들의 이해를 높이기 위해 본 장에 '2019년 가정폭력실태조사 연구' 내용을 수록하였다). 이렇듯 가정폭력실태조사연구가 수행되고 폭력관련 통계가 산출되고 있으며 이들 연구와 조사를 바탕으로 한 중장기 계획이 세워지고 있으나 여성폭력관련정책의 효과를 극대화하기 위해서는 폭력관련 통계를 축적하고 경험적 연구결과를 바탕으로 지속적이고 일관된 정책들이 수행되어야 할 것이다.

셋째, 선진국의 경우 '폭력 피해자가 집을 나가야 한다'는 인식에서 '행위자가 집을 나가야 한다'는 인식으로 전환되어 폭력남성을 가정에서 내몰거나 접근을 금지시키는 법들이 제정 · 시행되고 있다. 우리나라의 경우, 『가정폭력범죄의 처벌등에 관한 특례법』 일부가 개정되어 2021년 1월 21일부터 시행되고 있는 바 그동안 인권보호보다 '가정보호 및 유지'가 중점이었던 '가정폭력처벌법'의 입법목적을 피해자와 그 가족의 안전이 보장되도록 개정하였다. 뿐만 아니라 제29조(임시조치) 2항을 기존 '피해자 또는 가정구성원의 주거 · 직장 등에서 100미터 이내의 접근금지'에서 '피해자 또는 가정구성원이나 그 주거 · 직장 등에서 100미터 이내의 접근금지'로 개정함으로

9) 「가정폭력실태조사」는 우리 사회 가정폭력의 전반적 실태와 추이, 관련 영향과 요인 등을 조사하여 분석하고, 가정폭력 관련 정책체감도를 진단하고 정책수요를 발굴하며, 국정과제 등 가정폭력 관련 정책들의 내실 있는 추진을 위한 시사점을 도출하는 것을 목적으로 하며 『가정폭력방지 및 피해자보호 등에 관한 법률』 제4조의2(가정폭력실태조사)를 근거규정으로 하여 여성가족부장관은 3년마다 실태조사 실시, 가정폭력 예방정책의 기초자료로 활용하여야 함.

써 피해자와 그 가족의 안전이 보장되도록 한 것은 가정폭력 등 젠더폭력 법령을 현실을 반영한 '법령 체계의 재정비'라는 관점에서 가정폭력방지법의 실효성을 높일 것으로 기대되는 바이다.

9절 » 가정폭력 문제에 대한 사회복지적 접근

1. 가정폭력 예방 강화방안

1) 사회문화적 인식개선

가정폭력의 발생구조는 가부장제와 왜곡된 성인식, 여성들의 불안정한 경제적 지위, 낮은 문화적 지위를 기반으로 하는, 젠더폭력이다.

가부장제는, 가장인 남성의 명령이나 통제 등을 비정상적인 행동이 아닌, 남성에게 부여된 역할이나 남성성의 일면으로 정당화하는 사회 환경을 조성하며, 왜곡된 성별 이미지와 사회인식은 남성의 폭력을 정당화하는 동시에 여성이 저항하기 어려운 환경을 조성한다. 우리사회에서 여성들은 낮은 문화적 지위로 인해 성차별이 합리화되기 쉽고, 여성은 쉽게 폭력의 대상이 된다. 뿐만 아니라 여성들이 불안정한 경제적 지위에 처해있는 사회적 현실은, 경제적인 부분에서 타인에게 의존해야 하는 상황이 되면 폭력에 취약해지기 쉽고, 폭력관계로부터 빠져 나오기 어렵게 만든다.

가정폭력은 '가정 내 개인문제'가 아니라 심각한 '사회문제'임을 인식해야 하며 이는 선행적으로 폭력에 대한 허용적 가치와 규범, 가부장적 이데올로기에 대한 전통적인 시각이 개선되어야 하며 개인의식도 전환되어야 한다.

첫째, 모든 국가정책과 제도는 성인지 관점을 기반으로 세워져야 하며 젠더감수성과 성평등의식 함양을 위한 교육이 강화되고 정책과 제도 시행측면에서 그 효과성이 입증될 수 있도록 해야 한다.

둘째, 평등한 부부관계, 바람직한 부모역할 교육의 기회를 현실성 있게 확대하고 성평등 의식과 태도로 자녀를 양육함으로써 성인지감수성을 함양해 나갈 수 있도록 한다. 또한 대중매체의 모니터링을 통하여 가치규범, 생활양식 또는 프로그램의 소재가 비폭력적이며 성평등적인가를 검토하여 올바른 성평등 문화 정착을 위한 대중매체의 노력도 병행되어야 한다.

셋째, 초등학교부터 대학에 이르는 전 교육과정에 여성학을 포함시켜 남녀평등의식을 고취시킨다. 사회가 성 역할에서부터 신체적 외형에 이르기까지 '남성적' 또는 '여성적'이라는 개념에 부여하는 특성들과 관련되는 Gender와 우리 사회에 만연한 젠더기반 폭력에 대한 이해를 높여 나감으로써 불평등한 사회구조와 성 역할 규범, 젠더 권력관계가 우리 사회에, 그리고 여성들의 삶에 어떻게 성차별적이고 폭력적으로 작동되어 왔는지 현실을 제대로 직시할 수 있도록 해야 한다. 관점의 변화, 의식의 변화는 그 지점에서부터 시작될 수 있을 것이다.

2) 가정폭력방지 법률 및 정책 홍보 강화

가정폭력방지법에 대한 지속적인 홍보 · 계몽을 강화할 필요가 있다. 이를 위하여 홍보물(안내책자), 대중매체, 전광판, 캠페인 등을 활용한다. 구단위에서 다양한 성격으로 조성되어지고 있는 마을공동체를 이용, 지역주민을 대상으로 가정폭력방지 정책을 홍보하는 것도 방법일 것이다. 전입신고 세대를 대상으로 홍보책자를 전달하며 계몽의 기회로 삼는 것도 한 방법이 될 수 있을 것 같다.[10] 아울러 담당 공무원에 대한 가정폭력관련 교육을 정기적으로 실시하는 체계를 갖추도록 해야 할 것이다.

3) 사회적 유대망 형성

사회적으로 지지자원이 많을수록 학대발생률이 낮다. 이는 가족, 친 · 인척, 친구 · 이웃 등의 지지자원이 많은 경우 이들을 통하여 문제점, 갈등을 함께 공유하고 해결할 수 있기 때문에 상대적으로 가족 내의 갈등이나 가족관계의 악화로 학대가 발생할 가능성은 적어지기 때문으로 생각된다. 따라서 친 · 인척 및 친구 · 이웃, 지역사회관계의 강화를 통해 사회적 유대망을 형성하여 가정폭력을 예방한다.

첫째, 지역사회를 중심으로 사회교육프로그램을 통해 사회적 유대관계의 중요성

10) 필자가, 부부폭력/아동학대 수강명령을 받은 행위자들을 대상으로 「가정폭력행위자 치료수강프로그램」을 진행(2016.12~2021.9.)하면서 부딪혔던 큰 저항 중 하나는 "나는 이런 법이 있는 줄도 몰랐다. 들었어도 나처럼 부부싸움 한 사람, 내 자식 잘 되라고 훈육(예를 들면 등짝 한 대 때린 것 등) 차원에서 한 행동이 가정폭력이라면 국가가 우리를 모두 범죄자로 만들고 오히려 가정을 파괴하는 것이다."라는 것이었다.

을 인식시키고 정보교환과 친교활동 등을 통해 사회적 유대망을 강화한다. 또한 전문가와의 모니터링제도 등도 활용하여야 한다.

둘째, 인터넷 활용 등을 통해 친구 · 이웃 간에 주기적으로 정보를 공유하고 유대관계를 통해 사회적 지지자원을 확대하여야 한다.

15장 인터넷 중독문제

1절 » 서론

오늘날 인터넷은 모든 영역에서의 핵심수단 및 정보생활을 위한 기본적인 조건이 되고 있다. 시 · 공간의 제약을 탈피할 수 있다는 매체의 특수성과 맞물려 현대사회를 살아가면서 3번 중 1번은 인터넷을 통해 일상생활의 일을 처리할 만큼 인터넷에 대한 의존도 또한 증가하고 있는 추세이다(황주성 외, 2005). 많은 이들이 사이버 공간을 통해 새로운 형태의 참여와 공유를 경험하고 있으며, 정보와 지식을 매개로 새로운 경제 및 생활양식을 만들어내고 있다. 또한 다양한 특성을 지닌 많은 사람들은 인터넷을 통하여 각기의 취향에 따라 다양한 형태의 놀이와 교제를 추구하고 있다. 인터넷 생활은 어느새 우리 삶의 일상 그 자체가 되어버린 것이다(한국정보문화진흥원, 2008). 이를 증거하는 것이 인터넷 사용률이다. 우리나라 1,984만 가구 중 인터넷 접속이 가능한 가구는 1,9870만 가구로 나타나 99.7%에 이르고, 3세 이상 전국민 중 인터넷 이용자 수는 약 4,680만 명으로 91.9%에 이른다(2020 인터넷이용실태조사 보고서). 밀레니엄 세대를 의미하는 M세대와 그 다음 세대 곧 최근 젊은 세대를 지칭하는 Z세대는 모두 인터넷 세대라고 할 수 있다. M세대와 Z세대의 차이는 미묘하지만 인터넷 사용 방법에서 나누어진다. M세대는 주로 정보를 인터넷으로 찾아 활용한다면 Z세대는 동영상으로 정보를 찾아 활용한다. 그런데 동영상이라는 것도 결국은 인터넷을 통하여 사용하는 매체라는 점에서 인터넷이 일상화되어 가는 면모를 확연하게 보여준다.

그러나 급격한 정보화와 인터넷 일상화의 이면에는 역기능의 문제가 나타나고 있음을 부인할 수 없다. 이른바 인터넷 중독(Internet Addiction)이 그 대표적 예로, 과도한 집착이나 충동적인 행동으로 인한 사회적 기능장애 및 우울증, 사회적 고립, 약물 남용 등의 문제를 동반할 수 있다는 점과 관련해 사회적 쟁점으로 점점 더 부각되고 있다. 실제로 2007년 9세에서 39세의 인터넷 이용자를 대상으로 실시된 인터넷 중독 실태 조사 자료 결과 고위험 사용자 군이 1.7%, 잠재적 위험 사용자 군이 7.4%로, 이중 청소년의 2.3%, 성인의 1.4%가 고위험 사용자 군으로 보고된바 있다(한국정보문화진흥원, 2007)[1]. 즉 전체 인구의 9.1% 이상이 인터넷 중독 혹은 과다사용의 고통을 경험하고 있으며, 이중 청소년이 높은 비율을 차지하고 있다는 것으로 이는 실로 우려되는 수치가 아닐 수 없다. 한편, 스마트폰 사용이 일상화되어 가면서 인터넷 중독에 대한 내용을 스마트 중독으로 대체하여 국가통계조사를 실시하고 있다. 이에 따르면 2016년 스마트폰 과의존 위험군이 17.8%에서 2017년에는 18.6%, 2018년에는 19.1%, 2019년에는 20.0%, 2020년에는 23.3%에 이르는 것으로 나타나고 있다(2020, 스마트폰 과의존도 실태조사). 주목할 것은 2020년 들어 증가 폭이 커졌다는 점이다. 이는 인터넷을 스마트폰으로 사용하면서 인터넷(스마트폰) 중독이 더욱 심각해지는 양상을 보이는 것이다. 이렇게 인터넷 환경이 발달함에 따라 인터넷 중독은 이제 개인 차원을 넘어 사회적인 문제로 다루어 져야 하며 이에 대한 인식 변화 및 제도적 대응책 마련이 시급한 실정이다. 이러한 맥락에서 본 장에서는 인터넷 중독의 개념 및 증상에 대한 이해와 함께 이에 대한 사회적 차원에서의 대응 방안에 대해 살펴보고자 한다.

1) 한국정보문화진흥원(2002)의 K척도에 의해 인터넷 중독 성향집단이 집단 1(고위험 사용자군), 집단 2(잠재적위험 사용자군), 집단 3(문제 사용자군)으로 분류된다.

2절 » 인터넷 중독의 개념

1. 인터넷 중독의 정의

중독(addiction)이란 특정한 기호, 습관 또는 행동을 반복함으로써 자신도 모르게 자신이 어떤 것에 내맡겨지는 상태를 의미한다. 중독현상은 특정 물질에 의존하는 물질중독과 특정한 행동이나 활동에 의존하는 행위중독으로 구분된다. 니코틴중독, 알코올중독, 그리고 약물중독 등이 물질중독에 포함되며, 도박중독, 섹스중독, 일중독, 쇼핑중독, TV 중독 등이 행위중독으로 인터넷 중독은 이에 속한다. 인터넷 중독은 인터넷 증후군(Internet Syndrome), 웨바홀리즘(Web a Holism), 인터넷 중독 장애(IAD:Internet Addiction Disorder), 병적 인터넷 사용 등의 다양한 명칭으로 불리고 있으며 아직 학문적으로 명백하게 독자적 중독 현상으로 정의되지 않아 DSM-Ⅳ나 최근에 개편된 DSM-5[2]에서도 공식적으로 진단기준이 마련되어 있지는 않으나 향후 포함될 것으로 보인다.

인터넷 중독 장애(IAD: Internet Addiction Disorder)라는 용어와 개념적인 진단 준거를 최초로 제시한 사람은 뉴욕의 정신과 의사인 Goldberg(1996)로, 그는 DSM-Ⅳ의 물질중독 기준을 준거로 인터넷 중독을 정의하였으며 최근에는 이를 '병리적 컴퓨터 사용(Pathological Computer Use)'이라는 용어로 대체했다. 이후 인터넷 중독에 대한 구체적인 진단기준의 소개는 1996년 임상심리학자 Young이 DSM-Ⅳ의 '병적 도박'의 진단기준을 원용하여 인터넷에 대한 강박적인 사고, 내성과 금단, 의도한 것 이상의 과도한 인터넷 사용, 지속적인 욕구, 다른 활동에서의 흥미감소, 과도한 인터넷 사용으로 인한 부정적인 결과에 대한 무시 등을 제시한 것이다. 즉 인터넷 중독(internet addiction)이란 임상적으로 심각한 손상이나 고통을 일으키는 부적응적인 패턴의 인터넷 사용(Goldberg, 1996)으로 인터넷 사용자가 약물, 알코올 또는 도박에 중독되는 것과 유사한 방식으로 인터넷에 중독되는 심리적 장애를 의미한다(Young, 1996).

병리적 인터넷 사용자(Pathological Computer Use)로 구분된 사람들은 유의미하게 중독적인 행동양상을 보이며, 다른 물질 의존적인 중독들과 마찬가지로 학업이나 사

2) DSM은 「정신장애의 진단과 통계 매뉴얼」이라고 불리며, 미국의 정신의학회가 정신 장애의 진단 기준으로 주장해 온 것이다. DSM-Ⅳ는 1994년에 주장한 제4판이다. 이것은 아동과 성인의 정신 장애를 망라하고, 그 진단 기준을 정신과 의사 이외의 사람도 사용할 수 있도록 간단명료하게 한 것으로서 세계적으로 보급되어 있다. 한편, 2013년 DSM-5가 개편되었지만 인터넷 중독에 대한 내용은 이번에도 기각되었다.

회적, 직업적, 경제적 생활의 기능장해가 나타날 수 있다고 경고되었다(한국정보문화진흥원, 2008). 그러나 인터넷 중독에 대한 정의는 사회 문화적 차이에 따라 아직 일관되게 내려지지 않은 채 인터넷 중독을 그 자체 하나의 병리적 현상으로 보는 견해와 단순히 과다사용으로 보는 견해로 의견이 나누어지고 있다[3]. 국내에서는 2002년 한국정보문화진흥원에서 인터넷 중독예방 상담센터를 개소하면서 정부정책 차원에서 인터넷 중독을 "인터넷을 과다 사용하여 인터넷 사용에 대한 금단과 내성을 지니고 있으며, 이로 인해 이용자의 일상생활 장애가 유발되는 상태"라고 정의한다(한국정보문화진흥원, 2002). 그리고 인터넷 중독의 판별지표(index)가 되는 주요 증상으로 인터넷 접속에 강박한 집착, 일단 접속을 시작하면 끝장을 보고야 마는 조절불능, 해로운 결과가 있으리라는 것을 뻔히 알면서 계속 사용하는 '강박적인 사용' 그리고 이러한 증상들에 대한 '자각 및 주위의 염려' 등이 존재하는 상태, 즉 인터넷의 과다한 사용으로 현실생활에 지장을 받을 정도의 신체적, 정신적 이상 현상의 경험 등을 포함시키고 있다. 인터넷 중독은 게임, 채팅, 음란물, 인터넷 도박, 정보검색, 인터넷쇼핑 중독 등 다양한 형태로 나타나며 특히, 청소년의 게임중독이 현재 가장 광범위하고 심각한 문제로 지목되고 있다(한국정보문화진흥원, 2008).

2. 인터넷 중독의 원인

인터넷 중독은 심리적이며 개인적 측면과 함께 가정, 사회 등 공동체적 측면이 복합적으로 작용한 결과이다(Young, 2000). 이와 관련하여 인터넷 중독을 어떻게 볼 것인지, 그 원인이 무엇인지에 대해서는 다양한 입장이 있다. 첫 번째 입장은 인터넷 중독을 근본적으로 의사소통의 장애로 보는 시각이다(Walther, 1994). 이 시각은 인터넷 중독의 원인에 대한 의견 가운데 가장 설득력이 있다. 인터넷은 현실세계에서의 의사소통에서 비효율성, 혹은 실패의 경험을 하는 사람들에게 중요한 보상수단의 하나가 될 수 있다. e-mail, 채팅, 게시판 글쓰기는 인터넷상 의사소통의 한 방법이고 이에 중독되는 것은 비현실적인 의사소통 방법에 의존하는 것이라고 할 수 있다. 인터넷을 통한 대인관계 교류의 특징은 주지하다시피 익명성으로 인해 생겨나는 여러 가지 파급

3) 인터넷 중독을 단순 과다사용으로 보는 견해의 경우 인터넷 중독을 정신질환의 한 분류인 충동조절 장애와 같은 것으로 이해하면서 인터넷사용에 있어서 자신의 행동을 조절하지 못하는 것일 뿐이라고 설명하기도 한다.

효과로 나타난다. 즉 억압해제효과(disinhibiting effect)가 있으며(Reid, 1994), 정서적 투사효과(emotionally-laden projection effect)가 있다. 정체성이 드러나지 않기 때문에 자신의 감정을 실어서 마음대로 표현할 수 있다는 점이 중독적 행동을 유발하는 중요한 요인이 된다(King, 1995). 둘째, 인터넷 중독을 과각성 상태를 추구하는 장애로 보는 입장이다(Wellman, 1996). 인터넷은 인간관계의 폭을 넓혀주고, 다양한 관계를 가능하게 한다. 인터넷은 이런 관계를 통해 과각성의 효과를 갖게 된다. 사회적으로 억압되고 관계의 폭이 좁은 사람들이 인터넷을 통해 관계를 유지하고 과각성된 상태로 지내게 된다. 아울러 인터넷은 자기 자신에 대한 지각과 타인에 대한 지각을 극대화시키는 요소가 있는데 이를 통해 자기와 타인의 관계가 이전보다 잘 유지되고 있는 것으로 믿게 된다. 이런 과각성 상태의 추구가 인터넷 중독의 원인이 된다. 셋째, 인터넷 중독은 관음증적(voyeuristic) 상태 혹은 노출증(exhibition)의 변형으로 볼 수 있다. 인터넷을 통해 추구하는 중독적 행동 중에 하나는 관음증적 충족이다. 익명성의 또 다른 양상은 잠복적 관찰(lurking)이라고 하는데 이는 인터넷 세계에서 자신이 뛰어들지 않으면서도 타인을 관찰하고 탐색할 수 있는 것을 말한다. 채팅방에서 남들이 이야기하는 것을 엿볼 수도 있고 섹스 사이트에서는 동영상의 섹스행위를 엿볼 수도 있다. 인터넷을 적극적으로 활용하는 사람들의 생각과 감정, 관련된 중독행위를 관찰하면서 대리만족할 수 있는 경향이 인터넷 중독에 빠질 수 있게 하는 요인이 된다. 이와 함께 인터넷은 익명성을 바탕으로 노출증적 요소를 지니고 있다. 공격적 언어, 공격적 행위를 인터넷 안에서 분출하는 것은 이런 노출증적 요소의 표현으로 볼 수 있으며, 실제로 섹스행위를 인터넷 안에서 노출하는 사람들이 적지 않은 것이 사실이다(King, 1995).

이 외에도 개인의 특성과 인터넷 중독과의 관계를 밝힌 연구로 Young(1998)은 인터넷에 잘 빠져드는 사람들의 특성에 대해서 다음과 같은 요소들을 지적했다. **첫째**, 이미 심각한 정서적 문제나 낮은 자존감 상태에 있던 사람들이 중독되며, **둘째**, 이전에 중독경험이 있었던 사람들에게서 더 잘 일어나며, **셋째**, 인터넷 중독에 남녀의 차이는 없지만 중독양상은 남녀의 차이가 있으며, **넷째**, 인터넷 중독자들은 자신의 정체감에 불만이 있으며 다섯째, 내성적인 사람만이 인터넷에 중독되는 것은 아니라고 설명하고 있다. 술러(Suler, 1966)는 심리학자 매슬로우(Maslow)의 이론을 인터넷 중독에 적용시켜서 오늘날의 현대 사회가 인간의 기본적 욕구, 진화된 욕구를 충족시켜주는 데에 모두 실패하고 있고 이러한 실제 현실에서의 좌절이 인터넷 공간에서는 새로운 욕구충족과정으로 허위–자기실현(pseudo-self-actualization)을 가능하게 한다고 하였다. 즉 자기실현의 좌절을 겪는 사람들이 곧 인터넷 게임중독에 잘 빠지게 된다고 설명하고 있는 것이다.

한편 국내의 연구에서는 인터넷 중독의 원인을 크게 네 가지로 분류하고 있다. **첫째**, 환경요인으로 사회적 스트레스가 만연한 사회, 문화적 분위기와 함께 청소년들의 대안 놀이문화에 부족에 따라 인터넷 중독 경향성이 높아진다는 것이다. 부모의 태도, 습관 또한 환경요인에 포함되는 것으로 가정환경 내에서 부모자녀관계의 질이 낮을수록 인터넷 중독 발생경향은 더욱 높아지는 것으로 보고되고 있다. **둘째**, 인터넷 자체 요인으로 익명성과 상호작용성, 즉각적인 반응이 가능한 매체로서의 인터넷 자체의 특성이 인터넷 중독의 발생 원인으로 작용할 수 있다고 보인다. **셋째**, 기질적 요인을 꼽을 수 있다. 여기에는 부모의 중독 성향, 취약한 자기통제력, 낮은 자아존중감, 공격성, 우울성 등이 포함된다. 마지막으로 소외감, 무력감, 외로움, 좌절경험, 사랑 부족에 대한 정서적 반응약식 등의 심리적 요인이 인터넷 중독과 관련된 것으로 보고되고 있다. 실제로 인터넷 중독 실태와 관련한 2008년의 한국정보문화진흥원의 조사 자료에 따르면 인터넷 중독의 원인으로 가장 많은 비중을 차지하는 것은 부모자녀관계(14.4%), 자아존중감(11.52%), 자기통제력(10.99%), 친구관계(9.95%) 순으로 나타나고 있다. 즉 심리적 요인으로 부모자녀관계가 원만하지 못하며 가정 내 의사소통이 원활하게 이루어지지 않을 경우 인터넷 중독이 발생할 가능성이 높아지는 것으로 볼 수 있으며, 낮은 자아존중감, 낮은 자기 통제력과 같은 기질적 요인 또한 인터넷 중독의 주요 원인으로 작용하는 것으로 볼 수 있다(한국정보문화진흥원, 2008).

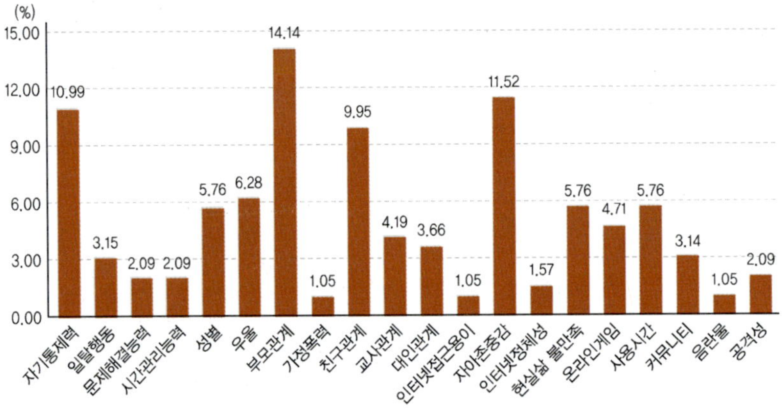

출처: 서이종(2007).

그림 15-1 인터넷 중독의 원인분포

3. 인터넷 중독의 특성

1) 심리학적 접근

개인의 심리적 특성과 인터넷 중독 간의 인과관계를 밝히는 것에는 상당한 한계와 어려움이 있으나, 이들 간의상관관계에 대해서는 어느 정도 일치하는 연구결과들이 보고되고 있다. 인터넷 사용이 많고 몰입하는 정도가 높은 사람들이 그렇지 않은 사람들에 비해 더 우울한 경향이 있고, 외로움도 더 많이 느끼는 것으로 보고되고 있다(Stoll, 1995; Turkle, 1996). 또한 인터넷 중독의 어려움이 있는 사람들은 그렇지 않은 사람들에 비해 과잉 일반화, 흑백논리 등의 인지적 오류의 특성을 보이기도 한다(Young, 1999; 송원영, 1999). 외적으로 쉽게 드러나는 특성으로는 인터넷 사용증가에 따른 공격성의 증가를 들 수 있는데(Young, 1998), 이러한 공격성의 증가는 청소년 자녀를 둔 부모들이 자녀의 인터넷 사용 조절과 관련해 겪는 문제 중 주로 호소하고 염려하는 영역이다. 또한 청소년들의 인터넷 사용에서 가장 큰 비율을 차지하는 게임사용과 충동성의 정도 간에도 관련성이 있는 것으로 나타났는데, 게임을 중독적으로 사용하는 집단과 그렇지 않은 집단의 충동성을 비교해 본 결과 게임을 중독적으로 사용하는 집단의 충동성이 더 높은 경향이 있는 것으로 보고되고 있다(이소영, 2000). 이와 같이 게임을 중독적으로 사용하는 집단은 비중독적으로 사용하는 집단에 비해 문제 지향, 문제해결 기술과 같은 전반적인 사회적 문제해결에 대해 더 부정적인 자기 평가를 하고 있고, 실제 문제해결 상황에서 유능성이 저하되었으며, 대인관계 문제 상황에서 협상 할 수 있는 능력도 낮은 것으로 나타나고 있다(이소영, 2000).

2) 사회학적 접근

사회학적 관점에서 일탈행위를 연구한 Merton(1959)은 일탈행동이 사회구조와 어떤 관계를 맺고 있는지를 연구한 대표적인 학자이다. 그에 따르면 일탈행동은 행동 그 자체보다는 특정한 사회구조와의 관련성 속에서 파악될 수 있다고 보면서, 이를 이론화하기 위하여 해당 사회의 문화적 목표와 제도적 수단 간의 괴리현상에 주목하였다. 그 결과 일탈행동의 유형을 동조, 혁신, 의례주의, 도피주의, 그리고 반역 등 5가지로 유형화하였다.

동조(Conformity)는 문화적 목표와 수단 간의 일치가 나타나는 행동유형을 말한다. 엄격하게는 일탈행동이 아닌 것으로 보이기도 하지만 목표와 수단 간의 괴리를 극복하려는 긴장된 행위이기에 일탈행동의 한 유형이 될 수 있다고 본다. 혁신(Innovation)은 문화적 목표는 수용하지만 사회적으로 공인된 수단은 거부하는 행동양식을 말한다. 예를 들어 어떤 학생이 학업을 수행하고 난 뒤, 사회로 진출하여 성공적인 삶을 사는 것이 사회적으로 공인된 목표라고 한다면 그 과정에 요구되는 성실한 학업 수행과 자기발전을 위한 노력 등에 대하여, 또는 그 하위 가치관에 대하여 거부하여 수용하지 않고서 다른 행동을 하는 것이다. 의례주의(Ritualism)는 혁신과는 반대의 일탈유형으로서 문화적 목표는 거부하되 수단은 의례적으로 따르는 것을 말한다. 이러한 유형은 사회적으로 공인된 행동규범을 위반하는 것은 아닐지라도 대부분의 사람에게서 공인된, 근본적인 목표와 가치를 수용하지 않는다는 점에서 일탈의 한 유형으로 분류되는 것이다. 도피주의(Retreatism)는 수단과 목표 모두를 거부하는 행동양식을 말한다. 인터넷 중독의 경우 그 원인에 대하여 많은 이견이 있을 수 있으나, 사회로부터 스스로 은둔하는 도피주의 행태를 보이고 있는 것으로 분류된다. 인터넷 중독자들은 사회적으로 공인된 목표와 수단을 거부하고서 은둔하며, 사회적으로 공인된 가치뿐만 아니라 자기 자신에 대한 통제력에 대해서도 매우 취약하다. 또한 현실세계의 인간관계 자체에 대하여 철저히 도피하여 가상적 공간에 대한 지나친 기대감을 가지고 있다. 그러나 그것은 생활의 건강한 균형감 속에서 유지되는 것이 아니라, 병적인 집착 속에서 이루어진다. 한편 낙인이론(Labeling Theory)은 인터넷 중독자에 대한 관찰자로서 부모의 진단 및 판단에 따른 양육의 태도와 인터넷 중독이 관련 있음을 시사한다. Sutherland(1939)의 차별적 교제이론(Differential Association Theory)에서는 인터넷 중독의 경우 어떤 계기에 주변의 친구가 인터넷 활용 및 사이트에 대한 정보를 많이 알고 있으면, 그러한 정보를 교류하고 수용함으로써 자연스럽게 중독의 상태로 진전되고, 또 그러한 사람들끼리 어울리면서 이른바 중독 상태를 계속 유지하게 된다고 본다.

3) 인터넷 중독 구조 모형

김청택 등(2002)의 인터넷 중독 구조 모형에 의하면 인터넷 사용에 대한 긍정적 기대, 가상적 대인관계 지향성, 정신병리적 성향이 일상생활 장애를 유도할 수 있다.

이러한 일상생활 장애가 심해지면 인터넷의 중독적 사용으로 인한 일탈행동이 유발되거나 인터넷 사용에 대한 내성 및 금단 증상이 나타난다. 그리고 인터넷 사용에 대한 내성과 금단 증상이 심해질수록 인터넷이라는 가상공간과 현실생활을 구분하는 데 어려움을 느끼는 현실구분 장애를 보이게 된다. 김청택 등이 제안한 인터넷 중독의 진단 기준을 자세히 살펴보면 다음과 같다.

① 강박적 사용과 집착

- 인터넷을 하지 않는 동안에도 인터넷을 할 생각만 한다.
- 인터넷에서 뭔가 새로운 일이 일어나고 있을 것 같은 생각에 사로잡혀 있다.
- 대부분의 시간을 인터넷을 사용하느라 보낸다.
- 처음에 의도했던 시간보다 더 오래 하게 된다.

② 내성과 금단

- 만족하기 위해서 점점 더 많은 시간을 인터넷 사용으로 보낸다.
- 만족하기 위해서 점점 더 자극적인 것을 찾는다.
- 인터넷을 하지 않으면 불안, 우울, 초조감에 시달린다.
- 인터넷을 하게 되면 마음이 편안해진다.
- 수업 중에도 게임 소리가 귓전에 맴돈다.
- 밤에 잠자리에 들어도 눈이 말똥말똥해지며 다음에 인터넷을 할 생각에 빠져 있다.
- 밤마다 잠자리에 누우면 천장이 컴퓨터 화면으로 보이고, 그 속에 장면이 어지럽게 펼쳐진다.
- 컴퓨터를 하지 않는 동안에 자신도 모르게 컴퓨터 자판을 두드리고 있다.

③ 일상생활의 기능장애

- 인터넷에 한 번 들어가면 그만두기가 어렵다.
- 인터넷 사용을 줄이거나 조절하려는 욕구가 지속적으로 있었지만 실패한다.
- 인터넷을 하기 위해 다른 일을 미루거나 포기한다.
- 인터넷 사용으로 수면 시간이 현저하게 줄어들었다.
- 인터넷을 하기 위해서 거짓말을 자주 한다.
- 인터넷 사용에 방해를 받으면 몹시 화내거나 때로는 부모에게 반항한다.

- 인터넷을 하느라고 중요한 약속을 어기거나 공부 및 직장 일을 소홀히 한다.
- 업무능률이나 생산성이 현저하게 떨어지고 직장을 잃기도 한다.
- 인터넷 사용으로 학업성적이 저조하고 학교를 그만두기도 한다.
- 친구를 만나지 않고 취미활동에도 관심이 없어진다.
- 가족과 보내는 시간이 줄어들며 가족과도 소원해진다.
- 부모에게 불복종하며 심하면 가출한다.
- 배우자와 갈등을 일으켜 별거나 이혼으로 이어지기도 한다.

④ 일탈행동 및 현실구분장애

- 인터넷을 하지 않을 때에도 하고 있는 듯한 환상을 느낀 적이 있다.
- 인터넷을 하지 않을 때에도 인터넷에서 나오는 소리가 들리고 인터넷을 하는 꿈을 꾼다.
- 인터넷 사용 때문에 비도덕적인 행위를 저지른다.

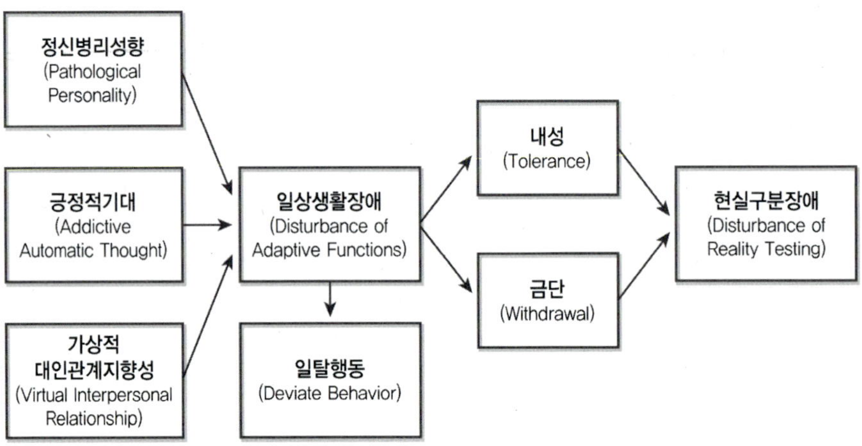

출처: 김청택, 김동일, 박중규, 이수진(2002). 인터넷 중독 예방상담 및 예방 프로그램 개발 연구. 정보통신부 정보통신연구개발사업 연구결과 보고서.

그림 15-2 인터넷 중독 과정 구조 모형

이를 바탕으로 한국정보문화진흥원에서는 일상생활장애, 현실구분장애, 긍정적 기대, 금단, 가상적 대인관계 지향성, 일탈행동, 내성의 요인을 하위영역으로 구성한 인터넷 중독 자가진단 척도인 K척도를 개발하여 실제 인터넷 중독 진단 및 치료적 개입을 위해 사용하고 있다(한국정보문화진흥원, 2007).

인터넷 중독 자가진단법(Kimberly S. Young)
1점: 전혀 아니다 2점: 드물지만 있다 3점: 가끔 있다 4점: 자주 있다 5점: 항상 그렇다
1) 원래 생각보다 더 오랫동안 인터넷에 접속한 적이 있는가? 2) 인터넷 때문에 집안일에 소홀한 적이 있는가? 3) 배우자와의 애정 관계보다 인터넷에서 더 흥미를 느낀 적이 있는가? 4) 온라인상의 친구를 만들어 본 적이 있는가? 5) 온라인 접속 시간 때문에 다른 사람이 불평한 적이 있는가? 6) 온라인 접속 시간 때문에 성적이나 학교생활에 문제가 있는가? 7) 해야 할 다른 일을 하기 전에 먼저 전자우편을 확인한 적이 있었는가? 8) 인터넷 때문에 업무 능률이나 생산성에 문제가 있었던 적이 있는가? 9) 인터넷에서 무엇을 했느냐고 물었을 때 얼버무린 경험이 있는가? 10) 인터넷에 대한 생각으로 현재 생활상의 어려운 문제를 생각하지 못했던 적이 있는가? 11) 인터넷 사용 후 다시 온라인에 접속할 때까지의 기간을 기다린 적이 있는가? 12) 인터넷에 없는 생활은 따분할 것이라고 두려워한 적이 있는가? 13) 온라인에 접속했을 때 누군가 방해하면 귀찮은 듯이 행동한 적이 있는가? 14) 밤늦게까지 접속해 있느라 잠을 못 잔 적이 있는가? 15) 오프라인 상태일 때 다시 온라인에 접속해 있는 듯한 환상을 느낀 일이 있는가? 16) 온라인에 접속해 있을 때 '몇 분만 더'라고 말하며 시간을 허비한 적이 있는가? 17) 온라인 접속 시간을 줄이려고 노력했지만 실패한 적이 있는가? 18) 접속 시간을 숨기려고 한 적이 있는가? 19) 외출하려고 하기보다 온라인 상태에 더 머무르려고 한 적이 있는가? 20) 오프라인 상태일 때에는 우울하고 침울하며 신경질적이 되었다가 다시 온라인 상태로 오면 이런 감정들이 모두 사라진 적이 있는가?
〈평가〉 20~39점: 온라인 이용을 자신이 통제할 수 있는 평균적인 온라인 이용자. 40~69점: 인터넷 때문에 생긴 문제들이 생활에 어떤 영향을 미쳤는지 진지하게 생각해 봐야 한다. 70~100점: 인터넷 때문에 생활에 중대한 문제가 발생하고 있다. 당장 이 문제를 해결해야만 한다.

3절 » 인터넷 중독의 실태

인터넷 사용자 수의 변화만을 놓고 볼 때도 한국사회에서 인터넷이 처음으로 급격하게 적용, 확산되기 시작한 1990년대 후반의 이용자수가 950만 명이 채 안 됐던 것과 비교할 때, 2008년 말에는 3,600만 명을 넘어 3배 이상의 증가를 보이고 있다. 이는 총인구의 76%에 해당하는 수치로 엄청난 양적 증가가 이루어지고 있음을 확인할 수 있다. 그 이후로도 인터넷 이용인구는 지속적으로 늘어나고 있으며 2020년을 기준으로 4,680만 명이 넘어서고 있으며 이는 전체 가구의 91.9%에 해당한다. 대부분 가정에서 개인 인터넷 사용이 이루어지고 있음을 볼 수 있다.

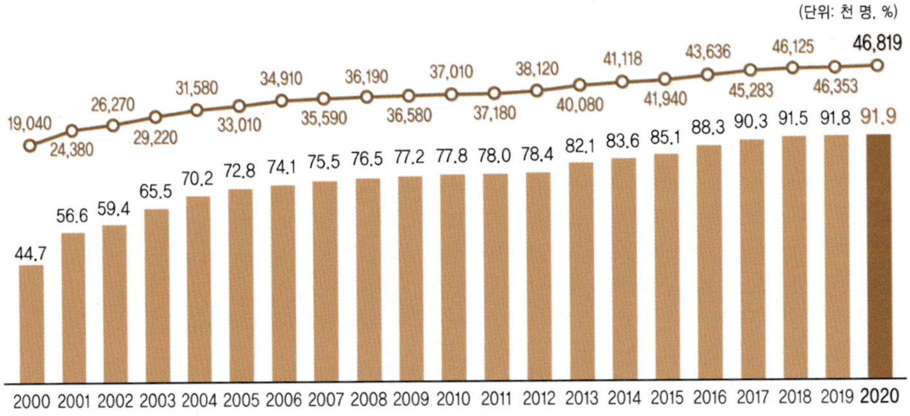

출처: 2020 인터넷이용실태조사.

그림 15-3 인터넷 이용률 및 이용자 수

인터넷을 사용하는 현황을 성별에 따라 살펴보면 남자는 이용하는 비율이 93.9%이고 이용하지 않는 비율이 8.2%로 나타난다. 여자는 인터넷 이용하는 비율이 89.6%이고 이용하지 않는 비율이 10.4%로 나타난다. 남자가 여자보다 인터넷 이용 인구가 더 많은 것을 볼 수 있다. 그런데 남자나 여자나 인터넷을 전반적으로 이용하고 있다는 점에서 통일하기에 성별 차이를 이야기하는 것은 큰 의미가 없다. 다만, 인터넷이 이젠 일상생활 속으로 들어와 완전히 자리 잡았음을 보여주는 것이라고 할 수 있다. 이는 연령별 사용에서 그 특징이 더욱 뚜렷하게 드러난다.

각 연령대별로 구분하였을 경우 각 연령대에서 인터넷 사용하는 인구가 대부분 90%를 넘는 것을 볼 수 있다. 단지 70대 이상에서 인터넷을 이용하는 비율이 38.9%로 현저하게 떨어질 뿐이다. 60대도 90%에서 0.9% 모자라는 비율로 인터넷을 이용하고 있다. 10대에서 50대는 동일하게 99%가 넘는 것으로 나타나는데 이는 10대에서 50대는 거의 모든 사람이 인터넷을 이용하고 있다는 말이 된다. 이것이 가능한 것은 우리나라 인터넷 인프라가 잘 구축되었을 뿐 아니라 여기에 더하여 이젠 인터넷을 휴대하는 시대가 되었기 때문이다. 전 연령대에서 스마트폰을 사용하고 있는데 스마트폰은 인터넷을 기반으로 하여 운영되고 있다. 3세 이상 인구의 91.5%가 모바일 인터넷을 이용하고 있다는 것이 이를 증명한다(2020 인터넷이용실태조사). 연령별 사용률에서 특별히 주의해야 할 것은 3~9세도 91.2%나 인터넷을 이용하고 있다는 점이다. 우리나라는 이른 나이에 인터넷에 노출된 경우가 매우 많은 편이다.

표 15-1 성별 연령별 인터넷 사용현황

(단위: %)

최근1개월 이내		이용	이용안함
만3세 이상 전체		91.8	8.2
성별	남자	93.9	6.1
	여자	89.6	10.4
연령	3~9세	91.2	8.8
	10대	99.9	0.1
	20대	99.9	0.1
	30대	100.0	0.0
	40대	99.8	0.2
	50대	99.3	0.7
	60대	89.1	10.9
	70대 이상	38.9	61.1

출처: 한국정보문화진흥원. 「2020년 인터넷이용실태조사」.

인터넷을 모든 연령층 대부분의 사람이 이용하고 있다는 점과 더불어 살펴볼 것이 인터넷 이용빈도와 이용시간이다. 2020년 인터넷이용실태조사에 따르면 하루에 1회 이상 인터넷을 사용하는 경우가 94.9%로 나타났다. 따라서 매일 수 회씩 인터넷을 이용하고 있는 것을 알 수 있다. 인터넷 이용시간은 주 평균 20.1시간으로 나타났다. 이는 평균적인 시간이고 35시간 이상 사용하는 경우가 18.6%가 되는데, 이는 3세 이상 인구 중 20% 정도에 해당하는 사람은 하루 평균 5시간 인터넷을 이용하는 것이라고 볼 수 있다. 14시간 이상 인터넷 인용하는 경우는 63.3%가 되는데, 이를 동일한 방법으로 환산하면 3세 이상 인구 중 63.2%는 하루 2시간 인터넷 인용을 하고 있는 것이다.

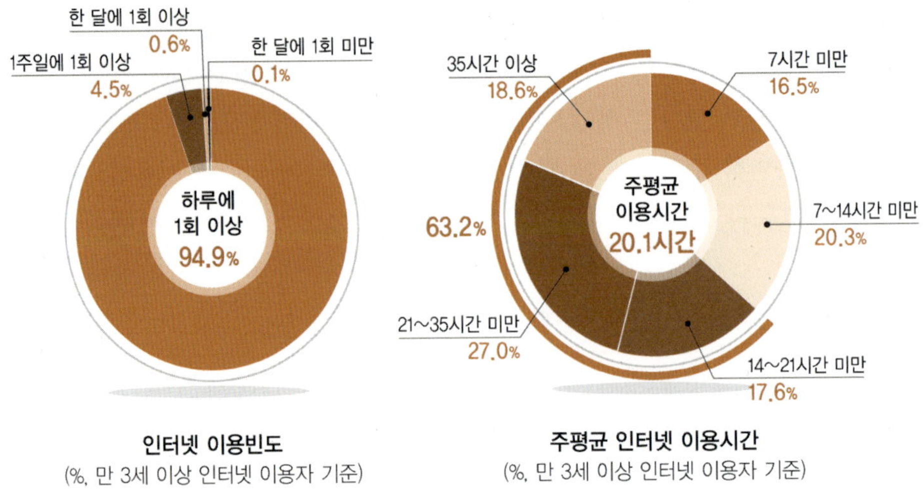

출처: 2020 인터넷이용실태조사.

그림 15-4 인터넷 이용빈도와 이용시간

인터넷 사용의 목적에서는 인터넷을 통한 음악, 게임, 전자책 등의 여가활동이 92.9%로 가장 많은 비중을 차지했으며, 다음으로 자료 및 정보 획득(89.0%), 이메일, 메신저 등 커뮤니케이션(85.2%)의 순으로 나타났다. 즉 시간이 흐를수록 인터넷에 대한 의존도가 높아짐과 동시에 인터넷은 젊은 연령을 대상으로 중요한 생활수단으로 자리매김하고 있음을 확인할 수 있다.

표 15-2 인터넷 사용 목적

(단위: %)

구분	이용률	구분	이용률
여가활동	92.9	동호회 활동	49.1
자료 및 정보 획득	89.0	홈페이지 운영	43.1
커뮤니케이션	85.2	인터넷금융	35.4
인터넷 구매 및 판매	56.2	전자민원	10.4
교육, 학습	55.2	SW다운/업그레이드	9.3

출처: 한국정보문화진흥원(2008).

인터넷 이용목적에 따라 구분하면 다음과 같다. 우선 전체적으로 성별이나 연령대와 상관없이 커뮤니케이션을 위하여 사용하는 비율이 가장 90% 이상으로 나타나고 있다. 다만 3~9세만이 커뮤니케이션을 위한 사용이 53.1%로 저조하다. 현대사회에서 인터넷이 소통의 도구가 되고 있는 것을 볼 수 있다. 그 외에는 연령대에 따라 사용 목적이 다소 다르게 나타나는데 전반적인 공통점은 여가활동과 자료 및 정보 획득이 90%를 넘는 높은 비율을 보이고 있다. 그런 가운데 10대는 교육이나 학습에 이용하는 비율이 99.9%로 나타났는데 이는 동영상에 민감한 10대를 대상으로 교육 콘텐츠 개발 업계가 발전한 면과 더불어 코로나19로 인하여 비대면 온라인 학습이 일반화되었기에 나타나는 현상이라고 할 수 있다. 20대 이후로는 자료 및 정보취득을 위하여 인터넷을 사용하는 비율이 높은 것을 볼 수 있다. 이렇게 인터넷은 주로 커뮤니케이션, 여가활동, 자료 및 정보취득에 활용되는 것을 볼 수 있다.

표 15-3 성 · 연령별 인터넷 이용목적

(단위: %)

만3세 이상 최근1개월 이내 이용자		커뮤니케이션	여가활동	자료 및 정보 취득	홈페이지 등 운영	교육, 학습	직업, 직장	기타
성별	남자	96.2	96.2	95.3	60.1	52.2	32.0	74.3
	여자	96.1	94.8	94.3	61.3	49.8	23.6	72.0
연령	3~9세	53.1	89.3	43.1	18.6	48.5	2.4	3.1
	10대	98.5	99.1	95.2	64.8	99.9	9.4	37.7
	20대	99.9	99.8	100.0	87.4	82.6	51.5	96.2
	30대	99.9	99.4	99.9	82.8	58.8	49.6	98.2
	40대	99.8	97.8	99.8	69.4	47.2	37.7	95.5
	50대	99.5	95.6	99.4	50.5	31.2	21.0	81.9
	60대	98.2	90.8	96.7	37.2	16.4	7.3	54.5
	70대 이상	93.2	74.1	88.1	21.6	8.0	2.2	21.4

출처: 한국정보문화진흥원. 「2020년 인터넷사용실태조사」.

국가 통계에서 이제 인터넷 중독은 스마트폰 중독으로 조사하고 있다. 2020년 스마트폰 중독 실태조사에 따르면 중독실태는 다음과 같다.

먼저 성별로 보았을 경우 남자가 여자보다 고 위험사용자군, 잠재적 위험 사용자군 모두에서 중독의 정도가 심한 것으로 나타나고 있다. 다만, 그 정도의 차이는 크지 않아서 성별과 크게 관계없이 스마트폰 중독이 이루어지고 있음을 보여준다. 남자는 24.4%, 여자는 22.1% 위험사용자군으로 분류되고 있다.

연령대별로 중독을 살펴보았을 경우 위험사용군이 10대가 35.8%로 가장 높게 나타났다. 이어 20대(30.4%), 10대 미만(27.3%), 30대(22.7%) 순으로 나타나고 있다. 전체 연령을 놓고 보았을 때 3~9세가 위험사용자군의 3위를 차지하는 점에 주의를 기울여야 한다. 중독은 계속 이어지는 성격이 있어 어린 나이에서부터 인터넷에 노출 및 중독된 것은 성인이 되어서도 동일한 모습을 유지할 가능성이 높기 때문이다.

연령대를 특정하여 청소년과 성인으로 구분하였을 때 청소년이 성인보다 스마트폰 중독이 심한 것을 볼 수 있다. 청소년은 위험사용자군이 35.8%이고 성인은 22.2%로 나타나고, 이 둘이 차이가 큰 것을 볼 수 있다. 전체 스마트폰 위험사용자군이 23.3%인 것과 비교하여 보아도 청소년의 위험사용자군이 과도하게 높은 것을 볼 수 있다.

표 15-4 스마트폰 중독 실태

구분		고 위험사용자 군	잠재적위험사용자군	위험사용자군
전체		4.0	19.3	23.3
성별	남성	4.2	20.2	24.4
	여성	3.7	18.4	22.1
연령대별	3~9세	3.7	23.6	27.3
	10대	5.0	30.8	35.8
	20대	4.9	25.5	30.4
	30대	4.1	18.6	22.7
	40대	3.6	15.9	19.5
	50대	3.4	14.3	17.7
	60대	3.2	13.6	16.8
대상별	청소년	5.0	30.8	35.8
	성인	4.0	18.2	22.2

출처: 2020 스마트폰 과의존실태조사 편집.
참고: 청소년 10-19세, 성인 20-59세

스마트폰을 주로 이용하는 목적 즉 이용하는 콘텐츠를 분류하면 다음과 같다. 전체 스마트폰 사용자에게서 이용하는 콘텐츠 비율이 높은 순으로 나열하면 메신저, 영화/TV/동영상, 뉴스보기, 관심사(취미), 상품/서비스 정보, 음악, 웹서핑, 게임, SNS, 금융, 상품/서비스 구매로 나타났다. 이는 일반사용자군의 순서와도 일치한다. 한편, 고위험사용자군과 잠재적 위험사용자군을 망라한 과의존위험군의 콘텐츠 이용 비율은 앞서 제시한 전체 및 일반사용자의 것과 유사하게 나타나는 가운데 몇몇 항목에서 다소 차이를 보이고 있다. 즉, 과의존위험군에서는 영화/TV/동영상, 관심사(취미), 음악을 더 많이 이용하는 것으로 나타났다.

표 15-5 스마트폰 주 이용목적

	메신저	영화, TV, 동영상	뉴스 보기	관심사 (취미 등)	교통 및 위치 정보	상품/서비스 정보	음악	일반적 웹서핑	학업/업무	게임	SNS	금융	상품/서비스 구매
전체	96.2	94.6	91.4	91.3	88.4	88.3	86.9	82.8	81.5	77.7	76.4	75.0	74.0
과의존의험군	85.4	97.2	91.5	93.6	89.9	90.6	91.2	85.3	88.6	86.2	81.4	76.4	77.7
고위험사용	96.6	97.2	92.8	95.8	91.5	92.5	93.3	88.4	89.1	88.3	84.4	79.8	81.5
잠재적위험사용	95.1	97.2	91.3	93.2	89.6	90.2	90.8	84.7	88.5	85.8	80.8	75.7	76.9
일반사용자군	95.2	93.8	91.4	90.6	87.9	87.7	85.6	82.1	79.3	75.2	74.8	74.6	72.9

출처: 2020 스마트폰 과의존실태조사에서 발췌.

종합하면, 이제 스마트폰을 비롯한 인터넷이 우리 생활에서 떼어낼 수 없는 도구가 되었다. 인터넷은 정보를 활용한다는 점에서는 긍정적이면서도 막강한 힘을 가지기 때문에 활용하기에 따라서는 생활이나 직업을 더욱 풍성하게 하는 면이 있다. 또한 일반사용자나 과의존위험군 사용자나 이용 콘텐츠가 그렇게 크게 다르지 않다는 점을 볼 때 인터넷은 이미 우리 생활에 일부분이 되어 있다고 할 수밖에 없다. 그리고 지나치게 중독을 염려하며 터부시할 필요도 없다. 다만, 과의존하게 될 때 일상생활이 무너지게 된다는 점을 고민해야 한다. 적절하게 사용하면 좋지만 인터넷(스마트폰)을 과의존하다 보면 조절실패, 현저성, 문제적 결과를 나타내게 된다.[4]

4절 » 인터넷 중독에 대한 사회복지적 접근

인터넷 중독에 대한 대책은 그 원인에 따라 개인의 심리적, 환경적 차원의 대응과 사회적, 정책적 차원의 대응으로 구분해 살펴볼 수 있다. 그 각각의 내용을 살펴보면 다음과 같다.

4) 조절실패 - 스마트폰 이용을 스스로 조절할 수 없는 것, 현저성 - 항상 스마트폰을 가지고 있어야 하는 것, 문제적 결과 - 스마트폰 이용 때문에 다툼이나 일상생활에 지장 등이 나타나는 것

1. 인터넷 중독에 대한 교육 및 치료사업

개별적 차원의 인터넷 중독에 대한 예방적 교육과 치료사업은 다음의 내용을 중심으로 전개되고 있다. **첫째**, 개인적 차원에서 볼 때 인터넷은 개인적 수준에서 통제력이 약한 경우에 발생하기 쉽다. 인터넷 이용자들이 자기규제능력이나 통제력이 갖추어져야 하지만 이러한 능력이 약한 청소년들의 경우 어릴 때부터 자신감과 자아존중감을 높이고 자신에 대한 통제력을 키우기 위한 다양한 경험을 갖도록 해야 한다. 아울러 지속적인 홍보와 교육을 통하여 자신감이나 자아존중감은 자신의 목표를 달성함으로써 길러질 수 있는 인간적 특성을 자극하면서 자기통제력이 함양될 수 있도록 해야 한다. **둘째**, 가정적 차원에서 볼 때 사회성원은 누구나 가족공동체의 테두리에서 살아간다. 하지만 개인생활에 커다란 영향을 미치는 가족구성이 변화되고 맞벌이 가정이 증가하면서 인터넷 중독에 노출의 가능성이 커지고 있다. 인터넷 중독을 예방을 위한 가정에서의 대응 노력으로 부모의 관심과 자녀와의 대화와 함께 다양한 체험활동이나 봉사활동에 참여하여 인터넷 중독에서 벗어나려는 노력을 기울일 필요가 있다. 이를 위해 부모가 적극적으로 나서서 인터넷 중독의심각성과 대책에 대하여 이해하고 예방할 수 있는 방법을 습득하기 위해 노력해야 한다. 부모들이 인터넷의 사용방법을 익히고 또한 사이버문화를 이해하고 올바른 인터넷 활용을 할 수 있는 윤리적 규범도 숙지하여 자녀를 인터넷 중독의 위험성으로부터 보호해야 한다. **셋째**, 지역사회 및 학교는 청소년들의 인터넷 중독을 방지하기 위한 대표적인 사회기관이다. 특히, 학교에서 교사들은 학생들의 생활을 자연스럽게 그리고 면밀히 관찰할 수 있다. 교사들은 컴퓨터 교육시간 외에 일반교과목시간에도 게임방 출입을 자제할 수 있도록 학생들을 지도하고, 담임교사는 학생들이 게임으로 인해 학교생활에 어려움을 겪는지, 아니면 다른 이유가 있는지 초기에 개입해 상담하고, 학생이 게임중독으로 무단결석할 때 적극적으로 개입하여 학생이 중도탈락하지 않도록 지도해야 한다. 학교에서는 사회공간이자 문화매체로서의 인터넷에 대한 교육, 온라인게임 중독 예방교육, 불건전한 정보에 대처하는 능력과 건전한 인터넷 사용에 관한 미디어 교육이 다양한 교과목 안에서 이루어져야 한다. 시·도교육청에서도 다양한 프로그램을 개발하여 시범사업을 실시하여 지역학교에서 활성화하도록 독려해야 한다. 가령 학교활동과 동아리 활동 시간에 교사와 학생이 적극적으로 예방프로그램에 참여하여 온라인게임 중독으로부터 청소년이 스스로를 지킬 수 있도록 돕는 교육이 필요하다. 지역사회에서도 시민단체나 지방정부가 협력하여 네티즌을 육성하는데 필요한 인터넷 문화교육 프로그램의 개발과 운영, 관련 정보의 제공자 역할을 해야 한다(성윤숙, 2007). **넷째**, 사회 및 국가적 차원에서 공익성격의 홍보 및 교육프로그램을 개발, 운영하여 사회성원들의 의식 함양에 노력해야 한다. 아울러 기준 및 법·제도적 장치를 마련하며 전문기관을 통하여 인터넷 중독 상담과 치료를 위한 다양한 치료접근 방법을 개발, 적용해야 한다. 온라인게임중독에 대한 상담 및 치료서비스를 제공하는 기관의 확충과 상담 및 치료전문가를 양성해야 한다. 나아가 국제적 교류를 통해 정보 및 사례공유로 협력 사업을 강화해야 한다.

인터넷 중독 극복을 위한 지침

① 자신이 중독이라는 것을 인정하도록 하는 것이 무엇보다 중요하다.
② 자신이 중독이라는 것을 인정하고 도움을 요청하려는 의지가 우선시 되어야 한다.
③ 자신을 중독하게 만드는 심리적인 정신적 요인이 무엇인지를 알아내야 한다.
④ 현실세계와 사이버 세계의 균형감을 갖도록 한다.
⑤ 시간을 조절해준다. 특히 집에서 컴퓨터를 다루는 청소년에게 필요하다.
⑥ 시간 줄이기 이상으로 자료수집과 전자메일 교환 등과 같은 건전한 용도로 인터넷을 활용하는 것이 중요하다. 신문이나 잡지에 나오는 학습에 필요한 인터넷주소를 스크랩해주고 컴퓨터 사용관과 올바른 정보선택 방법에 대해 함께 이야기한다.

2. 인터넷 중독에 대한 제도 개선

인터넷 중독예방 상담센터를 설립하여 전문인력을 양성하고 인터넷 중독 관련 연구, 인터넷 중독 상담·예방 활동, 교육콘텐츠 및 홍보물 제작 보급, 상담 협력기관 지원, 인터넷 중독 치료 및 재활지원 시스템 운영 등의 사업을 추진하고 있다. 특히, 인터넷 중독 상담센터는 2002년부터 2007년까지 총 633명의 인터넷 중독자를 상담·치료하는 전문상담사를 교육·양성하였다. 양성된 상담사들은 전국 각 지역에서 활동하고 있는데, 서울이 175명으로서 전체의 27.6%로 가장 많고, 그 다음으로 경기가 113명(17.8%), 경북 41명(6.5%), 전북 40명(6.3%), 부산 36명(5.6%) 등의 순으로 나타났다.

표 15-6 전국 전문 상담사 및 상담기관 현황(2008년 4월 기준)

구분	서울	부산	대구	광주	대전	인천	울산	경기	강원	충북	충남	경북	경남	전북	전남	제주	합계
전문상담사(명)	175	36	32	29	29	23	10	113	26	17	17	41	21	40	18	6	633
비율(%)	27.6	5.6	5.1	4.6	4.6	3.6	1.6	17.8	4.1	2.7	2.7	6.5	3.3	6.3	2.9	1.0	100

출처: 한국정보문화진흥원(2008).

한국정보문화진흥원에서는 인터넷 중독자 상담사업을 전국으로 확산하기 위하여 각 지역의 상담협력 기관과 협력을 체결하여 사업비 지원, 상담사 교육을 하는 조건으로 상담을 실시하도록 하고 있다. 2007년 말까지 협력을 체결한 기관은 〈표 15-7〉와 같이, 체신청에 설치된 상담센터 7개소, 청소년상담지원센터, 정신보건센터, 건강가정지원센터, 대학학생생활연구소 등 총 79개이다.

표 15-7 각 지역별 인터넷 중독 상담 협력기관 현황

구분	서울	부산	대구	광주	대전	인천	울산	경기	강원	충북	충남	경북	경남	전북	전남	제주	합계
예방상담센터	1	1	1	1	1				1					1		1	8
청소년상담기관		2	1		1	1		6	3	4	3	4	3	4	2	1	35
정신보건센터	1	2	3	2		2	2	7	1	1	2	4	1	1	2	1	32
건강가정지원센터							1	1						1			3
학생생활연구소												1		1			2
합계	2	5	5	3	2	3	3	14	5	5	5	9	4	8	4	3	80

출처: 한국정보문화진흥원(2008).

또한 인터넷 중독과 관련된 법으로는 2001년 제정된 정보격차해소법과 2006년 제정된 게임산업 진흥법, 2006년 발의된 정보통신 서비스 중독 예방 및 해소법이 있다. 그러나 정보통신 서비스 중독 예방 및 해소법의 경우 인터넷 중독 개념의 모호성과 전담기구 문제, 적용대상의 모호성과 개인의 사생활 보호 측면에서 많은 논란이 이어지고 있는 실정이다.

표 15-8 인터넷 중독 관련 법 동향

구분	주요내용
정보격차해소법 (1001. 1 제정)	• 목적: 사회적 소외계층의 정보생화 촉진 • 기구: 한국정보문화진흥원 설립 • 관련내용: 제16조, 건전한 정보문화확산 및 인터넷중독 실태 조사, 예방, 해소 지원

구분	주요내용
게임산업진흥법 (2006. 4 제정)	• 목적: 게임 산업의 진흥 및 국민의 건전한 게임문화를 확립 • 기구: 게임물등급위원회 설립 • 주요내용: 게임산업진흥 종합계획 수립, e-sports 활성화, 전문인력 양성, 게임 과몰입 예방사업 추진
정보통신서비스중독 예방 및 해소법 (2006. 발의)	• 목적: 정보통신 서비스 이용자의 정보통신 서비스 중독 예방 및 해소를 통해 건전한 이용환경 조성 • 기구: 한국정보문화진흥원 • 주요내용: 국가와 지방정부의 책무, 주무부처에서 3개년 단위 종합계획 수립, 해소추진위원회 설립, 서비스 제공자 의무(유해가 능성 고지, 시간제한 등 중독예방 수단 제공), 상담치료자 개인정보 보호(1년 이하 징역, 500만 원 벌금)

출처: 한국정보문화진흥원(2008).

3. 인터넷 중독 예방을 위한 환경변화

현대 사회는 정보화 사회를 넘어 고도정보화사회로 불리고 있다. 그만큼 통신과 미디어의 역할이 중요시되며 인터넷의 사용과 필요성 또한 더욱 증가되고 있는 추세이다. 그러나 인터넷의 사용이 개인의 통제 범위를 넘어서 중독의 수준이 되었을 때 그것은 우리의 삶의 질을 높이며 사회에 보다 잘 적응하게 하는 것이 아닌, 개인의 건강과 일상생활 패턴을 파괴하는 결과를 초래하게 된다. 따라서 인터넷 중독에 대한 사전 교육과 인터넷 중독에 취약한 개인의 심리, 정서, 환경적 기반을 보완하는 일은 인터넷 사용에 있어서의 개인의 통제력을 잃지 않도록 하는 예방적 차원으로서 중요한 부분이라 할 수 있겠다.

이를 위해 일차적으로는 가정의 의사소통 기능을 향상시키며 개인의 심리적 능력을 강화시키기 위한 개별적 인식개선 프로그램 및 관련 치료, 예방 프로그램 등의 마련과 제공이 원활하게 이루어져야 한다. 그러나 인터넷 중독문제가 개인의 차원에서만 이루어지는 것이 아닌 인터넷의 탈시간성, 탈공간성의 특성과 함께 또래 집단 및 사회 환경과 맞물려 발생된다는 점을 감안할 때 개별적 차원의 개입만으로는 충분하지가 않다. 이러한 변수들을 고려하여 인터넷 중독에 대한 개입은 관련된 지역사회 단위의 전문조직에서 공동으로 참여하여야 한다. 즉 1차적으로는 예방상담센터 · 학교 · 언론 · 시민단체 등이, 다음 단계에서는 인터넷 중독 학교 · 전문상담센터 · 학교상담센터 · 청소년상담센터 · 건강가정상담센터 · 청소년 레크리에이션 조직 · 병원 · 청소년문화센터 · 종교기관 · 행정기관 · 사회복지 조직 · 언론 등이 네트워크로 묶어져 있어야 할 것이다. 이러한 사업의 방향과 프로그램을 총괄, 기획하기 위해 중앙정부의 역할 또한 빠질 수 없는 부분이다. 이렇게 지역사회에 거버넌스를 구성할 수 있게 될 때 인터넷 중독에 대한 보다 조직적이고 효율적인 질적 접근이 가능해질 것이다.

그러므로 점점 증가하는 인터넷 중독 문제의 예방과 해결을 위해서는 정부와 지역사회, 개인적 차원에서의 협력과 통합적 노력이 더욱 강조되어야 한다. 현대 사회는 물론 향후 미래에는 개인 및 국가의 성장과 발전이 인터넷의 핵심기술과 서비스 영역의 우위 여부에 따라 좌우될 것이 자명한 사실이다. 따라서 인터넷 중독에 대한 정책적, 기술적 연구와 함께 제도적, 통합적 접근 및 교육, 치료개입을 통해 보다 기능적으로 인터넷을 사용할 수 있도록 하는 노력은 지속적으로 이루어져야 한다.

사이버범죄 문제

1절 » 사이버범죄 문제점 및 개념

1. 사이버범죄 문제점

현대사회는 급격하게 변화하고 있다. 이러한 사회적인 변화는 어떠한 시기에도 있어 왔고 당시대의 사람들은 누구나 급격한 사회의 발달이라고 표현했을지 모른다. 그러나 21세기의 사회변화는 기존의 사회변화와는 다소 상이한 양상을 띠고 있다. 즉, 변화의 매개체가 컴퓨터이기 때문이다. 이러한 컴퓨터를 매개로 한 사회의 변화는 세대 간의 단절을 가져와 e-generation이라는 새로운 용어를 창출시켰으며, Information Technology(IT) 산업이 기존의 제조업을 능가하는 힘을 발휘하고, 컴퓨터나 인터넷의 사용에 서투른 세대는 새로운 세대의 문화와 행동양식을 이해하고 따라잡기 위하여 애쓰고 있다.

기존에는 개별적으로 활동하던 컴퓨터가 네트워크로 연결되는 사이버세상이 열림에 따라 정보의 신속한 전파와 입수가 가능해졌고 생활의 모든 패턴이 사람과의 관계가 아니라 사람이 사용하고 있는 컴퓨터와의 관계로 변형되고 있다. 이러한 변화는 상거래 관행의 변화, 사회 내에서의 대면적 인간관계의 변화와 아울러 범죄적인 측면에서도 큰 영향을 미치고 있다. 즉, 기존의 산업사회나 기술사회에서 상상하지 못했던 새로운 양태의 범죄가 생겨나고 기존의 고전적인 범죄행위를 컴퓨터라는 새로운 수단으로 범하는 경우도 발생하고 있다.

국내외적으로 컴퓨터 보급과 인터넷이 널리 확산되면서 컴퓨터 관련 범죄 사례들이 크게 증가하고, 또한 그 유형이나 수법도 매우 다양해지고 있으며 그 피해 정도도 심각해지고 있다. 이러한 컴퓨터 범죄 사례에 대한 대책이 활발히 진행되기 시작했고 컴퓨터 범죄관련 법안이 강화되고, 기업들의 각종 보안제품들도 다양하게 선보였다. 또한 보안관련 세미나들이 많이 개최되어 보안의 중요성에 대한 인식도 많이 확산되고 있다. 정보화가 가속화되면서 정보시스템 보안은 갈수록 그 중요성이 커지고 있다. 모든 업무가 전산화되고 정보가 디지털로 저장이 되면서 업무의 효율은 높아졌으며, 누구나 쉽게 정보를 자산으로 인식하고 이에 대한 체계적인 보안대책 마련에는 너무 등한시해 왔다. 이러한 결과로 여러 기관의 시스템들이 속수무책으로 해킹을 당하고, 정보에 대한 관리체계와 접근제한이 제대로 되어있지 않아 정보가 유출되고 이를 조작하는 문제점들이 발생하였다.

컴퓨터 범죄는 그 규모 면에서나 발생 빈도수에서 엄청나게 증가하고 있다는 점에서 사회에 많은 악영향을 끼칠 것으로 우려된다. 또한 네트워크를 통한 해커들의 침입은 국가기관 통신망에까지도 영향을 미쳐 국민생활과 국가안보에 악영향을 미칠 것이다. 특히 정보고속도로의 구축을 표방하고 있는 세계 각국은 이러한 정보통신망인 인터넷을 통한 해커의 해킹과 컴퓨터 범죄로 많은 어려움을 겪고 있다. 따라서 인터넷을 위시한 국제정보통신망의 보안 조치가 시급히 강화되어야 할 것이다. 행정전산망의 본격적인 운영에 따른 사용자의 증가와 관심도의 증가로 자료의 유출 또는 변조에 의한 해커의 침투가 예상된다. 공중통신망을 사용하는 취약성 제거가 강화되어야 할 것이고 경제, 사회, 문화적 사회혼란의 와중에서 테러분자나 보복적 범죄 행위에 의한 시스템 파괴가 예상되므로 유비무환의 안전 및 보안 조치가 이루어져야 할 것으로 전망되고 외국에서 이미 출현한 지능형 범죄사고가 우리나라에서도 불원 간 발생할 것으로 예상되므로 외국의 사고 사례와 예방책에 대한 분석으로 기술적 · 제도적 예방조치를 취하여야 할 것으로 판단된다. 컴퓨터 이용자의 증가와 기술 수준의 향상으로 앞으로 수년간은 해킹 및 바이러스의 범죄가 증가할 것으로 전망되므로 적극적인 예방대책의 홍보와 시행 강화 조치가 시급히 요청된다.

국내의 컴퓨터 범죄는 1973년 10월 서울반포 AID차관 아파트 입주자의 추첨 프로그램을 관계자들이 변조하여 부정 당첨시킨 사례를 효시로 하여 매년 증가되어 왔으나 그동안 개인적인 노력이 있었을 뿐, 그와 같은 자료를 총체적으로 공식 집계한 기관도 없었고 공개자료로 발표된 사실도 없었다. 이에 대한 컴퓨터 범죄의 특성상 개인이나 조직을 막론하고 공식적인 노출을 회피해 왔으므로 신문지상이나 방송매체에 발표된 경우 이외의 사고 현황을 정확히 파악하기가 어렵지만 컴퓨터 범죄의 발생현황을 살펴보고 컴퓨터 범죄의 특성과 문제점과 대응체제를 살펴보고자 한다.

2. 사이버범죄의 개념

사이버범죄는 종래의 범죄와 그 유형을 달리하기 때문에 컴퓨터와 관련된 범죄현상의 과학적인 연구와 이에 대응하기 위한 방안으로서 새로운 유형의 범죄에 대한 그 개념의 정립이 필요하다고 본다. 컴퓨터 범죄라는 어휘를 분석해보면 컴퓨터와 범죄의 결합된 개념으로 파악될 수 있다. 즉 컴퓨터가 관련된 범죄이거나 범죄에 컴퓨터가 사용되는 경우를 칭하는 어휘라는 것은 쉽게 파악될 수 있다. 그러나 컴퓨터 자체의 가변적, 발전적인 개념 때문에 법률적으로 정의하기가 어렵고, 아직은 명확한 정의가 이루어지지 않고 있다. 그리고 컴퓨터 범죄는 컴퓨터가 범죄의 수단이나 목적으로 개입되고, 컴퓨터로 인하여 재산적인 피해가 있어야 하며, 행위에 있어 고의성이 있어야 범죄구성 요건이 성립된다.

3. 사이버범죄의 유형

컴퓨터범죄의 유형은 각기 이를 파악하는 시각에 따라 여러 가지 차이가 있으나 지금까지의 대개의 유형은 다음과 같다. 하드웨어 정체 또는 일부를 파괴하거나 작동을 못하게 하거나, 데이터나 프로그램의 저장매체를 없애거나 저장된 기록자체를 지우는 행위로서 컴퓨터시스템에 기능을 방해하는 행위인 컴퓨터 방해 행위가 있다. 프로그램형태로 되어있는 자료 기타 컴퓨터 자료를 허락 없이 획득하거나 도용하는 행위인 컴퓨터 스파이, 컴퓨터를 사용할 자격이 전혀 없는 자가 사용하거나 일정 범위에서 사용권한은 있지만 그 권한을 일탈하여 사용하는 컴퓨터의 부정사용이 있으며, 정상적으로 작동시켜야할 컴퓨터에 부당한 방법으로 작동을 시키는 컴퓨터 조작

행위가 있다. 그리고 비밀번호와 현금자동지급카드를 부당한 방법으로 이용하여 현금자동기기에 작동을 가함으로써 현금을 인출하는 소위 CD범죄로 분류될 수 있다.

2절 » 사이버범죄의 특성

1. 비대면성

사이버 공간은 컴퓨터를 이용하여 인터넷을 매개로 하여 형성되는 생활공간으로서 불가시적이므로 현실세계와는 달리 행위자들이 자신의 얼굴을 드러내지 않고 행동한다는 특징을 가지고 있다. 따라서 그곳에서의 모든 범죄행위도 행위자가 전혀 모습을 드러내지 않는 상태에서 행하여진다. 사이버범죄의 이러한 비대면성으로 인하여 범죄자들은 보다 과격하고 대담하게 행동하게 되어 얼굴을 맞대고 있으면 하기 어려운 행동을 하는 경우가 많다.

또한 이러한 비대면성은 책임의식 결여로 이어져 피해자는 인터넷 사기의 형태로 이어지며 피해자는 가해자의 족적을 거의 알 수 없는 범인 파악이 어렵게 되고 피해의식이나 공포감이 훨씬 커지게 된다.

2. 익명성

사이버 공간에서 자신의 신분을 노출시키지 않은 채 활동하는 것이 가능하다. 인터넷을 이용하고자 할 때에는 인적사항을 적도록 하고 일정한 인증 절차를 거쳐 사용자를 확인하기도 하지만, 정확한 인적사항을 요구하지 않는 경우가 많으며 타인의 인적사항이나 ID를 도용하면 완벽하게 자신의 익명성을 보장받을 수 있다. 이와 같이 자신을 숨길 수 있는 익명성을 보장되면 범죄의 유혹에 쉽게 빠져들 수 있다. 컴퓨터 바이러스 제작, 유포, 해킹, 음란물의 유포, 전시, 판매 인터넷 사기 등은 바로 이러한 익명성으로 인하여 행위자들이 쉽게 빠져들 수 있는 범죄들이다. 이러한 익명성은 수사기관이 범죄자를 발견하는 데 많은 어려움을 주고 있는 것도 사실이다.

3. 전문성과 기술성

사이버범죄 중에서 컴퓨터와 인터넷에 대하여 약간의 지식과 기술만 습득하면 행할 수 있는 것도 있지만 프로그램 조작을 통한 재산취득, 바이러스의 제작, 유포, 해킹과 같은 사이버범죄는 고도의 전문적인 지식과 기술을 갖추고 있어야만 가능하다. 물론 최근에는 간단한 바이러스를 유포되기도 하지만 여전히 이들 범죄는 상당한 실력을 갖춘 사람들만이 행할 수 있다. 사이버범죄의 이러한 전문성과 기술성으로 인해 수사기관은 고도의 전문적 기술을 가진 전문수사 기관을 반드시 필요로 하게 되었다. 사이버 공간에서의 범인은 그 비대면성과 익명성 때문에 비록 그 범죄의 피해자가 수백 명이라도 범인의 몽타주조차 만들 수 없다. 또한 개인별 피해가 대부분 작아 수사로 잘 이어지지 않는 경우도 있다. 즉, 사이버범죄는 피해자가 범인인 누구를 잡아달라고 할 수 없어 특정인이 범인이니 처벌해달라는 고소나 고발이 어렵고 ID나 은행계좌를 도용당했다면 범인을 찾아 잡기가 더욱 어려워지고 있다.

4. 대규모적인 피해 발생

컴퓨터 범죄는 호기심이나 영웅심의 동기에 의하여 단순히 시험하고 실력을 과시해보는 정도로 행하여질 때도 있으나 때로는 정치적 목적이나 경제적 목적으로 국가안보와 관련된 컴퓨터 시스템이나 중요한 국가기관전산망 정보시스템에 대하여 저질러질 수도 있고, 금융기관이나 기업 등 경제 분야에서 운영하는 컴퓨터 시스템에 대하여도 벌어질 수도 있다. 컴퓨터 범죄는 일단 목적한 바대로 컴퓨터 범죄가 이루어지면 그 피해는 상상을 초월할 정도로 심각할 수 있는 반면에 이를 원상태로 복구하기에는 엄청난 시간과 노력을 요한다는 점에 문제가 있다. 미국에서 대량으로 발생되는 무선전화 도용사건의 경우에도 이로 인해 입는 피해액이 수십억 달러에 이른다고 한다.

5. 전문적 기술적 능력에 의한 범죄

컴퓨터 범죄가 정보시스템 관리 주체 내부의 인물에 의하여 범하여지든 외부 인물에 의한 컴퓨터 해킹 등에 의하여 이루어지든 대부분의 경우 전문적 컴퓨터 기술을 이용한 범죄이다.

6. 범죄 적발과 입증의 곤란

컴퓨터 범죄는 범죄에 사용되는 매체가 컴퓨터 또는 네트워크이므로 인간의 오감으로 식별이 되지 않고 또한 정보시스템에 의하여 처리되는 정보의 양이 대규모이고 정보처리과정도 자동적으로 이루어지기 때문에 특별한 기술을 가진 감사과정을 거치지 않고서는 범죄발생여부를 발견하기가 쉽지 않다. 나아가 컴퓨터 범죄가 발생된 것이 인정된다 하더라도 이에 대하여 적절한 법적조치를 강구하기 위한 입증을 다하기가 용이하지 않고 행위자의 범행이 고의에 의한 것인지 과실에 의한 것인지 구별도 곤란한 경우가 많다.

7. 범죄의 반복 · 계속성

컴퓨터 범죄는 컴퓨터 프로그램에 의한 범죄이므로 일단 프로그램이 작동하면 그 결과는 특별한 사정이 없는 한 계속적으로 동일한 결과를 유출하게 된다.

8. 공간적 무 제약성

컴퓨터 범죄는 컴퓨터 네트워크를 이용하여 이루어지는 경우가 많은 바 이 경우 행위지와 결과발생지가 다른 지방 또는 다른 나라일 수도 있다. 이러한 문제는 정보통신망범죄수사의 관할에 관한 문제, 다른 지역 또는 국가 간의 컴퓨터 범죄의 근거법 선택문제 등 새로운 문제들을 파생시키고 있다.

3절 » 사이버범죄의 유형

1. 사이버 테러형 범죄

1) 해킹 관련 사범

해킹이란 컴퓨터를 이용하여 다른 사람의 컴퓨터 또는 전산망에 권한 없이 또는 권한을 초월하여 침입하거나, 기술적인 방법으로 그 기능이나 전자기록에 함부로 간섭하는 행위를 말한다. 해킹의 수법으로는 전산망의 운영체제나 운영프로그램의 버그를 이용하는 방법과 해킹을 위해 전문적으로 제작된 해킹 프로그램을 사용하는 방법이 주류를 이루고 있는데, 종전에는 전산망에 단순 침입하는 수준이었으나 최근에는 시스템이나 운영체제를 직접 공격하거나 서버에 접속된 개인용 컴퓨터까지 접근하여 자료 절취, 시스템 파괴 등을 저지르는 무제한적, 무차별적 정보전쟁의 수준으로 비약하고 있다.

컴퓨터바이러스란 컴퓨터에서 실행되는 프로그램의 일종으로 자기복제 기능을 가지고 전파되면서 시스템의 오작동을 일으키거나 컴퓨터에 저장된 자료의 파괴 · 손상 또는 시스템 악영향을 미치는 프로그램을 말한다. 컴퓨터바이러스는 부트바이러스, 파일바이러스, 부트 · 파일바이러스로 구분할 수 있다. DOS(Denial of Service)공격이란 대상 컴퓨터에 큰 부하를 발생시켜 아무런 서비스를 하지 못하게 하는 것을 말한다. DOS공격은 버퍼 오버플로우 버그를 이용하거나 메일폭탄, 시스템 · 프로그램 · 서비스 · 프로토콜 등의 버그를 이용해 공격하는 방법들이 있다.

(1) 사이버 절도

타인의 홈페이지를 침입하여, 타인이 점유하고 있는 재물(예컨대 저작물)을 불법적으로 자신의 홈페이지에 옮겨 그 재물에 대한 새로운 종류의 점유를 하는 경우를 포함하여, pc뱅킹을 이용해 은행이나 회사의 공금을 자신이나 친 · 인척 명의의 통장에 이체하는 방법으로 돈을 빼돌린 경우를 볼 수 있다.

(2) 사이버 비밀침해

타인의 컴퓨터 시스템에 수록된 타인의 사생활에 관련된 정보나 국가기밀의 침해 또는 영업비밀의 침해는 오늘날 사이버범죄의 중요한 유형이 되고 있다.

(3) 사이버 정보파괴

우리는 타인의 정보망에 불법적으로 침입하여 정보자료를 파괴하는 불법적 행위를 자주 볼 수 있는데, 이 경우는 상당 부분 컴퓨터 바이러스의 유포와 결부되어 발생하고 있다.

(4) 전자문서위작

인터넷의 확산을 통해 데이터베이스의 전자문서의 활용이 이제는 일반화되어 있는 현실에서 해킹을 통해 전자문서나 데이터베이스에 수록된 자료를 위작하거나 변작을 쉽게 할 수 있음은 물론이다. 이러한 행위들을 통해서 종래에 상상할 수 없었던 유형의 범죄들이 나타나고 있다. 예컨대 전산망을 통하여 환자의 진료기록을 바꿔치기함으로써 의사의 과실을 야기하여 타인을 살해할 수 있으며, 항공망을 교란하여 비행기의 추락이나 공중충돌을 야기할 수 있게 되었다.

(5) 해킹에 의한 사이버사기

누군가 주시회사 홈페이지를 해킹하여 우수한 영업실적과 장밋빛 전망 등의 자료를 올린 후, 주가를 높이고 나서 그 즉시 해당 주식을 판매하는 수법 등으로 타인을 기만하여 재산상의 이득을 취하는 사례도 생각해 볼 수 있다.

이러한 해킹 관련 범죄와 관련해 더욱 심각한 것은 인터넷을 통해 전산망에 어떤 취약점이나 프로그램상의 버그가 있다는 것이 공개되어 다른 사용자들의 호기심을 자극하고 있을 뿐 아니라, 수많은 해킹 프로그램을 인터넷상에서 쉽게 입수할 수 있다고 하는 점이다.

1998년 하반기 이후 Windows 95/98을 기반으로 하는 개인용 컴퓨터의 정보까지 마음대로 빼낼 수 있는 강력한 해킹 프로그램인 「백오리피스」의 등장으로 이를 이용한 신종 수법의 해킹 행위가 점점 증가하고 있으며, 실례로 '99년 4월 〈KAIST〉 전산망에 연결된 PC를 해킹하여 「우리별 3호」와 관련된 자료를 유출시킨 모 대학 컴퓨터

공학도가 검거된 바 있다.

해킹 사건으로 적발되는 사례를 살펴보면 주로 청소년들이 해킹에 대한 공부를 하면서 호기심이나 실력 과시 차원에서 초보적 해킹을 시도하는 경우가 많고, 전문적 해커에 의한 중요 전산망 침입 사례는 거의 적발되지 않고 있는데, 이는 중요 전산망이 폐쇄 망으로 운영되고 있어 외부의 침입을 봉쇄하고 있기 때문이기도 하지만, 해킹으로 인한 피해가 발생하더라도 대외적인 신임도를 고려하여 수사기관에 신고하지 않고 비밀로 처리하는 사례가 많을 것으로 보인다.

2) 컴퓨터 바이러스 제작 및 유포 행위

컴퓨터 바이러스란 프로그래머가 고의로 컴퓨터 시스템을 파괴하거나 파일을 삭제하는 등 파괴 작용을 하도록 만든 프로그램을 말한다. 과거에는 바이러스가 고도의 기술을 가진 프로그래머에 의해 제작되는 경우가 대다수였으나, 최근 인터넷의 발달로 인해 바이러스 제작 프로그램의 광범위한 유통으로 인해 손쉽게 만들어진 바이러스가 등장하고 있으며 매크로 바이러스 등장 이후 바이러스 제작들은 더 이상 배우기 힘들고 프로그램하기 힘든 기계어를 몰라도 되게 되었다. 마이크로 소프트 오피스에서 지원하는 배우기 쉽고 프로그램하기 쉬운 매크로 언어를 이용하여 다양한 기법과 영향을 끼칠 수 있는 바이러스를 제작하기에 이르렀고, 각종 변종이 급증하고 있으며, 상용 통신망 자료실에 유용한 프로그램으로 위장하여 등록하거나 인터넷을 통한 전자우편 등으로 감염, 확산시키는 방법을 사용함으로써 감염속도 및 피해 액수가 급속도로 대형화되고 있다.

1999년 3월에는 일명 「MOV(Master Of Virus)」 등 국내 최대 악성 바이러스 제작자 등 3명이 경찰에 검거된 바 있고, 「멜리사 바이러스」, 「CIH 바이러스」 등 전자 우편을 통해 감염되는 외국산 바이러스가 큰 피해를 입힌 바 있다. 특히 '99년 미국에서 발생한 「멜리사 바이러스」가 국제적 문제로 제기된 웜 바이러스의 대표적인 사례이며, 2000년 2월에는 국내 최초의 웜바이러스인 「화이트 바이러스」 제작자가 경찰에 검거되어 사이버 테러 경보가 발령된 바 있고 5월경에는 국제적으로 100억 달러 이상의 피해를 낸 것으로 추정되는 「러브 바이러스」가 전 세계 전산망을 강타하여 큰 문제를 야기하고 있다.

앞으로 바이러스 프로그램은 바이러스 검색 프로그램의 디버깅(Debugging)을 방해 또는 차단하는 기술과 결합하게 되면 정보전쟁의 중요 무기로 등장할 것으로 예상되므로 이에 대한 대비책이 강구되어야 할 것이다.

3) 사이버스파이

사이버스파이란 사용자ID와 비밀번호를 알아내 전산시스템을 장악, 정보를 빼내는 테러리스트들이다. 통신케이블에서 흘러나오는 전자파를 잡아내 전송되는 정보를 빼내는 「밴엑크」란 수법은 사이버스파이들이 즐겨 쓰는 기법이다. 통신망을 통하여 타인의 컴퓨터시스템에 침입하여 그곳의 시스템운영 시스템을 정지시키거나 그곳의 파일들을 절취, 파괴하는 등의 행위를 컴퓨터 해킹이라고 말한다. 해킹사건은 미국의 '빼꾸기알 사건'이 효시이고 우리나라에서는 시스템공학연구소의 슈퍼컴센터 내에 해커가 침입해 시스템을 교란한 사례, 서울대학교 전산센터에 해커들이 서울대의 LAN에 침입하여 워크스테이션 6대의 모든 하드디스크를 지워버린 사례, 서강대학교의 아키서버에 침투해 디스크를 지워버린 사건 등이 있다.

4) 비밀번호 도용을 통한 청와대 사칭사건

1993년 2월 김재열 씨가 청와대의 천리안 ID를 도용하여 예금을 인출하려는 사건이 발생하였다. 우리나라 최초의 해커에 의한 범행으로 기록될 이 사건은 청와대 금융기관 등 국가주요기관과 정보통신회사의 전산망 관리에 허점이 있음을 보여 주었다. 또 이번 사건은 국내정보통신회사가 개발한 전산망이 외국 서적에 소개된 것과 비슷할 경우, 컴퓨터 관련 외국서적에 익숙한 사람에 의해 손쉽게 침해될 수 있다는 문제점을 드러냈다. 이 밖에 국제심판소의 통신망을 이용했는데도 데이콤이 별다른 확인절차 없이 청와대 비밀번호를 변경해 준 것도 전산망 관리의 허점을 보여준 것이다. 컴퓨터 해커들의 해킹유형은 주로 통신서비스의 불법적인 사용과 통신망을 통한 시스템의 무단접속으로 하여 이루어진 경우가 대부분이다. 특히 학교나 공공기관 등에서의 문제가 많이 발생하고 있으며, 특히나 자체 교우의 자료가 파손될 경우에는 복구도 어려울 것이거니와 국가적으로 피해가 심각해질 것이다. 그리고 특히 통신망 서비스기관의 보다 확실한 정보보안관리가 요구된다고 하겠다.

5) 홈뱅킹 예금인출 사건

다른 사건들은 불법으로 네트워크에 침입, 시스템 자료를 파괴하는 성격이었던 것에 반해 이것은 하이텔 및 은행의 홈뱅킹 비밀번호를 도용한 사건이다. 인천지역 통신모임인 인디텔 회원인 김진수 씨는 인디텔 접속을 시도하던 중 시스템 관리자만이 접근 가능한 시스템운영 프로그램에 접속할 수 있었다. 인디텔 회원 2천여 명의 이름, 고유번호, 주민등록 등이 담긴 자료를 확보한 그는 시행착오를 거쳐 하이텔과 인디텔의 비밀번호를 같이 쓰는 사용자 170여 명을 우선 분리하였다. 아이디와 비밀번호로 하이텔 홈뱅킹서비스에 접속하여 4명의 비밀번호가 일치하는 것을 알고 예금잔고를 조회, 이들 중 2명의 계좌를 통해 돈을 인출하여 자신의 계좌에 이체시킨 사건이다. 홈뱅킹 서비스와 암호관리체계에 문제가 있음을 보여준 사건이다. 또한 지역정보화 서비스 운영자 측에서 시스템 보안관리를 철저히 하지 않았다는 점도 지적된다.

6) KAIST대학원생의 해킹사건

KAIST대학원생들의 부도덕한 해킹사건은 우리 사회에 큰 충격을 주었다. 그들은 전산망 보안사고 및 해킹방지 기법연구를 표방하는 동아리 핵심멤버들임에도 불구하고 포항공대 등 타 대학 전산시스템을 몰래 침투하여 귀중한 연구자료 까지 몰살시키는 범죄를 저질렀다. 한국 최고의 해킹기술 보유자 그룹으로서 국내 최고수준의 해킹기술을 이용하여 접속근거 파일 등 범행흔적을 철저히 지워 추적하기 어렵도록 가능한 조치를 다해 놓았기 때문에 수사기관의 실제 적발에 이르기까지는 많은 어려움이 있었다. 이와 비슷한 사건으로 대전 한남대 BBS에 침입사건이 있다.

4절 » 사이버범죄와 관련된 문제

사이버공간에서 발생하는 범죄현상과 관련하여 여러 가지 용어들이 사용되고 있다. 「컴퓨터범죄」, 「하이테크범죄」, 「사이버범죄」라는 용어가 사용되고 있으며 어떤 기관에서는 「정보범죄」라는 용어도 사용하고 있다.

먼저 「컴퓨터범죄」는 대체적으로 협의의 입장에서 컴퓨터 자료와 관련하여 발생한 재산적 침해행위를 야기시키는 고의의 범죄행위의 총체로 파악하고 있으며, 광의의 입장에서는 컴퓨터를 행위의 수단으로 하거나 목적으로 하여 형사처벌 되거나 형사처벌 할 가치가 있는 행위의 총체로 파악하고 있다. 「정보범죄」의 개념도 「컴퓨터범죄」와 크게 다르지 않다고 본다. 한편 「하이테크범죄」는 고도의 과학기술 혹은 첨단과학기술과 관련이 있는 모든 신종범죄라고 말할 수 있으나 주로 컴퓨터기술과 정보통신기술로 형성되는 사이버공간과 직접 관련이 있는 범죄유형만을 따로 지칭하는 경우도 있다.

그리고 「사이버범죄」는 사이버공간에서 발생하는 범죄행위의 총체를 말한다. 사이버범죄에는 크게 두 가지 유형으로 나누어 볼 수 있는데, 사이버공간을 이용하여 전통적인 범죄행위를 저지르는 경우로 사이버 도박, 사이버 스토킹과 성폭력, 사이버 명예훼손과 협박, 인터넷을 통한 사기 · 매매춘 · 음화판매 · 마약밀매 등이 있고, 사이버공간을 구성하는 컴퓨터시스템이나 정보통신기반에 대한 공격으로 사이버공간의 안전을 위협하는 해킹(그래킹), 바이러스 유포행위 등이 있다.

이와 같은 세 가지 개념은 모두 법률적으로 명확히 정의된 개념은 아니다. 이들은 컴퓨터와 인터넷의 등장으로 새롭게 나타나고 있는 신종범죄를 지칭하기 위한 용어들로서 범행 도구나 범행 수법 등을 중심으로 범죄현상을 파악하려는 시도로 보이나 개념 정립에 중심이 되고 있는 '컴퓨터'라는 개념과 '하이테크' 또는 '사이버'라는 개념 자체가 명확하게 정의하기 어려운 개념들이어서 더욱 명확하게 정의하기가 곤란한 점이 있다. 따라서 이들 용어가 명확하지도 않을 뿐만 아니라 결국 범죄구성요건에 따라 다시 범죄행위를 분류할 수밖에 없다면 이러한 용어로 불리는 범죄들은 기존의 범죄유형과 다를 것이 없다고 보면서 컴퓨터범죄나 하이테크범죄, 사이버범죄의 개념을 부정하려는 견해도 있다.

사견으로는 새로운 생활공간으로 자리 잡아가고 있는 인터넷을 중심으로 한 사이버공간에서 발생하고 있는 범죄현상들에 대한 적절한 대응을 위해서는 이들을 지칭할 적당한 용어들이 필요할 것으로 본다. 전통적인 범죄와는 수사방법이나 증거수집 및 조사 등에서 달리 취급해야 할 필요성과 이들을 둘러싼 환경이 급속히 변화되기 때문에 법적 안정성을 중시하는 사법제도의 경직성과의 괴리를 막기 위해서라도 새롭게 등장하는 범죄현상을 신속하게 포착하여 개념화시키는 작업은 필요하다고 본다. 그러나 새롭게 등장하고 있는 범죄현상을 명확하게 표현하는 것은 쉬운 일이 아니며, 불가불 많은 사람이 공감할 수 있는 시간적 여유가 필요할 것으로 보인다.

경찰청 사이버범죄수사대에서는 1995년도에 '해커수사대'라는 명칭으로 시작해서 97년도에 '컴퓨터범죄수사대'로 다시 1999년도에 '사이버범죄수사대'로 명칭을 바꾸며 업무영역을 확장해 왔다. 해커수사대는 1995년경부터 일반에게 보급되기 시작한 컴퓨터통신과 인터넷을 이용한 '해킹'이라는 특수한 범죄현상에 대한 대응을 위하여 '해커수사대'라는 특수한 조직을 만들었고, 1997년도에 들어서 해킹뿐만 아니라 컴퓨터를 범행도구로 한 범죄행위들이 증가하면서 이를 적절히 처리하기 위해 '컴퓨터범죄수사대'로 확대 개편했고, 다시 1999년도에는 인터넷 사용인구의 폭발적 증가와 함께 사이버공간이 우리 생활의 일상적인 생활공간으로 자리 잡으면서 사이버공간에서의 모든 불법행위에 대응하기 위한 조직으로 개념 확장을 시도한 것이다. 여기서 사용된 '컴퓨터범죄'는 주로 독립된 컴퓨터시스템을 중심으로 발생하는 범죄의 개념에 중점이 있었으며, '사이버범죄'는 인터넷을 중심으로 한 사이버공간에서 발생하는 제반 범죄를 지칭하는 용어로 사용한 것이다.

1. 사이버범죄의 특성과 관련된 문제

사이버공간은 지금까지 우리가 경험했던 현실공간과는 많은 면에서 차이가 있다. 시간과 공간의 제약을 많이 완화시키고 있으며, 익명성과 비대면성이 보장되고, 손쉽게 다량의 정보를 처리할 수 있으며, 과거 국가나 공공기관이 아니면 구축할 수 없는 대형용량의 컴퓨터시스템을 이제는 개인이라도 쉽게 사용할 수 있는 길이 열린 것이다. 이러한 변화는 우리의 범죄 대응에 대한 중요한 도전이 되고 있으며, 특히 인권이나 프라이버시 보호 면에서도 새로운 변화가 일어나고 있는 것이다.

1) 사이버공간의 비대면성으로 인한 문제

사이버 공간의 가장 큰 특징은 우선 비대면성을 들 수 있다. 사람들이 사회생활, 경제생활을 영위하면서 일일이 서로 만나지 않아도 된다는 것이다. 상거래에 있어서도 판매자와 소비자가 서로 만날 필요가 없이 물건을 사고 팔 수 있게 되었고, 국제간의 무역거래를 하면서, 은행업무를 하면서, 사람들 간에 서로 대화를 하면서 굳이 만날 필요가 없다. 전자상거래 기능을 이용하면 해당기업 홈페이지에서 상세한 상품 정보를 보고 마우스를 클릭하면 신용카드 등 지불 수단을 통해 값이 지불되고 물건은 택배로 배달되는 형식으로 거래가 이루어지고 있다. 이러한 비대면성은 편리하고 경제적인 상거래를 가능하게 하고 있지만 반면 쉽게 범죄에 이용되기도 한다. 인터넷 사기의 많은 경우가 직접 대면하지 않는 데서 오는 책임의식의 결여와 범행 후 도주가 용이하여 쉽게 범죄로 연결되는 것으로 파악되고 있다.

또한 명예훼손이나 협박과 같은 경우도 얼굴을 맞대면 쉽게 할 수 없는 언행도 비대면성으로 인해 과격해지고 대담해지는 경우가 많다. 대체적으로 네티즌들은 너무나 솔직하게 자신의 생각을 표현하며 때로는 지나칠 정도로 직선적이다. 나아가 사이버 공간에서는 확인되지 않은 사실을 받아들이며 전파하고 동조하는 속도가 굉장히 빠르기 때문에 억울하게 명예가 훼손되어 피해자에게 심각한 피해를 입힐 수도 있다. 사람들이 직접 만났을 경우에 생기는 자제력이 사이버 공간에서는 쉽게 무너지는 것이다. 반면 피해자는 상대방을 볼 수 없기 때문에 더욱 피해의식이나 공포감이 큰 것으로 파악되고 있다.

2) 사이버공간의 익명성으로 인한 문제

사이버공간은 익명성이 보장된다. 즉 자신의 신분을 노출시키지 않고도 얼마든지 인터넷을 항해할 수 있다. 사이버공간은 인터넷주소(IP Address)를 중심으로 서로 접속하고 필요한 거래를 행하게 된다. 홈페이지 게시판에 글을 게시하는 경우나 원격서비스를 이용할 경우에도 일부에서 인증절차를 통해 검증하는 경우가 있기는 하지만 정확한 인적사항을 기재할 것을 요구하지 않는 경우가 대부분이다. 또한 다른 사람의 인적사항이나 ID를 도용하는 경우에도 각 네트워크의 인증시스템에서는 구별하지 못하고 정당한 사용자로 인정하고 입장할 수 있는 권한을 부여해 주는 경우가 대부분이다.

이러한 익명성이 보장되는 환경 때문에 많은 범죄가 발생한다. 해킹, 바이러스유포, 통신사기, 음란물 판매 등 많은 범죄자들은 인터넷을 이용하면 자신의 신분이 노출되지 않는다고 생각하기 때문에 범죄를 하게 되는 것이며 최근에는 자신을 숨기기 위한 각종 기술들이 인터넷상에서 공개되고 있다. 이러한 환경은 법집행을 어렵게 하는 중요한 요인이 되기도 한다.

3) 시간과 공간의 한계를 넘는 범죄현상

사이버공간은 시간과 공간의 제약을 크게 벗어난다. 인터넷을 통한 거래는 24시간 가능하며 원격접속이 가능해 지구 반대편에서도 실시간으로 같은 공간에서와 같이 대화할 수 있는 원격 화상회의도 가능하다. 인터넷 홈페이지는 백화점처럼 문을 열고 닫는 시간이 없으며, 인터넷이 연결된 곳이라면 입국절차 없이 외국 어디라도 즉시 갈 수도 있다. 네티즌들 중에는 밤을 낮 삼아 사이버공간을 누비는 사람도 많다.

범죄를 하는 사람들도 마찬가지다. 하루 24시간 전체가 범행할 수 있는 시간이며 산업스파이 노릇을 위해 남몰래 신분을 위장하고 외국에 갈 필요도 없고 다른 회사에 위장 취업할 필요도 없다. 멀리 지구촌 반대편에서 네트워크를 이용해 얼마든지 가능한 일이다.

수십 개국의 국경선을 넘나들며 범행을 할 수도 있다. 한국정보보호센터 발표에 의하면 우리나라에서 발생하는 해킹사건의 87% 이상이 외국에서 침입하고 있다고 한다. 따라서 사이버공간에서의 관할 개념은 지금까지와는 완전히 다른 새로운 접근 방법을 요구하고 있다.

4) 정보의 집약, 정보전달의 신속성으로 인한 문제

컴퓨터와 통신이 발달하면서 각종 정보는 집중관리 되고 있으며 신속히 전달된다. 주요 언론사에서 운용하고 있는 홈페이지의 인물정보란을 보면 적어도 사회를 이끌어 가는 거의 모든 사람들의 프로필이 입력되어 제공되고 있다. 지난 신문기사를 찾기 위해 신문사 및 도서관을 뒤지며 돌아다닐 필요도 없다. 인터넷이 연결된 곳이면 어느 곳에서라도 데이터베이스로 저장된 신문기사를 쉽게 찾아볼 수 있다. 또한 네티즌이라면 누구라도 인터넷신문을 통해서 기자들이 쓴 기사를 즉각 받아 볼 수도 있다.

또한 그 전파력은 굉장히 크다. 실제적인 예로 올해 초 전 세계를 떠들썩하게 했던 멜리사 바이러스는 인터넷을 통해 발생한 지 2주일 만에 미국 한 주의 전산망을 작동중지시키기도 했었고, 우리나라의 어느 유명가수는 일본곡을 표절하였다가 한 네티즌이 PC통신 게시판에 관련 사실을 폭로함으로써 결국 활동을 중단하는 사태까지 일어났으며, 유명 연기자의 정사장면을 담은 동영상과 비디오테이프는 인터넷의 전파력을 타고 불과 2~3개월 만에 전국의 수많은 사람들에게 퍼져나가 개인적, 사회적으로 큰 반향을 일으킨 바 있다.

최근 어떤 학자들은 이런 사이버공간의 특성 때문에 사이버공간을 「제3의 여론 형성기관」이라고 부르기도 한다. 실제로 정부의 각 부처에서 사이버여론을 정책결정 과정에서 반영하는 경향이 늘고 있다. 과거 일부 소수계층의 전유물이었던 인터넷이 이제는 국내에서만 1천만 명이 넘는 많은 국민이 함께 공유하는 공간이 되었기 때문이다. 그러나 때로는 이 사이버 공간이 검증되지 않은 정보의 유통, 유언비어 유포의 진원지가 되기도 한다.

이러한 사이버공간의 특성은 인권이나 프라이버시 보호에 관한 새로운 도전이 되고 있다. 과거에는 개인정보 침해가 주로 국가나 공공기관에서 운용하는 대형 데이터베이스에서 발생하였으나 최근에는 개인도 쉽게 개인정보를 수집하고 이를 상업용으로 판매하는 사건이 자주 발생하고 있으며, 특히 기업들은 고객의 상세한 신상정보를 입수하여 영업에 이용하고 있는 것으로 알려지고 있으며, 특히 보안시설이 취약한 인터넷 쇼핑몰의 경우에는 해킹이나 도청과 같은 범행에 의한 고객정보 유출 위험이 높은 것으로 알려지고 있다.

그리고 은밀한 사생활을 담은 비디오테이프가 인터넷을 통해 공공연히 팔리고 있는가 하면 목욕탕이나 화장실, 심지어 모텔과 같은 곳에 설치된 몰래 카메라에 의해 제작된 비디오 테이프가 사이버공간을 통하여 신속하게 전파되어 주인공이 된 사람은 정상적인 생활을 할 수 없는 지경에까지 이르는 경우가 발생하고 있어 사이버공간에서의 인격권 보호문제가 심도 있게 논의되어야 할 것으로 보인다.

5) 사이버테러와 사이버전쟁의 문제

사이버공간은 국경이 없고, 군과 민간의 구별도 없으며, 범죄자와 선량한 시민과의 구별이나 아군과 적군과의 구별도 없이 모두가 같은 공간에서 함께 공존하고 있다. 또한 사이버공간에는 좋은 정보도 많이 있지만 범죄를 유발하거나 도와주는 쓰레기 정보도 많다. 과거에는 해킹범죄가 상당수준의 컴퓨터 실력이 있어야 가능한 기술적인 범죄로 알려지고 있으나 최근에는 해킹을 도와주는 훌륭한 도구들이 사이버공간에 많이 널려 있기 때문에 게임을 할 수 있는 정도의 초등학생들도 쉽게 해킹을 할 수 있는 지경에 이르고 있는 것이다.

이러한 정보 공유 환경과 개방적인 인터넷 구조는 범죄자의 입장에서 보면 사이버

공간이라는 것을 이용하여 쉽게 자신의 범행목적을 이룰 수 있는 좋은 환경이 갖추어진 것이다. 각종 정보가 보관된 정보망을 뚫고 들어가 국가기밀, 산업기밀, 개인정보를 빼내 팔수도 있으며, 전산망을 통해 환자의 진료기록을 바꿈으로써 의사의 과실을 유도하여 살인을 할 수도 있고, 항공망을 교란하여 비행기가 공중에서 충돌하는 사건을 사고를 가장하여 일으킬 수도 있는 것이다. 이를 확장하면 또한 쉽게 사이버 테러와 사이버전쟁으로 연결될 수 있다. 코소보전쟁에서 미국에 대항해 유고슬라비아의 많은 해커들이 미국 공공인터넷 사이트를 집중 공격하여 마비시킨 바 있으며 미국과 중국은 해킹과 바이러스 기술을 무기로 한 사이버전쟁을 본격적으로 사용하겠다는 입장을 세운 것으로 외신들은 보도하고 있으며, 최근 해커(그래커)들의 준동도 사이버테러나 사이버전쟁이 쉽게 가능함을 입증하고 있는 사건이라고 본다.

2. 디지털화와 인터넷의 문제

정보화 사회를 디지털 혁명에서 비롯된 것이라고 말하는 사람들이 있다. 다시 말해서 정보화 사회란 모든 정보가 디지털화된 사회를 가리킨다. 디지털은 0과 1의 두 가지 숫자만을 사용하는 일종의 이항 대립적 언어(二項對立的 言語, binary language)로서 문서자료이든, 음성자료이든, 영상자료이든지 간에 컴퓨터에 의해서 해독할 수 있도록 만들어 주는 일종의 컴퓨터 언어이다. 디지털화에 의해 가능해진 기술이 바로 정보고속도로와 멀티미디어이며, 이 두 가지 기술은 정보화 사회를 상징하는 요소들이다. 여기서 말하는 정보고속도로란 정보전달의 하부 기반시설을 의미한다. 이것은 디지털 언어에 의한 연속적인 숫자로서, 커뮤니케이션 채널의 한끝에서 다른 끝까지 모든 타입의 신호, 즉 음성 신호, 정화상(靜畵像 또는 영상), 동화상(動畵像), 문자 텍스트의 운반을 가능하게 해 준다.

멀티미디어란 모든 형태의 정보처리와 전달을 위해서 디지털 매체만을 사용하는 대화형 서비스의 총체를 가리킨다. 따라서 멀티미디어라는 말 속에는 이중의 개념이 포함되어 있다. 즉 미디어 합성, 예컨대, 정화상, 동화상, 그래픽, 문자, 애니메이션, 컴퓨터의 데이터와 프로그램 등 서로 이질적인 자료들을 모두 처리할 수 있는 시스템을 포괄하는 개념과 상호작용성이다. 여기서 상호작용성이란 사용자가 주어진 텍스트에 조작을 가해서 임의대로 변화시킬 수 있는 기능을 가리킨다. 그러므로 자료의 성격에 따라 서로 다른 메디아를 사용해야만 했고 이미 완성되어 있는 텍스트만을 일방적으로 읽거나 들을 수밖에 없었던 종전의 방식과 비교해볼 때 큰 발전이라고 말하지 않을 수 없다. 그래서 디지털 혁명이라는 말이 생겨났다.

그러면 이 디지털 언어 즉 디지털화가 파생시키는 문제가 정보화 시대의 윤리와 인간의 주체성에 어떤 영향을 미치는가를 살펴보기로 한다.

디지털화란 결국에 가서는 모든 사물을 숫자화(數字化)하는 작업, 즉 코드화하는 작업이다. 컴퓨터의 디지털 언어의 원리는 그 언어가 표현하고자 하는 사물에서 구체적인 내용은 제거되고 체계적, 관계적 의미만이 간직된 표식을 사용할 뿐이다. 따라서 디지털언어는 실제로 존재하는 세계에는 아무런 관심도 없으며 느낌에 의한 통찰이나 경험적 요소들을 철저히 제거해 버린다. 컴퓨터는 직감적으로 포착된 내용을 사물의 구체적인 속성으로부터 멀어지게 만들뿐만 아니라 논리적 조작을 용이하게 해주기도 한다. 디지털화는 하이퍼텍스트를 가능하게 한다. 하이퍼텍스트는 많은 양의 정보들 사이에 유기적인 연결망을 구축해서 다양한 아이디어의 결합을 시도해 볼 수 있는 정보조직의 방식이다. 다시 말해서 하이퍼텍스트는 컴퓨터를 통해서 다양한 정보와 텍스트를 단선적으로 페이지 순서, 행순서(line by line), 책 순서로 배열해 나가는 것이 아니고 연상적인 방법으로 연결하는 비연속적인 글쓰기 방식이라고 말할 수 있다.

하이퍼텍스트는 인쇄문자가 요구하는 선(線)적이거나 연속성의 원리를 따르는 것이 아니라 비선적(non-linear)이며 비연속성적(non sequential)인 텍스트라고 말할 수 있다. 문제는 이 하이퍼텍스트가 문자문화를 바탕으로 하고 있는 논리적 사고의 틀을 파괴하고 있다는 것이다. 다시 말해서, 하이퍼텍스트는 지금까지의 문자문화가 요구해 왔던 사고방식, 즉 순서적 배열의 논리(ordered logic)를 파괴하고 있다는 것이다.

정보고속도로와 멀티미디어가 보편화하게 되면 지금까지의 정보처리의 방식이 달라진다. 컴퓨터의 새로운 기술들이 활발히 사용되고 있는 전자게임의 경우 놀이하는 사람과 기계 간의 상호작용성은 단순히 주어진 대로만 하는 수동적인 것이 아니다. 놀이하는 사람은 그 자신의 선택과 기량에 따라 서로 다른 텍스트를 경험하게 된다. 하이퍼텍스트는 사이버 스페이스(cyber space) 또는 가상공간(假想空間, virtual space)이라고 불리는, 완전히 실제적인 공간은 아니지만, 실제의 공간에서처럼 물리적 현실과 직접적으로 접촉하고 교섭하는 것처럼 느끼게 해준다. 예컨대 가상현실(假想現實, virtual reality) 프로그램, V-Mail, V-Workgroup 같은 것이 그러하다. 이러한 공간에서는 물리적으로 이동하지 않고 한 장소로부터 다른 장소로 움직여 갈 수 있다. 이 가상공간은 사람들이 실제로 경험할 수 있는 물리적 공간과는 전혀 다른 온갖 신기하고 새로운 경험을 가능하게 해준다.

그러나 예전에는 청소년을 유해 환경으로부터 보호하기 위해서 출입금지 지역을 선포한다든가 불건전한 책자나 시설물로부터 청소년의 접근을 막는 방법이 시행될 수 있었으나 이제는 어린이나 청소년들은 완전 무방비의 상태에 실제의 현실보다도 더 나쁜 가상공간에서 방황하게 될 수 있게 되었다.

현대인들은 광활하고 다양한 가상공간에서 정체를 알 수 없는 익명의 친구들을 사귀고 유대를 가꾸어 나가기도 한다. 오늘날 PC통신의 가입자, 예컨대, 천리안, 하이텔, 나우누리, 포스서브 등의 통신 서비스를 받는 자는 엄청나게 늘어나고 있다. 이들 간에 사이버 공동체, 즉 가상공동체가 성립되기도 한다. 그들은 이와 같은 가상적 공동체를 통해 가상현실을 실제인 것처럼 경험하고 전세대가 경험하지 못한 세계 속에서 살고 있다는 것을 우리는 부인할 수 없다. 가상현실의 기술을 이용한 가상적 세계의 경험은 현실과 비현실(가상현실) 또는 픽션의 세계 사이의 구분을 어렵게 만든다고 한다.

주지하다시피 현대문명(modernism)은 분명한(cleare et distincte) 개념을 바탕으로 해서 발전해 왔다. 서구인들은 전통적으로 존재하는 것(being)과 존재하지 않는 것(non-being) 사이의 경계를 분명히 해왔고 감각자료를 기반으로 사물을 정의(定義)하고 설명해 왔다. 그런데 문제는 가상현실의 경험도 예전의 픽션과는 구별되는 그 나름대로 감각적 경험이 수반된다는 것이다. 그러면 무엇을 픽션(虛構, 허구)이라고 정의할 수 있으며 무엇을 현실이라고 할 수 있는가 하는 의문이 발생한다. 여기서 우리는 현대의 서구문명이 이분적 사고(dichotomy)를 버리고 동양의 전통적 미분화(未分化)적인 사고를 수용하지 않을 수 없는가 아니면 멸망하고 말 것인가를 생각해 보지 않을 수 없다. 아무튼 정보화 사회에서는 현실 개념을 새롭게 규명하지 않을 수 없을 것이다.

이제 우리는 디지털화가 야기하는 문제점을 세대 간의 정보격차에서 다음과 같이 살펴 볼 수 있을 것이다. 첫째로, 가장 심각한 문제는 세대 간 정보수용의 격차이다. 다시 말해서 기성세대와 디지털 언어에 익숙한 세대 사이에서 형성되는 '현실 개념'에 대한 이해와 느낌의 차이가 크다는 것이다. 디지털 문화는 현실에 구체적으로 접근하는 문화가 아니라 기호화(숫자)의 언어로 모든 것을 추상화해내는 문화이기 때문에, 디지털 문화는 우리를 현실로부터 멀어지게 한다. 신세대, 즉 컴퓨터언어에 익숙한 세대는 기성세대보다는 현실의 속박을 덜 받으며, 기성세대가 비현실로 보는 무한정한 가상공간을 경험하면서 가상현실에 쉽게 접근하고 이를 그대로 현실로 받아들인다. 따라서 기성세대와 신세대 사이에서 생기는 정보격차는 세대 간에 갈등을 야기하고 특히 상호불신과 의사소통의 단절을 유발하고 현실에 대해 괴리감을 야기한다. 이와 같은 괴리가 가장 심각하게 나타날 수 있는 것이 청소년의 범죄의 경우이다.

TV나 CD-Rom, 비디오 같은 영상매체가 청소년에게 끼치는 나쁜 영향을 조사해 온 많은 연구자들은 정보화시대의 청소년의 범죄가 그토록 잔혹하게 저질러지는 것은 바로 신세대가 범죄의 심각성에 대해 현실감을 가지지 못하는 데서 발생한다고 지적하고 있다. 다시 말해서 영상매체가 야기하는 현실감각의 쇠퇴는 컴퓨터 매개 커뮤니케이션을 더욱더 반인간적으로 작용하게 만들고 특히 폭력적인 내용을 많이 담게 되고 이것이 신세대에게 악영향을 끼친다고 볼 수 있을 것이다. 그래서 기성세대는 신세대의 현실감각이 잘못되었다고 비난하고 한탄하기도 한다. 둘째로, 하이퍼텍스트가 요구하고 있는 새로운 사고방식에 대해서 세대 간에 심각한 격차가 노정되고 있다는 것이다. 기성세대는 단선적이고 순서적인 사고방식에 의거 사물을 파악하는 데 익숙하지만 신세대는 조합적이고 비순서적인 사고방식에 의거 사물을 파악하는 데 익숙하다. 그래서 신세대는 기성세대의 사고방식에 대해 답답함을 느낄 뿐만 아니라 억압감을 느끼기도 한다. 기성세대는 일관성과 통일성, 전체의 조화 등에 대해 절대적 가치를 두는 것에 대해 신세대는 이러한 사고방식은 창의성과 임의적인 순발력을 제약하고 구속한다고 보고, 기성세대는 자유분방한 신세대의 사고방식을 정신분열적인 것으로 보기도 한다. 기성세대도 신세대 못지않게 컴퓨터 조작방식을 익힐 수는 있다.

그러나 그들이 가지고 있는 가치판단은 오랜 시간에 걸쳐 이미 내면화되어 뿌리를 내리고 있는 것이기 때문에, 기성세대가 조합적 사고처리방식에 대해 적응하려고 노력한다고 해서 세대 간의 정보의 격차가 쉽게 해소되기 어려울 것이다. 세대 간의 갈등을 해결하는 방법으로는 항상 상호 간의 관용과 이해와 대화 등이 권장되어 왔다. 그러나 정보화 사회에서, 특히 디지털 문화에서 정보의 격차를 해소하는 방안으로는 그러한 종래의 방법은 실제로 별로 도움이 되지 않는다는 데 문제의 심각성이 있다. 전 세계가 아무런 주저함도 없이 질주하고 있는 초고속 정보고속도로 시대에서 기성세대는 소외감을 느끼고 기존 사고방식으로부터의 변화에 대한 압박감에서 오는 스트레스를 받으면서 아무런 대안도 마련하지 못한 채 이 시대의 분위기를 원망하고, 소외감을 느끼면서 살고 있다.

5절 » 사이버공간 범죄발생의 현황

1. 사이버범죄의 발생

사이버공간이 일상 생활공간으로 자리 잡음으로 인하여 물리적 공간에서 발생하던 많은 범죄들이 사이버공간으로 이동하여 발생하고 있다. 도박, 사기, 명예훼손과 협박, 스토킹과 성폭력 등의 다양한 범죄행위가 사이버공간을 이용하여 이루어지고 있는 것이다.

한편 종전에 없었던 새로운 유형의 범죄들도 사이버공간의 등장으로 인하여 새롭게 발생하고 있는데, 사이버공간을 형성하고 있는 컴퓨터시스템과 정보통신망에 대한 범죄행위가 그것이다. 또한 사이버테러나 사이버전쟁과 같은 전혀 새로운 형태의 위협이 사이버공간에서 발생할 가능성이 점차 높아지고 있다.

위와 같이 사이버범죄는 크게 두 가지로 분류할 수 있다. 이들은 모두 사이버공간에서 발생하고 있지만 성격이 전혀 다르고 대응책도 또한 달이 세워야 할 것으로 보인다.

1) 사이버공간을 이용한 전통적 범죄

사이버공간이 형성되기 이전에도 볼 수 있었던 범죄가 사이버공간을 범행 수단으로 이용하는 범죄를 말한다. 예컨대 사이버 스토킹, 사이버 명예훼손, 통신사기, 음란·불법물 배포 같은 범죄들이다. 사실 이런 종류의 범죄들의 본질은 이전의 그것과 같다. 다만 범행 수단이 다를 뿐이다.

이런 종류의 범죄들은 사이버 공간의 강력한 전파성 때문에 불특정 다수인을 상대로 일시에 큰 피해를 입힐 수도 있고 그 피해범위가 광범위하다는 특성을 가지고 있으며 수사하는 데에도 상당한 기술적 지식과 기일이 소요된다는 점에서 전통적인 범죄를 수사하는 것과는 차이가 있다.

2) 사이버공간의 등장으로 새롭게 발생하는 범죄

사이버 공간이 등장함으로써 새롭게 발생하게 된 범죄를 말한다. 타인의 정보통신망을 파괴하거나 불법 침입하는 해킹범죄, 컴퓨터시스템을 파괴하고 스스로 감염, 전파되는 특정을 가진 컴퓨터바이러스 유포 범죄 등이 이런 부류에 속한다.

이런 부류의 범죄는 수사하는 데에는 범죄수사능력은 물론이고 컴퓨터시스템 전문가 못지않은 지식과 기술까지 요구된다. 더군다나 이런 형태의 범죄들은 작게는 개인의 정보와 시스템에 피해를 입히는 것에서부터 크게는 국가 전체의 신경망을 파괴하는 일에까지 범죄로 인한 피해 규모가 상상할 수도 없이 커질 수 있다. 그래서 해킹이나 컴퓨터바이러스 유포 등의 범죄는 쉽게 사이버테러나 사이버전쟁으로까지 연결되는 중요한 범죄로서 이에 대한 대응책도 일반적인 범죄와는 다르게 취급해야 할 것이다.

2. 사이버범죄의 동향

사이버범죄 동향을 파악하기 위해 우선 경찰청에서 처리한 사건을 중심으로 분석해 보기로 한다. 먼저 정보통신망 침해범죄를 보면 2014년 2,291건이 발생하였으며 이중 846건이 검거되었다. 2015년 3,154건이 발생했으며 이중 842건이 검거되었다.

2016년에는 2,770건이 발생했으며 1,047건이 검거되었다. 2017년에는 3,156건이 발생했으며 이중 검거는 1,398건이 이루어졌다. 2018년에는 2,888건이 발생했으며 이중 902건이 검거되었다. 2019년에는 3,638건이 발생했으며, 이중 검거는 1,007건이 이루어졌다. 두 개의 막대그래프를 연결하는 추세선을 연결하면 정보통신망 침해범죄는 지속적으로 늘어가는 추세를 보이는 반면 검거율은 크게 변하지 않고 있다. 이론 인하여 정보통신망 침해범죄는 2014년의 검거율이 36.9%인 반면 2019년에는 검거율이 27.6%밖에 되지 않고 있다.

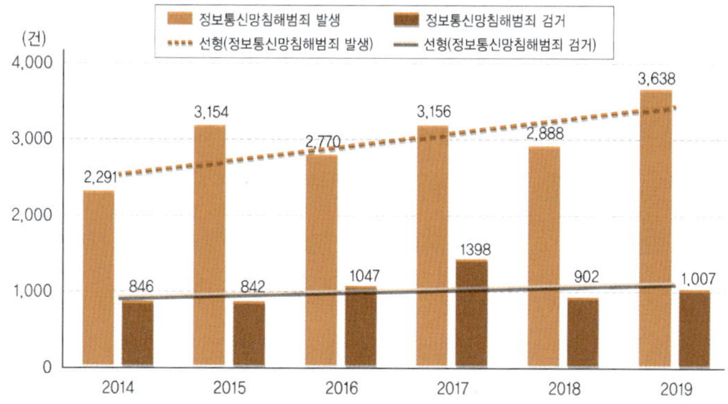

출처: 2020 경찰청 통계자료에서 발췌 편집.

그림 16-1 정보통신망 침해범죄 현황

정보통신망 이용범죄를 살펴보면 다음과 같다. 2014년 89,519건이 발생하고, 이중 56,461건이 검거되었다. 2015년에는 118,362건이 발생하였고, 이중 86,658건이 검거되었다. 2016년에는 121,867건이 발생하였고, 이중 103,172건이 검거되었다. 2017년에는 107,271건이 발생하였고, 이중 88,779건이 검거되었다. 2018년에는 123,677건이 발생하였고, 이중 93,926건이 검거되었다. 2019년에는 151,916건이 발생하였고, 이중 112,398건이 검거되었다. 추세선을 연결하여 보면 정보통신망 이용범죄 역시 해마다 지속적으로 증가하는 것을 볼 수 있다. 그나마 정보통신망 침해범죄와 양상이 다른 것은 검거율도 해마다 증가하고 있다는 점이다. 다만, 이 경우 역시 두 개의 추세선이 거의 평행을 이루고 있는 것을 볼 수 있듯이 범죄발생이 검거보다는 항상 높으며 이 간격이 좁아지지 않는다는 점이 문제라고 할 수 있다.

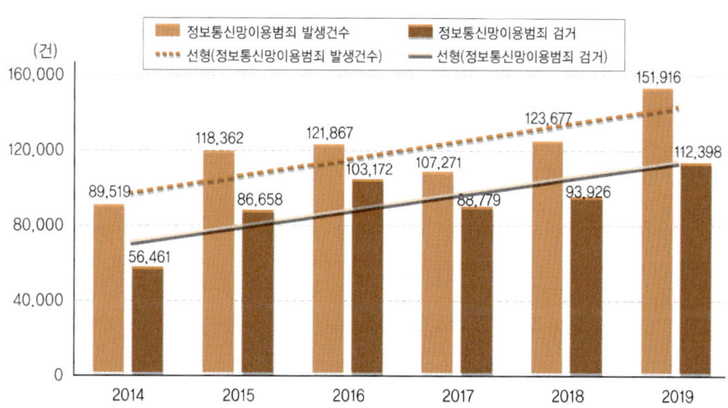

출처: 2020 경찰청 통계자료에서 발췌 편집.

그림 16-2 정보통신망 이용범죄 현황

불법콘텐츠범죄 현황은 앞서 나타난 두 범죄와는 양상이 약간 다르다. 정보통신망 침해범죄나 정보통신망 이용범죄는 전반적으로 해마다 증가하는 추세를 보였으나 불법콘텐츠범죄는 2016년에 가장 많이 나타나는 가운데 증감을 반복하는 형태로 나타나고 있다. 다만, 그래도 6개년도에 대해서 전체적인 추세선을 연결할 경우 콘텐츠범죄 발생률이 약간 상승하는 추세를 보이고 있고, 이에 대한 검거율 역시 약간 상승하는 추세를 보이고 있으나 그 간격이 미세하게 점점 벌어지는 양상이 나타나고 있다. 즉, 콘텐츠범죄 발생률 대비 검거율이 다소 떨어지고 있는 모습을 보이고 있는 것이다.

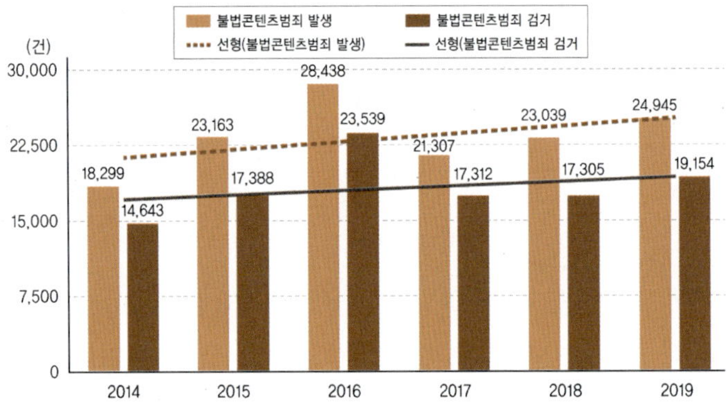

출처: 2020 경찰청 통계자료에서 발췌 편집.

그림 16-3 불법콘텐츠범죄 현황

앞서 살핀 범죄의 유형을 다시 세분화하여 살펴보면 정보통신망 이용범죄의 인터넷 사기가 다른 범죄보다 현저하게 많은 것을 볼 수 있다. 최근에 해당하는 2019년을 기준으로 볼 때 115,845건으로 전체의 47.1%를 차지하는 것을 볼 수 있다. 이어 두 번째로 많이 나타나는 범죄는 명예훼손과 모욕으로 2019년을 기준으로 보았을 경우 42,677건으로 나타나고 있으며 이는 전체의 17.3%에 해당한다.

표 16-1 사이버범죄 신고상담 유형별 분류 (단위: 건)

구분	총계	정보통신망 침해	정보통신망 이용			불법콘텐츠			
			인터넷 사기	사이버 금융사기	기타	명예훼손 모욕	사이버 음란물	사이버 도박	기타
'17년	148,153	25,055	62,629	7,383	10,275	36,170	3,203	930	2,508
'18년	242,213	34,518	114,650	16,174	18,156	43,207	9,227	1,669	4,612
'19년	245,714	40,072	115,845	18,590	17,393	42,677	4,661	1,923	4,553

출처: 경찰청. 「2020년 경찰백서」.

이런 범죄의 대표적인 사례를 보면 다음과 같다.

1) 해킹 관련 사범

타인의 전산망에 불법침입, 중요한 정보를 빼내는 등 전산망 질서를 파괴하는 해킹행위는 '98년까지는 대형 서버 운영체제인 Unix상의 허점들을 이용해 관리자 권한을 획득하여 시스템을 파괴하거나 정보를 빼내오는 등의 형태를 가지고 있었으며 주로 학생층에 의해 호기심이 원인이 된 범죄가 많이 있었다. 따라서 정보보호 수준도 서버시스템의 보안에 중점을 두어 왔었다. 그러나 1998년 하반기 이후 win95/98을 기반으로 하는 개인용 컴퓨터의 정보까지 마음대로 빼낼 수 있는 강력한 해킹프로그램인 「백오리피스」의 등장으로 이를 이용한 신종수법의 해킹행위가 점점 증가하고 있으며, 실례로 1999. 4월 백오리피스를 이용하여 KAIST 전산망에 연결된 PC를 해킹하여 우리별 3호와 관련된 자료를 유출시킨 모 대학 컴퓨터공학도를 컴퓨터범죄수사대에서 검거한 바 있다. 따라서 이제 전국에 걸쳐 널리 퍼져있는 게임방이나 가정집 등에서도 신용카드 등 개인의 정보를 이용하여 인터넷으로 업무를 처리하는 경우에는 언제라도 자신의 정보가 누출될 위험 속에 처하게 되었다. 앞으로 이런 해킹프로그램을 이용한 정보탈취범죄는 급증할 것이 분명하며 사이버 공간을 이용하는 개개인은 특별히 이점에 주의하여야 한다. 인터넷에는 수많은 해킹기술정보사이트가 있으며 누구라도 손쉽게 해킹프로그램을 구해서 사용할 수 있다는 점을 알아야 한다.

또한 지금까지의 해킹이 일종의 지적 호기심에 의한 해킹이었다면 앞으로의 해킹은 전문 범죄적인 해킹으로 전환될 것이다. 나아가 개인 간, 기업 간, 국가 간의 정보쟁탈전이 지속적으로 전개될 것은 보인다. 실제로 지난 9월 3일 경찰청 컴퓨터범죄수사대에서는 서로 경쟁관계에 있는 인터넷 서비스 업체의 프로그래머로서 상대방시스템의 보안상 허점을 이용해 시스템을 해킹, 영업정보를 유출해낸 해커 등 3명을 검거한 적이 있다.

그리고 최근에는 전자우편을 받은 상대방시스템에서 이루어지는 모든 정보를 빼낼 수 있는 "에코키스"라는 트로이목마 프로그램을 이용해 무작위로 5만여 명에게 전자우편을 보낸 후 이 프로그램이 보내오는 피해자 5,000명가량의 통신비밀번호, 홈뱅킹계좌 및 비밀번호를 자동으로 받아 타인의 계좌에서 140만 원을 자신의 구좌로 이체시킨 해커가 검거, 구속된 사례도 있다.

2) 컴퓨터바이러스제작 및 유포

컴퓨터바이러스는 프로그래머가 고의적으로 시스템을 파괴하거나 파일을 삭제하는 등 파괴적 작용을 하도록 만든 프로그램이다. 과거에는 바이러스 프로그램제작이 고수준의 컴퓨터 실력을 지닌 프로그래머에 의해 만들어지는 경우가 많았다. 그러나 최근 바이러스 제작 프로그램을 이용하여 손쉽게 만들어진 바이러스가 등장하고 있으며, 이를 유용한 프로그램으로 위장하여 상용 통신망 자료실에 등록하거나, 인터넷을 통한 전자우편 등으로 감염 · 확산시키는 사례가 급증하고 있다.

특히 '98년 2월과 '99년 3월 일명「MOV(Master Of Virus)」등 국내 최대 악성바이러스 제작그룹 7명이 국내 최초로 경찰청 컴퓨터범죄수사대에 검거된 바 있고 멜리사 바이러스, CIH바이러스 등 전자우편을 통해 감염되는 외국산 바이러스가 큰 피해를 입힌 바 있다. 전자우편을 통한 바이러스 감염속도는 굉장히 빨라서 CIH 바이러스의 경우 우리나라에서 발견 된 지 불과 수십 일 만에 전국에서 약 30만 대 이상의 컴퓨터를 파괴하여 1천 억 원 이상의 피해를 입혔다고 한다. 또한 '97년 10월경 모 무역업체가 바이러스에 감염된 지 2일 만에 회사 전산망자체가 파괴되어 많은 재산상의 피해를 입은 바 있다.

최근의 바이러스는 PC사용자의 행위와는 전혀 상관없이 스스로 복제되고 전파되기도 하고 전자우편 사용이 일상화된 이상 전자우편을 이용한 바이러스 감염은 계속 증가할 것이며 일부 국가에서는 향후 전쟁무기 차원에서 관련 기술을 개발하고 있다는 보도도 있었다. 향후에는 해킹기법과 바이러스 기법이 융합된 토로이 목마 형태의 새로운 해킹 프로그램을 만들어 내고 전파수단도 전자우편을 통해 중간 경유자의 특별한 의식행동 없이도 자동감염 되도록 함으로써 인터넷 공간에서 운용되는 모든 시스템은 그야말로 완전히 노출되어 있게 될 것이다.

3) 인터넷 포르노 사이트의 개설

1997년 10월경 우리나라에서 최초로 포르노 사이트를 개설하였던 피의자가 경찰청 컴퓨터범죄수사대에 적발되면서 '98년도에는 6명 이상의 포르노 사이트 운영자가 검거되어 구속되자 범죄자들은 더 이상 우리나라에서는 음란사이트를 운영하는 것이 어렵다고 판단, 외국의 시스템을 이용하는 방식을 취하기 시작했다.

사실 외국에 있는 사이트를 추적하여 검거한다는 것은 현실적, 기술적으로 어려운 점이 많다. 그러나 가급적 관련 자료를 세밀히 분석하여 운영자가 국내 인으로 밝혀질 경우 수개월에 걸쳐서 추적, 검거해왔다. 그러나 최근에는 아예 현지 교포들과 연계하여 한글로 구성된 웹 사이트를 구축하고 본격적인 돈벌이에 나선 경우도 많다. 이런 경우 많은 청소년들에게 악영향을 끼치고 있으나 수사상 많은 어려운 점이 있다.

4) 인터넷 PC통신이용 음란 복제물 판매 및 사기

PC통신이나 인터넷을 이용한 음란 · 복제물 판매는 최근 몇 년 사이 CD복제기 가격이 저렴해지면서 급속히 늘어나는 경향을 보이고 있다. 또한 게시판 기능을 이용하면 불특정 다수인을 상대로 일시에 광고를 할 수 있고 택배나 소포배달 방식으로 이용하면 혼자서도 얼마든지 영업이 가능하며 고수익을 올릴 수 있어 단속이 강화되고 있음에도 계속 늘어나는 추세이다. 1997년 11월에는 공익요원으로 근무하면서 아르바이트로 음란 · 불법복제물을 판매, 1억 원 이상의 부당이익을 챙긴 피의자가 검거된 경우도 있었다.

또한 게시판 광고에 대한 검색이 강화되자 많은 사람들의 전자우편주소를 수집하여 한꺼번에 수만 명씩을 대상으로 메일을 보내 광고하는 방식까지 생겨나고 있으며 인터넷 및 PC통신을 이용하는 네티즌의 수가 폭증함에 따라 인터넷을 통한 매매행위도 점차 증가하면서 인터넷 쇼핑몰 등 전자상거래기법을 이용한 전문기업형 음란물 판매 사이트 등도 적발된 바 있다. 또한 인터넷의 익명성을 이용하거나 타인 ID, 가공의 인적사항을 이용한 사기 등의 범죄도 발생하고 있다. 지금까지의 통신상의 사기범죄는 한탕위주의 범죄보다는 박리다매 형식으로 많은 사람들에게 각각 소액의 피해를 입히는 형태로 발생하였다. 이는 피해자들이 소액의 피해를 입을 경우 수사기관에 신고를 꺼리고 체념하는 점을 악용한 것이다. 앞으로 전자상거래를 통한 물품 매매방식이 활성화되면 전자상거래 사기도 크게 늘어날 것으로 생각된다.

5) 인터넷을 통한 명예훼손 및 사이버성폭력 행위

익명성이 보장되는 인터넷을 통한 여성에 대한 사이버 성폭력, 협박, 스토킹 등의 범죄는 최근 발생한 신종 유형이다. 1998년 12월에는 자신이 사귀던 여학생이 만나주지 않는다는 이유로 인터넷 홈페이지의 게시판 등에 공개적으로 음란한 내용의 글을 피해자의 연락처와 함께 게시한 피의자가 검거된 바 있으며 최근에는 추적을 피하기 위해 외국시스템에 설치된 음란사이트 게시판을 이용한 명예훼손이나 언어폭력행위가 늘어가고 있다. 이런 경우 대개 여성들의 개인정보를 게재하거나 "나를 팝니다."라는 선정적인 문구를 게시해 하루 수백 통의 남성들의 음란 전화를 받게 하여 당사자들에게 큰 정신적 피해를 입히고 있다. 나아가 게시판을 이용한 원조교제 등 음란행위도 나타나고 있어 1999년 7월 관련사범 15명을 적발, 처리한 바 있다. 인터넷 게시판은 그 전파성이 엄청나게 크기 때문에 이로 인한 피해는 매우 신속히 늘어나며 최근에는 추적을 피하는 기술이 공공연하게 나돌거나 외국의 서버를 이용하는 경우가 많아 수사에 많은 어려움을 주고 있고 검거하기까지 수개월이 걸리는 경우가 다반사이다.

6절 » 사이버범죄에 대한 각국의 대응체제 현황

1. 사이버범죄에 대한 대응

컴퓨터 범죄에 대한 대응기구나 조직으로는 수사기관과 정보시스템 보안기구 등이 중요하다. 컴퓨터 범죄 특히 그중에서 네트워크상에서 벌어지는 컴퓨터해킹 등 정보시스템 침투범죄는 전산망 보안관리자들의 각별한 주의대상이 되고 있으며 이에 대하여 각국에 전산망 보안사고 대응체제가 일찍부터 설치되어 운영되고 있다. 그러나 전산망 보안사고는 단순한 보안시스템의 기술적 관심사항에 그치는 것이 아니라 다른 한편으로는 바로 컴퓨터 범죄행위에 해당되는 것이고 이에 대한 대응방안도 단순히 보안시스템의 점검과 보강에 그치는 것이 아니라 범죄수사와 엄격한 형사법적 처벌이 뒤따르는 것이다. 그러므로 전산망 보안사고의 추적은 전산망관리자들이 적당히 서로 연락하여 처리할 성질의 문제가 아니고 일종의 수사기능에 해당되는 것이므로 엄격한 법적 절차와 규제 하에서 이루어져야 한다. 그렇기 때문에 각국에서도 각 수사기관과 전산망 보안기구들간의 긴밀한 연락, 협조체제가 갖추어져 있는 것이다.

2. 수사기관

일찍이 컴퓨터와 정보시스템 관련 범죄가 발생하기 시작하여 많은 피해를 입은 바 있는 미국은 당연한 귀결로 정보시스템범죄에 대한 법 집행기관들의 기구와 조직이 완비되어 있다. 미국에서 정보시스템범죄에 관한 수사와 모든 사법적 처리에 관한 지침 등은 법무성 형사국의 컴퓨터 범죄대책반에서 제정되어 시달된다. 법무성 형사국의 컴퓨터 범죄 대책반은 여러 명의 검사들과 컴퓨터전문가들로 구성되어 있으며 96년도에 기구와 인원이 2배로 확장되었다. 미국에서 컴퓨터 해킹등과 같은 범죄는 여러 주의 네트워크에 관계되는 범죄이므로 연방법위반의 범죄에 해당되어 일선수사기관으로는 FBI의 컴퓨터범죄전담반에서 담당하나, 컴퓨터 범죄에 대한 총괄적 대책수립이나 수사 지침 등은 모두 법무성에서 담당하는 체제로 되어있다. 미국의 FBI는 법무성 소속의 연방법위반 범죄수사기구로 여러 주에 걸쳐서 발생되는 범죄나 외국인 범죄, 테러범죄, 조직범죄 등에 대한 수사권을 가지고 있는 명실 공히 최정예의 수사기관이다.

FBI에는 컴퓨터범죄에 대처하기 위하여 Computer Crimes Squad라고 하는 전담수사반이 있고 여기에는 컴퓨터공학을 전공한 컴퓨터전문가 10명을 포함한 많은 전문수사관들이 있다. FBI는 워싱턴에 본부를 두고 있으며 각 주에 FBI 지부가 있고 각 지부에도 컴퓨터 범죄 담당요원들이 배치되어 전국에서 발생되는 컴퓨터 범죄의 정보수집과 수사 활동을 담당하고 있다. 그 외에도 미국에는 U.S.S.S라는 기구가 있는데 이는 재무성 산하의 수사기관으로서 위조지폐, 국채와 공채 등 유가증권범죄에 대한 수사권을 가지고 있는 연방수사기관이다. 연방법전 제15장에서 U.S.S.S에 Access Device Fraud에 관한 수사권을 부여하여 현금, 물건, 서비스 등 재산적 가치가 있는 재화를 획득하거나 자금의 이동을 가능하게 하는 종류의 카드, 계좌번호, 전화접속을 위한 비밀번호 등의 불법이용에 대한 범죄수사권을 행사하고, 또한 개인간의 전자자금결제에 관련된 홈뱅킹 시스템, 자동 지불, 현금자동인출기, 관련사건등 수사권도 행사한다. 뿐만 아니라 미국의 D.E.A에서는 Computer Forensic을 운영하고 있는바, 이는 동 기구 내의 과학수사지원반에 소속되어 각종 전산증가 자료들의 암호해제, 바이러스 해제 및 데이터 백업 및 자료 분석 업무를 하여 일선 수사기관들이 수집한 증거를 과학적으로 분석하여 법정증거로 이용할 수 있도록 제공하고 있다. 이와 같은 기구들은 컴퓨터 범죄가 컴퓨터해킹과 같은 좁은 의미의 범주에 국한

될 것이 아니라 컴퓨터 테크놀로지를 이용한 범죄가 일반범죄의 영역 속에 혼재되어 일반범죄의 증거자료 분석에도 고도의 컴퓨터분석능력을 갖추어야 할 것임을 시사하는 바가 크다.

한국에서도 1995. 4. 10. 검찰에서 정보범죄수사센터를 설치하여 첨단 정보시스템 범죄에 대한 본격적 수사체제를 구축하기 시작하였다. 정보범죄수사센터에서는 정보시스템범죄 및 첨단 과학기술을 이용한 범죄를 수사대상으로 삼고 있으며 정보시스템범죄로는 전산망 보안시스템 침투사범, 컴퓨터 단말기부정조작사범, 악성컴퓨터 바이러스 제작, 배포사범, 개인신상정보, 신용정보 등 전산정보 누출사범 등을 들 수 있고, 첨단 과학기술을 이용한 범죄로는 컴퓨터 통신망 이용사범(음란물 판매, ID도용, 통신사기 등), 컴퓨터 테크놀로지를 이용한 신종사범(컬러프린터를 사용한 통화, 수표위조 등), 신용카드 복제사범, 휴대폰 도용사범 등을 들 수 있다. 검찰에서는 이와 같이 서울에 정보범죄수사센터를 설치하여 컴퓨터 해킹범죄뿐 아니라 각종 유형의 첨단 정보시스템 범죄에 대한 종합대책을 강구하고 있으며 각 지방검찰청에 컴퓨터 범죄 전담검사를 두어 정보시스템범죄에 대한 대응체제를 구축하고 있다. 정보범죄수사센터에서는 컴퓨터범죄에 관한 각종 압수물과 증거자료 및 정보들을 계속 수집하고 있으며 각종 대규모 경제범죄수사 등에서 컴퓨터로 처리된 각종 증거물들에 대한 분석업무도 지원하고 있고 각 지방의 컴퓨터 범죄 등 첨단범죄수사를 지원하는 기능도 담당하고 있다. 검찰에서는 이러한 정보시스템 범죄에 대한 직접 수사 활동을 수행하고 있을 뿐 아니라 첨단컴퓨터범죄에 대한 수사지침과 전산증거자료 압수수색지침 수립 등 첨단 정보시스템범죄에 대처하기 위한 종합적인 법적, 제도적 조치들도 강구하고 있다. 한편 경찰에서도 1995. 10. 21. 경찰청에 해커수사전담반을 설치하고 분석팀과 수사팀의 2개 조직으로 구성하여 기존에 있던 인터폴과의 연락채널 통신망을 이용하여 해커들에 관한 정보수집 및 수사업무에 착수하였고, 이러한 해커수사전담반의 기능과 기구를 확대하여 경찰청에 '국제정보범죄센터'를 설치하여 해커사범에 대한 국제적 정보교환 및 수사협조체제 구축하고 인터폴 자료 전송시스템 및 자동분석 시스템을 구축할 계획이며 서울, 부산, 경기, 인천 등 4개 지방경찰청에도 전문기술요원 2명과 수사요원 1명으로 구성되는 해커수사전담반을 설치할 예정이라고 한다. 국가안전기획부에서도 행정전산망 등 국가기관전산망의 전산망 보안에 각별한 관심과 노력을 기울이고 있으며 주로 전산망 암호체제의 규제에 관한 외국의 동향을 예의 주시하고 이에 대한 국내의 대응방안 등을 강구하고 있다.

3. 정보시스템 보안기구

미국에서는 Internet Worm 사건 이후 각 정부기관이나 정보투자기업들 간에서 자발적으로 탄생된 CERT이 일반적으로 인터넷 등 전산망의 보안사고에 대한 접수 및 복구활동, 보안시스템 연구 보급업무를 담당하고 있고, 각 지역, 각 국가들의 CERT가 연합한 FIRST도 전산망 보안 사고를 방지하기 위하여 중요한 기능을 담당하고 있다. 그 외에도 COAST는 미국의 Purdue대학에 있는 연구소로서 인터넷 보안 틀과 보안기준, 보안 관련 정보 등을 축적하고 여러 전산망 관리자들에게 이들 자료를 제공하고 있다. NIST, NASA산하의 CNSRT(Computer Network Security Response Team), 미 공군의 AFCERT(Air Force CERT)등 각 분야에서 전산망 보안기구들이 설립되어 활발한 활동을 하고 있다. 한국에서도 한국전산원에 전산망보안센터가 설치되어 있어 국내 행정전산망, 금융전산망, 연구전산망 등 국가기간전산망 보안에 관하여 종합적인 보안대책을 수립하고 보안사고 발생 시 지원활동을 하고 있다. 또한 시스템공학연구소에 있는 CERT-KOREA 역시 민간기구로서 전산망 보안사고 발생 시 사고접수 및 대응조치 등 서비스를 하고 있다. 이들 보안센터 등에서는 정보시스템 침해사고 대응, 정보시스템 안전보안 홍보와 교육, 정보시스템 안전보안관리, 정보시스템 안전보안기술 연구평가 등의 업무를 수행하고 있다. 한편 정보화촉진기본법이 1996. 1. 1부터 시행됨에 따라 그 후속조치의 하나로 정부기구로서 정보보호센터가 설립될 예정이다. 정보보호센터는 법인형태로 설립되어 각 부처에서 파견된 공무원들과 전문직원들로 구성되어 정보보호 관련 업무를 담당할 예정으로 되어 있다. 정보보호센터의 기능과 임무는 정보보호정책 및 제도조사, 연구, 정보화 역기능 분석 및 대책연구, 정보보호시스템의 연구 · 개발 및 시험 · 평가 등으로 되어 있으며 구체적인 업무내용은 정보통신 보안시스템 침투사례 분석, 대응조치 연구, 개발, 정보통신 분야의 암호화 기법연구, 정보보호시스템의 성능과 신뢰도에 관한 기준제정, 표준화 지원들이 될 것이며 전산망 보호를 위한 각 전산망의 보안시스템의 보안시설 구축, 전산망 사고예방 및 사고발생 시 대응조치 등의 기능도 담당할 것으로 전망된다.

7절 » 사이버범죄의 대응을 위한 대책

사이버범죄의 예방책으로 형사정책연구원에서는 다음과 같은 대책이 필요하다고 했다. **첫째**, 실정법에 처벌조항이 없거나 애매한 상황이 생기지 않도록 컴퓨터 범죄의 단속과 관련된 규범들을 보완해야 한다. **둘째**, 해커집단의 감시와 단속에 앞장설 컴퓨터전문가를 양성하는 데 주력해야 한다. **셋째**, 컴퓨터해킹과 같은 사이버범죄에 효과적으로 대처하기 위하여 국가 간의 긴밀한 협력관계, 즉 국제공조를 확대하는데 특별한 노력을 기울여야 한다. **넷째**, 국민의 사생활 보호와 법 집행의 효율성을 위하여 가칭 암호이용촉진법과 개인정보보호법의 입법을 서둘러야 한다. **다섯째**, 컴퓨터 범죄에 대한 이론연구와 각급 형사사법기관의 감시활동에 대한 국가적 지원이 필요한 것은 물론이고, 나아가 기업의 미래와 안전을 보장받기 위한 비용분담 차원에서 기업의 지원도 확대되어야 할 것이다.

1. 사이버테러리즘 대응을 위한 법적, 제도적 기반 확보

날로 증가하는 사이버테러리즘의 위협에 효율적으로 대처하기 위해서는 법적, 제도적 장치가 우선적으로 마련되어야 한다. 이를 위해 국가 사회활동의 근간이 반보호규정을 제정하여 우선 시행하고 향후 공공, 민간 전 분야에 적용할 수 있는 법률을 제정하여 우선 시행하고 향후 공공, 민간 전 분야에 적용할 수 있는 법률을 제정하여 대처하는 것이 필요하다.

국가 공공기간의 사이버테러리즘에 대한 예방 대응체제 구축을 위해 국가 정보원이 제정을 추진하고 있는 '국가정보기반보호규정(대통령훈령)' 내용을 살펴보면 국가정보기반 보호에 관한 부처 간의 의견을 수렴하고 이를 협의하기 위해, '국가정보기반보호실무협의회'를 설치 운영하고 또한 국가정보원장 소속 하에 '국가정보기반보호본부'를 설치하여, 국가정보기반보호계획 수립 시행, 국가정보기반별 취약성 평가 및 예방보안활동 수행, 사이버테러리즘의 경보 및 사고발생 시 복구기술 지원, 사이버테러리즘 대응기술 개발 및 보급 등에 관한 업무를 총괄, 수행하도록 하고 있다. 특히 주요 국가정보기반은 통신, 금융, 에너지, 운송 등 분야별로 이를 보호대상으로 지정하여 중점보호 관리하면서, 사이버테러리즘을 조기에 탐지할 수 있는 탐지체계를 구축 운영토록 하여, 사이버 테러리즘을 조기에 탐지하고 적절한 예방대책을 강구하도록 지원하는 한편, 피해가 발생한 경우에는 신속한 복구기술을 지원하는 내용을 포함하여야 한다.

2. 기술개발 강화 및 정보보호산업 육성

사이버테러리즘으로부터 정보통신기반을 보호하기 위한 정보보호기술은 국가, 공공기기관용과 민간부문으로 나누어 개발을 추진하되, 산업체가 개발한 우수한 기술은 평가, 인증 절차를 거쳐 국가, 공공기관에서도 사용할 수 있도록 함으로써 정보보호 산업을 육성 발전시킬 수 있는 기반을 조성해 나가야 한다.

사이버테러리즘에 대응하기 위해 우선적으로 확보가 요구되는 기술은 정보통신기반의 보안취약성과 사이버 공격에 대한 피해과급 영향 및 기존 보안대책의 적절성을 분석 진단할 수 있는 취약성분석기술과 정보통신기반에 대한 사이버테러리즘 발생 시 실시간으로 침입을 탐지하여 경보를 발령하고 탐지된 침입에 대해 대응 및 복구할 수 있는 침입탐지, 대응, 복구기술, Secure OS/DBMS, 네트워크 보안 등 정보통신기반의 취약성을 제거하여 안전, 신뢰성을 강화하는 기술 확보가 요구된다.

3. 상급 관리책임자의 자질향상

일반적으로 기관이나 회사의 전산책임자는 컴퓨터에 대한 전문지식을 가진 자보다 그렇지 못한 관리자가 담당하는 경우가 많다. 이 사람들은 대개가 잘 알지도 못하는 어려운 기술 분야라고 하여 깊이 관여하려 하지 않고 실무 기술자에게 맡겨 두고 있는 실정이다. 그러다 보니 관심을 크게 가질 리가 없으며 그저 재임 중에 큰일이나 터지지 않기만을 바라고 있는 것이 대부분의 현실이다. 따라서 관리자는 자신이 직접 터미널의 키보드를 두들겨보고 컴퓨터의 업무처리 상황을 체크할 수 있어야 한다. 경영관리자는 전산 관계직원을 진심으로 따뜻하게 대하여 회사나 상사에 대해 불만을 갖지 않도록 하고 나아가 범행을 하고 싶은 충동을 느끼다가도 상사에 대한 입장이나 그에게 미칠 영향 등을 생각하여 자제토록 하는 것이다.

4. 중요한 프로그램의 자체 개발

외부로부터 공급받은 OS나 각종 유틸리티 프로그램 중 부정과 연관될 수 있는 중요 부분을 바꾸어 놓거나 변경해서 사용하도록 하는 것이 효과적이다. 특히 패스워드를 체크하는 루틴 같은 것을 자체에서 개발하거나 보완하여 사용하면 아주 효과적일 것이다. 뿐만 아니라 중요 업무를 처리하는 애플리케이션 프로그램은 외부에 용역을 주지 말고 자체 개발하는 것이 가장 중요하다.

5. 중요한 자료의 암호 기입

중요한 자료로서 보안이 요구되는 것들은 이를 암호화하여 보관하는 것이 안전하다. 암호화하는 방법으로는 복잡한 난수표식의 계산 과정을 거쳐 결과를 보관하는 방법 등이 있다. 이와 같은 난수표계산방식도 전문적인 해커들이 시간을 두고 분석하면 이를 해독할 가능성이 있으므로 일정 기간이나 필요시 수시로 계산 방법을 바꾸어 사용하여야 한다. 물론 패스워드의 잦은 교체도 필요하다.

6. 파일 단위로 비밀번호 부여

컴퓨터 시스템에 접근을 허용하는 방법으로 보통 패스워드를 많이 사용하고 있으나 패스워드도 해커들에 의해 쉽게 뚫어지는 경우가 많다. 따라서 같은 시스템 내에 여러 종류의 파일을 가지고 있을 경우, 각 파일별로 활용을 허가한 사람들을 사전에 정하여 각자 그 파일을 액세스할 수 있은 패스워드를 각각 추가로 부여하도록 해야 한다. 그렇게 함으로써 중요 파일의 액세스를 보다 어렵게 하자는 것이다.

7. 수시로 시스템 감사 실시

컴퓨터 범죄행위가 진행되고 있거나 이루어졌어도 그 발각이 안 되는 경우가 상당히 많다. 그러므로 일정 기간 및 수시로 시스템에 대한 감사를 실시하여야 한다. 시스템 감사의 방법으로는 자체에서 시스템 감사용 프로그램을 사용하여 실시하거나 외부전문가에게 의뢰하여 실시할 수도 있다.

8. 컴퓨터 시스템 안전대책 기구의 설치

컴퓨터 범죄의 사전 억제책으로 컴퓨터 시스템의 안전이용을 위한 컴퓨터 시스템 안전대책기구의 설치가 요청된다. 컴퓨터회사, 수사기관, 대학교수 등을 주축으로 이를 구성하여 컴퓨터 시스템이 범죄에 이용되는 취약점을 조사·분석하고 이에 대한 기술적인 개선책이나 컴퓨터 시스템 안전에 관한 일반기준 등을 제시함으로써 컴퓨터범죄를 사전에 예방하는 데 기여하도록 한다.

9. 전문연구기관의 구성

컴퓨터범죄에 대하여 효과적으로 적절한 대책을 수립하기 위해서는 범죄 실태의 파악과 분석이 기본적인 요청이다. 이를 위하여 검찰이나 경찰 등 수사기관 안에 또는 별제로 컴퓨터 범죄 연구기관을 설치하는 것이 바람직하다. 이와 같은 컴퓨터 범죄 연구기관은 산. 학. 연의 합동구성이 필요하고 더 나아가 외국의 연구기관과의 정보교환도 이루어져야 한다.

10. 수사능력의 강화

현대사회가 정보화 사회로 급변하여 감에 따라 어느 분야든 컴퓨터 시스템을 이용하지 않으면 소기의 성과를 거둘 수 없게 되었고 거의 모든 조직체가 컴퓨터 시스템과 연관하고 있기 때문에 컴퓨터 범죄에 대한 수사 및 범죄정보의 처리 면에서도 컴퓨터 시스템을 여러 시각에서 활용하여 수사능력을 강화하여야 할 시점에 와 있다. 따라서 과학적인 수사를 위해 수사관이나 검찰, 법관들에게 컴퓨터지식에 배양으로 법관, 수사요원들의 전문화가 필요하다. 수사기관의 업무의 전산화 인터넷을 통한 범세계적인 통신망의 연결 등 비약적인 발전을 거듭한 전자 통신 기술을 전산화에 도입함으로써 전 세계의 대학이나 연구망, 그리고 행정당국들과 수사 및 법률관계에 대한 정보를 교환하는 것은 그리 어렵지 않은 방법으로 가능하므로 컴퓨터와 관련한 불법행위를 연구하는 전문집단을 육성하고, 선진국의 수사기관들의 전산화 동향을 행정기관, 연구소 등과 함께 공동 연구함으로써 전산화의 이합집산으로 인한 부작용의 최소화에 전력하여야 할 것이다.

기존의 수사 장비가 범죄수사의 능률이나 효과적인 면에서 반드시 뒤떨어진다고는 할 수 없겠지만, 엄청난 정보의 수집과 정밀한 감정을 요하는 중요사건을 신속하고 정확한 방법으로 수사하는 데는 최신의 장비를 활용하는 것이 효과적일 수밖에 없다. 특히, 광디스크와 인공지능을 이용한 외국어 자동변환 시스템, 음성인식 시스템, 지리정보 시스템, 수사 차량의 완벽한 무선통신과 일반 시민의 경보수신 기능화 등은 이미 선진국에서 그 성과가 입증되었고, 야간 감시기구와 영상 강화장치, 전기 스펙트럼 진동장치를 이용한 극대확성장치, 초소형 송신장치, 컴퓨터 사용감지기, 컴퓨터 사용감지기, 컴퓨터 통신 감지기, 무선통신 감지기 등의 전자 감시 장치는 부당한 인권침해를 수반하지 않는다면 고도의 정확성과 철저한 비밀성을 보장하면서 중요한 정보 수집을 행할 수 있다는 점에서 이러한 분야에 대한 관련 기업을 적극 지원하는 한편, 국방과학기구로서의 공동개발에도 소홀함이 없도록 배려하여야 할 것이다.

11. 데이터베이스의 활성화

각 수사기관이나 행정기관 연구소 학계 등에서 개발하고 있는 고유의 전산화 업무를 전체적으로 조망하여 기존 데이터 뱅크들의 통합 가능성을 점검하고, 부문별로 구축되는 국가 기간 전산망의 데이터 뱅크와의 연계 가능성을 고려하면서 행정기관이나 수사기관 및 대학 등 중요 연구기관의 중복되는 자료와 모순되는 정보는 모두 통합, 조정함으로써 종합 정보망의 구축을 구상하는 노력이 필요하다.

컴퓨터를 이용한 많은 일들을 우리는 경험하게 된다. 특히나 통신기술의 발전은 공간적인 거리개념을 단일화시켰고, 보다 신속한 정보의 전달과 처리를 가능하게 하였다. 또한 발전된 정보통신 기술은 컴퓨터 전문가의 공유물이 아닌 정보사회를 살아가는 모든 이들이 공유할 수 있는 하나의 조직이나 사회구성체적 성격을 띠고 있다고 본다. 이러한 구성체들의 바탕은 통신기술이지만 그 통신망으로 유통되는 정보와 재원들은 다른 어떤 사회의 그것보다 대규모적이라고 할 수 있다. 재화가 유통되는 곳에는 언제나 범죄가 있기 마련이라고 본다. 정보사회에서고 기존의 산업사회에서 문제시되었던 범죄가 사회문제로 대두되고 있다. 특이한 점은 이들이 컴퓨터를 이용하여 범행을 한다는 것이다. 위에서 본바와 같이 컴퓨터범죄의 개념과 유형 및 현재의 상황 등에 대해서도 살펴보았다. 또한 최근 사회의 많은 문제점을 낳고 있는 해커의 행위는 처벌의 대상이 되지만 그들이 사회의 한 구성원으로서의 역할을 수행해나갈 수 있도록 하는 배려도 고려되어야 할 것이다.

컴퓨터 범죄의 발생 동기는 어떤 범죄를 위한 목적도 있겠지만, 단순한 지적 호기심이나 장난일 수도 있다. 그러나 결과는 사회전반의 위험에서부터 각개 기업체의 영업비밀, 개인정보유출로 인한 프라이버시의 침해에 이르기까지 포괄적이고 다양하며, 그 결과를 예측하기 어려우리만큼 대규모라고 할 수 있다. 물론 컴퓨터를 이용하지 않는 범죄자체도 꾸준히 증가하고 있는 상황 하에서 컴퓨터의 기술과 정보통신기술의 발달은 더욱더 정교하고 과감한 범죄를 가져올 것이다. 그리고 우리가 컴퓨터를 사용하지 않는다는 극단적인 상황이 아닌 이상 컴퓨터 범죄의 완전 해결은 어려울 것이다. 그렇기 때문에 가능한 한 컴퓨터 범죄를 방지하고 개선시켜나가는 것이 지금 우리가 해야 할 과제라고 할 수 있다. 이러한 과제들은 컴퓨터 전문가만이 행하여서 이루어지는 것이 아니고 컴퓨터시스템을 운영하고 있는 운영자의 각성과 이를 관리하는 관리자의 역할과 사용자의 윤리 등이 중요한 부분들이라고 할 수 있다. 무엇보다도 보안의식의 확립이 필요하며, 보안기술을 통한 암호화로 정보의 유출이나 시스템에의 접근을 통제해야 한다. 그리고 시스템의 안전성을 항상 유지하거나 보안 대책을 수립해나갈 정보시스템감사의 자격제도를 수립해서 보다 근본적인 방안 또한 강구되어져야 한다. 그러나 다른 어떠한 보안이나 방지기법이 개발되더라도, 일반범죄가 어떠한 사회적인 법률이나 제도하에서도 끊임없이 이루어지고 있는 것과 마찬가지로 컴퓨터 범죄도 또한 결코 없어지지 않을 것이라는 결과를 유추시킬 수 있다. 결국은 개인 스스로의 윤리의식이 정보사회의 민주화·복지화를 꾀할 수 있을 것이다.

12. 현행제도의 개선

컴퓨터 범죄는 화이트칼라범죄이고 범죄자는 대개 전문인임을 고려해 볼 때, 범죄자도 교도소네 생활을 청산하고 사회에 나올 경우 그 사회적 생활을 선도할 수 있는 제도를 갖춤이 바람직하다. 즉 현행 형법상 가석방의 규정 외에 석방 후 일정 기간 '유권적인 갱생보호'를 받게 함이 필요하다.

13. 컴퓨터 사용자에 대한 윤리관 확립

컴퓨터 범죄를 논할 때 부딪치는 딜레마는 결국 인간이 문제인가 또는 컴퓨터가 문제인가 하는 점이다. 물론 컴퓨터는 어디까지나 인간의 목적에 봉임하는 편리한 도구에 불과한 것이다. 1981년 미국의 IBM사는 컴퓨터의 안전문제와 관련하여 낸 광고에서 "The computer didn't do it"을 그 헤드라인을 썼는데 이것은 컴퓨터 자체의 문제가 아니라 인간자신의 문제임을 강조한 것이라 할 수 있다. 따라서 컴퓨터범죄에 대한 근본적인 대책은 컴퓨터와 관련하는 사람들의 윤리관의 확립에 부단한 노력이 경주되어야 한다.

8절 » 사이버범죄 예방을 위한 사회복지적 접근

정보화 사회는 이미 우리 사회에 그 뿌리를 내리고 있고, 부가가치를 창출하는 적극적 분야가 엄청난 속도로 접근하여 온 것은 물론 정보화를 이용하여 범죄행위에 이르는 부작용들도 우리 눈앞에 형상을 드러내기 시작하였지만, 아직 수사기관 행정기관과 학계에서조차 사이버범죄에 대한 연구가 부족한 상태인데 다가 수사기관의 과학 수사 장비 또한 선진국에 비하여 많이 뒤처져 있는 형편이다. 이에 우리 사회가 정보화 사회를 맞으면서 준비해야 할 과제가 너무도 많다.

1. 사이버공간에 대한 바른 인식

어떤 사물이나 사안을 어떻게 보느냐 하는 인식의 문제는 모든 난제를 풀어 가는 기초가 된다. 사이버범죄에 대한 대응책도 먼저 사이버범죄를 어떻게 볼 것인가에 대한 정확한 인식이 필요하다고 본다. 사이버범죄에 대한 심각성을 우리가 제대로 이해하지 못하면 이에 대응책이 제대로 나올 수 없기 때문이다.

인터넷 사용인구 1천만 시대에 살고 있는 우리에게 가장 시급한 일은 사이버공간에 대한 기본 질서를 유지하기 위한 윤리와 철학이 바로 세우기 위한 노력이 필요하다고 본다. 평화와 질서는 공동체의 합일된 룰에서 나온다고 본다. 그리고 어떤 사회든 법률만 가지고 유지할 수 없다는 것은 너무나 명백한 것이다. 사이버공간에서도 마찬가지다. 법제를 정비하고 대응기관을 설치하는 것도 중요하지만 이에 앞서 사이버공간에서 통용될 수 있는 룰을 하루빨리 만들어 나가야 할 것이다. 컴퓨터시스템을 운용하는 관리자들의 보안의식과 안전의식 또한 중요하다. 해킹사고 현장에 나가보면 "우리 시스템은 빼 나갈 정보도 없고, 해커가 들어와 놀고 가도 문제될 것이 하나도 없는데 괜히 시간 낭비하지 말고 대충 끝내고 가라"는 식으로 푸념하는 시스템관리자의 말을 듣는 경우가 있다. 이러한 보안의식 속에서 큰 사고의 씨앗이 잉태되는 경우가 있다는 사실을 알아야 한다. 이번 해커대란의 시발점이 되었던 야후에 대한 서비스거부공격(DOS)의 내용을 자세히 살펴보면 해커(크래커)는 야후 사이트를 공격하기 전에 먼저 보안이 허술한 몇몇 사이트를 사전에 공격하여 트리누(Trinoo)라는 해킹 프로그램을 심어 놓고 일정한 시간에 일제히 공격 목표인 야후 사이트에 패킷을 범람시켜 시스템을 다운시키는 수법을 썼던 것이다. 이 사건에서 알 수 있듯이 내 컴퓨터시스템에 중요한 자료도 없다고 해서 보안을 허술히 하면 다른 시스템에 피해를 주는 경우가 많다는 것을 명심하여야 할 것이다.

"연못에 돌멩이를 던지는 것이 아이들에게는 '장난'이나 연못 속의 개구리에게는 '생명'에 관한 문제이다"라는 말이 있다. 큰 악의 없이 행한 어떤 행위가 다른 사람에게 치명적인 피해를 입히는 경우가 있다. 예컨대 취미 삼아 만든 컴퓨터바이러스를 통신망에 올려서 이를 내려 받은 사람들이 컴퓨터에 장애를 일으키고 또 다시 옆 사람에게 퍼져 나가 많은 시스템에 치명적인 손상을 입히는 사건들도 발생하는 경우를 보는데 경찰청 사이버범죄수사대에서 검거한 바이러스 유포사범의 경우 대부분이 어린 학생으로 범행이라는 인식조차도 없이 저지른 '장난' 정도로 인식하고 있으며 그들이 부모들도 뭐 그리 큰 범죄를 저질러서 경찰청에서까지 나왔느냐는 식으로 반응을 보이는 사람도 있어 말문이 막힌 경우도 있었다. 사실 그들이 어리다는 이유 하나를 빼면 통신망에 바이러스를 유포하는 행위는 우물에 독약을 뿌리는 것과도 비유할 수 있는 '사이버테러'적인 요소가 있다는 사실을 알아야 할 것이다.

인터넷으로 지구촌이 하나로 묶여 있는 오늘날 자신의 행위가 다른 사람에게 어떤 영향을 미칠 것인가에 대한 바른 인식을 갖는 것이 무엇보다 중요하다고 본다. 이는 정부나 어떤 특정 기관에 의해 이루어질 수 없는 일이며, 사이버공간에 참여하고 있는 모든 사람이 함께 만들어 나가야 할 과제이다. 교육자는 학교에서, 기업가는 회사에서, 개인은 가정에서 소위 '네티켓'이라고 부르는 윤리의식을 구체적으로 만들어 나가고 검증과정을 거쳐 정착해 나가는 각자의 노력이 있어야 할 것이다.

또한 사이버공간이 공동체 자원이라는 인식을 갖아야 할 것이다. 사이버공간의 질서를 교란시키면 결국 그 패해가 자신에게로 돌아온다는 사실을 인식하는 것도 중요하다. 우리가 알지 못하고 저지르는 실수가 많은 데 한번 파괴된 질서를 바로 잡는 데는 엄청난 희생이 뒤따른다는 사실을 모두 인식해야 할 것이다.

사이버범죄에 대한 인식도 바로 세워야 할 때가 되었다고 본다. 지금까지 우리 사회는 사이버범죄에 대해서 관대하게 대했던 것이 사실인 것 같다. 물리공간에서 남의 물건을 훔치면 파렴치범으로 인식하여 부끄럽게 생각하였으나 유독 사이버공간에서는 남의 재산인 정보를 훔치고도 전혀 자책을 갖지 않을 뿐만 아니라 오히려 기술자라는 미명 하에 영웅시되는 경향마저 있어 왔음을 부인할 수 없다.

2. 사이버 테러형 범죄에 대한 종합적 대응

사이버범죄 중에서도 우선적으로 종합적인 대응책을 강구해야 하는 분야는 우리 삶의 기반인 공중망, 행정망, 금융망, 항공관제망, 교통 · 전력 · 에너지를 관리하는 전산망 등과 같은 사회기반시설 제어 전산망에 대한 공격이 가능한 범죄분야라고 본다. 이러한 사회기반시설 제어 전산망에 대한 공격은 경제적인 손실은 물론이고 인명 피해를 야기한 대형 사고로 이어지기 때문에 이에 대한 대응이 무엇보다도 시급하다고 본다.

전통적인 범죄의 보호 법익이 대체적으로 국가적 법익, 사회적 법익, 개인적 법익으로 구별 지어 다룰 수 있는데 반하여 사이버범죄의 경우는 이러한 법익에 의한 구별이 어려운 경우가 있는데, 대표적인 경우가 사이버테러형 범죄가 여기에 해당할 것이다. 사이버테러형 범죄의 경우도 처음에는 단순한 해킹, 즉 컴퓨터시스템에 대한 침해에서 시작하여 이들 침해된 사이트의 컴퓨터시스템 자원을 통하여 범행을 확대하고 종국적으로는 목표로 하는 시스템에 집중적인 공격을 가하는 형태로 발전하는 것이 통상 사이버테러형 범죄가 취하는 방식이다. 여기서 조금 발전하면 소위 '정보전' 또는 '사이버전쟁'으로 나가는 것이다.

경찰청 사이버범죄수사대가 95년 해커수사대로부터 시작하여 1997년 컴퓨터범죄수사대와 1999년 사이버범죄수사대를 거치면서 계속 해킹 및 바이러스 유포 사범 대응에 총력을 기울이고 있는 것도 이러한 위험을 간파하고 있기 때문이다. 구체적인 대응책을 살펴보면 다음과 같다.

1) 전문인력 양성

세상의 어떤 일도 사람 없이 이루어지지 않는다. 사이버범죄 대응에서도 마찬가지이다. 특히 해킹이나 바이러스 제작 · 유포와 같은 기술적인 요인이 크게 연루된 사건을 수사하고 재판하는 일에 있어서는 이러한 기술을 이해할 수 있는 전문 인력의 필요성을 더욱 절실히 느끼게 된다. 더구나 최근 발생한 야후 등 유명 사이트에 대한 해커(크래커)들의 공격으로 보안에 대한 인식을 새롭게 하면서 보안인력에 대한 기갈을 느끼면서 전문 인력 양성에 대한 뼈저린 필요성을 느끼게 된다.

우리 경찰청의 경우에는 그래도 다행히 15만 명에 달하는 경찰 인력 가운데서 골라 쓸 수 있는 입장이어서 한결 나은 편이다. 그러나 지금 국가기관은 물론이고 정보보호산업체에서도 필요한 인력을 구하지 못해서 발을 구르고 있는 실정이다. 필요할 때 인력을 구하려 해서는 이미 실기하는 경우가 많다. 그러나 필요성을 느낀 그 시점에서라도 전문 인력을 양성하려는 노력을 경주하면 늦었다고 하는 그때가 자신에게는 가장 빠른 시기라는 사실을 또한 경험할 수 있을 것이다.

2) 대응체제의 구축

사이버공간은 한 덩어리로 연결되어 있어 물리적 공간에서와 같은 시간과 공간의 제약을 받지 않으며 국경도 존재하지 않는다. 더구나 인터넷은 특별히 관리하는 사람이 없는 열린 공간이고 범죄자는 물론이고 가상 적군도 같은 공간에서 활동하고 있는 것이다. 따라서 사이버범죄, 그 중에서도 특히 사이버테러형 범죄에 대해서는 중앙 집중적인 대응체계가 필요하다고 본다. 중앙 집중적인 조직의 필요성은 사이버범죄가 요구하는 기술집약적 요소와 전문인력에 대한 요청을 충족시키는데 유리하기 때문이다. 또한 최근 발생하고 있는 많은 해킹사건의 경우 해외로부터의 침해가 큰 비중을 차지하고 있으며, 국내 해커(크래커)들도 범행을 은폐하기 위하여 해외로 우회하여 다시 국내로 돌아 들어오는 경우가 많은 것으로 파악되고 있어 외국 수사기관과의 공조도 필수적이어서 중앙 집중적인 대응체계가 필요하다고 본다. 대응조직 형태는 지휘 계층이 얕아야 한다. 피라미드형 전통적인 계층구조로는 신속한 의사결정을 해야 하는 사이버테러형 범죄에 대한 대응에는 적합지 않다고 본다. 그리고 가능한 최고 의사결정권자 직속의 기구로 조직하는 것이 사이버테러형 범죄대응에서 요구되는 빠른 의사결정과 집행에 유리하다고 본다. 의사결정에 대한 책임문제도 의사결정에 중요한 역할을 하는 기안자와 이를 승인하는 결재권자가 직접적인 책임의식을 가질 수 있는 구조가 될 것이다.

사이버테러형 범죄에 대응하는 조직은 비용이 다소 들더라도 2개 이상의 조직으로 중첩적으로 구성하여야 할 것이다. 이는 사이버테러형 범죄에 대한 대응의 실패는 인명 살상과 같은 대형사고로 이어질 위험을 피할 수 있고, 중앙 집중적 조직으로 인한 독단을 피할 수 있기 때문이다.

3. 사이버범죄 예방활동의 강화

범죄대응에 있어서 예방은 아무리 강조하여도 지나침이 없다고 하여야 할 것이다. 사이버범죄의 경우에는 더욱 예방이 강조되고 있는데, 사이버범죄는 발생하는 순간 이미 회복하기 어려운 피해를 발생시키기 때문이다. 비밀자료의 유출은 그 자체로 모든 것을 폐기해야 하는 결과를 초래하고 컴퓨터시스템 관리자의 비밀번호가 유출되면 모든 사용자의 비밀이 노출되는 위험에 빠지고 이를 발견하기 또한 어려운 일이므로 예방을 조치가 가장 경제적인 대응책이 될 것이다.

특히 사이버공간은 국경이 없지만 경찰권과 형벌권은 그 나라의 주권과 관련하여 엄격하게 국경의 제약을 받게 된다. 따라서 해외에서 침투해오는 해킹범죄의 경우에는 사실상 사법적 조치가 무의미해지는 경우가 많고, 수사 자체가 어려운 경우가 대부분이어서 실질적인 국제 공조가 이루어지지 않고 서는 예방 외에는 뚜렷한 대응책이 없다고 본다.

예방을 위한 대책으로는 물리적인 보안, 논리적 보안, 인적보안 등의 보안대책을 세워나가는 방법이 있을 것이다. 보안대책은 세우고 실행하는 데에는 많은 비용과 인력이 소요된다. 따라서 최근까지도 대학이나 기업은 물론이고 심지어 공공기관에서까지도 전산망에 대한 보호조치를 일종의 낭비라고 생각하는 경우가 많은 것 같다. 그러나 지식정보사회에서는 어떤 기관이든지 컴퓨터시스템의 붕괴는 기관 자체의 붕괴와 버금가는 심각한 문제로 인식해야 할 때가 되었다고 본다.

4. 범죄자 추적 가능성의 확보

사이버공간은 익명성과 비대면성이 보장되어 있다. 이에 따라 범죄의 유혹도 물리적 공간에서 보다 강하게 받는 것이 사실이다. 더구나 정보통신의 변화 속도가 빨라 사이버범죄를 검거하고 처벌하는 문제가 쉽지 않은 것이 현실이다. 따라서 자칫 사이버공간은 국가의 형벌권이 미치지 않는 치외 법권과 같은 존재가 되어 버릴 위험도 없지 않다.

최근 인터넷을 항해하다 보면 사이버범죄를 도와주는 많은 해킹 프로그램들을 발견할 수 있다. 더구나 사이버범죄의 흔적을 없애 추적할 수 없도록 하는 도구들도 인터넷을 통하여 급속히 퍼져 나가고 있다. 그리고 PC방과 같이 사용자가 특정되지 않은 공중 인터넷 서비스가 급격히 늘어나고 있다. 이러한 공중 인터넷 컴퓨터를 이용하여 사이버범죄를 저지르는 경우에는 이를 추적하여 처벌한다는 것은 사실상 불가능에 가깝다. 이러한 사실을 악용하여 발생하는 사이버범죄가 급격히 늘어나고 있다. 범죄자들은 경찰의 추적을 따돌리려고 이러한 사각지대를 찾아 나설 것이다. 그리고 사이버공간의 익명성과 비대면성을 최대한 악용하여 사이버범죄를 저지를 것이다.

이러한 범죄의 사각지대를 막는 것은 무엇보다도 중요하다고 본다. 아무리 법제가 잘 정비되어 있어도 그 법의 집행이 불가능하다면 그 법은 존재 의미가 없을 것이다. 또한 법집행이 불가능한 그곳은 바로 국가통치권이 미치지 못하는 곳이 될 것이다. 미국과 같은 인권 선진국에서도 인터넷 사용이나 암호사용에 있어서 정당한 법집행이 가능하게 하는 문제는 최우선의 과제로 삼고 있다. 우리도 기본적으로 어떤 사건이 발생하여 수사가 필요한 경우에는 추적 가능한 상태로 사이버공간이 관리되어야 한다고 본다.

먼저 사이버공간을 형성하고 있는 컴퓨터시스템이나 네트워크를 사용하는 자는 그 사용으로 인한 결과에 대하여 책임을 져야 하며, 이러한 책임의 소재를 밝힐 수 있는 방안이 강구되어야 한다. 컴퓨터 네트워크를 관리하는 기관은 이용자들의 이용 상황을 확인할 수 있는 대책을 강구하여야 한다. 특히 공중용 컴퓨터를 운영하는 기관에서는 반드시 사용자를 특정할 수 있는 방안을 강구하여야 할 것이다. 이용자의 이용 상황을 확인하기 위하여 가장 많이 사용되는 자료는 컴퓨터시스템의 접속기록(log)이다. 따라서 모든 컴퓨터에는 접속기록(log)을 반드시 남겨야 하고, 이를 일정기간 보관하도록 하여야 한다.

5. 사이버공간에 맞는 법률 정비

현재 시행되고 있는 대부분의 법률은 물리적 공간을 전제로 하여 만들어진 것들이다. 따라서 사이버공간에서 발생하고 있는 범죄현상에 적절히 대응하기 어려운 면이 있다. 물론 사이버범죄를 규제할 여러 법령들이 있지만 근본적으로 사이버공간의 사이버범죄에 적용될 새로운 법률의 제정을 시도하여야 할 것이다. 전자거래기본법과 전자서명법과 같은 법률이 사이버공간에서의 거래와 서명에 적용하기 위하여 제정되었듯이 사이버범죄에도 그 고유의 독특한 특성이 있는 것이므로 이에 걸맞은 법률이 마련되어야 할 것이다.

급속히 변화되는 사이버공간의 변화에 법률이 뒤따르지 못해서 공백이 생겨서는 안 될 것이다. 컴퓨터바이러스를 제작하여 유포하는 행위, 민간 부문에서의 개인정보 보호에 관한 법제가 미비 되었다는 지적이 계속되고 있다. 또한 암호이용 관련 법률의 제정을 통하여 암호이용을 촉진함으로써 사이버범죄 예방에 기여하도록 하여야 할 것이다. 또한 형사 증거법도 사이버범죄와 관련된 증거에 적절히 적용될 수 있도록 수정되어야 할 것이다.

6. 사이버수사대의 국제적 협조체제

최근 발생하고 있는 해킹사건의 상당 부분이 해외에서 침입해 온 것이다. 해외로부터 침입하는 해킹사건은 사실상 수사가 어려운 실정으로 예방이 최선의 방책이라고 할 것이다. 그러나 이와 같이 계속 늘어만 가는 해킹사건을 그대로 방치만 하고 있을 수는 없는 일이다. 이를 해결하기 위해서는 외국의 수사기관과의 공조체제를 구축하여 해킹에 공동대응 하여야 할 것이다. 선진 8개국은 이미 사이버범죄에 대한 대응이 국경을 넘는 국제적인 협력 없이는 불가능하다는 사실을 인식하고 1997년 12월에 법무·내무장관 회의를 개최하여 공동 대응할 것을 합의하고 이를 위한 기본원칙을 선언하고 행동계획을 발표한 바 있다. 우리도 국제적 협력을 위하여 인터폴을 통한 협력을 계속해왔고, 앞으로도 더욱 진전된 국제공조를 위하여 컴퓨터범죄 관련 국제회의나 세미나에 참석하고, 사이버범죄수사대 내에 국제 협력반을 두어 해외로부터의 해킹자료를 지속적으로 수집하고 침투 사이트에 대한 정보를 제공하여 재발방지를 촉구하며 필요한 경우에는 사법적 조치를 요구하는 등의 조치를 취해

나갈 예정이다.

사이버공간은 앞으로도 계속 발전을 거듭할 것이다. 이러한 발전이 우리에게 무엇을 의미할지는 아무도 모르는 일이다. 다만 한 가지 확실한 것은 이미 우리 생활의 중요한 부분이 사이버공간으로 옮겨갔고 이제는 사이버공간을 무시하고는 정상적인 생활을 영위하기가 어려운 지경이 되어 버렸다. 이러한 상황에 도달한 우리로서는 사이버공간에서의 생활이 보다 안전하고 편안한 생활이 되도록 노력해야 할 책무가 있다.

사이버공간의 안전을 위한 이러한 노력은 어떤 특정한 계층의 사람들만이 해야 하는 것은 아니다. 기본적으로 사이버공간에 참여하고 있는 모든 사람들의 공동작업에 의해서만이 사이버공동체의 생활을 안전하고 편안하게 유지시켜 줄 것이다. 특히 사이버공간의 질서를 교란시키는 해커(크래커)들은 인류의 공동 적이라는 관념하에 국제적 공조를 이루어 나갈 때에만 해커(크래커)들의 준동을 막을 수 있을 것이다. 그러나 이러한 공조는 무엇보다도 국내에서 사이버공간에 대한 확고한 치안질서가 확립되어 있을 때에만 실현 가능하다고 본다. 다시 말해서 우리 스스로가 사이버범죄에 대한 단호한 조치가 있을 때에 해외에서 침입한 해커에 대해서도 추적과 처벌을 요구할 수 있을 것이다.

그리고 무엇보다도 중요한 것은 항상 예방이 최선의 방어책이라는 사실을 염두에 두고 사이버공간을 구성하는 컴퓨터시스템과 네트워크망에 대한 지속적으로 점검을 해야 할 것이다. 또한 우리 사이버생활의 기반을 위협하는 사이버테러를 막는 데 최선을 다해야 할 것이다. 이러한 바탕 위에서 사이버공간은 우리의 미래를 밝게 해 줄 것이다.

참고문헌

[3장]

김석현 외(2020). 코로나19, 동향과 전망. 서울: 지식공작소.

김우주(2020). 신종 바이러스의 습격. 서울: 반니.

김유익 외(2020). 세계는 왜 한국에 주목하는가. 서울: 모시는사람들.

김윤(2015). 메르스 이후 한국 의료체계의 진단과 해법. 한국행정포럼, 150, 22-29.

김훈(2015). 메르스와 사스. 이제 여기 그 너머 5, 223-226.

셔먼, 어윈 W. 장철훈 옮김(2019). 세상을 바꾼 12가지 질병. 부산: PNUPress.

어느 가톨릭 수도자의 좌충우돌 세상 사는 이야기, "무스타파 달렙의 코로나19에 대한 성찰." 2020년 6월 19일 접속, https://happyjeje.tistory.com/1006. 데일리 대구경북뉴스, "계명대 대구동산병원. 코로나19 지역거점병원으로 지정." 2020년 6월 19일 접속, https://dailydgnews.tistory.com/20805

이낙원(2014). 바이러스와 인간. 파주: 글항아리.

장철훈(2020). 감염병과의 전쟁, 어디까지 왔나?. *Future Horizon, 44*, 4-9.

장호종 엮음(2020). 코로나19, 자본주의의 모순이 낳은 재난. 서울: 책갈피.

Engeln, Henning/ 이정모 옮김(2010). 인간, 우리는 누구인가?: 진화적 관점에서 본 인간의 여정. 서울: 을유문화사.

Lucado, Max/ 최종훈 옮김(2005). 목마름. 서울: 두란노.

Morrison, Tyler J/ 홍유진 옮김(2020). 코로나19 우리가 알아야 할 사실들. 파주: 열린책들.

Quammen, David/ 강병철 옮김(2017). 인수공통 모든 전염병의 열쇠. 제주: 꿈꿀자유.

Zelicoff, Alan P. & Bellomo, Michael/ 송광자 옮김(2011). 바이러스 습격사건. 파주: 알마.

[4장]

국토교통부(2020). 지적통계(Cadastral Statistics). 국토교통통계누리.

김종만(2020). 코로나바이러스19와 환경 위기 보고서. 전라북도자연환경연수원.

박훈(2020). 코로나19 이후의 환경기후문제. 기후변화행동연구소.

보건복지부(2019). 국민건강영양조사. 세종: 보건복지부.

산림청(2019). 임업통계연보. 산림청.

신·재생에너지센터(2019). 2018년 신재생에너지 보급통계; 2019년 4/4분기 신·재생에너지 신규 보급용량 안내. 한국에너지공단.

이상복(2019.9.9). 태양광발전 착시 전력수급 새 복병. 이투뉴스.

전력거래소.(2020). 가격결정발전계획용 수요예측.
http://www.kpx.or.kr/www/contents.do?key=223

진경남(2020.4.20). 태양광, 분기 보급량 최초 1GW 돌파. 이투뉴스.

질병관리본부(2018). 제22차 감염병 예방관리 기본계획: 원헬스(one health) 기반 공동 대응체계 강화 2018-2022. 보건복지부.

한국통합물류협회(2020). 국가물류통합정보센터. 국토교통부.

After the Coronavirus.(2020, Spring). *Foreign Policy*, 9-13.

Bedford, J. et al. (2019). A new twenty-first century science for effective epidemic response. *Nature, 575*(7781), 130-136.

Birol, F. (2020). The coronavirus crisis reminds us that electricity is more indispensable than ever. https://www.iea.org/commentaries/the-coronavirus-crisis-reminds-us-that-electricity-is-more-indispensable-than-ever

Carlson, C. J. et al. (2020). Climate change will drive novel cross-species viral transmission. bioRxiv, 2020.2001.2024.918755.

Carrington, D. (2020, April 17). Polluter bailouts and lobbying during COVID-19 pandemic. The Guardian.

Chomel, B. B., Belotto, A., & Meslin, F.-X. (2007). Wildlife, exotic pets, and emerging zoonoses. *Emerging infectious diseases, 13*(1), 6-11.

Evans, Simon. (2020). Analysis: Coronavirus set to cause largest ever annual fall in CO_2 emissions. Carbon Brief.

Gidden, M. J. et al. (2019). Global emissions pathways under different socioeconomic scenarios for use in CMIP6: a dataset of harmonized emissions trajectories through the end of the century. *Geoscientific Model Development, 12*(4), 1443-1475.

Google Health(2020). COVID-19 Community Mobility Report: South Korea, April 11, 2020. Google. https://www.google.com/covid19/mobility/

IPBES(2019). Global assessment report on biodiversity and ecosystem services of the Intergovernmental Science-Policy Platform on Biodiversity and Ecosystem Services. IPBES Secretariat.

Mendoza, H. et al. (2020). Does land-use change increase the abundance of zoonotic reservoirs? Rodents say yes. *European Journal of Wildlife Research, 66*(1), 6.

Rohr, J. R. et al. (2019). Emerging human infectious diseases and the links to global food production. *Nature Sustainability, 2*(6), 445-456.

Shahmohammadi, S., Steinmann, Z. J. N., Tambjerg, L., van Loon, P., King, J. M. H., & Huijbregts, M. A. J. (2020). Comparative Greenhouse Gas Footprinting of Online versus Traditional Shopping for Fast-Moving Consumer Goods: A Stochastic Approach. *Environmental Science & Technology, 54*(6), 3499-3509.

[5장]

박혜윤(2021). 코로나바이러스감염증-19 환자와 자가격리자의 정신건강. *Journal of Korean Neuropsychiatric Association.*

신선화(2021). 코로나 19 두려움과 예방실천 간의 관계에서 정신건강과 수면 문제의 매개효과. 한국융합학회논문지.

심민영(2020). 코로나바이러스감염증-19와 관련된 정신건강 문제, 대한내과학회지.

이은환(2020). 이슈 & 진단, 코로나 19세대, 정신건강 안녕한가!

이만우(2021). '코로나19 대유행'이 가져온 정신건강위기와 대응 정책과제. 국회입법조사처.

이소희(2021). 코로나 19 팬데믹과 정신건강. *Journal of Korean Neuropsychiatric Association.*

전진아, 이지혜(2020). 코로나바이러스감염증-19 마음건강 돌봄 현황 및 과제. 보건 · 복지 Issue & Focus.

국회입법조사처(www.nars.go.kr)

Kwek SK, Chew WM, Ong KC, et al. (2006). Quality of life and psychological status in survivors of severe acute respiratory syndrome at 3 months postdischarge. *J Psychosom Res, 60*, 513-519.

Lee AM, Wong JG, McAlonan GM, et al. (2007). Stress and psychological distress among SARS survivors 1 year after the outbreak. *Can J Psychiatry, 52*, 233-240.

Mak IW, Chu CM, Pan PC, Yiu MG, Chan VL. (2009). Long-term psychiatric morbidities among SARS survivors. *Gen Hosp Psychiatry, 31*, 318-326.

Wu P, Fang Y, Guan Z, et al. (2009). The psychological impact of the SARS epidemic on hospital employees in China: ex posure, risk perception, and altruistic acceptance of risk. *Can J Psychiatry, 54*, 302-311.

Maunder R, Hunter J, Vincent L, et al. (2003). The immediate psychological and occupational impact of the 2003 SARS outbreak in a teaching hospital. *CMAJ, 168*, 1245-1251.

Korean Society for Traumatic Stress Studies. COVID-19 mental health survey(second half of 2020) [Internet]. Gyeongsan(KR): Korean Society for Traumatic Stress Studies, c2020 [cited 2020 Nov 9]. Available from: http://asq.kr/Y0ROPoAehXoQB.

Torales J, O'Higgins M, Castaldelli-Maia JM, Ventriglio A. (2020). The outbreak of COVID-19 coronavirus and its impact on global mental health. *Int J Soc Psychiatry, 66*, 317-320.

Baldassarre A, Giorgi G, Alessio F, Lulli LG, Arcangeli G, Mucci N. (2020). Stigma and discrimination(SAD) at the time of the SARS-CoV-2 pandemic. *Int J Environ Res Public Health, 17*, 6341.

Scheid JL, Lupien SP, Ford GS, West SL. (2020). Commentary: physiological and psychological impact of face mask usage during the COVID-19 pandemic. *Int J Environ Res Public Health, 17*, 6655.

[6장]

강성호, 이태열(2020). 가구분화에 따른 노인빈곤과 시사점. KIRI고령화리뷰, 36, 1-9.

고정자(2002). 현대가족문제론. 동아대학교출판사 211-230.

고영복 편(1991). 현대사회문제. 사회문화연구소.

국가인권위원회(2011). 노숙인 인권 실태조사. '서울역의 야간 노숙행위 금지 조치가 노숙인 인권에 미치는 영향'.

김경민(2019). 한국과 일본의 요보호아동복지제도 전개에 관한 연구. 일본어문학. 87.

국민일보 및 조선일보 기사 인용

권태환 외(1996). 전환기 한국의 사회문제. 서울: 민음사.

기타 인터넷 자료(통계청 외 '보건복지부 통계연보 2002').

김동진(2019). 국민의 건강수준 제고를 위한 건강형평성 모니터링 및 사업 개발－아동기 건강 불평등. 한국보건사회연구원 연구보고서, 2019-36.

김안나(2021). 기초연금의 노인가구 유형별 빈곤감소 효과 분석. 한국융합학회, 12(1), 267-274.

김영모 편(1982). 현대사회문제론. 한국복지정책연구소.

박광준(1999). 일본 사회복지 본질논쟁. 부산: 세종출판사.

백순기, 김도진(2019). 부모의 양육태도와 아동발달 관계. 한국융합학회논문지, 10(10), 267-274.

보건복지부(2017). 노숙인 등의 실태조사.

보건복지부(2019). 2018년 아동종합실태조사.

보건복지부(2021). 결식아동 급식업무 표준업무매뉴얼.

보건복지부(2021). 아동분야사업안내.

보건복지부(2021). 지역아동센터지원 사업안내.

서울대 현대사상연구회 편(1996). 이데올로기와 사회변동. 서울: 서울대출판부.

서울시(2020). 노숙인복지정책 백서. '서울시 노숙인복지정책 20년사－노숙인 다시 우리의 이웃이 되다'

아동권리보장원(2021). 2020 코로나19대응 아동실태조사.

이미영(2016). 빈곤아동 지원제도 개선방안에 대한 고찰. 사회복지법제학회, 7(1), 3-25.

이정표(2017). 지역아동센터 종사자의 역량모델 및 교육훈련 로드맵 개발. 한국기업교육학회, 19(3), 211-239.

이주미, 김태완(2020). 노인빈곤 원인에 대한 고찰: 노동시장 경험과 가족구조 변화를 중심으로. 보건사회연구원, 40(2), 193-221.

이채정(2018). 보육정책 확대의 과정과 효과 연구: 자녀양육부담의 탈가족화에 미친 영향을 중심으로. 서울대학교 박사학위논문.

이혜림(2016). 가구소득이 아동의 학업성취에 미치는 영향: 대학수학능력시험 결과의 분석을 중심으로. 서울대학교 석사학위논문.

임춘식(1999). 사회문제와 사회복지. 유풍출판사.

임희섭(1983). 사회적 평등과 발전. 서울: 정음사.

조홍식 외 4인 공저(2001). 가족복지학. 학지사, 170-178.

장영은(2021). 지역아동센터운영현황에 대한 고찰. 인문사회 21(The Journal of Humanities and Social science), 12(1), 2619-2628.

장희선, 김기현(2014). 빈곤이 아동발달에 미치는 영향. 아동복지학, 32, 185-216.

차재호(1994). 사회문제 연구의 필요성과 방법론. 한국심리학회지: 사회문제. 1(1).

최선화 외 4인 공저(2001). 사회문제와 사회복지. 양서원, 257-307.

최선화 외(2002). 사회문제와 사회복지. 양서원.

최일섭, 최성재 편(1994). 사회문제와 사회복지. 서울: 나남출판.

통계청(2018). 2017 인구주택총조사.

통계청(2019). 2019 장래인구특별추계(2017-2067).

통계청(2019). 장례인구추계. 2021-2025년. 통계청.

통계청(2020a). 가계금융복지조사.
통계청(2020b). 2020고령자통계.
한국보건사회연구원(2007). 한국의 아동빈곤실태와 빈곤아동지원방안.
Forster, Michael & d'Erocole, Marco(2005), Income Distribution and Poverty in OECD Countries in the Second Half of the 1992, OECD Social, *Employment and Migration Working Papers, No. 22.*
Organization for Economic Cooperation and Development(2020). Poverty rate.
Solera(2003), "Child Poverty and Child Policy in Modern Nations – What do we know?", Koen Vleminckx, and Timothy Smeeding(Eds), Briston – *Policy Press*, 527-546.
Vleminckx, Koen & Smeeding, Timothy(2003), "What have we learned and where do we go from here? Child Well-Being, Child Poverty and Child Policy in Modern Nations" – What do we know?, Koen Vleminckx, and Timothy Smeeding(Eds), Briston – *Policy Press*, 527-546.
Giddens, A. 김미숙 외 역(1997). **현대사회학**. 서울: 을유문화사.

[7장]

김승권. '가족해체의 발생원인 및 규모추정과 정책방안' 연구.
김영모(2001). **현대사회문제론**. 고헌 출판부.
이영주(2007). 한국 가족의 구조변화와 사회적 대응방안.
김승권(2002). 가족해체의 발생원인 및 규모추정과 정책방안.
변화순. '가족해체 예방 및 대책방안' 연구.
보건복지부(2020). 한국보건사회연구원. 2020년도 노인실태조사.
여성가족부(2018). 2018년 한부모가족 실태조사.
SBS '그것이 알고 싶다' 400회.
여성가족자원부 '이혼 후 자녀양육 실태조사'.
조광영. '한국의 빈곤과 가족해체에 관한 연구' 연구.
최경석 외 5명 공저(2001). **한국 가족복지의 이해**. 인간과 복지.
통계청 '2006년 사회통계결과조사' 외 기타 여러 통계자료.
국민일보 쿠키뉴스(2006.12.07, 11:35:46).
경향신문 신년특집 /新가족] 가족해체 현상과 원인.

[8장]

김덕선(2018). 사회문제에 나타난 아동학대문제의 해결방안에 관한 연구. 협성대학교 아동보육학과 박사과정.
김지연(2001). 아동보호전문상담원의 역할에 관한 연구. 가톨릭대학교 대학원 사회복지학과 사회복지학 전공.
보건복지부(2021). 2020년 아동학대 연차보고서.
보건복지부(2021). 2020년 아동학대주요통계.

윤혜미(2017). 아동학대유형과 심리사회적 부적응의 관계에 대한 메타분석. **사회복지연구**.

이동원, 함인희(1993). 산업화에 따른 가족문제의 실태 및 유형에 관한 연구: 가족복지정책 수립의 기초자료 제공을 위하여, 이화여자대학교 한국문화연구원 논총. **사회과학논집**, 62(2), 20.

장인협(1984). **아동복지론**. 서울: 서울대학교출판부, 8.

정웅석(2014). 아동학대범죄의 처벌 등에 관한 특례법의 의의 및 향후과제. **피해자학 연구**, 22(1), 189-214.

최복천, 김유리(2016). 아동보호전문기관의 학대사례 분석을 통한 장애아동 학대 고찰. **법과인권교육연구**.

Jerry Brinegar(1992). *Breaking Free from Domestic Violence*. Minneapolis: Comp Care Publishers. p.3.

Merton, R. & Nisbet, R. (ed.)(1996). *Contemporary Social Problems*. Harcourt Brace & World. Inc.

Rachels, J. (ed.). 황경식 외 역(1983). **사회윤리의 제 문제**.

Rubington, E. et al. 이장현·김영이 공역(1985). **사회문제의 연구**. 서울: 경문사.

Schneider, L. et al. *Human Responses to Social Problems*. The Dorsey Press.

Shepard, J. & Voss, H. (1978). *Social Problems*. Macmillian.

Weinberg, S. (1970). *Social Problems in Modern Urban Society*. Prentice-Hall.

Lewis, O. (1959). *Five Families*. New York: Basic Books.

Pearman, W. A. & Rotz, R. (1981). *The Province of Sociology: Selected Profiles*. Chicago, IL: Nelson-Hall.

Rubington, E. & Weinberg, M. S. (1989). *The Study of Social Problems: Six Perspectives*(4th ed.). New York, NY: Oxford Univ. Press.

Ryan, W. (1976). *Blaming the Victim*(Rev. ed.). New York: Random House.

Sullivan, T., Thompson, K., Wright, R, Gross, G., & Spady, D. (1984). *Social Problems: Divergent Perspectives*. New York: John Wiley & Sons.

Tuner, J. H. (1991). *The Structure of Sociological Theory*. Belmont, CA: Wadsworth Publishing Co.

Wallace, R. & Wolf, Alison. (1980). *Contemporary Sociological Theory*. Englewood Cliffs, NJ: Prentice-Hall

[9장]

권은주, 윤일, 김순은(2018). 노인자기방임의 성별차이. **한국노년학**, 38(3), 627-643.

김말령, 이재정(2016). 남성노인의 자기방임에 대한 위험요인 연구. **노인복지연구**, 71(3), 29-51.

서상철(2003). **현대사회와 사회복지**. 현학사.

서 윤(원광대학교 사회복지학). 노인학대 강의자료.

옥양련(2001). **오늘의 사회문제**. 유풍출판사.

우국희(서울기독대학교). 사회복지서비스. 실천분야 강의자료.

임정미(2021). 시설 내 노인학대 현황과 대책. **보건복지 Issue & Focus, 407호**.

중앙노인보호전문기관 홈페이지 자료실. 2020노인학대현황보고서.
최일섭. 최성재(2000). **사회문제와 사회복지**. 나남출판.
통계청(2021). 2021 자살예방백서.

[10장]

강유미(2011). 학교폭력에 대한 실태분석 연구, 고려대학교 대학원 석사학위논문.
경찰청(2013-2020) 경찰백서.
교육부(2020). 청소년백서. 통계청.
김기환(1999). 청소년의 성행위에 대한 고찰. **한국아동복지학**, 198-208.
김난주(2001). 학교폭력 예방에 관한 연구. 동의대학교 대학원 법학박사 학위논문.
김영화, 최영진(2017). **청소년 복지론**. 경기: 정민사.
김은경(2006). 21세기 소년사법 개혁의 발전 방향과 과제. **형사정책연구소식**, 98, 15-23.
김자경, 손정락(2007). 의미 치료가 비행 청소년의 우울 삶의 목적 및 비행 충동에 미치는 효과. **한국심리학회지 임상**, 26(1):1-19.
김준호, 박혜광(1994). 음란물과 청소년 비행과의 관계에 관한 연구. 한국형사정책연구원 대검찰청, 2009-2018, 「범죄 분석」.
민혜숙(2021). 학대와 자해경험이 있는 성인의 성장에 대한 내러티브 탐구에 대한 연구. 명지대학교 대학원 박사학위논문.
박윤기(2008). 학교폭력에 대한 경찰의 대응방안에 관한 연구. 동아대학교 대학원 법학 박사학위논문.
박정란, 서욱란, 장수한(2017). **청소년 복지론**. 경기: 양서원.
유가효(1997). 청소년의 성 문화와 성교육 프로그램 방향 모색. **사회과학논총**, 23(1), 1-10, 계명대학교 생활과학연구소.
이성식(2005). 사이버상의 청소년에 대한 일반 이론의 검증. **한국공안행정학회**, 21: 227-249.
이영돈(2002). 학교폭력에 대한 경찰의 법·제도적 대응방안 고찰. **법학논문집** Vol36, No1. 165-197.
이순례(2002). 학교폭력의 원인 및 대처방안에 관한 연구,「연구보고서」, 2-42, **한국형사정책연구원**, 32-34.
이윤호, 김지연(2006). 최근 소년사법의 경향에 따른 소년범에 대한 효과적인 대응방안 모색. **한국공안행정학회보**, 22, 321-348.
이종원, 이순례, 정윤미(2016). 한국아동청소년 패널조사Ⅶ: 기초 분석 보고서 청소년 비행의 실태와 추이 분석 현실 비행과 사이버 비행. 한국청소년정책연구원 연구보고서.
임계령(2012). 학교폭력 대책에 관한 연구. 제주대학교 대학원 박사학위논문.
한소은(2006). 학교폭력예방을 위한 상담 프로그램 비교연구. 경기대학교 석사학위논문.
홍봉선, 남미애(2017). **청소년복지론**, 경기: 공동체.

[11장]

강진영, 유현근(2000). **집단 괴롭힘**. 서울: 양서원.

권이종(2000). 학교 내에서의 집단 따돌림의 발생원인과 해결방안에 관한 연구: 학교내의 폭력을 중심으로. **청소년학연구**.
구본용(1997). 청소년 집단 따돌림의 원인과 지도 방안. 청소년상담 문제연구.
김혜원(2011). 청소년들의 집단따돌림과 집단괴롭힘 피해 경험에 따른 심리적 부적응 및 학교 부적응. 청소년학연구.
김혜원(2011). 집단따돌림과 집단괴롭힘에 따른 남녀 청소년들의 심리적 건강, 학교인식 및 학교 적응에 대한 구조분석. 청소년복지연구.
김성은(2000). 초등학생 집단 따돌림의 영향요인 연구. 목원대학원 논문, 15-21.
민혜숙(2021). 학대와 자해경험이 있는 성인의 성장에 대한 내러티브 탐구에 대한 연구. 명지대학교 대학원 박사논문.
박경숙 외(1998). 학생의 왕따(집단 따돌림 및 괴롭힘) 현상에 관한 연구. 한국교육개발원.
서영석, 안하얀, 이채리, 최정윤(2015). 집단따돌림 외상 경험 및 극복 과정 연구. **한국심리학회지**: 상담 및 심리치료.
신명희(2001). 중학생의 집단 따돌림에 관한 비교연구. 중앙대 사회개발대학원, 12-17.
이희경(2002). 공감과 동조가 집단따돌림 피해자와 가해자와 지각에 미치는 영향. 교육심리연구.
안남수(2001). 가정환경 및 어머니의 양육태도와 집단 따돌림과의 관계 연구. 인제대학교 교육대학원 석사학위논문, 10-15.
정화니, 조옥귀(2011). 부모의 양육태도와 집단따돌림 행동과의 관계에서 공감과 자존감의 역할. **교육이론과 실천**.

[12장]

경찰청 브리핑 보도자료(2021.7.16.).
경찰청(2015). 2015 경찰통계연보.
경찰청(2019년) 경찰백서.
고명석, 박명혜(2012). 성폭력, 가정폭력전문상담원교재. 명지대학교 사회교육원.
권혜림(2019). 수사경찰의 성범죄에 대한 2차피해 인식요인 탐색. **한국콘텐츠학회논문지**, 19(1), 671-681. 한국콘텐츠학회.
나자렛성가원(2008). 성폭력전문상담원교육교재 Ⅰ, Ⅱ.
대검찰청(2015), 범죄분석, 각 년도.
디지털성범죄피해자지원센터(02-735-8994)/ 여성긴급전화 1366
법제처(2021). 성폭력범죄의 처벌 등에 관한 특례법(약칭: 성폭력처벌법).
성산효대학원대학교 부설 평생교육원(2019). 성폭력전문상담원양성교육 교재.
송효진 외(2016). 2016년도 아동 청소년 대상 성범죄 동향분석－2015년 신상정보등록대상자를 중심으로. 여성가족부.
송효진 외(2016). 아동 청소년대상 성범죄의 발생추세와 동향분석－2010-2015. 여성가족부.
아동 청소년의 성보호에 관한 법률 일부개정법률안(남인순의원 대표발의, 의안번호:2001478 제안일자:2016.8.8.) 제안이유.
윤가현(2006). **성문화와 심리**. 학지사.
윤지영(2018). 성폭력 피해자의 2차 피해방지를 위한 형사절차법적 개선 방안 모색. **이화젠더법학**.

이기연(2016). 아동 청소년 성매매 관련 인권개선 정책방안. 아동 청소년 성매매 환경 및 인권 실태 조사 결과 발표 및 토론회 자료집, 국가인권위원회, 2016.11.3.

한국사이버성폭력대응센터 활동가 긴급전화: 국번없이 1366.

한국성폭력상담소 엮음(1999). **섹슈얼리티 강의**. 동녘.

한국양성평등교육진흥원, 성희롱·성폭력 고충상담원 업무매뉴얼(2021년 현행본).

한국여성의전화 홈페이지(www.hotline.or.kr).

한국여성의전화, 2018.9, 데이트폭력 · 스토킹 피해자지원을 위한 안내서.

한국여성의전화연합 기획. 정희진 엮음(2003). **성폭력을 다시 쓴다**. 한울아카데미.

한국여성의전화연합(1999). **한국여성인권운동사**, 한울아카데미.

한국여성정책연구원(2019). 제24차 젠더와 입법포럼 자료집『여성폭력방지기본법 제정, 평가와 과제』.

한완수(2019). 미혼 남 · 녀 20-30대 청년들의 Sexuality 인식 태도와 데이트폭력성간의 관계: 젠더감수성 조절효과. 칼빈대학교대학원 박사학위논문.

[13장]

권혜림(2019). 수사경찰의 성범죄에 대한 2차피해 인식요인 탐색. 한국콘텐츠학회논문지, KIC ISSUE PAPER, 데이트폭력에 대한 효과적인 예방 및 대응방안, 한국형사정책연구원, 2015. 12. 제9호.

한완수(2019). 미혼 남 · 녀 20-30대 청년들의 Sexuality 인식 태도와 데이트폭력성 간의 관계: 젠더감수성 조절효과, 칼빈대학교대학원 박사학위논문.

이명선,「강간에 대한 여성학적 접근」, 박선미,「강간에 대한 통념의 수용에 관한 연구」, 김선영,「강간 범죄의 재판 과정에 나타나는 성차별적 선택성에 관한 연구」등. 서울시여성가족재단 데이트폭력실태조사(2017).

[14장]

경찰청.「2020년 경찰청 통계연보」자료.

김경숙, 여은경(2012). 성폭력 · 가정폭력 전문상담원 과정 교재, 명지대학교 사회교육원.

법제처. 가정폭력범죄의 처벌 등에 관한 특례법(약칭: 가정폭력처벌법) [시행 2021. 1. 21.] [법률 제17499호, 2020. 10. 20., 일부개정] 국가법령.

송아영(2021). 코로나19로 가려진 얼굴, 가정폭력. **월간 복지동향**, (267), 2021.1, 51-53(3 pages). 참여연대사회복지위원회.

알란 켐프(2001). **가족학대 · 가족폭력**. 나남출판. 이화여자대학교 사회사업연구회 역.

여성가족부(2019).「2019년 전국 가정폭력실태조사」자료.

여성가족부, 한국양성평등교육진흥원. 공공기관(일반국민)대상 가정폭력예방교육 표준강의안, 2021.7 기준.

여성가족부.「2020년 가정폭력 피해자 지원사업 운영실적 보고」자료.

여은경(2011). 가정폭력 가해남성을 위한 심리적 이미지치료 프로그램 개발 및 효과. 명지대학교 대학원 박사학위논문.

우국희(2001). 노인학대 관련 정책 개발을 위한 일 고찰– 미국의 노인학대 관련법과 서비스 정책을 중심으로. 한국사회복지학, 제44권.

우병창(2006). 일본의 가정폭력에 대한 대처와 그 동향. 가족법연구, 제20권, 1호.

유영주(2004). 노인학대에 대한 원인 분석 및 정책적 대응방안 연구. 세종대학교 대학원 박사학위논문.

윤혜미. 미국의 아동학대방지법과 정책방향. 각국의 아동학대 관련법과 정책–제 18회 한국아동학대예방협회세미나. 한국아동예방협회, 1997. 12.

이승현(2019). 가정폭력처벌법을 통해 본 입법쟁점과 개선방안. 이화젠더법학 제11권 제2호(2019년 8월). 이화여자대학교 젠더법학연구소.

인천광역시여성단체협의회 부설 가정·성폭력상담소, 가정폭력 전문상담원 양성교육자료집, 2013.

정헌주 외(2011). 사회문제의 이해. 경기: 대왕사.

정혜경(1993). 어머니가 지각한 유아의 스트레스와 양육태도와의 관계. 대구대학교 교육대학원 석사학위논문.

최윤라(1988). 학대받은 아동의 공격성과 감정이입에 관한 연구. 숙명여자대학교 대학원 석사학위논문.

홍정현, 권현정, 윤성인, 이수정(2017). 가정폭력 피해여성들의 가정 복귀에 영향을 미치는 요인: 학습된 무기력과 사회적지지, 가정폭력의 위험성을 중심으로. 한국심리학회지 여성, 2017, Vol. 22, No. 1, 1-22. 한국심리학회.

Gilbert, L. and Walker, R. (2001). *Contemporary Marriage*. In the New Handbook of Psychotherapy abd Counseling with Men, edited by G. Brooks and G. Glenn. San Francisco: Jossey-Bass. Giles-Sims, J., Wife Battering: A Systems Theory Approach, N.Y.: The Guilford Press.Gelles, 1983.

Gelles, R. J., *Intimate Violence in Families*(1998). 가정폭력의 허상과 실상. (이동원·김지선 역). 길안사.

Rosenbaum, A. and K.D.O'Leary, Marital violence: Characteristics of abusive couples, *Jornal of Consulting and Clinical Psychology, No.4*, 63-71., 1981.

Straus, M. A.. Measuring Intrafamily Conflict and Viloence: The Conflict Tactics(CT) Scales. *Journal of Marriage and the Family, Vol.41*, 1979.

Walker, Lenore E. (1979). *The Battered Women*. New York: Harper & Row.

Yoshioka, Dinola & Ullah, 2001, 김지영, 2003 재인용.

U.S. Department of Justice. *Violence Against Women*: Estimates from the Redesigned Survey. National Crime Victimization Survey, August 1995.

"Ending Violence Against Women", Population Reports, The Center for Health and Gender Equity, Vol. 27, No. 4.

[15장]

2020년 인터넷이용실태조사.

2020년 스마트폰과의존실태조사.

고명석 외(2005). **사회문제론**. 경기: 대왕사.

고영삼(2008). 인터넷 중독의 실태와 국가정책 대응, 한국정보문화진흥원.

고영삼, 엄나래(2007). 청소년 인터넷 중독 특성 분석-KADO 내담자를 중심으로 -KADO 이슈리포트. 통권 45호, 한국정보문화진흥원.

권승 외(2008). **사회문제론**. 경기: 공동체.

김근홍 외(2005). **사회문제와 사회복지**. 경기: 학현사.

김청택 외(2002). 인터넷 중독 예방상담 및 예방 프로그램 개발 연구, 정보통신부 정보통신 연구 개발사업 연구결과 보고서.

서상철(2007). **사회문제와 사회복지**. 경기: 공동체.

성윤숙(2007). 청소년의 온라인 게임중독 상담·치료에 대한 소고, 2007 청소년 인터넷 중독 상담과 치료에 관한 국제심포지움 자료집.

이소영(2000). 게임의 중독적 사용이 청소년의 문제해결 능력 및 의사소통에 미치는 영향. 고려대학교 석사학위논문.

한국임상사회사업학회(2008). **사회문제론**. 서울: 파란마음.

한국정보문화진흥원(2006). 유·아동 및 청소년의 인터넷 게임 중독 척도 개발 연구. **한국정보문화진흥원**.

한국정보문화진흥원(2007). 2007 인터넷 중독 실태조사. **한국정보문화진흥원**.

한국정보문화진흥원(2008). 인터넷 중독 정책 동향 및 법 제도 연구. **한국정보문화진흥원**.

한국정보문화진흥원(2008). 인터넷 중독의 특성 분석 연구: 인터넷 중독 고위험군의 심리적 특성을 중심으로. **한국정보문화진흥원**.

한국정보문화진흥원(2008). 청소년 인터넷 중독 자가진단척도 고도화 연구. **한국정보문화진흥원**.

Goldberg, I. (1996). *Internet addiction*. Electronic message posted to research discussion list.

Suler, J. (1996). The psychology of cyberspace. http://www1.rider.edu/-suler/psycyber/psycyber.html.

Walther, J. B. (1994). *Attraction to computer-mediated social support*. Working paper, Dept. of communication studies, Northwestern university.

Young, K. S. (1996). *Internet addiction*: The emergence of a new clinical disorder. Paper presented at the 104th annual meeting of the American Psychological Association, August 11s, Toronto, Canada.

Young, K. S. (1998). *Caught in the Net*: How to Recognize the Signs of Internet Addiction? and a Winning Strategy for Recovery(Hardcover-Feb 27). New York: John Wiley and Sons.

Young, K. S. (1999a). Internet addiction: Evaluation and treatment. *Student BMJ, 99*, 351-353.

Young, K. S. (1999b). *Net compulsion*: The latest treads in the area of Internet addiction. http://netaddiction.com

Young, K. S. (2000). A Therapist Guide to Assess and Treat Internet Addiction.

Young, K. S. (2000). Tangled in the WEB. Understanding Cybersex from Fantasy to Addiction.

Young, K.S/김현수 옮김(2000). 인터넷 중독증. 나눔의 집.

[16장]

2001.08호 월간소비자 시대.
권기정(1999). 정보범죄의 종류와 방지방안. 정보화 사회 학습실.
김강호(1999). 해커를 해킹한다. 서울: 개마고원.
김연수(2003). 사이버와 사이버범죄의 본질 및 특징에 대한 분석. 사회과학원, 사상 2003년 봄호, Vol 15(1).
김윤명(1996). 컴퓨터 범죄의 문제점과 개선방안. 한국통신.
김종섭(2000). 사이버범죄 현황과 대책. 한국형사정책학회, 형사정책, Vol 12(1).
김택상. 가상공간의 사이버 전사경찰청 사이버 범죄 수사대.
박창희(2000). 신종컴퓨터 범죄의 급증과 그 방지대책. 전북대학교대학원 법학과 석사학위 논문.
양기근(2001). 사이버범죄와 정보보호전문인력 양성-대학생들의 정보보호인식 중심으로. 한국공안행정학회보, Vol.12, 163-203.
우제태(2000). 사이버 공간과 사이버 범죄. 전주대학교 사회과학연구원, 사회과학논총, Vol.16, 323-344.
윤민석(2001). 사이버 범죄에 관한 연구. 충남대학교 대학원 석사학위논문.
정혜선(1999). 멀티미디어 정보보호 / 원격가상교육 / 코스웨어; 사이버 범죄와 정보윤리의 역학관계. 한국멀티미디어학회, Vol. 2(1), 186-191.
최영호(1995). 컴퓨터와 범죄 현상. 서울: 컴퓨터 출판.
최정호(2000). 디지털 시대의 빛과 그림자. 연세커뮤티케이션즈.
한국전산원. 컴퓨터범죄 및 오남용 사례현황 분석. 한국전산원 연구개발결과 보고서, 부록 5(1996).
한봉조. 정보시스템 범죄 대응체제 동향. 대검찰청 컴퓨터수사과 국내자료(2000).
형사정책연구원 선임연구원. 21세기 하이테크범죄대책. 한국형사정책연구원(1999).
JPICNIC의 미래를 향한 법률포럼, "인터넷과 컴퓨터범죄의 신동향"(1999).
대검찰청 컴퓨터수사과
http://www.dci.sppo.go.kr/
인터넷 정보센터
http://www.cpf.or.kr/
한국 형사정책연구원
http://www.kic.re.kr/
한국전산원
http://www.nca.or.kr/
한국전산통신연구원
https://www.etri.re.kr/

저자소개

■ 대표저자 고명석

명지대학교 사회복지대학원 사회복지학 석사
서울기독대학교 대학원 문학(사회복지학) 박사
청운대학교(인천) 사회복지학과 교수
명지대학교 사회복지학과 객원교수, 미래교육원 주임교수
명지대학교 요양보호사교육원 전담교수
명지대학교 보건복지부위탁(2003-2019) 사회복지사양성과정 주임교수
건강보험공단 서대문지사 '노인요양등급판정위원회' 위원장
거모종합사회복지관, 포도원복지센터, 마두은혜노인요양시설 운영위원장
국가인권위원회 전문상담조정위원
서울시 복지재단 시민청렴감사관, 자문위원
서울시 인권위원회 전문가 배심원
한국 '인권사회복지학회' 이사
한국 '교정복지학회' 이사, 논문심사위원
이천시장애인종합복지관장
인천광역시 공감복지민간위원장, 장애인복지위원회, 주거복지위원회,
지속가능발전위원회 위원
인천광역시 복지재단, 인천광역시 사회서비스원 초대 이사
SBS TV '긴급출동 SOS24' 솔루션 위원
21세기 인권복지연구소 소장, 시니어컨설턴트

■ 공동저자 민혜숙

명지대학교 사회복지대학원 사회복지학 석사, 박사
명지대학교 대학원 교육학 박사
명지대학교 사회복지대학원 겸임교수
한국가이던스 수석연구원
가온누리심리상담연구소 대표
서부보호관찰소 외래강사, 서부교육청 전문상담사
은평청소년상담복지센터 자문위원
서울신경정신과 청소년상담사, 최소아과 아동발달치료사
우리의원 심리치료사, 토마의원 발달센터 심리치료사
구로종합사회복지관 미술치료사, YMCA 상담사

■ 공동저자 박선태

대구가톨릭대학교 사회복지학과 사회복지학 박사
수성대학교 보건복지경영과 교수
사회복지법인 창해 운영위원
영천시 장애인활동보조 이의신청위원

■ 공동저자 박용오

연세대학교 사회사업학과 및 동 행정대학원 졸업
한국사회복지협의회 나눔사업본부장
한국사회서비스관리원 원장
한국사회복지사협회 사무총장
서정대학교 글로벌융합복지과 교수

■ 공동저자 박경미

명지대학교 사회복지대학원 사회복지학 석사
명지대학교 사회복지대학원 사회복지학 박사
명지대학교 사회복지대학원, 미래교육원 외래교수
명지대학교 보건복지부위탁 사회복지사양성교육과정 외래교수
사회복지법인(케어코리아) 사외이사

■ 공동저자 정상민

명지대학교 사회복지대학원 사회복지학 석사
명지대학교 사회복지대학원 사회복지학 박사
명지대학교 사회복지대학원, 미래교육원 외래교수
명지대학교 보건복지부위탁 사회복지사양성교육과정 외래교수
양주시 사회복지사협회 수석부회장, 민간노인요양시설협회 감사
사회복지법인 염광복지재단 사외이사
은혜노인요양원 부원장

■ 공동저자 이연중

명지대학교 사회복지학과 사회복지학사
명지대학교 사회복지대학원 사회복지학 석사
명지대학교 사회복지대학원 사회복지학 박사 수료
법무부 고양시 보호관찰 위원
사) 한국근로장애인 진흥회 사회적기업연구소 자문위원
사) 한국근로장애인 진흥회 장애인직업재활시설 '유엔미' 시설장

■ 공동저자 김경숙

인천대학교 행정대학원 사회복지학 석사
성산효대학원대학교 사회복지학 박사과정
명지대학교 보건복지부위탁 사회복지사양성교육과정 외래교수
명지대학교 미래교육원 상담사과정 외래교수
사) 인천여성의전화 부설 성폭력, 가정폭력상담소 소장
인천광역시 동구 가정119 행복길음터 가정폭력상담소 소장
여성긴급전화 1366인천센터 센터장
성매매방지교육전문강사, 장애인성폭력예방교육전문강사
성폭력예방교육전문강사, 가정폭력인권의식교육강사

■ 공동저자 홍예람

명지대학교 사회복지대학원 사회복지학(사회복지정책전공) 석사
이화여자대학교 일반대학원 사회적경제협동과정 박사과정
명지대학교 보건복지부위탁 사회복지사양성교육과정 외래교수
마두은혜노인요양시설 시설장

현대사회의 사회문제

초판 1쇄 발행 / 2022년 2월 10일
초판 3쇄 발행 / 2025년 8월 5일

공저자 / 고명석 · 민혜숙 · 박선태 · 박용오 · 박경미
정상민 · 이연중 · 김경숙 · 홍예람
발행인 / 이 중 수
발행처 / **동 문 사**

서울특별시 서대문구 홍제원 1길 12
(홍제동 137-8)
Tel: 02)736-3718(대), 736-3710, 3720
Fax: 02)736-3719
등록번호: 1974.04.27. 제9-17호
가격: 26,000원

ISBN: 979-11-6328-383-6 (93330)
E-mail: dong736@naver.com
www.dongmunsa.com